Sartorius aktuell

„Sartorius aktuell" ist ein Service der Sartorius-Red(aktion, der) ... jeweiligen Ergänzungslieferung beschreibt und zum anderen in einer vorsch... ... setzgeberische Vorhaben darstellt, um bereits sehr frühzeitig eine Orientierungshilfe für die Praxis zu geben.

Inhalt der Ergänzungslieferung

Die vorliegende 139. Ergänzungslieferung bringt die Textsammlung auf den aktuellen Stand der Gesetzgebung vom 7. August 2023. Sie beinhaltet alle seit der letzten Lieferung mit Stand vom 16. Mai 2023 bis einschließlich 7. August 2023 verkündeten Änderungen sowie bereits früher verkündete Änderungen, die bis einschließlich 1. September 2023 in Kraft treten.

Umfangreich geändert wurde das Bundeswahlgesetz (Nr. **30**) durch das **Gesetz zur Änderung des Bundeswahlgesetzes und des Fünfundzwanzigsten Gesetzes zur Änderung des Bundeswahlgesetzes** v. 8.6.2023 (BGBl. 2023 I Nr. 147, ber. Nr. 198).
Durch das Gesetz soll eine Verminderung der Bundestagsvergrößerung erreicht werden, indem die Zahl der Bundestagsmandate künftig verlässlich auf 630 begrenzt ist. Dazu ist mit Wirkung zum 1.1.2024 u. a. ein Verzicht auf die bisherige Zuteilung sogenannter Überhang- und Ausgleichsmandate vorgesehen sowie die Reduzierung der Zahl der Wahlkreise von 299 auf künftig 280.
Eine weitere Änderung enthält den Wegfall der sogenannten Grundmandatsklausel. Sie sieht vor, dass eine Partei auch dann entsprechend ihrem Zweitstimmenergebnis im Bundestag vertreten ist, wenn sie weniger als fünf Prozent der Zweitstimmen errungen hat, aber mindestens drei Direktmandate gewinnen konnte.

Ebenfalls umfangreich geändert wurde das Betäubungsmittelgesetz (BtMG) (Nr. **275**) durch das **Gesetz zur Bekämpfung von Lieferengpässen bei patentfreien Arzneimitteln und zur Verbesserung der Versorgung mit Kinderarzneimitteln (Arzneimittel-Lieferengpassbekämpfungs- und Versorgungsverbesserungsgesetz – ALBVVG)** v. 19.7.2023 (BGBl. 2023 I Nr. 197).
Um die Versorgungssicherheit mit Arzneimitteln kurz- und langfristig zu stärken, sind strukturelle Maßnahmen im Bereich der Festbeträge, Rabattverträge sowie der Medikamentenproduktion erforderlich. Ein besonderer Schwerpunkt liegt auf der Verfügbarkeit von Kinderarzneimitteln.
Für Arzneimittel, die im Großhandel nicht verfügbar sind, sind vereinfachte Austauschregelungen in der Apotheke vorgesehen. Zum Management von Lieferengpässen erhalten Apothekerinnen und Apotheker einen Zuschlag in Höhe von 50 Cent (netto) pro ausgetauschte Arzneimittel. Auch dem Großhandel wird ein Zuschlag für das Engpassmanagement in Höhe von 50 Cent zugestanden.
Bei Arzneimittelrabattverträgen für Generika sollen die Vertragspartner der Krankenkassen künftig den Bedarf für mehrere Monate vorrätig halten. Bei der Vertragsvergabe sollen die Kassen zudem Unternehmen mit Wirkstoffproduktion in Europa bevorzugen. Dies soll jedoch zunächst nur für Antibiotika gelten.

Sartorius aktuell — 139. EL

Für krankenhausversorgende Apotheken und Krankenhausapotheken werden erhöhte Bevorratungsverpflichtungen eingeführt.

Eine kleinere Änderung gab es im Betäubungsmittelgesetz zudem durch das **Gesetz zur Regelung einzelner dem Schutz der finanziellen Interessen der Union dienender Bestimmungen im Rahmen der Gemeinsamen Agrarpolitik, zur Änderung des Betäubungsmittelgesetzes sowie zur Aufhebung weiterer Vorschriften** v. 26.7.2023 (BGBl. 2023 I Nr. 204).

Durch das **Gesetz zur Stärkung der Digitalisierung im Bauleitplanverfahren und zur Änderung weiterer Vorschriften** v. 3.7.2023 (BGBl. 2023 I Nr. 176) wurden das Baugesetzbuch (BauGB) (Nr. **300**), die Baunutzungsverordnung (Nr. **311**) und das Wasserhaushaltsgesetz (Nr. **845**) geändert.

Das Gesetz dient der Umsetzung des Ziels der Bundesregierung, die Verwaltungs-, Planungs- und Genehmigungsverfahren zu vereinfachen und deutlich zu beschleunigen, so dass Bauprojekte schneller abgeschlossen werden.

U. a. werden mit der Umstellung des förmlichen Beteiligungsverfahrens auf ein digitales Verfahren Bauleitpläne künftig online veröffentlicht.

Weitere Änderungen im Baugesetzbuch sollen den schnelleren Wiederaufbau nach Katastrophen erleichtern, und die Sonderregelungen zur Unterbringung von Geflüchteten in § 246 BauGB wurden um drei Jahre verlängert. Damit können die Gemeinden Flüchtlingsunterkünfte ohne entsprechende Bauleitplanung errichten.

Mit dem **Gesetz zum Neustart der Digitalisierung der Energiewende** v. 22.5.2023 (BGBl. 2023 I Nr. 133) soll der Einbau intelligenter Strommesssysteme – sogenannter Smart-Meter – unbürokratisch und schnell möglich sein. Smart-Meter ermöglichen es, den Stromverbrauch beziehungsweise die Einspeisung effizient zu steuern. Zudem erhalten Verbraucher klare Informationen über ihren eigenen Verbrauch und Netzbetreiber können die Netzauslastung besser überwachen.

Zusätzlich gab es im Energiewirtschaftsgesetz (Nr. **830**) noch eine kleine Änderung durch das **Gesetz zur Änderung des LNG-Beschleunigungsgesetzes und zur Änderung des Energiewirtschaftsgesetzes und zur Änderung des Baugesetzbuchs** v. 12.7.2023 (BGBl. 2023 I Nr. 184).

Kleinere Änderungen gab es

- im Beamtenstatusgesetz (Nr. **150**) und im Bundesbeamtengesetz (Nr. **160**) durch das **Gesetz für einen besseren Schutz hinweisgebender Personen sowie zur Umsetzung der Richtlinie zum Schutz von Personen, die Verstöße gegen das Unionsrecht melden** v. 31.5.2023 (BGBl. 2023 I Nr. 140),
- im Bundesbeamtengesetz (Nr. **160**), im Bundesbesoldungsgesetz (Nr. **230**) und im Personenstandsgesetz (Nr. **260**) durch das **Gesetz zur Änderung des Bevölkerungsstatistikgesetzes, des Infektionsschutzgesetzes, personenstands- und dienstrechtlicher Regelungen sowie der Medizinprodukte-Abgabeverordnung** v. 17.7.2023 (BGBl. 2023 I Nr. 190),

Kleine Änderungen bzw. Korrekturen gab es im Parteiengesetz (Nr. **58**), im Bundesbesoldungsgesetz (Nr. **155**), in der Datenschutz-Grundverordnung (Nr. **246**), in der Personenstandsverordnung (Nr. **261**), im Bundesausbildungsförderungsgesetz (Nr. **420**), im Bundeskriminalamtgesetz (Nr. **450**), im Hochschulrahmengesetz (Nr. **500**), in der Aufenthaltsverordnung (Nr. **566**) und im Bundesfernstraßengesetz (Nr. **932**).

Neu gefasst wurde die Bundes-Bodenschutz- und Altlastenverordnung (BBodSchV) **(Nr. 299a)** zum 1.8.2023.

An EU-Recht angepasst wurde die Gewerbeordnung (Nr. **800**) durch das **Gesetz für einen besseren Schutz hinweisgebender Personen sowie zur Umsetzung der Richtlinie zum Schutz von Personen, die Verstöße gegen das Unionsrecht melden** v. 31.5.2023 (BGBl. 2023 I Nr. 140). Dieses Gesetz dient der Umsetzung der Richtlinie (EU) 2019/1937 des Europäischen Parlaments und des Rates vom 23. Oktober 2019 zum Schutz von Personen, die Verstöße gegen das Unionsrecht melden (Alb. L 305 vom 26.11.2019, S. 17), die zuletzt durch die Verordnung (EU) 2022/1925 (alb. L 265 vom 12.10.2022, S. 1) geändert worden ist.

Zudem gab es in der Gewerbeordnung in § 150a eine kleine Änderung durch das **G zur Regelung der Entsendung von Kraftfahrern und Kraftfahrerinnen im Straßenverkehrssektor und zur grenzüberschreitenden Durchsetzung des Entsenderechts** v. 28.6. 2023 (BGBl. 2023 I Nr. 172).

Vorschau

Die kommende 140. Ergänzungslieferung wird sämtliche Änderungen enthalten, die nach dem 4. August 2023 verkündet und bis zum Erscheinungstermin der 140. EL in Kraft treten werden.

Keinen Einspruch eingelegt hat der Bundesrat gegen das **Gesetz zur Änderung des LNG-Beschleunigungsgesetzes und des Energiewirtschaftsgesetzes,** das das Energiewirtschaftsgesetz (Nr. **830**) ändert.

Kurzbeschreibung:
Präzisierung der Maßnahmen zur Gewährleistung der Versorgungssicherheit mit Erdgas infolge der Beendigung der bisher für die nationale Energieversorgung zentralen russischen Erdgaslieferungen: Klarstellungen zur weiteren Beschleunigung der Realisierung einzelner Gasfernleitungen und Heizkessel für Anlandung, Regasifizierung und Weiterleitung von Flüssiggas, Konkretisierung der Nachnutzung der LNG-Importinfrastruktur mit klimaneutralem Wasserstoff und dessen Derivaten, insbes. betr. Anforderungen des Betriebs mit verflüssigtem Ammoniak, Fortentwicklung der Anlagenstandorte unter Berücksichtigung der Ergebnisse durchgeführter Machbarkeitsstudien, Aufnahme des Standortes Mukran auf Rügen, Konkretisierung der bisher schon angelegten Zulassung von Anbindungsleitungen für LNG-Anlagen im Planfeststellungsverfahren, Erweiterung der Möglichkeit zur Konzentration von Zulassungsverfahren bei einer einzigen Planfeststellungsbehörde.

Keinen Einspruch eingelegt hat der Bundesrat auch gegen das **Gesetz zur Änderung des Öko-Landbaugesetzes, des Öko-Kennzeichengesetzes und des Gesetzes zur Änderung des Tierschutzgesetzes – Verbot des Kükentötens,** das das Tierschutzgesetz (Nr. **873**) ändert.

Sartorius aktuell   139. EL

Kurzbeschreibung:
Regelungen zur Kennzeichnung der ökologischen/biologischen Produktion in gemeinschaftlichen Verpflegungseinrichtungen, Einbindung privater Kontrollstellen in die Kontrolle, Ermächtigungsgrundlage zum Umgang mit Verstößen.

Ebenfalls **keinen Einspruch** gab es gegen das **Gesetz zur Erleichterung der baulichen Anpassung von Tierhaltungsanlagen an die Anforderungen des Tierhaltungskennzeichnungsgesetzes,** das das Baugesetzbuch (Nr. **300**) betrifft.

Kurzbeschreibung:
Bauplanungsrechtliche Erleichterungen zum tierwohlgerechten Umbau gewerblicher Tierhaltungsanlagen auf nach dem Tierhaltungskennzeichnungsgesetz vorgesehene Haltungsformen (Frischluftstall, Auslauf/Weide oder Bio).

Keinen Einspruch gab es auch gegen das **Gesetz zur Weiterentwicklung der Fachkräfteeinwanderung,** das das Staatsangehörigkeitsgesetz (Nr. **15**) und das Aufenthaltsgesetz (Nr. **565**) ändert.

Kurzbeschreibung;
Zur Stärkung des Arbeitsmarktes und Sicherung des Wirtschaftsstandorts Weiterentwicklung des Rechtsrahmens zur Steigerung der Zuwanderung von Fachkräften aus Drittstaaten: Absenkung bestehender Gehaltsschwellen für Regel- und Engpassberufe, niedrige Mindestgehaltsschwelle für Berufsanfänger mit akademischem Abschluss, Vereinfachung der Arbeitgeberwechsel für Inhaber einer Blauen Karte EU, Ausstellung der Blauen Karte EU auch für international Schutzberechtigte, Ausübung von kurz- und langfristiger Intra-EU-Mobilität, Erleichterung des Familiennachzugs, Nachweis non-formaler Qualifikationen für IT-Spezialisten ohne Hochschulabschluss, neue Aufenthaltserlaubnis auf Grundlage einer sog. Anerkennungspartnerschaft zur Erlangung eines Abschlusses, Einführung einer Chancenkarte auf Basis eines Punktesystems für Personen mit einem ausländischen, mind. zweijährigen Berufs- oder Hochschulabschluss, Gewährleistung des Wechsels in Aufenthaltstitel zu Erwerbs- oder Bildungszwecken, Erleichterungen der Regelungen für den Aufenthalt zur Ausbildungsplatzsuche, erweiterte Möglichkeiten zur Nebenbeschäftigung für Studierende, Entfall bestehender Zweckwechselverbote zur Steigerung der Durchlässigkeit zwischen Aufenthalten zu Bildungs- und Erwerbszwecken, Beschleunigung von Visaverfahren, Informations- und Beratungsangebote, Vorintegrationsmaßnahmen, Stärkung der Ansprechstelle der Hotline Arbeiten und Leben in Deutschland (BAMF).

Bei dieser Gelegenheit wollen wir uns für die Anregungen und Fehlerhinweise durch unsere Bezieher bedanken, die uns auf diese Weise eine wertvolle Hilfestellung bei der Gestaltung der Textsammlung leisten. Zudem möchten wir darauf aufmerksam machen, dass wir unter der eigens für diese Textsammlung eingerichteten E-Mail-Adresse sartorius.redaktion@beck.de erreichbar sind; die Adresse ist auch auf der Rückseite des Titelblattes vermerkt.

München, im August 2023   **Verlag C. H. Beck**

Sartorius

Verfassungs– und Verwaltungsgesetze

Einordnungsanweisung für die
139. Ergänzungslieferung August 2023

Herauszunehmen:		Zahl der Blätter:	Einzufügen:		Zahl der Blätter:
Titelblatt		1	Titelblatt		1
Geleitwort zur 138. EL „Sartorius aktuell"		2	Geleitwort zur 139 „Sartorius aktuell"*		2
Inhalt I 1/2		1	**Inhalt I** 1/2		1
Inhalt II 9/10		1	**Inhalt II** 9/10		1
Abkürzungen 9–12		2	**Abkürzungen** 9–12		2
30	1–28	15	**30**	1–26	13
58	7/8	1	**58**	7/8	1
150	1/2	1	**150**	1/2	1
	13/14	1		13–14a	2
155	80–160 2	2	**155**	80–160 2	2
160	29–32a	3	**160**	29–32a	3
	51/52	1		51/52	1
230	1/2	1	**230**	1/2	1
	57–60	2		57–60	2
	85/86	1		85/86	1
246	1–1c	2	**246**	1–1c	2
260	1–6	3	**260**	1–6	3
261	1/2	1	**261**	1/2	1
275	1/2	1	**275**	1–2a	2
	9–18	5		9–18a	6
	23–28	3		23–28	3
299a	1–300 4	27	**299a**	1–300 4	23
300	9/9a	1	**300**	9/9a	1
	29/30	1		29/30	1
	35–48	7		35–48	7
	79/80	1		79/80	1
	95/96	1		95/96	1
	133–142	6		133–142	5
	155–164	5		155–164a	6
311	1–2a	2	**311**	1–2a	2
	7–18	7		7–18	6

(Fortsetzung nächste Seite)

---

* Aus technischen Gründen liegt das Geleitwort zur 139. EL „Sartorius aktuell" am Anfang der Lieferung, bitte ordnen Sie es wie gewohnt anstelle des Geleitworts zur 138. EL hinter dem Vorwort in die Textsammlung ein.

Herauszunehmen:		Zahl der Blätter:	Einzufügen:		Zahl der Blätter:
450	27/28	1	**450**	27/28	1
420	1/2	1	**420**	1/2	1
500	1/2	1	**500**	1/2	1
566	1/2	1	**566**	1/2	1
	61/62	1		61–64	2
800	1–4	2	**800**	1–4	2
	39–44	3		39–44	3
	53–62	5		53–62	5
	101/102	1		101/102	1
830	1–4	2	**830**	1–4	2
	53–56	2		53–56a	3
	85–88	2		85–88a	3
	111–114	2		111–114a	3
	159/160	1		159/160	1
	167–172	3		167–172a	4
	245–248	2		245–248	2
	253/254	1		253–254a	2
845	1/2	1	**845**	1/2	1
	41/41a	1		41/41a	1
932	1/2	1	**932**	1/2	1
Insgesamt herauszunehmen:		142	Insgesamt einzufügen:		144

SARTORIUS

Verfassungs- und Verwaltungsgesetze

Textausgabe

Begründet von Dr. Carl Sartorius

Stand: 7. August 2023
(139. Ergänzungslieferung)

Dieses Titelblatt entstammt der 139. Ergänzungslieferung August 2023
(Anschluss an die 138. Ergänzungslieferung Mai 2023)
ISBN 978 3 406 80872 2

Redaktioneller Hinweis:

Paragraphenüberschriften in eckigen Klammern sind nicht amtlich.
Sie sind ebenso wie die Fußnoten urheber- und wettbewerbsgeschützt.
Die Angaben zum Stand der Sammlung auf dem Titelblatt beziehen sich
auf das Verkündungsdatum der maßgebenden Gesetzes-, Verordnungs- und
Amtsblätter.
Anregungen und Hinweise zur Gestaltung der Textsammlung
bitte an den Verlag oder an

sartorius.redaktion@beck.de

www.beck.de

ISBN 978 3 406 45645 9 (Grundwerk zur Fortsetzung für 12 Monate)
ISBN 978 3 406 63600 4 (Grundwerk ohne Fortsetzung)

© 2023 Verlag C.H.Beck oHG
Wilhelmstraße 9, 80801 München
Satz, Druck und Bindung: Druckerei C.H.Beck Nördlingen
(Adresse wie Verlag)

chbeck.de/nachhaltig

Gedruckt auf säurefreiem, alterungsbeständigem Papier
(hergestellt aus chlorfrei gebleichtem Zellstoff)

Alle urheberrechtlichen Nutzungsrechte bleiben vorbehalten.
Der Verlag behält sich auch das Recht vor, Vervielfältigungen dieses Werkes
zum Zwecke des Text and Data Mining vorzunehmen.

Inhalt I

I. Inhaltsverzeichnis
Systematisch geordnet

Hinweis: Gesetze und Verordnungen mit einem der Systemziffer vorangestelten (E) befinden sich im Ergänzungsband

Staats- und Verfassungsrecht
Verfassungsrecht

1	**Grundgesetz** für die Bundesrepublik Deutschland vom 23. Mai 1949
5	Gesetz über die **Befugnisse des Petitionsausschusses des Deutschen Bundestages** (Gesetz nach Artikel 45c des Grundgesetzes) vom 19. Juli 1975
6	Gesetz zur Regelung des Rechts der Untersuchungsausschüsse des Deutschen Bundestages **(Untersuchungsausschussgesetz – PUAG)** vom 19. Juni 2001
7	Gesetz zur Beschränkung des Brief-, Post- und Fernmeldegeheimnisses **(Artikel 10-Gesetz – G 10)** vom 26. Juni 2001
15	**Staatsangehörigkeitsgesetz (StAG)** vom 22. Juli 1913
30	**Bundeswahlgesetz** idF der Bek. vom 23. Juli 1993
31	Bundeswahlordnung (BWO) idF der Bek. vom 19. April 2002
32	**Wahlprüfungsgesetz** vom 12. März 1951

Staatliche Organisation

33	Gesetz über die **Wahl des Bundespräsidenten** durch die Bundesversammlung vom 25. April 1959
34	**Geschäftsordnung** für das **Verfahren nach Artikel 115 d des Grundgesetzes** vom 23. Juli 1969
35	**Geschäftsordnung des Deutschen Bundestages** idF der Bek. vom 2. Juli 1980
36	Gemeinsame **Geschäftsordnung** des Bundestages und des Bundesrates für den Ausschuß nach Artikel 77 des Grundgesetzes **(Vermittlungsausschuß)** vom 5. Mai 1951
37	**Geschäftsordnung des Bundesrates** idF der Bek. vom 26. November 1993
38	**Geschäftsordnung der Bundesregierung** vom 11. Mai 1951 (GMBl S. 137, ber. 1976 S. 354)
39	**Geschäftsordnung für den Gemeinsamen Ausschuß** vom 23. Juli 1969
40	Gesetz über das Bundesverfassungsgericht **(Bundesverfassungsgerichtsgesetz – BVerfGG)** idF der Bek. vom 11. August 1993
45	Gesetz über die Rechtsverhältnisse der Mitglieder der Bundesregierung **(Bundesministergesetz – BMinG)** idF der Bek. vom 27. Juli 1971

48	Gesetz über die Rechtsverhältnisse der Mitglieder des Deutschen Bundestages (**Abgeordnetengesetz – AbgG**) idF der Bek. vom 21. Februar 1996
52	Anordnung über die **deutschen Flaggen** vom 13. November 1996
58	Gesetz über die politischen Parteien (**Parteiengesetz**) idF der Bek. vom 31. Januar 1994
60	Gesetz über **Titel, Orden und Ehrenzeichen** vom 26. Juli 1957
70	Gesetz über die Verkündung von Rechtsverordnungen und Bekanntmachungen (**Verkündungs- und Bekanntmachungsgesetz – VkBkmG**) vom 30. Januar 1950

Verfassungsschutz

80	Gesetz über die Zusammenarbeit des Bundes und der Länder in Angelegenheiten des Verfassungsschutzes und über das Bundesamt für Verfassungschutz (**Bundesverfassungsschutzgesetz – BVerfSchG**) vom 20. Dezember 1990
81	Gesetz über die parlamentarische Kontrolle nachrichtendienstlicher Tätigkeit des Bundes (**Kontrollgremiumgesetz – PKGrG**) vom 29. Juli 2009
82	Gesetz zur Errichtung einer standardisierten zentralen Antiterrordatei von Polizeibehörden und Nachrichtendiensten von Bund und Ländern (**Antiterrordateigesetz – ATDG**) vom 22. Dezember 2006

Bundespolizei

90	Gesetz über die Bundespolizei (**Bundespolizeigesetz – BPolG**) vom 19. Oktober 1994

Vereinigung Europas

96	Gesetz über die **Zusammenarbeit von Bundesregierung und Deutschem Bundestag in Angelegenheiten der Europäischen Union (EUZBBG)** vom 4. Juli 2013
97	Gesetz über die **Zusammenarbeit von Bund und Ländern in Angelegenheiten der Europäischen Union** vom 12. März 1993
98	Gesetz über die Wahrnehmung der Integrationsverantwortung des Bundestages und des Bundesrates in Angelegenheiten der Europäischen Union (**Integrationsverantwortungsgesetz – IntVG**) vom 22. September 2009

Verwaltungsrechtsrecht

Verwaltungsverfahren, Verwaltungszwangsverfahren und Verwaltungsgebühren

100	**Verwaltungsverfahrensgesetz (VwVfG)** idF der Bek. vom 23. Januar 2003
110	**Verwaltungszustellungsgesetz (VwZG)** vom 12. August 2005

Alphabetisch geordnet   **Inhalt II**

Richterwahlgesetz	610
Rohrfernleitungs VO	295a
Sanierung von Altlasten, siehe Bundes-Bodenschutzgesetz	299
Schutz der Zivilbevölkerung, siehe Zivilschutz- und KatastrophenhilfeG	680
Seuchen, siehe InfektionsschutzG	(E) 285
Sonderurlaub, VO über Sonderurlaub für Bundesbeamtinnen, Bundesbeamte, Richterinnen und Richter des Bundes	173
Sozialgeld, siehe Arbeitslosen II/SozialgeldVO	(E) 402a
Sozialgerichtsgesetz	(E) 415
Sozialgesetzbuch	
Erstes Buch (I) – Allgemeiner Teil –	(E) 401
Zweites Buch (II) – Grundsicherung für Arbeitsuchende –	(E) 402
Zehntes Buch (X) – Sozialverwaltungsverfahren und Sozialdatenschutz –	(E) 410
Zwölftes Buch (XII) – Sozialhilfe	(E) 412
– DVO § 90 Abs. 2 Nr. 9	(E) 412c
Sozialwohnungen, siehe Wohnungsbindungsgesetz	387
Sportanlagenlärmschutz VO	(E) 296/18
Sprengstoffgesetz	(E) 822
Staatsangehörigkeitsgesetz	15
Stabilität, siehe G zur Förderung der Stabilität und des Wachstums der Wirtschaft	720
Störfall-VO	(E) 296/12
Tabakerzeugnisgesetz	(E) 861
Telekommunikationsgesetz	(E) 920
Telemediengesetz	(E) 922
Tiergesundheitsgesetz	870
Tierschutzgesetz	873
Tierseuchen, siehe Tiergesundheitsgesetz	870
Titel, siehe G über Titel, Orden und Ehrenzeichen	60
Transplantationsgesetz	(E) 280
Umweltinformationsgesetz	294
Umwelt-Rechtsbehelfsgesetz	293
Umweltschutz	294f. (E) 296/1f.
Umweltverträglichkeitsprüfung (UVPG), G über die	295
Unionsbürger, G über die allgemeine Freizügigkeit von	560
Unmittelbarer Zwang, G über den unmittelbaren Zwang bei Ausübung öffentlicher Gewalt durch Vollzugsbeamte des Bundes	115
– G über die Anwendung unmittelbaren Zwanges und die Ausübung besonderer Befugnisse durch Soldaten der Bundeswehr und verbündeter Streitkräfte sowie zivile Wachpersonen	117

Inhalt II

Untersuchungsausschussgesetz (PUAG)	**6**
Urlaub, siehe Urlaubsverordnungen	**172 f.**
Verbraucherinformationsgesetz	**(E) 862a**
Verbrennungsmotoren, siehe VO über Emissionsgrenzwerte für Verbrennungsmotoren	**(E) 296/28**
Vereinsgesetz	**425**
– VO zur Durchführung	**426**
Verfassungsorgane des Bundes, G über befriedete Bezirke für	**434**
Verfassungsschutz, G über die Zusammenarbeit des Bundes und der Länder in Angelegenheiten des Verfassungsschutzes	**80**
VerkehrslärmschutzVO	**(E) 296/16**
Verkehrswege-SchallschutzmaßnahmenVO	**(E) 296/24**
Verkündungs- und Bekanntmachungsgesetz	**70**
Verpackungsgesetz	**(E) 299**
Versammlungsgesetz	**435**
Verwaltungsgerichtordnung	**600**
Verwaltungskosten, siehe Bundesgebührengesetz	**120**
Verwaltungsverfahrensgesetz	**100**
Verwaltungs-Vollstreckungsgesetz	**112**
Verwaltungszustellungsgesetz	**110**
Vollzugsbeamte des Bundes, siehe G über den unmittelbaren Zwang bei Ausübung öffentlicher Gewalt durch	**115**
Waffengesetz	**820**
Wahl, G über die Wahl des Bundespräsidenten durch die Bundesversammlung	**33**
siehe auch Bundeswahlgesetz	**30**
Wahlprüfungsgesetz	**32**
Wald, siehe Bundeswaldgesetz	**875**
Wasserhaushaltsgesetz	**845**
Wasserstraßen, siehe Bundeswasserstraßengesetz	**971**
VO über Allgemeine Bedingungen für die Versorgung mit Wasser	**(E) 830d**
Wehrbeauftragter, siehe G über den Wehrbeauftragten des Bundestages	**635**
Wehrpflichtgesetz	**620**
Wirtschaft, siehe G zur Förderung der Stabilität und des Wachstums der Wirtschaft	**720**
WohnflächenVO	**(E) 358**
Wohngeldgesetz	**385**
– WohngeldVO	**386**
Wohnraumförderungsgesetz	**355**
– Zweite BerechnungsVO	**(E) 357**
– NeubaumietenVO 1970	**(E) 353**
Wohnungsbindungsgesetz	**387**

RiWG	Richterwahlgesetz (Nr. **610**)
RL	Richtlinie
ROG	Raumordnungsgesetz (Nr. **340**)
RohrFLVO	Rohrfernleitungsverordnung (Nr. **295a**)
RoV	Raumordnungsverordnung (Nr. **340a**)
RVO	Reichsversicherungsordnung
S.	Seite
SaBremR	Sammlung des bremischen Rechts
SächsGVBl.	Sächsisches Gesetz- und Verordnungsblatt
Sartorius II	Sartorius II, Internationale Verträge – Europarecht. Loseblatt-Textsammlung
Sartorius III	Sartorius III, Verwaltungsgesetze – Ergänzungsband für die neuen Bundesländer. Loseblatt-Textsammlung
Schönfelder	Schönfelder, Deutsche Gesetze. Loseblatt-Textsammlung
SGB	Sozialgesetzbuch
SGG	Sozialgerichtsgesetz (Nr. **E 415**)
SigG	Signaturgesetz (Nr. **E 924**)
SonntagVerkVO	Verordnung über den Verkauf bestimmter Waren an Sonn- und Feiertagen (Nr. **806**)
SprengG	Sprengstoff (Nr. **E 822**)
StabG	Gesetz zur Förderung der Stabilität und des Wachstums der Wirtschaft (Nr. **720**)
StAG	Staatsangehörigkeitsgesetz (Nr. **15**)
StAnz	Staatsanzeiger
Steuergesetze	Steuergesetze. Loseblatt-Textsammlung
StGB	Strafgesetzbuch
StPO	Strafprozeßordnung
StV	Staatsvertrag
SUrlV	Sonderurlaubsverordnung (Nr. **173**)
TA Lärm	Technische Anleitung zum Schutz gegen Lärm (Nr. **E 296/100**)
TA Luft	Technische Anleitung zur Reinhaltung der Luft (Nr. **E 296/101**)
TabakerzG	Tabakerzeugnisgesetz (Nr. **E 861**)
TierGesG	Tiergesundheitsgesetz (Nr. **870**)
TierSchG	Tierschutzgesetz (Nr. **873**)
TKG	Telekommunikationsgesetz (Nr. **E 920**)
TMG	Telemediengesetz (Nr. **E 922**)
TPG	Transplantationsgesetz (Nr. **E 280**)
UAbs.	Unterabsatz
Übk.	Übereinkommen

Abkürzungen

UIG	Umweltinformationsgesetz (Nr. **294**)
UmwRG	Umwelt-Rechtsbehelfsgesetz (Nr. **293**)
Urt.	Urteil
UVPG	Gesetz über die Umweltverträglichkeitsprüfung (Nr. **295**)
UZwG	Gesetz über den unmittelbaren Zwang bei Ausübung öffentlicher Gewalt durch Vollzugsbeamte des Bundes (Nr. **115**)
UZwGBw	Gesetz über die Anwendung unmittelbaren Zwanges und die Ausübung besonderer Befugnisse durch Soldaten der Bundeswehr und verbündeter Streitkräfte sowie zivile Wachpersonen (Nr. **117**)
v.	von, vom
V, VO	Verordnung
VDG	Vertrauensdienstegesetz (Nr. **924**)
VereinsG	Vereinsgesetz (Nr. **425**)
VereinsG-DVO	Verordnung zur Durchführung des Gesetzes zur Regelung des öffentlichen Vereinsrechts (Vereinsgesetz) (Nr. **426**)
VerpackG	Verpackungsgesetz (Nr. **E 299**)
VerpackGZustVO	Verordnung zur Bestimmung von Zuständigkeiten nach dem Verpackungsgesetz (Nr. **E 299a**)
VersammlG	Gesetz über Versammlungen und Aufzüge (Nr. **E 299a**)
Vertr.	Vertrag
VIG	Verbraucherinformationsgesetz (Nr. **E 862a**)
VkBkmG	Verkündungs- und Bekanntmachungsgesetz (Nr. **70**)
VkBl.	Amtsblatt des Bundesministers für Verkehr
VMBl.	Ministerialblatt des Bundesministeriums der Verteidigung
VO	Verordnung
VwAbk.	Verwaltungsabkommen
VwGO	Verwaltungsgerichtsordnung (Nr. **600**)
VwV/ VV	Verwaltungsvorschrift
VwVfG	Verwaltungsverfahrensgesetz (Nr. **100**)
VwVG	Verwaltungs-Vollstreckungsgesetz (Nr. **112**)
VwZG	Verwaltungszustellungsgesetz (Nr. **110**)
WaffG	Waffengesetz (Nr. **820**)
WahlPrüfG	Wahlprüfungsgesetz (Nr. **32**)
WaStrG	Bundeswasserstraßengesetz (Nr. **971**)
WaStrVermG	Gesetz über die vermögensrechtlichen Verhältnisse der Bundeswasserstraßen (Nr. **970**)

Abkürzungen

WBeauftrG	Gesetz über den Wehrbeauftragten des Deutschen Bundestages (Gesetz zu Artikel 45b des Grundgesetzes) (Nr. **635**)
Wehrrecht	Wehrrecht. Loseblatt-Textausgabe.
WHG	Wasserhaushaltsgesetz (Nr. **845**)
WoBindG	Wohnungsbindungsgesetz (Nr. **387**)
WoFG	Wohnraumförderungsgesetz (Nr. **355**)
	Wohnflächenverordnung (Nr. **E 358**)
WoGG	Wohngeldgesetz (Nr. **385**)
WoGV	Wohngeldverordnung (Nr. **386**)
WPflG	Wehrpflichtgesetz (Nr. **620**)
ZDG	Zivildienstgesetz (Nr. **625**)
ZSKG	Zivilschutz- und Katastrophenhilfegesetz (Nr. **680**)
ZuAO/ZuAnO/ ZustAnO	Zuständigkeitsanordnung/Anordnung über die Zuständigkeit(en) nach/Anordnung zur Bestimmung der zuständigen Behörden nach
ZuVO/ZustVO	Zuständigkeitsverordnung / Verordnung über die Zuständigkeit(en) nach

Abkürzungen

30. Bundeswahlgesetz[1) 2)]

In der Fassung der Bekanntmachung vom 23. Juli 1993[3)]

(BGBl. I S. 1288, ber. S. 1594)

FNA 111-1

geänd. durch Art. 2 Sechstes G zur Änd. des ParteienG und anderer Gesetze v. 28.1.1994 (BGBl. I S. 142), Bek. zur Wahlkreiseinteilung v. 30.3.1994 (BGBl. I S. 680), Art. 1 Zwölftes ÄndG v. 10.5.1994 (BGBl. I S. 993), Zweite Bek. zur Wahlkreiseinteilung v. 15.9.1994 (BGBl. I S. 2417), Art. 1 13. ÄndG v. 15.11.1996 (BGBl. I S. 1712), Bek. zur Wahlkreiseinteilung v. 9.7.1997 (BGBl. I S. 1691), Zweite Bek. zur Wahlkreiseinteilung v. 1.12.1997 (BGBl. I S. 2772), Art. 1 14. ÄndG v. 20.4.1998 (BGBl. I S. 706), Art. 1 WahlkreisneueinteilungsG v. 1.7.1998 (BGBl. I S. 1698), Art. 1 G zur Aussetzung der Vorschriften über die repräsentative Wahlstatistik für die Wahl zum 14. Deutschen Bundestag v. 25.8.1998 (BGBl. I S. 2430), Art. 2 WahlstatistikG v. 21.5.1999 (BGBl. I S. 1023), Art. 1 15. ÄndG v. 27.4.2001 (BGBl. I S. 698), Art. 1 16. ÄndG v. 27.4.2001 (BGBl. I S. 701, ber. BGBl. 2002 I S. 1848), Art. 12 Sechstes Euro-EinführungsG v. 3.12.2001 (BGBl. I S. 3306), Art. 1a Behindertengleichstellungs-EinführungsG v. 27.4.2002 (BGBl. I S. 1467), Art. 1 Post- und telekommunikationsrechtliches BereinigungsG v. 7.5.2002 (BGBl. I S. 1529), Art. 11 Nr. 2 ZuwanderungsG v. 20.6.2002 (BGBl. I S. 1946; nichtig gem. Urt. des BVerfG v. 18.12.2002 – 2 BvF 1/02 –), Bek. zur Wahlkreiseinteilung v. 31.7.2002 (BGBl. I S. 2964), Art. 2 Achte ZuständigkeitsanpassungsVO v. 25.11.2003 (BGBl. I S. 2304), Art. 11 Nr. 2 ZuwanderungsG v. 30.7.2004 (BGBl. I S. 1950), Art. 1 17. ÄndG v. 11.3.2005 (BGBl. I S. 674), § 1 VO über die Abkürzung von Fristen im BWG für die Wahl zum 16. Deutschen Bundestag v. 21.7.2005 (BGBl. I S. 2179), Bek. zur Wahlkreiseinteilung für die Wahl zum Deutschen Bundestag v. 21.7.2005 (BGBl. I S. 2180), Art. 5 Neunte ZuständigkeitsanpassungsVO v. 31.10.2006 (BGBl. I S. 2407), Art. 1 18. ÄndG v. 17.3.2008 (BGBl. I S. 316), Art. 1 G zur Änd. des Wahl- und Abgeordnetenrechts v. 17.3.2008 (BGBl. I S. 394), Urt. des BVerfG – 2 BvC 1/07, 2 BvC 7/07 – v. 3.7.2008 (BGBl. I S. 1286), Bek. zur Wahlkreiseinteilung für die Wahl zum Deutschen Bundestag v. 5.8.2009 (BGBl. I S. 2687), Art. 1 19. ÄndG v. 25.11.2011 (BGBl. I S. 2313), Art. 1 20. ÄndG v. 12.4.2012 (BGBl. I S. 518), Art. 1 G zur Verbesserung des Rechtsschutzes in Wahlsachen v. 12.7.2012 (BGBl. I S. 1501), Beschluss des BVerfG – 2 BvC 1/11, 2 BvC 2/11 – v. 4.7.2012 (BGBl. I S. 1769), Urteil des BVerfG – 2 BvF 3/11, 2 BvR 2670/11, 2 BvE 9/11 – v. 25.7.2012 (BGBl. I S. 1769), Art. 1 21. ÄndG v. 27.4.2013 (BGBl. I S. 962), Art. 1, 2 Abs. 2 22. ÄndG v. 3.5.2013 (BGBl. I S. 1082), Art. 2 Abs. 1 G zur Fortentwicklung des Meldewesens v. 3.5.2013 (BGBl. I S. 1084, geänd. durch G v. 20.11.2014, BGBl. I S. 1738), Art. 9 Zehnte ZuständigkeitsanpassungsVO v. 31.8.2015 (BGBl. I S. 1474), Art. 1 23. ÄndG v. 3.5.2016 (BGBl. I S. 1062), Art. 4 G zu bereichsspezifischen Regelungen der Gesichtsverhüllung und zur Änd. weiterer dienstrechtlicher Vorschriften v. 8.6.2017 (BGBl. I S. 1570), Bek. zur Wahlkreiseinteilung für die Wahl zum Deutschen Bundestag v. 30.8.2017 (BGBl. I S. 3339), Art. 2 G zur Änd. des ParteienG und anderer Gesetze v. 10.7.2018 (BGBl. I S. 1116), Beschluss des BVerfG – 2 BvC 62/14 – v. 29.1.2019 (BGBl. I S. 368), Art. 1 G zur Änd. des BundeswahlG und anderer Gesetze v. 18.6.2019 (BGBl. I S. 834), Art. 9 Elfte ZuständigkeitsanpassungsVO v. 19.6.2020 (BGBl. I S. 1328), Art. 1 24. ÄndG v. 25.6.2020 (BGBl. I S. 1409), Art. 1 G zur Änd. des BundeswahlG und des Gesetzes über Maßnahmen im Gesellschafts-, Genossenschafts-, Vereins-, Stiftungs- und Wohnungseigentumsrecht zur Bekämpfung der Auswirkungen der COVID-19-Pandemie v. 28.10.2020 (BGBl. I S. 2264), Art. 1 25. ÄndG v. 14.11.2020 (BGBl. I S. 2395, geänd. durch Art. 1 G v. 8.6.2023, BGBl. 2023 I Nr. 147), Art. 1 und 2 26. ÄndG v. 3.6.2021 (BGBl. I S. 1482) und Art. 2 G zur Änd. des BundeswahlG und des Fünfundzwanzigsten G zur Änd. des BundeswahlG v. 8.6.2023 (BGBl. 2023 I Nr. 147, Nr. 198)

[1)] Siehe hierzu ua die Wahlkreiseinteilungsbekanntmachung Bundestagswahl v. 24.7.2013 (BGBl. I S. 2814).
[2)] Die Änderungen durch G v. 8.6.2023 (BGBl. 2023 I Nr. 147) treten teilweise erst **mWv 1.1.2026** in Kraft und sind insoweit im Text noch nicht berücksichtigt.
[3)] Neubekanntmachung des BundeswahlG idF der Bek. v. 21.9.1990 (BGBl. I S. 2059) in der ab 28.7.1993 geltenden Fassung.

Inhaltsübersicht[1]

Erster Abschnitt. Wahlsystem (§§ 1 bis 7)

§ 1	Zusammensetzung des Deutschen Bundestages und Wahlrechtsgrundsätze
§ 2	Gliederung des Wahlgebietes
§ 3	Wahlkreiskommission und Wahlkreiseinteilung
§ 4	Grundsätze der Verteilung der Sitze auf Parteien
§ 5	Berechnung der Sitzverteilung
§ 6	Vergabe der Sitze an Bewerber
§ 7	*(aufgehoben)*

Zweiter Abschnitt. Wahlorgane (§§ 8 bis 11)

§ 8	Gliederung der Wahlorgane
§ 9	Bildung der Wahlorgane
§ 10	Tätigkeit der Wahlausschüsse und Wahlvorstände
§ 11	Ehrenämter

Dritter Abschnitt. Wahlrecht und Wählbarkeit (§§ 12 bis 15)

§ 12	Wahlrecht
§ 13	Ausschluss vom Wahlrecht
§ 14	Ausübung des Wahlrechts
§ 15	Wählbarkeit

Vierter Abschnitt. Vorbereitung der Wahl (§§ 16 bis 30)

§ 16	Wahltag
§ 17	Wählerverzeichnis und Wahlschein
§ 18	Wahlvorschlagsrecht, Beteiligungsanzeige
§ 19	Einreichung der Wahlvorschläge
§ 20	Inhalt und Form der Kreiswahlvorschläge
§ 21	Aufstellung von Parteibewerbern
§ 22	Vertrauensperson
§ 23	Zurücknahme von Kreiswahlvorschlägen
§ 24	Änderung von Kreiswahlvorschlägen
§ 25	Beseitigung von Mängeln
§ 26	Zulassung der Kreiswahlvorschläge
§ 27	Landeslisten
§ 28	Zulassung der Landeslisten
§ 29	*(aufgehoben)*
§ 30	Stimmzettel

Fünfter Abschnitt. Wahlhandlung (§§ 31 bis 36)

§ 31	Öffentlichkeit der Wahlhandlung
§ 32	Unzulässige Wahlpropaganda und Unterschriftensammlung, unzulässige Veröffentlichung von Wählerbefragungen
§ 33	Wahrung des Wahlgeheimnisses
§ 34	Stimmabgabe mit Stimmzetteln
§ 35	Stimmabgabe mit Wahlgeräten
§ 36	Briefwahl

Sechster Abschnitt. Feststellung des Wahlergebnisses (§§ 37 bis 42)

§ 37	Feststellung des Wahlergebnisses im Wahlbezirk
§ 38	Feststellung des Briefwahlergebnisses
§ 39	Ungültige Stimmen, Zurückweisung von Wahlbriefen, Auslegungsregeln
§ 40	Entscheidung des Wahlvorstandes
§ 41	Feststellung des Wahlergebnisses im Wahlkreis
§ 42	Feststellung des Ergebnisses der Landeslistenwahl

---

[1]) Inhaltsübersicht geänd. mWv 21.3.2008 durch G v. 17.3.2008 (BGBl. I S. 394); mWv 1.7.2019 durch G v. 18.6.2019 (BGBl. I S. 834); mWv 30.6.2020 durch G v. 25.6.2020 (BGBl. I S. 1409); mWv 19.11.2020 durch G v. 14.11.2020 (BGBl. I S. 2395); mWv 10.6.2021 und mWv 1.1.2022 durch G v. 3.6.2021 (BGBl. I S. 1482); geänd. mWv 14.6.2023 durch G v. 8.6.2023 (BGBl. 2023 I Nr. 147); sie wurde nichtamtlich an die Änderungen des Gesetzeswortlauts durch G v. 28.1.1994 (BGBl. I S. 142) und G v. 27.4.2001 (BGBl. I S. 698) angepasst.

Siebenter Abschnitt. Besondere Vorschriften für Nachwahlen und Wiederholungswahlen (§§ 43 und 44)

§ 43 Nachwahl
§ 44 Wiederholungswahl

Achter Abschnitt. Erwerb und Verlust der Mitgliedschaft im Deutschen Bundestag (§§ 45 bis 48)

§ 45 Erwerb der Mitgliedschaft im Deutschen Bundestag
§ 46 Verlust der Mitgliedschaft im Deutschen Bundestag
§ 47 Entscheidung über den Verlust der Mitgliedschaft
§ 48 Berufung von Nachfolgern

Neunter Abschnitt. Schlußbestimmungen (§§ 49 bis 55)

§ 49 Anfechtung
§ 49a Ordnungswidrigkeiten
§ 49b [Staatliche Mittel für andere Kreiswahlvorschläge]
§ 50 Wahlkosten
§ 51 *(aufgehoben)*
§ 52 Erlass von Rechtsverordnungen
§ 53 Übergangsregelung
§ 54 Fristen, Termine und Form
§ 55 Reformkommission

Anlage 1 (zu § 50 Absatz 3 Satz 3)
Anlage 2 (zu § 2 Absatz 2)

Erster Abschnitt. Wahlsystem

§ 1[1]**) Zusammensetzung des Deutschen Bundestages und Wahlrechtsgrundsätze** (1) [1]Der Deutsche Bundestag besteht aus 630 Abgeordneten. [2]Sie werden in allgemeiner, unmittelbarer, freier, gleicher und geheimer Wahl von den wahlberechtigten Deutschen gewählt.

(2) [1]Für die Wahl zum Deutschen Bundestag gelten die Grundsätze der Verhältniswahl. [2]Jeder Wähler hat zwei Stimmen, eine Erststimme für die Wahl nach Kreiswahlvorschlägen und eine Zweitstimme für die Wahl nach Landeswahlvorschlägen, auf denen die zur Wahl zugelassenen Parteien ihre Bewerber benennen (Landeslisten).

(3) [1]Für die Vergabe der auf die Landeslisten entfallenden Sitze werden, vorbehaltlich der Regelungen des § 6, vorrangig Bewerber berücksichtigt, die in einer Wahl nach Kreiswahlvorschlägen in 299 Wahlkreisen ermittelt werden. [2]Jede Partei erhält in jedem Land für diejenigen ihrer Bewerber, die in den Wahlkreisen in diesem Land die meisten Erststimmen erhalten haben, die Sitzzahl, die von den auf die Partei entfallenden Zweitstimmen gedeckt ist (Zweitstimmendeckung).

(4) Die Wahl in den Wahlkreisen steht Bewerbern, die nicht von einer Partei vorgeschlagen werden, nach den sich aus diesem Gesetz ergebenden Anforderungen offen.

§ 2[2]**) Gliederung des Wahlgebietes.** (1) Wahlgebiet ist das Gebiet der Bundesrepublik Deutschland.

(2) Die Einteilung des Wahlgebietes in Wahlkreise ergibt sich aus der Anlage 2 zu diesem Gesetz.

(3) Jeder Wahlkreis wird für die Stimmabgabe in Wahlbezirke eingeteilt.

---

[1]) § 1 neu gef. mWv 14.6.2023 durch G v. 8.6.2023 (BGBl. 2023 I Nr. 147, Nr. 198).
[2]) § 2 Abs. 2 geänd. mWv 30.6.2020 durch G v. 25.6.2020 (BGBl. I S. 1409).

§ 3[1]) **Wahlkreiskommission und Wahlkreiseinteilung.** (1) ¹Bei der Wahlkreiseinteilung sind folgende Grundsätze zu beachten:

1. Die Ländergrenzen sind einzuhalten.
2. ¹Die Zahl der Wahlkreise in den einzelnen Ländern muß deren Bevölkerungsanteil soweit wie möglich entsprechen. ²Sie wird entsprechend § 5 ermittelt.
3. Die Bevölkerungszahl eines Wahlkreises soll von der durchschnittlichen Bevölkerungszahl der Wahlkreise nicht um mehr als 15 vom Hundert nach oben oder unten abweichen; beträgt die Abweichung mehr als 25 vom Hundert, ist eine Neuabgrenzung vorzunehmen.
4. Der Wahlkreis soll ein zusammenhängendes Gebiet bilden.
5. Die Grenzen der Gemeinden, Kreise und kreisfreien Städte sollen nach Möglichkeit eingehalten werden.

²Bei Ermittlung der Bevölkerungszahlen bleiben Ausländer (§ 2 Abs. 1 des Aufenthaltsgesetzes[2])) unberücksichtigt.

(2) ¹Der Bundespräsident ernennt eine ständige Wahlkreiskommission. ²Sie besteht aus dem Präsidenten des Statistischen Bundesamtes, einem Richter des Bundesverwaltungsgerichts und fünf weiteren Mitgliedern.

(3) ¹Die Wahlkreiskommission hat die Aufgabe, über Änderungen der Bevölkerungszahlen im Wahlgebiet zu berichten und darzulegen, ob und welche Änderungen der Wahlkreiseinteilung sie im Hinblick darauf für erforderlich hält. ²Sie kann in ihrem Bericht auch aus anderen Gründen Änderungsvorschläge machen. ³Bei ihren Vorschlägen zur Wahlkreiseinteilung hat sie die in Absatz 1 genannten Grundsätze zu beachten; ergeben sich nach der Berechnung in Absatz 1 Nr. 2 mehrere mögliche Wahlkreiszuteilungen, erarbeitet sie hierzu Vorschläge.

(4) ¹Der Bericht der Wahlkreiskommission ist dem Bundesministerium des Innern, für Bau und Heimat innerhalb von fünfzehn Monaten nach Beginn der Wahlperiode des Deutschen Bundestages zu erstatten. ²Das Bundesministerium des Innern, für Bau und Heimat leitet ihn unverzüglich dem Deutschen Bundestag zu und veröffentlicht einen Hinweis auf die Veröffentlichung als Bundestagsdrucksache im Bundesanzeiger. ³Auf Ersuchen des Bundesministeriums des Innern, für Bau und Heimat hat die Wahlkreiskommission einen ergänzenden Bericht zu erstatten; für diesen Fall gilt Satz 2 entsprechend.

(5) ¹Werden Landesgrenzen nach den gesetzlichen Vorschriften über das Verfahren bei sonstigen Änderungen des Gebietsbestandes der Länder nach Artikel 29 Abs. 7 des Grundgesetzes[3]) geändert, so ändern sich entsprechend auch die Grenzen der betroffenen Wahlkreise. ²Werden im aufnehmenden Land zwei oder mehrere Wahlkreise berührt oder wird eine Exklave eines Landes gebildet, so bestimmt sich die Wahlkreiszugehörigkeit der neuen Landesteile nach der Wahlkreiszugehörigkeit der Gemeinde, des Gemeindebezirks oder des gemeindefreien Gebietes, denen er zugeschlagen wird. ³Änderungen von Landesgrenzen, die nach Ablauf des 32. Mo-

---

[1]) § 3 Abs. 1 eingef., bish. Abs. 1 wird Abs. 2 sowie Abs. 3 eingef., bish. Abs. 3 und 4 werden Abs. 4 und 5 durch G v. 15.11.1996 (BGBl. I S. 1712); Abs. 1 Satz 2 geänd. mWv 1.1.2005 durch G v. 30.7.2004 (BGBl. I S. 1950); Abs. 1 Satz 1 Nr. 2 Satz 2 angef. und Abs. 3 Satz 3 geänd. mWv 21.3.2008 durch G v. 17.3.2008 (BGBl. I S. 394); Abs. 4 Satz 2 geänd. mWv 10.5.2016 durch G v. 3.5.2016 (BGBl. I S. 1062); Abs. 4 Sätze 1–3 geänd. mWv 27.6.2020 durch VO v. 19.6.2020 (BGBl. I S. 1328); Abs. 1 Satz 1 Nr. 2 Satz 2 neu gef. mWv 14.6.2023 durch G v. 8.6.2023 (BGBl. 2023 I Nr. 147).

[2]) Nr. **565**.

[3]) Nr. **1**.

nats nach Beginn der Wahlperiode vorgenommen werden, wirken sich auf die Wahlkreiseinteilung erst in der nächsten Wahlperiode aus.

§ 4[1] Grundsätze der Verteilung der Sitze auf Parteien. (1) [1]Die Gesamtzahl der Sitze (§ 1 Absatz 1) wird nach den Grundsätzen der Verhältniswahl zunächst auf die Parteien in Bezug auf das ganze Wahlgebiet und dann auf die Landeslisten jeder Partei verteilt. [2]Von der Gesamtzahl der Sitze wird die Zahl der nach § 6 Absatz 2 erfolgreichen Wahlkreisbewerber abgezogen.

(2) [1]Zwischen den Parteien werden die Sitze im Verhältnis der Zahl der Zweitstimmen, die im Wahlgebiet für die Landeslisten der Partei abgegeben wurden, nach § 5 verteilt (Oberverteilung). [2]Nicht berücksichtigt werden dabei
1. die Zweitstimmen derjenigen Wähler, die ihre Erststimme für einen Bewerber abgegeben haben, der gemäß § 6 Absatz 2 erfolgreich ist, und
2. Parteien, die weniger als 5 Prozent der im Wahlgebiet abgegebenen gültigen Zweitstimmen erhalten haben.

[3]Satz 2 Nummer 2 findet keine Anwendung auf Listen, die von Parteien nationaler Minderheiten eingereicht wurden.

(3) Für jede Partei werden die auf sie nach Absatz 2 entfallenden Sitze auf ihre Landeslisten im Verhältnis der Zahl der Zweitstimmen der Landeslisten nach § 5 verteilt (Unterverteilung).

(4) [1]Erhält bei der Verteilung der Sitze eine Partei, auf die mehr als die Hälfte der Gesamtzahl der Zweitstimmen aller zu berücksichtigenden Parteien entfallen ist, nicht mehr als die Hälfte der Sitze, werden ihr weitere Sitze zugeteilt, bis auf sie ein Sitz mehr als die Hälfte der Sitze entfällt. [2]In einem solchen Fall erhöht sich die Gesamtzahl der Sitze (§ 1 Absatz 1) um die Unterschiedszahl.

§ 5[1] Berechnung der Sitzverteilung. (1) [1]Zur Ermittlung der Oberverteilung wird die Zahl der zu berücksichtigenden Zweitstimmen im Wahlgebiet durch den nach Absatz 2 zu bestimmenden Zuteilungsdivisor geteilt und das Teilungsergebnis gemäß Absatz 3 gerundet. [2]Zur Ermittlung der Unterverteilung wird für jede Partei die Zahl der auf ihre Landeslisten jeweils entfallenden Zweitstimmen durch den nach Absatz 2 zu bestimmenden Zuteilungsdivisor geteilt und das Teilungsergebnis gemäß Absatz 3 gerundet.

(2) [1]Der Zuteilungsdivisor wird so bestimmt, dass alle verfügbaren Sitze verteilt werden. [2]Zur Bestimmung des Zuteilungsdivisors wird die Summe der jeweils zugrunde liegenden Stimmenzahlen durch die Anzahl der verfügbaren Sitze geteilt. [3]Werden mit diesem Zuteilungsdivisor insgesamt mehr Sitze vergeben als verfügbar sind, ist der Zuteilungsdivisor so heraufzusetzen, dass bei erneuter Zuteilung sich die Anzahl der verfügbaren Sitze ergibt; entfallen zu wenig Sitze auf die Parteien, ist der Zuteilungsdivisor entsprechend herunterzusetzen.

(3) [1]Die Teilungsergebnisse bei der Berechnung nach Absatz 1 werden gerundet, indem Zahlenwerte unter 0,5 zur darunterliegenden ganzen Zahl abgerundet und solche über 0,5 zur darüber liegenden ganzen Zahl aufgerundet werden. [2]Zahlenbruchteile, die gleich 0,5 sind, werden so ab- oder aufgerundet, dass die Anzahl der verfügbaren Sitze eingehalten wird; ergeben sich dabei mehrere mögliche Sitzzuteilungen, so entscheidet das vom Bundeswahlleiter zu ziehende Los.

---

[1] §§ 4, 5 neu gef. mWv 14.6.2023 durch G v. 8.6.2023 (BGBl. 2023 I Nr. 147).

§ 6[1] **Vergabe der Sitze an Bewerber.** (1) [1]Ein Wahlkreisbewerber einer Partei (§ 20 Absatz 2) ist dann als Abgeordneter gewählt, wenn er die meisten Erststimmen auf sich vereinigt und im Verfahren der Zweitstimmendeckung (Satz 4) einen Sitz erhält. [2]In jedem Land werden die Bewerber einer Partei, die in den Wahlkreisen die meisten Erststimmen erhalten haben, nach fallendem Erststimmenanteil gereiht. [3]Der Erststimmenanteil ergibt sich aus der Teilung der Zahl der Erststimmen des Bewerbers durch die Gesamtzahl der gültigen Erststimmen in diesem Wahlkreis. [4]Die nach § 4 Absatz 3 für die Landesliste einer Partei ermittelten Sitze werden in der nach Satz 2 gebildeten Reihenfolge an die Wahlkreisbewerber vergeben (Verfahren der Zweitstimmendeckung).

(2) Ein Bewerber, der nach § 20 Absatz 3 vorgeschlagen ist, ist als Abgeordneter eines Wahlkreises dann gewählt, wenn er die meisten Erststimmen auf sich vereinigt.

(3) [1]Bei Stimmengleichheit und bei gleichen Erststimmenanteilen entscheidet das Los. [2]Es ist zwischen Bewerbern in einem Wahlkreis (Absatz 1 Satz 1, Absatz 2) vom Kreiswahlleiter, zwischen Bewerbern im Verfahren der Zweitstimmendeckung (Absatz 1 Satz 4) vom Bundeswahlleiter zu ziehen.

(4) [1]Ein Listenbewerber ist dann als Abgeordneter gewählt, wenn er bei der Vergabe der Sitze der Landesliste (§ 4 Absatz 3), die nach dem Verfahren der Zweitstimmendeckung verbleiben, einen Sitz erhält; die Vergabe erfolgt in der Reihenfolge der Landesliste. [2]Bewerber, die nach Absatz 1 Satz 1 gewählt sind, bleiben auf der Landesliste unberücksichtigt. [3]Entfallen auf eine Landesliste mehr Sitze als Bewerber benannt sind, so bleiben diese Sitze unbesetzt.

§ 7[2] *(aufgehoben)*

Zweiter Abschnitt. Wahlorgane

§ 8[3] **Gliederung der Wahlorgane.** (1) [1]Wahlorgane sind der Bundeswahlleiter und der Bundeswahlausschuß für das Wahlgebiet, ein Landeswahlleiter und ein Landeswahlausschuß für jedes Land, ein Kreiswahlleiter und ein Kreiswahlausschuß für jeden Wahlkreis, ein Wahlvorsteher und ein Wahlvorstand für jeden Wahlbezirk und mindestens ein Wahlvorsteher und ein Wahlvorstand für jeden Wahlkreis zur Feststellung des Briefwahlergebnisses. [2]Wieviel Briefwahlvorstände zu bilden sind, um das Ergebnis der Briefwahl noch am Wahltage feststellen zu können, bestimmt der Kreiswahlleiter.

(2) Für mehrere benachbarte Wahlkreise kann ein gemeinsamer Kreiswahlleiter bestellt und ein gemeinsamer Kreiswahlausschuß gebildet werden; die Anordnung trifft der Landeswahlleiter.

(3) Zur Feststellung des Briefwahlergebnisses können Wahlvorsteher und Wahlvorstände statt für jeden Wahlkreis für einzelne oder mehrere Gemeinden oder für einzelne Kreise innerhalb des Wahlkreises eingesetzt werden; die Anordnung trifft die Landesregierung oder die von ihr bestimmte Stelle.

§ 9[4] **Bildung der Wahlorgane.** (1) Der Bundeswahlleiter und sein Stellvertreter werden vom Bundesministerium des Innern, für Bau und Heimat, die Landeswahl-

---

[1] § 6 neu gef. mWv 14.6.2023 durch G v. 8.6.2023 (BGBl. 2023 I Nr. 147).
[2] § 7 aufgeh. mWv 3.12.2011 durch G v. 25.11.2011 (BGBl. I S. 2313).
[3] § 8 Abs. 3 geänd. mWv 5.5.2001 durch G v. 27.4.2001 (BGBl. I S. 698).
[4] § 9 Abs. 2 Satz 3 geänd. sowie Abs. 4 und 5 angef. mWv 5.5.2001 durch G v. 27.4.2001 (BGBl. I S. 698); Abs. 2 Sätze 1 und 2 geänd. mWv 19.7.2012 durch G v. 12.7.2012 (BGBl. I S. 1501); Abs. 1 geänd. mWv 27.6.2020 durch VO v. 19.6.2020 (BGBl. I S. 1328).

leiter, Kreiswahlleiter und Wahlvorsteher sowie ihre Stellvertreter von der Landesregierung oder der von ihr bestimmten Stelle ernannt.

(2) ¹Der Bundeswahlausschuß besteht aus dem Bundeswahlleiter als Vorsitzendem sowie acht von ihm berufenen Wahlberechtigten als Beisitzern und zwei Richtern des Bundesverwaltungsgerichts. ²Die übrigen Wahlausschüsse bestehen aus dem Wahlleiter als Vorsitzendem und sechs von ihm berufenen Wahlberechtigten als Beisitzern; in die Landeswahlausschüsse sind zudem zwei Richter des Oberverwaltungsgerichts des Landes zu berufen. ³Die Wahlvorstände bestehen aus dem Wahlvorsteher als Vorsitzendem, seinem Stellvertreter und weiteren drei bis sieben vom Wahlvorsteher berufenen Wahlberechtigten als Beisitzern; die Landesregierung oder die von ihr bestimmte Stelle kann anordnen, daß die Beisitzer des Wahlvorstandes von der Gemeindebehörde und die Beisitzer des Wahlvorstandes zur Feststellung der Briefwahlergebnisses vom Kreiswahlleiter, im Falle einer Anordnung nach § 8 Abs. 3 von der Gemeindebehörde oder der Kreisverwaltungsbehörde allein oder im Einvernehmen mit dem Wahlvorsteher berufen werden. ⁴Bei Berufung der Beisitzer sind die in dem jeweiligen Bezirk vertretenen Parteien nach Möglichkeit zu berücksichtigen.

(3) ¹Niemand darf in mehr als einem Wahlorgan Mitglied sein. ²Wahlbewerber, Vertrauenspersonen für Wahlvorschläge und stellvertretende Vertrauenspersonen dürfen nicht zu Mitgliedern eines Wahlorgans bestellt werden.

(4) ¹Die Gemeindebehörden sind befugt, personenbezogene Daten von Wahlberechtigten zum Zweck ihrer Berufung zu Mitgliedern von Wahlvorständen zu erheben und zu verarbeiten. ²Zu diesem Zweck dürfen personenbezogene Daten von Wahlberechtigten, die zur Tätigkeit in Wahlvorständen geeignet sind, auch für künftige Wahlen verarbeitet werden, sofern der Betroffene der Verarbeitung nicht widersprochen hat. ³Der Betroffene ist über das Widerspruchsrecht zu unterrichten. ⁴Im Einzelnen dürfen folgende Daten erhoben und verarbeitet werden: Name, Vorname, Geburtsdatum, Anschrift, Telefonnummern, Zahl der Berufungen zu einem Mitglied der Wahlvorstände und die dabei ausgeübte Funktion.

(5) ¹Auf Ersuchen der Gemeindebehörden sind zur Sicherstellung der Wahldurchführung die Behörden des Bundes, der bundesunmittelbaren Körperschaften, Anstalten und Stiftungen des öffentlichen Rechts, der Länder, der Gemeinden, der Gemeindeverbände sowie der sonstigen der Aufsicht des Landes unterstehenden juristischen Personen des öffentlichen Rechts verpflichtet, aus dem Kreis ihrer Bediensteten unter Angabe von Name, Vorname, Geburtsdatum und Anschrift zum Zweck der Berufung als Mitglieder der Wahlvorstände Personen zu benennen, die im Gebiet der ersuchenden Gemeinde wohnen. ²Die ersuchte Stelle hat den Betroffenen über die übermittelten Daten und den Empfänger zu benachrichtigen.

§ 10[1]) **Tätigkeit der Wahlausschüsse und Wahlvorstände.** (1) ¹Die Wahlausschüsse und Wahlvorstände verhandeln, beraten und entscheiden in öffentlicher Sitzung. ²Soweit nicht in diesem Gesetz etwas anderes bestimmt ist, entscheidet bei den Abstimmungen Stimmenmehrheit; bei Stimmengleichheit gibt die Stimme des Vorsitzenden den Ausschlag.

(2) ¹Die Mitglieder der Wahlorgane, ihre Stellvertreter und die Schriftführer sind zur unparteiischen Wahrnehmung ihres Amtes und zur Verschwiegenheit über die ihnen bei ihrer amtlichen Tätigkeit bekannt gewordenen Angelegenheiten verpflichtet. ²Sie dürfen in Ausübung ihres Amtes ihr Gesicht nicht verhüllen.

---

[1]) § 10 Abs. 2 Satz 2 angef. mWv 15.6.2017 durch G v. 8.6.2017 (BGBl. I S. 1570).

§ 11 Ehrenämter. (1) ¹Die Beisitzer der Wahlausschüsse und die Mitglieder der Wahlvorstände üben ihre Tätigkeit ehrenamtlich aus. ²Zur Übernahme dieses Ehrenamtes ist jeder Wahlberechtigte verpflichtet. ³Das Ehrenamt darf nur aus wichtigen Gründen abgelehnt werden.

(2) (weggefallen)

(3) (weggefallen)

Dritter Abschnitt. Wahlrecht und Wählbarkeit

§ 12[1]) **Wahlrecht.** (1) Wahlberechtigt sind alle Deutschen im Sinne des Artikels 116 Abs. 1 des Grundgesetzes[2]), die am Wahltage

1. das achtzehnte Lebensjahr vollendet haben,
2. seit mindestens drei Monaten in der Bundesrepublik Deutschland eine Wohnung innehaben oder sich sonst gewöhnlich aufhalten,
3. nicht nach § 13 vom Wahlrecht ausgeschlossen sind.

(2) ¹Wahlberechtigt sind bei Vorliegen der sonstigen Voraussetzungen auch diejenigen Deutschen im Sinne des Artikels 116 Absatz 1 des Grundgesetzes, die am Wahltag außerhalb der Bundesrepublik Deutschland leben, sofern sie

1. nach Vollendung ihres vierzehnten Lebensjahres mindestens drei Monate ununterbrochen in der Bundesrepublik Deutschland eine Wohnung innegehabt oder sich sonst gewöhnlich aufgehalten haben und dieser Aufenthalt nicht länger als 25 Jahre zurückliegt oder
2. aus anderen Gründen persönlich und unmittelbar Vertrautheit mit den politischen Verhältnissen in der Bundesrepublik Deutschland erworben haben und von ihnen betroffen sind.

²Als Wohnung oder gewöhnlicher Aufenthalt im Sinne von Satz 1 gilt auch eine frühere Wohnung oder ein früherer Aufenthalt in dem in Artikel 3 des Einigungsvertrages[3]) genannten Gebiet. ³Bei Rückkehr eines nach Satz 1 Wahlberechtigten in die Bundesrepublik Deutschland gilt die Dreimonatsfrist des Absatzes 1 Nr. 2 nicht.

(3) ¹Wohnung im Sinne des Gesetzes ist jeder umschlossene Raum, der zum Wohnen oder Schlafen benutzt wird. ²Wohnwagen und Wohnschiffe sind jedoch nur dann als Wohnungen anzusehen, wenn sie nicht oder nur gelegentlich fortbewegt werden.

(4) Sofern sie in der Bundesrepublik Deutschland keine Wohnung innehaben oder innegehabt haben, gilt als Wohnung im Sinne des Absatzes 1 Nr. 2 oder des Absatzes 2 Satz 1

1. für Seeleute sowie für die Angehörigen ihres Hausstandes das von ihnen bezogene Schiff, wenn dieses nach dem Flaggenrechtsgesetz in der jeweils geltenden Fassung die Bundesflagge zu führen berechtigt ist,
2. für Binnenschiffer sowie für die Angehörigen ihres Hausstandes das von ihnen bezogene Schiff, wenn dieses in einem Schiffsregister in der Bundesrepublik Deutschland eingetragen ist,

---

[1]) § 12 Abs. 2 Satz 1 Nr. 3 geänd. durch G v. 20.4.1998 (BGBl. I S. 706); Abs. 2 neu gef., Abs. 4 einl. Satzteil und Nr. 1 sowie Abs. 5 geänd. mWv 21.3.2008 durch G v. 17.3.2008 (BGBl. I S. 394); Abs. 2 Satz 1 neu gef. mWv 3.5.2013 durch G v. 27.4.2013 (BGBl. I S. 962).

[2]) Nr. **1**.

[3]) **Sartorius III Nr. 2.**

3. für im Vollzug gerichtlich angeordneter Freiheitsentziehung befindliche Personen sowie für andere Untergebrachte die Anstalt oder die entsprechende Einrichtung.

(5) Bei der Berechnung der Dreimonatsfrist nach Absatz 1 Nr. 2 und Absatz 2 Satz 1 ist der Tag der Wohnungs- oder Aufenthaltsnahme in die Frist einzubeziehen.

§ 13[1] **Ausschluss vom Wahlrecht.** Ausgeschlossen vom Wahlrecht ist, wer infolge Richterspruchs das Wahlrecht nicht besitzt.

§ 14[2] **Ausübung des Wahlrechts.** (1) Wählen kann nur, wer in ein Wählerverzeichnis eingetragen ist oder einen Wahlschein hat.

(2) Wer im Wählerverzeichnis eingetragen ist, kann nur in dem Wahlbezirk wählen, in dessen Wählerverzeichnis er geführt wird.

(3) Wer einen Wahlschein hat, kann an der Wahl des Wahlkreises, in dem der Wahlschein ausgestellt ist,

a) durch Stimmabgabe in einem beliebigen Wahlbezirk dieses Wahlkreises oder
b) durch Briefwahl

teilnehmen.

(4) ¹Jeder Wahlberechtigte kann sein Wahlrecht nur einmal und nur persönlich ausüben. ²Eine Ausübung des Wahlrechts durch einen Vertreter anstelle des Wahlberechtigten ist unzulässig.

(5) ¹Ein Wahlberechtigter, der des Lesens unkundig oder wegen einer Behinderung an der Abgabe seiner Stimme gehindert ist, kann sich hierzu der Hilfe einer anderen Person bedienen. ²Die Hilfeleistung ist auf technische Hilfe bei der Kundgabe einer vom Wahlberechtigten selbst getroffenen und geäußerten Wahlentscheidung beschränkt. ³Unzulässig ist eine Hilfeleistung, die unter missbräuchlicher Einflussnahme erfolgt, die selbstbestimmte Willensbildung oder Entscheidung des Wahlberechtigten ersetzt oder verändert oder wenn ein Interessenkonflikt der Hilfsperson besteht.

§ 15[3] **Wählbarkeit.** (1) Wählbar ist, wer am Wahltage
1. Deutscher im Sinne des Artikels 116 Abs. 1 des Grundgesetzes[4] ist und
2. das achtzehnte Lebensjahr vollendet hat.

(2) Nicht wählbar ist,
1. wer nach § 13 vom Wahlrecht ausgeschlossen ist oder
2. wer infolge Richterspruchs die Wählbarkeit oder die Fähigkeit zur Bekleidung öffentlicher Ämter nicht besitzt.

Vierter Abschnitt. Vorbereitung der Wahl

§ 16 Wahltag. ¹Der Bundespräsident bestimmt den Tag der Hauptwahl (Wahltag). ²Wahltag muß ein Sonntag oder gesetzlicher Feiertag sein.

---

[1] § 13 neu gef. mWv 1.7.2019 durch G v. 18.6.2019 (BGBl. I S. 834).
[2] § 14 Abs. 4 Satz 2 und Abs. 5 angef. mWv 1.7.2019 durch G v. 18.6.2019 (BGBl. I S. 834).
[3] § 15 Abs. 1 Nr. 1 geänd. mWv 5.5.2001 durch G v. 27.4.2001 (BGBl. I S. 698); Abs. 2 Nr. 1 und 2 geänd. sowie Nr. 3 aufgeh. mWv 21.3.2008 durch G v. 17.3.2008 (BGBl. I S. 394).
[4] Nr. 1.

§ 17[1] **Wählerverzeichnis und Wahlschein.** (1) ¹Die Gemeindebehörden führen für jeden Wahlbezirk ein Verzeichnis der Wahlberechtigten. ²Jeder Wahlberechtigte hat das Recht, an den Werktagen vom 20. bis zum 16. Tag vor der Wahl während der allgemeinen Öffnungszeiten die Richtigkeit oder Vollständigkeit der zu seiner Person im Wählerverzeichnis eingetragenen Daten zu überprüfen. ³Zur Überprüfung der Richtigkeit oder Vollständigkeit der Daten von anderen im Wählerverzeichnis eingetragenen Personen haben Wahlberechtigte während des in Satz 2 genannten Zeitraumes nur dann ein Recht auf Einsicht in das Wählerverzeichnis, wenn sie Tatsachen glaubhaft machen, aus denen sich eine Unrichtigkeit oder Unvollständigkeit des Wählerverzeichnisses ergeben kann. ⁴Das Recht zur Überprüfung gemäß Satz 3 besteht nicht hinsichtlich der Daten von Wahlberechtigten, für die im Melderegister ein Sperrvermerk gemäß § 51 Absatz 1 des Bundesmeldegesetzes[2] eingetragen ist.

(2) Ein Wahlberechtigter, der im Wählerverzeichnis eingetragen ist, oder der aus einem von ihm nicht zu vertretenden Grund in das Wählerverzeichnis nicht aufgenommen worden ist, erhält auf Antrag einen Wahlschein.

§ 18[3] **Wahlvorschlagsrecht, Beteiligungsanzeige.** (1) Wahlvorschläge können von Parteien und von Wahlberechtigten nach Maßgabe des § 20 eingereicht werden.

(2) ¹Parteien, die im Deutschen Bundestag oder einem Landtag seit deren letzter Wahl nicht auf Grund eigener Wahlvorschläge ununterbrochen mit mindestens fünf Abgeordneten vertreten waren, können als solche einen Wahlvorschlag nur einreichen, wenn sie spätestens am siebenundneunzigsten Tage vor der Wahl bis 18 Uhr dem Bundeswahlleiter ihre Beteiligung an der Wahl schriftlich angezeigt haben und der Bundeswahlausschuß ihre Parteieigenschaft festgestellt hat. ²In der Anzeige ist anzugeben, unter welchem Namen sich die Partei an der Wahl beteiligen will. ³Die Anzeige muß von mindestens drei Mitgliedern des Bundesvorstandes, darunter dem Vorsitzenden oder seinem Stellvertreter, persönlich und handschriftlich unterzeichnet sein. ⁴Hat eine Partei keinen Bundesvorstand, so tritt der Vorstand der jeweils obersten Parteiorganisation an die Stelle des Bundesvorstandes. ⁵Die schriftliche Satzung und das schriftliche Programm der Partei sowie ein Nachweis über die satzungsgemäße Bestellung des Vorstandes sind der Anzeige beizufügen. ⁶Der Anzeige sollen Nachweise über die Parteieigenschaft nach § 2 Absatz 1 Satz 1 des Parteiengesetzes[4] beigefügt werden.

(3) ¹Der Bundeswahlleiter hat die Anzeige nach Absatz 2 unverzüglich nach Eingang zu prüfen. ²Stellt er Mängel fest, so benachrichtigt er sofort den Vorstand und fordert ihn auf, behebbare Mängel zu beseitigen. ³Nach Ablauf der Anzeigefrist können nur noch Mängel an sich gültiger Anzeigen behoben werden. ⁴Eine gültige Anzeige liegt nicht vor, wenn

1. die Form oder Frist des Absatzes 2 nicht gewahrt ist,

---

[1] § 17 Abs. 1 neu gef. mWv 5.5.2001 durch G v. 27.4.2001 (BGBl. I S. 698); Abs. 2 geänd. mWv 21.3.2008 durch G v. 17.3.2008 (BGBl. I S. 394); Abs. 1 Satz 4 geänd. mWv 1.11.2015 durch G v. 3.5.2013 (BGBl. I S. 1084, geänd. durch G v. 20.11.2014, BGBl. I S. 1738); Abs. 1 Satz 4 geänd. mWv 10.5.2016 durch G v. 3.5.2016 (BGBl. I S. 1062).

[2] Nr. **256**.

[3] § 18 Abs. 2 Satz 1 und Abs 4 einl. Satzteil geänd. für die Wahl zum 16. Deutschen Bundestag durch VO v. 21.7.2005 (BGBl. I S. 2179); Abs. 2 Satz 6 angef., Abs. 4 einl. Satzteil geänd., Nr. 2 neu gef., Sätze 2 und 3 angef., Abs. 4a eingef. mWv 19.7.2012 durch G v. 12.7.2012 (BGBl. I S. 1501); Abs. 1 neu gef. mWv 14.6.2023 durch G v. 8.6.2023 (BGBl. 2023 I Nr. 147).

[4] Nr. **58**.

2. die Parteibezeichnung fehlt,
3. die nach Absatz 2 erforderlichen gültigen Unterschriften und die der Anzeige beizufügenden Anlagen fehlen, es sei denn, diese Anlagen können infolge von Umständen, die die Partei nicht zu vertreten hat, nicht rechtzeitig vorgelegt werden,
4. die Vorstandsmitglieder mangelhaft bezeichnet sind, so daß ihre Person nicht feststeht.

[5] Nach der Entscheidung über die Feststellung der Parteieigenschaft ist jede Mängelbeseitigung ausgeschlossen. [6] Gegen Verfügungen des Bundeswahlleiters im Mängelbeseitigungsverfahren kann der Vorstand den Bundeswahlausschuß anrufen.

(4) [1] Der Bundeswahlausschuß stellt spätestens am neunundsiebzigsten Tage vor der Wahl für alle Wahlorgane verbindlich fest,
1. welche Parteien im Deutschen Bundestag oder in einem Landtag seit deren letzter Wahl auf Grund eigener Wahlvorschläge ununterbrochen mit mindestens fünf Abgeordneten vertreten waren,
2. welche Vereinigungen, die nach Absatz 2 ihre Beteiligung angezeigt haben, für die Wahl als Parteien anzuerkennen sind; für die Ablehnung der Anerkennung als Partei für die Wahl ist eine Zweidrittelmehrheit erforderlich.

[2] Die Feststellung ist vom Bundeswahlleiter in der Sitzung des Bundeswahlausschusses bekannt zu geben. [3] Sie ist öffentlich bekannt zu machen.

(4a) [1] Gegen eine Feststellung nach Absatz 4, die sie an der Einreichung von Wahlvorschlägen hindert, kann eine Partei oder Vereinigung binnen vier Tagen nach Bekanntgabe Beschwerde zum Bundesverfassungsgericht erheben. [2] In diesem Fall ist die Partei oder Vereinigung von den Wahlorganen bis zu einer Entscheidung des Bundesverfassungsgerichts, längstens bis zum Ablauf des neunundfünfzigsten Tages vor der Wahl wie eine wahlvorschlagsberechtigte Partei zu behandeln.

(5) Eine Partei kann in jedem Wahlkreis nur einen Kreiswahlvorschlag und in jedem Land nur eine Landesliste einreichen.

§ 19[1)] **Einreichung der Wahlvorschläge.** Kreiswahlvorschläge sind dem Kreiswahlleiter, Landeslisten dem Landeswahlleiter spätestens am neunundsechzigsten Tage vor der Wahl bis 18 Uhr schriftlich einzureichen.

§ 20[2)] **Inhalt und Form der Kreiswahlvorschläge.** (1) [1] Der Kreiswahlvorschlag darf nur den Namen eines Bewerbers enthalten. [2] Jeder Bewerber kann nur in einem Wahlkreis und nur in einem Kreiswahlvorschlag benannt werden. [3] Als Bewerber kann nur vorgeschlagen werden, wer seine Zustimmung dazu schriftlich erteilt hat; die Zustimmung ist unwiderruflich.

(2) [1] Kreiswahlvorschläge von Parteien müssen von dem Vorstand des Landesverbandes oder, wenn Landesverbände nicht bestehen, von den Vorständen der nächstniedrigen Gebietsverbände, in deren Bereich der Wahlkreis liegt, persönlich und handschriftlich unterzeichnet sein. [2] Sie können nur dann zugelassen werden, wenn für die Partei in dem betreffenden Land eine Landesliste zugelassen wird. [3] Kreiswahlvorschläge der in § 18 Abs. 2 genannten Parteien müssen außerdem von mindestens 200 Wahlberechtigten des Wahlkreises persönlich und handschriftlich

---

[1)] § 19 geänd. geänd. für die Wahl zum 16. Deutschen Bundestag durch VO v. 21.7.2005 (BGBl. I S. 2179); geänd. mWv 19.7.2012 durch G v. 12.7.2012 (BGBl. I S. 1501).
[2)] § 20 Abs. 2 Satz 1 geänd. mWv 5.5.2001 durch G v. 27.4.2001 (BGBl. I S. 698); Abs. 2 Satz 2 eingef., bish. Sätze 2 und 3 werden Sätze 3 und 4 mWv 14.6.2023 durch G v. 8.6.2023 (BGBl. 2023 I Nr. 147).

unterzeichnet sein; die Wahlberechtigung muß im Zeitpunkt der Unterzeichnung gegeben sein und ist bei Einreichung des Kreiswahlvorschlages nachzuweisen. [4]Das Erfordernis von 200 Unterschriften gilt nicht für Kreiswahlvorschläge von Parteien nationaler Minderheiten.

(3) [1]Andere Kreiswahlvorschläge müssen von mindestens 200 Wahlberechtigten des Wahlkreises persönlich und handschriftlich unterzeichnet sein. [2]Absatz 2 Satz 2 zweiter Halbsatz gilt entsprechend.

(4) Kreiswahlvorschläge von Parteien müssen den Namen der einreichenden Partei und, sofern sie eine Kurzbezeichnung verwendet, auch diese, andere Kreiswahlvorschläge ein Kennwort enthalten.

§ 21[1)] **Aufstellung von Parteibewerbern.** (1) [1]Als Bewerber einer Partei kann in einem Kreiswahlvorschlag nur benannt werden, wer nicht Mitglied einer anderen Partei ist und in einer Mitgliederversammlung zur Wahl eines Wahlkreisbewerbers oder in einer besonderen oder allgemeinen Vertreterversammlung hierzu gewählt worden ist. [2]Mitgliederversammlung zur Wahl eines Wahlkreisbewerbers ist eine Versammlung der im Zeitpunkt ihres Zusammentritts im Wahlkreis zum Deutschen Bundestag wahlberechtigten Mitglieder der Partei. [3]Besondere Vertreterversammlung ist eine Versammlung der von einer derartigen Mitgliederversammlung aus ihrer Mitte gewählten Vertreter. [4]Allgemeine Vertreterversammlung ist eine nach der Satzung der Partei (§ 6 des Parteiengesetzes[2)]) allgemein für bevorstehende Wahlen von einer derartigen Mitgliederversammlung aus ihrer Mitte bestellte Versammlung.

(2) In Kreisen und kreisfreien Städten, die mehrere Wahlkreise umfassen, können die Bewerber für diejenigen Wahlkreise, deren Gebiet die Grenze des Kreises oder der kreisfreien Stadt nicht durchschneidet, in einer gemeinsamen Mitglieder- oder Vertreterversammlung gewählt werden.

(3) [1]Die Bewerber und die Vertreter für die Vertreterversammlungen werden in geheimer Abstimmung gewählt. [2]Jeder stimmberechtigte Teilnehmer der Versammlung ist hierbei vorschlagsberechtigt. [3]Den Bewerbern ist Gelegenheit zu geben, sich und ihr Programm der Versammlung in angemessener Zeit vorzustellen. [4]Die Wahlen dürfen frühestens 32 Monate, für die Vertreterversammlungen frühestens 29 Monate nach Beginn der Wahlperiode des Deutschen Bundestages stattfinden; dies gilt nicht, wenn die Wahlperiode vorzeitig endet.

(4) [1]Der Vorstand des Landesverbandes oder, wenn Landesverbände nicht bestehen, die Vorstände der nächstniedrigen Gebietsverbände, in deren Bereich der Wahlkreis liegt oder eine andere in der Parteisatzung hierfür vorgesehene Stelle können gegen den Beschluß einer Mitglieder- oder Vertreterversammlung Einspruch erheben. [2]Auf einen solchen Einspruch ist die Abstimmung zu wiederholen. [3]Ihr Ergebnis ist endgültig.

(5) Das Nähere über die Wahl der Vertreter für die Vertreterversammlung, über die Einberufung und Beschlußfähigkeit der Mitglieder- oder Vertreterversammlung sowie über das Verfahren für die Wahl des Bewerbers regeln die Parteien durch ihre Satzungen.

[1)] § 21 Abs. 3 Sätze 2 und 3 eingef., bish. Satz 2 wird Satz 4 sowie Abs. 4 Satz 1 und Abs. 6 Satz 2 geänd. mWv 5.5.2001 durch G v. 27.4.2001 (BGBl. I S. 698); Abs. 3 Satz 4 geänd. mWv 17.10.2002 durch G v. 27.4.2001 (BGBl. I S. 698) iVm Bek. v. 29.11.2002 (BGBl. I S. 4501); Abs. 1 Satz 1 geänd. mWv 21.3.2008 durch G v. 17.3.2008 (BGBl. I S. 394).
[2)] Nr. 58.

(6) ¹Eine Ausfertigung der Niederschrift über die Wahl des Bewerbers mit Angaben über Ort und Zeit der Einladung, Form der Einladung, Zahl der erschienenen Mitglieder und Ergebnis der Abstimmung ist mit dem Kreiswahlvorschlag einzureichen. ²Hierbei haben der Leiter der Versammlung und zwei von dieser bestimmte Teilnehmer gegenüber dem Kreiswahlleiter an Eides Statt zu versichern, dass die Anforderungen gemäß Absatz 3 Satz 1 bis 3 beachtet worden sind. ³Der Kreiswahlleiter ist zur Abnahme einer solchen Versicherung an Eides Statt zuständig; er gilt als Behörde im Sinne des § 156 des Strafgesetzbuches[1].

§ 22 Vertrauensperson. (1) ¹In jedem Kreiswahlvorschlag sollen eine Vertrauensperson und eine stellvertretende Vertrauensperson bezeichnet werden. ²Fehlt diese Bezeichnung, so gilt die Person, die als erste unterzeichnet hat, als Vertrauensperson, und diejenige, die als zweite unterzeichnet hat, als stellvertretende Vertrauensperson.

(2) Soweit in diesem Gesetz nichts anderes bestimmt ist, sind nur die Vertrauensperson und die stellvertretende Vertrauensperson, jede für sich, berechtigt, verbindliche Erklärungen zum Kreiswahlvorschlag abzugeben und entgegenzunehmen.

(3) Die Vertrauensperson und die stellvertretende Vertrauensperson können durch schriftliche Erklärung der Mehrheit der Unterzeichner des Kreiswahlvorschlages an den Kreiswahlleiter abberufen und durch andere ersetzt werden.

§ 23 Zurücknahme von Kreiswahlvorschlägen. ¹Ein Kreiswahlvorschlag kann durch gemeinsame schriftliche Erklärung der Vertrauensperson und der stellvertretenden Vertrauensperson zurückgenommen werden, solange nicht über seine Zulassung entschieden ist. ²Ein von mindestens 200 Wahlberechtigten unterzeichneter Kreiswahlvorschlag kann auch von der Mehrheit der Unterzeichner durch eine von ihnen persönlich und handschriftlich vollzogene Erklärung zurückgenommen werden.

§ 24 Änderung von Kreiswahlvorschlägen. ¹Ein Kreiswahlvorschlag kann nach Ablauf der Einreichungsfrist nur durch gemeinsame schriftliche Erklärung der Vertrauensperson und der stellvertretenden Vertrauensperson und nur dann geändert werden, wenn der Bewerber stirbt oder die Wählbarkeit verliert. ²Das Verfahren nach § 21 braucht nicht eingehalten zu werden, der Unterschriften nach § 20 Abs. 2 und 3 bedarf es nicht. ³Nach der Entscheidung über die Zulassung eines Kreiswahlvorschlages (§ 26 Abs. 1 Satz 1) ist jede Änderung ausgeschlossen.

§ 25[2] Beseitigung von Mängeln. (1) ¹Der Kreiswahlleiter hat die Kreiswahlvorschläge unverzüglich nach Eingang zu prüfen. ²Stellt er bei einem Kreiswahlvorschlag Mängel fest, so benachrichtigt er sofort die Vertrauensperson und fordert sie auf, behebbare Mängel rechtzeitig zu beseitigen.

(2) ¹Nach Ablauf der Einreichungsfrist können nur noch Mängel an sich gültiger Wahlvorschläge behoben werden. ²Ein gültiger Wahlvorschlag liegt nicht vor, wenn
1. die Form oder Frist des § 19 nicht gewahrt ist,
2. die nach § 20 Absatz 2 Satz 1 und 3 sowie Absatz 3 erforderlichen gültigen Unterschriften mit dem Nachweis der Wahlberechtigung der Unterzeichner fehlen, es sei denn, der Nachweis kann infolge von Umständen, die der Wahlvorschlagsberechtigte nicht zu vertreten hat, nicht rechtzeitig erbracht werden,

---

[1] Habersack Nr. 85.
[2] § 25 Abs. 2 Satz 2 Nr. 2 geänd. mWv 14.6.2023 durch G v. 8.6.2023 (BGBl. 2023 I Nr. 147).

3. bei einem Parteiwahlvorschlag die Parteibezeichnung fehlt, die nach § 18 Abs. 2 erforderliche Feststellung der Parteieigenschaft abgelehnt ist oder die Nachweise des § 21 nicht erbracht sind,
4. der Bewerber mangelhaft bezeichnet ist, so daß seine Person nicht feststeht oder
5. die Zustimmungserklärung des Bewerbers fehlt.

(3) Nach der Entscheidung über die Zulassung eines Kreiswahlvorschlages (§ 26 Abs. 1 Satz 1) ist jede Mängelbeseitigung ausgeschlossen.

(4) Gegen Verfügungen des Kreiswahlleiters im Mängelbeseitigungsverfahren kann die Vertrauensperson den Kreiswahlausschuß anrufen.

§ 26[1]) Zulassung der Kreiswahlvorschläge.

(1) [1] Der Kreiswahlausschuß entscheidet am achtundfünfzigsten Tage vor der Wahl über die Zulassung der Kreiswahlvorschläge. [2] Er hat Kreiswahlvorschläge zurückzuweisen, wenn sie

1. verspätet eingereicht sind oder
2. den Anforderungen nicht entsprechen, die durch dieses Gesetz und die Bundeswahlordnung[2]) aufgestellt sind, es sei denn, daß in diesen Vorschriften etwas anderes bestimmt ist.

[3] Die Zulassung eines Kreiswahlvorschlags einer Partei erfolgt unter der Bedingung, dass die Landesliste der einreichenden Partei nach § 28 zugelassen wird. [4] Die Entscheidung ist in der Sitzung des Kreiswahlausschusses bekanntzugeben.

(2) [1] Weist der Kreiswahlausschuß einen Kreiswahlvorschlag zurück, so kann binnen drei Tagen nach Bekanntgabe der Entscheidung Beschwerde an den Landeswahlausschuß eingelegt werden. [2] Beschwerdeberechtigt sind die Vertrauensperson des Kreiswahlvorschlages, der Bundeswahlleiter und der Kreiswahlleiter. [3] Der Bundeswahlleiter und der Kreiswahlleiter können auch gegen eine Entscheidung, durch die ein Kreiswahlvorschlag zugelassen wird, Beschwerde erheben. [4] In der Beschwerdeverhandlung sind die erschienenen Beteiligten zu hören. [5] Die Entscheidung über die Beschwerde muß spätestens am zweiundfünfzigsten Tage vor der Wahl getroffen werden.

(3) [1] Der Bedingungseintritt des Absatzes 1 Satz 3 wird durch den Kreiswahlleiter festgestellt. [2] Der Kreiswahlleiter macht die zugelassenen Kreiswahlvorschläge spätestens am achtundvierzigsten Tage vor der Wahl öffentlich bekannt.

§ 27[3]) Landeslisten.

(1) [1] Landeslisten können nur von Parteien eingereicht werden. [2] Sie müssen von dem Vorstand des Landesverbandes oder, wenn Landesverbände nicht bestehen, von den Vorständen der nächstniedrigen Gebietsverbände, die im Bereich des Landes liegen, bei den in § 18 Abs. 2 genannten Parteien außerdem von 1 vom Tausend der Wahlberechtigten des Landes bei der letzten Bundestagswahl, jedoch höchstens 2 000 Wahlberechtigten, persönlich und handschriftlich unterzeichnet sein. [3] Die Wahlberechtigung der Unterzeichner eines Wahlvorschlages einer der in § 18 Abs. 2 genannten Parteien muß im Zeitpunkt der Unterzeichnung gegeben sein und ist bei Einreichung der Landesliste nachzuweisen. [4] Das Erfordernis zusätzlicher Unterschriften gilt nicht für Landeslisten von Parteien nationaler Minderheiten.

---

[1]) § 26 Abs 1 Satz 1 einl. Satzteil, Abs. 2 Satz 5 und Abs. 3 geänd. für die Wahl zum 16. Deutschen Bundestag durch VO v. 21.7.2005 (BGBl. I S. 2179); Abs. 1 Satz 3 eingef., bish. Satz 3 wird Satz 4, Abs. 3 Satz 1 eingef., bish. Wortlaut wird Satz 2 mWv 14.6.2023 durch G v. 8.6.2023 (BGBl. 2023 I Nr. 147).

[2]) Nr. **31**.

[3]) § 27 Abs. 1 Satz 2 geänd. mWv 5.5.2001 durch G v. 27.4.2001 (BGBl. I S. 698); Abs. 4 Satz 2 eingef., bish. Satz 2 wird Satz 3 mWv 14.6.2023 durch G v. 8.6.2023 (BGBl. 2023 I Nr. 147).

(2) Landeslisten müssen den Namen der einreichenden Partei und, sofern sie eine Kurzbezeichnung verwendet, auch diese enthalten.

(3) Die Namen der Bewerber müssen in erkennbarer Reihenfolge aufgeführt sein.

(4) ¹Ein Bewerber kann nur in einem Land und hier nur in einer Landesliste vorgeschlagen werden. ²Als Bewerber einer Landesliste kann nur vorgeschlagen werden, wer nicht als Bewerber nach § 20 Absatz 3 vorgeschlagen ist. ³In einer Landesliste kann nur benannt werden, wer seine Zustimmung dazu schriftlich erklärt hat; die Zustimmung ist unwiderruflich.

(5) § 21 Abs. 1, 3, 5 und 6 sowie die §§ 22 bis 25 gelten entsprechend mit der Maßgabe, daß die Versicherung an Eides Statt nach § 21 Abs. 6 Satz 2 sich auch darauf zu erstrecken hat, daß die Festlegung der Reihenfolge der Bewerber in der Landesliste in geheimer Abstimmung erfolgt ist.

§ 28[1]**) Zulassung der Landeslisten.** (1) ¹Der Landeswahlausschuß entscheidet am achtundfünfzigsten Tage vor der Wahl über die Zulassung der Landeslisten. ²Er hat Landeslisten zurückzuweisen, wenn sie

1. verspätet eingereicht sind oder
2. den Anforderungen nicht entsprechen, die durch dieses Gesetz und die Bundeswahlordnung[2]) aufgestellt sind, es sei denn, daß in diesen Vorschriften etwas anderes bestimmt ist.

³Sind die Anforderungen nur hinsichtlich einzelner Bewerber nicht erfüllt, so werden ihre Namen aus der Landesliste gestrichen. ⁴Die Entscheidung ist in der Sitzung des Landeswahlausschusses bekanntzugeben.

(2) ¹Weist der Landeswahlausschuß eine Landesliste ganz oder teilweise zurück, so kann binnen drei Tagen nach Bekanntgabe der Entscheidung Beschwerde an den Bundeswahlausschuß eingelegt werden. ²Beschwerdeberechtigt sind die Vertrauensperson der Landesliste und der Landeswahlleiter. ³Der Landeswahlleiter kann auch gegen eine Entscheidung, durch die eine Landesliste zugelassen wird, Beschwerde erheben. ⁴In der Beschwerdeverhandlung sind die erschienenen Beteiligten zu hören. ⁵Die Entscheidung über die Beschwerde muß spätestens am zweiundfünfzigsten Tage vor der Wahl getroffen werden.

(3) Der Landeswahlleiter macht die zugelassenen Landeslisten spätestens am achtundvierzigsten Tage vor der Wahl öffentlich bekannt.

§ 29[3]**)** *(aufgehoben)*

§ 30[4]**) Stimmzettel.** (1) Die Stimmzettel und die zugehörigen Umschläge für die Briefwahl (§ 36 Abs. 1) werden amtlich hergestellt.

(2) Der Stimmzettel enthält
1. für die Wahl in den Wahlkreisen die Namen der Bewerber der zugelassenen Kreiswahlvorschläge, bei Kreiswahlvorschlägen von Parteien außerdem die Namen der Parteien und, sofern sie eine Kurzbezeichnung verwenden, auch diese, bei anderen Kreiswahlvorschlägen außerdem das Kennwort,

---

[1]) § 28 Abs. 1 Satz 1 einl. Satzteil, Abs. 2 Satz 5 und Abs. 3 geänd. geänd. für die Wahl zum 16. Deutschen Bundestag durch VO v. 21.7.2005 (BGBl. I S. 2179).
[2]) Nr. **31**.
[3]) § 29 aufgeh. mWv 3.12.2011 durch G v. 25.11.2011 (BGBl. I S. 2313).
[4]) § 30 Abs. 1 neu gef. und Abs. 3 Satz 1 geänd. mWv 5.5.2001 durch G v. 27.4.2001 (BGBl. I S. 698).

2. für die Wahl nach Landeslisten die Namen der Parteien und, sofern sie eine Kurzbezeichnung verwenden, auch diese, sowie die Namen der ersten fünf Bewerber der zugelassenen Landeslisten.

(3) ¹Die Reihenfolge der Landeslisten von Parteien richtet sich nach der Zahl der Zweitstimmen, die sie bei der letzten Bundestagswahl im Land erreicht haben. ²Die übrigen Landeslisten schließen sich in alphabetischer Reihenfolge der Namen der Parteien an. ³Die Reihenfolge der Kreiswahlvorschläge richtet sich nach der Reihenfolge der entsprechenden Landeslisten. ⁴Sonstige Kreiswahlvorschläge schließen sich in alphabetischer Reihenfolge der Namen der Parteien oder der Kennwörter an.

Fünfter Abschnitt. Wahlhandlung

§ 31 Öffentlichkeit der Wahlhandlung. ¹Die Wahlhandlung ist öffentlich. ²Der Wahlvorstand kann Personen, die die Ordnung und Ruhe stören, aus dem Wahlraum verweisen.

§ 32 Unzulässige Wahlpropaganda und Unterschriftensammlung, unzulässige Veröffentlichung von Wählerbefragungen. (1) Während der Wahlzeit sind in und an dem Gebäude, in dem sich der Wahlraum befindet, sowie unmittelbar vor dem Zugang zu dem Gebäude jede Beeinflussung der Wähler durch Wort, Ton, Schrift oder Bild sowie jede Unterschriftensammlung verboten.

(2) Die Veröffentlichung von Ergebnissen von Wählerbefragungen nach der Stimmabgabe über den Inhalt der Wahlentscheidung ist vor Ablauf der Wahlzeit unzulässig.

§ 33[1] Wahrung des Wahlgeheimnisses. (1) ¹Es sind Vorkehrungen dafür zu treffen, dass der Wähler den Stimmzettel unbeobachtet kennzeichnen und falten kann. ²Für die Aufnahme der Stimmzettel sind Wahlurnen zu verwenden, die die Wahrung des Wahlgeheimnisses sicherstellen.

(2) ¹Die nach § 14 Absatz 5 zulässige Hilfe bei der Stimmabgabe bleibt unberührt. ²Die Hilfsperson ist zur Geheimhaltung der Kenntnisse verpflichtet, die sie bei der Hilfeleistung von der Wahl einer anderen Person erlangt hat.

§ 34[2] Stimmabgabe mit Stimmzetteln. (1) Gewählt wird mit amtlichen Stimmzetteln.

(2) ¹Der Wähler gibt
1. seine Erststimme in der Weise ab, daß er durch ein auf den Stimmzettel gesetztes Kreuz oder auf andere Weise eindeutig kenntlich macht, welchem Bewerber sie gelten soll,
2. seine Zweitstimme in der Weise ab, daß er durch ein auf den Stimmzettel gesetztes Kreuz oder auf andere Weise eindeutig kenntlich macht, welcher Landesliste sie gelten soll.

²Der Wähler faltet daraufhin den Stimmzettel in der Weise, dass seine Stimmabgabe nicht erkennbar ist, und wirft ihn in die Wahlurne.

---

[1] § 33 Abs. 1 Sätze 1 und 2 geänd. sowie Abs. 2 neu gef. mWv 5.5.2001 durch G v. 27.4.2001 (BGBl. I S. 698); Abs. 2 geänd. mWv 21.3.2008 durch G v. 17.3.2008 (BGBl. I S. 394); Abs. 1 Satz 1 geänd., Abs. 2 neu gef. mWv 1.7.2019 durch G v. 18.6.2019 (BGBl. I S. 834).

[2] § 34 Abs. 1 geänd. und Abs. 2 Satz 2 angef. mWv 5.5.2001 durch G v. 27.4.2001 (BGBl. I S. 698).

§ 35[1]) **Stimmabgabe mit Wahlgeräten.** (1) Zur Erleichterung der Abgabe und Zählung der Stimmen können anstelle von Stimmzetteln und Wahlurnen Wahlgeräte benutzt werden.

(2) [1]Wahlgeräte im Sinne von Absatz 1 müssen die Geheimhaltung der Stimmabgabe gewährleisten. [2]Ihre Bauart muß für die Verwendung bei Wahlen zum Deutschen Bundestag amtlich für einzelne Wahlen oder allgemein zugelassen sein. [3]Über die Zulassung entscheidet das Bundesministerium des Innern, für Bau und Heimat auf Antrag des Herstellers des Wahlgerätes. [4]Die Verwendung eines amtlich zugelassenen Wahlgerätes bedarf der Genehmigung durch das Bundesministerium des Innern, für Bau und Heimat. [5]Die Genehmigung kann für einzelne Wahlen oder allgemein ausgesprochen werden.

(3) [1]Das Bundesministerium des Innern, für Bau und Heimat wird ermächtigt, durch Rechtsverordnung[2]), die nicht der Zustimmung des Bundesrates bedarf, nähere Bestimmungen zu erlassen über

1. die Voraussetzungen für die amtliche Zulassung der Bauart von Wahlgeräten sowie für die Rücknahme und den Widerruf der Zulassung,
2. das Verfahren für die amtliche Zulassung der Bauart,
3. das Verfahren für die Prüfung eines Wahlgerätes auf die der amtlich zugelassenen Bauart entsprechende Ausführung,
4. die öffentliche Erprobung eines Wahlgerätes vor seiner Verwendung,
5. das Verfahren für die amtliche Genehmigung der Verwendung sowie für die Rücknahme und den Widerruf der Genehmigung,
6. die durch die Verwendung von Wahlgeräten bedingten Besonderheiten im Zusammenhang mit der Wahl.

[2]Die Rechtsverordnung ergeht in den Fällen der Nummern 1 und 3 im Einvernehmen mit dem Bundesministerium für Wirtschaft und Energie.

(4) Für die Betätigung eines Wahlgerätes gilt § 33 Abs. 1 Satz 1 und Abs. 2 entsprechend.

§ 36[3]) **Briefwahl.** (1) [1]Bei der Briefwahl hat der Wähler dem Kreiswahlleiter des Wahlkreises, in dem der Wahlschein ausgestellt worden ist, im verschlossenen Wahlbriefumschlag

a) seinen Wahlschein

b) in einem besonderen verschlossenen Stimmzettelumschlag seinen Stimmzettel

so rechtzeitig zu übersenden, daß der Wahlbrief spätestens am Wahltage bis 18 Uhr eingeht. [2]§ 33 Abs. 2 gilt entsprechend.

(2) [1]Auf dem Wahlschein hat der Wähler oder die Hilfsperson gegenüber dem Kreiswahlleiter an Eides Statt zu versichern, daß der Stimmzettel persönlich oder gemäß dem erklärten Willen des Wählers gekennzeichnet worden ist. [2]Der Kreis-

---

[1]) § 35 Abs. 1 und Abs. 3 Satz 2 geänd. durch G v. 21.5.1999 (BGBl. I S. 1023); Abs. 1 geänd. mWv 5.5. 2001 durch G v. 27.4.2001 (BGBl. I S. 698); Abs. 3 Satz 2 geänd. mWv 28.11.2003 durch VO v. 25.11.2003 (BGBl. I S. 2304); Abs. 3 Satz 2 geänd. mWv 8.11.2006 durch VO v. 31.10.2006 (BGBl. I S. 2407); Abs. 3 Satz 2 geänd. mWv 8.9.2015 durch VO v. 31.8.2015 (BGBl. I S. 1474); Abs. 2 Sätze 3 und 4, Abs. 3 Satz 1 einl. Satzteil geänd. mWv 27.6.2020 durch VO v. 19.6.2020 (BGBl. I S. 1328).
[2]) Siehe die BundeswahlgeräteVO v. 3.9.1975 (BGBl. I S. 2459), zuletzt geänd. durch Entsch. v. 3.3.2009 (BGBl. I S. 525).
[3]) § 36 Abs. 4 Sätze 1 und 3 neu gef. mWv 11.5.2002 durch G v. 7.5.2002 (BGBl. I S. 1529); Abs. 1 Satz 1 Buchst. b geänd. und Abs. 4 neu gef. mWv 21.3.2008 durch G v. 17.3.2008 (BGBl. I S. 394).

wahlleiter ist zur Abnahme einer solchen Versicherung an Eides Statt zuständig; er gilt als Behörde im Sinne des § 156 des Strafgesetzbuches[1].

(3) Im Falle einer Anordnung der Landesregierung oder der von ihr bestimmten Stelle nach § 8 Abs. 3 tritt an die Stelle des Kreiswahlleiters in Absatz 1 Satz 1 und in Absatz 2 die Gemeindebehörde, die den Wahlschein ausgestellt hat, oder die Verwaltungsbehörde des Kreises, in dem diese Gemeinde liegt.

(4) [1]Wahlbriefe können von den Absendern bei einem vor der Wahl amtlich bekannt gemachten Postunternehmen als Briefsendungen ohne besondere Versendungsform unentgeltlich eingeliefert werden, wenn sie sich in amtlichen Wahlbriefumschlägen befinden. [2]Bei Inanspruchnahme einer besonderen Versendungsform hat der Absender den das jeweils für die Briefbeförderung gültige Leistungsentgelt übersteigenden Betrag zu tragen. [3]Der Bund trägt die Kosten für die unentgeltliche Wahlbriefbeförderung.

Sechster Abschnitt. Feststellung des Wahlergebnisses

§ 37 Feststellung des Wahlergebnisses im Wahlbezirk. Nach Beendigung der Wahlhandlung stellt der Wahlvorstand fest, wieviel Stimmen im Wahlbezirk auf die einzelnen Kreiswahlvorschläge und Landeslisten abgegeben worden sind.

§ 38 Feststellung des Briefwahlergebnisses. Der für die Briefwahl eingesetzte Wahlvorstand stellt fest, wieviel durch Briefwahl abgegebene Stimmen auf die einzelnen Kreiswahlvorschläge und Landeslisten entfallen.

§ 39[2] **Ungültige Stimmen, Zurückweisung von Wahlbriefen, Auslegungsregeln.** (1) [1]Ungültig sind Stimmen, wenn der Stimmzettel

1. nicht amtlich hergestellt ist,
2. keine Kennzeichnung enthält,
3. für einen anderen Wahlkreis gültig ist,
4. den Willen des Wählers nicht zweifelsfrei erkennen läßt,
5. einen Zusatz oder Vorbehalt enthält.

[2]In den Fällen der Nummern 1 und 2 sind beide Stimmen ungültig; im Fall der Nummer 3 ist nur die Erststimme ungültig, wenn der Stimmzettel für einen anderen Wahlkreis in demselben Land gültig ist. [3]Bei der Briefwahl sind außerdem beide Stimmen ungültig, wenn der Stimmzettel nicht in einem amtlichen Stimmzettelumschlag oder in einem Stimmzettelumschlag abgegeben worden ist, der offensichtlich in einer das Wahlgeheimnis gefährdenden Weise von den übrigen abweicht oder einen deutlich fühlbaren Gegenstand enthält, jedoch eine Zurückweisung gemäß Absatz 4 Nr. 7 oder 8 nicht erfolgt ist. [4]Enthält der Stimmzettel nur eine Stimmabgabe, so ist die nicht abgegebene Stimme ungültig.

(2) Mehrere in einem Stimmzettelumschlag enthaltene Stimmzettel gelten als ein Stimmzettel, wenn sie gleich lauten oder nur einer von ihnen gekennzeichnet ist; sonst zählen sie als ein Stimmzettel mit zwei ungültigen Stimmen.

---

[1] Habersack Nr. 85.
[2] § 39 Abs. 1 Satz 1 Nr. 1 und 2 und Abs. 3 Satz 2 aufgeh., Abs. 1 Satz 2 und Abs. 4 Satz 1 Nr. 6 geänd., Abs. 1 Sätze 3 und 4 angef., Abs. 1 Satz 1 bish. Nr. 3–6 werden Nr. 1–4 mWv 5.5.2001 durch G v. 27.4. 2001 (BGBl. I S. 698); Abs. 1 Satz 1 Nr. 1, Satz 3, Abs. 2, 3 und Abs. 4 Satz 1 Nr. 3, 4, 5, 7 und 8 geänd., Abs. 1 Satz 1 Nr. 3 eingef., bish. Nr. 3 und 4 werden Nr. 4 und 5 sowie Satz 2 neu gef. mWv 21.3.2008 durch G v. 17.3.2008 (BGBl. I S. 394).

(3) Ist der Stimmzettelumschlag leer abgegeben worden, so gelten beide Stimmen als ungültig.

(4) ¹Bei der Briefwahl sind Wahlbriefe zurückzuweisen, wenn
1. der Wahlbrief nicht rechtzeitig eingegangen ist,
2. dem Wahlbriefumschlag kein oder kein gültiger Wahlschein beiliegt,
3. dem Wahlbriefumschlag kein Stimmzettelumschlag beigefügt ist,
4. weder der Wahlbriefumschlag noch der Stimmzettelumschlag verschlossen ist,
5. der Wahlbriefumschlag mehrere Stimmzettelumschläge, aber nicht eine gleiche Anzahl gültiger und mit der vorgeschriebenen Versicherung an Eides Statt versehener Wahlscheine enthält,
6. der Wähler oder die Hilfsperson die vorgeschriebene Versicherung an Eides Statt zur Briefwahl auf dem Wahlschein nicht unterschrieben hat,
7. kein amtlicher Stimmzettelumschlag benutzt worden ist,
8. ein Stimmzettelumschlag benutzt worden ist, der offensichtlich in einer das Wahlgeheimnis gefährdenden Weise von den übrigen abweicht oder einen deutlich fühlbaren Gegenstand enthält.

²Die Einsender zurückgewiesener Wahlbriefe werden nicht als Wähler gezählt; ihre Stimmen gelten als nicht abgegeben.

(5) Die Stimmen eines Wählers, der an der Briefwahl teilgenommen hat, werden nicht dadurch ungültig, daß er vor dem oder am Wahltage stirbt oder sein Wahlrecht nach § 13 verliert.

§ 40 Entscheidung des Wahlvorstandes. ¹Der Wahlvorstand entscheidet über die Gültigkeit der abgegebenen Stimmen und über alle bei der Wahlhandlung und bei der Ermittlung des Wahlergebnisses sich ergebenden Anstände. ²Der Kreiswahlausschuß hat das Recht der Nachprüfung.

§ 41[1] Feststellung des Wahlergebnisses im Wahlkreis. Der Kreiswahlausschuß stellt fest, wieviel Stimmen im Wahlkreis für die einzelnen Kreiswahlvorschläge und Landeslisten abgegeben worden sind.

§ 42[2] Feststellung des Ergebnisses der Landeslistenwahl. (1) ¹Der Landeswahlausschuß stellt fest, wieviel Stimmen im Land für die einzelnen Landeslisten abgegeben worden sind. ²Der Bundeswahlausschuss stellt fest, wie viele Sitze auf die einzelnen Landeslisten entfallen.

(2) ¹Der Landeswahlausschuss stellt vorläufig fest, welche Bewerber gewählt sind. ²Der Landeswahlleiter benachrichtigt die gewählten Bewerber und weist sie darauf hin, dass sie nach der abschließenden Feststellung des Ergebnisses für das Wahlgebiet durch den Bundeswahlausschuss nach Absatz 3 Satz 1 die Mitgliedschaft im Deutschen Bundestag mit Eröffnung der ersten Sitzung nach der Wahl erlangen und eine Ablehnung des Erwerbs der Mitgliedschaft gegenüber dem Landeswahlleiter erfolgen muss.

---

[1] § 41 Abs. 2 aufgeh., bish. Abs. 1 wird alleiniger Wortlaut und Satz 2 angef. mWv 21.3.2008 durch G v. 17.3.2008 (BGBl. I S. 394); Satz 1 geänd., Satz 2 aufgeh. mWv 14.6.2023 durch G v. 8.6.2023 (BGBl. 2023 I Nr. 147).
[2] § 42 Abs. 2 Satz 2 angef. und Abs. 3 aufgeh. mWv 21.3.2008 durch G v. 17.3.2008 (BGBl. I S. 394); Abs. 1 Satz 2 angef., Abs. 2 Satz 1 neu gef., Satz 2 geänd. und Abs. 3 angef. mWv 14.6.2023 durch G v. 8.6.2023 (BGBl. 2023 I Nr. 147).

(3) ¹Der Bundeswahlausschuss trifft die Feststellung des Wahlergebnisses und stellt abschließend fest, welche Bewerber gewählt sind. ²Der Bundeswahlleiter benachrichtigt sie.

Siebenter Abschnitt. Besondere Vorschriften für Nachwahlen und Wiederholungswahlen

§ 43[1] **Nachwahl.** (1) Eine Nachwahl findet statt,
1. wenn in einem Wahlkreis oder in einem Wahlbezirk die Wahl nicht durchgeführt worden ist,
2. wenn ein Wahlkreisbewerber nach der Zulassung des Kreiswahlvorschlages, aber noch vor der Wahl stirbt.

(2) ¹Die Nachwahl soll im Fall des Absatzes 1 Nr. 1 spätestens drei Wochen nach dem Tag der Hauptwahl stattfinden. ²Im Fall des Absatzes 1 Nr. 2 kann sie am Tag der Hauptwahl stattfinden; sie soll spätestens sechs Wochen nach dem Tag der Hauptwahl stattfinden. ³Den Tag der Nachwahl bestimmt der Landeswahlleiter.

(3) Die Nachwahl findet nach denselben Vorschriften und auf denselben Grundlagen wie die Hauptwahl statt.

(4) Im Fall einer Nachwahl ist das vorläufige Ergebnis der Hauptwahl unmittelbar im Anschluss an die Wahlhandlung der Hauptwahl auf der Grundlage der erfolgten Stimmabgaben zu ermitteln, festzustellen und bekannt zu geben.

§ 44[2] **Wiederholungswahl.** (1) Wird im Wahlprüfungsverfahren eine Wahl ganz oder teilweise für ungültig erklärt, so ist sie nach Maßgabe der Entscheidung zu wiederholen.

(2) Die Wiederholungswahl findet nach denselben Vorschriften, denselben Wahlvorschlägen und, wenn seit der Hauptwahl noch nicht sechs Monate verflossen sind, auf Grund derselben Wählerverzeichnisse wie die Hauptwahl statt, soweit nicht die Entscheidung im Wahlprüfungsverfahren hinsichtlich der Wahlvorschläge und Wählerverzeichnisse Abweichungen vorschreibt.

(3) ¹Die Wiederholungswahl muß spätestens sechzig Tage nach Rechtskraft der Entscheidung stattfinden, durch die die Wahl für ungültig erklärt worden ist. ²Ist die Wahl nur teilweise für ungültig erklärt worden, so unterbleibt die Wiederholungswahl, wenn feststeht, daß innerhalb von sechs Monaten ein neuer Deutscher Bundestag gewählt wird. ³Den Tag der Wiederholungswahl bestimmt der Landeswahlleiter, im Falle einer Wiederholungswahl für das ganze Wahlgebiet der Bundespräsident.

(4) ¹Auf Grund der Wiederholungswahl wird das Wahlergebnis nach den Vorschriften des Sechsten Abschnittes neu festgestellt. ²Die nach § 42 Absatz 2 Satz 2 und Absatz 3 Satz 2 zuständigen Wahlleiter benachrichtigen die gewählten Bewerber und fordern sie auf, binnen einer Woche schriftlich zu erklären, ob sie die Wahl annehmen.

---

[1] § 43 Abs. 2 neu gef. und Abs. 4 angef. mWv 21.3.2008 durch G v. 17.3.2008 (BGBl. I S. 394).
[2] § 44 Abs. 4 Satz 2 neu gef. mWv 21.3.2008 durch G v. 17.3.2008 (BGBl. I S. 394); Abs. 4 Satz 2 geänd. mWv 14.6.2023 durch G v. 8.6.2023 (BGBl. 2023 I Nr. 147).

Achter Abschnitt. Erwerb und Verlust der Mitgliedschaft im Deutschen Bundestag

§ 45[1] **Erwerb der Mitgliedschaft im Deutschen Bundestag.** (1) ¹Ein gewählter Bewerber erwirbt die Mitgliedschaft im Deutschen Bundestag nach der abschließenden Feststellung des Ergebnisses für das Wahlgebiet durch den Bundeswahlausschuss (§ 42 Absatz 3 Satz 1) mit der Eröffnung der ersten Sitzung des Deutschen Bundestages nach der Wahl. ²Eine Ablehnung des Erwerbs der Mitgliedschaft muss vor der ersten Sitzung gegenüber dem Landeswahlleiter schriftlich erklärt werden. ³Eine Erklärung unter Vorbehalt gilt als Ablehnung. ⁴Die Erklärung kann nicht widerrufen werden.

(2) ¹Bei einer Nachfolge (§ 48 Abs. 1) oder einer Wiederholungswahl (§ 44) wird die Mitgliedschaft im Deutschen Bundestag mit dem frist- und formgerechten Eingang der auf die Benachrichtigung erfolgenden Annahmeerklärung beim zuständigen Wahlleiter, jedoch nicht vor Ausscheiden des ursprünglich gewählten Abgeordneten erworben. ²Liegt bei Ablehnung des Erwerbs der Mitgliedschaft im Deutschen Bundestag durch einen gewählten Bewerber die Annahmeerklärung des Nachfolgers bereits vor der ersten Sitzung des Deutschen Bundestages nach der Wahl vor, erwirbt der Nachfolger das Mandat mit der Eröffnung dieser Sitzung. ³Gibt der Nachfolger oder durch Wiederholungswahl gewählte Bewerber bis zum Ablauf der Frist keine oder keine formgerechte Erklärung ab, so gilt die Nachfolge oder Wahl zu diesem Zeitpunkt als angenommen. ⁴Absatz 1 Satz 3 und 4 gilt entsprechend.

§ 46[2] **Verlust der Mitgliedschaft im Deutschen Bundestag.** (1) ¹Ein Abgeordneter verliert die Mitgliedschaft im Deutschen Bundestag bei
1. Ungültigkeit des Erwerbs der Mitgliedschaft,
2. Neufeststellung des Wahlergebnisses,
3. Wegfall einer Voraussetzung seiner jederzeitigen Wählbarkeit,
4. Verzicht,
5. Feststellung der Verfassungswidrigkeit der Partei oder der Teilorganisation einer Partei, der er angehört, durch das Bundesverfassungsgericht nach Artikel 21 Abs. 2 Satz 2 des Grundgesetzes[3].

²Verlustgründe nach anderen gesetzlichen Vorschriften bleiben unberührt.

(2) Bei Ungültigkeit seiner Wahl im Wahlkreis bleibt der Abgeordnete Mitglied des Deutschen Bundestages, wenn er zugleich auf einer Landesliste gewählt war, aber nach § 6 Absatz 4 Satz 2 unberücksichtigt geblieben ist.

(3) ¹Der Verzicht ist nur wirksam, wenn er zur Niederschrift des Präsidenten des Deutschen Bundestages, eines deutschen Notars, der seinen Sitz im Geltungsbereich dieses Gesetzes hat, oder eines zur Vornahme von Beurkundungen ermächtigten Bediensteten einer deutschen Auslandsvertretung erklärt wird. ²Die notarielle oder bei einer Auslandsvertretung abgegebene Verzichtserklärung hat der Abgeordnete

---

[1] § 45 neu gef. mWv 21.3.2008 durch G v. 17.3.2008 (BGBl. I S. 394); Abs. 1 Satz 1 geänd., Abs. 2 aufgeh., bish. Abs. 3 wird Abs. 2 und Sätze 1–3 geänd. mWv 14.6.2023 durch G v. 8.6.2023 (BGBl. 2023 I Nr. 147).

[2] § 46 Abs. 2 geänd. mWv 9.5.2013 durch G v. 3.5.2013 (BGBl. I S. 1082); Abs. 2 geänd. mWv 19.11.2020 durch G v. 14.11.2020 (BGBl. I S. 2395); Abs. 2 und Abs. 4 Satz 1 geänd. mWv 14.6.2023 durch G v. 8.6.2023 (BGBl. 2023 I Nr. 147).

[3] Nr. 1.

dem Bundestagspräsidenten zu übermitteln. ³Der Verzicht kann nicht widerrufen werden.

(4) ¹Wird eine Partei oder die Teilorganisation einer Partei durch das Bundesverfassungsgericht nach Artikel 21 Abs. 2 Satz 2 des Grundgesetzes für verfassungswidrig erklärt, verlieren die Abgeordneten ihre Mitgliedschaft im Deutschen Bundestag und die Nachfolger ihre Anwartschaft, sofern sie dieser Partei oder Teilorganisation in der Zeit zwischen der Antragstellung (§ 43 des Gesetzes über das Bundesverfassungsgericht[1]) und der Verkündung der Entscheidung (§ 46 des Gesetzes über das Bundesverfassungsgericht) angehört haben. ²Soweit Abgeordnete, die nach Satz 1 ihre Mitgliedschaft verloren haben, in Wahlkreisen gewählt waren, wird die Wahl eines Wahlkreisabgeordneten in diesen Wahlkreisen bei entsprechender Anwendung des § 44 Abs. 2 bis 4 wiederholt; hierbei dürfen die Abgeordneten, die nach Satz 1 ihre Mitgliedschaft verloren haben, nicht als Bewerber auftreten. ³Soweit Abgeordnete, die nach Satz 1 ihre Mitgliedschaft verloren haben, nach einer Landesliste der für verfassungswidrig erklärten Partei oder Teilorganisation der Partei gewählt waren, bleiben die Sitze unbesetzt. ⁴Im übrigen gilt § 48 Abs. 1.

§ 47 Entscheidung über den Verlust der Mitgliedschaft. (1) Über den Verlust der Mitgliedschaft nach § 46 Abs. 1 wird entschieden

1. im Falle der Nummer 1 im Wahlprüfungsverfahren,
2. im Falle der Nummern 2 und 5 durch Beschluß des Ältestenrates des Deutschen Bundestages,
3. im Falle der Nummer 3, wenn der Verlust der Wählbarkeit durch rechtskräftigen Richterspruch eingetreten ist, durch Beschluß des Ältestenrates des Deutschen Bundestages, im übrigen im Wahlprüfungsverfahren,
4. im Falle der Nummer 4 durch den Präsidenten des Deutschen Bundestages in der Form der Erteilung einer Bestätigung der Verzichtserklärung.

(2) Wird über den Verlust der Mitgliedschaft im Wahlprüfungsverfahren entschieden, so scheidet der Abgeordnete mit der Rechtskraft der Entscheidung aus dem Deutschen Bundestag aus.

(3) ¹Entscheidet der Ältestenrat oder der Präsident des Deutschen Bundestages über den Verlust der Mitgliedschaft, so scheidet der Abgeordnete mit der Entscheidung aus dem Deutschen Bundestag aus. ²Die Entscheidung ist unverzüglich von Amts wegen zu treffen. ³Innerhalb von zwei Wochen nach Zustellung der Entscheidung kann der Betroffene die Entscheidung des Deutschen Bundestages über den Verlust der Mitgliedschaft im Wahlprüfungsverfahren beantragen. ⁴Die Zustellung erfolgt nach den Vorschriften des Verwaltungszustellungsgesetzes[2].

§ 48[3] **Berufung von Nachfolgern.** (1) ¹Wenn ein nach § 6 Absatz 1 oder 4 gewählter Bewerber stirbt oder dem Landeswahlleiter schriftlich die Ablehnung des Erwerbs der Mitgliedschaft erklärt oder wenn ein nach § 6 Absatz 1 oder 4 gewählter Abgeordneter stirbt oder sonst nachträglich aus dem Deutschen Bundestag ausscheidet, so wird der Sitz mit dem nach den Grundsätzen des § 6 Absatz 1, 3 und 4

---

[1] Nr. **40**.
[2] Nr. **110**.
[3] § 48 Abs. 1 und Abs. 2 Satz 6 neu gef. mWv 21.3.2008 durch G v. 17.3.2008 (BGBl. I S. 394); Abs. 1 Satz 2 aufgeh., bish. Sätze 3–7 werden Sätze 2–6 mWv 9.5.2013 durch G v. 3.5.2013 (BGBl. I S. 1082); Abs. 1 Satz 2 eingef., bish. Sätze 2–6 werden Sätze 3–7 mWv 19.11.2020 durch G v. 14.11.2020 (BGBl. I S. 2395); Überschrift und Abs. 1 Satz 1 neu gef., Abs. 1 Satz 2 aufgeh., bish. Satz 3 wird Satz 2, Satz 3 eingef., Sätze 6 und 7 geänd. und Abs. 2 neu gef. mWv 18.3.2023 durch G v. 8.6.2023 (BGBl. 2023 I Nr. 147).

nachfolgenden Bewerber der Partei besetzt, für die der gewählte Bewerber oder ausgeschiedene Abgeordnete bei der Wahl aufgetreten ist. ²Bei der Nachfolge bleiben diejenigen Listenbewerber unberücksichtigt, die seit dem Zeitpunkt der Aufstellung der Landesliste aus dieser Partei ausgeschieden oder Mitglied einer anderen Partei geworden sind. ³Entsprechendes gilt für Bewerber, die als Kreiswahlvorschlag dieser Partei aufgestellt wurden. ⁴Unberücksichtigt bleiben ebenso Listenbewerber, die als gewählte Bewerber im Wahlkreis ihren Mitgliedschaftserwerb abgelehnt oder als Abgeordnete auf ihre Mitgliedschaft im Deutschen Bundestag verzichtet haben. ⁵Ist die Liste erschöpft, so bleibt der Sitz unbesetzt. ⁶Die Feststellung, wer als Nachfolger eintritt, trifft der Landeswahlleiter. ⁷Er benachrichtigt den Nachfolger und fordert ihn auf, binnen einer Woche schriftlich zu erklären, ob er die Nachfolge annimmt.

(2) Ist der Ausgeschiedene nach § 6 Absatz 2 gewählt, bleibt der Sitz unbesetzt.

Neunter Abschnitt. Schlußbestimmungen

§ 49 Anfechtung. Entscheidungen und Maßnahmen, die sich unmittelbar auf das Wahlverfahren beziehen, können nur mit den in diesem Gesetz und in der Bundeswahlordnung[1] vorgesehenen Rechtsbehelfen sowie im Wahlprüfungsverfahren angefochten werden.

§ 49a[2] Ordnungswidrigkeiten. (1) Ordnungswidrig handelt, wer

1. entgegen § 11 ohne wichtigen Grund ein Ehrenamt ablehnt oder sich ohne genügende Entschuldigung den Pflichten eines solchen entzieht oder
2. entgegen § 32 Abs. 2 Ergebnisse von Wählerbefragungen nach der Stimmabgabe über den Inhalt der Wahlentscheidung vor Ablauf der Wahlzeit veröffentlicht.

(2) Die Ordnungswidrigkeit nach Absatz 1 Nr. 1 kann mit einer Geldbuße bis zu fünfhundert Euro, die Ordnungswidrigkeit nach Absatz 1 Nr. 2 mit einer Geldbuße bis zu fünfzigtausend Euro geahndet werden.

(3) Verwaltungsbehörde im Sinne des § 36 Abs. 1 Nr. 1 des Gesetzes über Ordnungswidrigkeiten[3] ist

1. bei Ordnungswidrigkeiten nach Absatz 1 Nr. 1
    a) der Kreiswahlleiter, wenn ein Wahlberechtigter das Amt eines Wahlvorstehers, stellvertretenden Wahlvorstehers oder eines Beisitzers im Wahlvorstand oder im Kreiswahlausschuß,
    b) der Landeswahlleiter, wenn ein Wahlberechtigter das Amt eines Beisitzers im Landeswahlausschuß,
    c) der Bundeswahlleiter, wenn ein Wahlberechtigter das Amt eines Beisitzers im Bundeswahlausschuß unberechtigt ablehnt oder sich ohne genügende Entschuldigung den Pflichten eines solchen Amtes entzieht,
2. bei Ordnungswidrigkeiten nach Absatz 1 Nr. 2 der Bundeswahlleiter.

§ 49b[4] Staatliche Mittel für andere Kreiswahlvorschläge. (1) ¹Bewerber eines nach Maßgabe der §§ 18 und 20 von Wahlberechtigten eingereichten Wahl-

---

[1] Nr. 31.
[2] § 49a Abs. 2 geänd. mWv 1.1.2002 durch G v. 3.12.2001 (BGBl. I S. 3306).
[3] **Habersack Nr. 94.**
[4] § 49b eingef. durch G v. 28.1.1994 (BGBl. I S. 142); Abs. 1 Satz 1 geänd. mWv 18.9.2005 durch G v. 17.3.2008 (BGBl. I S. 394); Abs. 1 Satz 1 geänd. mWv 14.7.2018 durch G v. 10.7.2018 (BGBl. I S. 1116).

vorschlages, die mindestens 10 vom Hundert der in einem Wahlkreis abgegebenen gültigen Erststimmen erreicht haben, erhalten je gültige Stimme das Vierfache des in § 18 Absatz 3 Satz 1 Nummer 1 des Parteiengesetzes[1)] genannten und nach § 18 Absatz 3 Satz 3 des Parteiengesetzes bis zum Zeitpunkt der Wahl erhöhten Betrages. [2]Die Mittel sind im Bundeshaushaltsplan auszubringen.

(2) [1]Die Festsetzung und die Auszahlung der staatlichen Mittel sind von dem Bewerber innerhalb von zwei Monaten nach dem Zusammentritt des Deutschen Bundestages beim Präsidenten des Deutschen Bundestages schriftlich zu beantragen; danach eingehende Anträge bleiben unberücksichtigt. [2]Der Betrag wird von dem Präsidenten des Deutschen Bundestages festgesetzt und ausgezahlt.

(3) Die Vorschriften des Parteiengesetzes über die absolute und relative Obergrenze finden keine Anwendung.

§ 50[2)] **Wahlkosten.** (1) Der Bund erstattet den Ländern zugleich für ihre Gemeinden (Gemeindeverbände) die durch die Wahl veranlassten notwendigen Ausgaben.

(2) [1]Die Kosten für die Versendung der Wahlbenachrichtigungen und der Briefwahlunterlagen sowie die Erfrischungsgelder für die Mitglieder der Wahlvorstände werden den Ländern im Wege der Einzelabrechnung ersetzt. [2]Bei zeitgleicher Durchführung von Landtags- oder Kommunalwahlen sowie von Abstimmungen mit Wahlen zum Deutschen Bundestag werden diese Kosten dem jeweiligen Land anteilig ersetzt.

(3) [1]Die übrigen Kosten werden durch einen festen Betrag je Wahlberechtigten erstattet. [2]Er beträgt für Gemeinden bis zu 100 000 Wahlberechtigten 0,56 Euro und für Gemeinden mit mehr als 100 000 Wahlberechtigten 0,87 Euro. [3]Der Präsident des Statistischen Bundesamtes legt in jedem Jahr bis zum 30. April dem Bundesministerium des Innern, für Bau und Heimat einen Bericht über die Entwicklung des Wahlkostenindexes mit einer Fortrechnung gemäß der Anlage 1 zu diesem Gesetz vor. [4]Dementsprechende Steigerungen der festen Beträge gelten ab Beginn des Jahres des Berichts und werden vom Bundesministerium des Innern, für Bau und Heimat im Bundesanzeiger veröffentlicht; Bruchteile eines Cents ab 0,5 werden dabei aufgerundet, ansonsten abgerundet.

(4) Der Bund erstattet den Blindenvereinen, die ihre Bereitschaft zur Herstellung von Stimmzettelschablonen erklärt haben, die durch die Herstellung und die Verteilung der Stimmzettelschablonen veranlassten notwendigen Ausgaben.

§ 51[3)] *(aufgehoben)*

§ 52[4)] **Erlass von Rechtsverordnungen.** (1) [1]Das Bundesministerium des Innern, für Bau und Heimat erlässt die zur Durchführung dieses Gesetzes erforderliche Bundeswahlordnung[5)].[6)] [2]Es trifft darin insbesondere Rechtsvorschriften über

---

[1)] Nr. 58.
[2)] § 50 neu gef. mWv 5.5.2001 durch G v. 27.4.2001 (BGBl. I S. 698); Abs. 4 angef. mWv 1.1.2003 durch G v. 27.4.2002 (BGBl. I S. 1467); Abs. 3 Satz 2 geänd., Satz 3 neu gef., Satz 4 angef. mWv 30.6.2020 durch G v. 25.6.2020 (BGBl. I S. 1409).
[3)] § 51 aufgeh. mWv 1.1.2014 durch G v. 3.5.2013 (BGBl. I S. 1082).
[4)] § 52 Abs. 1 Satz 2 Nr. 5 neu gef. mWv 5.5.2001 durch G v. 27.4.2001 (BGBl. I S. 698); Abs. 1 Satz 2 Nr. 10 geänd. und Nr. 14 eingef., bish. Nr. 14–16 werden Nr. 15–17 mWv 21.3.2008 durch G v. 17.3.2008 (BGBl. I S. 394); Abs. 1 Satz 2 Nr. 8 geänd. mWv 19.7.2012 durch G v. 12.7.2012 (BGBl. I S. 1501); Abs. 1 Satz 1 und Abs. 3 geänd. mWv 27.6.2020 durch VO v. 19.6.2020 (BGBl. I S. 1328); Überschrift neu gef., Abs. 1 Satz 1, Satz 2 Nr. 1 und 11 geänd., Abs. 4 angef. mWv 6.11.2020 durch G v. 28.10.2020 (BGBl. I

1. die Bestellung der Wahlleiter und Wahlvorsteher, die Bildung der Wahlausschüsse und Wahlvorstände sowie über die Tätigkeit, Beschlussfähigkeit und das Verfahren der Wahlorgane,
2. die Berufung in ein Wahlehrenamt, über den Ersatz von Auslagen für Inhaber von Wahlehrenämtern und über das Bußgeldverfahren,
3. die Wahlzeit,
4. die Bildung der Wahlbezirke und ihre Bekanntmachung,
5. die einzelnen Voraussetzungen für die Aufnahme in die Wählerverzeichnisse, deren Führung, Berichtigung und Abschluss, über die Einsicht in Wählerverzeichnisse, über den Einspruch und die Beschwerde gegen das Wählerverzeichnis sowie über die Benachrichtigung der Wahlberechtigten,
6. die einzelnen Voraussetzungen für die Erteilung von Wahlscheinen, deren Ausstellung, über den Einspruch und die Beschwerde gegen die Ablehnung von Wahlscheinen,
7. den Nachweis der Wahlrechtsvoraussetzungen,
8. das Verfahren der Wahlorgane nach § 18 Absatz 2 bis 4a,
9. Einreichung, Inhalt und Form der Wahlvorschläge sowie der dazugehörigen Unterlagen, über ihre Prüfung, die Beseitigung von Mängeln, ihre Zulassung, die Beschwerde gegen Entscheidungen des Kreiswahlausschusses und des Landeswahlausschusses sowie die Bekanntgabe der Wahlvorschläge,
10. Form und Inhalt des Stimmzettels und über den Stimmzettelumschlag,
11. Bereitstellung, Einrichtung und Bekanntmachung der Wahlräume sowie über Wahlschutzvorrichtungen und Wahlkabinen,
12. die Stimmabgabe, auch soweit besondere Verhältnisse besondere Regelungen erfordern,
13. die Briefwahl,
14. die Abgabe und Aufnahme von Versicherungen an Eides statt,
15. die Wahl in Kranken- und Pflegeanstalten, Klöstern, gesperrten Wohnstätten sowie sozialtherapeutischen und Justizvollzugsanstalten,
16. die Feststellung der Wahlergebnisse, ihre Weitermeldung und Bekanntgabe sowie die Benachrichtigung der Gewählten,
17. die Durchführung von Nachwahlen und Wiederholungswahlen sowie die Berufung von Nachfolgern.

(2) Die Rechtsvorschriften bedürfen nicht der Zustimmung des Bundesrates.

(3) Das Bundesministerium des Innern, für Bau und Heimat wird ermächtigt, im Falle einer Auflösung des Deutschen Bundestages die in dem Bundeswahlgesetz und in der Bundeswahlordnung bestimmten Fristen und Termine durch Rechtsverordnung ohne Zustimmung des Bundesrates abzukürzen.

§ 52a[1] *(aufgehoben)*

(Fortsetzung der Anm. von voriger Seite)
S. 2264); Abs. 4 aufgeh. mWv 1.1.2022 durch G v. 3.6.2021 (BGBl. I S. 1482); Abs. 1 Satz 2 Nr. 17 geänd. mWv 14.6.2023 durch G v. 8.6.2023 (BGBl. 2023 I Nr. 147).
[5]) Nr. **31**.
[6]) Siehe hierzu auch die BundeswahlgeräteVO v. 3.9.1975 (BGBl. I S. 2459), zuletzt geänd. durch Entsch. v. 3.3.2009 (BGBl. I S. 525).
[1]) § 52a aufgeh. mWv 1.1.2022 durch G v. 3.6.2021 (BGBl. I S. 1482).

§ 53[1] Übergangsregelung.
Ausschlüsse vom Wahlrecht und Ausschlüsse von der Wählbarkeit, die nicht auf einem Richterspruch im Sinne von § 13 in der ab dem 1. Juli 2019 geltenden Fassung oder auf einem Richterspruch im Sinne von § 15 Absatz 2 Nummer 2 beruhen, sind nicht nach § 3 Absatz 2 Nummer 1 Buchstabe a des Bundesmeldegesetzes[2] im Melderegister zu speichern.

§ 54[3] Fristen, Termine und Form.
(1) ¹Die in diesem Gesetz und in der auf Grund dieses Gesetzes erlassenen Bundeswahlordnung[4] vorgesehenen Fristen und Termine verlängern oder ändern sich nicht dadurch, daß der letzte Tag der Frist oder ein Termin auf einen Sonnabend, einen Sonntag, einen gesetzlichen oder staatlich geschützten Feiertag fällt. ²Eine Wiedereinsetzung in den vorigen Stand ist ausgeschlossen.

(2) Soweit in diesem Gesetz oder in der auf Grund dieses Gesetzes erlassenen Bundeswahlordnung nichts anderes bestimmt ist, müssen vorgeschriebene Erklärungen persönlich und handschriftlich unterzeichnet sein und bei der zuständigen Stelle im Original vorliegen.

§ 55[5] Reformkommission.
¹Beim Deutschen Bundestag wird eine Reformkommission eingesetzt, die sich mit Fragen des Wahlrechts befasst und Empfehlungen erarbeitet. ²Sie befasst sich auch mit der Frage des Wahlrechts ab 16 Jahren, der Dauer der Legislaturperiode und entwickelt Vorschläge zur Modernisierung der Parlamentsarbeit. ³Die Reformkommission wird darüber hinaus Maßnahmen empfehlen, um eine gleichberechtigte Repräsentanz von Frauen und Männern auf den Kandidatenlisten und im Deutschen Bundestag zu erreichen. ⁴Die Kommission soll spätestens bis zum 30. Juni 2023 ihre Ergebnisse vorlegen. ⁵Das Nähere regelt ein vom Deutschen Bundestag unverzüglich zu verabschiedender Einsetzungsbeschluss.

Anlagen 1, 2
(vom Abdruck wurde abgesehen)

---

[1] § 53 neu gef. mWv 1.7.2019 durch G v. 18.6.2019 (BGBl. I S. 834).
[2] Nr. **256**.
[3] § 54 Überschrift geänd. und Abs. 2 angef., Abs. 1 Satz 1 geänd. mWv 21.3.2008 durch G v. 17.3.2008 (BGBl. I S. 394).
[4] Nr. **31**.
[5] § 55 neu gef. mWv 19.11.2020 durch G v. 14.11.2020 (BGBl. I S. 2395).

§ 15 Willensbildung in den Organen. (1) Die Organe fassen ihre Beschlüsse mit einfacher Stimmenmehrheit, soweit nicht durch Gesetz oder Satzung erhöhte Stimmenmehrheit vorgeschrieben ist.

(2) ¹Die Wahlen der Vorstandsmitglieder und der Vertreter zu Vertreterversammlungen und zu Organen höherer Gebietsverbände sind geheim. ²Bei den übrigen Wahlen kann offen abgestimmt werden, wenn sich auf Befragen kein Widerspruch erhebt.

(3) ¹Das Antragsrecht ist so zu gestalten, daß eine demokratische Willensbildung gewährleistet bleibt, insbesondere auch Minderheiten ihre Vorschläge ausreichend zur Erörterung bringen können. ²In den Versammlungen höherer Gebietsverbände ist mindestens den Vertretern der Gebietsverbände der beiden nächstniedrigen Stufen ein Antragsrecht einzuräumen. ³Bei Wahlen und Abstimmungen ist eine Bindung an Beschlüsse anderer Organe unzulässig.

§ 16 Maßnahmen gegen Gebietsverbände. (1) ¹Die Auflösung und der Ausschluß nachgeordneter Gebietsverbände sowie die Amtsenthebung ganzer Organe derselben sind nur wegen schwerwiegender Verstöße gegen die Grundsätze oder die Ordnung der Partei zulässig. ²In der Satzung ist zu bestimmen,
1. aus welchen Gründen die Maßnahmen zulässig sind,
2. welcher übergeordnete Gebietsverband und welches Organ dieses Verbandes sie treffen können.

(2) ¹Der Vorstand der Partei oder eines übergeordneten Gebietsverbandes bedarf für eine Maßnahme nach Absatz 1 der Bestätigung durch ein höheres Organ. ²Die Maßnahme tritt außer Kraft, wenn die Bestätigung nicht auf dem nächsten Parteitag ausgesprochen wird.

(3) Gegen Maßnahmen nach Absatz 1 ist die Anrufung eines Schiedsgerichts zuzulassen.

Dritter Abschnitt. Aufstellung von Wahlbewerbern

§ 17 Aufstellung von Wahlbewerbern. ¹Die Aufstellung von Bewerbern für Wahlen zu Volksvertretungen muß in geheimer Abstimmung erfolgen. ²Die Aufstellung regeln die Wahlgesetze und die Satzungen der Parteien.

Vierter Abschnitt. Staatliche Finanzierung

§ 18[1) Grundsätze und Umfang der staatlichen Finanzierung. (1) ¹Die Parteien erhalten Mittel als Teilfinanzierung der allgemein ihnen nach dem Grundgesetz[2)] obliegenden Tätigkeit. ²Maßstäbe für die Verteilung der staatlichen Mittel bilden der Erfolg, den eine Partei bei den Wählern bei Europa-, Bundestags- und Landtagswahlen erzielt, die Summe ihrer Mitglieds- und Mandatsträgerbeiträge sowie der Umfang der von ihr eingeworbenen Spenden.

[1)] § 18 neu gef mWv 1.7.2002 durch G v. 28.6.2002 (BGBl. I S. 2268); Abs. 1 Satz 2 und Abs. 4 Satz 1 geänd. sowie Abs. 6 Satz 3 und Abs. 7 neu gef. mWv 29.12.2004 durch G v. 22.12.2004 (BGBl. I S. 3673); Abs. 2 neu gef., Abs. 6 aufgeh., bish. Abs. 7 und 8 werden Abs. 6 und 7 mWv 27.8.2011 durch G v. 23.8. 2011 (BGBl. I S. 1748); Abs. 3 Satz 1 Nr. 1–3 und Satz 2 geänd., Satz 3 angef. mWv 1.1.2016 durch G v. 22.12.2015 (BGBl. I S. 2563); Abs. 7 Satz 2 angef. mWv 29.7.2017 durch G v. 18.7.2017 (BGBl. I S. 2730).
[2)] Nr. 1.

(2) ¹Das jährliche Gesamtvolumen staatlicher Mittel, das allen Parteien höchstens ausgezahlt werden darf, beträgt *für das Jahr 2011 141,9 Millionen Euro und für das Jahr 2012 150,8 Millionen Euro*[1]) (absolute Obergrenze). ²Die absolute Obergrenze erhöht sich jährlich, *jedoch erstmals für das Jahr 2013,*[1]) um den Prozentsatz, abgerundet auf ein Zehntel Prozent, um den sich der Preisindex der für eine Partei typischen Ausgaben im dem Anspruchsjahr vorangegangenen Jahr erhöht hat. ³Grundlage des Preisindexes ist zu einem Wägungsanteil von 70 Prozent der allgemeine Verbraucherpreisindex und von 30 Prozent der Index der tariflichen Monatsgehälter der Arbeiter und Angestellten bei Gebietskörperschaften. ⁴Der Präsident des Statistischen Bundesamtes legt dem Deutschen Bundestag hierzu bis spätestens 30. April jedes Jahres einen Bericht über die Entwicklung des Preisindexes bezogen auf das vorangegangene Jahr vor. ⁵Der Bundestagspräsident veröffentlicht bis spätestens 31. Mai jedes Jahres die sich aus der Steigerung ergebende Summe der absoluten Obergrenze, abgerundet auf volle Eurobeträge, als Bundestagsdrucksache.

(3) ¹Die Parteien erhalten jährlich im Rahmen der staatlichen Teilfinanzierung

1. 0,83 Euro für jede für ihre jeweilige Liste abgegebene gültige Stimme oder
2. 0,83 Euro für jede für sie in einem Wahl- oder Stimmkreis abgegebene gültige Stimme, wenn in einem Land eine Liste für diese Partei nicht zugelassen war, und
3. 0,45 Euro für jeden Euro, den sie als Zuwendung (eingezahlter Mitglieds- oder Mandatsträgerbeitrag oder rechtmäßig erlangte Spende) erhalten haben; dabei werden nur Zuwendungen bis zu 3 300 Euro je natürliche Person berücksichtigt.

²Die Parteien erhalten abweichend von den Nummern 1 und 2 für die von ihnen jeweils erzielten bis zu vier Millionen gültigen Stimmen 1 Euro je Stimme. ³Die in Satz 1 Nummer 1 und 2 sowie in Satz 2 genannten Beträge erhöhen sich ab dem Jahr 2017 entsprechend Absatz 2 Satz 2 bis 5.

(4) ¹Anspruch auf staatliche Mittel gemäß Absatz 3 Nr. 1 und 3 haben Parteien, die nach dem endgültigen Wahlergebnis der jeweils letzten Europa- oder Bundestagswahl mindestens 0,5 vom Hundert oder einer Landtagswahl 1,0 vom Hundert der für die Listen abgegebenen gültigen Stimmen erreicht haben; für Zahlungen nach Absatz 3 Satz 1 Nr. 1 und Satz 2 muss die Partei diese Voraussetzungen bei der jeweiligen Wahl erfüllen. ²Anspruch auf die staatlichen Mittel gemäß Absatz 3 Nr. 2 haben Parteien, die nach dem endgültigen Wahlergebnis 10 vom Hundert der in einem Wahl- oder Stimmkreis abgegebenen gültigen Stimmen erreicht haben. ³Die Sätze 1 und 2 gelten nicht für Parteien nationaler Minderheiten.

(5) ¹Die Höhe der staatlichen Teilfinanzierung darf bei einer Partei die Summe der Einnahmen nach § 24 Abs. 4 Nr. 1 bis 7 nicht überschreiten (relative Obergrenze). ²Die Summe der Finanzierung aller Parteien darf die absolute Obergrenze nicht überschreiten.

(6) Der Bundespräsident kann eine Kommission unabhängiger Sachverständiger zu Fragen der Parteienfinanzierung berufen.

---

[1]) § 18 Abs. 2 Sätze 1 und 2 idF des G v. 10.7.2018 (BGBl. I S. 1116) sind gem. Urt. des BVerfG v. 24.1.2023 (BGBl. 2023 I Nr. 43) mit Art. 21 Abs. 1 Satz 1 des Grundgesetzes unvereinbar und nichtig.

150. Gesetz zur Regelung des Statusrechts der Beamtinnen und Beamten in den Ländern (Beamtenstatusgesetz – BeamtStG)

Vom 17. Juni 2008
(BGBl. I S. 1010)
FNA 2030-1-9

geänd. durch Art. 15 Abs. 16 DienstrechtsneuordnungsG v. 5.2.2009 (BGBl. I S. 160), Art. 6 Abs. 3 G zur Reform der strafrechtlichen Vermögensabschöpfung v. 13.4.2017 (BGBl. I S. 872), Art. 3 G zur Neuregelung des Mutterschutzrechts v. 23.5.2017 (BGBl. I S. 1228), Art. 2 G zu bereichsspezifischen Regelungen der Gesichtsverhüllung und zur Änd. weiterer dienstrechtlicher Vorschriften v. 8.6.2017 (BGBl. I S. 1570), Art. 1 G zur Änd. des BeamtenstatusG und des BundesbeamtenG sowie weiterer dienstrechtlicher Vorschriften v. 29.11.2018 (BGBl. I S. 2232), Art. 10 Zweites Datenschutz-Anpassungs- und UmsetzungsG EU v. 20.11.2019 (BGBl. I S. 1626), Art. 2 G zur Regelung des Erscheinungsbilds von Beamtinnen und Beamten sowie zur Änd. weiterer dienstrechtl. Vorschriften v. 28.6.2021 (BGBl. I S. 2250) und Art. 4 G für einen besseren Schutz hinweisgebender Personen sowie zur Umsetzung der RL zum Schutz von Personen, die Verstöße gegen das Unionsrecht melden v. 31.5.2023 (BGBl. 2023 I Nr. 140)

Der Bundestag hat mit Zustimmung des Bundesrates das folgende Gesetz beschlossen:

Inhaltsübersicht[1]

Abschnitt 1. Allgemeine Vorschriften

§ 1	Geltungsbereich
§ 2	Dienstherrnfähigkeit

Abschnitt 2. Beamtenverhältnis

§ 3	Beamtenverhältnis
§ 4	Arten des Beamtenverhältnisses
§ 5	Ehrenbeamtinnen und Ehrenbeamte
§ 6	Beamtenverhältnis auf Zeit
§ 7	Voraussetzungen des Beamtenverhältnisses
§ 8	Ernennung
§ 9	Kriterien der Ernennung
§ 10	Voraussetzung der Ernennung auf Lebenszeit
§ 11	Nichtigkeit der Ernennung
§ 12	Rücknahme der Ernennung

Abschnitt 3. Länderübergreifender Wechsel und Wechsel in die Bundesverwaltung

§ 13	Grundsatz
§ 14	Abordnung
§ 15	Versetzung
§ 16	Umbildung einer Körperschaft
§ 17	Rechtsfolgen der Umbildung
§ 18	Rechtsstellung der Beamtinnen und Beamten
§ 19	Rechtsstellung der Versorgungsempfängerinnen und Versorgungsempfänger

Abschnitt 4. Zuweisung einer Tätigkeit bei anderen Einrichtungen

§ 20	Zuweisung

Abschnitt 5. Beendigung des Beamtenverhältnisses

§ 21	Beendigungsgründe
§ 22	Entlassung kraft Gesetzes
§ 23	Entlassung durch Verwaltungsakt
§ 24	Verlust der Beamtenrechte
§ 25	Ruhestand wegen Erreichens der Altersgrenze

---

[1] Inhaltsübersicht geänd. mWv 7.12.2018 durch G v. 29.11.2018 (BGBl. I S. 2232); geänd. mWv 7.7.2021 durch G v. 28.6.2021 (BGBl. I S. 2250).

§ 26	Dienstunfähigkeit
§ 27	Begrenzte Dienstfähigkeit
§ 28	Ruhestand beim Beamtenverhältnis auf Probe
§ 29	Wiederherstellung der Dienstfähigkeit
§ 30	Einstweiliger Ruhestand
§ 31	Einstweiliger Ruhestand bei Umbildung und Auflösung von Behörden
§ 32	Wartezeit

Abschnitt 6. Rechtliche Stellung im Beamtenverhältnis

§ 33	Grundpflichten
§ 34	Wahrnehmung der Aufgaben, Verhalten und Erscheinungsbild
§ 35	Folgepflicht
§ 36	Verantwortung für die Rechtmäßigkeit
§ 37	Verschwiegenheitspflicht
§ 38	Diensteid
§ 39	Verbot der Führung der Dienstgeschäfte
§ 40	Nebentätigkeit
§ 41	Tätigkeit nach Beendigung des Beamtenverhältnisses
§ 42	Verbot der Annahme von Belohnungen, Geschenken und sonstigen Vorteilen
§ 43	Teilzeitbeschäftigung
§ 44	Erholungsurlaub
§ 45	Fürsorge
§ 46	Mutterschutz und Elternzeit
§ 47	Nichterfüllung von Pflichten
§ 48	Pflicht zum Schadensersatz
§ 49	Übermittlungen bei Strafverfahren
§ 50	Personalakte
§ 51	Personalvertretung
§ 52	Mitgliedschaft in Gewerkschaften und Berufsverbänden
§ 53	Beteiligung der Spitzenorganisationen

Abschnitt 7. Rechtsweg

§ 54	Verwaltungsrechtsweg

Abschnitt 8. Spannungs- und Verteidigungsfall

§ 55	Anwendungsbereich
§ 56	Dienstleistung im Verteidigungsfall
§ 57	Aufschub der Entlassung und des Ruhestands
§ 58	Erneute Berufung von Ruhestandsbeamtinnen und Ruhestandsbeamten
§ 59	Verpflichtung zur Gemeinschaftsunterkunft und Mehrarbeit

Abschnitt 9. Sonderregelungen für Verwendungen im Ausland

§ 60	Verwendungen im Ausland

Abschnitt 10. Sonderregelungen für wissenschaftliches Hochschulpersonal

§ 61	Hochschullehrerinnen und Hochschullehrer

Abschnitt 11. Schlussvorschriften

§ 62	Folgeänderungen
§ 63	Inkrafttreten, Außerkrafttreten

Abschnitt 1. Allgemeine Vorschriften

§ 1 Geltungsbereich. Dieses Gesetz regelt das Statusrecht der Beamtinnen und Beamten der Länder, Gemeinden und Gemeindeverbände sowie der sonstigen der Aufsicht eines Landes unterstehenden Körperschaften, Anstalten und Stiftungen des öffentlichen Rechts.

§ 2 Dienstherrnfähigkeit. Das Recht, Beamtinnen und Beamte zu haben, besitzen

1. Länder, Gemeinden und Gemeindeverbände,
2. sonstige Körperschaften, Anstalten und Stiftungen des öffentlichen Rechts, die dieses Recht im Zeitpunkt des Inkrafttretens dieses Gesetzes besitzen oder

(3) § 29 Abs. 6 gilt entsprechend.

§ 32 Wartezeit. Die Versetzung in den Ruhestand setzt die Erfüllung einer versorgungsrechtlichen Wartezeit voraus.

Abschnitt 6. Rechtliche Stellung im Beamtenverhältnis

§ 33 Grundpflichten. (1) ¹Beamtinnen und Beamte dienen dem ganzen Volk, nicht einer Partei. ²Sie haben ihre Aufgaben unparteiisch und gerecht zu erfüllen und ihr Amt zum Wohl der Allgemeinheit zu führen. ³Beamtinnen und Beamte müssen sich durch ihr gesamtes Verhalten zu der freiheitlichen demokratischen Grundordnung im Sinne des Grundgesetzes¹⁾ bekennen und für deren Erhaltung eintreten.

(2) Beamtinnen und Beamte haben bei politischer Betätigung diejenige Mäßigung und Zurückhaltung zu wahren, die sich aus ihrer Stellung gegenüber der Allgemeinheit und aus der Rücksicht auf die Pflichten ihres Amtes ergibt.

§ 34²⁾ Wahrnehmung der Aufgaben, Verhalten und Erscheinungsbild.

(1) ¹Beamtinnen und Beamte haben sich mit vollem persönlichem Einsatz ihrem Beruf zu widmen. ²Sie haben die übertragenen Aufgaben uneigennützig nach bestem Gewissen wahrzunehmen. ³Ihr Verhalten innerhalb und außerhalb des Dienstes muss der Achtung und dem Vertrauen gerecht werden, die ihr Beruf erfordern.

(2) ¹Beamtinnen und Beamte haben bei der Ausübung des Dienstes oder bei einer Tätigkeit mit unmittelbarem Dienstbezug auch hinsichtlich ihres Erscheinungsbilds Rücksicht auf das ihrem Amt entgegengebrachte Vertrauen zu nehmen. ²Insbesondere das Tragen von bestimmten Kleidungsstücken, Schmuck, Symbolen und Tätowierungen im sichtbaren Bereich sowie die Art der Haar- und Barttracht können eingeschränkt oder untersagt werden, soweit die Funktionsfähigkeit der Verwaltung oder die Pflicht zum achtungs- und vertrauenswürdigen Verhalten dies erfordert. ³Das ist insbesondere dann der Fall, wenn Merkmale des Erscheinungsbilds nach Satz 2 durch ihre über das übliche Maß hinausgehende besonders individualisierende Art geeignet sind, die amtliche Funktion der Beamtin oder des Beamten in den Hintergrund zu drängen. ⁴Religiös oder weltanschaulich konnotierte Merkmale des Erscheinungsbilds nach Satz 2 können nur dann eingeschränkt oder untersagt werden, wenn sie objektiv geeignet sind, das Vertrauen in die neutrale Amtsführung der Beamtin oder des Beamten zu beeinträchtigen. ⁵Die Einzelheiten nach den Sätzen 2 bis 4 können durch Landesrecht bestimmt werden. ⁶Die Verhüllung des Gesichts bei der Ausübung des Dienstes oder bei einer Tätigkeit mit unmittelbarem Dienstbezug ist stets unzulässig, es sei denn, dienstliche oder gesundheitliche Gründe erfordern dies.

§ 35³⁾ Folgepflicht. (1) ¹Beamtinnen und Beamte haben ihre Vorgesetzten zu beraten und zu unterstützen. ²Sie sind verpflichtet, deren dienstliche Anordnungen auszuführen und deren allgemeine Richtlinien zu befolgen. ³Dies gilt nicht,

---

¹⁾ Nr. 1.
²⁾ § 34 Satz 4 angef. mWv 15.6.2017 durch G v. 8.6.2017 (BGBl. I S. 1570); Satz 3 neu gef. mWv 7.12.2018 durch G v. 29.11.2018 (BGBl. I S. 2232); Überschr. neu gef., Abs. 1 Satz 4 aufgeh., Abs. 2 angef. mWv 7.7.2021 durch G v. 28.6.2021 (BGBl. I S. 2250).
³⁾ § 35 Überschrift neu gef., Abs. 2 angef. mWv 7.12.2018 durch G v. 29.11.2018 (BGBl. I S. 2232).

soweit die Beamtinnen und Beamten nach besonderen gesetzlichen Vorschriften an Weisungen nicht gebunden und nur dem Gesetz unterworfen sind.

(2) Beamtinnen und Beamte haben bei organisatorischen Veränderungen dem Dienstherrn Folge zu leisten.

§ 36[1]) Verantwortung für die Rechtmäßigkeit.
(1) Beamtinnen und Beamte tragen für die Rechtmäßigkeit ihrer dienstlichen Handlungen die volle persönliche Verantwortung.

(2) ¹Bedenken gegen die Rechtmäßigkeit dienstlicher Anordnungen haben Beamtinnen und Beamte unverzüglich auf dem Dienstweg geltend zu machen. ²Wird die Anordnung aufrechterhalten, haben sie sich, wenn die Bedenken fortbestehen, an die nächst höhere Vorgesetzte oder den nächst höheren Vorgesetzten zu wenden. ³Wird die Anordnung bestätigt, müssen die Beamtinnen und Beamten sie ausführen und sind von der eigenen Verantwortung befreit. ⁴Dies gilt nicht, wenn das aufgetragene Verhalten die Würde des Menschen verletzt oder strafbar oder ordnungswidrig ist und die Strafbarkeit oder Ordnungswidrigkeit für die Beamtinnen oder Beamten erkennbar ist. ⁵Die Bestätigung hat auf Verlangen schriftlich zu erfolgen.

(3) ¹Wird von den Beamtinnen oder Beamten die sofortige Ausführung der Anordnung verlangt, weil Gefahr im Verzug besteht und die Entscheidung der oder des höheren Vorgesetzten nicht rechtzeitig herbeigeführt werden kann, gilt Absatz 2 Satz 3 und 4 entsprechend. ²Die Anordnung ist durch die anordnende oder den anordnenden Vorgesetzten schriftlich zu bestätigen, wenn die Beamtin oder der Beamte dies unverzüglich nach Ausführung der Anordnung verlangt.

§ 37[2]) Verschwiegenheitspflicht.
(1) ¹Beamtinnen und Beamte haben über die ihnen bei oder bei Gelegenheit ihrer amtlichen Tätigkeit bekannt gewordenen dienstlichen Angelegenheiten Verschwiegenheit zu bewahren. ²Dies gilt auch über den Bereich eines Dienstherrn hinaus sowie nach Beendigung des Beamtenverhältnisses.

(2) ¹Absatz 1 gilt nicht, soweit
1. Mitteilungen im dienstlichen Verkehr geboten sind,
2. Tatsachen mitgeteilt werden, die offenkundig sind oder ihrer Bedeutung nach keiner Geheimhaltung bedürfen,
3. gegenüber der zuständigen obersten Dienstbehörde, einer Strafverfolgungsbehörde oder einer durch Landesrecht bestimmten weiteren Behörde oder außerdienstlichen Stelle ein durch Tatsachen begründeter Verdacht einer Korruptionsstraftat nach den §§ 331 bis 337 des Strafgesetzbuches[3]) angezeigt wird oder
4. Informationen unter den Voraussetzungen des Hinweisgeberschutzgesetzes an eine zuständige Meldestelle weitergegeben oder offengelegt werden.

²Im Übrigen bleiben die gesetzlich begründeten Pflichten, geplante Straftaten anzuzeigen und für die Erhaltung der freiheitlichen demokratischen Grundordnung einzutreten, von Absatz 1 unberührt.

---

[1]) § 36 Abs. 3 Satz 2 angef. mWv 7.12.2018 durch G v. 29.11.2018 (BGBl. I S. 2232).
[2]) § 37 Abs. 2 Satz 1 Nr. 2 und 3 geänd., Nr. 4 angef. mWv 2.7.2023 durch G v. 31.5.2023 (BGBl. 2023 I Nr. 140).
[3]) **Habersack Nr. 85.**

(3) ¹Beamtinnen und Beamte dürfen ohne Genehmigung über Angelegenheiten, für die Absatz 1 gilt, weder vor Gericht noch außergerichtlich aussagen oder Erklärungen abgeben. ²Die Genehmigung erteilt der Dienstherr oder, wenn das Beamtenverhältnis beendet ist, der letzte Dienstherr. ³Hat sich der Vorgang, der den Gegenstand der Äußerung bildet, bei einem früheren Dienstherrn ereignet, darf die Genehmigung nur mit dessen Zustimmung erteilt werden. ⁴Durch Lan-

(Fortsetzung nächstes Blatt)

ansprüche infolge der Ruhensvorschrift des § 54 nicht zur Auszahlung gelangen, sofern der Ruhestandsbeamte oder Richter im Ruhestand im Zeitpunkt der Berufung in das neue öffentlich-rechtliche Dienstverhältnis das fünfzigste Lebensjahr vollendet hatte.

§ 107d[1]) Befristete Ausnahme für Verwendungseinkommen.

[1]Für Ruhestandsbeamte, die ein Verwendungseinkommen aus einer Beschäftigung erzielen, die unmittelbar oder mittelbar

1. im Zusammenhang steht mit der Aufnahme, Betreuung oder Rückführung von Flüchtlingen und ihren Angehörigen oder
2. der Durchführung von migrationsspezifischen Sicherheitsaufgaben im Ausland dient,

beträgt die Höchstgrenze nach § 53 Absatz 2 Nummer 1 erste Alternative bis zum 31. Dezember 2023 120 Prozent der ruhegehaltfähigen Dienstbezüge aus der Endstufe der Besoldungsgruppe, aus der sich das Ruhegehalt berechnet, zuzüglich des jeweils zustehenden Unterschiedsbetrages nach § 50 Absatz 1. [2]Satz 1 gilt für Beamte, die wegen Dienstunfähigkeit oder nach § 52 des Bundesbeamtengesetzes[2]) in den Ruhestand versetzt worden sind, erst nach Ablauf des Monats, in dem sie die Regelaltersgrenze nach § 51 Absatz 1 und 2 des Bundesbeamtengesetzes erreicht haben.

§ 107e[3]) Sonderregelungen zur Bewältigung der COVID-19-Pandemie.

(1) [1]Für Ruhestandsbeamte, die ein Erwerbseinkommen aus einer Beschäftigung erzielen, die in unmittelbarem Zusammenhang mit der Bewältigung der Auswirkungen der COVID-19-Pandemie steht, beträgt die Höchstgrenze nach § 53 Absatz 2 Nummer 1 erste Alternative bis zum 31. Dezember 2022 150 Prozent der ruhegehaltfähigen Dienstbezüge aus der Endstufe der Besoldungsgruppe, aus der sich das Ruhegehalt berechnet, zuzüglich des jeweils zustehenden Unterschiedsbetrages nach § 50 Absatz 1. [2]§ 53 Absatz 5 Satz 2 und 3 ist nicht anzuwenden. [3]Die Sätze 1 und 2 gelten nicht für Beamte, die wegen Dienstunfähigkeit oder nach § 52 Absatz 1 oder 2 des Bundesbeamtengesetzes[2]) in den Ruhestand versetzt worden sind.

(2) Anspruch auf Waisengeld besteht auch dann, wenn wegen der Auswirkungen der COVID-19-Pandemie

1. eine Schul- oder Berufsausbildung oder ein freiwilliger Dienst im Sinne des § 61 Absatz 2 Satz 1 Nummer 1 Buchstabe a oder Buchstabe c nicht angetreten werden kann oder
2. die Übergangszeit nach § 61 Absatz 2 Satz 1 Nummer 1 Buchstabe b überschritten wird.

(3) Eine in der Zeit vom 1. März 2020 bis 31. März 2022 gewährte Leistung, die nach § 3 Nummer 11a des Einkommensteuergesetzes steuerfrei ist, gilt bis zu einem Betrag von 1500 Euro nicht als Erwerbseinkommen.

---

[1]) § 107d neu gef. mWv 1.1.2019 durch G v. 29.11.2018 (BGBl. I S. 2232).
[2]) Nr. **160**.
[3]) § 107e eingef. mWv 1.1.2020 und aufgeh. mWv 1.1.2021 durch G v. 25.5.2020 (BGBl. I S. 1063); erneut eingef. mWv 1.1.2020, Abs. 2 aufgeh., bish. Abs. 3 wird Abs. 2 mWv 1.7.2021 durch G v. 28.6.2021 (BGBl. I S. 2250); Abs. 1 Satz 1 und Abs. 2 einl. Satzteil geänd., Abs. 3 angef. mWv 24.11.2021 durch G v. 22.11.2021 (BGBl. I S. 4906).

§ 108 Anwendungsbereich in den Ländern. (1) Für die Beamten der Länder, der Gemeinden, der Gemeindeverbände sowie der sonstigen der Aufsicht eines Landes unterstehenden Körperschaften, Anstalten und Stiftungen des öffentlichen Rechts gilt das Beamtenversorgungsgesetz in der bis zum 31. August 2006 geltenden Fassung, soweit es nicht durch Landesrecht ersetzt wurde.[1]

(2) Nach Maßgabe des Deutschen Richtergesetzes[2] ist auf die Versorgung der Richter der Länder das Beamtenversorgungsgesetz in der bis zum 31. August 2006 geltenden Fassung entsprechend anzuwenden, soweit nichts anderes bestimmt ist.

§ 109 (Inkrafttreten)

---

[1] Siehe die versorgungsrechtlichen Regelungen der Länder:
- **Baden-Württemberg:** LandesbeamtenversorgungsG v. 9.11.2010 (GBl. S. 793, 911), zuletzt geänd. durch G v. 4.4.2023 (GBl. S. 150)
- **Bayern:** Bayerisches BeamtenversorgungsG v. 5.8.2010 (GVBl. S. 410, 528, 764, 2023 2023 S. 111, ber. S. 764, 2017 S. 5, 2023 S. 111), zuletzt geänd. durch G v. 7.7.2023 (GVBl. S. 313)
- **Berlin:** Beamtenversorgungs-ÜberleitungsG v. 21.6.2011 (GVBl. S. 266)
- **Brandenburg:** Brandenburgisches BeamtenversorgungsG v. 20.11.2013 (GVBl. I Nr. 32, 77), zuletzt geänd. durch G v. 14.10.2022 (GVBl. I Nr. 23)
- **Bremen:** Bremisches BeamtenversorgungsG v. 4.11.2014 (Brem.GBl. S. 458, ber. S. 823, 2018 S. 10), zuletzt geänd. durch G v. 2.5.2023 (Brem.GBl. S. 415)
- **Hamburg:** Hamburgisches BeamtenversorgungsG v. 26.1.2010 (HmbGVBl. S. 23, 72), zuletzt geänd. durch G v. 11.10.2022 (HmbGVBl. S. 533)
- **Hessen:** Hessisches BeamtenversorgungsG v. 27.5.2013 (GVBl. S. 218, 312), zuletzt geänd. durch G v. 16.2.2023 (GVBl. S. 102)
- **Mecklenburg-Vorpommern:** LandesbeamtenversorgungsG idF der Bek. v. 22.2.2022 (GVOBl. M-V S. 102), zuletzt geänd. durch G v. 9.12.2022 (GVOBl. M-V S. 597)
- **Niedersachsen:** Niedersächsisches BeamtenversorgungsG idF der Bek. v. 2.4.2013 (Nds. GVBl. S. 73), zuletzt geänd. durch G v. 30.11.2022 (Nds. GVBl. S. 732)
- **Nordrhein-Westfalen:** Beamtenversorgungs-ÜberleitungsG v. 16.5.2013 (GV. NRW. S. 234, 238), geänd. durch G v. 16.5.2013 (GV. NRW. S. 234)
- **Rheinland-Pfalz:** LandesbeamtenversorgungsG v. 18.6.2013 (GVBl. S. 157, 208), zuletzt geänd. durch G v. 8.4.2022 (GVBl. S. 120)
- **Saarland:** vgl. § 2 Saarländisches BeamtenversorgungsG v. 13.10.2021 (Amtsbl. I S. 2547, 2582)
- **Sachsen:** Sächsisches BeamtenversorgungsG v. 18.12.2013 (SächsGVBl. S. 970, 1045), zuletzt geänd. durch G v. 31.5.2023 (SächsGVBl. S. 329)
- **Sachsen-Anhalt:** LandesbeamtenversorgungsG v. 13.6.2018 (GVBl. LSA S. 72, 78), zuletzt geänd. durch G v. 7.12.2022 (GVBl. LSA S. 354)
- **Schleswig-Holstein:** BeamtenversorgungsG Schleswig-Holstein v. 26.1.2012 (GVOBl. Schl.-H. S. 153, ber. S. 915), zuletzt geänd. durch G v. 22.3.2023 (GVOBl. Schl.-H. S. 156)
- **Thüringen:** Thüringer BeamtenversorgungsG idF der Bek. v. 17.2.2022 (GVBl. S. 39, ber. S. 313), zuletzt geänd. durch G v. 10.6.2023 (GVBl. S. 192)

[2] **Habersack ErgBd. Nr. 97.**

BBG 160

160. Bundesbeamtengesetz (BBG)[1)]

Vom 5. Februar 2009

(BGBl. I S. 160)

FNA 2030-2-30

geänd. durch Art. 11 Bundesbesoldungs- und -versorgungsanpassungsG 2010/2011 v. 19.11.2010 (BGBl. I S. 1552), Art. 13 G zur Einführung eines Bundesfreiwilligendienstes v. 28.4.2011 (BGBl. I S. 687), Art. 1 G zur Übertragung ehebezogener Regelungen im öffentl. Dienstrecht auf Lebenspartnerschaften v. 14.11. 2011 (BGBl. I S. 2219), Art. 7 G zur Verbesserung der Feststellung und Anerkennung im Ausland erworbener Berufsqualifikationen v. 6.12.2011 (BGBl. I S. 2515), Art. 2 G zur Unterstützung der Fachkräftegewinnung im Bund und zur Änd. weiterer dienstrechtl. Vorschriften v. 15.3.2012 (BGBl. I S. 462), Art. 4 Bundeswehrreform-BegleitG v. 21.7.2012 (BGBl. I S. 1583), Art. 1 G zur Familienpflegezeit und zum flexibleren Eintritt in den Ruhestand für Beamtinnen und Beamte des Bundes v. 3.7.2013 (BGBl. I S. 1978), Art. 2 Abs. 8, Art. 3 Abs. 4 G zur Strukturreform des Gebührenrechts des Bundes v. 7.8.2013 (BGBl. I S. 3154, geänd. durch G v. 18.7.2016 BGBl. I S. 1666), Art. 2 G über die Gewährung eines Altersgelds für freiwillig aus dem Bundesdienst ausscheidende Beamte, Richter und Soldaten v. 28.8.2013 (BGBl. I S. 3386), Art. 1 G zur Änderung des BundesbeamtenG und weiterer dienstrechtlicher Vorschriften v. 6.3.2015 (BGBl. I S. 250), Art. 7 G zur Verbesserung der Zusammenarbeit im Bereich des Verfassungsschutzes v. 17.11.2015 (BGBl. I S. 1938), Art. 2 G zur Neuorganisation der Zollverwaltung v. 3.12.2015 (BGBl. I S. 2178), Art. 3 Abs. 3 G zur Aktualisierung der Strukturreform des Gebührenrechts des Bundes v. 18.7.2016 (BGBl. I S. 1666), Art. 1 G zur besseren Vereinbarkeit von Familie, Pflege und Beruf für Beamtinnen und Beamte des Bundes und Soldatinnen und Soldaten sowie zur Änd. weiterer dienstrechtlicher Vorschriften v. 19.10.2016 (BGBl. I S. 2362), Art. 5 Bundesbesoldungs- und -versorgungsanpassungsG 2016/2017 v. 21.11.2016 (BGBl. I S. 2570), Art. 5 Abs. 2 G zur Neuregelung des Bundesarchivrechts v. 10.3.2017 (BGBl. I S. 410), Art. 9 G zum Abbau verzichtbarer Anordnungen der Schriftform im Verwaltungsrecht des Bundes v. 29.3.2017 (BGBl. I S. 626), Art. 6 Abs. 4 G zur Reform der strafrechtlichen Vermögensabschöpfung v. 13.4.2017 (BGBl. I S. 872), Art. 2 G zur Neuregelung des Mutterschutzrechts v. 23.5.2017 (BGBl. I S. 1228), Art. 1 G zu bereichsspezifischen Regelungen der Gesichtsverhüllung und zur Änd. weiterer dienstrechtlicher Vorschriften v. 8.6.2017 (BGBl. I S. 1570), Art. 8 Bundesbesoldungs- und -versorgungsanpassungsG 2018/2019/2020 v. 8.11.2018 (BGBl. I S. 1810), Art. 2 G zur Änd. des BeamtenstatusG und des BundesbeamtenG sowie weiterer dienstrechtlicher Vorschriften v. 29.11.2018 (BGBl. I S. 2232), Art. 11 Zweites Datenschutz-Anpassungs- und UmsetzungsG EU v. 20.11.2019 (BGBl. I S. 1626), Art. 2 G zur Verlängerung der Geltungsdauer des PlanungssicherstellungsG und der Geltungsdauer dienstrechtl. Vorschriften v. 18.3.2021 (BGBl. I S. 353), Art. 1 G zur Regelung des Erscheinungsbilds von Beamtinnen und Beamten sowie zur Änd. weiterer dienstrechtl. Vorschriften v. 28.6.2021 (BGBl. I S. 2250), Art. 3 G für einen besseren Schutz hinweisgebender Personen sowie zur Umsetzung der RL zum Schutz von Personen, die Verstöße gegen das Unionsrecht melden v. 31.5.2023 (BGBl. 2023 I Nr. 140) und Art. 5 G zur Änd. des BevölkerungsstatistikG, des InfektionsschutzG, personenstands- und dienstrechtlicher Regelungen sowie der Medizinprodukte-AbgabeVO v. 17.7.2023 (BGBl. 2023 I Nr. 190)

Inhaltsübersicht[2)]

Abschnitt 1. Allgemeine Vorschriften

§ 1	Geltungsbereich
§ 2	Dienstherrnfähigkeit
§ 3	Begriffsbestimmungen

Abschnitt 2. Beamtenverhältnis

§ 4	Beamtenverhältnis
§ 5	Zulässigkeit des Beamtenverhältnisses
§ 6	Arten des Beamtenverhältnisses
§ 7	Voraussetzungen des Beamtenverhältnisses
§ 8	Stellenausschreibung

[1)] Verkündet als Art. 1 DienstrechtsneuordnungsG v. 5.2.2009 (BGBl. I S. 160); Inkrafttreten gem. Art. 17 Abs. 11 dieses G am 12.2.2009.

[2)] Inhaltsübersicht geänd. mWv 1.4.2012 durch G v. 6.12.2011 (BGBl. I S. 2515); mWv 11.7.2013 durch G v. 3.7.2013 (BGBl. I S. 1978); mWv 14.3.2015 durch G v. 6.3.2015 (BGBl. I S. 250); mWv 28.10.2016 durch G v. 19.10.2016 (BGBl. I S. 2362); mWv 26.11.2019 durch G v. 20.11.2019 (BGBl. I S. 1626); mWv 7.7.2021 durch G v. 28.6.2021 (BGBl. I S. 2250).

§ 9   Auswahlkriterien
§ 10   Ernennung
§ 11   Voraussetzungen der Ernennung auf Lebenszeit; Verordnungsermächtigung
§ 11a Ableisten eines Vorbereitungsdienstes durch Beamtinnen auf Lebenszeit und Beamte auf Lebenszeit
§ 12   Zuständigkeit und Wirksamwerden der Ernennung
§ 13   Nichtigkeit der Ernennung
§ 14   Rücknahme der Ernennung
§ 15   Rechtsfolgen nichtiger oder zurückgenommener Ernennungen

Abschnitt 3. Laufbahnen

§ 16   Laufbahn
§ 17   Zulassung zu den Laufbahnen
§ 18   Anerkennung der Laufbahnbefähigung aufgrund der Richtlinie 2005/36/EG und aufgrund in Drittstaaten erworbener Berufsqualifikationen
§ 19   Andere Bewerberinnen und andere Bewerber
§ 20   Einstellung
§ 21   Dienstliche Beurteilung; Verordnungsermächtigung
§ 22   Beförderungen
§ 22a Aufstieg; Verordnungsermächtigung
§ 23   Beförderungssperre zwischen zwei Mandaten
§ 24   Führungsämter auf Probe
§ 25   Benachteiligungsverbote
§ 26   Ermächtigung zum Erlass von Laufbahn- und Vorbereitungsdienstverordnungen

Abschnitt 4. Abordnung, Versetzung und Zuweisung

§ 27   Abordnung
§ 28   Versetzung
§ 29   Zuweisung

Abschnitt 5. Beendigung des Beamtenverhältnisses

Unterabschnitt 1. Entlassung

§ 30   Beendigungsgründe
§ 31   Entlassung kraft Gesetzes
§ 32   Entlassung aus zwingenden Gründen
§ 33   Entlassung auf Verlangen
§ 34   Entlassung von Beamtinnen auf Probe und Beamten auf Probe
§ 35   Entlassung von Beamtinnen und Beamten in Führungsämtern auf Probe
§ 36   Entlassung von politischen Beamtinnen auf Probe und politischen Beamten auf Probe
§ 37   Entlassung von Beamtinnen auf Widerruf und Beamten auf Widerruf
§ 38   Verfahren der Entlassung
§ 39   Folgen der Entlassung
§ 40   Ausscheiden bei Wahlen oder Übernahme politischer Ämter
§ 41   Verlust der Beamtenrechte
§ 42   Wirkung eines Wiederaufnahmeverfahrens
§ 43   Gnadenrecht

Unterabschnitt 2. Dienstunfähigkeit

§ 44   Dienstunfähigkeit
§ 45   Begrenzte Dienstfähigkeit
§ 46   Wiederherstellung der Dienstfähigkeit
§ 47   Verfahren bei Dienstunfähigkeit
§ 48   Ärztliche Untersuchung
§ 49   Ruhestand beim Beamtenverhältnis auf Probe wegen Dienstunfähigkeit

Unterabschnitt 3. Ruhestand

§ 50   Wartezeit
§ 51   Ruhestand wegen Erreichens der Altersgrenze
§ 52   Ruhestand auf Antrag
§ 53   Hinausschieben des Eintritts in den Ruhestand
§ 54   Einstweiliger Ruhestand
§ 55   Einstweiliger Ruhestand bei organisatorischen Veränderungen
§ 56   Beginn des einstweiligen Ruhestands
§ 57   Erneute Berufung
§ 58   Ende des einstweiligen Ruhestands
§ 59   Zuständigkeit bei Versetzung in den Ruhestand

ist nicht möglich. ⁶Der Antrag ist spätestens sechs Monate vor dem Zeitpunkt zu stellen, zu dem die Teilzeitbeschäftigung beginnen soll.

(5) ¹Dem Antrag nach Absatz 4 darf nur entsprochen werden, wenn die Beamtin oder der Beamte sich verpflichtet, während des Bewilligungszeitraumes berufliche Verpflichtungen außerhalb des Beamtenverhältnisses nur in dem Umfang einzugehen, in dem Vollzeitbeschäftigten die Ausübung von Nebentätigkeiten gestattet ist. ²Ausnahmen hiervon sind nur zulässig, soweit dies mit dem Beamtenverhältnis vereinbar ist. ³Dabei ist von der regelmäßigen wöchentlichen Arbeitszeit für Vollzeitbeschäftigte auszugehen. ⁴Wird der Verpflichtung nach Satz 1 schuldhaft nicht nachgekommen, soll die Bewilligung mit Wirkung für die Zukunft widerrufen werden.

(6) ¹Die Bewilligung nach Absatz 4 darf außer in den Fällen des Absatzes 5 Satz 4 mit Wirkung für die Zukunft nur widerrufen werden, wenn der Beamtin oder dem Beamten die Teilzeitbeschäftigung nicht mehr zugemutet werden kann. ²Wird die Bewilligung widerrufen, nach dem die Regelaltersgrenze oder die besondere Altersgrenze erreicht worden ist, tritt die Beamtin oder der Beamte mit dem Ende des Monats in den Ruhestand, in dem der Widerruf bekannt gegeben worden ist. ³Die Vorschriften über die Beendigung des Beamtenverhältnisses wegen Dienstunfähigkeit und die Feststellung der begrenzten Dienstfähigkeit bleiben unberührt.

§ 54[1]) **Einstweiliger Ruhestand.** (1) ¹Die Bundespräsidentin oder der Bundespräsident kann jederzeit die nachfolgend genannten politischen Beamtinnen und politischen Beamten in den einstweiligen Ruhestand versetzen, wenn sie Beamtinnen auf Lebenszeit oder Beamte auf Lebenszeit sind:

1. Staatssekretärinnen und Staatssekretäre sowie Ministerialdirektorinnen und Ministerialdirektoren,
2. sonstige Beamtinnen und Beamte des höheren Dienstes im auswärtigen Dienst von der Besoldungsgruppe B 3 an aufwärts sowie Botschafterinnen und Botschafter in der Besoldungsgruppe A 16,
3. Beamtinnen und Beamte des höheren Dienstes des Militärischen Abschirmdienstes, des Bundesamtes für Verfassungsschutz und des Bundesnachrichtendienstes von der Besoldungsgruppe B 6 an aufwärts,
4. die Chefin oder den Chef des Presse- und Informationsamtes der Bundesregierung, deren oder dessen Stellvertretung und die Stellvertretende Sprecherin oder den Stellvertretenden Sprecher der Bundesregierung,
5. die Generalbundesanwältin oder den Generalbundesanwalt beim Bundesgerichtshof,
6. *(aufgehoben)*
7. die Präsidentin oder den Präsidenten des Bundeskriminalamtes,
8. die Präsidentin oder den Präsidenten des Bundespolizeipräsidiums,
9. die Präsidentin oder den Präsidenten des Bundesamtes für das Personalmanagement der Bundeswehr,
10. die Präsidentin oder den Präsidenten des Bundesamtes für Ausrüstung, Informationstechnik und Nutzung der Bundeswehr,

---

[1]) § 54 Abs. 1 Nr. 6 aufgeh. mWv 3.5.2011 durch G v. 28.4.2011 (BGBl. I S. 687); Abs. 1 Nr. 7 und 8 geänd., Nr. 9–11 angef. mWv 26.7.2012 durch G v. 21.7.2012 (BGBl. I S. 1583); Abs. 1 Nr. 3 geänd. mWv 21.11.2015 durch G v. 17.11.2015 (BGBl. I S. 1938); Abs. 1 Nr. 10 und 11 geänd., Nr. 12 angef. mWv 1.1. 2016 durch G v. 3.12.2015 (BGBl. I S. 2178); Abs. 1 Nr. 11 und 12 geänd., Nr. 13, 14 und Satz 2 angef. mWv 21.7.2023 durch G v. 17.7.2023 (BGBl. 2023 I Nr. 190).

11. die Präsidentin oder den Präsidenten des Bundesamtes für Infrastruktur, Umweltschutz und Dienstleistungen der Bundeswehr,
12. die Präsidentin oder den Präsidenten der Generalzolldirektion,
13. die Präsidentin oder den Präsidenten des Bundesamtes für Migration und Flüchtlinge und
14. die Präsidentin oder den Präsidenten des Bundesamtes für Sicherheit in der Informationstechnik.

²Satz 1 gilt nur für Beamtinnen und Beamte, deren Ernennung zu einem Zeitpunkt erfolgte, in dem das ihnen übertragene Amt in Satz 1 aufgenommen war, oder sich ein Gesetzentwurf zur Aufnahme einer entsprechenden Regelung im Gesetzgebungsverfahren befand.

(2) Gesetzliche Vorschriften, nach denen andere politische Beamtinnen und politische Beamte in den einstweiligen Ruhestand versetzt werden können, bleiben unberührt.

§ 55 Einstweiliger Ruhestand bei organisatorischen Veränderungen. ¹Im Fall der Auflösung oder einer wesentlichen Änderung des Aufbaus oder der Aufgaben einer Behörde oder der Verschmelzung von Behörden können Beamtinnen auf Lebenszeit und Beamte auf Lebenszeit, deren Aufgabengebiet davon betroffen ist und die ein Amt der Bundesbesoldungsordnung B[1]) wahrnehmen, in den einstweiligen Ruhestand versetzt werden, wenn durch die organisatorische Änderung eine ihrem Amt entsprechende Planstelle eingespart wird und eine Versetzung nicht möglich ist. ²Frei werdende Planstellen sollen den in den einstweiligen Ruhestand versetzten Beamtinnen und Beamten, die dafür geeignet sind, vorbehalten werden.

§ 56 Beginn des einstweiligen Ruhestands. ¹Wenn nicht im Einzelfall ausdrücklich ein späterer Zeitpunkt festgesetzt wird, beginnt der einstweilige Ruhestand mit dem Zeitpunkt, zu dem die Versetzung in den einstweiligen Ruhestand der Beamtin oder dem Beamten bekannt gegeben wird, spätestens jedoch mit dem Ende des dritten Monats, der auf den Monat der Bekanntgabe folgt. ²Die Verfügung kann bis zum Beginn des Ruhestands zurückgenommen werden.

§ 57 Erneute Berufung. Die in den einstweiligen Ruhestand versetzten Beamtinnen und Beamten sind verpflichtet, einer erneuten Berufung in das Beamtenverhältnis auf Lebenszeit Folge zu leisten, wenn ihnen im Dienstbereich ihres früheren Dienstherrn ein Amt mit mindestens demselben Endgrundgehalt verliehen werden soll.

§ 58 Ende des einstweiligen Ruhestands. (1) Der einstweilige Ruhestand endet bei erneuter Berufung in das Beamtenverhältnis auf Lebenszeit.

(2) Die in den einstweiligen Ruhestand versetzten Beamtinnen und Beamten gelten mit Erreichen der Regelaltersgrenze als dauernd in den Ruhestand versetzt.

§ 59 Zuständigkeit bei Versetzung in den Ruhestand. ¹Die Versetzung in den Ruhestand wird von der für die Ernennung zuständigen Stelle verfügt, soweit gesetzlich nichts anderes bestimmt ist. ²Die Versetzungsverfügung ist der Beamtin oder dem Beamten schriftlich zuzustellen. ³Sie kann bis zum Beginn des Ruhestands zurückgenommen werden.

---

[1]) Nr. **230**.

Abschnitt 6. Rechtliche Stellung im Beamtenverhältnis

Unterabschnitt 1. Allgemeine Pflichten und Rechte

§ 60[1]**) Grundpflichten.** (1) ¹Beamtinnen und Beamte dienen dem ganzen Volk, nicht einer Partei. ²Sie haben ihre Aufgaben unparteiisch und gerecht zu erfüllen und ihr Amt zum Wohl der Allgemeinheit zu führen. ³Beamtinnen und Beamte müssen sich durch ihr gesamtes Verhalten zu der freiheitlichen demokratischen Grundordnung im Sinne des Grundgesetzes[2]) bekennen und für deren Erhaltung eintreten.

(2) Beamtinnen und Beamte haben bei politischer Betätigung diejenige Mäßigung und Zurückhaltung zu wahren, die sich aus ihrer Stellung gegenüber der Allgemeinheit und aus der Rücksicht auf die Pflichten ihres Amtes ergeben.

§ 61[3]**) Wahrnehmung der Aufgaben, Verhalten und Erscheinungsbild.**

(1) ¹Beamtinnen und Beamte haben sich mit vollem persönlichem Einsatz ihrem Beruf zu widmen. ²Sie haben das ihnen übertragene Amt uneigennützig nach bestem Gewissen wahrzunehmen. ³Ihr Verhalten innerhalb und außerhalb des Dienstes muss der Achtung und dem Vertrauen gerecht werden, die ihr Beruf erfordert.

(2) ¹Beamtinnen und Beamte haben bei Ausübung des Dienstes oder bei einer Tätigkeit mit unmittelbarem Dienstbezug auch hinsichtlich ihres Erscheinungsbilds Rücksicht auf das ihrem Amt entgegengebrachte Vertrauen zu nehmen. ²Insbesondere das Tragen von bestimmten Kleidungsstücken, Schmuck, Symbolen und Tätowierungen im sichtbaren Bereich sowie die Art der Haar- und Barttracht können von der obersten Dienstbehörde eingeschränkt oder untersagt werden, soweit die Funktionsfähigkeit der Verwaltung oder die Pflicht zum achtungs- und vertrauenswürdigen Verhalten dies erfordert. ³Das ist insbesondere dann der Fall, wenn Merkmale des Erscheinungsbilds nach Satz 2 durch ihre über das übliche Maß hinausgehende besonders individualisierende Art geeignet sind, die amtliche Funktion der Beamtin oder des Beamten in den Hintergrund zu drängen. ⁴Religiös oder weltanschaulich konnotierte Merkmale des Erscheinungsbilds nach Satz 2 können nur dann eingeschränkt oder untersagt werden, wenn sie objektiv geeignet sind, das Vertrauen in die neutrale Amtsführung der Beamtin oder des Beamten zu beeinträchtigen. ⁵Das Bundesministerium des Innern, für Bau und Heimat, das Bundesministerium der Finanzen sowie das Bundesministerium der Justiz und für Verbraucherschutz werden ermächtigt, jeweils für ihren Geschäftsbereich die Einzelheiten zu den Sätzen 2 bis 4 durch Rechtsverordnung zu regeln. ⁶Die Verhüllung des Gesichts bei der Ausübung des Dienstes oder bei einer Tätigkeit mit unmittelbarem Dienstbezug ist stets unzulässig, es sei denn, dienstliche oder gesundheitliche Gründe erfordern dies.

(3) Beamtinnen und Beamte sind verpflichtet, an Maßnahmen der dienstlichen Qualifizierung zur Erhaltung oder Fortentwicklung ihrer Kenntnisse und Fähigkeiten teilzunehmen.

---

[1]) § 60 Abs. 1 Satz 2 neu gef. mWv 7.12.2018 durch G v. 29.11.2018 (BGBl. I S. 2232).
[2]) Nr. **1**.
[3]) § 61 Abs. 1 Satz 4 angef. mWv 15.6.2017 durch G v. 8.6.2017 (BGBl. I S. 1570); Überschrift neu gef., Abs. 1 Satz 4 aufgeh., Abs. 2 eingef., bish. Abs. 2 wird Abs. 3 mWv 7.7.2021 durch G v. 28.6.2021 (BGBl. I S. 2250).

§ 62 Folgepflicht. (1) ¹Beamtinnen und Beamte haben ihre Vorgesetzten zu beraten und zu unterstützen. ²Sie sind verpflichtet, deren dienstliche Anordnungen auszuführen und deren allgemeine Richtlinien zu befolgen. ³Dies gilt nicht, soweit die Beamtinnen und Beamten nach besonderen gesetzlichen Vorschriften an Weisungen nicht gebunden und nur dem Gesetz unterworfen sind.

(2) Beamtinnen und Beamte haben bei organisatorischen Veränderungen dem Dienstherrn Folge zu leisten.

§ 63[1] **Verantwortung für die Rechtmäßigkeit.** (1) Beamtinnen und Beamte tragen für die Rechtmäßigkeit ihrer dienstlichen Handlungen die volle persönliche Verantwortung.

(2) ¹Bedenken gegen die Rechtmäßigkeit dienstlicher Anordnungen haben Beamtinnen und Beamte unverzüglich bei der oder dem unmittelbaren Vorgesetzten geltend zu machen. ²Wird die Anordnung aufrechterhalten, haben sie sich, wenn ihre Bedenken gegen deren Rechtmäßigkeit fortbestehen, an die nächsthöhere Vorgesetzte oder den nächsthöheren Vorgesetzten zu wenden. ³Wird die Anordnung bestätigt, müssen die Beamtinnen und Beamten sie ausführen und sind von der eigenen Verantwortung befreit. ⁴Dies gilt nicht, wenn das aufgetragene Verhalten die Würde des Menschen verletzt oder strafbar oder ordnungswidrig ist und die Strafbarkeit oder Ordnungswidrigkeit für die Beamtinnen und Beamten erkennbar ist. ⁵Die Bestätigung hat auf Verlangen schriftlich zu erfolgen.

(3) ¹Verlangt eine Vorgesetzte oder ein Vorgesetzter die sofortige Ausführung der Anordnung, weil Gefahr im Verzug ist und die Entscheidung der oder des höheren Vorgesetzten nicht rechtzeitig herbeigeführt werden kann, gilt Absatz 2 Satz 3 und 4 entsprechend. ²Die Anordnung ist durch die anordnende oder den anordnenden Vorgesetzten schriftlich zu bestätigen, wenn die Beamtin oder der Beamte dies unverzüglich nach Ausführung der Anordnung verlangt.

§ 64[2] **Eidespflicht, Eidesformel.** (1) Beamtinnen und Beamte haben folgenden Diensteid zu leisten: „Ich schwöre, das Grundgesetz und alle in der Bundesrepublik Deutschland geltenden Gesetze zu wahren und meine Amtspflichten gewissenhaft zu erfüllen, so wahr mir Gott helfe."

(2) Der Eid kann auch ohne die Worte „so wahr mir Gott helfe" geleistet werden.

(3) Lehnt eine Beamtin oder ein Beamter aus Glaubens- oder Gewissensgründen die Ablegung des vorgeschriebenen Eides ab, können an Stelle der Worte „Ich schwöre" die Worte „Ich gelobe" oder eine andere Beteuerungsformel gesprochen werden.

(4) ¹In den Fällen, in denen nach § 7 Abs. 3 eine Ausnahme von § 7 Absatz 1 Satz 1 Nummer 1 zugelassen worden ist, kann von einer Eidesleistung abgesehen werden. ²Sofern gesetzlich nichts anderes bestimmt ist, hat die Beamtin oder der Beamte in diesen Fällen zu geloben, ihre oder seine Amtspflichten gewissenhaft zu erfüllen.

§ 65 Befreiung von Amtshandlungen. (1) Beamtinnen und Beamte sind von Amtshandlungen zu befreien, die sich gegen sie selbst oder Angehörige richten würden, zu deren Gunsten ihnen wegen familienrechtlicher Beziehungen im Strafverfahren das Zeugnisverweigerungsrecht zusteht.

---

[1] § 63 Abs. 3 Satz 1 geänd., Satz 2 angef. mWv 7.12.2018 durch G v. 29.11.2018 (BGBl. I S. 2232).
[2] § 64 Abs. 4 Satz 1 geänd. mWv 7.7.2021 durch G v. 28.6.2021 (BGBl. I S. 2250).

(2) Gesetzliche Vorschriften, nach denen Beamtinnen oder Beamte von einzelnen Amtshandlungen ausgeschlossen sind, bleiben unberührt.

§ 66 Verbot der Führung der Dienstgeschäfte. ¹ Die oberste Dienstbehörde oder die von ihr bestimmte Behörde kann einer Beamtin oder einem Beamten aus zwingenden dienstlichen Gründen die Führung der Dienstgeschäfte verbieten. ² Das Verbot erlischt, wenn nicht bis zum Ablauf von drei Monaten gegen die Beamtin oder den Beamten ein Disziplinarverfahren oder ein sonstiges auf Rücknahme der Ernennung oder auf Beendigung des Beamtenverhältnisses gerichtetes Verfahren eingeleitet worden ist.

§ 67[1)] **Verschwiegenheitspflicht.** (1) ¹ Beamtinnen und Beamte haben über die ihnen bei oder bei Gelegenheit ihrer amtlichen Tätigkeit bekannt gewordenen dienstlichen Angelegenheiten Verschwiegenheit zu bewahren. ² Dies gilt auch über den Bereich eines Dienstherrn hinaus sowie nach Beendigung des Beamtenverhältnisses.

(2) ¹ Absatz 1 gilt nicht, soweit
1. Mitteilungen im dienstlichen Verkehr geboten sind,
2. Tatsachen mitgeteilt werden, die offenkundig sind oder ihrer Bedeutung nach keiner Geheimhaltung bedürfen,
3. gegenüber der zuständigen obersten Dienstbehörde, einer Strafverfolgungsbehörde oder einer von der obersten Dienstbehörde bestimmten weiteren Behörde oder außerdienstlichen Stelle ein durch Tatsachen begründeter Verdacht einer Korruptionsstraftat nach den §§ 331 bis 337 des Strafgesetzbuches[2)] angezeigt wird oder
4. Informationen unter den Voraussetzungen des Hinweisgeberschutzgesetzes an eine zuständige Meldestelle weitergegeben oder offengelegt werden.

² Im Übrigen bleiben die gesetzlich begründeten Pflichten, geplante Straftaten anzuzeigen und für die Erhaltung der freiheitlichen demokratischen Grundordnung einzutreten, von Absatz 1 unberührt.

(3) ¹ Beamtinnen und Beamte dürfen ohne Genehmigung über Angelegenheiten nach Absatz 1 weder vor Gericht noch außergerichtlich aussagen oder Erklärungen abgeben. ² Die Genehmigung erteilt die oder der Dienstvorgesetzte oder, wenn das Beamtenverhältnis beendet ist, die oder der letzte Dienstvorgesetzte. ³ Hat sich der Vorgang, der den Gegenstand der Äußerung bildet, bei einem früheren Dienstherrn ereignet, darf die Genehmigung nur mit dessen Zustimmung erteilt werden.

(4) ¹ Beamtinnen und Beamte haben, auch nach Beendigung des Beamtenverhältnisses, auf Verlangen der oder des Dienstvorgesetzten oder der oder des letzten Dienstvorgesetzten amtliche Schriftstücke, Zeichnungen, bildliche Darstellungen sowie Aufzeichnungen jeder Art über dienstliche Vorgänge, auch soweit es sich um Wiedergaben handelt, herauszugeben. ² Entsprechendes gilt für ihre Hinterbliebenen und Erben.

§ 68 Versagung der Aussagegenehmigung. (1) Die Genehmigung, als Zeugin oder Zeuge auszusagen, darf nur versagt werden, wenn die Aussage dem Wohle des Bundes oder eines deutschen Landes Nachteile bereiten oder die Erfüllung öffentlicher Aufgaben ernstlich gefährden oder erheblich erschweren würde.

[1)] § 67 Abs. 2 Satz 1 Nr. 2 und 3 geänd., Nr. 4 angef. mWv 2.7.2023 durch G v. 31.5.2023 (BGBl. 2023 I Nr. 140).
[2)] **Habersack Nr. 85.**

(2) ¹Sind Beamtinnen oder Beamte Partei oder Beschuldigte in einem gerichtlichen Verfahren oder soll ihr Vorbringen der Wahrnehmung ihrer berechtigten Interessen dienen, darf die Genehmigung auch dann, wenn die Voraussetzungen des Absatzes 1 erfüllt sind, nur versagt werden, wenn die dienstlichen Rücksichten dies unabweisbar erfordern. ²Wird die Genehmigung versagt, haben die oder der Dienstvorgesetzte der Beamtin oder dem Beamten den Schutz zu gewähren, den die dienstlichen Rücksichten zulassen.

(3) ¹Über die Versagung der Genehmigung entscheidet die oberste Dienstbehörde. ²Sie kann diese Befugnis auf andere Behörden übertragen.

§ 69 Gutachtenerstattung. ¹Die Genehmigung, ein Gutachten zu erstatten, kann versagt werden, wenn die Erstattung den dienstlichen Interessen Nachteile bereiten würde. ²§ 68 Abs. 3 gilt entsprechend.

§ 70 Auskünfte an die Medien. Die Leitung der Behörde entscheidet, wer den Medien Auskünfte erteilt.

§ 71[1)2)] **Verbot der Annahme von Belohnungen, Geschenken und sonstigen Vorteilen.** (1) ¹Beamtinnen und Beamte dürfen, auch nach Beendigung des Beamtenverhältnisses, keine Belohnungen, Geschenke oder sonstigen Vorteile für sich oder einen Dritten in Bezug auf ihr Amt fordern, sich versprechen lassen oder annehmen. ²Ausnahmen bedürfen der Zustimmung der obersten oder der letzten obersten Dienstbehörde. ³Die Befugnis zur Zustimmung kann auf andere Behörden übertragen werden.

(2) ¹Wer gegen das in Absatz 1 genannte Verbot verstößt, hat auf Verlangen das aufgrund des pflichtwidrigen Verhaltens Erlangte dem Dienstherrn herauszugeben, soweit nicht im Strafverfahren die Einziehung von Taterträgen angeordnet worden oder es auf andere Weise auf den Staat übergegangen ist. ²Für den Umfang des Herausgabeanspruchs gelten die Vorschriften des Bürgerlichen Gesetzbuches[3)] über die Herausgabe einer ungerechtfertigten Bereicherung entsprechend. ³Die Herausgabepflicht nach Satz 1 umfasst auch die Pflicht, dem Dienstherrn Auskunft über Art, Umfang und Verbleib des Erlangten zu geben.

§ 72 Wahl der Wohnung. (1) Beamtinnen und Beamte haben ihre Wohnung so zu nehmen, dass die ordnungsmäßige Wahrnehmung ihrer Dienstgeschäfte nicht beeinträchtigt wird.

(2) Die oder der Dienstvorgesetzte kann, wenn die dienstlichen Verhältnisse es erfordern, anweisen, dass die Wohnung innerhalb einer bestimmten Entfernung von der Dienststelle zu nehmen oder eine Dienstwohnung zu beziehen ist.

§ 73 Aufenthaltspflicht. Wenn besondere dienstliche Verhältnisse es dringend erfordern, kann die Beamtin oder der Beamte angewiesen werden, sich während der dienstfreien Zeit in erreichbarer Nähe des Dienstortes aufzuhalten.

[1)] § 71 Abs. 2 Satz 1 geänd. mWv 1.7.2017 durch G v. 13.4.2017 (BGBl. I S. 872).
[2)] Siehe hierzu das RdSchr. des BMI zum Verbot der Annahme von Belohnungen oder Geschenken in der Bundesverwaltung v. 8.11.2004 (GMBl S. 1074).
[3)] Habersack Nr. 20.

(2) ¹Ständige ordentliche Mitglieder sind die Präsidentin des Bundesrechnungshofes oder der Präsident des Bundesrechnungshofes als Vorsitzende oder Vorsitzender und die Leiterin der Dienstrechtsabteilung oder der Leiter der Dienstrechtsabteilung des Bundesministeriums des Innern, für Bau und Heimat. ²Nichtständige ordentliche Mitglieder sind die Leiterinnen der Zentralabteilungen und Leiter der Zentralabteilungen von zwei anderen obersten Bundesbehörden und vier weitere Beamtinnen und Beamte des Bundes. ³Stellvertretende Mitglieder sind je eine Beamtin oder ein Beamter des Bundes der in Satz 1 genannten Behörden, die Leiterinnen der Zentralabteilungen und Leiter der Zentralabteilungen von zwei weiteren obersten Bundesbehörden sowie vier weitere Beamtinnen oder Beamte des Bundes.

(3) Die nichtständigen ordentlichen Mitglieder sowie die stellvertretenden Mitglieder werden von der Bundespräsidentin oder vom Bundespräsidenten auf Vorschlag der Bundesministerin des Innern, für Bau und Heimat oder des Bundesministers des Innern, für Bau und Heimat für die Dauer von vier Jahren bestellt, davon vier ordentliche und vier stellvertretende Mitglieder aufgrund einer Benennung durch die Spitzenorganisationen der zuständigen Gewerkschaften.

(4) Der Bundespersonalausschuss wird zur Durchführung seiner Aufgaben durch eine Geschäftsstelle im Bundesministerium des Innern, für Bau und Heimat unterstützt.

§ 121[1]) **Rechtsstellung der Mitglieder.** Die Dienstaufsicht über die Mitglieder des Bundespersonalausschusses führt im Auftrag der Bundesregierung die Bundesministerin des Innern, für Bau und Heimat oder der Bundesminister des Innern, für Bau und Heimat mit folgenden Maßgaben:

1. Die Mitglieder des Bundespersonalausschusses sind unabhängig und nur dem Gesetz unterworfen. Sie dürfen wegen ihrer Tätigkeit weder dienstlich gemaßregelt noch benachteiligt werden.
2. Sie scheiden aus ihrem Amt als Mitglied des Bundespersonalausschusses aus
    a) durch Zeitablauf,
    b) durch Ausscheiden aus dem Hauptamt oder aus der Behörde, die für ihre Mitgliedschaft maßgeblich sind,
    c) durch Beendigung des Beamtenverhältnisses oder
    d) unter den gleichen Voraussetzungen, unter denen Mitglieder einer Kammer oder eines Senats für Disziplinarsachen wegen einer rechtskräftigen Entscheidung in einem Straf- oder Disziplinarverfahren ihr Amt verlieren; § 66 ist nicht anzuwenden.

§ 122 Geschäftsordnung. Der Bundespersonalausschuss gibt sich eine Geschäftsordnung.

§ 123 Sitzungen und Beschlüsse. (1) ¹Die Sitzungen des Bundespersonalausschusses sind nicht öffentlich. ²Der Bundespersonalausschuss kann von den Verwaltungen beauftragten Personen sowie Dritten die Anwesenheit bei der Verhandlung gestatten.

(2) ¹Die oder der Vorsitzende des Bundespersonalausschusses oder die oder der stellvertretende Vorsitzende des Bundespersonalausschusses leitet die Sitzungen. ²Sind beide verhindert, tritt an ihre Stelle das dienstälteste Mitglied.

---

[1]) § 121 einl. Satzteil geänd. mWv 7.12.2018 durch G v. 29.11.2018 (BGBl. I S. 2232).

(3) Die von den Verwaltungen beauftragten Personen sind auf Verlangen zu hören.

(4) ¹Beschlüsse werden mit Stimmenmehrheit gefasst. ²Zur Beschlussfähigkeit ist die Anwesenheit von mindestens sechs Mitgliedern erforderlich. ³Bei Stimmengleichheit entscheidet die Stimme der oder des Vorsitzenden.

(5) ¹Beschlüsse des Bundespersonalausschusses sind bekannt zu machen, soweit sie allgemeine Bedeutung haben. ²Art und Umfang regelt die Geschäftsordnung.

(6) Soweit dem Bundespersonalausschuss eine Entscheidungsbefugnis eingeräumt ist, binden seine Beschlüsse die beteiligten Verwaltungen.

§ 124 Beweiserhebung, Auskünfte und Amtshilfe. (1) Der Bundespersonalausschuss kann zur Durchführung seiner Aufgaben in entsprechender Anwendung der Vorschriften der Verwaltungsgerichtsordnung[1)] Beweise erheben.

(2) ¹Die beteiligten Verwaltungen haben dem Bundespersonalausschuss auf Verlangen Auskünfte zu erteilen und Akten vorzulegen, soweit dies zur Durchführung seiner Aufgaben erforderlich ist. ²Alle Dienststellen haben dem Bundespersonalausschuss unentgeltlich Amtshilfe zu leisten.

Abschnitt 9. Beschwerdeweg und Rechtsschutz

§ 125[2)] Dienstweg bei Anträgen und Beschwerden. (1) ¹Beamtinnen und Beamte können Anträge und Beschwerden vorbringen. ²Hierbei ist der Dienstweg einzuhalten. ³Der Beschwerdeweg bis zur obersten Dienstbehörde steht offen.

(2) Richtet sich die Beschwerde gegen die unmittelbare Vorgesetzte oder den unmittelbaren Vorgesetzten, kann sie bei der oder dem nächsthöheren Vorgesetzten unmittelbar eingereicht werden.

(3) Beamtinnen und Beamte, die eine Meldung oder Offenlegung nach dem Hinweisgeberschutzgesetz vornehmen, sind von der Einhaltung des Dienstwegs befreit.

§ 126 Verwaltungsrechtsweg. (1) Für alle Klagen der Beamtinnen, Beamten, Ruhestandsbeamtinnen, Ruhestandsbeamten, früheren Beamtinnen, früheren Beamten und der Hinterbliebenen aus dem Beamtenverhältnis sowie für Klagen des Dienstherrn ist der Verwaltungsrechtsweg gegeben.

(2) ¹Vor allen Klagen ist ein Vorverfahren nach den Vorschriften des 8. Abschnitts der Verwaltungsgerichtsordnung[1)] durchzuführen. ²Dies gilt auch dann, wenn die Maßnahme von der obersten Dienstbehörde getroffen worden ist.

(3) ¹Den Widerspruchsbescheid erlässt die oberste Dienstbehörde. ²Sie kann die Entscheidung für Fälle, in denen sie die Maßnahme nicht selbst getroffen hat, durch allgemeine Anordnung anderen Behörden übertragen. ³Die Anordnung ist zu veröffentlichen.

[1)] Nr. **600**.
[2)] § 125 Abs. 3 angef. mWv 2.7.2023 durch G v. 31.5.2023 (BGBl. 2023 I Nr. 140).

BBesG 230

230. Bundesbesoldungsgesetz[1) 2)]
In der Fassung der Bekanntmachung vom 19. Juni 2009[3)]
(BGBl. I S. 1434)
FNA 2032-1

geänd. durch Art. 2, 2a DienstrechtsneuordnungsG v. 5.2.2009 (BGBl. I S. 160; Art. 2a geänd. durch G v. 19.11.2010, BGBl. I S. 1552, aufgeh. durch G v. 20.12.2011, BGBl. I S. 2842), Art. 8 G zur Änd. des SGB IV, zur Errichtung einer Versorgungsausgleichskasse und anderer Gesetze v. 15.7.2009 (BGBl. I S. 1939), Art. 2 G zur Änd. arzneimittelrechtl. und anderer Vorschriften v. 17.7.2009 (BGBl. I S. 1990), Art. 2 Nr. 2 Erstes G zur Änd. des G zur Regelung der Rechtsverhältnisse der Helfer der Bundesanstalt Technisches Hilfswerk v. 29.7.2009 (BGBl. I S. 2350), Art. 4 G zur Errichtung eines Bundesaufsichtsamtes für Flugsicherung und zur Änd. und Anpassung weiterer Vorschriften v. 29.7.2009 (BGBl. I S. 2424), Art. 2 Abs. 7 G zur Weiterentwicklung der Organisation der Grundsicherung für Arbeitsuchende v. 3.8.2010 (BGBl. I S. 1112), Art. 1–4 BBVAnpG 2010/2011 v. 19.11.2010 (BGBl. I S. 1552), Art. 11 Wehrrechtsänderungsgesetz 2011 v. 28.4.2011 (BGBl. I S. 678), Art. 15 G zur Einführung eines Bundesfreiwilligendienstes v. 28.4.2011 (BGBl. I S. 687), Art. 4 G zur Übertragung ehebezogener Regelungen im öffentl. Dienstrecht auf Lebenspartnerschaften v. 14.11.2011 (BGBl. I S. 2219), Art. 9a G zur Umsetzung der RL 2010/78/EU im Hinblick auf die Errichtung des Europäischen Finanzaufsichtssystems v. 4.12.2011 (BGBl. I S. 2427), Art. 1, 5 G zur Wiedergewährung der Sonderzahlung v. 20.12.2011 (BGBl. I S. 2842), Art. 28 G zur Verbesserung der Eingliederungschancen am Arbeitsmarkt v. 20.12.2011 (BGBl. I S. 2854), Urt. des BVerfG – 2 BvL 4/10 – v. 14.2.2012 (BGBl. I S. 459), Art. 1 G zur Unterstützung der Fachkräftegewinnung im Bund und zur Änd. weiterer dienstrechtl. Vorschriften v. 15.3.2012 (BGBl. I S. 462, ber. S. 1489), Art. 7 Bundeswehrreform-BegleitG v. 21.7.2012 (BGBl. I S. 1583), Art. 1–3 BBVAnpG 2012/2013 v. 15.8.2012 (BGBl. I S. 1670), Beschl. des BVerfG – 2 BvR 1397/09 – v. 19.6.2012 (BGBl. I S. 1770), Art. 1 G zur Neuregelung der Professorenbesoldung und zur Änd. weiterer dienstrechtlicher Vorschriften v. 11.6.2013 (BGBl. I S. 1514), Art. 2 G zur Familienpflegezeit und zum flexibleren Eintritt in den Ruhestand für Beamtinnen und Beamte des Bundes v. 3.7.2013 (BGBl. I S. 1978), Art. 5 Abs. 3 G zur Suche und Auswahl eines Standortes für ein Endlager für Wärme entwickelnde radioaktive Abfälle und zur Änd. anderer Gesetze v. 23.7.2013 (BGBl. I S. 2553), Art. 13–13c Bundesunfallkassen-NeuorganisationsG v. 19.10.2013 (BGBl. I S. 3836), Art. 1, 2 BBVAnpG 2014/2015 v. 25.11.2014 (BGBl. I S. 1772), Art. 2–5 G zur Änderung des BundesbeamtenG und weiterer dienstrechtlicher Vorschriften v. 6.3.2015 (BGBl. I S. 250), Art. 2 Bundeswehr-AttraktivitätssteigerungsG v. 13.5.2015 (BGBl. I S. 706), Art. 6 IT-Sicherheitsgesetz v. 17.7.2015 (BGBl. I S. 1324), Art. 43 Zehnte ZuständigkeitsanpassungsVO v. 31.8.2015 (BGBl. I S. 1474), Art. 8 G zur Verbesserung der Zusammenarbeit im Bereich des Verfassungsschutzes v. 17.11.2015 (BGBl. I S. 1938), Art. 1 Siebtes BesoldungsänderungsG v. 3.12.2015 (BGBl. I S. 2163), Art. 3 G zur Neuorganisation der Zollverwaltung v. 3.12.2015 (BGBl. I S. 2178), Art. 26 WSV-ZuständigkeitsanpassungsG v. 24.5.2016 (BGBl. I S. 1217), Art. 2 G zur besseren Vereinbarkeit von Familie, Pflege und Beruf für Beamtinnen und Beamte des Bundes und Soldatinnen und Soldaten sowie zur Änd. weiterer dienstrechtlicher Vorschriften v. 19.10.2016 (BGBl. I S. 2362), Art. 1, 2 Bundesbesoldungs- und -versorgungsanpassungsG 2016/2017 v. 21.11.2016 (BGBl. I S. 2570), Art. 6 G zur Änd. des VersorgungsrücklageG und weiterer dienstrechtlicher Vorschriften v. 5.1.2017 (BGBl. I S. 17), Art. 4 Branntweinmonopolverwaltung-AuflösungsG v. 10.3.2017 (BGBl. I S. 420), Art. 33 G zum Abbau verzichtbarer Anordnungen der Schriftform im Verwaltungsrecht des Bundes v. 29.3.2017 (BGBl. I S. 626), Art. 13–15 G zu bereichsspezifischen Regelungen der Gesichtsverhüllung und zur Änd. weiterer dienstrechtlicher Vorschriften v. 8.6.2017 (BGBl. I S. 1570), Art. 12 G zur Umsetzung der 4. EU-GeldwäscheRL, zur Ausführung der EU-GeldtransferVO und zur Neuorganisation der Zentralstelle für Finanztransaktionsuntersuchungen v. 23.6.2017 (BGBl. I S. 1822), Art. 1–4 Bundesbesoldungs- und -versorgungsanpassungsG 2018/2019/2020 v. 8.11.2018 (BGBl. I S. 1810), Art. 3 G zur Änd. des ZensusvorbereitungsG 2021 und Zweiten Dopingopfer-HilfeG sowie Bundesbesoldungs- und -versorgungsanpassungsG 2018/2019/2020 v. 27.11.2018 (BGBl. I S. 2010), Art. 4 G zur Änd. des BeamtenstatusG und des BundesbeamtenG sowie weiterer dienstrechtlicher Vorschriften v. 29.11.2018 (BGBl. I S. 2232), Art. 1, 2 BesoldungsstrukturenmodernisierungsG v. 9.12.2019 (BGBl. I S. 2053), Art. 3 G zur Modernisierung des Versicherungsteuerrechts und zur Änd. dienstrechtlicher Vorschriften v. 3.12.2020 (BGBl. I S. 2659), Art. 2 G über die

---

[1)] Die Änderungen durch G v. 20.8.2021 (BGBl. I S. 3932) treten erst **mWv 1.1.2024** bzw. **mWv 1.1.2025** in Kraft und sind noch nicht im Text berücksichtigt.
[2)] Zur Anwendung in den Ländern siehe § 85.
[3)] Neubekanntmachung des Bundesbesoldungsgesetzes idF der Bek. v. 6.8.2002 (BGBl. I S. 3020) in der ab 1.7.2009 geltenden Fassung.

Umwandlung des Informationstechnikzentrums Bund in eine nichtrechtsfähige Anstalt des öffentl. Rechts und zur Änd. weiterer Vorschriften v. 7.12.2020 (BGBl. I S. 2756), Art. 1 G über eine einmalige Sonderzahlung aus Anlass der COVID-19-Pandemie an Besoldungs- und Wehrsoldempfänger v. 21.12. 2020 (BGBl. I S. 3136), Art. 2 Abs. 5 G zur Neustrukturierung des ZollfahndungsdienstG v. 30.3.2021 (BGBl. I S. 402), Art. 9 Siebtes G zur Änd. von Verbrauchsteuergesetzen v. 30.3.2021 (BGBl. I S. 607), Art. 8 G zur Regelung des Erscheinungsbilds von Beamtinnen und Beamten sowie zur Änd. weiterer dienstrechtl. Vorschriften v. 28.6.2021 (BGBl. I S. 2250), Art. 1–4 G zur Anpassung der Bundesbesoldung und -versorgung für 2021/2022 und zur Änd. weiterer dienstrechtl. Vorschriften v. 9.7.2021 (BGBl. I S. 2444), Art. 72, 73 G über die Entschädigung der Soldatinnen und Soldaten und zur Neuordnung des Soldatenversorgungsrechts v. 20.8.2021 (BGBl. I S. 3932) und Art. 6 G zur Änd. des BevölkerungsstatistikG, des InfektionsschutzG, personenstands- und dienstrechtlicher Regelungen sowie der Medizinprodukte-AbgabeVO v. 17.7.2023 (BGBl. 2023 I Nr. 190)

Inhaltsübersicht[1]

Abschnitt 1. Allgemeine Vorschriften

§ 1	Anwendungsbereich
§ 2	Regelung durch Gesetz
§ 3	Anspruch auf Besoldung
§ 4	Weitergewährung der Besoldung bei Versetzung in den einstweiligen Ruhestand
§ 5	Besoldung bei mehreren Hauptämtern
§ 6	Besoldung bei Teilzeitbeschäftigung
§ 6a	Besoldung bei begrenzter Dienstfähigkeit
§ 7	Vorschuss während der Familienpflegezeit und Pflegezeit, Verordnungsermächtigung
§ 7a	Zuschläge bei Hinausschieben des Eintritts in den Ruhestand
§ 8	Kürzung der Besoldung bei Gewährung einer Versorgung durch eine zwischenstaatliche oder überstaatliche Einrichtung
§ 9	Verlust der Besoldung bei schuldhaftem Fernbleiben vom Dienst
§ 9a	Anrechnung anderer Einkünfte auf die Besoldung
§ 10	Anrechnung von Sachbezügen auf die Besoldung
§ 11	Abtretung von Bezügen, Verpfändung, Aufrechnungs- und Zurückbehaltungsrecht
§ 12	Rückforderung von Bezügen
§ 13	Ausgleichszulage für den Wegfall von Stellenzulagen
§ 14	Anpassung der Besoldung
§ 14a	Versorgungsrücklage
§ 15	Dienstlicher Wohnsitz
§ 16	Amt, Dienstgrad
§ 17	Aufwandsentschädigungen
§ 17a	Zahlungsweise
§ 17b	Lebenspartnerschaft

Abschnitt 2. Grundgehalt, Leistungsbezüge an Hochschulen
Unterabschnitt 1. Allgemeine Grundsätze

§ 18	Grundsatz der funktionsgerechten Besoldung
§ 19	Bestimmung des Grundgehaltes nach dem Amt
§ 19a	Besoldung bei Verleihung eines anderen Amtes

(Fortsetzung nächstes Blatt)

---

[1] Inhaltsübersicht neu gef. mWv 1.8.2013 durch G v. 11.6.2013 (BGBl. I S. 1514); geänd. mWv 11.7. 2013 durch G v. 3.7.2013 (BGBl. I S. 1978); geänd. mWv 14.3.2015 durch G v. 6.3.2015 (BGBl. I S. 250); geänd. mWv 23. 5.2015, mWv 1. 12.2015 und mWv 1.5.2018 durch G v. 13.5.2015 (BGBl. I S. 706); geänd. mWv 1.1.2016 durch G v. 3.12.2015 (BGBl. I S. 2163); geänd. mWv 28.10.2016 durch G v. 19.10.2016 (BGBl. I S. 2362); geänd. mWv 1.6.2017 und mWv 1.1.2020 durch G v. 8.6.2017 (BGBl. I S. 1570); geänd. mWv 1.1.2020 durch G v. 9.12.2019 (BGBl. I S. 2053); geänd. mWv 1.1.2020 und mWv 1.8.2021 durch G v. 28.6.2021 (BGBl. I S. 2250); geänd. mWv 1.1.2020 und mWv 1.1.2022 durch G v. 9.7.2021 (BGBl. I S. 2444); redaktionell angepasst.

§ 80[1] **Übergangsregelung für beihilfeberechtigte Polizeivollzugsbeamte des Bundes.** (1) ¹Polizeivollzugsbeamten der Bundespolizei, die am 1. Januar 1993 Beihilfe nach den Beihilfevorschriften des Bundes erhalten, wird diese weiterhin gewährt. ²Auf Antrag erhalten sie an Stelle der Beihilfe Heilfürsorge nach § 70 Absatz 2. ³Der Antrag ist unwiderruflich.

(2) ¹Polizeivollzugsbeamten beim Deutschen Bundestag, die am 31. Dezember 2021 Beihilfe erhalten, wird diese weiterhin gewährt. ²Auf Antrag erhalten sie anstelle der Beihilfe Heilfürsorge nach § 70 Absatz 2. ³Der Antrag ist unwiderruflich.

§ 80a[2] **Übergangsregelung für Verpflichtungsprämien für Soldaten auf Zeit aus Anlass des Bundeswehrreform-Begleitgesetzes.** § 85a Absatz 4 in der bis zum 31. Dezember 2012 geltenden Fassung ist auf Verpflichtungsprämien, die nach § 85a in der Zeit vom 1. Januar 2011 bis zum 31. Dezember 2012 gewährt wurden, weiterhin anzuwenden.

§ 80b[3] **Übergangsregelung zum Auslandsverwendungszuschlag.** Beamten und Soldaten, die am 31. Mai 2017 eine Vergütung nach § 50a oder Auslandsdienstbezüge nach § 52 beziehen, werden diese bis zur Beendigung ihrer jeweiligen Verwendung weitergewährt, soweit dies für die Betroffenen günstiger ist als die Gewährung des Auslandsverwendungszuschlags nach § 56 in der ab dem 1. Juni 2017 geltenden Fassung.

§ 81 Übergangsregelungen bei Zulagenänderungen aus Anlass des Versorgungsreformgesetzes 1998. ¹Soweit durch das Versorgungsreformgesetz 1998 die Ruhegehaltfähigkeit von Zulagen wegfällt oder Zulagen, die der Berechtigte bezogen hat, nicht mehr zu den ruhegehaltfähigen Dienstbezügen gehören, sind für Empfänger von Dienstbezügen, die bis zum 31. Dezember 2007 in den Ruhestand treten oder versetzt werden, die bisherigen Vorschriften über die Ruhegehaltfähigkeit in der bis zum 31. Dezember 1998 geltenden Fassung weiter anzuwenden, für Empfänger von Dienstbezügen der Besoldungsgruppen A 1 bis A 9 bei einer Zurruhesetzung bis zum 31. Dezember 2010. ²Dies gilt nicht, wenn die Zulage nach dem 1. Januar 1999 erstmals gewährt wird.

§ 82[4] *(aufgehoben)*

§ 83[5] **Übergangsregelung für Ausgleichszulagen.** § 19a gilt entsprechend, wenn ein Anspruch auf eine ruhegehaltfähige Ausgleichszulage wegen der Verringerung oder des Verlustes einer Amtszulage während eines Dienstverhältnisses nach § 1 Absatz 1 bis zum 30. Juni 2009 entstanden ist, und in den Fällen des § 2 Absatz 6 des Besoldungsüberleitungsgesetzes.

§ 83a[6] **Übergangsregelung für die Besoldung bei Verleihung eines anderen Amtes oder bei Wechsel in den Dienst des Bundes.** (1) Der Anspruch nach § 19a Satz 2 besteht ab dem 1. März 2012 auch für Wechsel in der Zeit vom 1. Juli 2009 bis zum 21. März 2012.

---

[1] § 80 Überschrift geänd. und Abs. 2 angef. mWv 1.1.2022 durch G v. 9.7.2021 (BGBl. I S. 2444).
[2] § 80a eingef. mWv 1.1.2013 durch G v. 21.7.2012 (BGBl. I S. 1583).
[3] § 80b eingef. mWv 1.6.2017 durch G v. 8.6.2017 (BGBl. I S. 1570).
[4] § 82 aufgeh. mWv 1.8.2021 durch G v. 28.6.2021 (BGBl. I S. 2250).
[5] § 83 Abs. 3 geänd. mWv 1.1.2011 durch G v. 5.2.2009 (BGBl. I S. 160, insoweit geänd. durch G v. 19.11.2010, BGBl. I S. 1552); Überschrift und Abs. 3 geänd. mWv 1.1.2012 durch G v. 20.12.2011 (BGBl. I S. 2842); Abs. 2 und 3 aufgeh. mWv 11.1.2017 durch G v. 5.1.2017 (BGBl. I S. 17).
[6] § 83a eingef. mWv 22.3.2012 durch G v. 15.3.2012 (BGBl. I S. 462).

(2) ¹Für Beamte, Richter und Soldaten, die in der Zeit vom 1. Juli 2009 bis zum 21. März 2012 auf Grund einer Versetzung, einer Übernahme oder eines Übertritts in den Dienst des Bundes gewechselt sind, ist § 19b mit der Maßgabe anzuwenden, dass eine Ausgleichszulage ab dem 1. März 2012 gewährt wird. ²Sie wird in der Höhe gewährt, die sich am 22. März 2012 ergäbe, wenn die Zulage bereits seit dem Wechsel in den Dienst des Bundes zugestanden hätte.

§ 84 Anpassung von Bezügen nach fortgeltendem Recht. Die Anpassung nach § 14 Absatz 2 gilt entsprechend für

1. die Grundgehaltssätze (Gehaltssätze) in den Regelungen über künftig wegfallende Ämter,
2. die Amtszulagen in Überleitungsvorschriften oder Regelungen über künftig wegfallende Ämter,
3. die in festen Beträgen ausgewiesenen Zuschüsse zum Grundgehalt nach den Vorbemerkungen Nummer 1 und 2 sowie die allgemeine Stellenzulage nach Vorbemerkung Nummer 2b der Anlage II in der bis zum 22. Februar 2002 geltenden Fassung,
4. die Beträge der Amtszulagen nach Anlage 2 der Verordnung zur Überleitung in die im Zweiten Gesetz zur Vereinheitlichung und Neuregelung des Besoldungsrechts in Bund und Ländern geregelten Ämter und über die künftig wegfallenden Ämter vom 1. Oktober 1975 (BGBl. I S. 2608), geändert durch Artikel 9 des Gesetzes vom 24. März 1997 (BGBl. I S. 590).

§ 85[1)] **Anwendungsbereich in den Ländern.** Für die Beamten und Richter der Länder, der Gemeinden, der Gemeindeverbände sowie der sonstigen der Aufsicht eines Landes unterstehenden Körperschaften, Anstalten und Stiftungen des öffentlichen Rechts gilt das Bundesbesoldungsgesetz in der bis zum 31. August 2006 geltenden Fassung, soweit nichts Anderes bestimmt ist.[2)]

[1)] § 85 aufgeh., bish. § 86 wird § 85 mWv 1.8.2013 durch G v. 11.6.2013 (BGBl. I S. 1514).
[2)] Siehe die besoldungsrechtlichen Regelungen der Länder:
– **Baden-Württemberg:** LandesbesoldungsG v. 9.11.2010 (GBl. S. 793, 826), zuletzt geänd. durch G v. 21.12.2022 (GBl. S. 649)
– **Bayern:** Bayerisches BesoldungsG v. 5.8.2010 (GVBl. S. 410, ber. S. 764), zuletzt geänd. durch G v. 7.7.2023 (GVBl. S. 313)
– **Berlin:** vgl. § 1b LandesbesoldungsG v. 9.4.1996 (GVBl. S. 160, ber. S. 463), zuletzt geänd. durch G v. 10.2.2023 (GVBl. S. 58)
– **Brandenburg:** Brandenburgisches BesoldungsG v. 20.11.2023 (GVBl. I Nr. 32, 2, ber. Nr. 34, ber. , ,), zuletzt geänd. durch G v. 28.6.2023 (GVBl. I Nr. 14)
– **Bremen:** Bremisches BesoldungsG v. 20.12.2016 (Brem.GBl. S. 924), zuletzt geänd. durch G v. 2.5.2023 (Brem.GBl. S. 415)
– **Hamburg:** Hamburgisches BesoldungsG v. 26.1.2010 (HmbGVBl. S. 23), zuletzt geänd. durch G v. 11.7.2023 (HmbGVBl. S. 250)
– **Hessen:** Hessisches BesoldungsG v. 27.5.2013 (GVBl. S. 218, 256, ber. S. 508, ber. S. 508), zuletzt geänd. durch G v. 27.6.2023 (GVBl. S. 441)
– **Mecklenburg-Vorpommern:** LandesbesoldungsG v. 11.5.2021 (GVOBl. M-V S. 600), geänd. durch G v. 13.12.2022 (GVOBl. M-V S. 637)
– **Niedersachsen:** Niedersächsisches BesoldungsG v. 20.12.2016 (Nds. GVBl. S. 308, 2017 S. 64, S. 48, S. 186), zuletzt geänd. durch G v. 21.6.2023 (Nds. GVBl. S. 110)
– **Nordrhein-Westfalen:** LandesbesoldungsG v. 14.6.2016 (GV. NRW. S. 310, 339, ber. S. 642, 2019 S. 18), zuletzt geänd. durch G v. 30.5.2023 (GV. NRW. S. 317)
– **Rheinland-Pfalz:** LandesbesoldungsG v. 18.6.2013 (GVBl. S. 157, 158), zuletzt geänd. durch G v. 22.12.2022 (GVBl. S. 483)
– **Saarland:** Saarländisches BesoldungsG v. 13.10.2021 (Amtsbl. I S. 2547), geänd. durch G v. 7.12.2022 (Amtsbl. 2023 I S. 110)

Anlage I[1]
(zu § 20 Absatz 2 Satz 1)

Bundesbesoldungsordnungen A und B

Vorbemerkungen[2]

I. Allgemeine Vorbemerkungen

1. Amtsbezeichnungen

(1) Weibliche Beamte führen die Amtsbezeichnung soweit möglich in der weiblichen Form.

(2) [1]Die in den Bundesbesoldungsordnungen A und B gesperrt gedruckten Amtsbezeichnungen sind Grundamtsbezeichnungen. [2]Den Grundamtsbezeichnungen können Zusätze beigefügt werden, die hinweisen auf

1. den Dienstherrn oder den Verwaltungsbereich,
2. die Laufbahn,
3. die Fachrichtung.

[3]Die Grundamtsbezeichnungen „Rat", „Oberrat", „Direktor", „Leitender Direktor", „Direktor und Professor", „Erster Direktor", „Oberdirektor", „Präsident" und „Präsident und Professor" dürfen nur in Verbindung mit einem Zusatz nach Satz 2 verliehen werden.

(3) [1]Über die Beifügung der Zusätze zu den Grundamtsbezeichnungen der Bundesbesoldungsordnung B entscheidet das Bundesministerium des Innern, für Bau und Heimat im Einvernehmen mit dem Bundesministerium der Finanzen. [2]Das Bundesministerium des Innern, für Bau und Heimat macht die Zusätze zu den Grundamtsbezeichnungen der Bundesbesoldungsordnung B jährlich zum 1. März im Gemeinsamen Ministerialblatt bekannt.

(4) [1]Die Regelungen in der Bundesbesoldungsordnung A für Ämter des mittleren, gehobenen und höheren Polizeivollzugsdienstes – mit Ausnahme des kriminalpolizeilichen Vollzugsdienstes – gelten auch für die Polizeivollzugsbeamten beim Deutschen Bundestag. [2]Diese führen die Amtsbezeichnungen des Polizeivollzugsdienstes mit dem Zusatz „beim Deutschen Bundestag".

2. „Direktor und Professor" in den Besoldungsgruppen B 1, B 2 und B 3

[1]Die Ämter „Direktor und Professor" in den Besoldungsgruppen B 1, B 2 und B 3 dürfen nur an Beamte verliehen werden, denen in wissenschaftlichen Forschungs-

---

(Fortsetzung der Anm. von voriger Seite)
- **Sachsen:** Sächsisches BesoldungsG v. 18.12.2013 (SächsGVBl. S. 970), zuletzt geänd. durch G v. 16.6.2023 (SächsGVBl. S. 418)
- **Sachsen-Anhalt:** LandesbesoldungsG v. 8.2.2011 (GVBl. LSA S. 68), zuletzt geänd. durch G v. 3.4.2023 (GVBl. LSA S. 201)
- **Schleswig-Holstein:** BesoldungsG Schleswig-Holstein v. 26.1.2012 (GVOBl. Schl.-H. S. 153), zuletzt geänd. durch G v. 22.3.2023 (GVOBl. Schl.-H. S. 156)
- **Thüringen:** Thüringer BesoldungsG idF der Bek. v. 18.1.2016 (GVBl. S. 1, ber. S. 350, S. 166, S. 202), zuletzt geänd. durch G v. 10.6.2023 (GVBl. S. 192)

[1] Anl. I neu gef. mWv 1.8.2013 durch G v. 11.6.2013 (BGBl. I S. 1514).
[2] Vorbemerkung Nr. 6 und Nr. 11 geänd. mWv 1.1.2015, Nr. 4 neu gef. mWv 1.6.2015 durch G v. 13.5.2015 (BGBl. I S. 706); Nr. 5, 6, 6a, 8a, 9, 9a und 11 geänd., Nr. 8c eingef. mWv 1.1.2016 durch G v. 3.12.2015 (BGBl. I S. 2163); Nr. 6a geänd. mWv 11.1.2017 durch G v. 5.1.2017 (BGBl. I S. 17); Nr. 13 geänd. mWv 26.6.2017 durch G v. 23.6.2017 (BGBl. I S. 1822); Nr. 8c geänd. mWv 1.1.2019 durch G v. 29.11.2018 (BGBl. I S. 2232); Nr. 1, 2, 2a, 5a, 6, 6a, 7, 8, 8a, 8b, 9, 10, 13 geänd., Nr. 4, 9a, 11, 15–17 neu gef., Nr. 18 und 19 angef., Nr. 3a aufgeh. mWv 1.1.2020 durch G v. 9.12.2019 (BGBl. I S. 2053); Nr. 1, 4, 9a und 11 geänd. mWv 1.1.2020 durch G v. 28.6.2021 (BGBl. I S. 2250).

einrichtungen oder in Dienststellen und Einrichtungen mit eigenen wissenschaftlichen Forschungsbereichen überwiegend wissenschaftliche Forschungsaufgaben obliegen. ²Dienststellen und Einrichtungen mit eigenen wissenschaftlichen Forschungsbereichen sind:

Bundesagentur für Arbeit
Bundesamt für Bauwesen und Raumordnung
Bundesamt für Naturschutz
Bundesamt für Seeschifffahrt und Hydrographie
Bundesamt für Strahlenschutz
Bundesamt für Verbraucherschutz und Lebensmittelsicherheit
Bundesanstalt für Arbeitsschutz und Arbeitsmedizin
Bundesanstalt für Geowissenschaften und Rohstoffe
Bundesanstalt für Materialforschung und -prüfung
Bundesanstalt für Straßenwesen
Bundesinstitut für Arzneimittel und Medizinprodukte
Bundesinstitut für Risikobewertung
Bundesinstitut für Sportwissenschaft
Bundeskriminalamt
Deutscher Wetterdienst
Eisenbahn-Bundesamt
Friedrich-Loeffler-Institut, Bundesforschungsinstitut für Tiergesundheit
Johann Heinrich von Thünen-Institut, Bundesforschungsinstitut für Ländliche Räume, Wald und Fischerei
Julius Kühn-Institut, Bundesforschungsinstitut für Kulturpflanzen
Max Rubner-Institut, Bundesforschungsinstitut für Ernährung und Lebensmittel
Paul-Ehrlich-Institut
Physikalisch-Technische Bundesanstalt
Robert Koch-Institut
Umweltbundesamt
Wehrtechnische Dienststelle für Schiffe und Marinewaffen, Maritime Technologie und Forschung
Wehrwissenschaftliches Institut für Werk- und Betriebsstoffe.

2a. Leiter von unteren Verwaltungsbehörden und Leiter von allgemeinbildenden oder beruflichen Schulen

¹Die Ämter der Leiter von unteren Verwaltungsbehörden mit einem beim jeweiligen Dienstherrn örtlich begrenzten Zuständigkeitsbereich sowie die Ämter der Leiter von allgemeinbildenden oder beruflichen Schulen dürfen nur in Besoldungsgruppen der Bundesbesoldungsordnung A eingestuft werden. ²Die Ämter der Leiter besonders bedeutender und zugleich besonders großer unterer Verwaltungsbehörden der Zollverwaltung dürfen auch in Besoldungsgruppen der Bundesbesoldungsordnung B eingestuft werden.

3. Zuordnung von Funktionen zu den Ämtern

Den Grundamtsbezeichnungen beigefügte Zusätze bezeichnen die Funktionen, die diesen Ämtern zugeordnet werden können, nicht abschließend.

Bundesbesoldungsgesetz **Anl. II BBesG 230**

Besoldungsgruppe R 1 ausübt, monatlich 205,54 Euro, wenn er ein Amt der Besoldungsgruppe R 2 ausübt, monatlich 230,08 Euro.

3. Amtsbezeichnungen

Weibliche Beamte führen die Amtsbezeichnung in der weiblichen Form.

Besoldungsgruppe W 1[1)]

Professor als Juniorprofessor

Besoldungsgruppe W 2[2)]

Professor[*1)]
Universitätsprofessor[*1)]
Präsident der …[*1) *2) *3)]
Vizepräsident der …[*1) *2) *3)]
Kanzler der …[*1) *2) *3)]

[*1)] **Amtl. Anm.:** Soweit nicht in der Besoldungsgruppe W 3.
[*2)] **Amtl. Anm.:** Der Amtsbezeichnung ist ein Zusatz beizufügen, der auf die Hochschule hinweist, der der Amtsinhaber angehört.
[*3)] **Amtl. Anm.:** Soweit nicht in Besoldungsgruppen der Bundesbesoldungsordnungen A und B (§ 32 Satz 3).

Besoldungsgruppe W 3[3)]

Professor[*1)]
Universitätsprofessor[*1)]
Präsident der …[*1) *2) *3)]
Vizepräsident der …[*1) *2) *3)]
Kanzler der …[*1) *2) *3)]

[*1)] **Amtl. Anm.:** Soweit nicht in der Besoldungsgruppe W 2.
[*2)] **Amtl. Anm.:** Der Amtsbezeichnung ist ein Zusatz beizufügen, der auf die Hochschule hinweist, der der Amtsinhaber angehört.
[*3)] **Amtl. Anm.:** Soweit nicht in Besoldungsgruppen der Bundesbesoldungsordnungen A und B (§ 32 Satz 3).

[1)] BesGr. W 1 geänd. mWv 21.7.2023 durch G v. 17.7.2023 (BGBl. 2023 I Nr. 190).
[2)] BesGr. W 2 geänd. mWv 1.1.2016 durch G v. 3.12.2015 (BGBl. I S. 2163).
[3)] BesGr. W 3 geänd. mWv 1.1.2016 durch G v. 3.12.2015 (BGBl. I S. 2163).

Anlage III[1]
(zu § 37 Satz 1)

Bundesbesoldungsordnung R

Vorbemerkungen

1. Amtsbezeichnungen

Weibliche Richter und Staatsanwälte führen die Amtsbezeichnungen in der weiblichen Form.

2. Zulage für Richter und Staatsanwälte bei obersten Gerichtshöfen des Bundes sowie bei obersten Behörden

(1) Richter und Staatsanwälte erhalten, wenn sie bei obersten Gerichtshöfen des Bundes oder obersten Bundesbehörden verwendet werden, eine Stellenzulage nach Anlage IX.

(2) [1]Die Stellenzulage wird nicht neben der bei der Deutschen Bundesbank gewährten Bankzulage und neben Auslandsdienstbezügen oder Auslandsverwendungszuschlag nach Abschnitt 5 gewährt. [2]Sie wird neben einer Zulage nach Nummer 8 der Vorbemerkungen zu den Bundesbesoldungsordnungen A und B nur gewährt, soweit sie diese übersteigt.

(3) Richter und Staatsanwälte erhalten während der Verwendung bei obersten Behörden eines Landes, das für die Richter und Staatsanwälte für die Verwendung bei seinen obersten Behörden eine Stellenzulage vorsieht, die Stellenzulage in der nach dem Besoldungsrecht dieses Landes bestimmten Höhe.

Besoldungsgruppe R 1[2]

(aufgehoben)

Besoldungsgruppe R 2

Richter am Bundespatentgericht
Vorsitzender Richter am Truppendienstgericht
Vizepräsident des Truppendienstgerichts[*1]
Staatsanwalt beim Bundesgerichtshof

[*1] **Amtl. Anm.:** Erhält als der ständige Vertreter des Präsidenten eine Amtszulage nach Anlage IX.

Besoldungsgruppe R 3

Vorsitzender Richter am Bundespatentgericht
Präsident des Truppendienstgerichts
Oberstaatsanwalt beim Bundesgerichtshof

---

[1] Anl. III neu gef. mWv 1.8.2013 durch G v. 11.6.2013 (BGBl. I S. 1514).
[2] BesGr. R 1 aufgeh. mWv 1.1.2020 durch G v. 9.12.2019 (BGBl. I S. 2053).

246. Verordnung (EU) 2016/679 des Europäischen Parlaments und des Rates vom 27. April 2016 zum Schutz natürlicher Personen bei der Verarbeitung personenbezogener Daten, zum freien Datenverkehr und zur Aufhebung der Richtlinie 95/46/EG (Datenschutz-Grundverordnung)[1)]

(Text von Bedeutung für den EWR)
(ABl. L 119 S. 1, ber. L 314 S. 72, 2018 L 127 S. 2 und 2021 L 74 S. 35)

Celex-Nr. 3 2016 R 0679

DAS EUROPÄISCHE PARLAMENT UND DER RAT DER EUROPÄISCHEN UNION –
gestützt auf den Vertrag über die Arbeitsweise der Europäischen Union, insbesondere auf Artikel 16,
auf Vorschlag der Europäischen Kommission,
nach Zuleitung des Entwurfs des Gesetzgebungsakts an die nationalen Parlamente,
nach Stellungnahme des Europäischen Wirtschafts- und Sozialausschusses[2)],
nach Stellungnahme des Ausschusses der Regionen[3)],
gemäß dem ordentlichen Gesetzgebungsverfahren[4)],
in Erwägung nachstehender Gründe:

[1)] Zur Datenschutz-Grundverordnung haben der Bund und die Länder u.a. folgende Vorschriften erlassen:
– **Bund:** Bundesdatenschutzgesetz – BDSG;
– **Bayern:** Bayerisches Datenschutzgesetz – BayDSG;
– **Baden-Württemberg:** Landesdatenschutzgesetz – LDSG; Landesdatenschutzgesetz für Justiz- und Bußgeldbehörden – LDSG-JB;
– **Berlin:** Berliner Datenschutzgesetz – BlnDSG; Justizvollzugsdatenschutzgesetz Berlin – JVollzDSG Bln
– **Brandenburg:** Brandenburgisches Datenschutzgesetz – BbgDSG; Brandenburgisches Polizei-, Justizvollzugs- und Maßregelvollzugsdatenschutzgesetz – BbgPJMDSG;
– **Bremen:** Bremisches Ausführungsgesetz zur EU-Datenschutz-Grundverordnung – BremDSGVOAG; Bremisches Justizvollzugsdatenschutzgesetz – BremJVollzDSG;
– **Hamburg:** Hamburgisches Datenschutzgesetz – HmbDSG; Hamburgisches Justizvollzugsdatenschutzgesetz – HmbJVollzDSG;
– **Hessen:** Hessisches Datenschutz- und Informationsfreiheitsgesetz – HDSIG;
– **Mecklenburg-Vorpommern:** Landesdatenschutzgesetz – DSG M-V; Justizvollzugsdatenschutzgesetz Mecklenburg-Vorpommern – JVollzDSG M-V
– **Niedersachsen:** Niedersächsisches Datenschutzgesetz – NDSG;
– **Nordrhein-Westfalen:** Datenschutzgesetz Nordrhein-Westfalen – DSG NRW; Justizvollzugsdatenschutzgesetz NRW – JVollzDSG NRW;
– **Rheinland-Pfalz:** Landesdatenschutzgesetz – LDSG; Landesjustizvollzugsdatenschutzgesetz – LJVollzDSG;
– **Saarland:** Saarländisches Datenschutzgesetz; Saarländisches Justizvollzugsdatenschutzgesetz;
– **Sachsen:** Sächsisches Datenschutzdurchführungsgesetz – SächsDSDG; Sächsisches Justizvollzugsdatenschutzgesetz – SächsJVollzDSG;
– **Schleswig-Holstein:** Landesdatenschutzgesetz – LDSG; Justizvollzugsdatenschutzgesetz Schleswig-Holstein – JVollzDSG SH;
– **Thüringen:** Thüringer Datenschutzgesetz – ThürDSG.

[2)] **Amtl. Anm.:** ABl. C 229 vom 31.7.2012, S. 90.
[3)] **Amtl. Anm.:** ABl. C 391 vom 18.12.2012, S. 127.
[4)] **Amtl. Anm.:** Standpunkt des Europäischen Parlaments vom 12. März 2014 (noch nicht im Amtsblatt veröffentlicht) und Standpunkt des Rates in erster Lesung vom 8. April 2016 (noch nicht im Amtsblatt veröffentlicht). Standpunkt des Europäischen Parlaments vom 14. April 2016.

(1) Der Schutz natürlicher Personen bei der Verarbeitung personenbezogener Daten ist ein Grundrecht. Gemäß Artikel 8 Absatz 1 der Charta der Grundrechte der Europäischen Union (im Folgenden „Charta") sowie Artikel 16 Absatz 1 des Vertrags über die Arbeitsweise der Europäischen Union (AEUV) hat jede Person das Recht auf Schutz der sie betreffenden personenbezogenen Daten.

(2) Die Grundsätze und Vorschriften zum Schutz natürlicher Personen bei der Verarbeitung ihrer personenbezogenen Daten sollten gewährleisten, dass ihre Grundrechte und Grundfreiheiten und insbesondere ihr Recht auf Schutz personenbezogener Daten ungeachtet ihrer Staatsangehörigkeit oder ihres Aufenthaltsorts gewahrt bleiben. Diese Verordnung soll zur Vollendung eines Raums der Freiheit, der Sicherheit und des Rechts und einer Wirtschaftsunion, zum wirtschaftlichen und sozialen Fortschritt, zur Stärkung und zum Zusammenwachsen der Volkswirtschaften innerhalb des Binnenmarkts sowie zum Wohlergehen natürlicher Personen beitragen.

(3) Zweck der Richtlinie 95/46/EG des Europäischen Parlaments und des Rates[1]) ist die Harmonisierung der Vorschriften zum Schutz der Grundrechte und Grundfreiheiten natürlicher Personen bei der Datenverarbeitung sowie die Gewährleistung des freien Verkehrs personenbezogener Daten zwischen den Mitgliedstaaten.

(4) Die Verarbeitung personenbezogener Daten sollte im Dienste der Menschheit stehen. Das Recht auf Schutz der personenbezogenen Daten ist kein uneingeschränktes Recht; es muss im Hinblick auf seine gesellschaftliche Funktion gesehen und unter Wahrung des Verhältnismäßigkeitsprinzips gegen andere Grundrechte abgewogen werden. Diese Verordnung steht im Einklang mit allen Grundrechten und achtet alle Freiheiten und Grundsätze, die mit der Charta anerkannt wurden und in den Europäischen Verträgen verankert sind, insbesondere Achtung des Privat- und Familienlebens, der Wohnung und der Kommunikation, Schutz personenbezogener Daten, Gedanken-, Gewissens- und Religionsfreiheit, Freiheit der Meinungsäußerung und Informationsfreiheit, unternehmerische Freiheit, Recht auf einen wirksamen Rechtsbehelf und ein faires Verfahren und Vielfalt der Kulturen, Religionen und Sprachen.

(5) Die wirtschaftliche und soziale Integration als Folge eines funktionierenden Binnenmarkts hat zu einem deutlichen Anstieg des grenzüberschreitenden Verkehrs personenbezogener Daten geführt. Der unionsweite Austausch personenbezogener Daten zwischen öffentlichen und privaten Akteuren einschließlich natürlichen Personen, Vereinigungen und Unternehmen hat zugenommen. Das Unionsrecht verpflichtet die Verwaltungen der Mitgliedstaaten, zusammenzuarbeiten und personenbezogene Daten auszutauschen, damit sie ihren Pflichten nachkommen oder für eine Behörde eines anderen Mitgliedstaats Aufgaben durchführen können.

(6) Rasche technologische Entwicklungen und die Globalisierung haben den Datenschutz vor neue Herausforderungen gestellt. Das Ausmaß der Erhebung und des Austauschs personenbezogener Daten hat eindrucksvoll zugenommen. Die Technik macht es möglich, dass private Unternehmen und Behörden im Rahmen ihrer Tätigkeiten in einem noch nie dagewesenen Umfang auf personenbezogene Daten zurückgreifen. Zunehmend machen auch natürliche Personen Informationen öffentlich weltweit zugänglich. Die Technik hat das wirtschaftliche und gesellschaftliche Leben verändert und dürfte den Verkehr personenbezogener Daten innerhalb der Union sowie die Datenübermittlung an Drittländer und internationale Organisationen noch weiter erleichtern, wobei ein hohes Datenschutzniveau zu gewährleisten ist.

(7) Diese Entwicklungen erfordern einen soliden, kohärenteren und klar durchsetzbaren Rechtsrahmen im Bereich des Datenschutzes in der Union, da es von großer Wichtigkeit ist, eine Vertrauensbasis zu schaffen, die die digitale Wirtschaft dringend benötigt, um im Binnenmarkt weiter wachsen zu können. Natürliche Personen sollten die Kontrolle über ihre eigenen Daten besitzen. Natürliche Personen, Wirtschaft und Staat sollten in rechtlicher und praktischer Hinsicht über mehr Sicherheit verfügen.

(8) Wenn in dieser Verordnung Präzisierungen oder Einschränkungen ihrer Vorschriften durch das Recht der Mitgliedstaaten vorgesehen sind, können die Mitgliedstaaten Teile dieser Verordnung in ihr nationales Recht aufnehmen, soweit dies erforderlich ist, um die Kohärenz zu wahren und die nationalen Rechtsvorschriften für die Personen, für die sie gelten, verständlicher zu machen.

(9) Die Ziele und Grundsätze der Richtlinie 95/46/EG besitzen nach wie vor Gültigkeit, doch hat die Richtlinie nicht verhindern können, dass der Datenschutz in der Union unterschiedlich gehandhabt wird, Rechtsunsicherheit besteht oder in der Öffentlichkeit die Meinung weit verbreitet ist, dass erhebliche Risiken für den Schutz natürlicher Personen bestehen, insbesondere im Zusammenhang mit der Benutzung des Internets. Unterschiede beim Schutzniveau für die Rechte und Freiheiten

---

[1]) **Amtl. Anm.:** Richtlinie 95/46/EG des Europäischen Parlaments und des Rates vom 24. Oktober 1995 zum Schutz natürlicher Personen bei der Verarbeitung personenbezogener Daten und zum freien Datenverkehr (ABl. L 281 vom 23.11.1995, S. 31).

von natürlichen Personen im Zusammenhang mit der Verarbeitung personenbezogener Daten in den Mitgliedstaaten, vor allem beim Recht auf Schutz dieser Daten, können den unionsweiten freien Verkehr solcher Daten behindern. Diese Unterschiede im Schutzniveau können daher ein Hemmnis für die unionsweite Ausübung von Wirtschaftstätigkeiten darstellen, den Wettbewerb verzerren und die Behörden an der Erfüllung der ihnen nach dem Unionsrecht obliegenden Pflichten hindern. Sie erklären sich aus den Unterschieden bei der Umsetzung und Anwendung der Richtlinie 95/46/EG.

(10) Um ein gleichmäßiges und hohes Datenschutzniveau für natürliche Personen zu gewährleisten und die Hemmnisse für den Verkehr personenbezogener Daten in der Union zu beseitigen, sollte das Schutzniveau für die Rechte und Freiheiten von natürlichen Personen bei der Verarbeitung dieser Daten in allen Mitgliedstaaten gleichwertig sein. Die Vorschriften zum Schutz der Grundrechte und Grundfreiheiten von natürlichen Personen bei der Verarbeitung personenbezogener Daten sollten unionsweit gleichmäßig und einheitlich angewandt werden. Hinsichtlich der Verarbeitung personenbezogener Daten zur Erfüllung einer rechtlichen Verpflichtung oder zur Wahrnehmung einer Aufgabe, die im öffentlichen Interesse liegt oder in Ausübung öffentlicher Gewalt erfolgt, die dem Verantwortlichen übertragen wurde, sollten die Mitgliedstaaten die Möglichkeit haben, nationale Bestimmungen, mit denen die Anwendung der Vorschriften dieser Verordnung genauer festgelegt wird, beizubehalten oder einzuführen. In Verbindung mit den allgemeinen und horizontalen Rechtsvorschriften über den Datenschutz zur Umsetzung der Richtlinie 95/46/EG gibt es in den Mitgliedstaaten mehrere sektorspezifische Rechtsvorschriften in Bereichen, die spezifischere Bestimmungen erfordern. Diese Verordnung bietet den Mitgliedstaaten zudem einen Spielraum für die Spezifizierung ihrer Vorschriften, auch für die Verarbeitung besonderer Kategorien von personenbezogenen Daten (im Folgenden „sensible Daten"). Diesbezüglich schließt diese Verordnung nicht Rechtsvorschriften der Mitgliedstaaten aus, in denen die Umstände besonderer Verarbeitungssituationen festgelegt werden, einschließlich einer genaueren Bestimmung der Voraussetzungen, unter denen die Verarbeitung personenbezogener Daten rechtmäßig ist.

(11) Ein unionsweit wirksamer Schutz personenbezogener Daten erfordert die Stärkung und präzise Festlegung der Rechte der betroffenen Personen sowie eine Verschärfung der Verpflichtungen für diejenigen, die personenbezogene Daten verarbeiten und darüber entscheiden, ebenso wie – in den Mitgliedstaaten – gleiche Befugnisse bei der Überwachung und Gewährleistung der Einhaltung der Vorschriften zum Schutz personenbezogener Daten sowie gleiche Sanktionen im Falle ihrer Verletzung.

(12) Artikel 16 Absatz 2 AEUV ermächtigt das Europäische Parlament und den Rat, Vorschriften über den Schutz natürlicher Personen bei der Verarbeitung personenbezogener Daten und zum freien Verkehr solcher Daten zu erlassen.

(13) Damit in der Union ein gleichmäßiges Datenschutzniveau für natürliche Personen gewährleistet ist und Unterschiede, die den freien Verkehr personenbezogener Daten im Binnenmarkt behindern könnten, beseitigt werden, ist eine Verordnung erforderlich, die für die Wirtschaftsteilnehmer einschließlich Kleinstunternehmen sowie kleiner und mittlerer Unternehmen Rechtssicherheit und Transparenz schafft, natürliche Personen in allen Mitgliedstaaten mit demselben Niveau an durchsetzbaren Rechten ausstattet, dieselben Pflichten und Zuständigkeiten für die Verantwortlichen und Auftragsverarbeiter vorsieht und eine gleichmäßige Kontrolle der Verarbeitung personenbezogener Daten und gleichwertige Sanktionen in allen Mitgliedstaaten sowie eine wirksame Zusammenarbeit zwischen den Aufsichtsbehörden der einzelnen Mitgliedstaaten gewährleistet. Das reibungslose Funktionieren des Binnenmarkts erfordert, dass der freie Verkehr personenbezogener Daten in der Union nicht aus Gründen des Schutzes natürlicher Personen bei der Verarbeitung personenbezogener Daten eingeschränkt oder verboten wird. Um der besonderen Situation der Kleinstunternehmen sowie der kleinen und mittleren Unternehmen Rechnung zu tragen, enthält diese Verordnung eine abweichende Regelung hinsichtlich des Führens eines Verzeichnisses für Einrichtungen, die weniger als 250 Mitarbeiter beschäftigen. Außerdem werden die Organe und Einrichtungen der Union sowie die Mitgliedstaaten und deren Aufsichtsbehörden dazu angehalten, bei der Anwendung dieser Verordnung die besonderen Bedürfnisse von Kleinstunternehmen sowie von kleinen und mittleren Unternehmen zu berücksichtigen. Für die Definition des Begriffs „Kleinstunternehmen sowie kleine und mittlere Unternehmen" sollte Artikel 2 des Anhangs zur Empfehlung 2003/361/EG der Kommission[1]) maßgebend sein.

(14) Der durch diese Verordnung gewährte Schutz sollte für die Verarbeitung der personenbezogenen Daten natürlicher Personen ungeachtet ihrer Staatsangehörigkeit oder ihres Aufenthaltsorts gelten. Diese Verordnung gilt nicht für die Verarbeitung personenbezogener Daten juristischer Personen

---

[1]) **Amtl. Anm.:** Empfehlung der Kommission vom 6. Mai 2003 betreffend die Definition der Kleinstunternehmen sowie der kleinen und mittleren Unternehmen (C (2003) 1422) (ABl. L 124 vom 20.5.2003, S. 36).

und insbesondere als juristische Person gegründeter Unternehmen, einschließlich Name, Rechtsform oder Kontaktdaten der juristischen Person.

(15) Um ein ernsthaftes Risiko einer Umgehung der Vorschriften zu vermeiden, sollte der Schutz natürlicher Personen technologieneutral sein und nicht von den verwendeten Techniken abhängen. Der Schutz natürlicher Personen sollte für die automatisierte Verarbeitung personenbezogener Daten ebenso gelten wie für die manuelle Verarbeitung von personenbezogenen Daten, wenn die personenbezogenen Daten in einem Dateisystem gespeichert sind oder gespeichert werden sollen. Akten oder Aktensammlungen sowie ihre Deckblätter, die nicht nach bestimmten Kriterien geordnet sind, sollten nicht in den Anwendungsbereich dieser Verordnung fallen.

(16) Diese Verordnung gilt nicht für Fragen des Schutzes von Grundrechten und Grundfreiheiten und des freien Verkehrs personenbezogener Daten im Zusammenhang mit Tätigkeiten, die nicht in den Anwendungsbereich des Unionsrechts fallen, wie etwa die nationale Sicherheit betreffende Tätigkeiten. Diese Verordnung gilt nicht für die von den Mitgliedstaaten im Rahmen der Gemeinsamen Außen- und Sicherheitspolitik der Union durchgeführte Verarbeitung personenbezogener Daten.

(17) Die Verordnung (EG) Nr. 45/2001 des Europäischen Parlaments und des Rates[1] gilt für die Verarbeitung personenbezogener Daten durch die Organe, Einrichtungen, Ämter und Agenturen der Union. Die Verordnung (EG) Nr. 45/2001 und sonstige Rechtsakte der Union, die diese Verarbeitung personenbezogener Daten regeln, sollten an die Grundsätze und Vorschriften der vorliegenden Verordnung angepasst und im Lichte der vorliegenden Verordnung angewandt werden. Um einen soliden und kohärenten Rechtsrahmen im Bereich des Datenschutzes in der Union zu gewährleisten, sollten die erforderlichen Anpassungen der Verordnung (EG) Nr. 45/2001 im Anschluss an den Erlass der vorliegenden Verordnung vorgenommen werden, damit sie gleichzeitig mit der vorliegenden Verordnung angewandt werden können.

(18) Diese Verordnung gilt nicht für die Verarbeitung von personenbezogenen Daten, die von einer natürlichen Person zur Ausübung ausschließlich persönlicher oder familiärer Tätigkeiten und somit ohne Bezug zu einer beruflichen oder wirtschaftlichen Tätigkeit vorgenommen wird. Als persönliche oder familiäre Tätigkeiten könnte auch das Führen eines Schriftverkehrs oder von Anschriftenverzeichnissen oder die Nutzung sozialer Netze und Online-Tätigkeiten im Rahmen solcher Tätigkeiten gelten. Diese Verordnung gilt jedoch für die Verantwortlichen oder Auftragsverarbeiter, die die Instrumente für die Verarbeitung personenbezogener Daten für solche persönlichen oder familiären Tätigkeiten bereitstellen.

(19) Der Schutz natürlicher Personen bei der Verarbeitung personenbezogener Daten durch die zuständigen Behörden zum Zwecke der Verhütung, Ermittlung, Aufdeckung oder Verfolgung von Straftaten oder der Strafvollstreckung, einschließlich des Schutzes vor und der Abwehr von Gefahren für die öffentliche Sicherheit, sowie der freie Verkehr dieser Daten sind in einem eigenen Unionsrechtsakt geregelt. Deshalb sollte diese Verordnung auf Verarbeitungstätigkeiten dieser Art keine Anwendung finden. Personenbezogene Daten, die von Behörden nach dieser Verordnung verarbeitet werden, sollten jedoch, wenn sie zu den vorstehenden Zwecken verwendet werden, einem spezifischeren Unionsrechtsakt, nämlich der Richtlinie (EU) 2016/680 des Europäischen Parlaments und des Rates[2] unterliegen. Die Mitgliedstaaten können die zuständigen Behörden im Sinne der Richtlinie (EU) 2016/680 mit Aufgaben betrauen, die nicht zwangsläufig für die

(Fortsetzung nächstes Blatt)

---

[1] **Amtl. Anm.:** Verordnung (EG) Nr. 45/2001 des Europäischen Parlaments und des Rates vom 18. Dezember 2000 zum Schutz natürlicher Personen bei der Verarbeitung personenbezogener Daten durch die Organe und Einrichtungen der Gemeinschaft und zum freien Datenverkehr (ABl. L 8 vom 12.1.2001, S. 1).

[2] **Amtl. Anm.:** Richtlinie (EU) 2016/680 des Europäischen Parlaments und des Rates vom 27. April 2016 zum Schutz natürlicher Personen bei der Verarbeitung personenbezogener Daten durch die zuständigen Behörden zum Zwecke der Verhütung, Aufdeckung, Untersuchung oder Verfolgung von Straftaten oder der Strafvollstreckung sowie zum freien Datenverkehr und zur Aufhebung des Rahmenbeschlusses 2000/383/JI des Rates (siehe Seite 89 dieses Amtsblatts).

260. Personenstandsgesetz (PStG)[1) 2) 3)]
Vom 19. Februar 2007
(BGBl. I S. 122)

FNA 211-9

geänd. durch Art. 2 Abs. 2 G zur Ergänzung des Rechts zur Anfechtung der Vaterschaft v. 13.3.2008 (BGBl. I S. 313), Art. 3 Viertes G zur Änd. verwaltungsverfahrensrechtlicher Vorschriften v. 11.12.2008 (BGBl. I S. 2418), Art. 12 FGG-ReformG v. 17.12.2008 (BGBl. I S. 2586), Art. 4 G zur Modernisierung des Benachrichtigungswesens in Nachlasssachen durch Schaffung des Zentralen Testamentsregisters bei der Bundesnotarkammer und zur Fristverlängerung nach der HofraumVO v. 22.12.2010 (BGBl. I S. 2255), Art. 2 G zur Anpassung der Vorschriften des Internationalen Privatrechts an die Verordnung (EU) Nr. 1259/ 2010 und zur Änd. anderer Vorschriften des Internationalen Privatrechts v. 23.1.2013 (BGBl. I S. 101), Art. 1 Personenstandsrechts-ÄnderungsG v. 7.5.2013 (BGBl. I S. 1122), Art. 2 Abs. 14 G zur Strukturreform des Gebührenrechts des Bundes v. 7.8.2013 (BGBl. I S. 3154), Art. 3 G zum Ausbau der Hilfen für Schwangere und zur Regelung der vertraulichen Geburt v. 28.8.2013 (BGBl. I S. 3458), Art. 49 Zehnte ZuständigkeitsanpassungsVO v. 31.8.2015 (BGBl. I S. 1474), Art. 2 G zur Bereinigung des Rechts der Lebenspartner v. 20.11.2015 (BGBl. I S. 2010), Art. 3 G zur Bekämpfung von Kinderehen v. 17.7.2017 (BGBl. I S. 2429), Art. 1 2. Personenstandsrechts-ÄnderungsG v. 17.7.2017 (BGBl. I S. 2522), Art. 2 Abs. 2 G zur Einführung des Rechts auf Eheschließung für Personen gleichen Geschlechts v. 20.7.2017 (BGBl. I S. 2787), Beschl. des BVerfG – 1 BvR 2019/16 – v. 10.10.2017 (BGBl. I S. 3783), Art. 3 Abs. 1 G zum Erlass und zur Änd. bundesrechtlicher Vorschriften in Bezug auf die Übernahme der Angehörigenbenachrichtigungs-Aufgabenübertragung[4)] v. 4.12.2018 (BGBl. I S. 2257 iVm Bek. v. 12.4.2019, BGBl. I

[1)] Verkündet als Art. 1 PersonenstandsrechtsreformG v. 19.2.2007 (BGBl. I S. 122); Inkrafttreten gem. Art. 5 Abs. 2 Satz 1 dieses G am 1.1.2009 mit Ausnahme von § 67 Abs. 4, §§ 73, 74 und § 77 Abs. 1, die gem. Art. 5 Abs. 1 bereits am 24.2.2007 in Kraft getreten sind.
[2)] Die Änderungen durch G v. 28.3.2021 (BGBl. I S. 591) treten teilweise erst **mit noch unbestimmtem Datum**, die Änderungen durch G v. 19.10.2022 (BGBl. I S. 1744) und die Änderungen durch G v. 17.7. 2023 (BGBl. 2023 I Nr. 190) treten teilweise erst **mWv 1.11.2024** in Kraft und sind insoweit im Text noch nicht berücksichtigt.
[3)] Zur Ausführung und Durchführung des PStG haben die Länder ua folgende Vorschriften erlassen:
— **Baden-Württemberg:** PersonenstandsG-AusführungsG v. 3.12.2008 (GBl. S. 434), zuletzt geänd. durch G v. 15.12.2015 (GBl. S. 1147); PersonenstandsG-DurchführungsVO v. 10.6.2013 (GBl. S. 209), zuletzt geänd. durch VO v. 22.5.2023 (GBl. S. 188)
— **Bayern:** PersonenstandsausführungsG v. 8.7.2008 (GVBl. S. 344), zuletzt geänd. durch V v. 26.3.2019 (GVBl. S. 98)
— **Berlin:** Personenstands-AusführungsVO v. 2.7.2019 (GVBl. S. 454)
— **Brandenburg:** PersonenstandsausführungsG v. 9.10.2003 (GVBl. I S. 270), zuletzt geänd. durch G v. 10.7.2014 (GVBl. I Nr. 32)
— **Bremen:** Bremisches AusführungsG zum PersonenstandsG v. 16.12.2008 (Brem.GBl. S. 418), zuletzt geänd. durch G v. 27.9.2016 (Brem.GBl. S. 590)
— **Hessen:** PersonenstandsG-AusführungsG v. 19.11.2008 (GVBl. I S. 964), zuletzt geänd. durch G v. 22.3. 2018 (GVBl. S. 31)
— **Mecklenburg-Vorpommern:** LandespersonenstandsausführungsG v. 1.12.2008 (GVOBl. M-V S. 461), zuletzt geänd. durch G v. 30.6.2022 (GVOBl. M-V S. 400)
— **Niedersachsen:** PersonenstandsG-AusführungsG v. 11.12.2008 (Nds. GVBl. S. 413)
— **Nordrhein-Westfalen:** PersonenstandsVO NRW v. 16.12.2008 (GV. NRW. S. 859, ber. S. 879), zuletzt geänd. durch VO v. 13.11.2018 (GV. NRW. S. 587)
— **Rheinland-Pfalz:** PersonenstandsVO v. 10.12.2008 (GVBl. S. 321), zuletzt geänd. durch VO v. 29.4. 2014 (GVBl. S. 51)
— **Sachsen:** Personenstands-AusführungsG v. 11.12.2008 (SächsGVBl. S. 938), zuletzt geänd. durch G v. 5.4.2019 (SächsGVBl. S. 245)
— **Sachsen-Anhalt:** Personenstands-AusführungsG v. 5.12.2008 (GVBl. LSA S. 406), geänd. durch G v. 14.2.2019 (GVBl. LSA S. 32)
— **Schleswig-Holstein:** PersonenstandsG-DurchführungsVO v. 8.12.2008 (GVOBl. Schl.-H. S. 752), zuletzt geänd. durch VO v. 11.5.2015 (GVOBl. Schl.-H. S. 126)
— **Thüringen:** PersonenstandsG-AusführungsG v. 18.9.2008 (GVBl. S. 313), geänd. durch G v. 9.9.2010 (GVBl. S. 291)
[4)] In Kraft getreten am 1.1.2019, vgl. Art. 4 Abs. 2 G v. 4.12.2018 (BGBl. I S. 2257) iVm Bek. v. 12.4. 2019 (BGBl. I S. 496).

S. 496), Art. 3 G zum Internationalen Güterrecht und zur Änd. von Vorschriften des Internationalen Privatrechts v. 17.12.2018 (BGBl. I S. 2573), Art. 1 G zur Änd. der in das Geburtenregister einzutragenden Angaben v. 18.12.2018 (BGBl. I S. 2635), Art. 4 G zur Umsetzung des G zur Einführung des Rechts auf Eheschließung für Personen gleichen Geschlechts v. 18.12.2018 (BGBl. I S. 2639), Art. 17 Zweites Datenschutz-Anpassungs- und UmsetzungsG EU v. 20.11.2019 (BGBl. I S. 1626), Art. 88 Elfte ZuständigkeitsanpassungsVO v. 19.6.2020 (BGBl. I S. 1328), Art. 5 RegistermodernisierungsG[1]) v. 28.3.2021 (BGBl. I S. 591), Art. 3 Vormundschafts- und Betreuungsrechts-ReformG v. 4.5.2021 (BGBl. I S. 882, aufgeh. durch G v. 19.10.2022, BGBl. I S. 1744), Art. 1 3. Personenstandsrechts-ÄndG v. 19.10.2022 (BGBl. I S. 1744) und Art. 3 G zur Änd. des BevölkerungsstatistikG, des InfektionsschutzG, personenstands- und dienstrechtl. Regelungen sowie der Medizinprodukte-AbgabeVO v. 17.7.2023 (BGBl. 2023 I Nr. 190)

Inhaltsübersicht[2])

Kapitel 1. Allgemeine Bestimmungen
§ 1 Personenstand, Aufgaben des Standesamts
§ 2 Standesbeamte

Kapitel 2. Führung der Personenstandsregister
§ 3 Personenstandsregister
§ 4 Sicherungsregister
§ 5 Fortführung der Personenstandsregister
§ 6 Aktenführung
§ 7 Aufbewahrung
§ 8 Verlust eines Personenstandsregisters
§ 9 Beurkundungsgrundlagen
§ 10 Auskunfts- und Nachweispflicht

Kapitel 3. Eheschließung
Abschnitt 1. Zuständigkeit, Anmeldung und Eheschließung
§ 11 Zuständigkeit und Standesamtsvorbehalt
§ 12 Anmeldung der Eheschließung
§ 13 Prüfung der Ehevoraussetzungen
§ 14 Eheschließung
§ 15 Eintragung in das Eheregister

Abschnitt 2. Fortführung des Eheregisters
§ 16 Fortführung

Kapitel 4. Lebenspartnerschaft
§ 17 Fortführung des Lebenspartnerschaftsregisters
§ 17a Umwandlung einer Lebenspartnerschaft in eine Ehe und ihre Beurkundung

Kapitel 5. Geburt
Abschnitt 1. Anzeige und Beurkundung
§ 18 Anzeige
§ 19 Anzeige durch Personen
§ 20 Anzeige durch Einrichtungen
§ 21 Eintragung in das Geburtenregister

Abschnitt 2. Besonderheiten
§ 22 Fehlende Angaben
§ 23 Zwillings- oder Mehrgeburten
§ 24 Findelkind
§ 25 Person mit ungewissem Personenstand

---

[1]) Die Änderung des § 3 PStG durch Art. 5 Nr. 1 RegistermodernisierungsG tritt gem. Art. 22 Satz 3 dieses Gesetzes „an dem Tag in Kraft, an dem das Bundesministerium des Innern, für Bau und Heimat im Bundesgesetzblatt [...] bekannt gibt, dass die technischen Voraussetzungen für die Verarbeitung der Identifikationsnummer nach § 139b der Abgabenordnung [...] vorliegen".

[2]) Inhaltsübersicht geänd. mWv 1.9.2009 durch G v. 17.12.2008 (BGBl. I S. 2586); mWv 1.11.2013 durch G v. 7.5.2013 (BGBl. I S. 1122); mWv 15.8.2013 durch G v. 7.8.2013 (BGBl. I S. 3154); geänd. mWv 26.11.2015 durch G v. 20.11.2015 (BGBl. I S. 2010); geänd. mWv 22.7.2017 durch G v. 17.7.2017 (BGBl. I S. 2429); geänd. mWv 1.11.2017 durch G v. 17.7.2017 (BGBl. I S. 2522); geänd. mWv 1.10.2017 durch G v. 20.7.2017 (BGBl. I S. 2787); geänd. mWv 22.12.2018 durch G v. 18.12.2018 (BGBl. I S. 2635); geänd. mWv 22.12.2018 durch G v. 18.12.2018 (BGBl. I S. 2639); geänd. mWv 26.11.2019 durch G v. 20.11.2019 (BGBl. I S. 1626); geänd. mWv 1.11.2022 durch G v. 19.10.2022 (BGBl. I S. 1744).

§ 26	Nachträgliche Ermittlung des Personenstandes

Abschnitt 3. Fortführung des Geburtenregisters

§ 27	Feststellung und Änderung des Personenstandes, sonstige Fortführung

Kapitel 6. Sterbefall

Abschnitt 1. Anzeige und Beurkundung

§ 28	Anzeige
§ 29	Anzeige durch Personen
§ 30	Anzeige durch Einrichtungen und Behörden
§ 31	Eintragung in das Sterberegister

Abschnitt 2. Fortführung des Sterberegisters; Todeserklärungen

§ 32	Fortführung
§ 33	Todeserklärungen

Kapitel 7. Besondere Beurkundungen

Abschnitt 1. Beurkundungen mit Auslandsbezug; besondere Beurkundungsfälle

§ 34	Eheschließungen im Ausland oder vor ermächtigten Personen im Inland
§ 35	Begründung von Lebenspartnerschaften im Ausland
§ 36	Geburten und Sterbefälle im Ausland
§ 37	Geburten und Sterbefälle auf Seeschiffen
§ 38	Sterbefälle in ehemaligen Konzentrationslagern
§ 39	Ehefähigkeitszeugnis
§ 39a	*(aufgehoben)*
§ 40	Zweifel über örtliche Zuständigkeit für Beurkundung

Abschnitt 2. Familienrechtliche Beurkundungen

§ 41	Erklärungen zur Namensführung von Ehegatten
§ 42	Erklärungen zur Namensführung von Lebenspartnern
§ 43	Erklärungen zur Namensangleichung
§ 44	Erklärungen zur Anerkennung der Vaterschaft und der Mutterschaft
§ 45	Erklärungen zur Namensführung des Kindes
§ 45a	Erklärung zur Reihenfolge der Vornamen
§ 45b	Erklärung zur Geschlechtsangabe und Vornamensführung bei Personen mit Varianten der Geschlechtsentwicklung

Kapitel 8. Berichtigungen und gerichtliches Verfahren

Abschnitt 1. Berichtigungen ohne Mitwirkung des

§ 46	Änderung einer Anzeige
§ 47	Berichtigung nach Abschluss der Beurkundung

Abschnitt 2. Gerichtliches Verfahren

§ 48	Berichtigung auf Anordnung des Gerichts
§ 49	Anweisung durch das Gericht
§ 50	Sachliche und örtliche Zuständigkeit der Gerichte
§ 51	Gerichtliches Verfahren
§ 52	Öffentliche Bekanntmachung der Entscheidung
§ 53	Wirksamwerden gerichtlicher Entscheidungen; Beschwerde

Kapitel 9. Beweiskraft und Benutzung der Personenstandsregister

Abschnitt 1. Beweiskraft; Personenstandsurkunden

§ 54	Beweiskraft der Personenstandsregister und -urkunden
§ 55	Personenstandsurkunden
§ 56	Allgemeine Vorschriften für die Ausstellung von Personenstandsurkunden
§ 57	Eheurkunde
§ 58	Lebenspartnerschaftsurkunde
§ 59	Geburtsurkunde
§ 60	Sterbeurkunde

Abschnitt 2. Benutzung der Personenstandsregister

§ 61	Allgemeine Vorschriften für die Benutzung
§ 62	Urkundenerteilung, Auskunft, Einsicht
§ 63	Benutzung in besonderen Fällen
§ 64	Sperrvermerke
§ 65	Benutzung durch Behörden und Gerichte
§ 66	Benutzung für wissenschaftliche Zwecke

§ 67 Zentrale Register
§ 68 Datenaustausch zwischen Standesämtern, Behörden und Gerichten
§ 68a Rechte der betroffenen Person

Kapitel 10. Zwangsmittel, Bußgeldvorschriften, Besonderheiten

§ 69 Erzwingung von Anzeigen
§ 70 Bußgeldvorschriften
§ 71 Personenstandsbücher aus Grenzgebieten
§ 72 *(aufgehoben)*

Kapitel 11. Verordnungsermächtigungen

§ 73 Ermächtigungen zum Erlass von Rechtsverordnungen
§ 74 Rechtsverordnungen der Landesregierungen

Kapitel 12. Übergangsvorschriften

§ 75 Übergangsbeurkundung
§ 76 Fortführung, Benutzung und Aufbewahrung der Altregister
§ 77 Fortführung, Aufbewahrung und Benutzung der Familienbücher
§ 78 (weggefallen)
§ 79 Altfallregelung

Kapitel 1. Allgemeine Bestimmungen

§ 1[1]) **Personenstand, Aufgaben des Standesamts** (1) [1]Personenstand im Sinne dieses Gesetzes ist die sich aus den Merkmalen des Familienrechts ergebende Stellung einer Person innerhalb der Rechtsordnung einschließlich ihres Namens. [2]Der Personenstand umfasst Daten über Geburt, Eheschließung, Begründung einer Lebenspartnerschaft und Tod sowie damit in Verbindung stehende familien- und namensrechtliche Tatsachen.

(2) Die nach Landesrecht für das Personenstandswesen zuständigen Behörden (Standesämter) beurkunden den Personenstand nach Maßgabe dieses Gesetzes; sie wirken bei der Schließung von Ehen mit.

(3) Die Standesämter erfüllen weitere Aufgaben, die ihnen durch Bundesrecht oder Landesrecht zugewiesen werden.

§ 2 Standesbeamte. (1) [1]Beurkundungen und Beglaubigungen für Zwecke des Personenstandswesens werden im Standesamt nur von hierzu bestellten Urkundspersonen (Standesbeamten) vorgenommen. [2]Gleiches gilt für die Ausstellung von Personenstandsurkunden und sonstigen öffentlichen Urkunden. [3]Die Zuständigkeit der Notare, anderer Urkundspersonen oder sonstiger Stellen für öffentliche Beurkundungen und Beglaubigungen bleibt unberührt.

(2) Bei der Wahrnehmung ihrer Aufgaben als Urkundspersonen sind die Standesbeamten nicht an Weisungen gebunden.

(3) Zu Standesbeamten dürfen nur nach Ausbildung und Persönlichkeit geeignete Beamte und Angestellte bestellt werden.

(4) Die Funktionsbezeichnung Standesbeamter wird in weiblicher oder männlicher Form geführt.

Kapitel 2. Führung der Personenstandsregister

§ 3[2]) **Personenstandsregister.** (1) [1]Das Standesamt führt für seinen Zuständigkeitsbereich

---

[1]) § 1 Abs. 2 geänd. mWv 22.12.2018 durch G v. 18.12.2018 (BGBl. I S. 2639).
[2]) § 3 Abs. 1 Satz 1 Nr. 2 neu gef. mWv 26.11.2015 durch G v. 20.11.2015 (BGBl. I S. 2010).

1. ein Eheregister (§ 15),
2. ein Lebenspartnerschaftsregister (§ 17),
3. ein Geburtenregister (§ 21),
4. ein Sterberegister (§ 31).

²Die Registereinträge bestehen aus einem urkundlichen Teil (Haupteintrag und Folgebeurkundungen) und einem Hinweisteil.

(2) ¹Die Personenstandsregister werden elektronisch geführt. ²Die Beurkundungen in den Personenstandsregistern sind jährlich fortlaufend zu nummerieren und mit der Angabe des Familiennamens des zugriffsberechtigten Standesbeamten abzuschließen. ³Die Identität der Person, die die Eintragung vornimmt, muss jederzeit erkennbar sein. ⁴Das Programm muss eine automatisierte Suche anhand der in die Personenstandsregister aufzunehmenden Angaben zulassen; die Register müssen jederzeit nach Jahreseinträgen ausgewertet werden können.

§ 4 Sicherungsregister. (1) Die Beurkundungen in einem Personenstandsregister sind nach ihrem Abschluss (§ 3 Abs. 2) in einem weiteren elektronischen Register (Sicherungsregister) zu speichern.

(2) ¹Das Sicherungsregister ist wie das Personenstandsregister am Ende des Jahres abzuschließen. ²Es ist nach Fortführung des Personenstandsregisters zu aktualisieren.

§ 5[1] Fortführung der Personenstandsregister. (1) Die Registereinträge sind nach den Vorschriften dieses Gesetzes durch Folgebeurkundungen und Hinweise zu ergänzen und zu berichtigen (Fortführung).

(2) Folgebeurkundungen sind Einträge, die den Beurkundungsinhalt verändern.

(3) Hinweise stellen den Zusammenhang zwischen verschiedenen Beurkundungen her, die dieselbe Person, deren Ehegatten, Lebenspartner, Eltern oder Kinder betreffen.

(4) ¹Die Fortführung obliegt dem für die Führung des Personenstandsregisters (§ 3 Abs. 1) zuständigen Standesamt. ²Öffentliche Stellen haben diesem Standesamt Anlässe, die zu einer Folgebeurkundung oder zu einem Hinweis führen, mitzuteilen.

(5) Für die Fortführung der Personenstandsregister und der Sicherungsregister gelten folgende Fristen:
1. für Eheregister und Lebenspartnerschaftsregister 80 Jahre;
2. für Geburtenregister 110 Jahre;
3. für Sterberegister 30 Jahre; für Sterberegister des Sonderstandesamts in Bad Arolsen 80 Jahre.

§ 6 Aktenführung. Dokumente, die einzelne Beurkundungen in den Personenstandsregistern betreffen, werden in besonderen Akten (Sammelakten) aufbewahrt.

§ 7[2] Aufbewahrung. (1) ¹Die Personenstandsregister und die Sicherungsregister sind räumlich getrennt voneinander und vor unberechtigtem Zugriff geschützt aufzubewahren. ²Zum Schutz vor physischer Vernichtung beider Register durch

---

[1] § 5 Abs. 5 neu gef. mWv 1.11.2017 durch G v. 17.7.2017 (BGBl. I S. 2522).
[2] § 7 neu gef. mWv 1.11.2017 durch G v. 17.7.2017 (BGBl. I S. 2522); Abs. 1 Satz 2 angef., Abs. 3 neu gef. mWv 1.11.2022 durch G v. 19.10.2022 (BGBl. I S. 1744); Abs. 3 Satz 3 aufgeh. mWv 21.7.2023 durch G v. 17.7.2023 (BGBl. 2023 I Nr. 190).

Naturkatastrophen und Großschadenslagen soll die räumliche Trennung zwischen elektronischem Register und Sicherungsregister mindestens 20 Kilometer betragen.

(2) ¹Die Personenstandsregister sind dauernd aufzubewahren. ²Für die Sicherungsregister und die Sammelakten endet die Pflicht zur Aufbewahrung mit Ablauf der in § 5 Absatz 5 für das jeweilige Register genannten Frist.

(3) ¹Nach Ablauf der in § 5 Absatz 5 genannten Fristen sind die entsprechenden Teile der Personenstandsregister, Sicherungsregister und Sammelakten nach den jeweiligen archivrechtlichen Vorschriften den zuständigen öffentlichen Archiven zur Übernahme anzubieten. ²Die entsprechenden Registereinträge und Sammelakten sind nach der Übernahme oder Ablehnung der Übernahme durch die Archive im Standesamt zu löschen; dies gilt nicht bei Ablehnung der Übernahme von Personenstandsregistern.

§ 8[1]) Verlust eines Personenstandsregisters.

(1) ¹Gerät ein Ehe-, Lebenspartnerschafts-, Geburten- oder Sterberegister ganz oder teilweise in Verlust, so ist es auf Grund des Sicherungsregisters wiederherzustellen. ²Ein Verlust ist auch dann gegeben, wenn die Daten eines Registereintrags wegen eines nicht zu behebenden technischen Fehlers nicht mehr zu verwenden sind.

(2) ¹Gerät das Sicherungsregister ganz oder teilweise in Verlust, so ist es auf Grund des Personenstandsregisters wiederherzustellen. ²Sind sowohl das Personenstandsregister als auch das Sicherungsregister in Verlust geraten, so sind beide Register durch Neubeurkundung wiederherzustellen. ³Die Beurkundungen werden nach amtlicher Ermittlung des Sachverhalts vorgenommen.

(3) ¹Sind Eheschließung, Begründung der Lebenspartnerschaft, Geburt oder Tod einer Person mit hinreichender Sicherheit festgestellt, so ist die Neubeurkundung auch dann zulässig, wenn der Inhalt des früheren Eintrags nicht mehr zweifelsfrei festgestellt werden kann. ²Der Zeitpunkt der Eheschließung, der Begründung der Lebenspartnerschaft, der Geburt oder des Todes ist hierbei so genau zu bestimmen, wie es nach dem Ergebnis der Ermittlungen möglich ist.

(4) War ein Eintrag berichtigt worden, so kann die Neubeurkundung in der Form einer einheitlichen Eintragung, in der die Berichtigungen berücksichtigt sind, vorgenommen werden.

§ 9 Beurkundungsgrundlagen.

(1) Eintragungen in den Personenstandsregistern werden auf Grund von Anzeigen, Anordnungen, Erklärungen, Mitteilungen und eigenen Ermittlungen des Standesamts sowie von Einträgen in anderen Personenstandsregistern, Personenstandsurkunden oder sonstigen öffentlichen Urkunden vorgenommen.

(2) ¹Ist den zur Beibringung von Nachweisen Verpflichteten die Beschaffung öffentlicher Urkunden nicht oder nur mit erheblichen Schwierigkeiten oder unverhältnismäßig hohen Kosten möglich, so können auch andere Urkunden als Beurkundungsgrundlage dienen. ²Sind auch diese nicht einfacher zu beschaffen als die erforderlichen öffentlichen Urkunden oder können die für die Beurkundung erheblichen tatsächlichen Behauptungen der Betroffenen weder durch öffentliche noch durch andere Urkunden nachgewiesen werden, so kann der Standesbeamte

---

[1]) § 8 Überschrift und Abs. 1 und 2 neu gef., Abs. 4 geänd. mWv 1.11.2017 durch G v. 17.7.2017 (BGBl. I S. 2522).

261. Verordnung zur Ausführung des Personenstandsgesetzes (Personenstandsverordnung – PStV)[1)]

Vom 22. November 2008

(BGBl. I S. 2263)

FNA 211-9-1

geänd. durch Art. 5 G zur Modernisierung des Benachrichtigungswesens in Nachlasssachen durch Schaffung des Zentralen Testamentsregisters bei der Bundesnotarkammer und zur Fristverlängerung nach der HofraumVO v. 22.12.2010 (BGBl. I S. 2255), Art. 2 Abs. 8 G zur Änd. von Vorschriften über Verkündung und Bekanntmachungen sowie der ZPO, des EGZPO und der AO v. 22.12.2011 (BGBl. I S. 3044), Art. 2 Personenstandsrechts-ÄndG v. 7.5.2013 (BGBl. I S. 1122, ber. S. 2440), Art. 4 G zum Ausbau der Hilfen für Schwangere und zur Regelung der vertraulichen Geburt v. 28.8.2013 (BGBl. I S. 3458), Art. 6 G zur Umsetzung der Richtlinie 2011/95/EU v. 28.8.2013 (BGBl. I S. 3474), Art. 14 Nr. 6 AsylverfahrensbeschleunigungsG v. 20.10.2015 (BGBl. I S. 1722), Art. 2 2. Personenstandsrechts-ÄndG v. 17.7.2017 (BGBl. I S. 2522), Art. 1 Erste ÄndVO v. 24.10.2018 (BGBl. I S. 1768), Art. 3 Abs. 5 G zum Erlass und zur Änd. bundesrechtlicher Vorschriften in Bezug auf die Übernahme der Angehörigenbenachrichtigungs-Aufgabenübertragung[2)] v. 4.12.2018 (BGBl. I S. 2257 iVm Bek. v. 12.4.2019, BGBl. I S. 496), Art. 5 G zur Umsetzung des G zur Einführung des Rechts auf Eheschließung für Personen gleichen Geschlechts v. 18.12.2018 (BGBl. I S. 2639), Art. 89 Elfte ZuständigkeitsanpassungsVO v. 19.6.2020 (BGBl. I S. 1328), Art. 3 G zur Digitalisierung von Verwaltungsverfahren bei der Gewährung von Familienleistungen v. 3.12.2020 (BGBl. I S. 2668), Art. 19 RegistermodernisierungsG[3)] v. 28.3.2021 (BGBl. I S. 591), Art. 2 3. Personenstandsrechts-ÄndG v. 19.10.2022 (BGBl. I S. 1744) und Art. 4 G zur Änd. des BevölkerungsstatistikG, des InfektionsschutzG, personenstands- und dienstrechtlicher Regelungen sowie der Medizinprodukte-AbgabeVO v. 17.7.2023 (BGBl. 2023 I Nr. 190)

Auf Grund des § 73 des Personenstandsgesetzes[4)] vom 19. Februar 2007 (BGBl. I S. 122), der durch Artikel 2 Abs. 2 Nr. 2 des Gesetzes vom 13. März 2008 (BGBl. I S. 313) geändert worden ist, des § 4 Abs. 3 Satz 3 des Staatsangehörigkeitsgesetzes[5)], der zuletzt durch Artikel 5 des Gesetzes vom 19. August 2007 (BGBl. I S. 1970) geändert worden ist, Artikel 2 Abs. 1 des Gesetzes zu dem Übereinkommen vom 8. September 1976 über die Ausstellung mehrsprachiger Auszüge aus Personenstandsbüchern vom 16. April 1997 (BGBl. 1997 II S. 774) und des Artikels 2 Abs. 1 des Gesetzes zu dem Übereinkommen vom 5. September 1980 über die Ausstellung von Ehefähigkeitszeugnissen vom 5. Juni 1997 (BGBl. 1997 II S. 1086) verordnet das Bundesministerium des Innern im Benehmen mit dem Bundesministerium der Justiz:

Inhaltsübersicht[6)]

Kapitel 1. Allgemeine Bestimmungen

§ 1 Standesamt
§ 2 Übersetzung in die deutsche Sprache

[1)] Die Änderungen durch G v. 28.3.2021 (BGBl. I S. 591) treten teilweise erst **mit noch unbestimmtem Datum**, die Änderungen durch G v. 19.10.2022 (BGBl. I S. 1744) treten teilweise erst **mWv 1.11.2024** und die Änderung durch G v. 17.7.2023 (BGBl. 2023 I Nr. 190) tritt erst **mWv 1.11.2023** in Kraft und sind insoweit im Text noch nicht berücksichtigt.

[2)] In Kraft getreten am 1.1.2019, vgl. Art. 4 Abs. 2 G v. 4.12.2018 (BGBl. I S. 2257) iVm Bek. v. 12.4.2019 (BGBl. I S. 496).

[3)] Die Änderungen durch Art. 19 RegistermodernisierungsG treten, mit Ausnahme des Art. 19 Nr. 2 Buchst. b, gem. Art. 22 Satz 3 dieses Gesetzes „an dem Tag in Kraft, an dem das Bundesministerium des Innern, für Bau und Heimat im Bundesgesetzblatt [...] bekannt gibt, dass die technischen Voraussetzungen für die Verarbeitung der Identifikationsnummer nach § 139b der Abgabenordnung [...] vorliegen."

[4)] Nr. **260**.

[5)] Nr. **15**.

[6)] Inhaltsübersicht geänd. mWv 15.5.2013 und mWv 1.11.2013 durch G v. 7.5.2013 (BGBl. I S. 1122); geänd. mWv 1.11.2017 durch G v. 17.7.2017 (BGBl. I S. 2522); geänd. mWv 1.11.2018 durch VO v. 24.10.

§ 3	Behinderung, Verweigerung der Unterschrift
§ 4	Rückgabe von Urkunden
§ 5	Prüfungspflicht des Standesbeamten
§ 6	Anzeige eines Personenstandsfalls
§ 7	Zurückstellen der Beurkundung
§ 8	Prüfung der Staatsangehörigkeit

Kapitel 2. Personenstandsregister
Abschnitt 1. Betrieb elektronischer Personenstandsregister

§ 9	Personenstandsregister, Registerinhalt
§ 10	Anforderungen an den Betrieb von Personenstandsregistern und Sicherungsregistern
§ 11	Anforderungen an Datenverarbeitungsverfahren
§ 12	Herstellererklärung
§ 13	Betriebs- und Sicherheitskonzept, Datenverarbeitungssysteme
§ 14	Berechtigungskonzept

Abschnitt 2. Führung der Personenstandsregister

§ 15	Personenstandsregister
§ 16	Haupteintrag
§ 17	Folgebeurkundungen
§ 18	Hinweise
§ 19	Aufbau und Gestaltung der Registereinträge
§ 20	Sicherungsregister
§ 21	Abschluss der Personenstandsregister
§ 22	Sammelakten
§ 23	Namensangabe
§ 24	Neubeurkundung nach Verlust eines Personenstandsregisters
§ 25	Übergabe der Register und Sammelakten an Archive
§ 26	Suchfunktion
§ 27	Verzeichnisse beim Standesamt I in Berlin

Kapitel 3. Eheschließung

§ 28	Anmeldung
§ 29	Eheschließung

Kapitel 4. Lebenspartnerschaft

§ 30	Umwandlung einer Lebenspartnerschaft in eine Ehe

Kapitel 5. Geburt

§ 31	Lebendgeburt, Totgeburt, Fehlgeburt
§ 32	Geburten in Fahrzeugen
§ 33	Nachweise bei Anzeige der Geburt
§ 34	Erwerb der deutschen Staatsangehörigkeit
§ 35	Besonderheiten bei der Beurkundung
§ 36	Fortführung des Geburtenregisters

Kapitel 6. Sterbefall

§ 37	Sterbefälle in Fahrzeugen, Bergwerken und Gewässern; unbekannter Sterbeort
§ 38	Nachweise bei Anzeige des Sterbefalls
§ 39	(weggefallen)
§ 40	Besonderheiten bei der Beurkundung
§ 41	Sammlung der Beschlüsse über Todeserklärungen

Kapitel 7. Besondere Beurkundungs- und Registervorschriften

§ 42	Familienrechtliche Zuordnung im Personenstandseintrag
§ 43	Sterbefälle in ehemaligen deutschen Konzentrationslagern
§ 44	Sterbefälle von Angehörigen der ehemaligen deutschen Wehrmacht
§ 45	Angleichung von Namen
§ 46	Familienrechtliche Erklärungen

Kapitel 8. Berichtigungen

§ 47	Berichtigungen

(Fortsetzung der Anm. von voriger Seite)
2018 (BGBl. I S. 1768); geänd. mWv 22.12.2018 durch G v. 18.12.2018 (BGBl. I S. 2639); geänd. mWv 1.11.2022 durch G v. 19.10.2022 (BGBl. I S. 1744).

275. Gesetz über den Verkehr mit Betäubungsmitteln (Betäubungsmittelgesetz – BtMG)[1)]

In der Fassung der Bekanntmachung vom 1. März 1994[2)]

(BGBl. I S. 358)

FNA 2121-6-24

geänd. durch Art. 3 § 1 Gesundheitseinrichtungen-NeuordnungsG v. 24.6.1994 (BGBl. I S. 1416), § 34 GrundstoffüberwachungsG v. 7.10.1994 (BGBl. I S. 2835), Art. 2 § 4 BundesgrenzschutzneuregelungsG v. 19.10.1994 (BGBl. I S. 2978), Art. 9 VerbrechensbekämpfungsG v. 28.10.1994 (BGBl. I S. 3186), Art. 1 Sechste Betäubungsmittelrechts-ÄndVO v. 14.9.1995 (BGBl. I S. 1161), Art. 1 Siebte Betäubungsmittelrechts-ÄndVO v. 29.3.1996 (BGBl. I S. 562), Art. 1 Zweites ÄndG v. 4.4.1996 (BGBl. I S. 582), Art. 1 Achte Betäubungsmittelrechts-ÄndVO v. 14.11.1996 (BGBl. I S. 1728), Art. 1 Neunte Betäubungsmittelrechts-ÄndVO v. 28.1.1997 (BGBl. I S. 65), Art. 7 JustizmitteilungsG und G zur Änd. kostenrechtlicher Vorschriften und anderer Gesetze v. 18.6.1997 (BGBl. I S. 1430), Art. 1 Zehnte Betäubungsmittelrechts-ÄndVO v. 20.1.1998 (BGBl. I S. 74), Art. 4 G zur Bekämpfung von Sexualdelikten und anderen gefährlichen Straftaten v. 26.1.1998 (BGBl. I S. 160), Art. 1 Zwölfte Betäubungsmittelrechts-ÄndVO v. 7.10.1998 (BGBl. I S. 3126), Art. 1 13. Betäubungsmittelrechts-ÄndVO v. 27.9.1999 (BGBl. I S. 1935), Art. 1 Drittes BtMG-ÄndG v. 28.3.2000 (BGBl. I S. 302), Art. 1 14. Betäubungsmittelrechts-ÄndVO v. 27.9.2000 (BGBl. I S. 1414), Art. 1 15. Betäubungsmittelrechts-ÄndVO v. 19.6.2001 (BGBl. I S. 1180), Art. 1 16. Betäubungsmittelrechts-ÄndVO v. 28.11.2001 (BGBl. I S. 3338), Art. 1 17. Betäubungsmittelrechts-ÄndVO v. 12.2.2002 (BGBl. I S. 612), Art. 2 GrundstoffüberwachungsG-ÄndG v. 26.6.2002 (BGBl. I S. 2261), Art. 18 Achte ZuständigkeitsanpassungsVO v. 25.11.2003 (BGBl. I S. 2304), Art. 1 18. Betäubungsmittelrechts-ÄndVO v. 22.12.2003 (BGBl. 2004 I S. 28), Art. 1 19. Betäubungsmittelrechts-ÄndVO v. 10.3.2005 (BGBl. I S. 757), Art. 15 G zur Umbenennung des Bundesgrenzschutzes in Bundespolizei v. 21.6.2005 (BGBl. I S. 1818), Art. 35 Neunte ZuständigkeitsanpassungsVO v. 31.10.2006 (BGBl. I S. 2407), Art. 1 Zweites JustizmodernisierungsG v. 22.12.2006 (BGBl. I S. 3416), Art. 1 20. Betäubungsmittelrechts-ÄndVO v. 14.2.2007 (BGBl. I S. 154), Art. 1 21. Betäubungsmittelrechts-ÄndVO v. 18.2.2008 (BGBl. I S. 246), Art. 1, 2 22. Betäubungsmittelrechts-ÄndVO v. 19.1.2009 (BGBl. I S. 49), Art. 1 G zur diamorphingestützten Substitutionsbehandlung v. 15.7.2009 (BGBl. I S. 1801), Art. 5 G zur Änd. arzneimittelrechtlicher und anderer Vorschriften v. 17.7.2009 (BGBl. I S. 1990), Art. 2 43. ÄndG v. 29.7.2009 (BGBl. I S. 2288), Art. 1, 2 24. Betäubungsmittelrechts-ÄndVO v. 18.12.2009 (BGBl. I S. 3944), Art. 6 ArzneimittelmarktneuordnungsG v. 22.12.2010 (BGBl. I S. 2262), Art. 1 25. VO zur Änd. betäubungsmittelrechtlicher Vorschriften v. 11.5.2011 (BGBl. I S. 821), Art. 1 26. VO zur Änd. betäubungsmittelrechtlicher Vorschriften v. 20.7.2012 (BGBl. I S. 1639), Art. 4 Zweites G zur Änd. arzneimittelrechtlicher und anderer Vorschriften v. 19.10.2012 (BGBl. I S. 2192), Art. 2 46. StrafrechtsänderungsG v. 10.6.2013 (BGBl. I S. 1497), Art. 1 27. VO zur Änd. betäubungsmittelrechtlicher Vorschriften v. 9.7.2013 (BGBl. I S. 2274), Art. 2 Abs. 20, Art. 4 Abs. 7 G zur Strukturreform des Gebührenrechts des Bundes v. 7.8.2013 (BGBl. I S. 3154, Art. 4 Abs. 7 dieses G aufgeh. durch Art. 2 18.7.2016, BGBl. I S. 1666), Art. 1 28. VO zur Änd. betäubungsmittelrechtlicher Vorschriften v. 5.12.2014 (BGBl. I S. 1999), Art. 1 29. VO zur Änd. betäubungsmittelrechtlicher Vorschriften v. 18.5.2015 (BGBl. I S. 723), Art. 2 G zur Änd. des Agrar- und Fischereifonds-Informations-G und des BetäubungsmittelG v. 20.5.2015 (BGBl. I S. 725), Art. 1 30. VO zur Änd. betäubungsmittelrechtlicher Vorschriften v. 11.11.2015 (BGBl. I S. 1992), Art. 1 31. VO zur Änd. betäubungsmittelrechtlicher Vorschriften v. 31.5.2016 (BGBl. I S. 1282), Art. 4 Abs. 7 G zur Aktualisierung der Strukturreform des Gebührenrechts des Bundes v. 18.7.2016 (BGBl. I S. 1666), Art. 1 G zur Änd. betäubungsmittelrechtlicher und anderer Vorschriften v. 6.3.2017 (BGBl. I S. 403), Art. 6 Abs. 6 G zur Reform der strafrechtlichen Vermögensabschöpfung v. 13.4.2017 (BGBl. I S. 872), Art. 1 18. ÄndVO v. 16.6.2017 (BGBl. I S. 1670), Art. 1 VO zur Änd. betäubungsmittelrechtlicher und anderer Vorschriften v. 2.7.2018 (BGBl. I S. 1078), Art. 2 VO zur Änd. der Anl. des Neue-psychoaktive-Stoffe-G und von Anl. des BetäubungsmittelG v. 12.7.2019 (BGBl. I S. 1083), Art. 8 G für mehr Sicherheit in der Arzneimittelversorgung v. 9.8.2019 (BGBl. I S. 1202), Art. 1 19. ÄndVO v. 17.12.2019 (BGBl. I S. 2850), Art. 91 Elfte ZuständigkeitsanpassungsVO v. 19.6.2020 (BGBl. I S. 1328), Art. 1 20. VO zur Änd. von Anlagen des BetäubungsmittelG v. 10.7.2020 (BGBl. I S. 1691), Art. 4 60. G zur

---

[1)] Die Änderungen durch G v. 10.8.2021 (BGBl. I S. 3436) treten erst **mWv 1.1.2024** in Kraft und sind im Text noch nicht berücksichtigt.
[2)] Neubekanntmachung des BetäubungsmittelG v. 28.7.1981 (BGBl. I S. 681) in der ab 28.2.1994 geltenden Fassung.

Änd. des Strafgesetzbuches v. 30.11.2020 (BGBl. I S. 2600), Art. 1 21. VO zur Änd. von Anlagen des BetäubungsmittelG v. 14.1.2021 (BGBl. I S. 70), Art. 1 32. VO zur Änd. betäubungsmittelrechtlicher Vorschriften v. 18.5.2021 (BGBl. I S, 1096), Art. 11 Digitale-Versorgung-und-Pflege-Modernisierungs-G v. 3.6.2021 (BGBl. I S. 1309), Art. 9 Personengesellschaftsrechtsmodernisierungs G (MoPeG) v. 10.8. 2021 (BGBl. I S. 3436), Art. 8 Abs. 5 G zum Erlass eines Tierarzneimittelgesetzes und zur Anpassung arzneimittelrechtlicher und anderer Vorschriften v. 27.9.2021 (BGBl. I S. 4530), Art. 1 22. VO zur Änd. von Anlagen des BetäubungsmittelG v. 8.11.2021 (BGBl. I S. 4791), Art. 1 33. VO zur Änd. betäubungsmittelrechtlicher Vorschriften v. 16.12.2022 (BAnz AT 20.12.2022 V1), Art. 1 23. VO zur Änd. von Anlagen des BetäubungsmittelG v. 1.6.2023 (BGBl. 2023 I Nr. 143) und Art. 7b, 7e Arzneimittel-Lieferengpassbekämpfungs- und Versorgungsverbesserungsgesetz v. 19.7.2023 (BGBl. 2023 I Nr. 197)

Inhaltsübersicht[1]

Erster Abschnitt. Begriffsbestimmungen

§ 1 Betäubungsmittel
§ 2 Sonstige Begriffe

Zweiter Abschnitt. Erlaubnis und Erlaubnisverfahren

§ 3 Erlaubnis zum Verkehr mit Betäubungsmitteln
§ 4 Ausnahmen von der Erlaubnispflicht
§ 5 Versagung der Erlaubnis
§ 6 Sachkenntnis
§ 7 Antrag
§ 8 Entscheidung
§ 9 Beschränkungen, Befristung, Bedingungen und Auflagen
§ 10 Rücknahme und Widerruf
§ 10a Erlaubnis für den Betrieb von Drogenkonsumräumen
§ 10b Erlaubnis für die Durchführung von Modellvorhaben zu Substanzanalysen

Dritter Abschnitt. Pflichten im Betäubungsmittelverkehr

§ 11 Einfuhr, Ausfuhr und Durchfuhr
§ 12 Abgabe und Erwerb
§ 13 Verschreibung und Abgabe auf Verschreibung
§ 14 Kennzeichnung und Werbung
§ 15 Sicherungsmaßnahmen
§ 16 Vernichtung
§ 17 Aufzeichnungen
§ 18 Meldungen
§ 18a *(aufgehoben)*

Vierter Abschnitt. Überwachung

§ 19 Durchführende Behörde
§ 20 Besondere Ermächtigung für den Spannungs- oder Verteidigungsfall
§ 21 Mitwirkung anderer Behörden
§ 22 Überwachungsmaßnahmen
§ 23 Probenahme
§ 24 Duldungs- und Mitwirkungspflicht
§ 24a Anzeige des Anbaus von Nutzhanf
§ 25 *(weggefallen)*

Fünfter Abschnitt. Vorschriften für Behörden

§ 26 Bundeswehr, Bundespolizei, Bereitschaftspolizei und Zivilschutz
§ 27 Meldungen und Auskünfte
§ 28 Jahresbericht an die Vereinten Nationen

Sechster Abschnitt. Straftaten und Ordnungswidrigkeiten

§ 29 Straftaten
§ 29a Straftaten
§ 30 Straftaten

---

[1] Inhaltsübersicht geänd. mWv 23.7.2009 durch G v. 17.7.2009 (BGBl. I S. 1990); geänd. mWv 15.8.2013 durch G v. 7.8.2013 (BGBl. I S. 3154); geänd. mWv 1.10.2021 durch G v. 18.7.2016 (BGBl. I S. 1666); geänd. mWv 1.7.2017 durch G v. 13.4.2017 (BGBl. I S. 872); geänd. mWv 27.7.2023 durch G v. 19.7.2023 (BGBl. 2023 I Nr. 197); sie wurde nichtamtlich um Anl. I–III ergänzt.

Betäubungsmittelgesetz **BtMG 275**

§ 30a Straftaten
§ 30b Straftaten
§ 30c *(aufgehoben)*
§ 31 Strafmilderung oder Absehen von Strafe
§ 31a Absehen von der Verfolgung
§ 32 Ordnungswidrigkeiten
§ 33 Einziehung
§ 34 Führungsaufsicht

(Fortsetzung nächstes Blatt)

Absatz 1 bezeichnete Frist bis zur Behebung der Mängel oder bis zum Ablauf der zur Behebung der Mängel gesetzten Frist gehemmt. ²Die Hemmung beginnt mit dem Tage, an dem dem Antragsteller die Aufforderung zur Behebung der Mängel zugestellt wird.

(3) ¹Der Inhaber der Erlaubnis hat jede Änderung der in § 7 bezeichneten Angaben dem Bundesinstitut für Arzneimittel und Medizinprodukte unverzüglich mitzuteilen. ²Bei einer Erweiterung hinsichtlich der Art der Betäubungsmittel oder des Betäubungsmittelverkehrs sowie bei Änderungen in der Person des Erlaubnisinhabers oder der Lage der Betriebsstätten, ausgenommen innerhalb eines Gebäudes, ist eine neue Erlaubnis zu beantragen. ³In den anderen Fällen wird die Erlaubnis geändert. ⁴Die zuständige oberste Landesbehörde wird über die Änderung der Erlaubnis unverzüglich unterrichtet.

§ 9[1]) Beschränkungen, Befristung, Bedingungen und Auflagen.

(1) ¹Die Erlaubnis ist zur Sicherheit und Kontrolle des Betäubungsmittelverkehrs oder der Herstellung ausgenommener Zubereitungen auf den jeweils notwendigen Umfang zu beschränken. ²Sie muß insbesondere regeln:

1. die Art der Betäubungsmittel und des Betäubungsmittelverkehrs,
2. die voraussichtliche Jahresmenge und den Bestand an Betäubungsmitteln,
3. die Lage der Betriebsstätten und
4. den Herstellungsgang und die dabei anfallenden Ausgangs-, Zwischen- und Endprodukte, auch wenn sie keine Betäubungsmittel sind.

(2) Die Erlaubnis kann

1. befristet, mit Bedingungen erlassen oder mit Auflagen verbunden werden oder
2. nach ihrer Erteilung hinsichtlich des Absatzes 1 Satz 2 geändert oder mit sonstigen Beschränkungen oder Auflagen versehen werden,

wenn dies zur Sicherheit oder Kontrolle des Betäubungsmittelverkehrs oder der Herstellung ausgenommener Zubereitungen erforderlich ist oder die Erlaubnis der Durchführung der internationalen Suchtstoffübereinkommen oder von Beschlüssen, Anordnungen oder Empfehlungen zwischenstaatlicher Einrichtungen der Suchtstoffkontrolle entgegensteht oder dies wegen Rechtsakten der Organe der Europäischen Union geboten ist.

§ 10 Rücknahme und Widerruf.

(1) ¹Die Erlaubnis kann auch widerrufen werden, wenn von ihr innerhalb eines Zeitraumes von zwei Kalenderjahren kein Gebrauch gemacht worden ist. ²Die Frist kann verlängert werden, wenn ein berechtigtes Interesse glaubhaft gemacht wird.

(2) Die zuständige oberste Landesbehörde wird über die Rücknahme oder den Widerruf der Erlaubnis unverzüglich unterrichtet.

§ 10a[2]) Erlaubnis für den Betrieb von Drogenkonsumräumen.

(1) ¹Einer Erlaubnis der zuständigen obersten Landesbehörde bedarf, wer eine Einrichtung betreiben will, in deren Räumlichkeiten Betäubungsmittelabhängigen eine Gelegenheit zum Verbrauch von mitgeführten, ärztlich nicht verschriebenen Betäubungsmitteln verschafft oder gewährt wird (Drogenkonsumraum). ²Eine Erlaubnis

---

[1]) § 9 Abs. 2 geänd. mWv 26.10.2012 durch G v. 19.10.2012 (BGBl. I S. 2192).
[2]) § 10a eingef. mWv 1.4.2000 durch G v. 28.3.2000 (BGBl. I S. 302); Abs. 4 aufgeh. mWv 27.7.2023 durch G v. 19.7.2023 (BGBl. 2023 I Nr. 197).

kann nur erteilt werden, wenn die Landesregierung die Voraussetzungen für die Erteilung in einer Rechtsverordnung nach Maßgabe des Absatzes 2 geregelt hat.

(2) ¹Die Landesregierungen werden ermächtigt, durch Rechtsverordnung die Voraussetzungen für die Erteilung einer Erlaubnis nach Absatz 1 zu regeln. ²Die Regelungen müssen insbesondere folgende Mindeststandards für die Sicherheit und Kontrolle beim Verbrauch von Betäubungsmitteln in Drogenkonsumräumen festlegen:

1. Zweckdienliche sachliche Ausstattung der Räumlichkeiten, die als Drogenkonsumraum dienen sollen;
2. Gewährleistung einer sofort einsatzfähigen medizinischen Notfallversorgung;
3. medizinische Beratung und Hilfe zum Zwecke der Risikominderung beim Verbrauch der von Abhängigen mitgeführten Betäubungsmittel;
4. Vermittlung von weiterführenden und ausstiegsorientierten Angeboten der Beratung und Therapie;
5. Maßnahmen zur Verhinderung von Straftaten nach diesem Gesetz in Drogenkonsumräumen, abgesehen vom Besitz von Betäubungsmitteln nach § 29 Abs. 1 Satz 1 Nr. 3 zum Eigenverbrauch in geringer Menge;
6. erforderliche Formen der Zusammenarbeit mit den für die öffentliche Sicherheit und Ordnung zuständigen örtlichen Behörden, um Straftaten im unmittelbaren Umfeld der Drogenkonsumräume soweit wie möglich zu verhindern;
7. genaue Festlegung des Kreises der berechtigten Benutzer von Drogenkonsumräumen, insbesondere im Hinblick auf deren Alter, die Art der mitgeführten Betäubungsmittel sowie die geduldeten Konsummuster; offenkundige Erst- oder Gelegenheitskonsumenten sind von der Benutzung auszuschließen;
8. eine Dokumentation und Evaluation der Arbeit in den Drogenkonsumräumen;
9. ständige Anwesenheit von persönlich zuverlässigem Personal in ausreichender Zahl, das für die Erfüllung der in den Nummern 1 bis 7 genannten Anforderungen fachlich ausgebildet ist;
10. Benennung einer sachkundigen Person, die für die Einhaltung der in den Nummern 1 bis 9 genannten Anforderungen, der Auflagen der Erlaubnisbehörde sowie der Anordnungen der Überwachungsbehörde verantwortlich ist (Verantwortlicher) und die ihm obliegenden Verpflichtungen ständig erfüllen kann.

(3) Für das Erlaubnisverfahren gelten § 7 Satz 1 und 2 Nr. 1 bis 4 und 8, §§ 8, 9 Abs. 2 und § 10 entsprechend; dabei tritt an die Stelle des Bundesinstituts für Arzneimittel und Medizinprodukte jeweils die zuständige oberste Landesbehörde, an die Stelle der obersten Landesbehörde jeweils das Bundesinstitut für Arzneimittel und Medizinprodukte.

§ 10b[1] **Erlaubnis für die Durchführung von Modellvorhaben zu Substanzanalysen.** (1) Die zuständigen Landesbehörden können eine Erlaubnis für Modellvorhaben zur qualitativen und quantitativen chemischen Analyse von mitgeführten, nicht ärztlich, zahnärztlich oder tierärztlich verschriebenen Betäubungsmitteln erteilen, wenn mit der Analyse eine Risikobewertung und gesundheitliche Aufklärung über die Folgen des Konsums für die die Betäubungsmittel besitzende Person verbunden ist (Drug-Checking-Modellvorhaben).

---

[1] § 10b eingef. mWv 27.7.2023 durch G v. 19.7.2023 (BGBl. 2023 I Nr. 197).

(2) ¹Die Landesregierungen haben zur Verbesserung des Gesundheitsschutzes und einer besseren gesundheitlichen Aufklärung durch Rechtsverordnung Bestimmungen über die Erteilung einer in Absatz 1 genannten Erlaubnis einschließlich der hierfür geltenden Voraussetzungen zu erlassen. ²In der Rechtsverordnung nach Satz 1 sind insbesondere folgende Anforderungen an die Durchführung von Drug-Checking-Modellvorhaben festzulegen:

1. Vorhandensein einer zweckdienlichen sachlichen Ausstattung;
2. Gewährleistung einer Aufklärung über die Risiken des Konsums von Betäubungsmitteln einschließlich einer Beratung zum Zweck der gesundheitlichen Risikominderung beim Konsum;
3. Gewährleistung einer Vermittlung in weiterführende Angebote der Suchthilfe bei Bedarf seitens der Konsumierenden;
4. Dokumentation der zur Untersuchung eingereichten Substanzen mit Untersuchungsergebnis und der angewandten Methode zur Ermöglichung der in Absatz 3 Satz 1 genannten gesundheitlichen Aufklärung und wissenschaftlichen Begleitung und zur Berücksichtigung der Untersuchungsergebnisse in öffentlichen substanzbezogenen Warnungen;
5. Vorgaben zur Sicherheit und Kontrolle des Betäubungsmittelverkehrs bei Verwahrung und Transport von zu untersuchenden Proben und zur Vernichtung der zu untersuchenden Proben nach der Substanzanalyse;
6. Festlegung erforderlicher Formen der Zusammenarbeit mit den für die öffentliche Sicherheit und Ordnung zuständigen örtlichen Behörden;
7. ständige Anwesenheit während der üblichen Geschäftszeiten des Modellvorhabens von persönlich zuverlässigem Personal in ausreichender Zahl, das für die Erfüllung der in den Nummern 1 bis 6 genannten Anforderungen fachlich qualifiziert ist;
8. Vorhandensein einer sachkundigen Person, die für die Einhaltung der in den Nummern 1 bis 7 genannten Anforderungen, der Auflagen der Erlaubnisbehörde sowie der Anordnungen der Überwachungsbehörde verantwortlich ist und die die ihr obliegenden Verpflichtungen ständig während der üblichen Geschäftszeiten des Modellvorhabens erfüllen kann und gegenüber der zuständigen Behörde vor Erteilung der in Absatz 1 genannten Erlaubnis zu benennen ist.

³In der Rechtsverordnung nach Satz 1 sind das Verfahren der Erteilung der in Absatz 1 genannten Erlaubnis und die hierfür jeweils zuständige Behörde zu bestimmen.

(3) ¹Die Länder stellen jeweils eine wissenschaftliche Begleitung und Auswertung der Modellvorhaben im Hinblick auf die Erreichung der Ziele einer besseren gesundheitlichen Aufklärung sowie eines verbesserten Gesundheitsschutzes sicher. ²Die Länder übermitteln dem Bundesministerium für Gesundheit oder einem von ihm beauftragten Dritten auf Anforderung die Ergebnisse der Modellvorhaben.

Dritter Abschnitt. Pflichten im Betäubungsmittelverkehr

§ 11[1)] **Einfuhr, Ausfuhr und Durchfuhr.** (1) ¹Wer Betäubungsmittel im Einzelfall einführen oder ausführen will, bedarf dazu neben der erforderlichen Erlaubnis nach § 3 einer Genehmigung des Bundesinstitutes für Arzneimittel und Medizinprodukte. ²Betäubungsmittel dürfen durch den Geltungsbereich dieses

---

[1)] § 11 Abs. 1 Satz 1 geänd. durch G v. 24.6.1994 (BGBl. I S. 1416); Abs. 2 Satz 1 geänd. mWv 26.10.2012 durch G v. 19.10.2012 (BGBl. I S. 2192).

Gesetzes nur unter zollamtlicher Überwachung ohne weiteren als den durch die Beförderung oder den Umschlag bedingten Aufenthalt und ohne daß das Betäubungsmittel zu irgendeinem Zeitpunkt während des Verbringens dem Durchführenden oder einer dritten Person tatsächlich zur Verfügung steht, durchgeführt werden. ³ Ausgenommene Zubereitungen dürfen nicht in Länder ausgeführt werden, die die Einfuhr verboten haben.

(2) ¹ Die Bundesregierung wird ermächtigt, durch Rechtsverordnung ohne Zustimmung des Bundesrates das Verfahren über die Erteilung der Genehmigung zu regeln und Vorschriften über die Einfuhr, Ausfuhr und Durchfuhr zu erlassen, soweit es zur Sicherheit oder Kontrolle des Betäubungsmittelverkehrs, zur Durchführung der internationalen Suchtstoffübereinkommen oder von Rechtsakten der Organe der Europäischen Union erforderlich ist. ² Insbesondere können

1. die Einfuhr, Ausfuhr oder Durchfuhr auf bestimmte Betäubungsmittel und Mengen beschränkt sowie in oder durch bestimmte Länder oder aus bestimmten Ländern verboten,
2. Ausnahmen von Absatz 1 für den Reiseverkehr und die Versendung von Proben im Rahmen der internationalen Zusammenarbeit zugelassen,
3. Regelungen über das Mitführen von Betäubungsmitteln durch Ärzte, Zahnärzte und Tierärzte im Rahmen des grenzüberschreitenden Dienstleistungsverkehrs getroffen und
4. Form, Inhalt, Anfertigung, Ausgabe und Aufbewahrung der zu verwendenden amtlichen Formblätter festgelegt

werden.

§ 12¹⁾ Abgabe und Erwerb.
(1) Betäubungsmittel dürfen nur abgegeben werden an

1. Personen oder Personenvereinigungen, die im Besitz einer Erlaubnis nach § 3 zum Erwerb sind oder eine Apotheke oder tierärztliche Hausapotheke betreiben,
2. die in § 4 Abs. 2 oder § 26 genannten Behörden oder Einrichtungen.
3. (weggefallen)

(2) ¹ Der Abgebende hat dem Bundesinstitut für Arzneimittel und Medizinprodukte außer in den Fällen des § 4 Abs. 1 Nr. 1 Buchstabe e unverzüglich jede einzelne Abgabe unter Angabe des Erwerbers und der Art und Menge des Betäubungsmittels zu melden. ² Der Erwerber hat dem Abgebenden den Empfang der Betäubungsmittel zu bestätigen.

(3) Die Absätze 1 und 2 gelten nicht bei

1. Abgabe von in Anlage III bezeichneten Betäubungsmitteln
   a) auf Grund ärztlicher, zahnärztlicher oder tierärztlicher Verschreibung im Rahmen des Betriebes einer Apotheke,
   b) im Rahmen des Betriebes einer tierärztlichen Hausapotheke für ein vom Betreiber dieser Hausapotheke behandeltes Tier,
   c) durch den Arzt nach § 13 Absatz 1a Satz 1,
2. der Ausfuhr von Betäubungsmitteln und

---

¹⁾ § 12 Abs. 2 Satz 1 geänd. durch G v. 24.6.1994 (BGBl I S. 1416); Abs. 4 geänd. mWv 28.11.2003 durch VO v. 25.11.2003 (BGBl. I S. 2304); Abs. 4 neu gef. mWv 1.1.2011 durch G v. 22.12.2010 (BGBl. I S. 2262); Abs. 3 Nr. 1 Buchst. c angef. mWv 26.10.2012 durch G v. 19.10.2012 (BGBl. I S. 2192).

3. Abgabe und Erwerb von Betäubungsmitteln zwischen den in § 4 Abs. 2 oder § 26 genannten Behörden oder Einrichtungen.

(4) ¹Das Bundesministerium für Gesundheit wird ermächtigt, durch Rechtsverordnung ohne Zustimmung des Bundesrates das Verfahren der Meldung und der Empfangsbestätigung zu regeln. ²Es kann dabei insbesondere deren Form, Inhalt und Aufbewahrung sowie eine elektronische Übermittlung regeln.

§ 13[1]) **Verschreibung und Abgabe auf Verschreibung.** (1) ¹Die in Anlage III bezeichneten Betäubungsmittel dürfen nur von Ärzten, Zahnärzten und Tierärzten und nur dann verschrieben oder im Rahmen einer ärztlichen, zahnärztlichen oder tierärztlichen Behandlung einschließlich der ärztlichen Behandlung einer Betäubungsmittelabhängigkeit verabreicht oder einem anderen zum unmittelbaren Verbrauch oder nach Absatz 1a Satz 1 überlassen werden, wenn ihre Anwendung am oder im menschlichen oder tierischen Körper begründet ist. ²Die Anwendung ist insbesondere dann nicht begründet, wenn der beabsichtigte Zweck auf andere Weise erreicht werden kann. ³Die in Anlagen I und II bezeichneten Betäubungsmittel dürfen nicht verschrieben, verabreicht oder einem anderen zum unmittelbaren Verbrauch oder nach Absatz 1a Satz 1 überlassen werden.

(1a) ¹Zur Deckung des nicht aufschiebbaren Betäubungsmittelbedarfs eines ambulant versorgten Palliativpatienten darf der Arzt diesem die hierfür erforderlichen, in Anlage III bezeichneten Betäubungsmittel in Form von Fertigarzneimitteln nur dann überlassen, soweit und solange der Bedarf des Patienten durch eine Verschreibung nicht rechtzeitig gedeckt werden kann; die Höchstüberlassungsmenge darf den Dreitagesbedarf nicht überschreiten. ²Der Bedarf des Patienten kann durch eine Verschreibung nicht rechtzeitig gedeckt werden, wenn das erforderliche Betäubungsmittel

1. bei einer dienstbereiten Apotheke innerhalb desselben Kreises oder derselben kreisfreien Stadt oder in einander benachbarten Kreisen oder kreisfreien Städten nicht vorrätig ist oder nicht rechtzeitig zur Abgabe bereitsteht oder
2. obwohl es in einer Apotheke nach Nummer 1 vorrätig ist oder rechtzeitig zur Abgabe bereitstünde, von dem Patienten oder den Patienten versorgenden Personen nicht rechtzeitig beschafft werden kann, weil
   a) diese Personen den Patienten vor Ort versorgen müssen oder auf Grund ihrer eingeschränkten Leistungsfähigkeit nicht in der Lage sind, das Betäubungsmittel zu beschaffen, oder
   b) der Patient auf Grund der Art und des Ausmaßes seiner Erkrankung dazu nicht selbst in der Lage ist und keine Personen vorhanden sind, die den Patienten versorgen.

³Der Arzt muss unter Hinweis darauf, dass eine Situation nach Satz 1 vorliegt, bei einer dienstbereiten Apotheke nach Satz 2 Nummer 1 vor Überlassung anfragen, ob das erforderliche Betäubungsmittel dort vorrätig ist oder bis wann es zur Abgabe bereitsteht. ⁴Über das Vorliegen der Voraussetzungen nach den Sätzen 1 und 2 und die Anfrage nach Satz 3 muss der Arzt mindestens folgende Aufzeich-

---

[1]) § 13 Abs. 3 neu gef. mWv 1.4.2000 durch G v. 28.3.2000 (BGBl. I S. 302); Abs. 2 Satz 2 eingef., bish. Satz 2 wird Satz 3, Abs. 3 Satz 2 Nr. 2a., 2b. eingef., Sätze 3 und 4 eingef., bish. Sätze 3 und 4 werden Sätze 5 und 6 mWv 21.7.2009 durch G v. 15.7.2009 (BGBl. I S. 1801); Abs. 3 Satz 2 Nr. 1 und 3 geänd., Abs. 1a eingef., Abs. 3 Satz 1 geänd. mWv 26.10.2012 durch G v. 19.10.2012 (BGBl. I S. 2192); Abs. 3 Satz 2 Nr. 4 geänd. mWv 9.6.2021 durch G v. 3.6.2021 (BGBl. I S. 1309); Abs. 1b eingef. mWv 27.7.2023 durch G v. 19.7.2023 (BGBl. 2023 I Nr. 197).

nungen führen und diese drei Jahre, vom Überlassen der Betäubungsmittel an gerechnet, aufbewahren:
1. den Namen des Patienten sowie den Ort, das Datum und die Uhrzeit der Behandlung,
2. den Namen der Apotheke und des kontaktierten Apothekers oder der zu seiner Vertretung berechtigten Person,
3. die Bezeichnung des angefragten Betäubungsmittels,
4. die Angabe der Apotheke, ob das Betäubungsmittel zum Zeitpunkt der Anfrage vorrätig ist oder bis wann es zur Abgabe bereitsteht,
5. die Angaben über diejenigen Tatsachen, aus denen sich das Vorliegen der Voraussetzungen nach den Sätzen 1 und 2 ergibt.

[5] Über die Anfrage eines nach Satz 1 behandelnden Arztes, ob ein bestimmtes Betäubungsmittel vorrätig ist oder bis wann es zur Abgabe bereitsteht, muss der Apotheker oder die zu seiner Vertretung berechtigte Person mindestens folgende Aufzeichnungen führen und diese drei Jahre, vom Tag der Anfrage an gerechnet, aufbewahren:
1. das Datum und die Uhrzeit der Anfrage,
2. den Namen des Arztes,
3. die Bezeichnung des angefragten Betäubungsmittels,
4. die Angabe gegenüber dem Arzt, ob das Betäubungsmittel zum Zeitpunkt der Anfrage vorrätig ist oder bis wann es zur Abgabe bereitsteht.

[6] Im Falle des Überlassens nach Satz 1 hat der Arzt den ambulant versorgten Palliativpatienten oder zu dessen Pflege anwesende Dritte über die ordnungsgemäße Anwendung der überlassenen Betäubungsmittel aufzuklären und eine schriftliche Gebrauchsanweisung mit Angaben zur Einzel- und Tagesgabe auszuhändigen.

(1b) [1] Abweichend von Absatz 1 dürfen die in Anlage III bezeichneten Betäubungsmittel durch Notfallsanitäter im Sinne des Notfallsanitätergesetzes ohne vorherige ärztliche Anordnung im Rahmen einer heilkundlichen Maßnahme verabreicht werden, wenn diese nach standardisierten ärztlichen Vorgaben handeln, ein Eintreffen eines Arztes nicht abgewartet werden kann und die Verabreichung zur Abwendung von Gefahren für die Gesundheit oder zur Beseitigung oder Linderung erheblicher Beschwerden erforderlich ist. [2] Die standardisierten ärztlichen Vorgaben müssen
1. den handelnden Notfallsanitätern in Textform vorliegen,
2. Regelungen zu Art und Weise der Verabreichung enthalten und
3. Festlegungen darüber treffen, in welchen Fällen das Eintreffen eines Arztes nicht abgewartet werden kann.

(2) [1] Die nach Absatz 1 verschriebenen Betäubungsmittel dürfen nur im Rahmen des Betriebs einer Apotheke und gegen Vorlage der Verschreibung abgegeben werden. [2] Diamorphin darf nur vom pharmazeutischen Unternehmer und nur an anerkannte Einrichtungen nach Absatz 3 Satz 2 Nummer 2a gegen Vorlage der Verschreibung abgegeben werden. [3] Im Rahmen des Betriebs einer tierärztlichen Hausapotheke dürfen nur die in Anlage III bezeichneten Betäubungsmittel und nur zur Anwendung bei einem vom Betreiber der Hausapotheke behandelten Tier abgegeben werden.

zeichnungen über den Verbleib und den Bestand der Betäubungsmittel festgelegt und
5. Ausnahmen von § 4 Abs. 1 Nr. 1 Buchstabe c für die Ausrüstung von Kauffahrteischiffen erlassen werden.

³Für das Verfahren zur Erteilung einer Erlaubnis nach Satz 2 Nummer 2a gelten § 7 Satz 2 Nummer 1 bis 4, § 8 Absatz 1 Satz 1, Absatz 2 und 3 Satz 1 bis 3, § 9 Absatz 2 und § 10 entsprechend. ⁴Dabei tritt an die Stelle des Bundesinstitutes für Arzneimittel und Medizinprodukte jeweils die zuständige Landesbehörde, an die Stelle der zuständigen obersten Landesbehörde jeweils das Bundesinstitut für Arzneimittel und Medizinprodukte. ⁵Die Empfänger nach Satz 2 Nr. 3 dürfen die übermittelten Daten nicht für einen anderen als den in Satz 1 genannten Zweck verwenden. ⁶Das Bundesinstitut für Arzneimittel und Medizinprodukte handelt bei der Wahrnehmung der ihm durch Rechtsverordnung nach Satz 2 zugewiesenen Aufgaben als vom Bund entliehenes Organ des jeweils zuständigen Landes; Einzelheiten einschließlich der Kostenerstattung an den Bund werden durch Vereinbarung geregelt.

§ 14 Kennzeichnung und Werbung. (1) ¹Im Betäubungsmittelverkehr sind die Betäubungsmittel unter Verwendung der in den Anlagen aufgeführten Kurzbezeichnungen zu kennzeichnen. ²Die Kennzeichnung hat in deutlich lesbarer Schrift, in deutscher Sprache und auf dauerhafte Weise zu erfolgen.

(2) Die Kennzeichnung muß außerdem enthalten
1. bei rohen, ungereinigten und nicht abgeteilten Betäubungsmitteln den Gewichtsvomhundertsatz und bei abgeteilten Betäubungsmitteln das Gewicht des enthaltenen reinen Stoffes,
2. auf Betäubungsmittelbehältnissen und – soweit verwendet – auf den äußeren Umhüllungen bei Stoffen und nicht abgeteilten Zubereitungen die enthaltene Gewichtsmenge, bei abgeteilten Zubereitungen die enthaltene Stückzahl; dies gilt nicht für Vorratsbehältnisse in wissenschaftlichen Laboratorien sowie für zur Abgabe bestimmte kleine Behältnisse und Ampullen.

(3) Die Absätze 1 und 2 gelten nicht für Vorratsbehältnisse in Apotheken und tierärztlichen Hausapotheken.

(4) Die Absätze 1 und 2 gelten sinngemäß auch für die Bezeichnung von Betäubungsmitteln in Katalogen, Preislisten, Werbeanzeigen oder ähnlichen Druckerzeugnissen, die für die am Betäubungsmittelverkehr beteiligten Fachkreise bestimmt sind.

(5) ¹Für in Anlage I bezeichnete Betäubungsmittel darf nicht geworben werden. ²Für in den Anlagen II und III bezeichnete Betäubungsmittel darf nur in Fachkreisen der Industrie und des Handels sowie bei Personen und Personenvereinigungen, die eine Apotheke oder eine tierärztliche Hausapotheke betreiben, geworben werden, für in Anlage III bezeichnete Betäubungsmittel auch bei Ärzten, Zahnärzten und Tierärzten.

§ 15[1]) **Sicherungsmaßnahmen.** ¹Wer am Betäubungsmittelverkehr teilnimmt, hat die Betäubungsmittel, die sich in seinem Besitz befinden, gesondert aufzubewahren und gegen unbefugte Entnahme zu sichern. ²Das Bundesinstitut für Arzneimittel und Medizinprodukte kann Sicherungsmaßnahmen anordnen, soweit

---

[1]) § 15 Satz 2 geänd. durch G v. 24.6.1994 (BGBl. I S. 1416).

(3) ¹Die Bundesregierung wird ermächtigt, durch Rechtsverordnung[1]) mit Zustimmung des Bundesrates das Verschreiben von den in Anlage III bezeichneten Betäubungsmitteln, ihre Abgabe auf Grund einer Verschreibung und das Aufzeichnen ihres Verbleibs und des Bestandes bei Ärzten, Zahnärzten, Tierärzten, in Apotheken, tierärztlichen Hausapotheken, Krankenhäusern, Tierkliniken, Alten- und Pflegeheimen, Hospizen, Einrichtungen der spezialisierten ambulanten Palliativversorgung, Einrichtungen der Rettungsdienste, Einrichtungen, in denen eine Behandlung mit dem Substitutionsmittel Diamorphin stattfindet, und auf Kauffahrteischiffen zu regeln, soweit es zur Sicherheit oder Kontrolle des Betäubungsmittelverkehrs erforderlich ist. ²Insbesondere können

1. das Verschreiben auf bestimmte Zubereitungen, Bestimmungszwecke oder Mengen beschränkt,
2. das Verschreiben von Substitutionsmitteln für Drogenabhängige von der Erfüllung von Mindestanforderungen an die Qualifikation der verschreibenden Ärzte abhängig gemacht und die Festlegung der Mindestanforderungen den Ärztekammern übertragen,
2a. das Verschreiben von Diamorphin nur in Einrichtungen, denen eine Erlaubnis von der zuständigen Landesbehörde erteilt wurde, zugelassen,
2b. die Mindestanforderungen an die Ausstattung der Einrichtungen, in denen die Behandlung mit dem Substitutionsmittel Diamorphin stattfindet, festgelegt,
3. Meldungen
    a) der verschreibenden Ärzte an das Bundesinstitut für Arzneimittel und Medizinprodukte über das Verschreiben eines Substitutionsmittels für einen Patienten in anonymisierter Form,
    b) der Ärztekammern an das Bundesinstitut für Arzneimittel und Medizinprodukte über die Ärzte, die die Mindestanforderungen nach Nummer 2 erfüllen und

    Mitteilungen
    c) des Bundesinstituts für Arzneimittel und Medizinprodukte an die zuständigen Überwachungsbehörden und an die verschreibenden Ärzte über die Patienten, denen bereits ein anderer Arzt ein Substitutionsmittel verschrieben hat, in anonymisierter Form,
    d) des Bundesinstituts für Arzneimittel und Medizinprodukte an die zuständigen Überwachungsbehörden der Länder über die Ärzte, die die Mindestanforderungen nach Nummer 2 erfüllen,
    e) des Bundesinstituts für Arzneimittel und Medizinprodukte an die obersten Landesgesundheitsbehörden über die Anzahl der Patienten, denen ein Substitutionsmittel verschrieben wurde, die Anzahl der Ärzte, die zum Verschreiben eines Substitutionsmittels berechtigt sind, die Anzahl der Ärzte, die ein Substitutionsmittel verschrieben haben, die verschriebenen Substitutionsmittel und die Art der Verschreibung

    sowie Art der Anonymisierung, Form und Inhalt der Meldungen und Mitteilungen vorgeschrieben,
4. Form, Inhalt, Anfertigung, Ausgabe, Aufbewahrung und Rückgabe des zu verwendenden amtlichen Formblattes für die Verschreibung, das Verfahren für die Verschreibung in elektronischer Form sowie Form und Inhalt der Auf-

---

[1]) Siehe die Betäubungsmittel-VerschreibungsVO **(Habersack ErgBd. Nr. 86a)**.

(3) Die Aufzeichnungen oder Rechnungsdurchschriften sind drei Jahre, von der letzten Aufzeichnung oder vom letzten Rechnungsdatum an gerechnet, gesondert aufzubewahren.

§ 18[1] **Meldungen.** (1) Der Inhaber einer Erlaubnis nach § 3 ist verpflichtet, dem Bundesinstitut für Arzneimittel und Medizinprodukte getrennt für jede Betriebsstätte und für jedes Betäubungsmittel die jeweilige Menge zu melden, die
1. beim Anbau gewonnen wurde, unter Angabe der Anbaufläche nach Lage und Größe,
2. hergestellt wurde, aufgeschlüsselt nach Ausgangsstoffen,
3. zur Herstellung anderer Betäubungsmittel verwendet wurde, aufgeschlüsselt nach diesen Betäubungsmitteln,
4. zur Herstellung von nicht unter dieses Gesetz fallenden Stoffen verwendet wurde, aufgeschlüsselt nach diesen Stoffen,
5. zur Herstellung ausgenommener Zubereitungen verwendet wurde, aufgeschlüsselt nach diesen Zubereitungen,
6. eingeführt wurde, aufgeschlüsselt nach Ausfuhrländern,
7. ausgeführt wurde, aufgeschlüsselt nach Einfuhrländern,
8. erworben wurde,
9. abgegeben wurde,
10. vernichtet wurde,
11. zu anderen als den nach den Nummern 1 bis 10 angegebenen Zwecken verwendet wurde, aufgeschlüsselt nach den jeweiligen Verwendungszwecken und
12. am Ende des jeweiligen Kalenderhalbjahres als Bestand vorhanden war.

(2) Die in den Meldungen anzugebenden Mengen sind
1. bei Stoffen und nicht abgeteilten Zubereitungen die Gewichtsmenge und
2. bei abgeteilten Zubereitungen die Stückzahl.

(3) Die Meldungen nach Absatz 1 Nr. 2 bis 12 sind dem Bundesinstitut für Arzneimittel und Medizinprodukte jeweils bis zum 31. Januar und 31. Juli für das vergangene Kalenderhalbjahr und die Meldung nach Absatz 1 Nr. 1 bis zum 31. Januar für das vergangene Kalenderjahr einzusenden.

(4) Für die in Absatz 1 bezeichneten Meldungen sind die vom Bundesinstitut für Arzneimittel und Medizinprodukte herausgegebenen amtlichen Formblätter zu verwenden.

§ 18a[2] *(aufgehoben)*

Vierter Abschnitt. Überwachung

§ 19[3] **Durchführende Behörde.** (1) ¹Der Betäubungsmittelverkehr sowie die Herstellung ausgenommener Zubereitungen unterliegt der Überwachung durch

---

[1] § 18 Abs. 1, 3 und 4 geänd. durch G v. 24.6.1994 (BGBl. I S. 1416).
[2] § 18a aufgeh. durch G v. 7.10.1994 (BGBl. I S. 2835).
[3] § 19 Abs. 1 Satz 1, Abs. 2 geänd. durch G v. 24.6.1994 (BGBl. I S. 1416); Abs. 3 angef. durch G v. 4.4.1996 (BGBl. I S. 582); Satz 4 angef. mWv 1.4.2000 durch G v. 28.3.2000 (BGBl. I S. 302); Abs. 1 Satz 3 geänd. mWv 21.7.2009 durch G v. 15.7.2009 (BGBl. I S. 1801); Abs. 3 Satz 1 geänd., Satz 2 neu gef., Satz 3 angef. mWv 23.7.2009 durch G v. 17.7.2009 (BGBl. I S. 1990); Abs. 3 Satz 2 geänd. mWv 1.1.2011 durch G v. 22.12.2010 (BGBl. I S. 2262); Abs. 1 Satz 3 geänd. mWv 26.10.2012 durch G

es nach Art oder Umfang des Betäubungsmittelverkehrs, dem Gefährdungsgrad oder der Menge der Betäubungsmittel erforderlich ist.

§ 16[1]**) Vernichtung.** (1) ¹Der Eigentümer von nicht mehr verkehrsfähigen Betäubungsmitteln hat diese auf seine Kosten in Gegenwart von zwei Zeugen in einer Weise zu vernichten, die eine auch nur teilweise Wiedergewinnung der Betäubungsmittel ausschließt sowie den Schutz von Mensch und Umwelt vor schädlichen Einwirkungen sicherstellt. ²Über die Vernichtung ist eine Niederschrift zu fertigen und diese drei Jahre aufzubewahren.

(2) ¹Das Bundesinstitut für Arzneimittel und Medizinprodukte, in den Fällen des § 19 Abs. 1 Satz 3 die zuständige Behörde des Landes, kann den Eigentümer auffordern, die Betäubungsmittel auf seine Kosten an diese Behörden zur Vernichtung einzusenden. ²Ist ein Eigentümer der Betäubungsmittel nicht vorhanden oder nicht zu ermitteln, oder kommt der Eigentümer seiner Verpflichtung zur Vernichtung oder der Aufforderung zur Einsendung der Betäubungsmittel gemäß Satz 1 nicht innerhalb einer zuvor gesetzten Frist von drei Monaten nach, so treffen die in Satz 1 genannten Behörden die zur Vernichtung erforderlichen Maßnahmen. ³Der Eigentümer oder Besitzer der Betäubungsmittel ist verpflichtet, die Betäubungsmittel den mit der Vernichtung beauftragten Personen herauszugeben oder die Wegnahme zu dulden.

(3) Absatz 1 und Absatz 2 Satz 1 und 3 gelten entsprechend, wenn der Eigentümer nicht mehr benötigte Betäubungsmittel beseitigen will.

§ 17 Aufzeichnungen. (1) ¹Der Inhaber einer Erlaubnis nach § 3 ist verpflichtet, getrennt für jede Betriebsstätte und jedes Betäubungsmittel fortlaufend folgende Aufzeichnungen über jeden Zugang und jeden Abgang zu führen:

1. das Datum,
2. den Namen oder die Firma und die Anschrift des Lieferers oder des Empfängers oder die sonstige Herkunft oder den sonstigen Verbleib,
3. die zugegangene oder abgegangene Menge und den sich daraus ergebenden Bestand,
4. im Falle des Anbaues zusätzlich die Anbaufläche nach Lage und Größe sowie das Datum der Aussaat,
5. im Falle des Herstellens zusätzlich die Angabe der eingesetzten oder hergestellten Betäubungsmittel, der nicht dem Gesetz unterliegenden Stoffe oder der ausgenommenen Zubereitungen nach Art und Menge und
6. im Falle der Abgabe ausgenommener Zubereitungen durch deren Hersteller zusätzlich den Namen oder die Firma und die Anschrift des Empfängers.

²Anstelle der in Nummer 6 bezeichneten Aufzeichnungen können die Durchschriften der Ausgangsrechnungen, in denen die ausgenommenen Zubereitungen kenntlich gemacht sind, fortlaufend nach dem Rechnungsdatum abgeheftet werden.

(2) Die in den Aufzeichnungen oder Rechnungen anzugebenden Mengen sind
1. bei Stoffen und nicht abgeteilten Zubereitungen die Gewichtsmenge und
2. bei abgeteilten Zubereitungen die Stückzahl.

---

[1]) § 16 Abs. 2 Satz 1 geänd. durch G v. 24.6.1994 (BGBl. I S. 1416).

Betäubungsmittelgesetz § 19 BtMG 275

das Bundesinstitut für Arzneimittel und Medizinprodukte. ²Diese Stelle ist auch zuständig für die Anfertigung und Ausgabe der zur Verschreibung von Betäubungsmitteln vorgeschriebenen amtlichen Formblätter, für die Bereitstellung eines Verfahrens zur Verschreibung von Betäubungsmitteln in elektronischer Form sowie für die Auswertung von Verschreibungen. ³Der Betäubungsmittelverkehr bei Ärzten, Zahnärzten und Tierärzten, pharmazeutischen Unternehmern im Falle der Abgabe von Diamorphin und in Apotheken sowie im Falle von § 4 Absatz 1 Nummer 1 Buchstabe f zwischen Apotheken, tierärztlichen Hausapotheken, Krankenhäusern und Tierkliniken unterliegt der Überwachung durch die zuständigen Behörden der Länder. ⁴Diese überwachen auch die Einhaltung der in § 10a Absatz 2 oder in § 10b Absatz 2 aufgeführten Mindeststandards oder Anforderungen; den mit der Überwachung beauftragten Personen stehen die in den §§ 22 und 24 geregelten Befugnisse zu.

(2) Das Bundesinstitut für Arzneimittel und Medizinprodukte ist zugleich die besondere Verwaltungsdienststelle im Sinne der internationalen Suchtstoffübereinkommen.

(2a) ¹Der Anbau von Cannabis zu medizinischen Zwecken unterliegt der Kontrolle des Bundesinstituts für Arzneimittel und Medizinprodukte. ²Dieses nimmt die Aufgaben einer staatlichen Stelle nach Artikel 23 Absatz 2 Buchstabe d und Artikel 28 Absatz 1 des Einheits-Übereinkommens von 1961 über Suchtstoffe vom 30. März 1961 (BGBl. 1973 II S. 1354) wahr. ³Der Kauf von Cannabis zu medizinischen Zwecken durch das Bundesinstitut für Arzneimittel und Medizinprodukte nach Artikel 23 Absatz 2 Buchstabe d Satz 2 und Artikel 28 Absatz 1 des Einheits-Übereinkommens von 1961 über Suchtstoffe erfolgt nach den Vorschriften des Vergaberechts. ⁴Das Bundesinstitut für Arzneimittel und Medizinprodukte legt unter Berücksichtigung der für die Erfüllung der Aufgaben nach Satz 2 entstehenden Kosten seinen Herstellerabgabepreis für den Verkauf von Cannabis zu medizinischen Zwecken fest.

(3) ¹Der Anbau von Nutzhanf im Sinne des Buchstabens d der Ausnahmeregelung zu Cannabis (Marihuana) in Anlage I unterliegt der Überwachung durch die Bundesanstalt für Landwirtschaft und Ernährung. ²Artikel 45 Absatz 4 Unterabsatz 1 und der Anhang der Durchführungsverordnung (EU) Nr. 809/2014 der Kommission vom 17. Juli 2014 mit Durchführungsbestimmungen zur Verordnung (EU) Nr. 1306/2013 des Europäischen Parlaments und des Rates hinsichtlich des integrierten Verwaltungs- und Kontrollsystems, der Maßnahmen zur Entwicklung des ländlichen Raums und der Cross-Compliance (ABl. L 227 vom 31.7.2014, S. 69) in der jeweils gelten-

(Fortsetzung nächstes Blatt)

(Fortsetzung der Anm. von voriger Seite)
v. 19.10.2012 (BGBl. I S. 2192); Abs. 3 Sätze 2 und 3 neu gef., Satz 4 angef. mWv 23.5.2015 durch G v. 20.5.2015 (BGBl. I S. 725); Abs. 2a eingef. mWv 10.3.2017 durch G v. 6.3.2017 (BGBl. I S. 403); Abs. 1 Satz 2 geänd. mWv 9.6.2021 durch G v. 3.6.2021 (BGBl. I S. 1309); Abs. 1 Satz 4 geänd. mWv 27.7.2023 durch G v. 19.7.2023 (BGBl. 2023 I Nr. 197).

zulassen, soweit die internationalen Suchtstoffübereinkommen dem nicht entgegenstehen und dies zwingende Gründe der Verteidigung erfordern.

(4) Dieses Gesetz findet mit Ausnahme der Vorschriften über die Erlaubnis nach § 3 auf Einrichtungen, die der Betäubungsmittelversorgung der Bereitschaftspolizeien der Länder dienen, entsprechende Anwendung.

(5) (weggefallen)

§ 27[1] **Meldungen und Auskünfte.** (1) ¹Das Bundeskriminalamt meldet dem Bundesinstitut für Arzneimittel und Medizinprodukte jährlich bis zum 31. März für das vergangene Kalenderjahr die ihm bekanntgewordenen Sicherstellungen von Betäubungsmitteln nach Art und Menge sowie gegebenenfalls die weitere Verwendung der Betäubungsmittel. ²Im Falle der Verwertung sind der Name oder die Firma und die Anschrift des Erwerbers anzugeben.

(2) Die in § 26 bezeichneten Behörden haben dem Bundesinstitut für Arzneimittel und Medizinprodukte auf Verlangen über den Verkehr mit Betäubungsmitteln in ihren Bereichen Auskunft zu geben, soweit es zur Durchführung der internationalen Suchtstoffübereinkommen erforderlich ist.

(3) ¹In Strafverfahren, die Straftaten nach diesem Gesetz zum Gegenstand haben, sind zu übermitteln

1. zur Überwachung und Kontrolle des Verkehrs mit Betäubungsmitteln bei den in § 19 Abs. 1 Satz 3 genannten Personen und Einrichtungen der zuständigen Landesbehörde die rechtskräftige Entscheidung mit Begründung, wenn auf eine Strafe oder eine Maßregel der Besserung und Sicherung erkannt oder der Angeklagte wegen Schuldunfähigkeit freigesprochen worden ist,
2. zur Wahrnehmung der in § 19 Abs. 1 Satz 2 genannten Aufgaben dem Bundesinstitut für Arzneimittel und Medizinprodukte im Falle der Erhebung der öffentlichen Klage gegen Ärzte, Zahnärzte und Tierärzte
   a) die Anklageschrift oder eine an ihre Stelle tretende Antragsschrift,
   b) der Antrag auf Erlaß eines Strafbefehls und
   c) die das Verfahren abschließende Entscheidung mit Begründung; ist mit dieser Entscheidung ein Rechtsmittel verworfen worden oder wird darin auf die angefochtene Entscheidung Bezug genommen, so ist auch diese zu übermitteln.

²Die Übermittlung veranlaßt die Strafvollstreckungs- oder die Strafverfolgungsbehörde.

(4) Die das Verfahren abschließende Entscheidung mit Begründung in sonstigen Strafsachen darf der zuständigen Landesbehörde übermittelt werden, wenn ein Zusammenhang der Straftat mit dem Betäubungsmittelverkehr besteht und die Kenntnis der Entscheidung aus der Sicht der übermittelnden Stelle für die Überwachung des Betäubungsmittelverkehrs erforderlich ist; Absatz 3 Satz 1 Nr. 2 Buchstabe c zweiter Halbsatz gilt entsprechend.

§ 28[2] **Jahresbericht an die Vereinten Nationen.** (1) ¹Die Bundesregierung erstattet jährlich bis zum 30. Juni für das vergangene Kalenderjahr dem Generalsekretär der Vereinten Nationen einen Jahresbericht über die Durchführung der internationalen Suchtstoffübereinkommen nach einem von der Suchtstoffkommis-

---

[1] § 27 Abs. 1 Satz 1 und Abs. 2 geänd. durch G v. 24.6.1994 (BGBl. I S. 1416); Abs. 3 und 4 angef. durch G v. 18.6.1997 (BGBl. I S. 1430).
[2] § 28 Abs. 1 Satz 2 geänd. durch G v. 24.6.1994 (BGBl. I S. 1416).

sion der Vereinten Nationen beschlossenen Formblatt. ²Die zuständigen Behörden der Länder wirken bei der Erstellung des Berichtes mit und reichen ihre Beiträge bis zum 31. März für das vergangene Kalenderjahr dem Bundesinstitut für Arzneimittel und Medizinprodukte ein. ³Soweit die im Formblatt geforderten Angaben nicht ermittelt werden können, sind sie zu schätzen.

(2) ¹Die Bundesregierung wird ermächtigt, durch Rechtsverordnung mit Zustimmung des Bundesrates zu bestimmen, welche Personen und welche Stellen Meldungen, nämlich statistische Aufstellungen, sonstige Angaben und Auskünfte, zu erstatten haben, die zur Durchführung der internationalen Suchtstoffübereinkommen erforderlich sind. ²In der Verordnung können Bestimmungen über die Art und Weise, die Form, den Zeitpunkt und den Empfänger der Meldungen getroffen werden.

Sechster Abschnitt. Straftaten und Ordnungswidrigkeiten

§ 29[1] **Straftaten.** (1) ¹Mit Freiheitsstrafe bis zu fünf Jahren oder mit Geldstrafe wird bestraft, wer

1. Betäubungsmittel unerlaubt anbaut, herstellt, mit ihnen Handel treibt, sie, ohne Handel zu treiben, einführt, ausführt, veräußert, abgibt, sonst in den Verkehr bringt, erwirbt oder sich in sonstiger Weise verschafft,
2. eine ausgenommene Zubereitung (§ 2 Abs. 1 Nr. 3) ohne Erlaubnis nach § 3 Abs. 1 Nr. 2 herstellt,
3. Betäubungsmittel besitzt, ohne zugleich im Besitz einer schriftlichen Erlaubnis für den Erwerb zu sein,
4. (weggefallen)
5. entgegen § 11 Abs. 1 Satz 2 Betäubungsmittel durchführt,
6. entgegen § 13 Abs. 1 Betäubungsmittel
   a) verschreibt,
   b) verabreicht oder zum unmittelbaren Verbrauch überläßt,
6a. entgegen § 13 Absatz 1a Satz 1 und 2 ein dort genanntes Betäubungsmittel überlässt,
6b. entgegen § 13 Absatz 1b Satz 1 Betäubungsmittel verabreicht,
7. entgegen § 13 Absatz 2
   a) Betäubungsmittel in einer Apotheke oder tierärztlichen Hausapotheke,
   b) Diamorphin als pharmazeutischer Unternehmer
   abgibt,
8. entgegen § 14 Abs. 5 für Betäubungsmittel wirbt,
9. unrichtige oder unvollständige Angaben macht, um für sich oder einen anderen oder für ein Tier die Verschreibung eines Betäubungsmittels zu erlangen,
10. einem anderen eine Gelegenheit zum unbefugten Erwerb oder zur unbefugten Abgabe von Betäubungsmitteln verschafft oder gewährt, eine solche Gelegen-

---

[1] § 29 Abs. 1 Satz 1 Nr. 11 aufgeh., Nr. 13 Verweisung geänd., Abs. 2 neu gef., Abs. 3 Satz 2 Nr. 1 geänd., Nr. 2 aufgeh., bish. Nr. 3 wird Nr. 2 und neu gef., Abs. 4 neu gef. und Abs. 6 geänd. durch G v. 7.10.1994 (BGBl. I S. 2835); Abs. 1 Satz 1 Nrn. 10, 13 und 14 neu gef., Nr. 11 eingef., Satz 2 neu gef., Abs. 3 Satz 2 Nr. 1, Abs. 4 geänd. mWv 1.4.2000 durch G v. 28.3.2000 (BGBl. I S. 302); Abs. 1 Satz 1 Nr. 7 neu gef., Nr. 14 geänd. mWv 21.7.2009 durch G v. 15.7.2009 (BGBl. I S. 1801); Abs. 1 Nr. 6a eingef. mWv 26.10.2012 durch G v. 19.10.2012 (BGBl. I S. 2192); Abs. 1 Satz 1 Nr. 12 geänd. mWv 1.1.2021 durch G v. 30.11.2020 (BGBl. I S. 2600); Abs. 1 Satz 1 Nr. 6b eingef., Abs. 4 geänd. mWv 27.7.2023 durch G v. 19.7.2023 (BGBl. 2023 I Nr. 197).

heit öffentlich oder eigennützig mitteilt oder einen anderen zum unbefugten Verbrauch von Betäubungsmitteln verleitet,
11. ohne Erlaubnis nach § 10a einem anderen eine Gelegenheit zum unbefugten Verbrauch von Betäubungsmitteln verschafft oder gewährt, oder wer eine außerhalb einer Einrichtung nach § 10a bestehende Gelegenheit zu einem solchen Verbrauch eigennützig oder öffentlich mitteilt,
12. öffentlich, in einer Versammlung oder durch Verbreiten eines Inhalts (§ 11 Absatz 3 des Strafgesetzbuches[1]) dazu auffordert, Betäubungsmittel zu verbrauchen, die nicht zulässigerweise verschrieben worden sind,
13. Geldmittel oder andere Vermögensgegenstände einem anderen für eine rechtswidrige Tat nach Nummern 1, 5, 6, 7, 10, 11 oder 12 bereitstellt,
14. einer Rechtsverordnung nach § 11 Abs. 2 Satz 2 Nr. 1 oder § 13 Abs. 3 Satz 2 Nr. 1, 2a oder 5 zuwiderhandelt, soweit sie für einen bestimmten Tatbestand auf diese Strafvorschrift verweist.

²Die Abgabe von sterilen Einmalspritzen an Betäubungsmittelabhängige und die öffentliche Information darüber sind kein Verschaffen und kein öffentliches Mitteilen einer Gelegenheit zum Verbrauch nach Satz 1 Nr. 11.

(2) In den Fällen des Absatzes 1 Satz 1 Nr. 1, 2, 5 oder 6 Buchstabe b ist der Versuch strafbar.

(3) ¹In besonders schweren Fällen ist die Strafe Freiheitsstrafe nicht unter einem Jahr. ²Ein besonders schwerer Fall liegt in der Regel vor, wenn der Täter
1. in den Fällen des Absatzes 1 Satz 1 Nr. 1, 5, 6, 10, 11 oder 13 gewerbsmäßig handelt,
2. durch eine der in Absatz 1 Satz 1 Nr. 1, 6 oder 7 bezeichneten Handlungen die Gesundheit mehrerer Menschen gefährdet.

(4) Handelt der Täter in den Fällen des Absatzes 1 Satz 1 Nummer 1, 2, 5 oder 6 Buchstabe b, Nummer 6b, 10 oder 11 fahrlässig, so ist die Strafe Freiheitsstrafe bis zu einem Jahr oder Geldstrafe.

(5) Das Gericht kann von einer Bestrafung nach den Absätzen 1, 2 und 4 absehen, wenn der Täter die Betäubungsmittel lediglich zum Eigenverbrauch in geringer Menge anbaut, herstellt, einführt, ausführt, durchführt, erwirbt, sich in sonstiger Weise verschafft oder besitzt.

(6) Die Vorschriften des Absatzes 1 Satz 1 Nr. 1 sind, soweit sie das Handeltreiben, Abgeben oder Veräußern betreffen, auch anzuwenden, wenn sich die Handlung auf Stoffe oder Zubereitungen bezieht, die nicht Betäubungsmittel sind, aber als solche ausgegeben werden.

§ 29a[2] **Straftaten.** (1) Mit Freiheitsstrafe nicht unter einem Jahr wird bestraft, wer
1. als Person über 21 Jahre Betäubungsmittel unerlaubt an eine Person unter 18 Jahren abgibt oder sie ihr entgegen § 13 Abs. 1 verabreicht oder zum unmittelbaren Verbrauch überläßt oder
2. mit Betäubungsmitteln in nicht geringer Menge unerlaubt Handel treibt, sie in nicht geringer Menge herstellt oder abgibt oder sie besitzt, ohne sie auf Grund einer Erlaubnis nach § 3 Abs. 1 erlangt zu haben.

---

[1] Habersack Nr. 85.
[2] § 29a Abs. 1 geänd. durch G v. 7.10.1994 (BGBl. I S. 2835); Abs. 1 Nr. 1 Buchst. b aufgeh. durch G v. 28.10.1994 (BGBl. I S. 3186).

(2) In minder schweren Fällen ist die Strafe Freiheitsstrafe von drei Monaten bis zu fünf Jahren.

§ 30[1] **Straftaten.** (1) Mit Freiheitsstrafe nicht unter zwei Jahren wird bestraft, wer
1. Betäubungsmittel unerlaubt anbaut, herstellt oder mit ihnen Handel treibt (§ 29 Abs. 1 Satz 1 Nr. 1) und dabei als Mitglied einer Bande handelt, die sich zur fortgesetzten Begehung solcher Taten verbunden hat,
2. im Falle des § 29a Abs. 1 Nr. 1 gewerbsmäßig handelt,
3. Betäubungsmittel abgibt, einem anderen verabreicht oder zum unmittelbaren Verbrauch überläßt und dadurch leichtfertig dessen Tod verursacht oder
4. Betäubungsmittel in nicht geringer Menge unerlaubt einführt.

(2) In minder schweren Fällen ist die Strafe Freiheitsstrafe von drei Monaten bis zu fünf Jahren.

§ 30a[2] **Straftaten.** (1) Mit Freiheitsstrafe nicht unter fünf Jahren wird bestraft, wer Betäubungsmittel in nicht geringer Menge unerlaubt anbaut, herstellt, mit ihnen Handel treibt, sie ein- oder ausführt (§ 29 Abs. 1 Satz 1 Nr. 1) und dabei als Mitglied einer Bande handelt, die sich zur fortgesetzten Begehung solcher Taten verbunden hat.

(2) Ebenso wird bestraft, wer
1. als Person über 21 Jahre eine Person unter 18 Jahren bestimmt, mit Betäubungsmitteln unerlaubt Handel zu treiben, sie, ohne Handel zu treiben, einzuführen, auszuführen, zu veräußern, abzugeben oder sonst in den Verkehr zu bringen oder eine dieser Handlungen zu fördern, oder
2. mit Betäubungsmitteln in nicht geringer Menge unerlaubt Handel treibt oder sie, ohne Handel zu treiben, einführt, ausführt oder sich verschafft und dabei eine Schußwaffe oder sonstige Gegenstände mit sich führt, die ihrer Art nach zur Verletzung von Personen geeignet und bestimmt sind.

(3) In minder schweren Fällen ist die Strafe Freiheitsstrafe von sechs Monaten bis zu zehn Jahren.

§ 30b Straftaten. § 129 des Strafgesetzbuches[3] gilt auch dann, wenn eine Vereinigung, deren Zwecke oder deren Tätigkeit auf den unbefugten Vertrieb von Betäubungsmitteln im Sinne des § 6 Nr. 5 des Strafgesetzbuches gerichtet sind, nicht oder nicht nur im Inland besteht.

§ 30c[4] *(aufgehoben)*

§ 31[5] **Strafmilderung oder Absehen von Strafe.** ¹Das Gericht kann die Strafe nach § 49 Abs. 1 des Strafgesetzbuches[3] mildern oder, wenn der Täter keine

---

[1]) § 30 Abs. 1 Nr. 1 und 4 geänd. durch G v. 7.10.1994 (BGBl. I S. 2835).
[2]) § 30a Abs. 1 geänd. durch G v. 7.10.1994 (BGBl. I S. 2835); Abs. 2 eingef., bish. Abs. 2 wird Abs. 3 durch G v. 28.10.1994 (BGBl. I S. 3186); Abs. 3 geänd. mWv 23.7.2009 durch G v. 17.7.2009 (BGBl. I S. 1990).
[3]) **Habersack Nr. 85.**
[4]) § 30c aufgeh. mWv 1.7.2017 durch G v. 13.4.2017 (BGBl. I S. 872).
[5]) § 31 geänd., Satz 2 eingef., bish. Wortlaut wird Satz 1 mWv 1.9.2009 durch G v. 29.7.2009 (BGBl. I S. 2288); Satz 1 Nr. 1 und 2 geänd., Satz 2 eingef., bish. Satz 2 wird Satz 3 mWv 1.8.2013 durch G v. 10.6.2013 (BGBl. I S. 1497).

Freiheitsstrafe von mehr als drei Jahren verwirkt hat, von Strafe absehen, wenn der Täter
1. durch freiwilliges Offenbaren seines Wissens wesentlich dazu beigetragen hat, daß eine Straftat nach den §§ 29 bis 30a, die mit seiner Tat im Zusammenhang steht, aufgedeckt werden konnte, oder
2. freiwillig sein Wissen so rechtzeitig einer Dienststelle offenbart, daß eine Straftat nach § 29 Abs. 3, § 29a Abs. 1, § 30 Abs. 1, § 30a Abs. 1, die mit seiner Tat im Zusammenhang steht und von deren Planung er weiß, noch verhindert werden kann.

²War der Täter an der Tat beteiligt, muss sich sein Beitrag zur Aufklärung nach Satz 1 Nummer 1 über den eigenen Tatbeitrag hinaus erstrecken. ³§ 46b Abs. 2 und 3 des Strafgesetzbuches gilt entsprechend.

§ 31a[1]) **Absehen von der Verfolgung.** (1) ¹Hat das Verfahren ein Vergehen nach § 29 Abs. 1, 2 oder 4 zum Gegenstand, so kann die Staatsanwaltschaft von der Verfolgung absehen, wenn die Schuld des Täters als gering anzusehen wäre, kein öffentliches Interesse an der Strafverfolgung besteht und der Täter die Betäubungsmittel lediglich zum Eigenverbrauch in geringer Menge anbaut, herstellt, einführt, ausführt, durchführt, erwirbt, sich in sonstiger Weise verschafft oder besitzt. ²Von der Verfolgung soll abgesehen werden, wenn der Täter in einem Drogenkonsumraum Betäubungsmittel lediglich zum Eigenverbrauch, der nach § 10a geduldet werden kann, in geringer Menge besitzt, ohne zugleich im Besitz einer schriftlichen Erlaubnis für den Erwerb zu sein. ³Ebenfalls soll von der Verfolgung abgesehen werden, wenn der Täter, der Betäubungsmittel lediglich zum Eigenverbrauch in geringer Menge besitzt, ohne zugleich im Besitz einer schriftlichen Erlaubnis für den Erwerb zu sein, anläßlich der Nutzung eines in § 10b genannten Modellvorhabens angetroffen wird.

(2) ¹Ist die Klage bereits erhoben, so kann das Gericht in jeder Lage des Verfahrens unter den Voraussetzungen des Absatzes 1 mit Zustimmung der Staatsanwaltschaft und des Angeschuldigten das Verfahren einstellen. ²Der Zustimmung des Angeschuldigten bedarf es nicht, wenn die Hauptverhandlung aus den in § 205 der Strafprozeßordnung[2]) angeführten Gründen nicht durchgeführt werden kann oder in den Fällen des § 231 Abs. 2 der Strafprozeßordnung und der §§ 232 und 233 der Strafprozeßordnung in seiner Abwesenheit durchgeführt wird. ³Die Entscheidung ergeht durch Beschluß. ⁴Der Beschluß ist nicht anfechtbar.

§ 32[3]) **Ordnungswidrigkeiten.** (1) Ordnungswidrig handelt, wer vorsätzlich oder fahrlässig
1. entgegen § 4 Abs. 3 Satz 1 die Teilnahme am Betäubungsmittelverkehr nicht anzeigt,

---

[1]) § 31a Abs. 1 Satz 2 angef. mWv 1.4.2000 durch G v. 28.3.2000 (BGBl. I S. 302); Abs. 1 Satz 3 angef. mWv 27.7.2023 durch G v. 19.7.2023 (BGBl. 2023 I Nr. 197).
[2]) **Habersack Nr. 90.**
[3]) § 32 Abs. 3 geänd. durch G v. 24.6.1994 (BGBl. I S. 1416); Abs. 1 Nr. 13 geänd., Nr. 14 eingef., bish. Nr. 14 wird Nr. 15 und Abs. 3 zweiter Halbsatz angef. durch G v. 4.4.1996 (BGBl. I S. 582); Abs. 1 Nrn. 2, 3 und 4 geänd., Nr. 6 neu gef. mWv 1.4.2000 durch G v. 28.3.2000 (BGBl. I S. 302); Abs. 2 geänd. mWv 30.6.2002 durch G v. 26.6.2002 (BGBl. I S. 2261); Abs. 1 Nr. 2 geänd. mWv 21.7.2009 durch G v. 15.7.2009 (BGBl. I S. 1801); Abs. 1 Nr. 7a und 7b eingef. mWv 26.10.2012 durch G v. 19.10.2012 (BGBl. I S. 2192).

2. in einem Antrag nach § 7, auch in Verbindung mit § 10a Abs. 3 oder § 13 Absatz 3 Satz 3, unrichtige Angaben macht oder unrichtige Unterlagen beifügt,
3. entgegen § 8 Abs. 3 Satz 1, auch in Verbindung mit § 10a Abs. 3, eine Änderung nicht richtig, nicht vollständig oder nicht unverzüglich mitteilt,
4. einer vollziehbaren Auflage nach § 9 Abs. 2, auch in Verbindung mit § 10a Abs. 3, zuwiderhandelt,
5. entgegen § 11 Abs. 1 Satz 1 Betäubungsmittel ohne Genehmigung ein- oder ausführt,
6. einer Rechtsverordnung nach § 11 Abs. 2 Satz 2 Nr. 2 bis 4, § 12 Abs. 4, § 13 Abs. 3 Satz 2 Nr. 2, 3 oder 4, § 20 Abs. 1 oder § 28 Abs. 2 zuwiderhandelt, soweit sie für einen bestimmten Tatbestand auf diese Bußgeldvorschrift verweist,
7. entgegen § 12 Abs. 1 Betäubungsmittel abgibt oder entgegen § 12 Abs. 2 die Abgabe oder den Erwerb nicht richtig, nicht vollständig oder nicht unverzüglich meldet oder den Empfang nicht bestätigt,
7a. entgegen § 13 Absatz 1a Satz 3 nicht, nicht richtig oder nicht rechtzeitig bei einer Apotheke anfragt,
7b. entgegen § 13 Absatz 1a Satz 4 oder 5 eine Aufzeichnung nicht, nicht richtig oder nicht vollständig führt oder eine Aufzeichnung nicht oder nicht mindestens drei Jahre aufbewahrt,

(Fortsetzung nächstes Blatt)

BBodSchV 2023 299a

299a. Bundes-Bodenschutz- und Altlastenverordnung (BBodSchV)[1)]

Vom 9. Juli 2021
(BGBl. I S. 2598, 2716)
FNA 2129-32-2

Inhaltsübersicht
Abschnitt 1. Allgemeine Vorschriften

§ 1 Anwendungsbereich
§ 2 Begriffsbestimmungen

Abschnitt 2. Vorsorge gegen das Entstehen schädlicher Bodenveränderungen

§ 3 Besorgnis schädlicher Bodenveränderungen
§ 4 Vorsorgeanforderungen
§ 5 Zulässige Zusatzbelastung
§ 6 Allgemeine Anforderungen an das Auf- oder Einbringen von Materialien auf oder in den Boden
§ 7 Zusätzliche Anforderungen an das Auf- oder Einbringen von Materialien auf oder in eine durchwurzelbare Bodenschicht
§ 8 Zusätzliche Anforderungen an das Auf- oder Einbringen von Materialien unterhalb oder außerhalb einer durchwurzelbaren Bodenschicht

Abschnitt 3. Abwehr und Sanierung schädlicher Bodenveränderungen und Altlasten
Unterabschnitt 1. Gefahrenabwehr bei Bodenerosion

§ 9 Gefahrenabwehr bei Bodenerosion durch Wasser oder Wind

Unterabschnitt 2. Untersuchung, Bewertung und Sanierung schädlicher Bodenveränderungen und Altlasten

§ 10 Erforderlichkeit von Untersuchungen
§ 11 Allgemeine Anforderungen an Untersuchungen
§ 12 Orientierende Untersuchung
§ 13 Detailuntersuchung
§ 14 Sickerwasserprognose
§ 15 Bewertung
§ 16 Sanierungsuntersuchungen und Sanierungsplanung
§ 17 Sanierungsmaßnahmen, Schutz- und Beschränkungsmaßnahmen, natürliche Schadstoffminderung

Abschnitt 4. Vorerkundung, Probennahme und -analyse

§ 18 Vorerkundung
§ 19 Allgemeine Anforderungen an die Probennahme
§ 20 Besondere Anforderungen an die Probennahme aus Böden in situ
§ 21 Besondere Anforderungen an die Probennahme aus Haufwerken
§ 22 Zusätzliche wirkungspfadbezogene Anforderungen an die Probennahme bei orientierenden Untersuchungen und Detailuntersuchungen
§ 23 Konservierung, Transport und Aufbewahrung von Proben; Probenvorbehandlung, -vorbereitung und -aufarbeitung
§ 24 Physikalisch-chemische und chemische Analyse

Abschnitt 5. Gemeinsame Bestimmungen

§ 25 Fachbeirat Bodenuntersuchungen
§ 26 Ordnungswidrigkeiten
§ 27 Zugänglichkeit technischer Regeln und Normen
§ 28 Übergangsregelung

Anlage 1 Vorsorgewerte und Werte zur Beurteilung von Materialien
Anlage 2 Prüf- und Maßnahmenwert
Anlage 3 Untersuchungsverfahren

[1)] Verkündet als Art. 2 Abs. 1 Satz 1 VO v. 9.7.2021 (BGBl. I S. 2598); Inkrafttreten gem. Art. 5 dieser VO am 1.8.2023.

Anlage 4 Technische Regeln und Normen

Abschnitt 1. Allgemeine Vorschriften

§ 1 Anwendungsbereich. (1) Diese Verordnung regelt nähere Anforderungen, insbesondere
1. zur Vorsorge gegen das Entstehen schädlicher Bodenveränderungen, einschließlich Anforderungen an das Auf- oder Einbringen von Materialien auf oder in den Boden sowie Vorsorgewerte und zulässige Zusatzbelastungen,
2. zur Gefahrenabwehr bei Bodenerosion,
3. zur Untersuchung, Bewertung und Sanierung von schädlichen Bodenveränderungen und Altlasten, einschließlich Anforderungen an Sanierungsuntersuchungen und Sanierungsplanung sowie Prüf- und Maßnahmenwerte,
4. an die Vorerkundung, Probennahme und -analyse.

(2) Diese Verordnung gilt nicht für
1. den Einbau von mineralischen Ersatzbaustoffen in technische Bauwerke, soweit dieser nach Maßgabe der Ersatzbaustoffverordnung vom 9. Juli 2021 (BGBl. I S. 2598) erfolgt,
2. das Auf- oder Einbringen von Baggergut unterhalb oder außerhalb einer durchwurzelbaren Bodenschicht im Deichbau,
3. das Auf- oder Einbringen von Materialien unterhalb oder außerhalb einer durchwurzelbaren Bodenschicht auf Halden oder in Absetzteichen des Bergbaus sowie die Herstellung einer durchwurzelbaren Bodenschicht auf Halden des Kalibergbaus, soweit auf der Halde nicht eine regelmäßige Nutzung durch Park- und Freizeitanlagen geplant ist,
4. das Einbringen von Materialien in bergbauliche Hohlräume gemäß der Versatzverordnung,
5. das Einbringen von Materialien in Anlagen des Bundes gemäß § 9a Absatz 3 des Atomgesetzes[1] in der Fassung der Bekanntmachung vom 15. Juli 1985 (BGBl. I S. 1565), das zuletzt durch Artikel 3 des Gesetzes vom 12. Mai 2021 (BGBl. I S. 1087) geändert worden ist,
6. das Auf- oder Einbringen von Materialien nach den Vorschriften des Dünge- und Pflanzenschutzrechts.

§ 2 Begriffsbestimmungen. Für diese Verordnung gelten folgende Begriffsbestimmungen:
1. Bodenansprache: Beschreibung von Bodenhorizonten und -profilen sowie die bodenkundliche und sensorische Beurteilung von Bodenproben in dem Umfang, in dem er jeweils für den vorsorgenden Bodenschutz oder für die Gefahrenbeurteilung nach dieser Verordnung erforderlich ist;
2. Oberboden: oberer Teil des Mineralbodens, der einen der jeweiligen Bodenbildung entsprechenden Anteil an Humus und Bodenorganismen enthält und der sich meist durch dunklere Bodenfarbe vom Unterboden abhebt, in der Regel Ah-, Aa-, Al-, Ac- und Ap-Horizonte; die organischen O- und L-Horizonte zählen zum Oberboden im Sinne dieser Verordnung; Mutterboden *im Sinne des § 202 Baugesetzbuch*[2] entspricht dem Oberboden;

---
[1] Nr. **835**.
[2] Nr. **300**.

3. Unterboden: Bereich zwischen Oberboden und Untergrund, der im Allgemeinen die B-Horizonte umfasst, je nach Bodentyp auch P-, T-, S-, G-, M-, und Yo-Horizonte;
4. Untergrund: Bereich unterhalb des Unterbodens mit durch Verwitterung und Bodenbildung nicht beeinflusstem Gestein, einschließlich Lockersedimenten, der in der Regel das Ausgangsgestein der Bodenbildung darstellt; in der Regel C-Horizonte; auch H-, G- und S-Horizonte, wenn bei Stau- und Grundwasserböden sowie Mooren keine C-Horizonte erkennbar sind und mehr als die Hälfte der Horizontmächtigkeit tiefer als 120 Zentimeter unterhalb der Erdoberfläche liegt;
5. durchwurzelbare Bodenschicht: Bodenschicht, die von den Pflanzenwurzeln in Abhängigkeit von den natürlichen Standortbedingungen durchdrungen werden kann; sie schließt in der Regel den Oberboden und den Unterboden ein;
6. Bodenmaterial: Material aus dem Oberboden, dem Unterboden oder dem Untergrund, das ausgehoben, abgeschoben, abgetragen oder in einer Aufbereitungsanlage behandelt wird oder wurde;
7. Baggergut: Material, das im Rahmen von Unterhaltungs-, Neu- und Ausbaumaßnahmen oder bei Maßnahmen der Errichtung, Unterhaltung oder Stilllegung von Anlagen in, an, über und unter oberirdischen Gewässern entnommen wurde; Baggergut kann bestehen aus Sedimenten und Material aus subhydrischen Böden der Gewässersohle, aus dem Oberboden, dem Unterboden oder dem Untergrund im unmittelbaren Umfeld des Gewässerbettes oder aus Material aus Oberböden im Ufer- und Überschwemmungsbereich des Gewässers;
8. mineralische Fremdbestandteile: mineralische Bestandteile im Bodenmaterial oder im Baggergut, die keine natürlichen Bodenausgangssubstrate sind, insbesondere Beton, Ziegel, Keramik, Bauschutt, Straßenaufbruch und Schlacke;
9. Störstoffe: in der Regel Gegenstände im Bodenmaterial oder im Baggergut, die deren Verwertungseignung nachteilig beeinflussen können, insbesondere behandeltes Holz, Kunststoffe, Glas und Metallteile;
10. Erosionsfläche: Fläche, von der Bodenmaterial durch Wind oder Wasser abgetragen wird;
11. Schadstoffe: Stoffe und Stoffgemische, die auf Grund ihrer Gesundheitsschädlichkeit, Ökotoxizität oder anderer Eigenschaften geeignet sind, in Abhängigkeit von ihren Gehalten oder Konzentrationen unter Berücksichtigung ihrer Bioverfügbarkeit und Langlebigkeit, schädliche Bodenveränderungen oder sonstige Gefahren herbeizuführen;
12. Expositionsbedingungen: durch örtliche Umstände und die Grundstücksnutzung im Einzelfall geprägte Art und Weise, in der Schutzgüter der Wirkung von Schadstoffen oder physikalischen Einwirkungen ausgesetzt sein können;
13. Wirkungspfad: Weg eines Schadstoffes von der Schadstoffquelle bis zu dem Ort einer möglichen Wirkung auf ein Schutzgut;
14. Einwirkungsbereich: Bereich, in dem von einem Grundstück im Sinne des § 2 Absatz 4 bis 6 des Bundes-Bodenschutzgesetzes[1]) oder von einem schädlich veränderten Boden im Sinne des § 2 Absatz 3 des Bundes-Bodenschutzgesetzes Einwirkungen auf Schutzgüter zu erwarten sind oder in dem durch Einwirkungen auf den Boden die Besorgnis des Entstehens schädlicher Bodenveränderungen hervorgerufen wird;

---

[1]) Nr. 299.

15. Sickerwasserprognose: Abschätzung der von einer Verdachtsfläche, altlastverdächtigen Fläche, schädlichen Bodenveränderung oder Altlast ausgehenden oder zu erwartenden Schadstoffeinträge über das Sickerwasser in das Grundwasser, unter Berücksichtigung von Konzentrationen und Frachten und bezogen auf den Ort der Beurteilung;
16. Ort der Beurteilung: für den Wirkungspfad Boden-Grundwasser der Übergangsbereich von der wasserungesättigten zur wassergesättigten Bodenzone;
17. natürliche Schadstoffminderung: Ergebnis biologischer, chemischer oder physikalischer Prozesse, die ohne menschliches Eingreifen zu einer Verringerung der Masse, des Volumens, der Fracht, der Konzentration, der Toxizität oder der Mobilität eines Schadstoffes im Boden oder im Grundwasser führen;
18. Kinderspielflächen: Aufenthaltsbereiche für Kinder, die regelmäßig zum Spielen genutzt werden, ohne den Spielsand von Sandkästen;
19. Wohngebiete: dem Wohnen dienende Gebiete, einschließlich Hausgärten und sonstiger Gärten gleichartiger Nutzung, auch wenn sie nicht im Sinne der Baunutzungsverordnung[1)] als Wohngebiet planungsrechtlich dargestellt oder festgesetzt sind, ausgenommen Park- und Freizeitanlagen, Kinderspielflächen sowie befestigte Verkehrsflächen;
20. Park- und Freizeitanlagen:
    a) Anlagen für soziale, gesundheitliche oder sportliche Zwecke, insbesondere öffentliche und private Grünanlagen, einschließlich Bolzplätzen und Sportflächen,
    b) unbefestigte Flächen, die regelmäßig zugänglich sind und vergleichbar zu den in Buchstabe a genannten Anlagen genutzt werden;
21. Industrie- und Gewerbegrundstücke: unbefestigte Flächen von Arbeits- und Produktionsstätten, die nur während der Arbeitszeit genutzt werden;
22. Ackerflächen: Flächen zum Anbau von Ackerkulturen, einschließlich Gemüse und Feldfutter, hierzu zählen auch erwerbsgärtnerisch genutzte Flächen;
23. Nutzgärten: Hausgarten-, Kleingarten- und sonstige Gartenflächen, die zum Anbau von Nahrungspflanzen genutzt werden;
24. Grünlandflächen: landwirtschaftlich genutzte Flächen, auf denen Gräser oder andere krautige Pflanzen eingesät sind oder natürlich wachsen und die beweidet oder zur Futtergewinnung genutzt werden.

Abschnitt 2. Vorsorge gegen das Entstehen schädlicher Bodenveränderungen

§ 3 Besorgnis schädlicher Bodenveränderungen. (1) Das Entstehen schädlicher Bodenveränderungen ist in der Regel zu besorgen, wenn
1. Böden Schadstoffgehalte aufweisen, die die Vorsorgewerte nach Anlage 1 Tabelle 1 oder 2 überschreiten,
2. eine erhebliche Anreicherung von anderen Schadstoffen in Böden erfolgt, die auf Grund ihrer krebserzeugenden, erbgutverändernden, fortpflanzungsgefährdenden oder toxischen Eigenschaften in besonderem Maße geeignet sind, schädliche Bodenveränderungen herbeizuführen,

---

[1)] Nr. **311**.

3. physikalische Einwirkungen den Boden verändern und dadurch die natürlichen Funktionen sowie die Nutzungsfunktion als Standort für die land- oder forstwirtschaftliche Nutzung erheblich beeinträchtigt werden können, oder
4. Stoffeinträge den Bodenzustand irreversibel verändern und dadurch die Bodenfunktionen erheblich beeinträchtigt werden können.

(2) Bei Böden mit naturbedingt oder großflächig siedlungsbedingt erhöhten Schadstoffgehalten besteht bei Überschreiten von Vorsorgewerten nach Anlage 1 Tabelle 1 oder 2 die Besorgnis des Entstehens schädlicher Bodenveränderungen nur dann, wenn eine erhebliche Freisetzung von Schadstoffen oder zusätzliche Einträge durch die nach § 7 Satz 1 des Bundes-Bodenschutzgesetzes[1]) Pflichtigen nachteilige Auswirkungen auf die Bodenfunktionen erwarten lassen.

§ 4 Vorsorgeanforderungen. (1) [1]In den Fällen des § 3 Absatz 1 Satz 1 Nummer 1, auch unter Berücksichtigung von Absatz 2, haben die nach § 7 Satz 1 des Bundes-Bodenschutzgesetzes[1]) Pflichtigen Vorkehrungen zu treffen, um weitere durch die auf das Grundstück und in dessen Einwirkungsbereich verursachte Schadstoffeinträge zu vermeiden oder wirksam zu vermindern, soweit dies wegen der räumlichen, langfristigen oder komplexen Auswirkungen geboten und auch im Hinblick auf den Zweck der Nutzung des Grundstücks verhältnismäßig ist. [2]Dazu gehören auch technische Vorkehrungen an Anlagen oder Verfahren sowie Maßnahmen zur Untersuchung und Überwachung von Böden.

(2) [1]Einträge von Schadstoffen im Sinne des § 3 Absatz 1 Satz 1 Nummer 2, für die keine Vorsorgewerte festgesetzt sind, sind, soweit technisch möglich und unabhängig vom Zweck der Nutzung des Grundstückes wirtschaftlich vertretbar, zu begrenzen. [2]Dies gilt insbesondere für die Stoffe, die nach der Gefahrstoffverordnung in der Fassung der Bekanntmachung vom 26. November 2010 (BGBl. I S. 2010, 1643, 1644), die zuletzt durch Artikel 148 des Gesetzes vom 29. März 2017 (BGBl. I S. 626) geändert worden ist, als krebserzeugend, erbgutverändernd oder fortpflanzungsgefährdend eingestuft sind. [3]Im Übrigen gelten die Maßgaben von Absatz 1.

(3) [1]In den Fällen des § 3 Absatz 1 Satz 1 Nummer 3 haben die nach § 7 Satz 1 des Bundes-Bodenschutzgesetzes Pflichtigen Vorkehrungen zu treffen, um die physikalischen Einwirkungen zu vermeiden oder wirksam zu vermindern, soweit dies auch im Hinblick auf den Zweck der Nutzung des Grundstücks verhältnismäßig ist. [2]Auf Verlangen der zuständigen Behörde sind Untersuchungen der physikalischen Bodeneigenschaften am Standort durchzuführen. [3]Satz 2 gilt nicht für unvermeidbare Einwirkungen bei Einhaltung des § 17 Absatz 1 des Bundes-Bodenschutzgesetzes.

(4) Zur Einhaltung der sich aus den Absätzen 1, 2 und 3 ergebenden Anforderungen kann die zuständige Behörde nach § 10 Absatz 1 Satz 1 des Bundes-Bodenschutzgesetzes die erforderlichen Maßnahmen treffen.

(5) [1]Bei Vorhaben, bei denen auf einer Fläche von mehr als 3 000 Quadratmetern Materialien auf oder in die durchwurzelbare Bodenschicht auf- oder eingebracht werden, Bodenmaterial aus dem Ober- oder Unterboden ausgehoben oder abgeschoben wird oder der Ober- und Unterboden dauerhaft oder vorübergehend vollständig oder teilweise verdichtet wird, kann die für die Zulassung des Vorhabens zuständige Behörde im Benehmen mit der für den Bodenschutz zuständigen Behörde von dem nach § 7 Satz 1 des Bundes-Bodenschutzgesetzes

---

[1]) Nr. **299**.

Pflichtigen die Beauftragung einer bodenkundlichen Baubegleitung nach DIN 19639 im Einzelfall verlangen. ²Satz 1 gilt entsprechend, wenn das Vorhaben einer Anzeige an eine Behörde bedarf oder von einer Behörde durchgeführt wird.

§ 5 Zulässige Zusatzbelastung. (1) ¹Werden Vorsorgewerte nach Anlage 1 Tabelle 1 oder 2 bei einem Schadstoff überschritten, ist insoweit unter Berücksichtigung der zu erwartenden Gesamtfracht eine Zusatzbelastung bis zur Höhe der in Anlage 1 Tabelle 3 festgelegten jährlichen Frachten des Schadstoffes zulässig. ²Dabei sind die Einwirkungen auf den Boden über Luft und Gewässer sowie unmittelbare Einträge zu beachten.

(2) Wenn die in Anlage 1 Tabelle 3 festgelegte zulässige Zusatzbelastung bei einem Schadstoff überschritten ist, sind die naturbedingt oder großflächig siedlungsbedingten Vorbelastungen des Bodens im Einzelfall zu berücksichtigen.

(3) Die in Anlage 1 Tabelle 3 festgelegten Frachten bestimmen nicht die Zusatzbelastungen im Sinne des § 3 Absatz 3 Satz 2 des Bundes-Bodenschutzgesetzes[1]).

§ 6 Allgemeine Anforderungen an das Auf- oder Einbringen von Materialien auf oder in den Boden. (1) ¹Die §§ 6 bis 8 gelten für das Auf- oder Einbringen von Materialien auf oder in den Boden, insbesondere im Rahmen der Rekultivierung, der Wiedernutzbarmachung, des Landschaftsbaus, der landwirtschaftlichen und gartenbaulichen Folgenutzung und der Herstellung einer durchwurzelbaren Bodenschicht insbesondere auf technischen Bauwerken im Sinne des § 2 Nummer 3 der Ersatzbaustoffverordnung und auf Deichen. ²Die §§ 6 bis 8 gelten nicht für das Auf- oder Einbringen von Materialien auf oder in den Boden im Rahmen der Sanierung von schädlichen Bodenveränderungen und Altlasten, soweit die Materialien im Bereich derselben schädlichen Bodenveränderung oder Altlast oder innerhalb des Gebietes eines für verbindlich erklärten Sanierungsplans umgelagert werden.

(2) Das Auf- und Einbringen von Materialien oder die Herstellung einer durchwurzelbaren Bodenschicht ist nur zulässig, wenn

1. nach Art, Menge, Schadstoffgehalten, Schadstoffkonzentrationen und physikalischen Eigenschaften der Materialien sowie nach den Schadstoffgehalten der Böden am Ort des Auf- und Einbringens das Entstehen einer schädlichen Bodenveränderung nach § 3 nicht zu besorgen ist und
2. mindestens eine der in § 2 Absatz 2 Nummer 1 und Nummer 3 Buchstabe b und c des Bundes-Bodenschutzgesetzes[1]) genannten Bodenfunktionen nachhaltig verbessert, gesichert oder wiederhergestellt wird.

(3) Eine schädliche Bodenveränderung im Sinne des Absatzes 2 ist aufgrund von Schadstoffgehalten nicht zu besorgen, wenn Bodenmaterial oder Baggergut am Herkunftsort oder in dessen räumlichen Umfeld unter vergleichbaren Bodenverhältnissen sowie geologischen und hydrogeologischen Bedingungen umgelagert wird und das Vorliegen einer Altlast oder sonstigen schädlichen Bodenveränderung aufgrund von Schadstoffgehalten auszuschließen ist.

(4) ¹Eine schädliche Bodenveränderung im Sinne des Absatzes 2 ist auch dann nicht zu besorgen, wenn in Gebieten oder räumlich abgegrenzten Industriestandorten mit erhöhten Schadstoffgehalten in Böden Bodenmaterial mit erhöhten *Schadstoffgehalten* innerhalb des Gebietes oder Standortes umgelagert wird und die in § 2 Absatz 2 Nummer 1 und 3 Buchstabe b und c des Bundes-Bodenschutz-

---

[1]) Nr. 299.

gesetzes genannten Bodenfunktionen nicht zusätzlich beeinträchtigt werden sowie die stoffliche Situation am Ort des Auf- oder Einbringens nicht nachteilig verändert wird. [2] Gebiete und Standorte im Sinne des Satzes 1 können von der zuständigen Behörde im Einzelfall der Bewertung zugrunde gelegt oder allgemein festgelegt werden. [3] Die zuständige Behörde kann Ausnahmen von § 7 Absatz 3 zulassen. [4] Die Sätze 1 bis 3 gelten für Gebiete, die Sätze 1 und 2 gelten für räumlich abgegrenzte Industriestandorte mit jeweils mehr als 10 Volumenprozent mineralischer Fremdbestandteile in Böden entsprechend.

(5) [1] Die nach § 7 Satz 1 des Bundes-Bodenschutzgesetzes Pflichtigen haben Materialien, die auf oder in den Boden oder zur Herstellung einer durchwurzelbaren Bodenschicht auf- oder eingebracht werden sollen, spätestens vor dem Auf- oder Einbringen nach den nachfolgenden Vorschriften zu untersuchen oder untersuchen zu lassen, soweit dies nicht bereits erfolgt ist. [2] Die Materialien sind mindestens auf die in Anlage 1 Tabelle 1 und 2 dieser Verordnung aufgeführten Stoffe analytisch zu untersuchen. [3] Liegen Anhaltspunkte vor, dass die Materialien erhöhte Gehalte weiterer Stoffe aufweisen, ist auf diese zusätzlich analytisch zu untersuchen. [4] Darüber hinaus kann die zuständige Behörde auch Untersuchungen des Ortes des Auf- oder Einbringens anordnen. [5] Probennahme und -analyse sind nach Abschnitt 4 durchzuführen.

(6) Von einer analytischen Untersuchung von Bodenmaterial und Baggergut nach Absatz 5 Satz 2 und 3 kann abgesehen werden, wenn

1. sich bei einer Vorerkundung nach § 18 durch einen Sachverständigen im Sinne des § 18 des Bundes-Bodenschutzgesetzes oder durch eine Person mit vergleichbarer Sachkunde keine Anhaltspunkte ergeben, dass die Materialien die Vorsorgewerte nach Anlage 1 Tabelle 1 und 2 dieser Verordnung überschreiten und keine Hinweise auf weitere Belastungen der Materialien vorliegen,

2. die im Rahmen der jeweiligen Maßnahme angefallene Menge nicht mehr als 500 Kubikmeter beträgt und sich nach Inaugenscheinnahme der Materialien am Herkunftsort und auf Grund der Vornutzung der betreffenden Grundstücke keine Anhaltspunkte ergeben, dass die Materialen die in Nummer 1 genannten Werte überschreiten und keine Hinweise auf weitere Belastungen der Materialien vorliegen oder

3. die Materialien am Herkunftsort oder in dessen räumlichen Umfeld oder innerhalb eines Gebietes im Sinne des Absatzes 4 umgelagert werden, das Vorliegen einer Altlast oder sonstigen schädlichen Bodenveränderung aufgrund von Schadstoffgehalten auszuschließen ist und durch die Umlagerung das Entstehen einer schädlichen Bodenveränderung nicht zu besorgen ist.

(7) [1] Die nach § 7 Satz 1 des Bundes-Bodenschutzgesetzes Pflichtigen haben die Untersuchungsergebnisse nach Absatz 5 oder das Vorliegen der Voraussetzungen des Absatzes 6 spätestens vor dem Auf- oder Einbringen zu dokumentieren. [2] Die Dokumente sind nach Beendigung der Auf- oder Einbringungsmaßnahme zehn Jahre aufzubewahren und der zuständigen Behörde auf Verlangen vorzulegen.

(8) [1] Die nach § 7 Satz 1 des Bundes-Bodenschutzgesetzes Pflichtigen müssen das Auf- oder Einbringen von Materialien nach § 7 oder § 8 Absatz 1 bis 3, Absatz 5 bis 6 und Absatz 8 in einem Volumen von mehr als 500 Kubikmetern der zuständigen Behörde mindestens zwei Wochen vor Beginn der Auf- oder Einbringungsmaßnahme unter Angabe der Lage der Auf- oder Einbringungsfläche, der Art und Menge der Materialien sowie des Zwecks der Maßnahme anzeigen, es sei denn, die Maßnahme bedarf einer behördlichen Zulassung oder Anzeige nach

anderen Rechtsvorschriften. ²Die Länder können abweichende Regelungen treffen.

(9) ¹Beim Auf- oder Einbringen oder der Herstellung einer durchwurzelbaren Bodenschicht sowie beim Um- oder Zwischenlagern von Materialien sind Verdichtungen, Vernässungen und sonstige nachteilige Einwirkungen auf den Boden durch geeignete Maßnahmen zu vermeiden oder wirksam zu vermindern. ²Die entsprechenden Anforderungen der DIN 19639, der DIN 19731 und der DIN 18915 sind zu beachten. ³Die Sätze 1 und 2 gelten nicht für Verdichtungen, die im Rahmen der bergbaulichen Gewinnung erforderlich sind.

(10) ¹Beim Auf- oder Einbringen von Materialien sind die Anforderungen an einen guten Bodenaufbau und ein stabiles Bodengefüge zu beachten. ²Die verwendeten Materialien müssen unter Berücksichtigung des jeweiligen Ortes des Auf- oder Einbringens geeignet sein, die für den Standort erforderlichen Bodenfunktionen sowie die chemischen und physikalischen Eigenschaften des Bodens zu sichern und herzustellen. ³Die entsprechenden Anforderungen der DIN 19639 und der DIN 19731 sind zu beachten.

(11) ¹Vor dem Auf- oder Einbringen von Materialien in den Unterboden oder Untergrund ist bei Hinweisen auf erhöhte Gehalte an organischem Kohlenstoff der Gehalt an organischem Kohlenstoff nach Anlage 3 Tabelle 1 zu bestimmen. ²Beträgt der Gehalt mehr als 1 Masseprozent, dürfen die Materialien nur auf- oder eingebracht werden, wenn der Kohlenstoff in den Materialien natürlich vorkommt oder auf einen zulässigen Anteil an mineralischen Fremdbestandteilen zurückzuführen ist und die Materialien nicht aus dem Oberboden stammen. ³Es ist sicherzustellen, dass durch Abbauprozesse der organischen Substanz, insbesondere auch nach dem Auf- oder Einbringen, keine schädlichen Bodenveränderungen zu besorgen sind und die Nährstoffzufuhr nach Menge und Verfügbarkeit unter Berücksichtigung der zu erwartenden Abbauprozesse dem Bedarf der vorhandenen oder künftigen Vegetation angepasst ist. ⁴Das Einbringen von nährstoffreichen organischen Materialien, insbesondere Klärschlamm, Kompost oder Gärsubstrate, in den Unterboden oder Untergrund ist auch im Gemisch mit Bodenmaterial, Baggergut oder anderen mineralischen Materialien unzulässig. ⁵Die Anforderungen der Sätze 1 bis 3 gelten nicht für die Umlagerung von Materialien im Rahmen des Braunkohletagebaus.

(12) Die zuständige Behörde kann Nachweise über die Erfüllung der Anforderungen nach den Absätzen 9 bis 11 verlangen.

§ 7 Zusätzliche Anforderungen an das Auf- oder Einbringen von Materialien auf oder in eine durchwurzelbare Bodenschicht.

(1) ¹Die nach § 7 Satz 1 des Bundes-Bodenschutzgesetzes[1]) Pflichtigen dürfen für das Auf- oder Einbringen auf oder in eine durchwurzelbare Bodenschicht sowie für die Herstellung einer durchwurzelbaren Bodenschicht nur

1. Bodenmaterial und Baggergut sowie
2. Gemische von Materialien nach Nummer 1 mit solchen Abfällen, die die stofflichen Qualitätsanforderungen nach § 3 Absatz 2 Satz 1, § 3a Satz 2 und § 4 Absatz 1, Absatz 3 Satz 1 bis 3, Absatz 4, auch in Verbindung mit § 5 Absatz 1 der Bioabfallverordnung sowie nach § 8 Absatz 1, Absatz 2 Satz 1 und § 11 der Klärschlammverordnung erfüllen,

---

[1]) Nr. **299**.

verwenden. ²Mineralische Fremdbestandteile in Bodenmaterial und Baggergut sind zulässig, sofern sie bereits beim Anfall enthalten waren und ihr Anteil 10 Volumenprozent nicht überschreitet. ³Störstoffe sind nur in einem vernachlässigbaren und unvermeidbaren Anteil zulässig.

(2) ¹Eine schädliche Bodenveränderung im Sinne des § 6 Absatz 2 ist aufgrund von Schadstoffgehalten nicht zu besorgen, wenn die nach Absatz 1 zur Verwendung zulässigen Materialien die Vorsorgewerte nach Anlage 1 Tabelle 1 und 2 dieser Verordnung einhalten oder nach Anlage 1 Tabelle 3 der Ersatzbaustoffverordnung als Bodenmaterial der Klasse 0 oder Baggergut der Klasse 0 – BM-0 oder BG-0 – klassifiziert wurden und auf Grund der Herkunft und der bisherigen Nutzung keine Hinweise auf weitere Belastungen der Materialien vorliegen. ²Sind die Anforderungen nach Satz 1 erfüllt, bedarf das Auf- oder Einbringen keiner Erlaubnis nach § 8 Absatz 1 des Wasserhaushaltsgesetzes[1]).

(3) ¹Bei der Herstellung einer durchwurzelbaren Bodenschicht mit landwirtschaftlicher oder gartenbaulicher Folgenutzung sollen im Hinblick auf künftige unvermeidliche Schadstoffeinträge durch Bewirtschaftungsmaßnahmen und atmosphärische Schadstoffeinträge die Schadstoffgehalte in der entstandenen durchwurzelbaren Bodenschicht 70 Prozent der jeweiligen Vorsorgewerte nach Anlage 1 Tabelle 1 und 2 nicht überschreiten. ²Satz 1 gilt nicht für die Umlagerung von Bodenmaterial im Rahmen der Wiedernutzbarmachung von Tagebauen.

(4) Die nach § 7 Satz 1 des Bundes-Bodenschutzgesetzes Pflichtigen haben beim Auf- oder Einbringen von nach Absatz 1 zur Verwendung zulässigen Materialien auf landwirtschaftlich einschließlich gartenbaulich genutzten Böden dafür Sorge zu tragen, dass die Ertragsfähigkeit der Böden nachhaltig gesichert oder wiederhergestellt wird.

(5) ¹Die Nährstoffzufuhr durch das Auf- oder Einbringen der Materialien ist nach Menge und Verfügbarkeit dem Pflanzenbedarf der Folgevegetation anzupassen, um insbesondere Nährstoffeinträge in Gewässer zu vermeiden. ²Die entsprechenden Anforderungen der DIN 18919 sind zu beachten.

(6) ¹Das Auf- oder Einbringen von Materialien auf oder in eine bestehende durchwurzelbare Bodenschicht ist nicht zulässig auf Flächen, die die in § 2 Absatz 2 Nummer 1 oder 2 des Bundes-Bodenschutzgesetzes genannten Bodenfunktionen im besonderen Maße erfüllen. ²Das Auf- oder Einbringungsverbot gilt auch für Böden in

1. Wäldern,
2. Wasserschutzgebieten und Heilquellenschutzgebieten der Zonen I und II,
3. Naturschutzgebieten,
4. Nationalparks,
5. nationalen Naturmonumenten,
6. Biosphärenreservaten,
7. Naturdenkmälern,
8. geschützten Landschaftsbestandteilen,
9. Natura 2000-Gebieten und
10. gesetzlich geschützten Biotopen im Sinne des § 30 des Bundesnaturschutzgesetzes[2]) sowie

---

[1]) Nr. **845**.
[2]) Nr. **880**.

11. den Kernzonen von Naturschutzgroßprojekten des Bundes von gesamtstaatlicher Bedeutung.

³Die für den Schutz der in den Sätzen 1 und 2 Nummer 2 bis 11 genannten Flächen zuständige Behörde und im Falle des Satzes 2 Nummer 1 die Forstbehörde kann im Benehmen mit der für den Bodenschutz zuständigen Behörde Abweichungen von den Verboten der Sätze 1 und 2 zulassen, wenn das Auf- oder Einbringen aus land- oder forstwirtschaftlichen Gründen, aus Gründen des Naturschutzes und der Landschaftspflege oder zum Schutz des Grundwassers erforderlich ist. ⁴Regelungen aufgrund der §§ 51 bis 53 des Wasserhaushaltsgesetzes bleiben unberührt.

(7) ¹Beim Auf- oder Einbringen von
1. abgetragenem Bodenmaterial nach Erosionsereignissen,
2. Bodenmaterial aus der Reinigung landwirtschaftlicher Ernteprodukte oder
3. Baggergut aus der Unterhaltung von Entwässerungsgräben

im räumlichen Umfeld des Herkunftsortes unter vergleichbaren Bodenverhältnissen sowie geologischen und hydrogeologischen Bedingungen ist eine schädliche Bodenveränderung im Sinne des § 6 Absatz 2 aufgrund von Schadstoffgehalten nicht zu besorgen. ²Überschreiten die Materialien die Vorsorgewerte nach Anlage 1 Tabelle 1 und 2 nicht erheblich und sollen Materialien nach Satz 1 Nummer 2 nicht im räumlichen Umfeld des Herkunftsortes auf- oder eingebracht werden oder ist der Herkunftsort der Materialien nicht mehr eindeutig zuzuordnen, kann die für den Bodenschutz zuständige Behörde im Einzelfall das Auf- oder Einbringen gestatten, wenn nachgewiesen wird, dass trotz der Überschreitung eine ordnungsgemäße und schadlose Verwertung erfolgt und das Entstehen einer schädlichen Bodenveränderung nicht zu besorgen ist.

§ 8 Zusätzliche Anforderungen an das Auf- oder Einbringen von Materialien unterhalb oder außerhalb einer durchwurzelbaren Bodenschicht.

(1) ¹Die nach § 7 Satz 1 des Bundes-Bodenschutzgesetzes[1]) Pflichtigen dürfen für das Auf- oder Einbringen unterhalb oder außerhalb einer durchwurzelbaren Bodenschicht nur
1. Bodenmaterial ohne Oberboden und
2. Baggergut, das aus Sanden und Kiesen besteht und dessen Feinkornanteil, der kleiner als 63 Mikrometer ist, höchstens 10 Masseprozent beträgt,

verwenden. ²Mineralische Fremdbestandteile sind zulässig, sofern sie bereits beim Anfall enthalten waren und ihr Anteil 10 Volumenprozent nicht überschreiten. ³Störstoffe sind nur in einem vernachlässigbaren und unvermeidbaren Anteil zulässig. ⁴Ist bei der Umlagerung von Bodenmaterial in Braunkohletagebauen der gesonderte Abtrag des Oberbodens mit einem unverhältnismäßigen Aufwand verbunden, darf abweichend von Satz 1 Nummer 1 Bodenmaterial mit Oberboden unterhalb der durchwurzelbaren Bodenschicht verwendet werden.

(2) Eine schädliche Bodenveränderung im Sinne des § 6 Absatz 2 ist aufgrund von Schadstoffgehalten nicht zu besorgen, wenn die Materialien die Vorsorgewerte nach Anlage 1 Tabelle 1 und 2 dieser Verordnung einhalten oder nach Anlage 1 Tabelle 3 der Ersatzbaustoffverordnung als Bodenmaterial der Klasse 0 oder Baggergut der Klasse 0 Sand – BM-0 oder BG-0 Sand – klassifiziert wurden und auf

---

[1]) Nr. **299**.

Grund von Herkunft und bisheriger Nutzung keine Hinweise auf weitere Belastungen der Materialien vorliegen.

(3) Bei der Verfüllung einer Abgrabung oder eines Tagebaus und beim Massenausgleich im Rahmen einer Baumaßnahme ist eine schädliche Bodenveränderung auch dann nicht zu besorgen, wenn

1. die Materialien die Werte nach Anlage 1 Tabelle 4 dieser Verordnung einhalten oder nach Anlage 1 Tabelle 3 der Ersatzbaustoffverordnung als Bodenmaterial der Klasse 0* oder Baggergut der Klasse 0* – BM-0* oder BG-0* – klassifiziert wurden,
2. auf Grund von Herkunft und bisheriger Nutzung keine Hinweise auf weitere Belastungen der Materialien vorliegen,
3. die Materialien gemessen vom tiefsten Punkt der Auf- oder Einbringung in einem Abstand von mindestens 1 Meter zum höchsten aus Messdaten ermittelten oder abgeleiteten sowie jeweils von nicht dauerhafter, künstlicher Grundwasserabsenkung unbeeinflussten Grundwasserstand am Auf- und Einbringungsort zuzüglich eines Sicherheitsabstands von 0,5 Meter auf- oder eingebracht werden und
4. oberhalb der auf- oder eingebrachten Materialien eine mindestens 2 Meter mächtige durchwurzelbare Bodenschicht gemäß den Anforderungen der §§ 6 und 7 aufgebracht wird, soweit auf der betreffenden Fläche nicht ein technisches Bauwerk errichtet werden soll. Die zuständige Behörde kann im Einzelfall geringere Mächtigkeiten gestatten, wenn nachgewiesen ist, dass eine schädliche Bodenveränderung nicht zu besorgen ist.

(4) Sind die Anforderungen nach Absatz 2 oder 3 erfüllt, bedarf das Auf- oder Einbringen keiner Erlaubnis nach § 8 Absatz 1 des Wasserhaushaltsgesetzes[1]).

(5) [1] Bei Vorliegen der Voraussetzungen nach Absatz 2 ist das Auf- und Einbringen von Materialien abweichend von Absatz 2 nicht zulässig in Wasserschutzgebieten der Zone I und Heilquellenschutzgebieten der Zone I. [2] Bei Vorliegen der Voraussetzungen nach Absatz 3 ist das Auf- und Einbringen von Materialien abweichend von Absatz 3 nicht zulässig in

1. Wasserschutzgebieten der Zonen I und II,
2. Heilquellenschutzgebieten der Zonen I und II,
3. empfindlichen Gebieten, wie insbesondere Karstgebieten und Gebieten mit stark klüftigem, besonders wasserwegsamem Untergrund.

[3] Die für den Schutz der in den Sätzen 1 und 2 genannten Flächen zuständige Behörde kann im Benehmen mit der für den Bodenschutz zuständigen Behörde Abweichungen von den Sätzen 1 und 2 zulassen, wenn das Auf- oder Einbringen zum Schutz des Grundwassers erforderlich ist. [4] In empfindlichen Gebieten nach Satz 2 Nummer 3 kann das Auf- oder Einbringen von Materialien bis zur Höhe der Vorsorgewerte für die Bodenart Ton nach Anlage 1 Tabelle 1 und 2 auch zugelassen werden, wenn günstige Materialeigenschaften und Standortbedingungen vorliegen. [5] Regelungen aufgrund der §§ 51 bis 53 des Wasserhaushaltsgesetzes bleiben unberührt.

(6) Die für die Zulassung der Verfüllung einer Abgrabung oder eines Tagebaus zuständige Behörde kann im Einvernehmen mit der für den Bodenschutz zuständigen Behörde das Auf- oder Einbringen anderer als der in Absatz 1 genannten mineralischen Materialien gestatten, wenn sie die Anforderungen nach Absatz 2

---

[1]) Nr. **845**.

oder 3 erfüllen und die Werte nach Anlage 1 Tabelle 5 einhalten, dies bau- oder betriebstechnisch erforderlich ist und der Anteil der Materialien 5 Prozent des im Rahmen des Vorhabens jährlich verfüllten Volumens nicht überschreitet.

(7) ¹Die für die Zulassung der Verfüllung einer Abgrabung zuständige Behörde kann im Einvernehmen mit der für den Bodenschutz zuständigen Behörde das Auf- oder Einbringen von in Absatz 1 genannten Materialien gestatten, die die Werte nach Anlage 1 Tabelle 4 nicht erheblich überschreiten, wenn nachgewiesen ist, dass trotz der Überschreitung eine ordnungsgemäße und schadlose Verwertung erfolgt. ²Dabei sind die Standortverhältnisse, insbesondere die geologischen und hydrogeologischen Bedingungen, die natürlichen Bodenfunktionen des Untergrundes und der Umgebung sowie etwa bereits vorhandene Verfüllkörper zu berücksichtigen. ³Die für die Zulassung zuständige Behörde kann von dem Träger des Vorhabens, soweit erforderlich, die Durchführung von Eigenkontrollmaßnahmen, insbesondere Boden- und Wasseruntersuchungen sowie die Einrichtung und den Betrieb von Messstellen verlangen. ⁴§ 15 Absatz 2 Satz 2 bis 4 und Absatz 3 des Bundes-Bodenschutzgesetzes gelten entsprechend. ⁵Der Standort des Vorhabens kann in bestehende Bodenkataster oder sonstige Verzeichnisse aufgenommen werden. ⁶Die Sätze 1 bis 5 gelten entsprechend für das Auf- oder Einbringen anderer als der in Absatz 1 genannten mineralischen Materialien, die die Werte nach Anlage 1 Tabelle 4 und 5 einhalten oder nicht erheblich überschreiten und sich als Ausgangsmaterial für eine Bodenbildung eignen. ⁷Absatz 3 Nummer 4 gilt entsprechend.

(8) Die Länder können Regelungen treffen, dass auch andere als die in Absatz 1 genannten Materialien zur Verfüllung genutzt werden und Überschreitungen der Werte nach Anlage 1 Tabellen 4 und 5 zulässig sind, wenn nachgewiesen wird, dass eine ordnungsgemäße und schadlose Verwertung erfolgt.

Abschnitt 3. Abwehr und Sanierung schädlicher Bodenveränderungen und Altlasten

Unterabschnitt 1. Gefahrenabwehr bei Bodenerosion

§ 9 Gefahrenabwehr bei Bodenerosion durch Wasser oder Wind. (1) ¹Von dem Vorliegen einer schädlichen Bodenveränderung auf Grund von Bodenerosion durch Wasser oder Wind ist insbesondere auszugehen, wenn erhebliche Mengen Bodenmaterial von einer Erosionsfläche durch Oberflächenabfluss oder Abwehung abgetragen wurden und weitere erhebliche Bodenabträge zu erwarten sind. ²Weitere Bodenabträge nach einem Erosionsereignis sind im Sinne des Satzes 1 zu erwarten, wenn

1. in den zurückliegenden zehn Jahren bereits mindestens in einem weiteren Fall erhebliche Mengen Bodenmaterial von derselben Erosionsfläche abgetragen wurden oder
2. sich aus den Standortdaten und den Daten über die langjährigen Niederschlags- oder Wind- und Witterungsverhältnisse des Gebietes ergibt, dass in einem Zeitraum von zehn Jahren mit hinreichender Wahrscheinlichkeit erneut mit Bodenabträgen gemäß Satz 1 zu rechnen ist.

(2) Anhaltspunkte für das Vorliegen einer schädlichen Bodenveränderung auf Grund von Bodenerosion durch Wasser oder Wind ergeben sich insbesondere, wenn sich auf einer Fläche Erosionsformen oder -schäden in erheblichem Ausmaß zeigen oder außerhalb einer möglichen Erosionsfläche gelegene Bereiche durch erhebliche Mengen abgetragenen Bodenmaterials befrachtet wurden.

(3) ¹Bestehen Anhaltspunkte nach Absatz 2, hat die zuständige Behörde festzustellen, auf welche Erosionsfläche der Bodenabtrag zurückzuführen ist und abzuschätzen, in welchem Umfang Bodenmaterial abgetragen wurde und mit welcher Wahrscheinlichkeit weitere Bodenabträge zu erwarten sind. ²Besteht auf Grund dieser Ermittlungen der hinreichende Verdacht einer schädlichen Bodenveränderung, kann die zuständige Behörde Anordnungen nach § 9 Absatz 2 des Bundes-Bodenschutzgesetzes[1]) treffen.

(4) Zur Bewertung der Erosionsgefährdung ist in der Regel die DIN 19708 oder die DIN 19706 heranzuziehen.

(5) ¹Wird die Erosionsfläche landwirtschaftlich genutzt, soll die nach Landesrecht zuständige landwirtschaftliche Beratungsstelle bei ihrer Beratungstätigkeit einzelfallbezogene erosionsmindernde Maßnahmen für die Bewirtschaftung der Erosionsfläche empfehlen. ²Maßnahmen zur Gefahrenabwehr im Einzelfall werden von der zuständigen Behörde nach § 10 Absatz 1 Satz 1 des Bundes-Bodenschutzgesetzes im Einvernehmen mit der zuständigen Landwirtschaftsbehörde getroffen. ³Maßnahmen nach Satz 2 können auch solche sein, die sich aus den Grundsätzen der guten fachlichen Praxis nach § 17 Absatz 2 des Bundes-Bodenschutzgesetzes ergeben.

Unterabschnitt 2. Untersuchung, Bewertung und Sanierung schädlicher Bodenveränderungen und Altlasten

§ 10 Erforderlichkeit von Untersuchungen. (1) ¹Anhaltspunkte im Sinne des § 9 Absatz 1 Satz 1 des Bundes-Bodenschutzgesetzes[1]) für das Vorliegen einer Altlast bestehen bei einem Altstandort insbesondere, wenn auf Grundstücken über einen längeren Zeitraum oder in erheblicher Menge mit Schadstoffen umgegangen wurde und die jeweilige Betriebs-, Bewirtschaftungs- oder Verfahrensweise oder Störungen des bestimmungsgemäßen Betriebs nicht unerhebliche Einträge solcher Stoffe in den Boden vermuten lassen. ²Die jeweilige Betriebsweise lässt einen solchen Eintrag insbesondere vermuten, wenn die angewendeten Sicherheitsmaßnahmen erheblich vom heutigen Stand der Technik abweichen. ³Bei Altablagerungen sind diese Anhaltspunkte insbesondere dann gegeben, wenn die Art des Betriebs oder der Zeitpunkt der Stilllegung den Verdacht nahelegen, dass Abfälle nicht sachgerecht behandelt, gelagert oder abgelagert wurden.

(2) ¹Absatz 1 Satz 1 gilt für schädliche Bodenveränderungen durch Schadstoffe entsprechend. ²Anhaltspunkte für das Vorliegen einer schädlichen Bodenveränderung ergeben sich auch durch Hinweise auf

1. den Eintrag von Schadstoffen über einen längeren Zeitraum oder in erheblicher Menge über die Luft oder Gewässer oder durch eine Aufbringung erheblicher Frachten an Abfällen oder Abwässern auf Böden,
2. eine erhebliche Freisetzung von Schadstoffen aus Böden mit naturbedingt höheren Gehalten,
3. erhöhte Schadstoffgehalte in Nahrungs- oder Futterpflanzen am Standort oder
4. das Austreten von Wasser mit erheblichen Frachten an Schadstoffen aus Böden oder Altablagerungen

sowie aus Erkenntnissen auf Grund allgemeiner Untersuchungen oder von Erfahrungswerten aus Vergleichssituationen insbesondere zur Ausbreitung von Schadstoffen.

---

[1]) Nr. **299**.

(3) Bestehen Anhaltspunkte für das Vorliegen einer Altlast oder einer schädlichen Bodenveränderung, soll die altlastverdächtige Fläche oder die Verdachtsfläche zunächst einer orientierenden Untersuchung nach § 12 unterzogen werden.

(4) Konkrete Anhaltspunkte, die den hinreichenden Verdacht einer schädlichen Bodenveränderung oder Altlast im Sinne des § 9 Absatz 2 Satz 1 des Bundes-Bodenschutzgesetzes begründen, liegen in der Regel vor, wenn Untersuchungen eine Überschreitung von Prüfwerten nach Anlage 2 Tabelle 2 bis 4 oder 6 bis 8 ergeben oder wenn auf Grund einer Sickerwasserprognose eine Überschreitung von Prüfwerten nach Anlage 2 Tabelle 2 oder 3 zu erwarten ist.

(5) [1]Besteht der hinreichende Verdacht einer schädlichen Bodenveränderung oder Altlast, soll eine Detailuntersuchung nach § 13 durchgeführt werden. [2]Von einer Detailuntersuchung kann abgesehen werden, wenn Gefahren, erhebliche Nachteile oder erhebliche Belästigungen nach Feststellung der zuständigen Behörde mit einfachen Mitteln abgewehrt oder auf andere Weise beseitigt werden können.

(6) Wenn auf Grund der örtlichen Umstände oder nach den Ergebnissen von Bodenluft- oder Deponiegasuntersuchungen Anhaltspunkte für die Ausbreitung von flüchtigen Schadstoffen aus einer Verdachtsfläche oder altlastverdächtigen Fläche in Gebäude bestehen, soll im Rahmen der Detailuntersuchung eine Untersuchung der Innenraumluft erfolgen; die Aufgaben und Befugnisse anderer Behörden bleiben unberührt.

(7) Im Rahmen von Untersuchungsanordnungen nach § 9 Absatz 2 Satz 1 des Bundes-Bodenschutzgesetzes können auch wiederkehrende Untersuchungen der Schadstoffausbreitung und der hierfür maßgebenden Umstände angeordnet werden.

§ 11 Allgemeine Anforderungen an Untersuchungen. (1) Bei der Festlegung des Untersuchungsumfangs sind alle verfügbaren Informationen, insbesondere die Kenntnisse oder begründeten Vermutungen über das Vorkommen bestimmter Schadstoffe und deren Verteilung, die sich im Sinne des § 4 Absatz 4 des Bundes-Bodenschutzgesetzes[1] ergebenden Schutzbedürfnisse sowie die sonstigen beurteilungserheblichen örtlichen Umstände zu berücksichtigen.

(2) Bei der Untersuchung zum Wirkungspfad Boden-Mensch sind als Nutzungen zu unterscheiden:
1. Kinderspielflächen,
2. Wohngebiete,
3. Park- und Freizeitanlagen sowie
4. Industrie- und Gewerbegrundstücke.

(3) Bei der Untersuchung zum Wirkungspfad Boden-Nutzpflanze sind als Nutzungen zu unterscheiden:
1. Ackerflächen und Nutzgärten sowie
2. Grünlandflächen.

(4) Probenahme und -analyse sind nach Abschnitt 4 durchzuführen.

§ 12 Orientierende Untersuchung. (1) Ziel der orientierenden Untersuchung ist, auf der Grundlage der Ergebnisse der Erfassung mit Hilfe örtlicher Unter-

---

[1] Nr. 299.

suchungen, insbesondere Messungen, festzustellen, ob ein hinreichender Verdacht für das Vorliegen einer Altlast oder einer schädlichen Bodenveränderung besteht.

(2) Bei altlastverdächtigen Altablagerungen sollen neben der Charakterisierung des Schadstoffpotenzials des Ablagerungsmaterials insbesondere Untersuchungen der vom Abfallkörper ausgehenden Wirkungen durch Ausgasung leichtflüchtiger Stoffe und Deponiegas hinsichtlich des Übergangs von Schadstoffen in das Grundwasser durchgeführt werden.

(3) [1] Wird bei Untersuchungen für den Wirkungspfad Boden-Grundwasser ein Prüfwert nach Anlage 2 Tabelle 1 oder 3 am Ort der Probennahme überschritten, soll durch eine Sickerwasserprognose abgeschätzt werden, ob zu erwarten ist, dass die Konzentration dieses Schadstoffs im Sickerwasser am Ort der Beurteilung den Prüfwert nach Anlage 2 Tabelle 2 oder 3 übersteigen wird. [2] Ergänzend kann die Einmischung des Sickerwassers in das Grundwasser berücksichtigt werden.

§ 13 Detailuntersuchung. (1) [1] Ziel der Detailuntersuchung ist, mit Hilfe vertiefender und weitergehender Untersuchungen eine abschließende Gefährdungsabschätzung zu ermöglichen. [2] Sie dient insbesondere der Feststellung von Menge und räumlicher Verteilung von Schadstoffen, ihrer mobilen oder mobilisierbaren Anteile, ihrer Ausbreitungsmöglichkeiten im Boden, in Gewässern und in der Luft sowie der Möglichkeit ihrer Aufnahme durch Menschen, Tiere und Pflanzen.

(2) Bei Detailuntersuchungen soll festgestellt werden, ob sich aus räumlich begrenzten Anreicherungen von Schadstoffen innerhalb einer Verdachtsfläche oder altlastverdächtigen Fläche Gefahren ergeben und ob und wie eine Abgrenzung von nicht belasteten Flächen geboten ist.

(3) [1] Im Rahmen der Detailuntersuchung sollen die für die jeweils betroffenen Wirkungspfade im Sinne des § 11 Absatz 2 und 3 maßgeblichen Expositionsbedingungen und die bedeutsamen resorptionsverfügbaren, mobilen oder mobilisierbaren Anteile der Schadstoffgehalte ermittelt werden. [2] Die Resorptionsverfügbarkeit ist nach der DIN 19738 zu bestimmen.

(4) Bei altlastverdächtigen Altablagerungen sollen insbesondere Untersuchungen der vom Abfallkörper ausgehenden Wirkungen hinsichtlich des Übergangs von Schadstoffen in das Grundwasser durch Rückschlüsse und Rückrechnung aus Abstrom-Messungen im Grundwasser unter Berücksichtigung insbesondere auch der Schadstoffkonzentration im Anstrom durchgeführt werden.

(5) [1] Ergibt sich auf Grund einer Abschätzung nach § 12 Absatz 3 der hinreichende Verdacht einer schädlichen Bodenveränderung oder Altlast, sollen durch eine weitergehende Sickerwasserprognose die Schadstoffeinträge in das Grundwasser abgeschätzt werden. [2] Ergänzend kann die zuständige Behörde eine Einmischungsprognose verlangen.

(6) Die Detailuntersuchung kann auch die Ermittlung natürlich ablaufender Abbau- und Rückhalteprozesse umfassen, soweit sie als Standortbedingungen bei der Gefährdungsabschätzung zu berücksichtigen sind.

§ 14 Sickerwasserprognose. (1) Die Prognose der Stoffkonzentration für einen Prüfwertvergleich am Ort der Beurteilung kann, auch unter Anwendung von Stofftransportmodellen, vorgenommen werden

1. auf der Grundlage von Materialuntersuchungen durch Elution mit Wasser in Verbindung mit einer Transportprognose,
2. durch Rückschlüsse oder Rückrechnungen aus Untersuchungen im Grundwasserabstrom unter Berücksichtigung der Stoffkonzentration im Grundwasser-

anstrom, der Verdünnung, des Schadstoffverhaltens in der wasserungesättigten und der wassergesättigten Bodenzone sowie des Schadstoffinventars im Boden oder

3. auf der Grundlage von in situ-Untersuchungen.

(2) Wenn im Einzelfall ein Eindringen von sauren Sickerwässern, ein Eindringen von Lösevermittlern oder eine Änderung des Redukions- und Oxidations-Potentials zu erwarten ist, sollen entsprechende weitere Extraktions-, Elutions- oder Perkolationsverfahren angewendet werden.

(3) ¹Bei der Prognose ist insbesondere die Abbau- und Rückhaltewirkung der wasserungesättigten Zone zu berücksichtigen. ²Hierbei sind insbesondere folgende Kriterien maßgebend:

1. Länge der Sickerstrecke,
2. Bodenart,
3. Gehalt an organischer Substanz,
4. pH-Wert,
5. Sickerwasserrate,
6. Grundwasserneubildungsrate sowie
7. Mobilität, Mobilisierbarkeit und Abbaubarkeit der Stoffe.

(4) Bei direkter Beprobung und Untersuchung von Sickerwasser und Grundwasser ist bei der Bewertung die witterungsbedingte Variabilität der ermittelten Stoffkonzentrationen zu berücksichtigen.

(5) ¹Bei der Einmischungsprognose gemäß § 12 Absatz 3 und § 13 Absatz 5 soll die Einmischung des Sickerwassers in das Grundwasser über eine pauschale Einmischtiefe von einem Meter rechnerisch berücksichtigt werden. ²Die Bezugsfläche dieses anrechenbaren Grundwasservolumens ist diejenige, auf der Prüfwertüberschreitungen im Sickerwasser festgestellt oder abgeschätzt werden.

§ 15 Bewertung.

(1) ¹Die Ergebnisse der Untersuchungen nach den §§ 12 bis 14 sind unter Beachtung der Umstände des Einzelfalls, insbesondere anhand der Prüf- und Maßnahmenwerte nach Anlage 2 unter Berücksichtigung der jeweiligen Anwendungshinweise, zu bewerten. ²Die Prüf- und Maßnahmenwerte nach Anlage 2 Tabelle 4 bis 8 gelten für die in Anlage 3 Tabelle 3 genannten Beprobungstiefen. ³Für die dort für den Wirkungspfad Boden-Nutzpflanze jeweils genannten größeren Beprobungstiefen sind die 1,5-fachen Werte maßgeblich.

(2) Werden nach den durchgeführten Untersuchungen und Prognosen die in Anlage 2 Tabelle 1 bis 4 und 6 bis 8 festgelegten Prüfwerte nicht überschritten, besteht insoweit nicht der Verdacht einer schädlichen Bodenveränderung oder Altlast.

(3) ¹Die Ergebnisse der Detailuntersuchung sind unter Beachtung der Umstände des Einzelfalls daraufhin zu bewerten, inwieweit Sanierungs-, Schutz- oder Beschränkungsmaßnahmen im Sinne des § 2 Absatz 7 und 8 des Bundes-Bodenschutzgesetzes[1]) erforderlich sind. ²Treffen im Einzelfall alle bei der Ableitung eines Prüfwertes angenommenen ungünstigen Umstände zusammen, können Maßnahmen bereits dann erforderlich sein, wenn der Gehalt oder die Konzentration eines Schadstoffes geringfügig oberhalb des jeweiligen Prüfwertes liegt.

(4) ¹Wenn in dieser Verordnung für einen Schadstoff kein Prüf- oder Maßnahmenwert festgelegt ist, sind für seine Bewertung die zur Ableitung der fest-

---

[1]) Nr. **299**.

gelegten Prüf- und Maßnahmenwerte dieser Verordnung herangezogenen Methoden und Maßstäbe zu beachten. ²Die Methoden und Maßstäbe sind im Bundesanzeiger Nummer 161a vom 28. August 1999 veröffentlicht.

(5) Erfolgt innerhalb einer Verdachtsfläche oder altlastverdächtigen Fläche auf Teilflächen eine von der vorherrschenden Nutzung abweichende empfindlichere Nutzung, sind diese Teilflächen nach den für ihre Nutzung festgelegten Prüf- und Maßnahmenwerten zu bewerten.

(6) ¹Naturbedingt erhöhte Gehalte an Schadstoffen begründen nur dann den Verdacht einer schädlichen Bodenveränderung, wenn diese Stoffe durch Einwirkungen auf den Boden in erheblichem Umfang freigesetzt wurden oder werden. ²Bei Böden mit großflächig siedlungsbedingt erhöhten Schadstoffgehalten kann ein Vergleich dieser Gehalte mit den im Einzelfall ermittelten Schadstoffgehalten in die Gefahrenbeurteilung einbezogen werden.

(7) Neben dem Eintrag über das Sickerwasser sind auch Einträge von Schadstoffen über die Bodenluft oder über flüssige Phasen in das Grundwasser bei der Bewertung zu berücksichtigen.

(8) Bei der Bewertung der Untersuchungsergebnisse und der Entscheidung über die zu treffenden Maßnahmen ist zu berücksichtigen, ob erhöhte Schadstoffkonzentrationen im Sickerwasser oder andere Schadstoffausträge auf Dauer nur geringe Schadstofffrachten und nur lokal begrenzt erhöhte Schadstoffkonzentrationen in Gewässern erwarten lassen.

§ 16 Sanierungsuntersuchungen und Sanierungsplanung.

(1) Ziel von Sanierungsuntersuchungen ist, anhand eines Sanierungsziels zu ermitteln, mit welchen Maßnahmen eine Sanierung im Sinne des § 4 Absatz 3 des Bundes-Bodenschutzgesetzes[1]) erreicht werden kann, inwieweit Veränderungen des Bodens nach der Sanierung verbleiben und welche rechtlichen, organisatorischen und finanziellen Umstände für die Durchführung der Maßnahmen von Bedeutung sind.

(2) ¹Im Rahmen von Sanierungsuntersuchungen sind die geeigneten, erforderlichen und angemessenen Maßnahmen unter Berücksichtigung von Maßnahmenkombinationen zu ermitteln. ²Insbesondere sind die Eignung der Verfahren, deren technische Durchführbarkeit, Zuverlässigkeit, Verfügbarkeit und Nachhaltigkeit, der erforderliche Zeitaufwand, die Wirkungsdauer der Maßnahmen und deren Überwachungsmöglichkeiten, die Erfordernisse der Nachsorge und die Nachbesserungsmöglichkeiten, die Auswirkungen auf die Betroffenen im Sinne des § 12 Satz 1 des Bundes-Bodenschutzgesetzes und auf die Umwelt, Zulassungserfordernisse sowie die Entstehung, Verwertung und Beseitigung von Abfällen zu prüfen und miteinander zu vergleichen. ³Die Ergebnisse der Prüfung und das danach vorzugswürdige Maßnahmenkonzept sind mit einer Abschätzung der Kosten darzustellen.

(3) ¹Bei der Erstellung eines Sanierungsplans sind die Maßnahmen nach § 13 Absatz 1 Satz 1 Nummer 3 des Bundes-Bodenschutzgesetzes textlich und zeichnerisch vollständig darzustellen. ²Im Sanierungsplan ist darzulegen, dass die vorgesehenen Maßnahmen geeignet sind, dauerhaft Gefahren, erhebliche Nachteile oder erhebliche Belästigungen für den Einzelnen oder die Allgemeinheit zu vermeiden. ³Darzustellen sind insbesondere auch die Auswirkungen der Maßnahmen auf die Umwelt und die voraussichtlichen Kosten sowie die erforderlichen Zulassungen,

---

[1]) Nr. **299**.

auch soweit ein verbindlicher Sanierungsplan nach § 13 Absatz 6 des Bundes-Bodenschutzgesetzes diese nicht einschließen kann.

(4) Über die in § 13 Absatz 1 Satz 1 des Bundes-Bodenschutzgesetzes aufgeführten Angaben hinaus soll ein Sanierungsplan Angaben enthalten zu
1. den Standortverhältnissen,
2. der äußeren Abgrenzung des Sanierungsplans sowie dem Einwirkungsbereich, der durch die Altlast und die Schadstoffausbreitung bereits betroffen ist oder der durch die vorgesehenen Maßnahmen zu prognostizieren ist,
3. der technischen Ausgestaltung von Sanierungsmaßnahmen sowie Art und Umfang sonstiger Maßnahmen, den Elementen und dem Ablauf der Sanierung,
4. fachspezifischen Berechnungen zu den Maßnahmenkomponenten,
5. den Eigenkontrollmaßnahmen zur Überprüfung der sachgerechten Ausführung und Wirksamkeit der vorgesehenen Maßnahmen,
6. den zu behandelnden Mengen und den Transport-, Verwertungs- und Entsorgungswegen,
7. den getroffenen behördlichen Entscheidungen und den geschlossenen öffentlich-rechtlichen Verträgen, die sich auf die Erfüllung der Pflichten nach § 4 des Bundes-Bodenschutzgesetzes auswirken,
8. den behördlichen Zulassungserfordernissen für die durchzuführenden Maßnahmen,
9. den für eine Verbindlichkeitserklärung nach § 13 Absatz 6 des Bundes-Bodenschutzgesetzes durch die zuständige Behörde geforderten Angaben und Unterlagen sowie
10. dem Zeitplan und den Kosten.

(5) Soll Bodenmaterial im Rahmen der Sanierung im Bereich derselben schädlichen Bodenveränderung oder Altlast oder innerhalb des Gebietes eines für verbindlich erklärten Sanierungsplans umgelagert werden, sind die Anforderungen nach § 4 Absatz 3 des Bundes-Bodenschutzgesetzes zu erfüllen.

§ 17 Sanierungsmaßnahmen, Schutz- und Beschränkungsmaßnahmen, natürliche Schadstoffminderung. (1) Dekontaminations- und Sicherungsmaßnahmen müssen gewährleisten oder wesentlich dazu beitragen, dass durch im Boden oder in Altlasten verbleibende Schadstoffe und deren Umwandlungsprodukte dauerhaft keine Gefahren, erheblichen Nachteile oder erheblichen Belästigungen für den Einzelnen oder die Allgemeinheit bestehen.

(2) [1] Wenn Schadstoffe nach § 4 Absatz 5 des Bundes-Bodenschutzgesetzes[1)] zu beseitigen sind und eine Vorbelastung besteht, sind von den nach § 4 Absatz 3, 5 oder 6 des Bundes-Bodenschutzgesetzes Pflichtigen grundsätzlich die Leistungen zu verlangen, die sie ohne Vorbelastung zu erbringen hätten. [2] Die zuvor bestehenden Nutzungsmöglichkeiten des Grundstücks sollen wiederhergestellt werden.

(3) [1] Nach Abschluss einer Dekontaminationsmaßnahme ist das Erreichen des Sanierungsziels gegenüber der zuständigen Behörde nachzuweisen. [2] Die Wirksamkeit von Sicherungsmaßnahmen ist für den von der zuständigen Behörde bestimmten Zeitraum zu überwachen und zu gewährleisten sowie gegenüber der zuständigen Behörde nachzuweisen.

(4) Im Rahmen der Entscheidung über Sanierungsmaßnahmen kann die natürliche Schadstoffminderung berücksichtigt werden, wenn

---

[1)] Nr. **299**.

1. die Schadstoffminderungsprozesse identifiziert und hinreichend quantifizierbar sind,
2. die voraussichtliche Zeitdauer sowie Prognoseunsicherheiten beachtet werden,
3. Zwischenziele und Überwachungsmaßnahmen festgelegt werden und
4. Verdünnungsprozesse im Gesamtkonzept nur eine untergeordnete Rolle spielen.

(5) [1] Auf land- oder forstwirtschaftlich genutzten Flächen kommen bei schädlichen Bodenveränderungen oder Altlasten insbesondere Schutz- und Beschränkungsmaßnahmen durch Anpassungen der Nutzung und der Bewirtschaftung von Böden sowie Maßnahmen zur Veränderungen der Bodenbeschaffenheit in Betracht. [2] Über Art und Umfang der Maßnahmen ist zwischen den zuständigen Behörden Einvernehmen herzustellen. [3] Über die Durchführung der getroffenen Schutz- und Beschränkungsmaßnahmen sind von den nach § 4 Absatz 3, 5 oder 6 des Bundes-Bodenschutzgesetzes Pflichtigen Aufzeichnungen zu führen, zehn Jahre lang aufzubewahren und der zuständigen Behörde auf Verlangen vorzulegen. [4] § 17 Absatz 3 des Bundes-Bodenschutzgesetzes bleibt unberührt.

(6) Maßnahmen zur Abwehr gegenwärtiger Gefahren können von der zuständigen Behörde auch ohne vorherige Untersuchung ergriffen oder angeordnet werden.

Abschnitt 4. Vorerkundung, Probennahme und -analyse

§ 18 Vorerkundung. (1) Die Vorerkundung von Böden in situ und von Materialien in Haufwerken dient
1. einer Einschätzung der Beschaffenheit der Böden und Materialien, insbesondere zur Ermittlung des erforderlichen Untersuchungsumfangs und analytischen Untersuchungsbedarfs,
2. als Grundlage einer repräsentativen Probennahme, insbesondere zur Entwicklung einer geeigneten Probennahmestrategie und
3. der Bewertung der Ergebnisse analytischer Untersuchungen, insbesondere bei deren Übertragung auf den Untersuchungsraum.

(2) [1] Im Rahmen der Vorerkundung sind vorhandene Hintergrundinformationen zu ermitteln und auszuwerten. [2] Hierzu zählen aktuelle und historische Unterlagen, Luftbilder und Karten sowie Auskünfte und Stellungnahmen zuständiger Behörden.

(3) [1] Die gewonnenen Erkenntnisse sind durch eine Inaugenscheinnahme auf ihre Plausibilität zu überprüfen und, soweit dies für das weitere Vorgehen erforderlich ist, zu vertiefen und zu ergänzen. [2] Im Rahmen der Inaugenscheinnahme sind insbesondere Auffälligkeiten in Hinblick auf anthropogene Veränderungen der Böden zu dokumentieren.

(4) Bei der Vorerkundung sind die Anforderungen der DIN 19731 zu beachten.

(5) Liegen keine geeigneten bodenbezogenen Informationen vor, soll eine bodenkundliche Kartierung oder Bodenansprache auf der Grundlage der „Arbeitshilfe für die Bodenansprache im vor- und nachsorgenden Bodenschutz – Auszug aus der Bodenkundlichen Kartieranleitung KA 5" in dem Umfang durchgeführt werden, der für die jeweilige Fragestellung erforderlich ist.

§ 19 Allgemeine Anforderungen an die Probennahme. (1) [1] Die Probennahme ist von Sachverständigen im Sinne des § 18 des Bundes-Bodenschutzgesetzes[1]) oder Personen mit vergleichbarer Sachkunde zu entwickeln und zu begründen, zu begleiten und zu dokumentieren. ²Die Probennahme ist von einer nach DIN EN ISO/IEC 17025 oder DIN EN ISO/IEC 17020 akkreditierten oder nach Regelungen der Länder gemäß § 18 Satz 2 des Bundes-Bodenschutzgesetzes notifizierten Untersuchungsstelle durchzufühlen.

(2) Die Probennahme muss sicherstellen, dass die zu untersuchenden Böden oder Materialien, dem Ziel der Untersuchung entsprechend, hinreichend repräsentativ erfasst werden.

(3) ¹Die Probennahme hat insbesondere das jeweilige Ziel der Untersuchung, die örtlichen Umstände, die Eigenarten des zu untersuchenden Materials, die zu untersuchenden Parameter sowie den erforderlichen Umfang an Genauigkeit und Zuverlässigkeit der Ergebnisse zu berücksichtigen. ²Die Hinweise der DIN ISO 10381-1 sind zu berücksichtigen.

(4) Liegen Hinweise auf Inhomogenitäten oder Heterogenitäten in dem zu untersuchenden Boden in situ oder in dem zu untersuchenden Haufwerk vor, ist für die Probennahme, soweit möglich, eine für die jeweilige Fragestellung geeignete Untergliederung in Teilbereiche vorzunehmen.

(5) ¹Vermutete Schadstoffanreicherungen sind gezielt zu beproben. ²Die Zahl und die räumliche Anordnung der Probennahmestellen sind so zu planen, dass eine räumliche Abgrenzung von Schadstoffanreicherungen erfolgen, ein Belastungsverdacht geklärt und eine mögliche Gefahr bewertet werden kann.

(6) Wenn die jeweilige Fragestellung Mischproben erfordert, sollen diese in der Regel aus 20 Einzelstichproben je Teilbereich hergestellt werden.

(7) Bei vorbereitenden Schritten zur Gewinnung der Feldprobe, wie der Grobsortierung, der Grobzerkleinerung und der Klassierung des zu untersuchenden Materials, sind die Hinweise der DIN 19747 zu beachten.

(8) ¹Grobe Materialien mit einer Korngröße von mehr als 2 Millimetern sowie Fremdbestandteile und Störstoffe, die möglicherweise Schadstoffe enthalten oder denen diese anhaften können, sind bei Feststoffuntersuchungen aus der gesamten Probenmenge zu entnehmen und gesondert der Laboruntersuchung zuzuführen. ²Ihr Masseanteil an dem beprobten Bodenhorizont oder der Schichteinheit ist zu ermitteln, zu dokumentieren und bei der Bewertung der Messergebnisse einzubeziehen.

(9) Die Probennahme bei Bodenluft- und Deponiegasuntersuchungen richtet sich nach Anlage 3 Tabelle 8.

§ 20 Besondere Anforderungen an die Probennahme aus Böden in situ.

(1) ¹Böden sind in der Regel horizontweise zu beproben. ²Grundlage für die Ermittlung der Horizontabfolge ist die „Arbeitshilfe für die Bodenansprache im vor- und nachsorgenden Bodenschutz – Auszug aus der Bodenkundlichen Kartieranleitung KA 5". ³Ist eine eindeutige Horizontansprache nicht möglich, sind für den Wirkungspfad Boden-Nutzpflanze die Beprobungstiefen nach Anlage 3 Tabelle 3 heranzuziehen.

(2) ¹Zur Bestimmung der Beprobungstiefe für den Wirkungspfad Boden-Mensch gilt bei Untersuchung auf anorganische und schwerflüchtige organische Schadstoffe die Anlage 3 Tabelle 3. ²Sind in den Beprobungstiefen Horizontwechsel vorhanden, ist zusätzlich eine Beprobung nach Horizonten vorzunehmen, wenn dies für die jeweilige Fragestellung erforderlich ist.

---

[1]) Nr. **299**.

(3) Zur Probengewinnung sind Verfahren anzuwenden, die in der DIN EN ISO 22475-1 und der DIN ISO 10381-2 aufgeführt sind.

§ 21 Besondere Anforderungen an die Probennahme aus Haufwerken.

(1) Die Beprobung von Haufwerken ist gemäß der „Richtlinie für das Vorgehen bei physikalischen, chemischen und biologischen Untersuchungen im Zusammenhang mit der Verwertung/Beseitigung von Abfällen" (LAGA PN 98) vorzunehmen.

(2) Die gemäß LAGA PN 98 im Regelfall vorgesehene Anzahl von Laborproben kann für größere Chargen von Bodenmaterial, wie aufgemietete Homogenbereiche im Sinne der DIN 18300, in Abstimmung mit der zuständigen Behörde im Einzelfall verringert werden, wenn insbesondere durch eine Vorerkundung oder Vor-Ort-Analytik eine homogene Schadstoffverteilung hinreichend belegt ist.

§ 22 Zusätzliche wirkungspfadbezogene Anforderungen an die Probennahme bei orientierenden Untersuchungen und Detailuntersuchungen.

(1) Beim Wirkungspfad Boden-Mensch sind im Rahmen der Festlegung der Probennahmestellen und der Beprobungstiefe auch Ermittlungen zu den im Einzelfall vorliegenden Expositionsbedingungen vorzunehmen, insbesondere über die
1. tatsächliche Nutzung der Fläche nach Art, Häufigkeit und Dauer,
2. Zugänglichkeit der Fläche,
3. Versiegelung der Fläche und über den Aufwuchs,
4. Möglichkeit der inhalativen Aufnahme von Bodenpartikeln und
5. Relevanz weiterer Wirkungspfade.

(2) [1] Beim Wirkungspfad Boden-Mensch gilt für die Beurteilung der Gefahren durch orale und dermale Aufnahme die Beprobungstiefe nach Anlage 3 Tabelle 3. [2] Werden leichtflüchtige Schadstoffe untersucht, um gemäß § 10 Absatz 6 Anhaltspunkte für die Ausbreitung dieser Stoffe in Gebäude hinein zu ermitteln, richten sich die Beprobungstiefen nach dem dazu verwendeten Expositionsszenario (Boden-Bodenluft-Innenraumluft). [3] Für die inhalative Aufnahme von Bodenpartikeln sind in der Regel die obersten 2 Zentimeter des Bodens maßgebend. [4] Bei Überschreitung ist zur Bewertung der Prüfwerte die Feinkornfraktion bis 63 Mikrometer heranzuziehen.

(3) [1] Beim Wirkungspfad Boden-Mensch kann bei Flächen unter 500 Quadratmetern sowie in Hausgärten oder sonstigen Gärten entsprechender Nutzung auf eine Teilung verzichtet werden. [2] Für Flächen über 10 000 Quadratmetern sollen mindestens jedoch zehn Teilflächen beprobt werden.

(4) [1] Beim Wirkungspfad Boden-Nutzpflanze ist bei Ackerflächen oder Grünlandflächen mit annähernd gleichmäßiger Bodenbeschaffenheit und Schadstoffverteilung auf Flächen bis 10 Hektar in der Regel für jeweils 1 Hektar, mindestens aber von drei Teilflächen, je eine Mischprobe nach § 19 Absatz 6 entsprechend den Beprobungstiefen zu entnehmen. [2] Bei Flächen unter 5 000 Quadratmetern kann auf eine Teilung verzichtet werden. [3] Für Flächen über 10 Hektar sollen mindestens jedoch zehn Teilflächen beprobt werden. [4] In Nutzgärten soll die Probennahme in der Regel durch Entnahme einer grundstücksbezogenen Mischprobe nach § 19 Absatz 6 für jede Beprobungstiefe erfolgen.

(5) [1] Beim Wirkungspfad Boden-Grundwasser ist zur Feststellung der vertikalen Schadstoffverteilung die wasserungesättigte Bodenzone bis unterhalb einer mutmaßlichen Schadstoffanreicherung unter besonderer Berücksichtigung der Zone

schwankender Grundwasserstände zu beproben. ²Im Untergrund dürfen abweichend von § 20 Absatz 1 Satz 1 Proben aus Tiefenintervallen bis zu 1 Meter entnommen werden. ³In begründeten Fällen ist die Zusammenfassung engräumiger Bodenhorizonte oder -schichten bis zu 1 Meter Tiefenintervall zulässig. ⁴Die Beprobungstiefe ist zu verringern, wenn erkennbar wird, dass bei Durchbohrung von Wasser stauenden Schichten im Untergrund eine hierdurch entstehende Verunreinigung des Grundwassers zu besorgen ist. ⁵Ist das Durchbohren von Wasser stauenden Schichten erforderlich, sind besondere Sicherungsmaßnahmen zu ergreifen.

§ 23 Konservierung, Transport und Aufbewahrung von Proben; Probenvorbehandlung, -vorbereitung und -aufarbeitung. (1) Für die Auswahl von Probengefäßen sowie für Konservierung, Transport und Aufbewahrung von Proben sind die DIN ISO 10381-1, die DIN 19747 und die DIN EN ISO 5667-3 zu beachten.

(2) Das Vorgehen bei der Probenvorbehandlung, der Probenvorbereitung und der Probenaufarbeitung für chemische, biologische oder physikalische Untersuchungen von Feststoffproben aus Böden und Materialien richtet sich nach der DIN 19747.

(3) ¹Repräsentative Teile der Proben sind mindestens bis zum Abschluss des Verfahrens als Rückstellproben nach der DIN 19747 aufzubewahren. ²Die zuständige Behörde kann Art und Umfang der Rückstellung nach den Erfordernissen des Einzelfalls festlegen.

§ 24 Physikalisch-chemische und chemische Analyse. (1) Die physikalisch-chemische und chemische Analyse der Proben ist durch eine nach DIN EN ISO/IEC 17025 akkreditierte Untersuchungsstelle durchzuführen.

(2) Die Bestimmung der physikalisch-chemischen Eigenschaften hat nach Anlage 3 Tabelle 1 zu erfolgen.

(3) ¹Zur Bestimmung der Schadstoffgehalte sind aus den nach § 23 vorbehandelten, vorbereiteten und aufgearbeiteten Proben gemäß den nachfolgenden Absätzen Extrakte und Eluate herzustellen und zu analysieren. ²Die Schadstoffgehalte sind auf Trockenmasse zu beziehen, die bei 105 $^\circ$C nach der DIN EN 14346 Methode A gewonnen wurde. ³Bei summarischen Messgrößen, wie etwa PCB, LHKW, BTEX und PAK, sind neben der Summe auch die zugrunde gelegten Einzelergebnisse anzugeben. ⁴Für die Summenbildung bleiben Ergebnisse unterhalb der Bestimmungsgrenze unberücksichtigt.

(4) Die Bestimmung der Gehalte an anorganischen Schadstoffen hinsichtlich
1. der Vorsorgewerte nach Anlage 1 Tabelle 1,
2. der Feststoffwerte nach Anlage 1 Tabelle 4,
3. der Prüfwerte für den Wirkungspfad Boden-Mensch nach Anlage 2 Tabelle 4, mit Ausnahme der Cyanide und von Chrom VI,
4. der Prüf- und Maßnahmenwerte für Arsen und Quecksilber für den Wirkungspfad Boden-Nutzpflanze auf Ackerflächen und in Nutzgärten im Hinblick auf die Pflanzenqualität nach Anlage 2 Tabelle 6 und
5. der Prüf- und Maßnahmenwerte für den Wirkungspfad Boden-Nutzpflanze auf Grünlandflächen im Hinblick auf die Pflanzenqualität nach Anlage 2 Tabelle 7

hat aus dem Königswasser-Extrakt nach der mit den Verfahren nach Nummer 9.2 der DIN EN 13657 oder nach der DIN EN 16174 mit den in Anlage 3 Tabelle 4 angegebenen Verfahren zu erfolgen.

(5) Die Bestimmung der Gehalte an Cyaniden und Chrom VI hinsichtlich der Prüfwerte für den Wirkungspfad Boden-Mensch nach Anlage 2 Tabelle 4 hat mit den in Anlage 3 Tabelle 4 angegebenen Verfahren zu erfolgen.

(6) Die Bestimmung der Gehalte an anorganischen Schadstoffen hinsichtlich

1. der Prüf- und Maßnahmenwerte für Blei, Cadmium und Thallium für den Wirkungspfad Boden-Nutzpflanze auf Ackerflächen und in Nutzgärten im Hinblick auf die Pflanzenqualität nach Anlage 2 Tabelle 6 und
2. der Prüfwerte auf Ackerflächen im Hinblick auf Wachstumsbeeinträchtigungen bei Kulturpflanzen nach Anlage 2 Tabelle 8

hat aus dem Ammoniumnitrat-Extrakt nach der DIN ISO 19730 mit den in Anlage 3 Tabelle 4 angegebenen Verfahren zu erfolgen.

(7) Die Bestimmung der Gehalte an organischen Schadstoffen hinsichtlich

1. der Vorsorgewerte nach Anlage 1 Tabelle 2,
2. der Prüf- und Maßnahmenwerte für den Wirkungspfad Boden-Mensch nach Anlage 2 Tabelle 4 und 5 sowie
3. der Prüf- und Maßnahmenwerte für den Wirkungspfad Boden-Nutzpflanze nach Anlage 2 Tabelle 6 und 7

hat mit den in Anlage 3 Tabelle 5 angegebenen Verfahren zu erfolgen.

(8) Die Bestimmung der flüchtigen Schadstoffe in der Bodenluft hat mit den in Anlage 3 Tabelle 8 angegebenen Analyseverfahren zu erfolgen.

(9) [1] Die Bestimmung der Konzentration anorganischer Schadstoffe hinsichtlich

1. der Eluatwerte nach Anlage 1 Tabelle 4 und 5 sowie
2. der Prüfwerte für den Wirkungspfad Boden-Grundwasser am Ort der Probennahme nach Anlage 2 Tabelle 1 und im Sickerwasser am Ort der Beurteilung nach Anlage 2 Tabelle 2

hat mit den in Anlage 3 Tabelle 6 angegebenen Verfahren zu erfolgen. [2] Für die Herstellung von Eluaten mit Wasser sind die in Anlage 3 Tabelle 2 angegebenen Verfahren anzuwenden.

(10) [1] Die Bestimmung der Konzentration organischer Schadstoffe hinsichtlich

1. der Eluatwerte nach Anlage 1 Tabelle 4 und
2. der Prüfwerte für den Wirkungspfad Boden-Grundwasser am Ort der Probennahme und im Sickerwasser am Ort der Beurteilung nach Anlage 2 Tabelle 3

hat mit den in Anlage 3 Tabelle 7 angegebenen Verfahren zu erfolgen. [2] Absatz 9 Satz 2 gilt entsprechend.

(11) Abweichend von § 23 und den vorstehenden Absätzen dürfen auch andere Verfahren und Methoden zur Probennahme, -vorbehandlung, -vorbereitung und -aufarbeitung sowie zur physikalisch-chemischen und chemischen Analyse angewendet werden, wenn deren Gleichwertigkeit und praktische Eignung

1. durch den Fachbeirat Bodenuntersuchungen allgemein festgestellt und die Feststellung durch das Bundesministerium für Umwelt, Naturschutz und nukleare Sicherheit im Bundesanzeiger veröffentlicht wurde oder
2. vom Anwender im Einzelfall gegenüber der zuständigen Behörde nachgewiesen wird.

Abschnitt 5. Gemeinsame Bestimmungen

§ 25 Fachbeirat Bodenuntersuchungen. (1) [1]Beim Bundesministerium für Umwelt, Naturschutz und nukleare Sicherheit wird ein Fachbeirat Bodenuntersuchungen (FBU) eingerichtet. [2]Er hat die Aufgabe, Erkenntnisse über fortschrittliche Verfahren und Methoden, deren praktische Eignung zur Erfüllung der Anforderungen der §§ 10 bis 15 und des Abschnitts 4 gesichert erscheint, sowie über deren Anwendung zusammenzustellen. [3]Zu diesem Zweck kann der Fachbeirat insbesondere

1. Maßstäbe zur Beurteilung der Gleichwertigkeit und praktischen Eignung von Verfahren und Methoden zur Probennahme, -vorbehandlung, -vorbereitung und -aufarbeitung sowie zur physikalisch-chemischen und chemischen Analyse aufstellen,
2. die Gleichwertigkeit und praktische Eignung von Verfahren und Methoden zur Probennahme, -vorbehandlung, -vorbereitung und -aufarbeitung sowie zur physikalisch-chemischen und chemischen Analyse allgemein feststellen und
3. Empfehlungen zur Eignung von Qualitätssicherungsmaßnahmen einschließlich der zulässigen Ergebnisunsicherheit von Verfahren und Methoden im Sinne der Nummern 1 und 2 abgeben.

(2) [1]In den Fachbeirat sind fachlich qualifizierte und erfahrene Personen aus Bundes- und Landesbehörden, aus der Wissenschaft sowie aus Wirtschaftsbereichen, die vom Vollzug dieser Verordnung berührt sind, zu berufen. [2]Der Fachbeirat soll nicht mehr als zwölf Mitglieder umfassen. [3]Die Mitglieder des Fachbeirats sind nicht weisungsgebunden und nehmen zu den ihnen vorgelegten Fragen auf Grund ihrer fachlichen Qualifikation und Erfahrung Stellung. [4]Die Mitgliedschaft ist ehrenamtlich.

(3) [1]Das Bundesministerium für Umwelt, Naturschutz und nukleare Sicherheit beruft die Mitglieder des Fachbeirats. [2]Der Fachbeirat gibt sich eine Geschäftsordnung und wählt aus seiner Mitte eine Vorsitzende oder einen Vorsitzenden. [3]Die Geschäftsordnung bedarf der Zustimmung des Bundesministeriums für Umwelt, Naturschutz und nukleare Sicherheit.

§ 26 Ordnungswidrigkeiten. Ordnungswidrig im Sinne des § 26 Absatz 1 Nummer 1 des Bundes-Bodenschutzgesetzes[1]) handelt, wer vorsätzlich oder fahrlässig

1. entgegen § 6 Absatz 2, § 7 Absatz 6 Satz 1, auch in Verbindung mit Satz 2, oder § 8 Absatz 5 Satz 1 oder 2 Material aufbringt oder einbringt,
2. entgegen § 6 Absatz 5 Satz 1 eine Untersuchung nicht, nicht richtig, nicht vollständig oder nicht rechtzeitig durchführt und nicht, nicht richtig, nicht vollständig oder nicht rechtzeitig durchführen lässt,
3. entgegen § 6 Absatz 7 Satz 1 eine Dokumentation nicht, nicht richtig oder nicht rechtzeitig erstellt,
4. entgegen § 6 Absatz 7 Satz 2 ein Dokument nicht oder nicht mindestens zehn Jahre aufbewahrt oder nicht oder nicht rechtzeitig vorlegt,
5. entgegen § 6 Absatz 8 Satz 1 eine Anzeige nicht, nicht richtig, nicht vollständig oder nicht rechtzeitig erstattet oder

---

[1]) Nr. **299**.

6. entgegen § 7 Absatz 1 Satz 1 oder § 8 Absatz 1 Satz 1 ein Material oder ein Gemisch verwendet.

§ 27 Zugänglichkeit technischer Regeln und Normen. (1) [1]Die in dieser Verordnung genannten DIN- und ISO-Normen, Normentwürfe und VDI-Richtlinien sind in Anlage 4 mit ihrer vollständigen Bezeichnung aufgeführt und können bei der Beuth-Verlag GmbH, 10772 Berlin, bezogen werden. [2]Die „Arbeitshilfe für die Bodenansprache im vor- und nachsorgenden Bodenschutz – Auszug aus der Bodenkundlichen Kartieranleitung KA 5"; Hannover 2009, kann bei der E. Schweizerbart'sche Verlagsbuchhandlung, 70176 Stuttgart, bezogen werden.

(2) Die in Absatz 1 genannten technischen Regeln und Normen sind bei der Deutschen Nationalbibliothek archivmäßig gesichert niedergelegt.

(3) Verweisungen auf Entwürfe von technischen Normen in den Anlagen beziehen sich jeweils auf die Fassung, die zu dem in der Verweisung angegebenen Zeitpunkt veröffentlicht ist.

§ 28 Übergangsregelung. (1) Werden Materialien bei Verfüllungen von Abgrabungen auf Grund von Zulassungen, die vor dem 16. Juli 2021 erteilt wurden und die Anforderungen an die auf- oder einzubringenden Materialien festlegen, auf oder in den Boden auf- oder eingebracht, sind die Anforderungen dieser Verordnung erst ab dem 1. August 2031 einzuhalten.

(2) Die sich aus § 19 Absatz 1 Satz 1 und 2 ergebenden allgemeinen Anforderungen an die Probennahme sind ab dem 1. August 2028 einzuhalten.

Anlage 1
(zu § 3 Absatz 1 Satz 1 Nummer 1 und Absatz 2, § 5, § 6 Absatz 5 Satz 2 und Absatz 6 Nummer 1, § 7 Absatz 2, 3 und 5, § 8 Absatz 2, Absatz 3 Nummer 1, Absatz 6 Nummer 1 und Absatz 7 Satz 1 und 6, § 24 Absatz 4 Nummer 1 und 2, Absatz 7 Nummer 1, Absatz 9 Nummer 1 und Absatz 10 Nummer 1)

Vorsorgewerte und Werte zur Beurteilung von Materialien

Tabelle 1: Vorsorgewerte für anorganische Stoffe[*1]

Stoff	Vorsorgewert bei Bodenart[*2] Sand	Vorsorgewert bei Bodenart[*2] Lehm/Schluff	Vorsorgewert bei Bodenart[*2] Ton
	[mg/kg TM]		
Arsen	10	20	20
Blei[*3]	40	70	100
Cadmium[*4]	0,4	1	1,5
Chrom$_{gesamt}$	30	60	100
Kupfer	20	40	60
Nickel[*5]	15	50	70
Quecksilber	0,2	0,3	0,3
Thallium	0,5	1	1
Zink[*6]	60	150	200

[*1] **Amtl. Anm.:** Die Vorsorgewerte finden für Böden und Materialien mit einem nach Anlage 3 Tabelle 1 bestimmten Gehalt an organischem Kohlenstoff (TOC-Gehalt) von mehr als 9 Masseprozent keine Anwendung. Für diese Böden und Materialien müssen die maßgeblichen Werte im Einzelfall in Anlehnung an regional vergleichbarer Bodenverhältnisse abgeleitet werden.

[*2] **Amtl. Anm.:** Bodenarten-Hauptgruppen gemäß Bodenkundlicher Kartieranleitung, 5. Auflage, Hannover 2009 (KA 5); stark schluffige Sande, lehmig-schluffige Sande und stark lehmige Sande sind entsprechend der Bodenart Lehm/Schluff zu bewerten.

[*3] **Amtl. Anm.:** Bei Blei gelten bei einem pH-Wert < 5,0 bei der Bodenart Ton die Vorsorgewerte der Bodenart Lehm/Schluff und bei der Bodenart Lehm/Schluff die Vorsorgewerte der Bodenart Sand.
[*4] **Amtl. Anm.:** Bei Cadmium gelten bei einem pH-Wert < 6,0 bei der Bodenart Ton die Vorsorgewerte der Bodenart Lehm/Schluff und bei der Bodenart Lehm/Schluff die Vorsorgewerte der Bodenart Sand.
[*5] **Amtl. Anm.:** Bei Nickel gelten bei einem pH-Wert < 6,0 bei der Bodenart Ton die Vorsorgewerte der Bodenart Lehm/Schluff und bei der Bodenart Lehm/Schluff die Vorsorgewerte der Bodenart Sand.
[*6] **Amtl. Anm.:** Bei Zink gelten bei einem pH-Wert < 6,0 bei der Bodenart Ton die Vorsorgewerte der Bodenart Lehm/Schluff und bei der Bodenart Lehm/Schluff die Vorsorgewerte der Bodenart Sand.

Tabelle 2: Vorsorgewerte für organische Stoffe

Stoff	Vorsorgewert bei TOC-Gehalt ≤ 4 %	Vorsorgewert bei TOC-Gehalt > 4 % bis 9 %[*1]
	[mg/kg TM]	
Summe aus PCB_6 und PCB-118[*2]	0,05	0,1
Benzo(a)pyren	0,3	0,5
PAK_{16}[*3]	3	5

[*1] **Amtl. Anm.:** Für Böden mit einem TOC-Gehalt von mehr als 9 Masseprozent müssen die maßgeblichen Werte im Einzelfall abgeleitet werden.
[*2] **Amtl. Anm.:** Summe aus PCB_6 und PCB-118: Stellvertretend für die Gruppe der polychlorierten Biphenyle (PCB) werden für PCB-Gemische sechs Leit-Kongenere nach Ballschmiter (PCB-Nummer 28, 52, 101, 138, 153, 180) sowie PCB-118 untersucht.
[*3] **Amtl. Anm.:** PAK_{16}: Stellvertretend für die Gruppe der polyzyklischen aromatischen Kohlenwasserstoffe (PAK) werden nach der Liste der Environmental Protection Agency (EPA) 16 ausgewählte PAK untersucht: Acenaphthen, Acenaphthylen, Anthracen, Benzo[a]anthracen, Benzo[a]pyren, Benzo[b]fluoranthen, Benzo[g,h,i]perylen, Benzo[k]fluoranthen, Chrysen, Dibenzo[a,h]anthracen, Fluoranthen, Fluoren, Indeno[1,2,3-cd]pyren, Naphthalin, Phenanthren und Pyren.

Tabelle 3: Zulässige zusätzliche jährliche Frachten an Schadstoffen über alle Eintragspfade

Stoff	Fracht
	[g/ha·a]
Arsen	35
Blei	200
Cadmium	5
$Chrom_{gesamt}$	150
Kupfer	300
Nickel	75
Quecksilber	1
Thallium	1,5
Zink	1 200
Benzo(a)pyren	1

Tabelle 4:. Werte zur Beurteilung von Materialien für das Auf- oder Einbringen unterhalb oder außerhalb einer durchwurzelbaren Bodenschicht

Hinweis: Die Eluatwerte sind mit Ausnahme des Eluatwertes für Sulfat nur maßgeblich, wenn für den betreffenden Stoff der jeweilige Vorsorgewert nach Tabelle 1 oder 2 überschritten wird.

Stoff	Feststoffwert	Eluatwert	
		bei TOC-Gehalt < 0,5 %	bei TOC-Gehalt ≥ 0,5 %
	[mg/kg TM]	[µg/l]	
Anorganische Stoffe			
Arsen	20	8	13
Blei	140	23	43
Cadmium	1	2	4

AltlastenVO 2023   Anl. 2   **BBodSchV 2023 299a**

Stoff	Feststoffwert	Eluatwert	
		bei TOC-Gehalt < 0,5 %	bei TOC-Gehalt ≥ 0,5 %
	[mg/kg TM]	[µg/l]	
Chrom$_{gesamt}$	120	10	19
Kupfer	80	20	41
Nickel	100	20	31
Quecksilber	0,6	0,1	0,1
Thallium	1	0,2	0,3
Zink	300	100	210
Sulfat*1		250 000	250 000
Organische Stoffe			
Summe aus PCB$_6$ und PCB-118	0,1	0,01	0,01
PAK$_{16}$	6		
PAK$_{15}$*2		0,2*3	0,2*3
Naphthalin und Methylnaphthaline		2*3	2*3
Extrahierbare organisch gebundene Halogene (EOX)*4	1		

*1 **Amtl. Anm.:** Bei Überschreitung des Wertes ist die Ursache zu prüfen. Handelt es sich um naturbedingt erhöhte Sulfatkonzentrationen, ist eine Verwertung innerhalb der betroffenen Gebiete möglich. Außerhalb dieser Gebiete ist über die Verwertungseignung im Einzelfall und in Abstimmung mit der zuständigen Behörde zu entscheiden.
*2 **Amtl. Anm.:** PAK$_{15}$: PAK$_{16}$ ohne Naphthalin und Methylnaphthaline.
*3 **Amtl. Anm.:** Eluatwert ist maßgeblich, wenn der Vorsorgewert von PAK$_{16}$ nach Anlage 1 Tabelle 2 überschritten wird.
*4 **Amtl. Anm.:** Bei Überschreitung des Wertes sind die Materialien auf fallspezifische Belastungen hin zu untersuchen.

Tabelle 5: Werte für zusätzlich zu untersuchende Stoffe beim Auf- oder Einbringen von Materialien mit mehr als 10 % Volumenprozent mineralischer Fremdbestandteile unterhalb oder außerhalb einer durchwurzelbaren Bodenschicht

Stoff	Feststoffwert	Eluatwert	
		bei TOC-Gehalt < 0,5 %	bei TOC-Gehalt ≥ 0,5 %
	[mg/kg TM]	[µg/l]	
Antimon	4	5	5
Kobalt	50	26	62
Molybdän	4	35	35
Selen	3	5	5
Vanadium	200	20	35

Anlage 2
(zu § 10 Absatz 4, § 12 Absatz 3, § 15 Absatz 1 Satz 1 und Absatz 2, § 24 Absatz 4 Nummer 3, 4 und 5, Absatz 5 und 6 Nummer 1 und 2, Absatz 7 Nummer 2 und 3, Absatz 9 Nummer 2 und Absatz 10 Nummer 2)

Prüf- und Maßnahmenwert

Tabelle 1: Prüfwerte für anorganische Stoffe für den Wirkungspfad Boden-Grundwasser am Ort der Probennahme

Stoff	Prüfwert bei TOC-Gehalt < 0,5 %	Prüfwert bei TOC-Gehalt ≥ 0,5 %
	[µg/l]	
Antimon	10	10
Arsen	15	25

Stoff	Prüfwert bei TOC-Gehalt < 0,5 %	Prüfwert bei TOC-Gehalt ≥ 0,5 %
	[µg/l]	
Blei	45	85
Bor	1 000	1 000
Cadmium	4	7,5
Chrom$_{gesamt}$	50	50
Chrom$_{VI}$	8	8
Kobalt	50	125
Kupfer	50	80
Molybdän	70	70
Nickel	40	60
Quecksilber	1	1
Selen	10	10
Zink	600	600
Cyanide$_{gesamt}$	50	50
Cyanid$_{leicht\ freisetzbar}$	10	10
Fluorid	1 500	1 500

Tabelle 2: Prüfwerte für anorganische Stoffe für den Wirkungspfad Boden-Grundwasser im Sickerwasser am Ort der Beurteilung

Stoff	Prüfwert
	[µg/l]
Antimon	5
Arsen	10
Blei	10
Bor	1 000
Cadmium	3
Chrom$_{gesamt}$	50
Chrom$_{VI}$	8
Kobalt	10
Kupfer	50
Molybdän	35
Nickel	20
Quecksilber	1
Selen	10
Zink	600
Cyanide$_{gesamt}$	50
Cyanide$_{leicht\ freisetzbar}$	10
Fluorid	1 500

Tabelle 3: Prüfwerte für organische Stoffe für den Wirkungspfad Boden-Grundwasser am Ort der Probennahme und im Sickerwasser am Ort der Beurteilung

Stoff	Prüfwert
	[µg/l]
Aldrin	0,03
Summe alkylierte Benzole (BTEX)[*1]	20
Benzol	1
Summe Chlorbenzole	2
Chlorethen (Vinylchlorid)	0,5
Summe Chlorphenole	2
Hexachlorbenzol (HCB)	0,1
Summe Kohlenwasserstoffe[*2]	200

AltlastenVO 2023 Anl. 2 BBodSchV 2023 299a

Stoff	Prüfwert
	[µg/l]
Summe leichtflüchtige Halogenkohlenwasserstoffe (LHKW)*3	20
Summe Tri- und Tetrachlorethen	10
Methyl-tertiär-butylether (MTBE)	10
Summe Nonylphenole (=4-Nonylphenol, verzweigt und Nonylphenol-Isomere)	3
Pentachlorphenol (PCP)	0,1
Phenol	80
Summe aus PCB_6 und PCB 118	0,01
PAK_{15}*4	0,2
Naphthalin und Methylnaphthaline	2
2,4-Dinitrotoluol	0,05
2,6-Dinitrotoluol	0,05
2,4,6-Trinitrotoluol (TNT)	0,2
2,2', 4,4', 6,6'-Hexanitrodiphenylamin (Hexyl)	2
1,3,5-Trinitro-hexahydro-1,3,5-triazin (Hexogen)	1
Nitropenta (Pentaerythrityltetranitrat (PETN))	10
Perfluorbutansäure (PFBA)	10
Perfluorhexansäure (PFHxA)	6
Perfluoroktansäure (PFOA)	0,1
Perfluornonansäure (PFNA)	0,06
Perfluorbutansulfonsäure (PFBS)	6
Perfluorhexansulfonsäure (PFHxS)	0,1
Perfluoroktansulfonsäure (PFOS)	0,1

*1 **Amtl. Anm.:** Summe Benzol, Toluol, Ethylbenzol und Xylole.
*2 **Amtl. Anm.:** Summe der Kohlenwasserstoffe, die zwischen n-Dekan (C 10) und n-Tetracontan (C 40) von der gaschromatographischen Säule eluieren.
*3 **Amtl. Anm.:** Summe leichtflüchtiger Halogenkohlenwasserstoffe (LHKW): Summe der halogenierten C1- und C2-Kohlenwasserstoffe; einschließlich Trihalogenmethane. Der Prüfwert für Chlorethen ist zusätzlich einzuhalten.
*4 **Amtl. Anm.:** PAK_{15}: PAK_{16} ohne Naphthalin und Methylnaphthaline.

Tabelle 4: Prüfwerte für den Wirkungspfad Boden-Mensch

Stoff	Kinderspielflächen	Wohngebiete	Park- und Freizeitanlagen	Industrie- und Gewerbegrundstücke
	[mg/kg TM]			
Antimon	50	100	250	250
Arsen	25	50	125	140
Blei	200	400	1 000	2 000
Cadmium	10*1	20*1	50	60
Cyanide	50	50	50	100
Chrom$_{gesamt}$*2	200	400	400	200
Chrom$_{VI}$*2	130	250	250	130
Kobalt	300	600	600	300
Nickel	70	140	350	900
Quecksilber	10	20	50	100
Thallium	5	10	25	–
Aldrin	2	4	10	–
2,4-Dinitrotoluol	3	6	15	50
2,6-Dinitrotoluol	0,2	0,4	1	5

Stoff	Kinderspiel-flächen	Wohngebiete	Park- und Freizeitanlagen	Industrie- und Gewerbegrundstücke
	[mg/kg TM]			
DDT (Dichlordiphenyltrichlorethan)	40	80	200	400
Hexachlorbenzol	4	8	20	200
Hexachlorcyclohexan (HCH-Gemisch oder β-HCH)	5	10	25	400
2,2', 4,4', 6,6'-Hexa-nitrodiphenylamin (Hexyl)	150	300	750	1 500
1,3,5-Trinitro-hexahydro-1,3, 5-triazin (Hexogen)	100	200	500	1 000
Nitropenta	500	1 000	2 500	5 000
Pentachlorphenol	50	100	250	500
Polyzyklische Aromatische Kohlenwasserstoffe (PAK$_{16}$) vertreten durch Benzo(a)pyren*3	0,5	1	1	5
PCB$_6$	0,4	0,8	2	40
2,4,6 Trinitrotoluol (TNT)	20	40	100	200

*1 **Amtl. Anm.:** In Haus- und Kleingärten, die sowohl als Aufenthaltsbereiche für Kinder als auch für den Anbau von Nahrungspflanzen genutzt werden, gilt für Cadmium ein Prüfwert von 2,0 mg/kg Trockenmasse.

*2 **Amtl. Anm.:** Bei Überschreitung der Prüfwerte für Chrom$_{gesamt}$ ist der Anteil an Chrom$_{VI}$ zu messen und anhand der Prüfwerte für Chrom VI zu bewerten.

*3 **Amtl. Anm.:** Der Boden ist auf alle PAK$_{16}$ hin zu untersuchen. Die Prüfwerte beziehen sich auf den Gehalt an Benzo(a)pyren im Boden. Benzo(a)pyren repräsentiert dabei die Wirkung typischer PAK-Gemische auf ehemaligen Kokereien, ehemaligen Gaswerksgeländen und ehemaligen Teermischwerken/-öllager. Weicht das PAK-Muster oder der Anteil von Benzo(a)pyren an der Summe der Toxizitätsäquivalente im zu bewertenden Einzelfall deutlich von diesen typischen PAK-Gemischen ab, so ist dies bei der Anwendung der Prüfwerte zu berücksichtigen. Liegen die siedlungsbedingten Hintergrundwerte oberhalb der Prüfwerte für Benzo(a)pyren, ist dies bei der Bewertung der Untersuchungsergebnisse gemäß § 15 zu berücksichtigen.

Tabelle 5: Maßnahmenwerte für den Wirkungspfad Boden-Mensch

Stoff	Kinderspiel-flächen	Wohngebiete	Park- und Freizeitanlagen	Industrie- und Gewerbegrundstücke
	[ng WHO-TEQ*1/kg TM]			
Summe der Dioxine/Furane (PCDD/F) und dl-PCB*2	100	1 000	1 000	10 000

*1 **Amtl. Anm.:** Toxizitätsäquivalente, berechnet unter Verwendung der Toxizitätsäquivalenzfaktoren (WHO-TEF) von 2005.

*2 **Amtl. Anm.:** Summe der Dioxine (polychlorierte Dibenzo-para-dioxine (PCDD) und polychlorierte Dibenzofurane (PCDF)) und dioxinähnlichen polychlorierten Biphenyle (dl-PCB) nach der DIN EN 16190:2019-10.

Tabelle 6: Prüf- und Maßnahmenwerte für den Wirkungspfad Boden-Nutzpflanze auf Ackerflächen und in Nutzgärten im Hinblick auf die Pflanzenqualität

Stoff	Extraktionsverfahren	Prüfwert	Maßnahmenwert
		[mg/kg TM]	
Arsen	Königswasser (KW)	200*1	–
Blei	Ammoniumnitrat (AN)	0,1	
Cadmium	AN	–	0,04/0,1*2
Quecksilber	KW	5	
Thallium	AN	0,1	

Stoff	Methode	Norm
Arsen	ICP-Massenspektrometrie (ICP-MS) möglich, Berücksichtigung von spektralen Störungen bei hohen Matrixkonzentrationen erforderlich	DIN EN 16171:2017-01 DIN EN ISO 17294-2:2017-01
	ICP-AES/ICP-OES	DIN ISO 22036:2009-06
	ICP-MS	DIN EN ISO 17294-2:2017-01
	Hydrid-Atom-absorptionsspektrometrie (Hydrid-AAS)	E DIN ISO 17378-2:2017-01 DIN ISO 20280:2010-05
Quecksilber	AAS-Kaltdampftechnik; bei der Probenvorbehandlung darf die Trocknungstemperatur 40 °C nicht überschreiten	DIN EN ISO 15586:2004-02
	ICP-MS	DIN EN ISO 17294-2:2017-01
Chrom$_{VI}$	alkalisches Heiß-Extraktionsverfahren mit Natronlauge (0,5 mol/l)/Na$_2$CO$_3$-Lösung (0,28 mol/l)	DIN EN 15192:2007-02
Cyanide	Verfahren mittels kontinuierlicher Durchflussanalyse	DIN EN ISO 17380:2013-10

Tabelle 5: Verfahren zur Bestimmung organischer Stoffgehalte

Stoff	Methode	Norm
PAK$_{16}$ Benzo(a)pyren	Extraktion mit Aceton, Zugeben von Petrolether, Entfernen des Acetons, chromatographische Reinigung des Petroletherextraktes; Quantifizierung mittels GC-MS oder Aufnahme des Petroletherextraktes in Acetonitril; Quantifizierung mittels HPLC mit UV/DAD bzw. FLD	DIN ISO 18287:2006-05 DIN EN 16181:2019-08
Hexachlorbenzol	Extraktion mit Aceton/Cyclohexan-Gemisch oder Aceton/Petrolether, ggf. chromatographische Reinigung nach Entfernen des Acetons; Quantifizierung mittels GC-ECD oder GC-MS	DIN ISO 10382:2003-05
Pentachlorphenol	Soxhlet-Extraktion mit Heptan oder Aceton/Heptan (50:50); Derivatisierung mit Essigsäureanhydrid; Quantifizierung mittels GC-ECD oder GC-MS	DIN ISO 14154:2005-12
Aldrin, DDT, Hexachlorcyclohexan (HCH-Gemisch oder β-HCH)	Extraktion mit Aceton/Cyclohexan-Gemisch oder Aceton/Petrolether, ggf. chromatographische Reinigung nach Entfernen des Acetons; Quantifizierung mittels GC-ECD oder GC-MS	DIN ISO 10382:2003-05
PCB$_6$	Extraktion mit Aceton/Cyclohexan-Gemisch oder Aceton/Petrolether, ggf. chromatographische Reinigung nach Entfernen des Acetons; Quantifizierung mittels GC-ECD oder GC-MS	DIN ISO 10382:2003-05 DIN EN 16167:2019-06
PCDD/F, dl-PCB	Soxhlet-Extraktion der Proben mit Toluol, chromatographische Reinigung; Quantifizierung mittels HR GC-MS	DIN 38414-24:2000-10 DIN EN 16190:2019-10
2,4-Dinitrotoluol, 2,6-Dinitrotoluol, 2,2', 4,4', 6,6'-Hexanitrodiphenylamin (Hexyl), 1,3,5-Trinitro-hexahydro-1,3,5-triazin (Hexogen), Nitropenta,	Extraktion mit Methanol oder Acetonitril und Quantifizierung mittels HPLC mit UV/DAD oder Extraktion mit Methanol, Umlösen in Toluol und Quantifizierung mittels GC-ECD oder GC-MS	DIN ISO 11916-1:2014-11 DIN ISO 11916-2:2014-11 für Hexogen und Hexyl ausschließlich: DIN ISO 11916-1:2014-11

Stoff	Methode	Norm
2,4,6-Trinitrotoluol (TNT)		
EOX	Die extrahierbare organisch gebundenen Halogene werden nach Gefriertrocknung und Extraktion mit z.B. Hexan erfasst und im Sauerstoffstrom verbrannt. Die Temperatur im Verbrennungsraum während der gesamten Analysenzeit muss mindestens 950 °C betragen (Gerät, z.B. Microcoulometer).	DIN 38414-17:2017-01

Tabelle 6: Verfahren zur Bestimmung der Konzentration anorganischer Stoffe

Stoff	Methode	Norm
Antimon, Arsen, Barium, Blei, Bor, Cadmium, Chrom gesamt, Kobalt, Kupfer, Molybdän, Nickel, Selen, Thallium, Vanadium, Zink	ICP-AES/ICP-OES ICP-MS möglich	DIN ISO 22036:2009-06 DIN EN ISO 17294-2:2017-01
Arsen, Antimon	AAS-Graphitrohr	DIN EN ISO 15586:2004-02
	ICP-AES/ICP-OES	DIN ISO 22036:2009-06
	ICP-MS	DIN EN ISO 17294-2:2017-01
Chrom$_{VI}$	Trennung und Bestimmung analog der Behandlung der Extraktionslösung	DIN EN 15192:2007-02
Quecksilber	AAS	DIN EN 16175-1:2016-12 DIN EN ISO 12846:2012-08
	ICP-MS	DIN EN ISO 17294-2:2017-01
	Atomfluoreszenz-spektrometrie (AFS)	DIN EN 16175-2:2016-12 DIN EN ISO 17852:2008-04
Selen	ICP-AES/ICP-OES	DIN ISO 22036:2009-06
	ICP-MS	DIN EN ISO 17294-2:2017-01
Cyanide$_{gesamt}$	Spektralphotometrie	DIN 38405-13:2011-04 DIN EN ISO 14403-1:2012-10 DIN EN ISO 14403-2:2012-10
Cyanide$_{leicht\ freisetzbar}$	Spektralphotometrie	DIN 38405-13:2011-04 DIN EN ISO 14403-1:2012-10 DIN EN ISO 14403-2:2012-10
Fluorid, Sulfat	Fluoridsensitive Elektrode	DIN 38405-4:1985-07
	Ionenchromatographie	DIN EN ISO 10304-1:2009-07

Tabelle 7: Verfahren zur Bestimmung der Konzentration organischer Stoffe

Stoff	Methode	Norm
BTEX[*1]	GC-FID (Matrixbelastung beachten), HS-GC-MS	DIN 38407-43:2014-10
	Purge und Trap-Anreicherung und thermischer Desorption	DIN ISO 15680:2004-04
Anthracen	HPLC-F, GC-MS	DIN EN ISO 17993:2004-03 DIN 38407-39:2011-09
Benzo(a)pyren	HPLC-F, GC-MS	DIN EN ISO 17993:2004-03 DIN 38407-39:2011-09
Benzol	HS-GC-MS, HS-SPME GC-MS	DIN 38407-43:2014-10 DIN EN ISO 17943:2016-10
Summe Chlorbenzole	GC-MS	DIN 38407-37:2013-11
Chlorethen (Vinylchlorid)	HS-SPME GC-MS	DIN EN ISO 17943:2016-10

AltlastenVO 2023   Anl. 3   BBodSchV 2023   299a

Stoff	Methode	Norm
Summe Chlorphenole	GC-ECD, GC-MS	DIN EN 12673:1999-05
Pentachlorphenol	GC-ECD, GC-MS	DIN EN 12673:1999-05
Hexachlorbenzol (HCB)	GC-MS	DIN 38407-37:2013-11
Summe Kohlenwasserstoffe[*2]	Extraktion mit Petrolether, gaschromatographische Quantifizierung	DIN EN ISO 9377-2:2001-07
LHKW[*3]	GC-MS GC HS-SPME GC-MS	DIN 38407-43:2014-10 DIN EN ISO 10301:1997-08 DIN EN ISO 17943:2016-10
Methyl-tertiär-butylether (MTBE)	GC-MS, HS-SPME GC-MS	DIN 38407-43:2014-10 DIN EN ISO 17943:2016-10
Naphthalin und Methylnaphthaline	GC-MS Purge und Trap-Anreicherung und thermischer Desorption GC-MS HS-SPME GC-MS	DIN 38407-39:2011-09 DIN EN ISO 15680:2004-04 DIN 38407-43:2014-10 DIN EN ISO 17943:2016-10
Summe Nonylphenol (= 4-Nonylphenol, verzweigt, und Nonylphenol-Isomere)	GC-MS	DIN EN ISO 18857-1:2007-02
Phenole	GC-MS	DIN 38407-27:2012-10
Summe aus PCB$_6$ und PCB-118	GC-MS	DIN 38407-37:2013-11
PAK$_{16}$	HPLC-F, GC-MS	DIN EN ISO 17993:2004-03 DIN 38407-39:2011-09
Summe aus Tri- und Tetrachlorethen	GC-MS HS-SPME GC-MS	DIN 38407-43:2014-10 DIN EN ISO 17943:2016-10
Perfluorbutansäure (PFBA), Perfluoroktansäure (PFOA), Perfluornonansäure (PFNA), Perfluorbutansulfonsäure (PFBS), Perfluorhexansäure (PFHxA), Perfluorhexansulfonsäure (PFHxS), Perfluoroktansulfonsäure (PFOS)	Verfahren mittels Hochleistungs-Flüssigkeitschromatographie und massenspektrometrischer Detektion (HPLC-MS/MS) nach Fest-Flüssig-Extraktion	DIN 38407-42:2011-03 DIN 38414-14:2011-08
2,4-Dinitrotoluol, 2,6-Dinitrotoluol, 2,2', 4,4', 6,6'-Hexanitrodiphenylamin (Hexyl), 1,3,5-Trinitro-hexahydro-1,3,5-triazin (Hexogen), Nitropenta, 2,4,6-Trinitrotoluol (TNT)	HPLC mit UV-Detektion	DIN EN ISO 22478:2006-07

[*1] **Amtl. Anm.:** BTEX: Summe Benzol, Toluol, Ethylbenzol und Xylole.
[*2] **Amtl. Anm.:** Summe der Kohlenwasserstoffe, die zwischen n-Dekan (C 10) und n-Tetracontan (C 40) von der gaschromatographischen Säule eluieren.
[*3] **Amtl. Anm.:** LHKW, gesamt: Leichtflüchtige Halogenkohlenwasserstoffe, d.h. Summe der halogenierten C1- und C2-Kohlenwasserstoffe; einschließlich Trihalogenmethane.

Tabelle 8: Bodenluft- und Deponiegasuntersuchung

Stoff	Methode	Norm
BTEX, LHKW, leichtflüchtige aliphatische Kohlenwasserstoffe (Alkane, Cycloalkane und Alkene mit 5 bis 10 C-Atomen), MTBE	Messplanung Bodenluft	VDI 3865-1:2005-06
	Probennahmetechnik, Messstellen	VDI 3865-2:1998-01
	Anreicherungstechnik	VDI 3865-3:1998-06
	Direktmesstechnik	VDI 3865-4:2000-12
CO_2, CH_4, O_2, N_2, H_2S, NH_3	Messplanung	VDI 3860-4:2012-06
	Bestimmung der Haupt- und Spurenkomponenten	VDI 3860-2:2019-05
	Diffuse CH_4-Ausgasung; oberflächennahe CH_4-Bestimmung	VDI 3860-3:2017-11

Anlage 4
(zu § 27 Absatz 1 Satz 1)

Technische Regeln und Normen

DIN 18300:2019-09
VOB Vergabe- und Vertragsordnung für Bauleistungen – Teil C: Allgemeine Technische Vertragsbedingungen für Bauleistungen (ATV) – Erdarbeiten
DIN EN ISO 17892-4:2017-04
Geotechnische Erkundung und Untersuchung – Laborversuche an Bodenproben – Teil 4: Bestimmung der Korngrößenverteilung
DIN 18915:2018-06
Vegetationstechnik im Landschaftsbau – Bodenarbeiten
DIN 18919:2016-12
Vegetationstechnik im Landschaftsbau – Instandhaltungsleistungen für die Entwicklung und Unterhaltung von Vegetation (Entwicklungs- und Unterhaltungspflege)
DIN 19639:2019-09
Bodenschutz bei der Planung und Durchführung von Bauvorhaben
DIN 19706:2013-02
Bodenbeschaffenheit – Ermittlung der Erosionsgefährdung von Böden durch Wind
DIN 19708:2017-08
Bodenbeschaffenheit – Ermittlung der Erosionsgefährdung von Böden durch Wasser mit Hilfe der ABAG
DIN 19731:1998-05
Bodenbeschaffenheit – Verwertung von Bodenmaterial
DIN 19747:2009-07
Untersuchung von Feststoffen – Probenvorbehandlung, -vorbereitung und -aufarbeitung für chemische, biologische und physikalische Untersuchungen
DIN 19528:2009-01
Elution von Feststoffen – Perkolationsverfahren zur gemeinsamen Untersuchung des Elutionsverhaltens von anorganischen und organischen Stoffen
DIN 19529:2015-12
Elution von Feststoffen – Schüttelverfahren zur Untersuchung des Elutionsverhaltens von anorganischen und organischen Stoffen mit einem Wasser/Feststoff-Verhältnis von 2 l/kg
DIN 19539:2016-12
Untersuchung von Feststoffen – Temperaturabhängige Differenzierung des Gesamtkohlenstoffs (TOC400, ROC, TIC900)
DIN 19738:2017-06
Bodenbeschaffenheit – Resorptionsverfügbarkeit von organischen und anorganischen Schadstoffen aus *kontaminiertem Bodenmaterial*
DIN 32645:2008-11
Chemische Analytik – Nachweis-, Erfassungs- und Bestimmungsgrenze unter Wiederholbedingungen – Begriffe, Verfahren, Auswertung

DIN 38405-4:1985-07
Deutsche Einheitsverfahren zur Wasser-, Abwasser- und Schlammuntersuchung; Anionen (Gruppe D); Bestimmung von Fluorid (D 4)

DIN 38405-13:2011-04
Deutsche Einheitsverfahren zur Wasser-, Abwasser- und Schlammuntersuchung – Anionen (Gruppe D) – Teil 13: Bestimmung von Cyaniden (D 13)

DIN 38407-27:2012-10
Deutsche Einheitsverfahren zur Wasser-, Abwasser- und Schlammuntersuchung – Gemeinsam erfassbare Stoffgruppen (Gruppe F) – Teil 27: Bestimmung ausgewählter Phenole in Grund- und Bodensickerwasser, wässrigen Eluaten und Perkolaten (F 27)

DIN 38407-37:2013-11
Deutsche Einheitsverfahren zur Wasser-, Abwasser- und Schlammuntersuchung – Gemeinsam erfassbare Stoffgruppen (Gruppe F) – Teil 37: Bestimmung von Organochlorpestiziden, Polychlorbiphenylen und Chlorbenzolen in Wasser – Verfahren mittels Gaschromatographie und massenspektrometrischer Detektion (GC-MS) nach Flüssig-Flüssig-Extraktion (F 37)

DIN 38407-39:2011-09
Deutsche Einheitsverfahren zur Wasser-, Abwasser- und Schlammuntersuchung – Gemeinsam erfassbare Stoffgruppen (Gruppe F) – Teil 39: Bestimmung ausgewählter polycyclischer aromatischer Kohlenwasserstoffe (PAK) – Verfahren mittels Gaschromatographie und massenspektrometrischer Detektion (GC-MS) (F 39)

DIN 38407-42:2011-03
Deutsche Einheitsverfahren zur Wasser-, Abwasser- und Schlammuntersuchung – Gemeinsam erfassbare Stoffgruppen (Gruppe F) – Teil 42: Bestimmung ausgewählter polyfluorierter Verbindungen (PFC) in Wasser – Verfahren mittels Hochleistungs-Flüssigkeitschromatographie und massenspektrometrischer Detektion (HPLC-MS/MS) nach Fest-Flüssig-Extraktion (F 42)

DIN 38407-43:2014-10
Deutsche Einheitsverfahren zur Wasser-, Abwasser- und Schlammuntersuchung – Gemeinsam erfassbare Stoffgruppen (Gruppe F) – Teil 43: Bestimmung ausgewählter leichtflüchtiger organischer Verbindungen in Wasser – Verfahren mittels Gaschromatographie und Massenspektrometrie nach statischer Headspacetechnik (HS-GC-MS) (F 43)

DIN 38414-8:1985-06
Deutsche Einheitsverfahren zur Wasser-, Abwasser- und Schlammuntersuchung; Schlamm und Sedimente (Gruppe S); Bestimmung des Faulverhaltens (S 8)

DIN 38414-14:2011-08
Deutsche Einheitsverfahren zur Wasser-, Abwasser- und Schlammuntersuchung – Schlamm und Sedimente (Gruppe S) – Teil 14: Bestimmung ausgewählter polyfluorierter Verbindungen (PFC) in Schlamm, Kompost und Boden – Verfahren mittels Hochleistungs-Flüssigkeitschromatographie und massenspektrometrischer Detektion (HPLC-MS/MS) (S 14)

DIN 38414-17:2017-01
Deutsche Einheitsverfahren zur Wasser-, Abwasser- und Schlammuntersuchung – Schlamm und Sedimente (Gruppe S) – Teil 17: Bestimmung von extrahierbaren organisch gebundenen Halogenen (EOX) (S 17)

DIN 38414-24:2000-10
Deutsche Einheitsverfahren zur Wasser-, Abwasser- und Schlammuntersuchung – Schlamm und Sedimente (Gruppe S) – Teil 24: Bestimmung von polychlorierten Dibenzodioxinen (PCDD) und polychlorierten Dibenzofuranen (PCDF) (S 24)

DIN EN 12673:1999-05
Wasserbeschaffenheit – Gaschromatographische Bestimmung einiger ausgewählter Chlorphenole in Wasser; Deutsche Fassung EN 12673:1998

DIN EN 13657:2003-01
Charakterisierung von Abfällen – Aufschluß zur anschließenden Bestimmung des in Königswasser löslichen Anteils an Elementen in Abfällen; Deutsche Fassung EN 13657:2002

DIN EN 14346:2007-03
Charakterisierung von Abfällen – Berechnung der Trockenmasse durch Bestimmung des Trockenrückstandes oder des Wassergehaltes; Deutsche Fassung EN 14346:2006

DIN EN 15192:2007-02

Charakterisierung von Abfällen und Boden – Bestimmung von sechswertigem Chrom in Feststoffen durch alkalischen Aufschluss und Ionenchromatographie mit photometrischer Detektion; Deutsche Fassung EN 15192:2006

DIN EN 15933:2012-11
Schlamm, behandelter Bioabfall und Boden – Bestimmung des pH-Werts; Deutsche Fassung EN 15933:2012

DIN EN 15934:2012-11
Schlamm, behandelter Bioabfall, Boden und Abfall – Berechnung des Trockenmassenanteils nach Bestimmung des Trockenrückstands oder des Wassergehalts; Deutsche Fassung EN 15934:2012

DIN EN 15936:2012-11
Schlamm, behandelter Bioabfall, Boden und Abfall – Bestimmung des gesamten organischen Kohlenstoffs (TOC) mittels trockener Verbrennung; Deutsche Fassung EN 15936:2012

DIN EN 16167:2019-06
Boden, behandelter Bioabfall und Schlamm – Bestimmung von polychlorierten Biphenylen (PCB) mittels Gaschromatographie mit Massenspektrometrie-Kopplung (GC-MS) und Gaschromatographie mit Elektroneneinfangdetektion (GC-ECD); Deutsche Fassung EN 16167:2018+AC:2019

DIN EN 16170:2017-01
Schlamm, behandelter Bioabfall und Boden – Bestimmung von Spurenelementen mittels optischer Emissionsspektrometrie mit induktiv gekoppeltem Plasma (ICP-OES); Deutsche Fassung EN 16170:2016

DIN EN 16171:2017-01
Schlamm, behandelter Bioabfall und Boden – Bestimmung von Spurenelementen mittels Massenspektrometrie mit induktiv gekoppeltem Plasma (ICP-MS); Deutsche Fassung EN 16171:2016

DIN EN 16174:2012-11
Schlamm, behandelter Bioabfall und Boden – Aufschluss von mit Königswasser löslichen Anteilen von Elementen; Deutsche Fassung EN 16174:2012

DIN EN 16175-1:2016-12
Schlamm, behandelter Bioabfall und Boden – Bestimmung von Quecksilber – Teil 1: Kaltdampf-Atomabsorptionsspektrometrie (CV-AAS); Deutsche Fassung EN 16175-1:2016

DIN EN 16175-2:2016-12
Schlamm, behandelter Bioabfall und Boden – Bestimmung von Quecksilber – Teil 2: Kaltdampf-Atomfluoreszenzspektrometrie (CV-AFS); Deutsche Fassung EN 16175-2:2016

DIN EN 16181:2019-08
Boden, behandelter Bioabfall und Schlamm – Bestimmung von polycyclischen aromatischen Kohlenwasserstoffen (PAK) mittels Gaschromatographie (GC) und Hochleistungs-Flüssigkeitschromatographie (HPLC); Deutsche Fassung EN 16181:2018

DIN EN 16190:2019-10
Boden, behandelter Bioabfall und Schlamm – Bestimmung von Dioxinen und Furanen sowie Dioxinvergleichbaren polychlorierten Biphenylen mittels Gaschromatographie und hochauflösender massenspektrometrischer Detektion (HR GC-MS); Deutsche Fassung EN 16190:2018

DIN EN ISO 5667-3:2019-07
Wasserbeschaffenheit – Probenahme – Teil 3: Konservierung und Handhabung von Wasserproben (ISO 5667-3:2018); Deutsche Fassung EN ISO 5667-3:2018

DIN EN ISO 9377-2:2001-07
Wasserbeschaffenheit – Bestimmung des Kohlenwasserstoff-Index – Teil 2: Verfahren nach Lösemittelextraktion und Gaschromatographie (ISO 9377-2:2000); Deutsche Fassung EN ISO 9377-2:2000

DIN EN ISO 10301:1997-08
Wasserbeschaffenheit – Bestimmung leichtflüchtiger halogenierter Kohlenwasserstoffe – Gaschromatographische Verfahren (ISO 10301:1997); Deutsche Fassung EN ISO 10301:1997

DIN EN ISO 10304-1:2009-07
Wasserbeschaffenheit – Bestimmung von gelösten Anionen mittels Flüssigkeits-Ionenchromatographie – Teil 1: Bestimmung von Bromid, Chlorid, Fluorid, Nitrat, Nitrit, Phosphat und Sulfat (ISO 10304-1:2007); Deutsche Fassung EN ISO 10304-1:2009

DIN EN ISO 11272:2017-07
Bodenbeschaffenheit – Bestimmung der Trockenrohdichte (ISO 11272:2017); Deutsche Fassung EN ISO 11272:2017

DIN EN ISO/IEC 17020:2012-07

Konformitätsbewertung – Anforderungen an den Betrieb verschiedener Typen von Stellen, die Inspektionen durchführen (ISO/IEC 17020:2012); Deutsche und Englische Fassung EN ISO/IEC 17020:2012

DIN EN ISO 11885:2009-09

Wasserbeschaffenheit – Bestimmung von ausgewählten Elementen durch induktiv gekoppelte Plasma-Atom-Emissionsspektrometrie (ICP-OES) (ISO 11885:2007); Deutsche Fassung EN ISO 11885:2009

DIN EN ISO 12846:2012-08

Wasserbeschaffenheit – Bestimmung von Quecksilber – Verfahren mittels Atomabsorptionsspektrometrie (AAS) mit und ohne Anreicherung (ISO 12846: 2012); Deutsche Fassung EN ISO 12846:2012

DIN EN ISO 14403-1:2012-10

Wasserbeschaffenheit – Bestimmung von Gesamtcyanid und freiem Cyanid mittels Fließanalytik (FIA und CFA) – Teil 1: Verfahren mittels Fließinjektionsanalyse (FIA) (ISO 14403-1:2012); Deutsche Fassung EN ISO 14403-1:2012 DIN EN ISO 14403-2:2012-10

Wasserbeschaffenheit – Bestimmung von Gesamtcyanid und freiem Cyanid mittels Fließanalytik (FIA und CFA) – Teil 2: Verfahren mittels kontinuierlicher Durchflussanalyse (CFA) (ISO 14403-2:2012); Deutsche Fassung EN ISO 14403-2:2012

DIN EN ISO 15586:2004-02

Wasserbeschaffenheit – Bestimmung von Spurenelementen mittels Atomabsorptionsspektrometrie mit dem Graphitrohr-Verfahren (ISO 15586:2003); Deutsche Fassung EN ISO 15586:2003

DIN EN ISO 15680:2004-04

Wasserbeschaffenheit – Gaschromatographische Bestimmung einer Anzahl monocyclischer aromatischer Kohlenwasserstoffe, Naphthalin und einiger chlorierter Substanzen mittels Purge und Trap-Anreicherung und thermischer Desorption (ISO 15680:2003); Deutsche Fassung EN ISO 15680:2003

DIN EN ISO/IEC 17025:2018-03

Allgemeine Anforderungen an die Kompetenz von Prüf- und Kalibrierlaboratorien (ISO/IEC 17025:2017); Deutsche und Englische Fassung EN ISO/IEC 17025:2017

DIN EN ISO 17892-4:2017-04

Geotechnische Erkundung und Untersuchung – Laborversuche an Bodenproben – Teil 4: Bestimmung der Korngrößenverteilung (ISO 17892-4:2016); Deutsche Fassung EN ISO 17892-4:2016

DIN EN ISO 17294-2:2017-01

Wasserbeschaffenheit – Anwendung der induktiv gekoppelten Plasma-Massenspektrometrie (ICP-MS) – Teil 2: Bestimmung von ausgewählten Elementen einschließlich Uran-Isotope (ISO 17294-2:2016); Deutsche Fassung EN ISO 17294-2:2017

DIN EN ISO 17380:2013-10

Bodenbeschaffenheit – Bestimmung des Gehalts an Gesamtcyanid und leicht freisetzbarem Cyanid – Verfahren mittels kontinuierlicher Durchflussanalyse (ISO 17380:2013); Deutsche Fassung EN ISO 17380:2013

DIN EN ISO 17852:2008-04

Wasserbeschaffenheit – Bestimmung von Quecksilber – Verfahren mittels Atomfluoreszenzspektrometrie (ISO 17852:2006); Deutsche Fassung EN ISO 17852:2008

DIN EN ISO 17943:2016-10

Wasserbeschaffenheit – Bestimmung flüchtiger organischer Verbindungen in Wasser – Verfahren mittels Headspace-Festphasenmikroextraktion (HS-SPME) gefolgt von der Gaschromatographie und Massenspektrometrie (GC-MS) (ISO 17943:2016); Deutsche Fassung EN ISO 17943:2016

DIN EN ISO 17993:2004-03

Wasserbeschaffenheit – Bestimmung von 15 polycyclischen aromatischen Kohlenwasserstoffen (PAK) in Wasser durch HPLC mit Fluoreszenzdetektion nach Flüssig-Flüssig-Extraktion (ISO 17993:2002); Deutsche Fassung EN ISO 17993:2003

DIN EN ISO 18857-1:2007-02

Wasserbeschaffenheit- Bestimmung ausgewählter Alkylphenole – Teil 1: Verfahren für nichtfiltrierte Proben mittels Flüssig-Flüssig-Extraktion und Gaschromatographie mit massenselektiver Detektion (ISO 18857-1:2005); Deutsche Fassung EN ISO 18857-1:2006

DIN EN ISO 22475-1:2007-01

Geotechnische Erkundung und Untersuchung – Probenentnahmeverfahren und Grundwassermessungen – Teil 1: Technische Grundlagen der Ausführung (ISO 22475-1:2006); Deutsche Fassung EN ISO 22475-1:2006

DIN EN ISO 22478:2006-07

Wasserbeschaffenheit – Bestimmung ausgewählter Explosivstoffe und verwandter Verbindungen – Verfahren mittels Hochleistungs-Flüssigkeitschromatographie (HPLC) mit UV-Detektion (ISO 22478:2006); Deutsche Fassung EN ISO 22478:2006

DIN ISO 10381-1:2003-08
Bodenbeschaffenheit – Probenahme – Teil 1: Anleitung zur Aufstellung von Probenahmeprogrammen (ISO 10381-1:2002)

DIN ISO 10381-2:2003-08
Bodenbeschaffenheit – Probenahme – Teil 2: Anleitung für Probenahmeverfahren (ISO 10381-2:2002)

DIN ISO 10382:2003-05
Bodenbeschaffenheit – Bestimmung von Organochlorpestiziden und polychlorierten Biphenylen – Gaschromatographisches Verfahren mit Elektroneneinfang-Detektor (ISO 10382:2002)

DIN ISO 11262:2012-04
Bodenbeschaffenheit – Bestimmung von Gesamtcyanid (ISO 11262:2011)

DIN ISO 11277:2002-08
Bodenbeschaffenheit – Bestimmung der Partikelgrößenverteilung in Mineralböden – Verfahren mittels Siebung und Sedimentation (ISO 11277:1998 + ISO 11277:1998 Corrigendum 1:2002)

DIN ISO 11352:2013-03
Wasserbeschaffenheit – Abschätzung der Messunsicherheit beruhend auf Validierungs- und Kontrolldaten (ISO 11352:2012)

DIN ISO 11916-1:2014-11
Bodenbeschaffenheit – Bestimmung von ausgewählten Explosivstoffen und verwandten Verbindungen – Teil 1: Verfahren mittels Hochleistungs-Flüssigkeitschromatographie (HPLC) und UV-Detektion (ISO 11916-1:2013)

DIN ISO 11916-2:2014-11
Bodenbeschaffenheit – Bestimmung von ausgewählten Explosivstoffen und verwandten Verbindungen – Teil 2: Verfahren mittels Gaschromatographie (GC) und Elektronen-Einfang-Detektion (ECD) oder massenspektrometrischer Detektion (MS) (ISO 11916-2:2013)

DIN ISO 14154:2005-12
Bodenbeschaffenheit – Bestimmung von ausgewählten Chlorphenolen – Gaschromatographisches Verfahren mit Elektronen-Einfang-Detektion (ISO 14154:2005)

E DIN ISO 17378-2:2017-01
Wasserbeschaffenheit – Bestimmung von Arsen und Antimon – Teil 2: Atomabsorptionsspektrometrie mit Hydridbildung (HG-AAS) (ISO 17378-2:2014)

DIN ISO 18287:2006-05
Bodenbeschaffenheit – Bestimmung der polycyclischen aromatischen Kohlenwasserstoffe (PAK) – Gaschromatographisches Verfahren mit Nachweis durch Massenspektrometrie (GC-MS) (ISO 18287:2006)

DIN ISO 19730:2009-07
Bodenbeschaffenheit – Extraktion von Spurenelementen aus Böden mit Ammoniumnitratlösung (ISO 19730:2008) DIN ISO 20280:2010-05 Bodenbeschaffenheit – Bestimmung von Arsen, Antimon und Selen in Königswasser-Bodenextrakten mittels elektrothermischer oder Hydrid-Atomabsorptionsspektrometrie (ISO 20280:2007)

DIN ISO 22036:2009-06
Bodenbeschaffenheit – Bestimmung von Spurenelementen in Bodenextrakten mittels Atomemissionsspektrometrie mit induktiv gekoppeltem Plasma (ICP-AES) (ISO 22036:2008)

LAGA PN 98:2019-05
Richtlinie für das Vorgehen bei physikalischen, chemischen und biologischen Untersuchungen im Zusammenhang mit der Verwertung/Beseitigung von Abfällen; Mitteilungen Länderarbeitsgemeinschaft Abfall (LAGA) 32; 2002

VDI 3865 Blatt 1:2005-06
Messen organischer Bodenverunreinigungen – Messplanung für die Untersuchung der Bodenluft auf *leichtflüchtige organische Verbindungen*

VDI 3865 Blatt 2:1998-01
Messen organischer Bodenverunreinigungen – Techniken für die aktive Entnahme von Bodenluftproben

VDI 3865 Blatt 3:1998-06

AltlastenVO 2023 Anl. 4 BBodSchV 2023 299a

Messen organischer Bodenverunreinigungen – Gaschromatographische Bestimmung von niedrigsiedenden organischen Verbindungen in Bodenluft nach Anreicherung an Aktivkohle oder XAD-4 und Desorption mit organischem Lösungsmittel
VDI 3860 Blatt 1:2006-05
Messen von Deponiegas – Grundlagen
VDI 3860 Blatt 2:2019-05
Messen von Deponiegasen – Messungen im Gaserfassungssystem
VDI 3860 Blatt 3:2017-11
Messen von Deponiegasen – Messung von Methan an der Deponieoberfläche mittels Saugglockenverfahren
VDI 3865 Blatt 4:2000-12
Messen organischer Bodenverunreinigungen – Gaschromatographische Bestimmung von niedrigsiedenden organischen Verbindungen in Bodenluft durch Direktmessung

---

[*1] **Amtl. Anm.:** Die Vorsorgewerte finden für Böden und Materialien mit einem nach Anlage 3 Tabelle 1 bestimmten Gehalt an organischem Kohlenstoff (TOC-Gehalt) von mehr als 9 Masseprozent keine Anwendung. Für diese Böden und Materialien müssen die maßgeblichen Werte im Einzelfall in Anlehnung an regional vergleichbarer Bodenverhältnisse abgeleitet werden.
[*2] **Amtl. Anm.:** Bodenarten-Hauptgruppen gemäß Bodenkundlicher Kartieranleitung, 5. Auflage, Hannover 2009 (KA 5); stark schluffige Sande, lehmig-schluffige Sande und stark lehmige Sande sind entsprechend der Bodenart Lehm/Schluff zu bewerten.
[*3] **Amtl. Anm.:** Bei Blei gelten bei einem pH-Wert < 5,0 bei der Bodenart Ton die Vorsorgewerte der Bodenart Lehm/Schluff und bei der Bodenart Lehm/Schluff die Vorsorgewerte der Bodenart Sand.
[*4] **Amtl. Anm.:** Bei Cadmium gelten bei einem pH-Wert < 6,0 bei der Bodenart Ton die Vorsorgewerte der Bodenart Lehm/Schluff und bei der Bodenart Lehm/Schluff die Vorsorgewerte der Bodenart Sand.
[*5] **Amtl. Anm.:** Bei Nickel gelten bei einem pH-Wert < 6,0 bei der Bodenart Ton die Vorsorgewerte der Bodenart Lehm/Schluff und bei der Bodenart Lehm/Schluff die Vorsorgewerte der Bodenart Sand.
[*6] **Amtl. Anm.:** Bei Zink gelten bei einem pH-Wert < 6,0 bei der Bodenart Ton die Vorsorgewerte der Bodenart Lehm/Schluff und bei der Bodenart Lehm/Schluff die Vorsorgewerte der Bodenart Sand.

[*1] **Amtl. Anm.:** Für Böden mit einem TOC-Gehalt von mehr als 9 Masseprozent müssen die maßgeblichen Werte im Einzelfall abgeleitet werden.
[*2] **Amtl. Anm.:** Summe aus PCB_6 und PCB-118: Stellvertretend für die Gruppe der polychlorierten Biphenyle (PCB) werden für PCB-Gemische sechs Leit-Kongenere nach Ballschmiter (PCB-Nummer 28, 52, 101, 138, 153, 180) sowie PCB-118 untersucht.
[*3] **Amtl. Anm.:** PAK_{16}: Stellvertretend für die Gruppe der polyzyklischen aromatischen Kohlenwasserstoffe (PAK) werden nach der Liste der Environmental Protection Agency (EPA) 16 ausgewählte PAK untersucht: Acenaphthen, Acenaphthylen, Anthracen, Benzo[a]anthracen, Benzo[a]pyren, Benzo[b]fluoranthen, Benzo[g,h,i]perylen, Benzo[k]fluoranthen, Chrysen, Dibenzo[a,h]anthracen, Fluoranthen, Fluoren, Indeno[1,2,3-cd]pyren, Naphthalin, Phenanthren und Pyren.

[*1] **Amtl. Anm.:** Bei Überschreitung des Wertes ist die Ursache zu prüfen. Handelt es sich um naturbedingt erhöhte Sulfatkonzentrationen, ist eine Verwertung innerhalb der betroffenen Gebiete möglich. Außerhalb dieser Gebiete ist über die Verwertungseignung im Einzelfall und in Abstimmung mit der zuständigen Behörde zu entscheiden.
[*2] **Amtl. Anm.:** PAK_{15}: PAK_{16} ohne Naphthalin und Methylnaphthaline.
[*3] **Amtl. Anm.:** Eluatwert ist maßgeblich, wenn der Vorsorgewert von PAK_{16} nach Anlage 1 Tabelle 2 überschritten wird.
[*4] **Amtl. Anm.:** Bei Überschreitung des Wertes sind die Materialien auf fallspezifische Belastungen hin zu untersuchen.

[*1] **Amtl. Anm.:** Summe Benzol, Toluol, Ethylbenzol und Xylole.
[*2] **Amtl. Anm.:** Summe der Kohlenwasserstoffe, die zwischen n-Dekan (C 10) und n-Tetracontan (C 40) von der gaschromatographischen Säule eluieren.
[*3] **Amtl. Anm.:** Summe leichtflüchtiger Halogenkohlenwasserstoffe (LHKW): Summe der halogenierten C1- und C2-Kohlenwasserstoffe; einschließlich Trihalogenmethane. Der Prüfwert für Chlorethen ist zusätzlich einzuhalten.

*⁴ **Amtl. Anm.:** PAK$_{15}$: PAK$_{16}$ ohne Naphthalin und Methylnaphthaline.

---

*¹ **Amtl. Anm.:** In Haus- und Kleingärten, die sowohl als Aufenthaltsbereiche für Kinder als auch für den Anbau von Nahrungspflanzen genutzt werden, gilt für Cadmium ein Prüfwert von 2,0 mg/kg Trockenmasse.
*² **Amtl. Anm.:** Bei Überschreitung der Prüfwerte für Chrom$_{gesamt}$ ist der Anteil an Chrom$_{VI}$ zu messen und anhand der Prüfwerte für Chrom VI zu bewerten.
*³ **Amtl. Anm.:** Der Boden ist auf alle PAK$_{16}$ hin zu untersuchen. Die Prüfwerte beziehen sich auf den Gehalt an Benzo(a)pyren im Boden. Benzo(a)pyren repräsentiert dabei die Wirkung typischer PAK-Gemische auf ehemaligen Kokereien, ehemaligen Gaswerksgeländen und ehemaligen Teermischwerken/-öllager. Weicht das PAK-Muster oder der Anteil von Benzo(a)pyren an der Summe der Toxizitätsäquivalente im zu bewertenden Einzelfall deutlich von diesen typischen PAK-Gemischen ab, so ist dies bei der Anwendung der Prüfwerte zu berücksichtigen. Liegen die siedlungsbedingten Hintergrundwerte oberhalb der Prüfwerte für Benzo(a)pyren, ist dies bei der Bewertung der Untersuchungsergebnisse gemäß § 15 zu berücksichtigen.

*¹ **Amtl. Anm.:** Toxizitätsäquivalente, berechnet unter Verwendung der Toxizitätsäquivalenzfaktoren (WHO-TEF) von 2005.
*² **Amtl. Anm.:** Summe der Dioxine (polychlorierte Dibenzo-para-dioxine (PCDD) und polychlorierte Dibenzofurane (PCDF)) und dioxinähnlichen polychlorierten Biphenyle (dl-PCB) nach der DIN EN 16190:2019-10.

*¹ **Amtl. Anm.:** Bei Böden mit zeitweise reduzierenden Verhältnissen gilt ein Prüfwert von 50 mg/kg.
*² **Amtl. Anm.:** Auf Flächen mit Brotweizenanbau oder Gemüseanbau gilt ein Maßnahmenwert von 0,04 mg/kg; ansonsten gilt ein Maßnahmenwert von 0,1 mg/kg.

*¹ **Amtl. Anm.:** Bei Flächen mit pH-Werten unter pH 5 gilt ein Maßnahmenwert von 15 mg/kg.
*² **Amtl. Anm.:** Bei Grünlandnutzung durch Schafe gilt ein Maßnahmenwert von 200 mg/kg.
*³ **Amtl. Anm.:** Summe der Dioxine, Furane (PCDD/F): polychlorierte Dibenzo-para-dioxine (PCDD) und polychlorierte Dibenzofurane (PCDF)) ausgedrückt in WHO-TEQ (2005).

*¹ **Amtl. Anm.:** Kontaktbereich für orale und dermale Schadstoffaufnahme, zusätzlich 0 – 2 cm bei Relevanz des inhalativen Aufnahmepfades.
*² **Amtl. Anm.:** 30 cm durchschnittliche Mächtigkeit aufgebrachter Bodenschichten, zugleich von Kindern erreichbare Tiefe.
*³ **Amtl. Anm.:** Bei abweichender Mächtigkeit des Bearbeitungshorizontes bis zur Untergrenze des Bearbeitungshorizontes.
*⁴ **Amtl. Anm.:** Bei abweichender Mächtigkeit des Hauptwurzelbereiches bis zur Untergrenze des Hauptwurzelbereiches.

*¹ **Amtl. Anm.:** BTEX: Summe Benzol, Toluol, Ethylbenzol und Xylole.
*² **Amtl. Anm.:** Summe der Kohlenwasserstoffe, die zwischen n-Dekan (C 10) und n-Tetracontan (C 40) von der gaschromatographischen Säule eluieren.
*³ **Amtl. Anm.:** LHKW, gesamt: Leichtflüchtige Halogenkohlenwasserstoffe, d.h. Summe der halogenierten C1- und C2-Kohlenwasserstoffe; einschließlich Trihalogenmethane.

300. Baugesetzbuch (BauGB)[1) 2) 3)]
In der Fassung der Bekanntmachung vom 3. November 2017[4)]
(BGBl. I S. 3634)

FNA 213-1

geänd. durch Art. 2 HochwasserschutzG II v. 30.6.2017 (BGBl. I S. 2793), Art. 6 G zum Schutz der Bevölkerung bei einer epidemischen Lage von nationaler Tragweite v. 27.3.2020 (BGBl. I S. 587), Art. 2 G zur Vereinheitlichung des Energieeinsparrechts für Gebäude und zur Änd. weiterer Gesetze v. 8.8.2020 (BGBl. I S. 1728), Art. 1 BaulandmobilisierungsG v. 14.6.2021 (BGBl. I S. 1802), Art. 1 G zur baulichen Anpassung von Anlagen der Jungsauen- und Sauenhaltung v. 16.7.2021 (BGBl. I S. 2939), Art. 9 AufbauhilfeG 2021 v. 10.9.2021 (BGBl. I S. 4147), Art. 2 G zur Änd. des EnergiewirtschaftsG zur Einführung von Füllstandsvorgaben für Gasspeicheranlagen sowie zur Änd. von § 246 des BauGB v. 26.4.2022 (BGBl. I S. 674), Art. 2 G zur Erhöhung und Beschleunigung des Ausbaus von Windenergieanlagen an Land v. 20.7. 2022 (BGBl. I S. 1353), Art. 11 G zur Änd. des EnergiesicherungsG und anderer energiewirtschaftlicher Vorschriften v. 8.10.2022 (BGBl. I S. 1726), Art. 1, 2 G zur sofortigen Verbesserung der Rahmenbedingungen für die erneuerbaren Energien im Städtebaurecht v. 4.1.2023 (BGBl. 2023 I Nr. 6), Art. 1, Art. 6 Abs. 2 G zur Stärkung der Digitalisierung im Bauleitplanverfahren und zur Änd. weiterer Vorschriften v. 3.7.2023 (BGBl. 2023 I Nr. 176) und Art. 3 G zur Änd. des LNG-BeschleunigungsG und zur Änd. des EnergiewirtschaftsG und zur Änd. des BauGB v. 12.7.2023 (BGBl. 2023 I Nr. 184).

Zum BauGB haben die **Länder** ua folgende Vorschriften erlassen:
– **Baden-Württemberg:** AusführungsG zum BauGB v. 23.6.2009 (GBl. S. 251); GutachterausschußVO v. 11.12.1989 (GBl. S. 541), zuletzt geänd. durch VO v. 21.12.2021 (GBl. 2022 S. 1); DurchführungsVO zum BauGB v. 2.3.1998 (GBl. S. 185), zuletzt geänd. durch VO v. 21.12.2021 (GBl. 2022 S. 1);
– **Bayern:** AusführungsG zum Bau- und RaumordnungsG 1998 v. 9.5.1998 (GVBl. S. 242); UmlegungsausschussVO v. 18.1.1961 (BayRS III S. 483), zuletzt geänd. durch V v. 30.9.2014 (GVBl. S. 411); Gerichtliche ZuständigkeitsVO Justiz v. 11.6.2012 (GVBl. S. 295), zuletzt geänd. durch V v. 13.12.2022 (GVBl. S. 727); GutachterausschussVO v. 5.4.2005 (GVBl. S. 88), zuletzt geänd. durch V v. 24.5.2022 (GVBl. S. 246); Bauwesen-ZuständigkeitsVO v. 5.7.1994 (GVBl. S. 573), zuletzt geänd. durch V v. 8.11.2022 (GVBl. S. 661);
– **Berlin:** BauGB-AusführungsG idF der Bek. v. 7.11.1999 (GVBl. S. 578), zuletzt geänd. durch G v. 14.10. 2022 (GVBl. S. 578); BauGB-DurchführungsVO v. 5.6.2018 (GVBl. S. 407), zuletzt geänd. durch G v. 27.9.2021 (GVBl. S. 1119); ErschließungsbeitragsG v. 12.7.1995 (GVBl. S. 444), zuletzt geänd. durch G v. 12.10.2020 (GVBl. S. 807);
– **Brandenburg:** UmlegungsausschussVO v. 23.2.2009 (GVBl. II S. 101); GutachterausschussVO v. 12.5. 2010 (GVBl. II Nr. 27), geänd. durch VO v. 21.9.2017 (GVBl. II Nr. 52); Gutachterausschuss-GebührenO v. 30.7.2010 (GVBl. II Nr. 51), zuletzt geänd. durch VO v. 29.8.2022 (GVBl. II Nr. 61);
– **Bremen:** BauGB-DurchführungsVO v. 22.6.1993 (Brem.GBl. S. 234), zuletzt geänd. durch Bek. v. 20.10.2020 (Brem.GBl. S. 1172); Erschließungsanlagen-Beitragserhebungsv. 12.6.1973 (Brem.GBl.

[1)] **Amtl. Anm.:** Dieses Gesetz dient der Umsetzung folgender Richtlinien:
1. Richtlinie 92/43/EWG des Rates vom 21. Mai 1992 zur Erhaltung der natürlichen Lebensräume sowie der wild lebenden Tiere und Pflanzen (ABl. L 206 vom 22.7.1992, S. 7), die zuletzt durch die Richtlinie 2013/17/EU (ABl. L 158 vom 10.6.2013, S. 193) geändert worden ist,
2. Richtlinie 2001/42/EG des Europäischen Parlaments und des Rates vom 27. Juni 2001 über die Prüfung der Umweltauswirkungen bestimmter Pläne und Programme (ABl. L 197 vom 21.7.2001, S. 30),
3. Richtlinie 2009/147/EG des Europäischen Parlaments und des Rates vom 30. November 2009 über die Erhaltung der wildlebenden Vogelarten (ABl. L 20 vom 26.1.2010, S. 7), die zuletzt durch die Richtlinie 2013/17/EU (ABl. L 158 vom 10.6.2013, S. 193) geändert worden ist,
4. Richtlinie 2011/92/EU des Europäischen Parlaments und des Rates vom 13. Dezember 2011 über die Umweltverträglichkeitsprüfung bei bestimmten öffentlichen und privaten Projekten (ABl. L 26 vom 28.1. 2012, S. 1), die zuletzt durch die Richtlinie 2014/52/EU (ABl. L 124 vom 25.4.2014, S. 1) geändert worden ist.

[2)] Beachte hierzu ua das Planungssicherstellungsgesetz v. 20.5.2020 (BGBl. I S. 1041).

[3)] Die Änderungen durch G v. 3.7.2023 (BGBl. 2023 I Nr. 176) treten teilweise erst **mWv 6.1.2024** bzw. **mWv 8.7.2024**, die Änderungen durch G v. 12.7.2023 (BGBl. 2023 I Nr. 184) treten erst **mWv 14.01. 2024** in Kraft und sind im Text noch nicht berücksichtigt.

[4)] Neubekanntmachung des BauGB idF der Bek. v. 23.9.2004 (BGBl. I S. 2414) in der ab 1.10.2017 geltenden Fassung.

300 BauGB

S. 127), zuletzt geänd. durch G v. 25.5.2010 (Brem.GBl. S. 365); ErschließungsbeitragsG v. 20.12.1982 (Brem.GBl. S. 405), zuletzt geänd. durch OG v. 2.5.2023 (Brem.GBl. S. 432); GutachterausschussVO v. 2.9.2008 (Brem.GBl. S. 321), geänd. durch VO v. 17.6.2014 (Brem.GBl. S. 314); BauGB-Genehmigungs-wegfallG idF der Bek. v. 7.7.1987 (Brem.GBl. S. 215), zuletzt geänd. durch G v. 26.5.1998 (Brem. GBl. S. 134);

– **Hamburg:** BauleitplanfeststellungsG idF der Bek. v. 30.11.1999 (HmbGVBl. S. 271), zuletzt geänd. durch G v. 9.2.2022 (HmbGVBl. S. 104); GutachterausschussVO v. 12.5.2009 (HmbGVBl. S. 124); Enteignungsverfahren-DurchführungsVO v. 18.2.2004 (HmbGVBl. S. 107), geänd. durch G v. 31.3.2021 (HmbGVBl. S. 182); BodenordnungskommissionsG v. 29.4.1997 (HmbGVBl. S. 131), zuletzt geänd. durch G v. 18.12.2020 (HmbGVBl. S. 703);

– **Hessen:** BauGB-AusführungsVO v. 15.6.2018 (GVBl. S. 258), zuletzt geänd. durch G v. 30.9.2021 (GVBl. S. 602).

– **Mecklenburg-Vorpommern:** BaugesetzbuchausführungsG v. 30.1.1998 (GVOBl. M-V S. 110), zuletzt geänd. durch G v. 19.3.2021 (GVOBl. M-V S. 270); GutachterausschusslandesVO v. 29.6.2011 (GVOBl. M-V. S. 441); Enteignungsverfahren-DurchführungsVO v. 4.5.1993 (GVOBl. M-V S. 515); Anzeige-pflichtVO v. 5.2.1998 (GVOBl. M-V S. 124), geänd. durch VO v. 10.10.2000 (GVOBl. M-V S. 530);

– **Niedersachsen:** NBauGB-DurchführungsG v. 13.5.2009 (Nds. GVBl. S. 169); Baugesetzbuch-DVO idF der Bek. v. 24.5.2005 (Nds. GVBl. S. 183), zuletzt geänd. durch VO v. 11.10.2022 (Nds. GVBl. S. 634); Gutachterausschuss-GebührenO v. 25.6.2019 (Nds. GVBl. S. 156), geänd. durch VO v. 23.2.2021 (Nds. GVBl. S. 77);

– **Nordrhein-Westfalen:** Baugesetzbuch-AusführungsG v. 3.2.2015 (GV. NRW. S. 211), zuletzt geänd. durch G v. 25.4.2023 (GV. NRW. S. 233); BauGB-DurchführungsVO v. 7.7.1987 (GV. NRW. S. 220), zuletzt geänd. durch VO v. 14.12.2021 (GV. NRW. S. 1473); GrundstückswertermittlungsVO v. 8.12.2020 (GV. NRW. S. 1186), geänd. durch VO v. 9.6.2021 (GV. NRW. S. 751); Baulandsachenzusammenfassungs-VO v. 21.10.1994 (GV. NRW. S. 961), zuletzt geänd. durch VO v. 24.9.2014 (GV. NRW. S. 647);

– **Rheinland-Pfalz:** BauGB-ZuständigkeitsVO v. 21.12.2007 (GVBl. 2008 S. 22); UmlegungsausschussVO v. 27.6.2007 (GVBl. S. 102); GutachterausschussVO v. 20.4.2005 (GVBl. S. 139), zuletzt geänd. durch G v. 19.12.2018 (GVBl. S. 448);

– **Saarland:** BauGB-ZuständigkeitsVO v. 13.12.2012 (Amtsbl. 2013 I S. 3), zuletzt geänd. durch V v. 7.4.2020 (Amtsbl. I S. 249); GutachterausschußVO v. 21.8.1990 (Amtsbl. S. 957), zuletzt geänd. durch G v. 8.12.2021 (Amtsbl. I S. 2629); UmlegungsausschußV v. 11.9.1998 (Amtsbl. S. 950), zuletzt geänd. durch G v. 4.12.2019 (Amtsbl. 2020 I S. 211);

– **Sachsen:** GutachterausschussVO v. 15.11.2011 (SächsGVBl. S. 598), zuletzt geänd. durch VO v. 25.3.2021 (SächsGVBl. S. 426);

– **Sachsen-Anhalt:** Durchführung des Baugesetzbuchs LSA v. 1.12.1999 (MBl. LSA 2000 S. 227); Gut-achterausschussVO v. 18.12.2013 (GVBl. LSA S. 555), geänd. durch G v. 7.7.2020 (GVBl. LSA S. 372); Bodenordnung-VO v. 31.10.1991 (GVBl. LSA S. 430), zuletzt geänd. durch G v. 19.3.2002 (GVBl. LSA S. 130); UntersagungsVO zur Bebauungsteilgenehmigung v. 2.1.1998 (GVBl. LSA S. 2);

– **Schleswig-Holstein:** Baugesetzbuch-AusführungsVO v. 21.10.1998 (GVOBl. Schl.-H. S. 303), zuletzt geänd. durch G v. 8.10.2009 (GVOBl. Schl.-H. S. 640); Vierte BundesbauG-DurchführungsVO v. 30.3.1961 (GVOBl. Schl.-H. S. 45), zuletzt geänd. durch V v. 10.10.1980 (GVOBl. Schl.-H. S. 315); Sechste BundesbauG-DurchführungsVO v. 14.6.1961 (GVOBl. Schl.-H. S. 108); GutachterausschussVO v. 27.4.2022 (GVOBl. Schl.-H. S. 588); BauGB-ZuständigkeitsVO v. 2.9.2021 (GVOBl. Schl.-H. S. 1057);

– **Thüringen:** Vorläufige BauGB-ZuständigkeitsVO v. 25.3.1991 (GVBl. S. 67); UmlegungsausschussVO v. 22.3.2005 (GVBl. S. 155), zuletzt geänd. durch G v. 18.12.2018 (GVBl. S. 731); GutachterausschussVO v. 30.6.2021 (GVBl. S. 356).

Außerdem haben die Länder **Bauordnungen** und ua folgende zugehörige Vorschriften erlassen:

– **Baden-Württemberg:** LandesbauO idF der Bek. v. 5.3.2010 (GBl. S. 357, ber. S. 416), zuletzt geänd. durch G v. 13.6.2023 (GBl. S. 170); Allgemeine LBO-AusführungsVO v. 5.2.2010 (GBl. S. 24), zuletzt geänd. durch VO v. 21.12.2021 (GBl. 2022 S. 1); VersammlungsstättenVO v. 28.4.2004 (GBl. S. 311, ber. S. 653), zuletzt geänd. durch VO v. 21.12.2021 (GBl. 2022 S. 1); Elektrische Betriebsräume-Bau-VO v. 8.12.2020 (GBl. S. 1182, 1192), geänd. durch VO v. 21.12.2021 (GBl. 2022 S. 1); Camping- und WochenendplatzVO v. 13.6.2023 (GBl. S. 251); BauprüfVO v. 10.5.2010 (GBl. S. 446), zuletzt geänd. durch VO v. 21.12.2021 (GBl. 2022 S. 1); Verfahrensverordnung zur LBO v. 13.11.1995 (GBl. S. 794), zuletzt geänd. durch VO v. 21.12.2021 (GBl. 2022 S. 1); VerkaufsstättenVO v. 11.2.1997 (GBl. S. 84), zuletzt geänd. durch VO v. 21.12.2021 (GBl. 2022 S. 1); GaragenVO v. 7.7.1997 (GBl. S. 332), zuletzt geänd. durch VO v. 21.12.2021 (GBl. 2022 S. 1);

– **Bayern:** BauO idF der Bek. v. 14.8.2007 (GVBl. S. 588, ber. 1998 S. 270), zuletzt geänd. durch G v. 7.7.2023 (GVBl. S. 327); Elektrische Anlagen-BetriebsräumebauVO v. 13.4.1977 (BayRS III S. 575), zuletzt geänd. durch V v. 8.12.1997 (GVBl. S. 827); VersammlungsstättenVO v. 2.11.2007 (GVBl. S. 736), zuletzt geänd. durch V v. 7.8.2018 (GVBl. S. 694); Garagen- und Stellplatzverordnung v. 30.11.1993 (GVBl. S. 910), zuletzt geänd. durch V v. 7.8.2018 (GVBl. S. 694); BauvorlagenVO v. 10.11.2007 (GVBl. S. 792), zuletzt geänd. durch G v. 23.12.2020 (GVBl. S. 663); FeuerungsVO v. 11.11.2007 (GVBl. S. 800), zuletzt geänd. durch V v. 7.8.2018 (GVBl. S. 694); FeuerbeschauVO v. 5.6.1999 (GVBl. S. 270), zuletzt geänd. durch V v. 16.5.2019 (GVBl. S. 315); PrüfsachverständigenVO v. 29.11.2007 (GVBl. S. 829), zuletzt geänd. durch G v. 23.12.2020 (GVBl. S. 663);

– **Berlin:** BauO v. 29.9.2005 (GVBl. S. 495), zuletzt geänd. durch G v. 12.10.2020 (GVBl. S. 807); Bautechnische PrüfungsVO v. 12.2.2010 (GVBl. S. 62), zuletzt geänd. durch VO v. 15.12.2020 (GVBl. S. 1506); BauverfahrensVO v. 15.11.2017 (GVBl. S. 636, ber. 2018 S. 147), zuletzt geänd. durch VO v. 20.9.2020 (GVBl. S. 742);

– **Brandenburg:** BauO idF der Bek. v. 15.11.2018 (GVBl. I Nr. 39), zuletzt geänd. durch G v. 9.2.2021 (GVBl. I Nr. 5); Garagen- und StellplatzVO v. 8.11.2017 (GVBl. II Nr. 61); Bautechnische PrüfungsVO v. 10.9.2008 (GVBl. II S. 374), zuletzt geänd. durch VO v. 13.3.2023 (GVBl. II Nr. 17); BauvorlagenVO v. 7.11.2016 (GVBl. II Nr. 60), zuletzt geänd. durch VO v. 31.3.2023 (GVBl. II Nr. 33); FeuerungsVO v. 13.1.2006 (GVBl. II S. 58), zuletzt geänd. durch VO v. 13.3.2023 (GVBl. II Nr. 17); Verkaufsstätten-BauVO v. 8.11.2017 (GVBl. II Nr. 60); BaugebührenO v. 20.8.2009 (GVBl. II S. 562), zuletzt geänd. durch VO v. 12.5.2021 (GVBl. II Nr. 50);

– **Bremen:** Landesbauordnung v. 18.10.2022 (Brem.GBl. S. 603); VO über die Prüfingenieure und Prüfsachverständigen (BremPPV) v. 7.1.2016 (Brem.GBl. S. 41); BauvorlagenVO v. 1.9.2022 (Brem.GBl. S. 753);

– **Hamburg:** BauO v. 14.12.2005 (HmbGVBl. S. 525, ber. S. 563), zuletzt geänd. durch G v. 20.2.2020 (HmbGVBl. S. 148); FeuerungsVO v. 25.9.2007 (HmbGVBl. S. 338), geänd. durch VO v. 2.11.2010 (HmbGVBl. S. 582); BauvorlagenVO v. 30.6.2020 (HmbGVBl. S. 391, ber. 2021 S. 280), zuletzt geänd. durch VO v. 21.3.2023 (HmbGVBl. S. 125); BaugebührenO v. 23.5.2006 (HmbGVBl. S. 261), zuletzt geänd. durch VO v. 6.12.2022 (HmbGVBl. S. 637); GaragenVO v. 17.1.2012 (HmbGVBl. S. 8);

– **Hessen:** BauO v. 28.5.2018 (GVBl. S. 198), zuletzt geänd. durch G v. 31.5.2023 (GVBl. S. 378); Bauprodukte- und Bauartenverordnung v. 20.1.2004 (GVBl. I S. 56), zuletzt geänd. durch VO v. 4.12.2017 (GVBl. S. 396); FeuerungsVO v. 15.10.2020 (GVBl. S. 748); Prüfberechtigten- und PrüfsachverständigenVO v. 18.12.2006 (GVBl. I S. 745), zuletzt geänd. durch VO v. 28.10.2022 (GVBl. S. 554); GaragenVO v. 17.11.2014 (GVBl. S. 286);

– **Mecklenburg-Vorpommern:** LandesbauO idF der Bek. v. 15.10.2015 (GVOBl. M-V S. 334, ber. 2016 S. 28), zuletzt geänd. durch G v. 26.6.2021 (GVOBl. M-V S. 1033); BauvorlagenVO v. 10.7.2006 (GVOBl. M-V S. 612), zuletzt geänd. durch VO v. 30.11.2022 (GVOBl. M-V S. 581); Bauprodukte- und BauartenVO v. 10.7.2006 (GVOBl. M-V S. 610), zuletzt geänd. durch VO v. 14.7.2015 (GVOBl. M-V S. 190); CampingplatzVO v. 9.1.1996 (GVOBl. M-V S. 84), zuletzt geänd. durch VO v. 7.12.2010 (GVOBl. M-V S. 771); BauprüfV v. 14.4.2016 (GVOBl. M-V S. 171), geänd. durch VO v. 11.6.2021 (GVOBl. M-V S. 1019);

– **Niedersachsen:** NBauO v. 3.4.2012 (Nds. GVBl. S. 46, ber. S. 253), zuletzt geänd. durch G v. 21.6.2023 (Nds. GVBl. S. 107); NBauO-DurchführungsVO v. 26.9.2012 (Nds. GVBl. S. 382), zuletzt geänd. durch VO v. 18.5.2022 (Nds. GVBl. S. 357); Elektrische Anlagen-BetriebsräumebauVO v. 25.1.2011 (Nds. GVBl. S. 19); VersammlungsstättenVO v. 8.11.2004 (Nds. GVBl. S. 426), zuletzt geänd. durch VO v. 23.11.2021 (Nds. GVBl. S. 758); CampingplatzVO v. 12.4.1984 (Nds. GVBl. S. 109), zuletzt geänd. durch VO v. 13.11.2012 (Nds. GVBl. S. 438); Bautechnische PrüfungsVO v. 24.7.1987 (Nds. GVBl. S. 129), zuletzt geänd. durch VO v. 23.11.2021 (Nds. GVBl. S. 758); BauvorlagenVO v. 23.11.2021 (Nds. GVBl. S. 760); Garagen- und StellplatzVO v. 4.9.1989 (Nds. GVBl. S. 327), zuletzt geänd. durch VO v. 18.5.2022 (Nds. GVBl. S. 357); VerkaufsstättenVO v. 17.1.1997 (Nds. GVBl. S. 31), zuletzt geänd. durch VO v. 13.11.2012 (Nds. GVBl. S. 438); BaugebührenO v. 13.1.1998 (Nds. GVBl. S. 3), zuletzt geänd. durch VO v. 21.3.2022 (Nds. GVBl. S. 221); FeuerungsVO v. 27.3.2008 (Nds. GVBl. S. 96), zuletzt geänd. durch VO v. 30.6.2020 (Nds. GVBl. S. 199);

– **Nordrhein-Westfalen:** LandesbauO v. 21.7.2018 (GV. NRW. S. 421), zuletzt geänd. durch G v. 14.9.2021 (GV. NRW. S. 1086); SonderbauVO v. 2.12.2016 (GV. NRW. 2017 S. 2, ber. 2020 S. 148, 2020 148); Camping- und WochenendplatzVO v. 24.3.2011 (GV. NRW. S. 197), zuletzt geänd. durch VO v. 10.12.2018 (GV. NRW. S. 680); Bautechnische PrüfungsVO v. 6.12.1995 (GV. NRW. S. 1241), zuletzt geänd. durch VO v. 2.7.2021 (GV. NRW. S. 845); FeuerungsVO v. 10.12.2018 (GV. NRW. S. 675);

– **Rheinland-Pfalz:** LandesbauO v. 24.11.1998 (GVBl. S. 365), zuletzt geänd. durch G v. 7.12.2022 (GVBl. S. 403); VersammlungsstättenVO v. 13.3.2018 (GVBl. S. 29), geänd. durch VO v. 15.11.2018 (GVBl. S. 388); LandesVO über Betriebsräume für elektrische Anlagen v. 6.7.1977 (GVBl. S. 254), geänd. durch G v. 16.12.2002 (GVBl. S. 481); Camping- und WochenendplatzVO v. 18.9.1984 (GVBl. S. 195), zuletzt geänd. durch VO v. 8.8.2017 (GVBl. S. 184); VerkaufsstättenVO v. 8.7.1998 (GVBl. S. 229), zuletzt geänd. durch VO v. 16.12.2002 (GVBl. S. 481); VO über die Gebühren für Amtshandlungen der Bauaufsichtsbehörden und über die Vergütung der Leistungen der Prüfingenieurinnen und Prüfingenieure für Baustatik v. 9.1.2007 (GVBl. S. 22), zuletzt geänd. durch VO v. 18.3.2021 (GVBl. S. 195);

– **Saarland:** LandesbauO v. 18.2.2004 (Amtsbl. S. 822), zuletzt geänd. durch G v. 16.3.2022 (Amtsbl. I S. 648); BauvorlagenVO v. 15.6.2011 (Amtsbl. I S. 254), zuletzt geänd. durch G v. 16.2.2022 (Amtsbl. I

S. 456); GaragenVO idF der Bek. v. 30.8.1976 (Amtsbl. S. 951), geänd. durch VO v. 25.8.2008 (Amtsbl. S. 1470); Prüfberechtigten- und PrüfsachverständigenVO v. 26.1.2011 (Amtsbl. I S. 30), zuletzt geänd. durch G v. 16.2.2022 (Amtsbl. I S. 456); Technische PrüfVO v. 26.1.2011 (Amtsbl. I S. 30, 48), zuletzt geänd. durch VO v. 12.11.2015 (Amtsbl. I S. 888); VersammlungsstättenVO v. 21.6.2021 (Amtsbl. I S. 1684), geänd. durch G v. 16.3.2022 (Amtsbl. I S. 648); Elektrische Anlagen-BetriebsräumebauVO v. 27.1.2014 (Amtsbl. I S. 17); Camping- und WochenendplatzVO v. 22.6.1999 (Amtsbl. S. 1158), zuletzt geänd. durch G v. 15.7.2015 (Amtsbl. I S. 632); VerkaufsstättenVO v. 25.9.2000 (Amtsbl. S. 1934), zuletzt geänd. durch G v. 15.7.2015 (Amtsbl. I S. 632);
– **Sachsen:** BauO idF der Bek. v. 11.5.2016 (SächsGVBl. S. 186), zuletzt geänd. durch G v. 20.12.2022 (SächsGVBl. S. 705); BauO-DurchführungsVO v. 2.9.2004 (SächsGVBl. S. 427), zuletzt geänd. durch VO v. 12.4.2021 (SächsGVBl. S. 517); VwV zur BauO v. 18.3.2005 (SächsABl. SDr. S. 59, ber. S. 363), zuletzt geänd. durch VwV v. 9.5.2019 (SächsABl. S. 782); RLn für die Durchführung von Bauaufgaben des Freistaates Sachsen im Zuständigkeitsbereich des Staatshochbauverwaltung; VO über Bauvorlagen und bautechnische Prüfungen v. 2.9.1997 (SächsABl. S. 533);
– **Sachsen-Anhalt:** BauO idF der Bek. v. 10.9.2013 (GVBl. LSA S. 440), zuletzt geänd. durch G v. 21.3.2023 (GVBl. LSA S. 178); BaugebührenVO v. 4.5.2006 (GVBl. LSA S. 315), zuletzt geänd. durch VO v. 17.8.2018 (GVBl. LSA S. 284); FeuerungsVO v. 27.3.2006 (GVBl. LSA S. 177), geänd. durch VO v. 20.10.2008 (GVBl. LSA S. 374);
– **Schleswig-Holstein:** LandesbauO v. 22.1.2009 (GVOBl. Schl.-H. S. 6), zuletzt geänd. durch G v. 6.12.2021 (GVOBl. Schl.-H. S. 1422); Allg. VO zur Durchführung der LBO v. 25.4.1968 (GVOBl. Schl.-H. S. 105), zuletzt geänd. durch VO v. 10.7.1980 (GVOBl. Schl.-H. S. 263); Versammlungsstätten-VO v. 6.9.2022 (GVOBl. Schl.-H. S. 810); LandesVO über den Bau von Betriebsräumen für elektrische Anlagen (EltBauVO) v. 2.5.2022 (GVOBl. Schl.-H. S. 602); BauvorlagenVO 2022 v. 5.1.2022 (GVOBl. Schl.-H. S. 26); LandesVO über die Zuständigkeiten der Landesbauämter v. 19.5.1995 (GVOBl. Schl.-H. S. 227); Schl.-H. Prüfingenieure-VO v. 26.7.2022 (GVOBl. Schl.-H. S. 747); GaragenVO v. 22.4.2020 (GVOBl. Schl.-H. S. 203); FeuerungsVO v. 2.9.2022 (GVOBl. Schl.-H. S. 803); BaugebührenVO v. 10.6.2022 (GVOBl. Schl.-H. S. 704), geänd. durch VO v. 7.2.2023 (GVOBl. Schl.-H. S. 77); Verkaufs-stättenVO v. 7.6.2022 (GVOBl. Schl.-H. S. 686); Camping- und WochenendplatzVO v. 13.7.2010 (GVOBl. Schl.-H. S. 522), geänd. durch VO v. 24.7.2015 (GVOBl. Schl.-H. S. 301);
– **Thüringen:** BauO v. 13.3.2014 (GVBl. S. 49), zuletzt geänd. durch G v. 29.7.2022 (GVBl. S. 321); BauvorlagenVO v. 23.3.2010 (GVBl. S. 129), geänd. durch VO v. 2.12.2015 (GVBl. S. 212); Feuerungs-VO v. 10.8.2009 (GVBl. S. 745), zuletzt geänd. durch VO v. 16.6.2021 (GVBl. S. 274).

Inhaltsübersicht[1]

Erstes Kapitel. Allgemeines Städtebaurecht
Erster Teil. Bauleitplanung
Erster Abschnitt. Allgemeine Vorschriften

§ 1	Aufgabe, Begriff und Grundsätze der Bauleitplanung
§ 1a	Ergänzende Vorschriften zum Umweltschutz
§ 2	Aufstellung der Bauleitpläne
§ 2a	Begründung zum Bauleitplanentwurf, Umweltbericht
§ 3	Beteiligung der Öffentlichkeit
§ 4	Beteiligung der Behörden
§ 4a	Gemeinsame Vorschriften zur Beteiligung
§ 4b	Einschaltung eines Dritten
§ 4c	Überwachung

Zweiter Abschnitt. Vorbereitender Bauleitplan (Flächennutzungsplan)

§ 5	Inhalt des Flächennutzungsplans
§ 6	Genehmigung des Flächennutzungsplans

(Fortsetzung nächstes Blatt)

---

[1] Inhaltsübersicht geänd. mWv 28.3.2020 durch G v. 27.3.2020 (BGBl. I S. 587); geänd. mWv 23.6.2021 durch G v. 14.6.2021 (BGBl. I S. 1802); geänd. mWv 23.7.2021 durch G v. 16.7.2021 (BGBl. I S. 2939); geänd. mWv 15.9.2021 durch G v. 10.9.2021 (BGBl. I S. 4147); geänd. mWv 1.2.2023 durch G v. 20.7.2022 (BGBl. I S. 1353); geänd. mWv 13.10.2022 durch G v. 8.10.2022 (BGBl. I S. 1726); geänd. mWv 1.1.2023 durch G v. 4.1.2023 (BGBl. 2023 I Nr. 6); geänd. mWv 7.7.2023 durch G v. 3.7.2023 (BGBl. 2023 I Nr. 176).

Baugesetzbuch **BauGB 300**

Siebter Teil. Sozialplan und Härteausgleich

§ 180   Sozialplan
§ 181   Härteausgleich

Achter Teil. Miet- und Pachtverhältnisse

§ 182   Aufhebung von Miet- oder Pachtverhältnissen
§ 183   Aufhebung von Miet- oder Pachtverhältnissen über unbebaute Grundstücke
§ 184   Aufhebung anderer Vertragsverhältnisse
§ 185   Entschädigung bei Aufhebung von Miet- oder Pachtverhältnissen
§ 186   Verlängerung von Miet- oder Pachtverhältnissen

Neunter Teil. Städtebauliche Maßnahmen im Zusammenhang mit Maßnahmen zur Verbesserung der Agrarstruktur

§ 187   Abstimmung von Maßnahmen; Bauleitplanung und Maßnahmen zur Verbesserung der Agrarstruktur
§ 188   Bauleitplanung und Flurbereinigung
§ 189   Ersatzlandbeschaffung
§ 190   Flurbereinigung aus Anlass einer städtebaulichen Maßnahme
§ 191   Vorschriften über den Verkehr mit land- und forstwirtschaftlichen Grundstücken

Drittes Kapitel. Sonstige Vorschriften

Erster Teil. Wertermittlung

§ 192   Gutachterausschuss
§ 193   Aufgaben des Gutachterausschusses
§ 194   Verkehrswert
§ 195   Kaufpreissammlung
§ 196   Bodenrichtwerte
§ 197   Befugnisse des Gutachterausschusses
§ 198   Oberer Gutachterausschuss
§ 199   Ermächtigungen

Zweiter Teil. Allgemeine Vorschriften; Zuständigkeiten; Verwaltungsverfahren; Planerhaltung

Erster Abschnitt. Allgemeine Vorschriften

§ 200   Grundstücke; Rechte an Grundstücken; Baulandkataster
§ 200a   Ersatzmaßnahmen
§ 201   Begriff der Landwirtschaft
§ 201a   Verordnungsermächtigung zur Bestimmung von Gebieten mit einem angespannten Wohnungsmarkt
§ 202   Schutz des Mutterbodens

Zweiter Abschnitt. Zuständigkeiten

§ 203   Abweichende Zuständigkeitsregelung
§ 204   Gemeinsamer Flächennutzungsplan, Bauleitplanung bei Bildung von Planungsverbänden und bei Gebiets- oder Bestandsänderung
§ 205   Planungsverbände
§ 206   Örtliche und sachliche Zuständigkeit

Dritter Abschnitt. Verwaltungsverfahren

§ 207   Von Amts wegen bestellter Vertreter
§ 208   Anordnungen zur Erforschung des Sachverhalts
§ 209   Vorarbeiten auf Grundstücken
§ 210   Wiedereinsetzung
§ 211   Belehrung über Rechtsbehelfe
§ 212   Vorverfahren
§ 212a   Entfall der aufschiebenden Wirkung
§ 213   Ordnungswidrigkeiten

Vierter Abschnitt. Planerhaltung

§ 214   Beachtlichkeit der Verletzung von Vorschriften über die Aufstellung des Flächennutzungsplans und der Satzungen; ergänzendes Verfahren
§ 215   Frist für die Geltendmachung der Verletzung von Vorschriften
§ 216   Aufgaben im Genehmigungsverfahren

Dritter Teil. Verfahren vor den Kammern (Senaten) für Baulandsachen

§ 217   Antrag auf gerichtliche Entscheidung
§ 218   Wiedereinsetzung in den vorigen Stand
§ 219   Örtliche Zuständigkeit der Landgerichte

300 BauGB

Baugesetzbuch

§ 220	Zusammensetzung der Kammern für Baulandsachen
§ 221	Allgemeine Verfahrensvorschriften
§ 222	Beteiligte
§ 223	Anfechtung von Ermessensentscheidungen
§ 224	Entfall der aufschiebenden Wirkung bei Antrag auf gerichtliche Entscheidung
§ 225	Vorzeitige Ausführungsanordnung
§ 226	Urteil
§ 227	Säumnis eines Beteiligten
§ 228	Kosten des Verfahrens
§ 229	Berufung, Beschwerde
§ 230	Revision
§ 231	Einigung
§ 232	Weitere Zuständigkeit der Kammern (Senate) für Baulandsachen

Viertes Kapitel. Überleitungs- und Schlussvorschriften
Erster Teil. Überleitungsvorschriften

§ 233	Allgemeine Überleitungsvorschriften
§ 234	Überleitungsvorschrift für das Vorkaufsrecht
§ 235	Überleitungsvorschriften für städtebauliche Sanierungs- und Entwicklungsmaßnahmen
§ 236	Überleitungsvorschriften für das Baugebot und die Erhaltung baulicher Anlagen
§ 237	(weggefallen)
§ 238	Überleitungsvorschrift für Entschädigungen
§ 239	Überleitungsvorschrift für die Grenzregelung
§ 240	(weggefallen)
§ 241	(weggefallen)
§ 242	Überleitungsvorschriften für die Erschließung
§ 243	Überleitungsvorschriften für das Maßnahmengesetz zum Baugesetzbuch und das Bundesnaturschutzgesetz
§ 244	Überleitungsvorschriften für das Europarechtsanpassungsgesetz Bau
§ 245	Überleitungsvorschriften für den Stadtumbau, die Soziale Stadt und die Förderung städtebaulicher Maßnahmen
§ 245a	Überleitungsvorschriften und Vorschriften im Zusammenhang mit dem Gesetz zur Stärkung der Innenentwicklung in den Städten und Gemeinden und weiteren Fortentwicklung des Städtebaurechts
§ 245b	Überleitungsvorschriften für Vorhaben im Außenbereich
§ 245c	Überleitungsvorschrift aus Anlass des Gesetzes zur Umsetzung der Richtlinie 2014/52/EU im Städtebaurecht und zur Stärkung des neuen Zusammenlebens in der Stadt
§ 245d	Überleitungsvorschrift aus Anlass des Gesetzes zur Mobilisierung von Bauland
§ 245e	Überleitungsvorschrift aus Anlass des Gesetzes zur Erhöhung und Beschleunigung des Ausbaus von Windenergieanlagen an Land
§ 245f	Überleitungsvorschrift aus Anlass des Gesetzes zur Stärkung der Digitalisierung im Bauleitplanverfahren und zur Änderung weiterer Vorschriften; Evaluierung

Zweiter Teil. Schlussvorschriften

§ 246	Sonderregelungen für einzelne Länder; Sonderregelungen für Flüchtlingsunterkünfte
§ 246a	Überschwemmungsgebiete, überschwemmungsgefährdete Gebiete
§ 246b	Sonderregelungen für Anlagen für gesundheitliche Zwecke im Zuge der COVID-19-Pandemie
§ 246c	Abweichungen vom Baugesetzbuch für den Wiederaufbau im Katastrophenfall; Verordnungsermächtigung
§ 246d	Sonderregelung für Biogasanlagen
§ 247	Sonderregelungen für Berlin als Hauptstadt der Bundesrepublik Deutschland
§ 248	Sonderregelungen zur sparsamen und effizienten Nutzung von Energie
§ 249	Sonderregelungen für Windenergieanlagen an Land
§ 249a	Sonderregelung für Vorhaben zur Herstellung oder Speicherung von Wasserstoff aus erneuerbaren Energien
§ 249b	Verordnungsermächtigungen zum Ausbau der erneuerbaren Energien in Abbaubereichen des Braunkohletagebaus
§ 250	Bildung von Wohnungseigentum in Gebieten mit angespannten Wohnungsmärkten

Anlage 1 (zu § 2 Absatz 4 und den §§ 2a und 4c)
Anlage 2 (zu § 13a Absatz 1 Satz 2 Nummer 2)

(Fortsetzung nächstes Blatt)

(4) Einzelne Flächen außerhalb des Bereichs des Vorhaben- und Erschließungsplans können in den vorhabenbezogenen Bebauungsplan einbezogen werden.

(5) [1] Ein Wechsel des Vorhabenträgers bedarf der Zustimmung der Gemeinde. [2] Die Zustimmung darf nur dann verweigert werden, wenn Tatsachen die Annahme rechtfertigen, dass die Durchführung des Vorhaben- und Erschließungsplans innerhalb der Frist nach Absatz 1 gefährdet ist.

(6) [1] Wird der Vorhaben- und Erschließungsplan nicht innerhalb der Frist nach Absatz 1 durchgeführt, soll die Gemeinde den Bebauungsplan aufheben. [2] Aus der Aufhebung können Ansprüche des Vorhabenträgers gegen die Gemeinde nicht geltend gemacht werden. [3] Bei der Aufhebung kann das vereinfachte Verfahren nach § 13 angewendet werden.

(7) Soll in bisherigen Erholungssondergebieten nach § 10 der Baunutzungsverordnung auch Wohnnutzung zugelassen werden, kann die Gemeinde nach Maßgabe der Absätze 1 bis 6 einen vorhabenbezogenen Bebauungsplan aufstellen, der insbesondere die Zulässigkeit von baulichen Anlagen zu Wohnzwecken in diesen Gebieten regelt.

§ 13[1] Vereinfachtes Verfahren.

(1) Werden durch die Änderung oder Ergänzung eines Bauleitplans die Grundzüge der Planung nicht berührt oder wird durch die Aufstellung eines Bebauungsplans in einem Gebiet nach § 34 der sich aus der vorhandenen Eigenart der näheren Umgebung ergebende Zulässigkeitsmaßstab nicht wesentlich verändert oder enthält er lediglich Festsetzungen nach § 9 Absatz 2a oder Absatz 2b, kann die Gemeinde das vereinfachte Verfahren anwenden, wenn

1. die Zulässigkeit von Vorhaben, die einer Pflicht zur Durchführung einer Umweltverträglichkeitsprüfung nach Anlage 1 zum Gesetz über die Umweltverträglichkeitsprüfung[2] oder nach Landesrecht unterliegen, nicht vorbereitet oder begründet wird,
2. keine Anhaltspunkte für eine Beeinträchtigung der in § 1 Absatz 6 Nummer 7 Buchstabe b genannten Schutzgüter bestehen und
3. keine Anhaltspunkte dafür bestehen, dass bei der Planung Pflichten zur Vermeidung oder Begrenzung der Auswirkungen von schweren Unfällen nach § 50 Satz 1 des Bundes-Immissionsschutzgesetzes[3] zu beachten sind.

(2) [1] Im vereinfachten Verfahren kann

1. von der frühzeitigen Unterrichtung und Erörterung nach § 3 Absatz 1 und § 4 Absatz 1 abgesehen werden,
2. der betroffenen Öffentlichkeit Gelegenheit zur Stellungnahme innerhalb angemessener Frist gegeben oder wahlweise die Veröffentlichung im Internet nach § 3 Absatz 2 durchgeführt werden,
3. den berührten Behörden und sonstigen Trägern öffentlicher Belange Gelegenheit zur Stellungnahme innerhalb angemessener Frist gegeben oder wahlweise die Beteiligung nach § 4 Absatz 2 durchgeführt werden.

[2] Wird nach Satz 1 Nummer 2 die betroffene Öffentlichkeit beteiligt, gilt die Hinweispflicht des § 3 Absatz 2 Satz 4 zweiter Halbsatz entsprechend.

(3) [1] Im vereinfachten Verfahren wird von der Umweltprüfung nach § 2 Absatz 4, von dem Umweltbericht nach § 2a, von der Angabe nach § 3 Absatz 2 Satz 4, welche Arten umweltbezogener Informationen verfügbar sind, sowie von der zusammenfas-

---

[1] § 13 Abs. 2 Satz 1 Nr. 2, Satz 2, Abs. 3 Satz 1 geänd. mWv 7.7.2023 durch G v. 3.7.2023 (BGBl. 2023 I Nr. 176).
[2] Nr. **295**.
[3] Nr. **296**.

senden Erklärung nach § 6a Absatz 1 und § 10a Absatz 1 abgesehen; § 4c ist nicht anzuwenden. ²Bei der Beteiligung nach Absatz 2 Nummer 2 ist darauf hinzuweisen, dass von einer Umweltprüfung abgesehen wird.

§ 13a[1] **Bebauungspläne der Innenentwicklung.** (1) ¹Ein Bebauungsplan für die Wiedernutzbarmachung von Flächen, die Nachverdichtung oder andere Maßnahmen der Innenentwicklung (Bebauungsplan der Innenentwicklung) kann im beschleunigten Verfahren aufgestellt werden. ²Der Bebauungsplan darf im beschleunigten Verfahren nur aufgestellt werden, wenn in ihm eine zulässige Grundfläche im Sinne des § 19 Absatz 2 der Baunutzungsverordnung[2] oder eine Größe der Grundfläche festgesetzt wird von insgesamt

1. weniger als 20 000 Quadratmetern, wobei die Grundflächen mehrerer Bebauungspläne, die in einem engen sachlichen, räumlichen und zeitlichen Zusammenhang aufgestellt werden, mitzurechnen sind, oder
2. 20 000 Quadratmetern bis weniger als 70 000 Quadratmetern, wenn auf Grund einer überschlägigen Prüfung unter Berücksichtigung der in Anlage 2 dieses Gesetzes genannten Kriterien die Einschätzung erlangt wird, dass der Bebauungsplan voraussichtlich keine erheblichen Umweltauswirkungen hat, die nach § 2 Absatz 4 Satz 4 in der Abwägung zu berücksichtigen wären (Vorprüfung des Einzelfalls); die Behörden und sonstigen Träger öffentlicher Belange, deren Aufgabenbereiche durch die Planung berührt werden können, sind an der Vorprüfung des Einzelfalls zu beteiligen.

³Wird in einem Bebauungsplan weder eine zulässige Grundfläche noch eine Größe der Grundfläche festgesetzt, ist bei Anwendung des Satzes 2 die Fläche maßgeblich, die bei Durchführung des Bebauungsplans voraussichtlich versiegelt wird. ⁴Das beschleunigte Verfahren ist ausgeschlossen, wenn durch den Bebauungsplan die Zulässigkeit von Vorhaben begründet wird, die einer Pflicht zur Durchführung einer Umweltverträglichkeitsprüfung nach dem Gesetz über die Umweltverträglichkeitsprüfung oder nach Landesrecht unterliegen. ⁵Das beschleunigte Verfahren ist auch ausgeschlossen, wenn Anhaltspunkte für eine Beeinträchtigung der in § 1 Absatz 6 Nummer 7 Buchstabe b genannten Schutzgüter oder dafür bestehen, dass bei der Planung Pflichten zur Vermeidung oder Begrenzung der Auswirkungen von schweren Unfällen nach § 50 Satz 1 des Bundes-Immissionsschutzgesetzes[3] zu beachten sind.

(2) Im beschleunigten Verfahren

1. gelten die Vorschriften des vereinfachten Verfahrens nach § 13 Absatz 2 und 3 Satz 1 entsprechend;
2. kann ein Bebauungsplan, der von Darstellungen des Flächennutzungsplans abweicht, auch aufgestellt werden, bevor der Flächennutzungsplan geändert oder ergänzt ist; die geordnete städtebauliche Entwicklung des Gemeindegebiets darf nicht beeinträchtigt werden; der Flächennutzungsplan ist im Wege der Berichtigung anzupassen;
3. soll einem Bedarf an Investitionen zur Erhaltung, Sicherung und Schaffung von Arbeitsplätzen, zur Versorgung der Bevölkerung mit Wohnraum oder zur Ver-

(Fortsetzung nächstes Blatt)

---

[1] § 13a Abs. 4 geänd. mWv 23.6.2021 durch G v. 14.6.2021 (BGBl. I S. 1802).
[2] Nr. **311**.
[3] Nr. **296**.

(2) ¹Die Gemeinde hat die Satzung ortsüblich bekannt zu machen. ²Sie kann die Bekanntmachung auch in entsprechender Anwendung des § 10 Absatz 3 Satz 2 bis 5 vornehmen. ³Für Bestimmungen nach Absatz 1 Satz 1 Nummer 1 bis 4 teilt die Gemeinde dem Grundbuchamt den Beschluss über die Satzung, das Datum ihres Inkrafttretens sowie die genaue Bezeichnung der betroffenen Grundstücke oder ihrer Bekanntmachung rechtzeitig mit. ⁴Von der genauen Bezeichnung der betroffenen Grundstücke kann in den Fällen des Absatzes 1 Satz 1 Nummer 1 und 2 abgesehen werden, wenn die gesamte Gemarkung betroffen ist und die Gemeinde dies dem Grundbuchamt mitteilt.

(3) (weggefallen)

(4) ¹Die Genehmigung darf nur versagt werden, wenn durch die Begründung oder Teilung der Rechte, durch die Regelung nach § 1010 des Bürgerlichen Gesetzbuchs oder durch die Nutzung als Nebenwohnung die Zweckbestimmung des Gebiets für den Fremdenverkehr und dadurch die städtebauliche Entwicklung und Ordnung beeinträchtigt wird. ²Die Genehmigung nach Absatz 1 Satz 1 Nummer 1 bis 4 ist zu erteilen, wenn sie erforderlich ist, damit Ansprüche Dritter erfüllt werden können, zu deren Sicherung vor dem Wirksamwerden des Genehmigungsvorbehalts eine Vormerkung im Grundbuch eingetragen oder der Antrag auf Eintragung einer Vormerkung beim Grundbuchamt eingegangen ist; die Genehmigung kann auch von dem Dritten beantragt werden. ³Die Genehmigung kann erteilt werden, um wirtschaftliche Nachteile zu vermeiden, die für den Eigentümer eine besondere Härte bedeuten.

(5) ¹Über die Genehmigung entscheidet die Baugenehmigungsbehörde im Einvernehmen mit der Gemeinde. ²Über die Genehmigung ist innerhalb eines Monats nach Eingang des Antrags bei der Baugenehmigungsbehörde zu entscheiden. ³Kann die Prüfung des Antrags in dieser Zeit nicht abgeschlossen werden, ist die Frist vor ihrem Ablauf in einem dem Antragsteller mitzuteilenden Zwischenbescheid um den Zeitraum zu verlängern, der notwendig ist, um die Prüfung abschließen zu können; höchstens jedoch um drei Monate. ⁴Die Genehmigung gilt als erteilt, wenn sie nicht innerhalb der Frist versagt wird. ⁵Darüber hat die Baugenehmigungsbehörde auf Antrag eines Beteiligten ein Zeugnis auszustellen. ⁶Das Einvernehmen gilt als erteilt, wenn es nicht binnen zwei Monaten nach Eingang des Ersuchens der Genehmigungsbehörde verweigert wird; dem Ersuchen gegenüber der Gemeinde steht die Einreichung des Antrags bei der Gemeinde gleich, wenn sie nach Landesrecht vorgeschrieben ist.

(6) ¹Bei einem Grundstück, das im Geltungsbereich einer Satzung nach Absatz 1 liegt, darf das Grundbuchamt die von Absatz 1 Satz 1 Nummer 1 bis 4 erfassten Eintragungen in das Grundbuch nur vornehmen, wenn der Genehmigungsbescheid oder ein Zeugnis gemäß Absatz 5 Satz 5 vorgelegt wird oder wenn die Freistellungserklärung der Gemeinde gemäß Absatz 8 beim Grundbuchamt eingegangen ist. ²Ist dennoch eine Eintragung in das Grundbuch vorgenommen worden, kann die Baugenehmigungsbehörde, falls die Genehmigung erforderlich war, das Grundbuchamt um die Eintragung eines Widerspruchs ersuchen; § 53 Absatz 1 der Grundbuchordnung[1]) bleibt unberührt. ³Der Widerspruch ist zu löschen, wenn die Baugenehmigungsbehörde darum ersucht oder die Genehmigung erteilt ist.

(7) ¹Wird die Genehmigung versagt, kann der Eigentümer von der Gemeinde unter den Voraussetzungen des § 40 Absatz 2 die Übernahme des Grundstücks

---

[1]) **Habersack Nr. 114.**

verlangen. ²§ 43 Absatz 1, 4 und 5 sowie § 44 Absatz 3 und 4 sind entsprechend anzuwenden.

(8) ¹Die Gemeinde hat den Genehmigungsvorbehalt aufzuheben oder im Einzelfall einzelne Grundstücke durch Erklärung gegenüber dem Eigentümer vom Genehmigungsvorbehalt freizustellen, wenn die Voraussetzungen für den Genehmigungsvorbehalt entfallen sind. ²Die Gemeinde teilt dem Grundbuchamt die Aufhebung des Genehmigungsvorbehalts sowie die genaue Bezeichnung der hiervon betroffenen Grundstücke unverzüglich mit. ³Von der genauen Bezeichnung kann abgesehen werden, wenn die gesamte Gemarkung betroffen ist und die Gemeinde dies dem Grundbuchamt mitteilt. ⁴Sobald die Mitteilung über die Aufhebung des Genehmigungsvorbehalts beim Grundbuchamt eingegangen ist, ist Absatz 6 Satz 1 nicht mehr anzuwenden.

(9) ¹In der sonstigen Satzung nach Absatz 1 kann neben der Bestimmung des Genehmigungsvorbehalts die höchstzulässige Zahl der Wohnungen in Wohngebäuden nach Maßgabe des § 9 Absatz 1 Nummer 6 festgesetzt werden. ²Vor der Festsetzung nach Satz 1 ist der betroffenen Öffentlichkeit und den berührten Behörden und sonstigen Trägern öffentlicher Belange Gelegenheit zur Stellungnahme innerhalb angemessener Frist zu geben.

(10) ¹Der sonstigen Satzung nach Absatz 1 ist eine Begründung beizufügen. ²In der Begründung zum Bebauungsplan (§ 9 Absatz 8) oder zur sonstigen Satzung ist darzulegen, dass die in Absatz 1 Satz 2 bezeichneten Voraussetzungen für die Festlegung des Gebiets vorliegen.

§ 23 (weggefallen)

Dritter Abschnitt. Gesetzliche Vorkaufsrechte der Gemeinde

§ 24[1]) Allgemeines Vorkaufsrecht.
(1) ¹Der Gemeinde steht ein Vorkaufsrecht zu beim Kauf von Grundstücken

1. im Geltungsbereich eines Bebauungsplans, soweit es sich um Flächen handelt, für die nach dem Bebauungsplan eine Nutzung für öffentliche Zwecke oder für Flächen oder Maßnahmen zum Ausgleich im Sinne des § 1a Absatz 3 festgesetzt ist,
2. in einem Umlegungsgebiet,
3. in einem förmlich festgelegten Sanierungsgebiet und städtebaulichen Entwicklungsbereich,
4. im Geltungsbereich einer Satzung zur Sicherung von Durchführungsmaßnahmen des Stadtumbaus und einer Erhaltungssatzung,
5. im Geltungsbereich eines Flächennutzungsplans, soweit es sich um unbebaute Flächen im Außenbereich handelt, die nach dem Flächennutzungsplan eine Nutzung als Wohnbaufläche oder Wohngebiet dargestellt ist,
6. in Gebieten, die nach den §§ 30, 33 oder 34 Absatz 2 vorwiegend mit Wohngebäuden bebaut werden können, soweit die Grundstücke unbebaut sind, wobei ein Grundstück auch dann als unbebaut gilt, wenn es lediglich mit einer Einfriedung oder zu erkennbar vorläufigen Zwecken bebaut ist,
7. in Gebieten, die zum Zweck des vorbeugenden Hochwasserschutzes von Bebauung freizuhalten sind, insbesondere in Überschwemmungsgebieten, sowie

---

[1]) § 24 Abs. 1 Satz 1 Nr. 6 neu gef., Nr. 7 geänd., Nr. 8 angef., Abs. 3 Satz 2 eingef., bish. Satz 2 wird Satz 3 mWv 23.6.2021 durch G v. 14.6.2021 (BGBl. I S. 1802); Abs. 1 Satz 2 geänd. mWv 7.7.2023 durch G v. 3.7.2023 (BGBl. 2023 I Nr. 176).

8. in Gebieten nach den §§ 30, 33 oder 34, wenn
   a) in diesen ein städtebaulicher Missstand im Sinne des § 136 Absatz 2 Satz 2 in Verbindung mit Absatz 3 vorliegt oder
   b) die baulichen Anlagen einen Missstand im Sinne des § 177 Absatz 2 aufweisen

   und die Grundstücke dadurch erhebliche nachteilige Auswirkungen auf das soziale oder städtebauliche Umfeld aufweisen, insbesondere durch ihren baulichen Zustand oder ihre der öffentlichen Sicherheit und Ordnung widersprechende Nutzung.

²Im Falle der Nummer 1 kann das Vorkaufsrecht bereits nach Beginn der Veröffentlichungsfrist nach § 3 Absatz 2 Satz 1 ausgeübt werden, wenn die Gemeinde einen Beschluss gefasst hat, einen Bebauungsplan aufzustellen, zu ändern oder zu ergänzen. ³Im Falle der Nummer 5 kann das Vorkaufsrecht bereits ausgeübt werden, wenn die Gemeinde einen Beschluss gefasst und ortsüblich bekannt gemacht hat, einen Flächennutzungsplan aufzustellen, zu ändern oder zu ergänzen und wenn nach dem Stand der Planungsarbeiten anzunehmen ist, dass der künftige Flächennutzungsplan eine solche Nutzung darstellen wird.

(2) Das Vorkaufsrecht steht der Gemeinde nicht zu beim Kauf von Rechten nach dem Wohnungseigentumsgesetz[1]) und von Erbbaurechten.

(3) ¹Das Vorkaufsrecht darf nur ausgeübt werden, wenn das Wohl der Allgemeinheit dies rechtfertigt. ²Dem Wohl der Allgemeinheit kann insbesondere die Deckung eines Wohnbedarfs in der Gemeinde dienen. ³Bei der Ausübung des Vorkaufsrechts hat die Gemeinde den Verwendungszweck des Grundstücks anzugeben.

§ 25[2]) **Besonderes Vorkaufsrecht.** (1) ¹Die Gemeinde kann
1. im Geltungsbereich eines Bebauungsplans durch Satzung ihr Vorkaufsrecht an unbebauten Grundstücken begründen;
2. in Gebieten, in denen sie städtebauliche Maßnahmen in Betracht zieht, zur Sicherung einer geordneten städtebaulichen Entwicklung durch Satzung Flächen bezeichnen, an denen ihr ein Vorkaufsrecht an den Grundstücken zusteht;
3. im Geltungsbereich eines Bebauungsplans an brachliegenden Grundstücken oder für im Zusammenhang bebaute Ortsteile (§ 34) an unbebauten oder brachliegenden Grundstücken durch Satzung ihr Vorkaufsrecht begründen, wenn
   a) diese vorwiegend mit Wohngebäuden bebaut werden können und
   b) es sich um ein nach § 201a bestimmtes Gebiet mit einem angespannten Wohnungsmarkt handelt.

²Ein Grundstück gilt auch dann als unbebaut, wenn es lediglich mit einer Einfriedung oder zu erkennbar vorläufigen Zwecken bebaut ist. ³Das Vorkaufsrecht nach Satz 1 Nummer 3 erlischt mit dem Ende der Geltungsdauer der Rechtsverordnung nach § 201a. ⁴Auf die Satzung ist § 16 Absatz 2 entsprechend anzuwenden.

(2) ¹§ 24 Absatz 2 und 3 Satz 1 und 2 ist anzuwenden. ²Der Verwendungszweck des Grundstücks ist anzugeben, soweit das bereits zum Zeitpunkt der Ausübung des Vorkaufsrechts möglich ist.

§ 26 Ausschluss des Vorkaufsrechts. Die Ausübung des Vorkaufsrechts ist ausgeschlossen, wenn

---

[1]) Habersack Nr. 37.
[2]) § 25 Abs. 1 Satz 1 Nr. 2 geänd., Nr. 3 angef., Sätze 2, 3 eingef., bish. Satz 2 wird Satz 4, Abs. 2 Satz 1 geänd. mWv 23.6.2021 durch G v. 14.6.2021 (BGBl. I S. 1802).

1. der Eigentümer das Grundstück an seinen Ehegatten oder an eine Person verkauft, die mit ihm in gerader Linie verwandt oder verschwägert oder in der Seitenlinie bis zum dritten Grad verwandt ist,
2. das Grundstück
    a) von einem öffentlichen Bedarfsträger für Zwecke der Landesverteidigung, der Bundespolizei, der Zollverwaltung, der Polizei oder des Zivilschutzes oder
    b) von Kirchen und Religionsgesellschaften des öffentlichen Rechts für Zwecke des Gottesdienstes oder der Seelsorge

    gekauft wird,
3. auf dem Grundstück Vorhaben errichtet werden sollen, für die ein in § 38 genanntes Verfahren eingeleitet oder durchgeführt worden ist, oder
4. das Grundstück entsprechend den Festsetzungen des Bebauungsplans oder den Zielen und Zwecken der städtebaulichen Maßnahme bebaut ist und genutzt wird und eine auf ihm errichtete bauliche Anlage keine Missstände oder Mängel im Sinne des § 177 Absatz 2 und 3 Satz 1 aufweist.

§ 27 Abwendung des Vorkaufsrechts. (1) [1]Der Käufer kann die Ausübung des Vorkaufsrechts abwenden, wenn die Verwendung des Grundstücks nach den baurechtlichen Vorschriften oder den Zielen und Zwecken der städtebaulichen Maßnahme bestimmt oder mit ausreichender Sicherheit bestimmbar ist, der Käufer in der Lage ist, das Grundstück binnen angemessener Frist dementsprechend zu nutzen, und er sich vor Ablauf der Frist nach § 28 Absatz 2 Satz 1 hierzu verpflichtet. [2]Weist eine auf dem Grundstück befindliche bauliche Anlage Missstände oder Mängel im Sinne des § 177 Absatz 2 und 3 Satz 1 auf, kann der Käufer die Ausübung des Vorkaufsrechts abwenden, wenn er diese Missstände oder Mängel binnen angemessener Frist beseitigen kann und er sich vor Ablauf der Frist nach § 28 Absatz 2 Satz 1 zur Beseitigung verpflichtet. [3]Die Gemeinde hat die Frist nach § 28 Absatz 2 Satz 1 auf Antrag des Käufers um zwei Monate zu verlängern, wenn der Käufer vor Ablauf dieser Frist glaubhaft macht, dass er in der Lage ist, die in Satz 1 oder 2 genannten Voraussetzungen zu erfüllen.

(2) Ein Abwendungsrecht besteht nicht
1. in den Fällen des § 24 Absatz 1 Satz 1 Nummer 1 und
2. in einem Umlegungsgebiet, wenn das Grundstück für Zwecke der Umlegung (§ 45) benötigt wird.

§ 27a Ausübung des Vorkaufsrechts zugunsten Dritter. (1) [1]Die Gemeinde kann
1. ihr Vorkaufsrecht zugunsten eines Dritten ausüben, wenn der Dritte zu der mit der Ausübung des Vorkaufsrechts bezweckten Verwendung des Grundstücks innerhalb angemessener Frist in der Lage ist und sich hierzu verpflichtet, oder
2. das ihr nach § 24 Absatz 1 Satz 1 Nummer 1 zustehende Vorkaufsrecht zugunsten eines öffentlichen Bedarfs- oder Erschließungsträgers sowie das ihr nach § 24 Absatz 1 Satz 1 Nummer 3 zustehende Vorkaufsrecht zugunsten eines Sanierungs- oder Entwicklungsträgers ausüben, wenn der Träger einverstanden ist.

[2]In den Fällen der Nummer 1 hat die Gemeinde bei der Ausübung des Vorkaufsrechts zugunsten eines Dritten die Frist, in der das Grundstück für den vorgesehenen Zweck zu verwenden ist, zu bezeichnen.

(2) ¹Mit der Ausübung des Vorkaufsrechts kommt der Kaufvertrag zwischen dem Begünstigten und dem Verkäufer zustande. ²Die Gemeinde haftet für die Verpflichtung aus dem Kaufvertrag neben dem Begünstigten als Gesamtschuldnerin.

(3) ¹Für den von dem Begünstigten zu zahlenden Betrag und das Verfahren gilt § 28 Absatz 2 bis 4 entsprechend. ²Kommt der Begünstigte seiner Verpflichtung nach Absatz 1 Satz 1 Nummer 1 nicht nach, soll die Gemeinde in entsprechender Anwendung des § 102 die Übertragung des Grundstücks zu ihren Gunsten oder zugunsten eines Übernahmewilligen verlangen, der zur Verwirklichung des Verwendungszwecks innerhalb angemessener Frist in der Lage ist und sich hierzu verpflichtet. ³Für die Entschädigung und das Verfahren gelten die Vorschriften des Fünften Teils über die Rückenteignung entsprechend. ⁴Die Haftung der Gemeinde nach § 28 Absatz 3 Satz 7 bleibt unberührt.

§ 28[1]) **Verfahren und Entschädigung.** (1) ¹Der Verkäufer hat der Gemeinde den Inhalt des Kaufvertrags unverzüglich mitzuteilen; die Mitteilung des Verkäufers wird durch die Mitteilung des Käufers ersetzt. ²Das Grundbuchamt darf bei Kaufverträgen den Käufer als Eigentümer in das Grundbuch nur eintragen, wenn ihm die Nichtausübung oder das Nichtbestehen des Vorkaufsrechts nachgewiesen ist. ³Besteht ein Vorkaufsrecht nicht oder wird es nicht ausgeübt, hat die Gemeinde auf Antrag eines Beteiligten darüber unverzüglich ein Zeugnis auszustellen. ⁴Das Zeugnis gilt als Verzicht auf die Ausübung des Vorkaufsrechts.

(2) ¹Das Vorkaufsrecht kann nur binnen drei Monaten nach Mitteilung des Kaufvertrags durch Verwaltungsakt gegenüber dem Verkäufer ausgeübt werden. ²Die §§ 463, 464 Absatz 2, §§ 465 bis 468 und 471 des Bürgerlichen Gesetzbuchs[2]) sind anzuwenden. ³Nach Mitteilung des Kaufvertrags ist auf Ersuchen der Gemeinde zur Sicherung ihres Anspruchs auf Übereignung des Grundstücks eine Vormerkung in das Grundbuch einzutragen; die Gemeinde trägt die Kosten der Eintragung der Vormerkung und ihrer Löschung. ⁴Das Vorkaufsrecht ist nicht übertragbar. ⁵Bei einem Eigentumserwerb auf Grund der Ausübung des Vorkaufsrechts erlöschen rechtsgeschäftliche Vorkaufsrechte. ⁶Wird die Gemeinde nach Ausübung des Vorkaufsrechts im Grundbuch als Eigentümerin eingetragen, kann sie das Grundbuchamt ersuchen, eine zur Sicherung des Übereignungsanspruchs des Käufers im Grundbuch eingetragene Vormerkung zu löschen; sie darf das Ersuchen nur stellen, wenn die Ausübung des Vorkaufsrechts für den Käufer unanfechtbar ist.

(3) ¹Abweichend von Absatz 2 Satz 2 kann die Gemeinde den zu zahlenden Betrag nach dem Verkehrswert des Grundstücks (§ 194) im Zeitpunkt des Kaufes bestimmen, wenn der vereinbarte Kaufpreis den Verkehrswert überschreitet. ²In diesem Falle ist der Verkäufer berechtigt, bis zum Ablauf eines Monats nach Unanfechtbarkeit des Verwaltungsakts über die Ausübung des Vorkaufsrechts vom Vertrag zurückzutreten. ³Auf das Rücktrittsrecht sind die §§ 346 bis 349 und 351 des Bürgerlichen Gesetzbuchs entsprechend anzuwenden. ⁴Tritt der Verkäufer vom Vertrag zurück, trägt die Gemeinde die Kosten des Vertrags auf der Grundlage des Verkehrswerts. ⁵Tritt der Verkäufer vom Vertrag nicht zurück, erlischt nach Ablauf der Rücktrittsfrist nach Satz 2 die Pflicht des Verkäufers aus dem Kaufvertrag, der Gemeinde das Eigentum an dem Grundstück zu übertragen. ⁶In diesem Falle geht das Eigentum an dem Grundstück auf die Gemeinde über, wenn auf Ersuchen der Gemeinde der Übergang des Eigentums in das Grundbuch eingetragen ist. ⁷Führt die Gemeinde das Grundstück nicht innerhalb einer angemessenen Frist dem mit

---

[1]) § 28 Abs. 2 Satz 1, Abs. 3 Satz 1 geänd. mWv 23.6.2021 durch G v. 14.6.2021 (BGBl. I S. 1802).
[2]) Habersack **Nr. 20.**

der Ausübung des Vorkaufsrechts verfolgten Zweck zu, hat sie dem Verkäufer einen Betrag in Höhe des Unterschieds zwischen dem vereinbarten Kaufpreis und dem Verkehrswert zu zahlen. [8] § 44 Absatz 3 Satz 2 und 3, § 43 Absatz 2 Satz 1 sowie die §§ 121 und 122 sind entsprechend anzuwenden.

(4) [1] In den Fällen des § 24 Absatz 1 Satz 1 Nummer 1 bestimmt die Gemeinde den zu zahlenden Betrag nach den Vorschriften des Zweiten Abschnitts des Fünften Teils, wenn der Erwerb des Grundstücks für die Durchführung des Bebauungsplans erforderlich ist und es nach dem festgesetzten Verwendungszweck enteignet werden könnte. [2] Mit der Unanfechtbarkeit des Bescheids über die Ausübung des Vorkaufsrechts erlischt die Pflicht des Verkäufers aus dem Kaufvertrag, der Gemeinde das Eigentum an dem Grundstück zu übertragen. [3] In diesem Falle geht das Eigentum an dem Grundstück auf die Gemeinde über, wenn auf Ersuchen der Gemeinde der Übergang des Eigentums in das Grundbuch eingetragen ist.

(5) [1] Die Gemeinde kann für das Gemeindegebiet oder für sämtliche Grundstücke einer Gemarkung auf die Ausübung der ihr nach diesem Abschnitt zustehenden Rechte verzichten. [2] Sie kann den Verzicht jederzeit für zukünftig abzuschließende Kaufverträge widerrufen. [3] Der Verzicht und sein Widerruf sind ortsüblich bekannt zu machen. [4] Die Gemeinde teilt dem Grundbuchamt den Wortlaut ihrer Erklärung mit. [5] Hat die Gemeinde auf die Ausübung ihrer Rechte verzichtet, bedarf es eines Zeugnisses nach Absatz 1 Satz 3 nicht, soweit nicht ein Widerruf erklärt ist.

(6) [1] Hat die Gemeinde das Vorkaufsrecht ausgeübt und sind einem Dritten dadurch Vermögensnachteile entstanden, hat sie dafür Entschädigung zu leisten, soweit dem Dritten ein vertragliches Recht zum Erwerb des Grundstücks zustand, bevor ein gesetzliches Vorkaufsrecht der Gemeinde auf Grund dieses Gesetzbuchs oder solcher landesrechtlicher Vorschriften, die durch § 186 des Bundesbaugesetzes aufgehoben worden sind, begründet worden ist. [2] Die Vorschriften über die Entschädigung im Zweiten Abschnitt des Fünften Teils sind entsprechend anzuwenden. [3] Kommt eine Einigung über die Entschädigung nicht zustande, entscheidet die höhere Verwaltungsbehörde.

Dritter Teil. Regelung der baulichen und sonstigen Nutzung; Entschädigung

Erster Abschnitt. Zulässigkeit von Vorhaben

§ 29 Begriff des Vorhabens; Geltung von Rechtsvorschriften. (1) Für Vorhaben, die die Errichtung, Änderung oder Nutzungsänderung von baulichen Anlagen zum Inhalt haben, und für Aufschüttungen und Abgrabungen größeren Umfangs sowie für Ausschachtungen, Ablagerungen einschließlich Lagerstätten gelten die §§ 30 bis 37.

(2) Die Vorschriften des Bauordnungsrechts und andere öffentlich-rechtliche Vorschriften bleiben unberührt.

§ 30 Zulässigkeit von Vorhaben im Geltungsbereich eines Bebauungsplans. (1) Im Geltungsbereich eines Bebauungsplans, der allein oder gemeinsam mit sonstigen baurechtlichen Vorschriften mindestens Festsetzungen über die Art und das Maß der baulichen Nutzung, die überbaubaren Grundstücksflächen und die örtlichen Verkehrsflächen enthält, ist ein Vorhaben zulässig, wenn es diesen Festsetzungen nicht widerspricht und die Erschließung gesichert ist.

(2) Im Geltungsbereich eines vorhabenbezogenen Bebauungsplans nach § 12 ist ein Vorhaben zulässig, wenn es dem Bebauungsplan nicht widerspricht und die Erschließung gesichert ist.

(3) Im Geltungsbereich eines Bebauungsplans, der die Voraussetzungen des Absatzes 1 nicht erfüllt (einfacher Bebauungsplan), richtet sich die Zulässigkeit von Vorhaben im Übrigen nach § 34 oder § 35.

§ 31[1] **Ausnahmen und Befreiungen.** (1) Von den Festsetzungen des Bebauungsplans können solche Ausnahmen zugelassen werden, die in dem Bebauungsplan nach Art und Umfang ausdrücklich vorgesehen sind.

(2) Von den Festsetzungen des Bebauungsplans kann befreit werden, wenn die Grundzüge der Planung nicht berührt werden und
1. Gründe des Wohls der Allgemeinheit, einschließlich der Wohnbedürfnisse der Bevölkerung, des Bedarfs zur Unterbringung von Flüchtlingen oder Asylbegehrenden und des Bedarfs an einem zügigen Ausbau der erneuerbaren Energien, die Befreiung erfordern oder
2. die Abweichung städtebaulich vertretbar ist oder
3. die Durchführung des Bebauungsplans zu einer offenbar nicht beabsichtigten Härte führen würde

und wenn die Abweichung auch unter Würdigung nachbarlicher Interessen mit den öffentlichen Belangen vereinbar ist.

(3) [1]In einem Gebiet mit einem angespannten Wohnungsmarkt, das nach § 201a bestimmt ist, kann mit Zustimmung der Gemeinde im Einzelfall von den Festsetzungen des Bebauungsplans zugunsten des Wohnungsbaus befreit werden, wenn die Befreiung auch unter Würdigung nachbarlicher Interessen mit den öffentlichen Belangen vereinbar ist. [2]Von Satz 1 kann nur bis zum Ende der Geltungsdauer der Rechtsverordnung nach § 201a Gebrauch gemacht werden. [3]Die Befristung in Satz 2 bezieht sich nicht auf die Geltungsdauer einer Genehmigung, sondern auf den Zeitraum, bis zu dessen Ende im bauaufsichtlichen Verfahren von der Vorschrift Gebrauch gemacht werden kann. [4]Für die Zustimmung der Gemeinde nach Satz 1 gilt § 36 Absatz 2 Satz 2 entsprechend.

§ 32 Nutzungsbeschränkungen auf künftigen Gemeinbedarfs-, Verkehrs-, Versorgungs- und Grünflächen. [1]Sind überbaute Flächen in dem Bebauungsplan als Baugrundstücke für den Gemeinbedarf oder als Verkehrs-, Versorgungs- oder Grünflächen festgesetzt, dürfen auf ihnen Vorhaben, die eine wertsteigernde Änderung baulicher Anlagen zur Folge haben, nur zugelassen und für sie Befreiungen von den Festsetzungen des Bebauungsplans nur erteilt werden, wenn der Bedarfs- oder Erschließungsträger zustimmt oder der Eigentümer für sich und seine Rechtsnachfolger auf Ersatz der Werterhöhung für den Fall schriftlich verzichtet, dass der Bebauungsplan durchgeführt wird. [2]Dies gilt auch für die dem Bebauungsplan nicht widersprechenden Teile einer baulichen Anlage, wenn sie für sich allein nicht wirtschaftlich verwertbar sind oder wenn bei der Enteignung die Übernahme der restlichen überbauten Flächen verlangt werden kann.

§ 33[2] **Zulässigkeit von Vorhaben während der Planaufstellung.** (1) In Gebieten, für die ein Beschluss über die Aufstellung eines Bebauungsplans gefasst ist, ist ein Vorhaben zulässig, wenn
1. die Öffentlichkeits- und Behördenbeteiligung nach § 3 Absatz 2, § 4 Absatz 2 und § 4a Absatz 2 bis 4 durchgeführt worden ist,

---

[1] § 31 Abs. 2 Nr. 1 geänd., Abs. 3 angef. mWv 23.6.2021 durch G v. 14.6.2021 (BGBl. I S. 1802); Abs. 2 Nr. 1 neu gef. mWv 7.7.2023 durch G v. 3.7.2023 (BGBl. 2023 I Nr. 176).
[2] § 33 Abs. 1 Nr. 1 geänd. mWv 7.7.2023 durch G v. 3.7.2023 (BGBl. 2023 I Nr. 176).

2. anzunehmen ist, dass das Vorhaben den künftigen Festsetzungen des Bebauungsplans nicht entgegensteht,
3. der Antragsteller diese Festsetzungen für sich und seine Rechtsnachfolger schriftlich anerkennt und
4. die Erschließung gesichert ist.

(2) In Fällen des § 4a Absatz 3 Satz 1 kann vor der erneuten Öffentlichkeits- und Behördenbeteiligung ein Vorhaben zugelassen werden, wenn sich die vorgenommene Änderung oder Ergänzung des Bebauungsplanentwurfs nicht auf das Vorhaben auswirkt und die in Absatz 1 Nummer 2 bis 4 bezeichneten Voraussetzungen erfüllt sind.

(3) ¹Wird ein Verfahren nach § 13 oder § 13a durchgeführt, kann ein Vorhaben vor Durchführung der Öffentlichkeits- und Behördenbeteiligung zugelassen werden, wenn die in Absatz 1 Nummer 2 bis 4 bezeichneten Voraussetzungen erfüllt sind. ²Der betroffenen Öffentlichkeit und den berührten Behörden und sonstigen Trägern öffentlicher Belange ist vor Erteilung der Genehmigung Gelegenheit zur Stellungnahme innerhalb angemessener Frist zu geben, soweit sie dazu nicht bereits zuvor Gelegenheit hatten.

§ 34[1]) Zulässigkeit von Vorhaben innerhalb der im Zusammenhang bebauten Ortsteile.

(1) ¹Innerhalb der im Zusammenhang bebauten Ortsteile ist ein Vorhaben zulässig, wenn es sich nach Art und Maß der baulichen Nutzung, der Bauweise und der Grundstücksfläche, die überbaut werden soll, in die Eigenart der näheren Umgebung einfügt und die Erschließung gesichert ist. ²Die Anforderungen an gesunde Wohn- und Arbeitsverhältnisse müssen gewahrt bleiben; das Ortsbild darf nicht beeinträchtigt werden.

(2) Entspricht die Eigenart der näheren Umgebung einem der Baugebiete, die in der auf Grund des § 9a erlassenen Verordnung bezeichnet sind, beurteilt sich die Zulässigkeit des Vorhabens nach seiner Art allein danach, ob es nach der Verordnung in dem Baugebiet allgemein zulässig wäre; auf die nach der Verordnung ausnahmsweise zulässigen Vorhaben ist § 31 Absatz 1, im Übrigen ist § 31 Absatz 2 entsprechend anzuwenden.

(3) Von Vorhaben nach Absatz 1 oder 2 dürfen keine schädlichen Auswirkungen auf zentrale Versorgungsbereiche in der Gemeinde oder in anderen Gemeinden zu erwarten sein.

(3a) ¹Vom Erfordernis des Einfügens in die Eigenart der näheren Umgebung nach Absatz 1 Satz 1 kann im Einzelfall abgewichen werden, wenn die Abweichung
1. einem der nachfolgend genannten Vorhaben dient:
   a) der Erweiterung, Änderung, Nutzungsänderung oder Erneuerung eines zulässigerweise errichteten Gewerbe- oder Handwerksbetriebs,
   b) der Erweiterung, Änderung oder Erneuerung eines zulässigerweise errichteten, Wohnzwecken dienenden Gebäudes oder
   c) der Nutzungsänderung einer zulässigerweise errichteten baulichen Anlage zu Wohnzwecken, einschließlich einer erforderlichen Änderung oder Erneuerung,
2. städtebaulich vertretbar ist und
3. auch unter Würdigung nachbarlicher Interessen mit den öffentlichen Belangen vereinbar ist.

---

[1]) § 34 Abs. 3a Satz 3 angef. mWv 23.6.2021 durch G v. 14.6.2021 (BGBl. I S. 1802).

² Satz 1 findet keine Anwendung auf Einzelhandelsbetriebe, die die verbrauchernahe Versorgung der Bevölkerung beeinträchtigen oder schädliche Auswirkungen auf zentrale Versorgungsbereiche in der Gemeinde oder in anderen Gemeinden haben können. ³ In den Fällen des Satzes 1 Nummer 1 Buchstabe b und c kann darüber hinaus vom Erfordernis des Einfügens im Einzelfall im Sinne des Satzes 1 in mehreren vergleichbaren Fällen abgewichen werden, wenn die übrigen Voraussetzungen des Satzes 1 vorliegen und die Aufstellung eines Bebauungsplans nicht erforderlich ist.

(4) ¹ Die Gemeinde kann durch Satzung
1. die Grenzen für im Zusammenhang bebaute Ortsteile festlegen,
2. bebaute Bereiche im Außenbereich als im Zusammenhang bebaute Ortsteile festlegen, wenn die Flächen im Flächennutzungsplan als Baufläche dargestellt sind,
3. einzelne Außenbereichsflächen in die im Zusammenhang bebauten Ortsteile einbeziehen, wenn die einbezogenen Flächen durch die bauliche Nutzung des angrenzenden Bereichs entsprechend geprägt sind.

² Die Satzungen können miteinander verbunden werden.

(5) ¹ Voraussetzung für die Aufstellung von Satzungen nach Absatz 4 Satz 1 Nummer 2 und 3 ist, dass
1. sie mit einer geordneten städtebaulichen Entwicklung vereinbar sind,
2. die Zulässigkeit von Vorhaben, die einer Pflicht zur Durchführung einer Umweltverträglichkeitsprüfung nach Anlage 1 zum Gesetz über die Umweltverträglichkeitsprüfung[1]) oder nach Landesrecht unterliegen, nicht begründet wird und
3. keine Anhaltspunkte für eine Beeinträchtigung der in § 1 Absatz 6 Nummer 7 Buchstabe b genannten Schutzgüter oder dafür bestehen, dass bei der Planung Pflichten zur Vermeidung oder Begrenzung der Auswirkungen von schweren Unfällen nach § 50 Satz 1 des Bundes-Immissionsschutzgesetzes[2]) zu beachten sind.

² In den Satzungen nach Absatz 4 Satz 1 Nummer 2 und 3 können einzelne Festsetzungen nach § 9 Absatz 1 und 3 Satz 1 sowie Absatz 4 getroffen werden. ³ § 9 Absatz 6 und § 31 sind entsprechend anzuwenden. ⁴ Auf die Satzung nach Absatz 4 Satz 1 Nummer 3 sind ergänzend § 1a Absatz 2 und 3 und § 9 Absatz 1a entsprechend anzuwenden; ihr ist eine Begründung mit den Angaben entsprechend § 2a Satz 2 Nummer 1 beizufügen.

(6) ¹ Bei der Aufstellung der Satzungen nach Absatz 4 Satz 1 Nummer 2 und 3 sind die Vorschriften über die Öffentlichkeits- und Behördenbeteiligung nach § 13 Absatz 2 Satz 1 Nummer 2 und 3 sowie Satz 2 entsprechend anzuwenden. ² Auf die Satzungen nach Absatz 4 Satz 1 Nummer 1 bis 3 ist § 10 Absatz 3 entsprechend anzuwenden.

§ 35[3]) **Bauen im Außenbereich.** (1) Im Außenbereich ist ein Vorhaben nur zulässig, wenn öffentliche Belange nicht entgegenstehen, die ausreichende Erschließung gesichert ist und wenn es

---

[1]) Nr. 295.
[2]) Nr. 296.
[3]) § 35 Abs. 4 Satz 1 Nr. 1 einl. Satzteil, Buchst. f, Nr. 2 Buchst. c geänd. mWv 23.6.2021 durch G v. 14.6.2021 (BGBl. I S. 1802); Abs. 1 Nr. 5 neu gef. mWv 1.2.2023 durch G v. 20.7.2022 (BGBl. I S. 1353); Abs. 1 Nr. 8 neu gef., Abs. 5 Satz 2 geänd. mWv 1.1.2023 durch G v. 4.1.2023 (BGBl. 2023 I Nr. 6); Abs. 1

1. einem land- oder forstwirtschaftlichen Betrieb dient und nur einen untergeordneten Teil der Betriebsfläche einnimmt,
2. einem Betrieb der gartenbaulichen Erzeugung dient,
3. der öffentlichen Versorgung mit Elektrizität, Gas, Telekommunikationsdienstleistungen, Wärme und Wasser, der Abwasserwirtschaft oder einem ortsgebundenen gewerblichen Betrieb dient,
4. wegen seiner besonderen Anforderungen an die Umgebung, wegen seiner nachteiligen Wirkung auf die Umgebung oder wegen seiner besonderen Zweckbestimmung nur im Außenbereich ausgeführt werden soll, es sei denn, es handelt sich um die Errichtung, Änderung oder Erweiterung einer baulichen Anlage zur Tierhaltung, die dem Anwendungsbereich der Nummer 1 nicht unterfällt und die einer Pflicht zur Durchführung einer standortbezogenen oder allgemeinen Vorprüfung oder einer Umweltverträglichkeitsprüfung nach dem Gesetz über die Umweltverträglichkeitsprüfung[1]) unterliegt, wobei bei kumulierenden Vorhaben für die Annahme eines engen Zusammenhangs diejenigen Tierhaltungsanlagen zu berücksichtigen sind, die auf demselben Betriebs- oder Baugelände liegen und mit gemeinsamen betrieblichen oder baulichen Einrichtungen verbunden sind,
5. der Erforschung, Entwicklung oder Nutzung der Windenergie nach Maßgabe des § 249 oder der Erforschung, Entwicklung oder Nutzung der Wasserenergie dient,
6. der energetischen Nutzung von Biomasse im Rahmen eines Betriebs nach Nummer 1 oder 2 oder eines Betriebs nach Nummer 4, der Tierhaltung betreibt, sowie dem Anschluss solcher Anlagen an das öffentliche Versorgungsnetz dient, unter folgenden Voraussetzungen:
   a) das Vorhaben steht in einem räumlich-funktionalen Zusammenhang mit dem Betrieb,
   b) die Biomasse stammt überwiegend aus dem Betrieb oder überwiegend aus diesem und aus nahe gelegenen Betrieben nach den Nummern 1, 2 oder 4, soweit letzterer Tierhaltung betreibt,
   c) es wird je Hofstelle oder Betriebsstandort nur eine Anlage betrieben und
   d) die Kapazität einer Anlage zur Erzeugung von Biogas überschreitet nicht 2,3 Millionen Normkubikmeter Biogas pro Jahr, die Feuerungswärmeleistung anderer Anlagen überschreitet nicht 2,0 Megawatt,
7. der Erforschung, Entwicklung oder Nutzung der Kernenergie zu friedlichen Zwecken oder der Entsorgung radioaktiver Abfälle dient, mit Ausnahme der Neuerrichtung von Anlagen zur Spaltung von Kernbrennstoffen zur gewerblichen Erzeugung von Elektrizität,
8. der Nutzung solarer Strahlungsenergie dient
   a) in, an und auf Dach- und Außenwandflächen von zulässigerweise genutzten Gebäuden, wenn die Anlage dem Gebäude baulich untergeordnet ist, oder
   b) auf einer Fläche längs von
      aa) Autobahnen oder
      bb) Schienenwegen des übergeordneten Netzes im Sinne des § 2b des Allgemeinen Eisenbahngesetzes[2]) mit mindestens zwei Hauptgleisen

---

(Fortsetzung der Anm. von voriger Seite)
Nr. 7, 8 Buchst. b geänd., Nr. 9 angef., Abs. 5 Satz 2 geänd. mWv 7.7.2023 durch G v. 3.7.2023 (BGBl. 2023 I Nr. 176).
[1]) Nr. **295**.
[2]) **Sartorius III Nr. 200.**

und in einer Entfernung zu diesen von bis zu 200 Metern, gemessen vom äußeren Rand der Fahrbahn, oder
9. der Nutzung solarer Strahlungsenergie durch besondere Solaranlagen im Sinne des § 48 Absatz 1 Satz 1 Nummer 5 Buchstabe a, b oder c des Erneuerbare-Energien-Gesetzes[1]) dient, unter folgenden Voraussetzungen:
   a) das Vorhaben steht in einem räumlich-funktionalen Zusammenhang mit einem Betrieb nach Nummer 1 oder 2,
   b) die Grundfläche der besonderen Solaranlage überschreitet nicht 25 000 Quadratmeter und
   c) es wird je Hofstelle oder Betriebsstandort nur eine Anlage betrieben.

(2) Sonstige Vorhaben können im Einzelfall zugelassen werden, wenn ihre Ausführung oder Benutzung öffentliche Belange nicht beeinträchtigt und die Erschließung gesichert ist.

(3) [1] Eine Beeinträchtigung öffentlicher Belange liegt insbesondere vor, wenn das Vorhaben
1. den Darstellungen des Flächennutzungsplans widerspricht,
2. den Darstellungen eines Landschaftsplans oder sonstigen Plans, insbesondere des Wasser-, Abfall- oder Immissionsschutzrechts, widerspricht,
3. schädliche Umwelteinwirkungen hervorrufen kann oder ihnen ausgesetzt wird,
4. unwirtschaftliche Aufwendungen für Straßen oder andere Verkehrseinrichtungen, für Anlagen der Versorgung oder Entsorgung, für die Sicherheit oder Gesundheit oder für sonstige Aufgaben erfordert,
5. Belange des Naturschutzes und der Landschaftspflege, des Bodenschutzes, des Denkmalschutzes oder die natürliche Eigenart der Landschaft und ihren Erholungswert beeinträchtigt oder das Orts- und Landschaftsbild verunstaltet,
6. Maßnahmen zur Verbesserung der Agrarstruktur beeinträchtigt, die Wasserwirtschaft oder den Hochwasserschutz gefährdet,
7. die Entstehung, Verfestigung oder Erweiterung einer Splittersiedlung befürchten lässt oder
8. die Funktionsfähigkeit von Funkstellen und Radaranlagen stört.

[2] Raumbedeutsame Vorhaben dürfen den Zielen der Raumordnung nicht widersprechen; öffentliche Belange stehen raumbedeutsamen Vorhaben nach Absatz 1 nicht entgegen, soweit die Belange bei der Darstellung dieser Vorhaben als Ziele der Raumordnung abgewogen worden sind. [3] Öffentliche Belange stehen einem Vorhaben nach Absatz 1 Nummer 2 bis 6 in der Regel auch dann entgegen, soweit hierfür durch Darstellungen im Flächennutzungsplan oder als Ziele der Raumordnung eine Ausweisung an anderer Stelle erfolgt ist.

(4) [1] Den nachfolgend bezeichneten sonstigen Vorhaben im Sinne des Absatzes 2 kann nicht entgegengehalten werden, dass sie Darstellungen des Flächennutzungsplans oder eines Landschaftsplans widersprechen, die natürliche Eigenart der Landschaft beeinträchtigen oder die Entstehung, Verfestigung oder Erweiterung einer Splittersiedlung befürchten lassen, soweit sie im Übrigen außenbereichsverträglich im Sinne des Absatzes 3 sind:
1. die Änderung der bisherigen Nutzung eines Gebäudes, das unter den Voraussetzungen des Absatzes 1 Nummer 1 errichtet wurde, unter folgenden Voraussetzungen:

---

[1]) Sartorius ErgBd. Nr. 833.

a) das Vorhaben dient einer zweckmäßigen Verwendung erhaltenswerter Bausubstanz,
   b) die äußere Gestalt des Gebäudes bleibt im Wesentlichen gewahrt,
   c) die Aufgabe der bisherigen Nutzung liegt nicht länger als sieben Jahre zurück,
   d) das Gebäude ist vor mehr als sieben Jahren zulässigerweise errichtet worden,
   e) das Gebäude steht im räumlich-funktionalen Zusammenhang mit der Hofstelle des land- oder forstwirtschaftlichen Betriebs,
   f) im Falle der Änderung zu Wohnzwecken entstehen neben den bisher nach Absatz 1 Nummer 1 zulässigen Wohnungen höchstens fünf Wohnungen je Hofstelle und
   g) es wird eine Verpflichtung übernommen, keine Neubebauung als Ersatz für die aufgegebene Nutzung vorzunehmen, es sei denn, die Neubebauung wird im Interesse der Entwicklung des Betriebs im Sinne des Absatzes 1 Nummer 1 erforderlich,
2. die Neuerrichtung eines gleichartigen Wohngebäudes an gleicher Stelle unter folgenden Voraussetzungen:
   a) das vorhandene Gebäude ist zulässigerweise errichtet worden,
   b) das vorhandene Gebäude weist Missstände oder Mängel auf,
   c) das vorhandene Gebäude wurde oder wird seit längerer Zeit vom Eigentümer selbst genutzt und
   d) Tatsachen rechtfertigen die Annahme, dass das neu errichtete Gebäude für den Eigenbedarf des bisherigen Eigentümers oder seiner Familie genutzt wird; hat der Eigentümer das vorhandene Gebäude im Wege der Erbfolge von einem Voreigentümer erworben, er es seit längerer Zeit selbst genutzt hat, reicht es aus, wenn Tatsachen die Annahme rechtfertigen, dass das neu errichtete Gebäude für den Eigenbedarf des Eigentümers oder seiner Familie genutzt wird,
3. die alsbaldige Neuerrichtung eines zulässigerweise errichteten, durch Brand, Naturereignisse oder andere außergewöhnliche Ereignisse zerstörten, gleichartigen Gebäudes an gleicher Stelle,
4. die Änderung oder Nutzungsänderung von erhaltenswerten, das Bild der Kulturlandschaft prägenden Gebäuden, auch wenn sie aufgegeben sind, wenn das Vorhaben einer zweckmäßigen Verwendung der Gebäude und der Erhaltung des Gestaltwerts dient,
5. die Erweiterung eines Wohngebäudes auf bis zu höchstens zwei Wohnungen unter folgenden Voraussetzungen:
   a) das Gebäude ist zulässigerweise errichtet worden,
   b) die Erweiterung ist im Verhältnis zum vorhandenen Gebäude und unter Berücksichtigung der Wohnbedürfnisse angemessen und
   c) bei der Errichtung einer weiteren Wohnung rechtfertigen Tatsachen die Annahme, dass das Gebäude vom bisherigen Eigentümer oder seiner Familie selbst genutzt wird,
6. die bauliche Erweiterung eines zulässigerweise errichteten gewerblichen Betriebs, wenn die Erweiterung im Verhältnis zum vorhandenen Gebäude und Betrieb angemessen ist.

[2] In begründeten Einzelfällen gilt die Rechtsfolge des Satzes 1 auch für die Neuerrichtung eines *Gebäudes* im Sinne des Absatzes 1 Nummer 1, dem eine andere Nutzung zugewiesen werden soll, wenn das ursprüngliche Gebäude vom äußeren Erscheinungsbild auch zur Wahrung der Kulturlandschaft erhaltenswert ist, keine stärkere Belastung des Außenbereichs zu erwarten ist als in Fällen des Satzes 1 und

die Neuerrichtung auch mit nachbarlichen Interessen vereinbar ist; Satz 1 Nummer 1 Buchstabe b bis g gilt entsprechend. ³In den Fällen des Satzes 1 Nummer 2 und 3 sowie des Satzes 2 sind geringfügige Erweiterungen des neuen Gebäudes gegenüber dem beseitigten oder zerstörten Gebäude sowie geringfügige Abweichungen vom bisherigen Standort des Gebäudes zulässig.

(5) ¹Die nach den Absätzen 1 bis 4 zulässigen Vorhaben sind in einer flächensparenden, die Bodenversiegelung auf das notwendige Maß begrenzenden und den Außenbereich schonenden Weise auszuführen. ²Für Vorhaben nach Absatz 1 Nummer 2 bis 6, 8 Buchstabe b und Nummer 9 ist als weitere Zulässigkeitsvoraussetzung eine Verpflichtungserklärung abzugeben, das Vorhaben nach dauerhafter Aufgabe der zulässigen Nutzung zurückzubauen und Bodenversiegelungen zu beseitigen; bei einer nach Absatz 1 Nummer 2 bis 6, 8 Buchstabe b und Nummer 9 zulässigen Nutzungsänderung ist die Rückbauverpflichtung zu übernehmen, bei einer nach Absatz 1 Nummer 1 oder Absatz 2 zulässigen Nutzungsänderung entfällt sie. ³Die Baugenehmigungsbehörde soll durch nach Landesrecht vorgesehene Baulast oder in anderer Weise die Einhaltung der Verpflichtung nach Satz 2 sowie nach Absatz 4 Satz 1 Nummer 1 Buchstabe g sicherstellen. ⁴Im Übrigen soll sie in den Fällen des Absatzes 4 Satz 1 sicherstellen, dass die bauliche oder sonstige Anlage nach Durchführung des Vorhabens nur in der vorgesehenen Art genutzt wird.

(6) ¹Die Gemeinde kann für bebaute Bereiche im Außenbereich, die nicht überwiegend landwirtschaftlich geprägt sind und in denen eine Wohnbebauung von einigem Gewicht vorhanden ist, durch Satzung bestimmen, dass Wohnzwecken dienenden Vorhaben im Sinne des Absatzes 2 nicht entgegengehalten werden kann, dass sie einer Darstellung im Flächennutzungsplan über Flächen für die Landwirtschaft oder Wald widersprechen oder die Entstehung oder Verfestigung einer Splittersiedlung befürchten lassen. ²Die Satzung kann auch auf Vorhaben erstreckt werden, die kleineren Handwerks- und Gewerbebetrieben dienen. ³In der Satzung können nähere Bestimmungen über die Zulässigkeit getroffen werden. ⁴Voraussetzung für die Aufstellung der Satzung ist, dass

1. sie mit einer geordneten städtebaulichen Entwicklung vereinbar ist,
2. die Zulässigkeit von Vorhaben, die einer Pflicht zur Durchführung einer Umweltverträglichkeitsprüfung nach Anlage 1 zum Gesetz über die Umweltverträglichkeitsprüfung oder nach Landesrecht unterliegen, nicht begründet wird und
3. keine Anhaltspunkte für eine Beeinträchtigung der in § 1 Absatz 6 Nummer 7 Buchstabe b genannten Schutzgüter oder dafür bestehen, dass bei der Planung Pflichten zur Vermeidung oder Begrenzung der Auswirkungen von schweren Unfällen nach § 50 Satz 1 des Bundes-Immissionsschutzgesetzes[1)] zu beachten sind.

⁵Bei Aufstellung der Satzung sind die Vorschriften über die Öffentlichkeits- und Behördenbeteiligung nach § 13 Absatz 2 Satz 1 Nummer 2 und 3 sowie Satz 2 entsprechend anzuwenden. ⁶§ 10 Absatz 3 ist entsprechend anzuwenden. ⁷Von der Satzung bleibt die Anwendung des Absatzes 4 unberührt.

§ 36 Beteiligung der Gemeinde und der höheren Verwaltungsbehörde.

(1) ¹Über die Zulässigkeit von Vorhaben nach den §§ 31, 33 bis 35 wird im bauaufsichtlichen Verfahren von der Baugenehmigungsbehörde im Einvernehmen mit der Gemeinde entschieden. ²Das Einvernehmen der Gemeinde ist auch erforderlich, wenn in einem anderen Verfahren über die Zulässigkeit nach den in Satz 1

[1)] Nr. **296**.

300 BauGB § 37

bezeichneten Vorschriften entschieden wird; dies gilt nicht für Vorhaben der in § 29 Absatz 1 bezeichneten Art, die der Bergaufsicht unterliegen. [3]Richtet sich die Zulässigkeit von Vorhaben nach § 30 Absatz 1, stellen die Länder sicher, dass die Gemeinde rechtzeitig vor Ausführung des Vorhabens über Maßnahmen zur Sicherung der Bauleitplanung nach den §§ 14 und 15 entscheiden kann. [4]In den Fällen des § 35 Absatz 2 und 4 kann die Landesregierung durch Rechtsverordnung allgemein oder für bestimmte Fälle festlegen, dass die Zustimmung der höheren Verwaltungsbehörde erforderlich ist.

(2) [1]Das Einvernehmen der Gemeinde und die Zustimmung der höheren Verwaltungsbehörde dürfen nur aus den sich aus den §§ 31, 33, 34 und 35 ergebenden Gründen versagt werden. [2]Das Einvernehmen der Gemeinde und die Zustimmung der höheren Verwaltungsbehörde gelten als erteilt, wenn sie nicht binnen zwei Monaten nach Eingang des Ersuchens der Genehmigungsbehörde verweigert werden; dem Ersuchen gegenüber der Gemeinde steht die Einreichung des Antrags bei der Gemeinde gleich, wenn sie nach Landesrecht vorgeschrieben ist. [3]Die nach Landesrecht zuständige Behörde kann ein rechtswidrig versagtes Einvernehmen der Gemeinde ersetzen.

§ 37 Bauliche Maßnahmen des Bundes und der Länder. (1) Macht die besondere öffentliche Zweckbestimmung für bauliche Anlagen des Bundes oder eines Landes erforderlich, von den Vorschriften dieses Gesetzbuchs oder den auf Grund dieses Gesetzbuchs erlassenen Vorschriften abzuweichen oder ist das Einvernehmen mit der Gemeinde nach § 14 oder § 36 nicht erreicht worden, entscheidet die höhere Verwaltungsbehörde.

(2) [1]Handelt es sich dabei um Vorhaben, die der Landesverteidigung, dienstlichen Zwecken der Bundespolizei oder dem zivilen Bevölkerungsschutz dienen, ist nur die Zustimmung der höheren Verwaltungsbehörde erforderlich. [2]Vor Erteilung der Zustimmung hat diese die Gemeinde zu hören. [3]Versagt die höhere Verwaltungsbehörde ihre Zustimmung oder widerspricht die Gemeinde dem beabsichtigten Bauvorhaben, entscheidet das zuständige Bundesministerium im Einvernehmen mit den beteiligten Bundesministerien und im Benehmen mit der zuständigen Obersten Landesbehörde.

(3) [1]Entstehen der Gemeinde infolge der Durchführung von Maßnahmen nach den Absätzen 1 und 2 Aufwendungen für Entschädigungen nach diesem Gesetzbuch, sind sie ihr vom Träger der Maßnahmen zu ersetzen. [2]Muss infolge dieser Maßnahmen ein Bebauungsplan aufgestellt, geändert, ergänzt oder aufgehoben werden, sind ihr auch die dadurch entstandenen Kosten zu ersetzen.

(Fortsetzung nächstes Blatt)

Baugesetzbuch §§ 104–107 **BauGB 300**

mer zu gewährende Entschädigung darf den bei der ersten Enteignung zugrunde gelegten Verkehrswert des Grundstücks nicht übersteigen, jedoch sind Aufwendungen zu berücksichtigen, die zu einer Werterhöhung des Grundstücks geführt haben. [5] Im Übrigen gelten die Vorschriften über die Entschädigung im Zweiten Abschnitt entsprechend.

Dritter Abschnitt. Enteignungsverfahren

§ 104 **Enteignungsbehörde.** (1) Die Enteignung wird von der höheren Verwaltungsbehörde durchgeführt (Enteignungsbehörde).

(2) Die Landesregierungen können durch Rechtsverordnung bestimmen, dass an den Entscheidungen der Enteignungsbehörde ehrenamtliche Beisitzer mitzuwirken haben.

§ 105 **Enteignungsantrag.** [1] Der Enteignungsantrag ist bei der Gemeinde, in deren Gemarkung das zu enteignende Grundstück liegt, einzureichen. [2] Die Gemeinde legt ihn mit ihrer Stellungnahme binnen eines Monats der Enteignungsbehörde vor.

§ 106 **Beteiligte.** (1) In dem Enteignungsverfahren sind Beteiligte
1. der Antragsteller,
2. der Eigentümer und diejenigen, für die ein Recht an dem Grundstück oder an einem das Grundstück belastenden Recht im Grundbuch eingetragen oder durch Eintragung gesichert ist,
3. Inhaber eines nicht im Grundbuch eingetragenen Rechts an dem Grundstück oder an einem das Grundstück belastenden Recht, eines Anspruchs mit dem Recht auf Befriedigung aus dem Grundstück oder eines persönlichen Rechts, das zum Erwerb, zum Besitz oder zur Nutzung des Grundstücks berechtigt oder die Benutzung des Grundstücks beschränkt,
4. wenn Ersatzland bereitgestellt wird, der Eigentümer und die Inhaber der in den Nummern 2 und 3 genannten Rechte hinsichtlich des Ersatzlands,
5. die Eigentümer der Grundstücke, die durch eine Enteignung nach § 91 betroffen werden, und
6. die Gemeinde.

(2) [1] Die in Absatz 1 Nummer 3 bezeichneten Personen werden in dem Zeitpunkt Beteiligte, in dem die Anmeldung ihres Rechts der Enteignungsbehörde zugeht. [2] Die Anmeldung kann spätestens bis zum Schluss der mündlichen Verhandlung mit den Beteiligten erfolgen.

(3) [1] Bestehen Zweifel an einem angemeldeten Recht, so hat die Enteignungsbehörde dem Anmeldenden unverzüglich eine Frist zur Glaubhaftmachung seines Rechts zu setzen. [2] Nach fruchtlosem Ablauf der Frist ist er bis zur Glaubhaftmachung seines Rechts nicht mehr zu beteiligen.

(4) [1] Der im Grundbuch eingetragene Gläubiger einer Hypothek, Grundschuld oder Rentenschuld, für die ein Brief erteilt ist, sowie jeder seiner Rechtsnachfolger hat auf Verlangen der Enteignungsbehörde eine Erklärung darüber abzugeben, ob ein anderer die Hypothek, Grundschuld oder Rentenschuld oder ein Recht daran erworben hat; die Person eines Erwerbers hat er dabei zu bezeichnen. [2] § 208 Satz 2 bis 4 gilt entsprechend.

§ 107 **Vorbereitung der mündlichen Verhandlung.** (1) [1] Das Enteignungsverfahren soll beschleunigt durchgeführt werden. [2] Die Enteignungsbehörde soll schon vor der mündlichen Verhandlung alle Anordnungen treffen, die erforderlich sind, um das Verfahren tunlichst in einem Verhandlungstermin zu erledigen. ³Sie hat dem Eigentümer, dem Antragsteller sowie den Behörden, für deren Geschäftsbereich die Enteignung von Bedeutung ist, Gelegenheit zur Äußerung zu geben. ⁴Bei der Ermittlung des Sachverhalts hat die Enteignungsbehörde ein Gutachten des Gutachterausschusses (§ 192) einzuholen, wenn Eigentum entzogen oder ein Erbbaurecht bestellt werden soll.

(2) Die Enteignungsbehörde hat die Landwirtschaftsbehörde zu hören, wenn landwirtschaftlich genutzte Grundstücke, die außerhalb des räumlichen Geltungsbereichs eines Bebauungsplans liegen, zur Entschädigung in Land enteignet werden sollen.

(3) ¹Enteignungsverfahren können miteinander verbunden werden. ²Sie sind zu verbinden, wenn die Gemeinde es beantragt. ³Verbundene Enteignungsverfahren können wieder getrennt werden.

§ 108[1]) Einleitung des Enteignungsverfahrens und Anberaumung des Termins zur mündlichen Verhandlung; Enteignungsvermerk.

(1) ¹Das Enteignungsverfahren wird durch Anberaumung eines Termins zu einer mündlichen Verhandlung mit den Beteiligten eingeleitet. ²Zu der mündlichen Verhandlung sind der Antragsteller, der Eigentümer des betroffenen Grundstücks, die sonstigen aus dem Grundbuch ersichtlichen Beteiligten und die Gemeinde zu laden. ³Die Ladung ist zuzustellen. ⁴Die Ladungsfrist beträgt einen Monat.

(2) ¹Das Enteignungsverfahren zugunsten der Gemeinde kann bereits eingeleitet werden, wenn
1. der Entwurf des Bebauungsplans nach § 3 Absatz 2 im Internet veröffentlicht worden ist,
2. die Veröffentlichungsfrist nach § 3 Absatz 2 Satz 1 abgelaufen ist und
3. mit den Beteiligten die Verhandlungen nach § 87 Absatz 2 geführt und die von ihnen gegen den Entwurf des Bebauungsplans fristgemäß vorgebrachten Anregungen erörtert worden sind. Die Gemeinde kann in demselben Termin die Verhandlungen nach § 87 Absatz 2 führen und die Anregungen erörtern.

²Das Verfahren ist so zu fördern, dass der Enteignungsbeschluss ergehen kann, sobald der Bebauungsplan rechtsverbindlich geworden ist. ³Eine Einigung nach § 110 oder § 111 kann auch vor Rechtsverbindlichkeit des Bebauungsplans erfolgen.

(3) Die Ladung muss enthalten
1. die Bezeichnung des Antragstellers und des betroffenen Grundstücks,
2. den wesentlichen Inhalt des Enteignungsantrags mit dem Hinweis, dass der Antrag mit den ihm beigefügten Unterlagen bei der Enteignungsbehörde eingesehen werden kann,
3. die Aufforderung, etwaige Einwendungen gegen den Enteignungsantrag möglichst vor der mündlichen Verhandlung bei der Enteignungsbehörde schriftlich einzureichen oder zur Niederschrift zu erklären, und
4. den Hinweis, dass auch bei Nichterscheinen über den Enteignungsantrag und andere im Verfahren zu erledigende Anträge entschieden werden kann.

(Fortsetzung nächstes Blatt)

---

[1]) § 108 Abs. 2 Satz 1 neu gef. mWv 7.7.2023 durch G v. 3.7.2023 (BGBl. 2023 I Nr. 176).

d) die Auswirkungen einer vorhandenen Mischung von Wohn- und Arbeitsstätten,
e) die Nutzung von bebauten und unbebauten Flächen nach Art, Maß und Zustand,
f) die Einwirkungen, die von Grundstücken, Betrieben, Einrichtungen oder Verkehrsanlagen ausgehen, insbesondere durch Lärm, Verunreinigungen und Erschütterungen,
g) die vorhandene Erschließung,
h) die energetische Beschaffenheit, die Gesamtenergieeffizienz der vorhandenen Bebauung und der Versorgungseinrichtungen des Gebiets unter Berücksichtigung der allgemeinen Anforderungen an den Klimaschutz und die Klimaanpassung;
2. die Funktionsfähigkeit des Gebiets in Bezug auf
a) den fließenden und ruhenden Verkehr,
b) die wirtschaftliche Situation und Entwicklungsfähigkeit des Gebiets unter Berücksichtigung seiner Versorgungsfunktion im Verflechtungsbereich,
c) die infrastrukturelle Erschließung des Gebiets, seine Ausstattung mit und die Vernetzung von Grün- und Freiflächen unter Berücksichtigung der Belange des Klimaschutzes und der Klimaanpassung, seine Ausstattung mit Spiel- und Sportplätzen und mit Anlagen des Gemeinbedarfs, insbesondere unter Berücksichtigung der sozialen und kulturellen Aufgaben dieses Gebiets im Verflechtungsbereich.

(4) [1] Städtebauliche Sanierungsmaßnahmen dienen dem Wohl der Allgemeinheit. [2] Sie sollen dazu beitragen, dass
1. die bauliche Struktur in allen Teilen des Bundesgebiets nach den allgemeinen Anforderungen an den Klimaschutz und die Klimaanpassung sowie nach den sozialen, hygienischen, wirtschaftlichen und kulturellen Erfordernissen entwickelt wird,
2. die Verbesserung der Wirtschafts- und Agrarstruktur unterstützt wird,
3. die Siedlungsstruktur den Erfordernissen des Umweltschutzes, den Anforderungen an gesunde Lebens- und Arbeitsbedingungen der Bevölkerung und der Bevölkerungsentwicklung entspricht oder
4. die vorhandenen Ortsteile erhalten, erneuert und fortentwickelt werden, die Gestaltung des Orts- und Landschaftsbilds verbessert und den Erfordernissen des Denkmalschutzes Rechnung getragen wird.

[3] Die öffentlichen und privaten Belange sind gegeneinander und untereinander gerecht abzuwägen.

§ 137 Beteiligung und Mitwirkung der Betroffenen. [1] Die Sanierung soll mit den Eigentümern, Mietern, Pächtern und sonstigen Betroffenen möglichst frühzeitig erörtert werden. [2] Die Betroffenen sollen zur Mitwirkung bei der Sanierung und zur Durchführung der erforderlichen baulichen Maßnahmen angeregt und hierbei im Rahmen des Möglichen beraten werden.

§ 138 Auskunftspflicht. (1) [1] Eigentümer, Mieter, Pächter und sonstige zum Besitz oder zur Nutzung eines Grundstücks, Gebäudes oder Gebäudeteils Berechtigte sowie ihre Beauftragten sind verpflichtet, der Gemeinde oder ihren Beauftragten Auskunft über die Tatsachen zu erteilen, deren Kenntnis zur Beurteilung der Sanierungsbedürftigkeit eines Gebiets oder zur Vorbereitung oder Durchführung der Sanierung erforderlich ist. ²An personenbezogenen Daten können insbesondere Angaben der Betroffenen über ihre persönlichen Lebensumstände im wirtschaftlichen und sozialen Bereich, namentlich über die Berufs-, Erwerbs- und Familienverhältnisse, das Lebensalter, die Wohnbedürfnisse, die sozialen Verflechtungen sowie über die örtlichen Bindungen, erhoben werden.

(2) ¹Die nach Absatz 1 erhobenen personenbezogenen Daten dürfen nur zu Zwecken der Sanierung verwendet werden. ²Wurden die Daten von einem Beauftragten der Gemeinde erhoben, dürfen sie nur an die Gemeinde weitergegeben werden; die Gemeinde darf die Daten an andere Beauftragte im Sinne des § 157 sowie an die höhere Verwaltungsbehörde weitergeben, soweit dies zu Zwecken der Sanierung erforderlich ist. ³Nach Aufhebung der förmlichen Festlegung des Sanierungsgebiets sind die Daten zu löschen. ⁴Soweit die erhobenen Daten für die Besteuerung erforderlich sind, dürfen sie an die Finanzbehörden weitergegeben werden.

(3) ¹Die mit der Erhebung der Daten Beauftragten sind bei Aufnahme ihrer Tätigkeit nach Maßgabe des Absatzes 2 zu verpflichten. ²Ihre Pflichten bestehen nach Beendigung ihrer Tätigkeit fort.

(4) ¹Verweigert ein nach Absatz 1 Auskunftspflichtiger die Auskunft, ist § 208 Satz 2 bis 4 über die Androhung und Festsetzung eines Zwangsgelds entsprechend anzuwenden. ²Der Auskunftspflichtige kann die Auskunft auf solche Fragen verweigern, deren Beantwortung ihn selbst oder einen der in § 383 Absatz 1 Nummer 1 bis 3 der Zivilprozessordnung[1]) bezeichneten Angehörigen der Gefahr strafrechtlicher Verfolgung oder eines Verfahrens nach dem Gesetz über Ordnungswidrigkeiten[2]) aussetzen würde.

§ 139[3]) Beteiligung und Mitwirkung öffentlicher Aufgabenträger.

(1) Der Bund, einschließlich seiner Sondervermögen, die Länder, die Gemeindeverbände und die sonstigen Körperschaften, Anstalten und Stiftungen des öffentlichen Rechts sollen im Rahmen der ihnen obliegenden Aufgaben die Vorbereitung und Durchführung von städtebaulichen Sanierungsmaßnahmen unterstützen.

(2) ¹§ 4 Absatz 2 und § 4a Absatz 1 bis 3 und 5 sind bei der Vorbereitung und Durchführung der Sanierung auf Behörden und sonstige Träger öffent-

(Fortsetzung nächstes Blatt)

---

[1]) **Habersack Nr. 100.**
[2]) **Habersack Nr. 94.**
[3]) § 139 Abs. 2 Satz 1 geänd. mWv 7.7.2023 durch G v. 3.7.2023 (BGBl. 2023 I Nr. 176).

§ 196[1] **Bodenrichtwerte.** (1) ¹Auf Grund der Kaufpreissammlung sind flächendeckend durchschnittliche Lagewerte für den Boden unter Berücksichtigung des unterschiedlichen Entwicklungszustands zu ermitteln (Bodenrichtwerte). ²In bebauten Gebieten sind Bodenrichtwerte mit dem Wert zu ermitteln, der sich ergeben würde, wenn der Boden unbebaut wäre. ³Es sind Richtwertzonen zu bilden, die jeweils Gebiete umfassen, die nach Art und Maß der Nutzung weitgehend übereinstimmen. ⁴Die wertbeeinflussenden Merkmale des Bodenrichtwertgrundstücks sind darzustellen. ⁵Die Bodenrichtwerte sind jeweils zu Beginn jedes zweiten Kalenderjahres zu ermitteln, wenn nicht eine häufigere Ermittlung bestimmt ist. ⁶Für Zwecke der steuerlichen Bewertung des Grundbesitzes sind Bodenrichtwerte nach ergänzenden Vorgaben der Finanzverwaltung zum jeweiligen Hauptfeststellungszeitpunkt oder sonstigen Feststellungszeitpunkt zu ermitteln. ⁷Auf Antrag der für den Vollzug dieses Gesetzbuchs zuständigen Behörden sind Bodenrichtwerte für einzelne Gebiete bezogen auf einen abweichenden Zeitpunkt zu ermitteln.

(2) ¹Hat sich in einem Gebiet die Qualität des Bodens durch einen Bebauungsplan oder andere Maßnahmen geändert, sind bei der nächsten Fortschreibung der Bodenrichtwerte auf der Grundlage der geänderten Qualität auch Bodenrichtwerte bezogen auf die Wertverhältnisse zum Zeitpunkt der letzten Hauptfeststellung oder dem letzten sonstigen Feststellungszeitpunkt für steuerliche Zwecke zu ermitteln. ²Die Ermittlung kann unterbleiben, wenn das zuständige Finanzamt darauf verzichtet.

(3) ¹Die Bodenrichtwerte sind zu veröffentlichen und dem zuständigen Finanzamt mitzuteilen. ²Jedermann kann von der Geschäftsstelle Auskunft über die Bodenrichtwerte verlangen.

§ 197 Befugnisse des Gutachterausschusses. (1) ¹Der Gutachterausschuss kann mündliche oder schriftliche Auskünfte von Sachverständigen und von Personen einholen, die Angaben über das Grundstück und, wenn das zur Ermittlung von Geldleistungen in Umlegungsverfahren, von Ausgleichsbeträgen und von Enteignungsentschädigungen erforderlich ist, über ein Grundstück, das zum Vergleich herangezogen werden soll, machen können. ²Er kann verlangen, dass Eigentümer und sonstige Inhaber von Rechten an einem Grundstück die zur Führung der Kaufpreissammlung und zur Begutachtung notwendigen Unterlagen vorlegen. ³Der Eigentümer und der Besitzer des Grundstücks haben zu dulden, dass Grundstücke zur Auswertung von Kaufpreisen und zur Vorbereitung von Gutachten betreten werden. ⁴Wohnungen dürfen nur mit Zustimmung der Wohnungsinhaber betreten werden.

(2) ¹Alle Gerichte und Behörden haben dem Gutachterausschuss Rechts- und Amtshilfe zu leisten. ²Die Finanzbehörden erteilen dem Gutachterausschuss auf Ersuchen Auskünfte über Grundstücke, soweit ihnen die Verhältnisse der Grundstücke bekannt sind und dies zur Ermittlung von Ausgleichsbeträgen und Enteignungsentschädigungen sowie zur Ermittlung von Verkehrswerten und der für die Wertermittlung erforderlichen Daten einschließlich der Bodenrichtwerte erforderlich ist. ³Die Auskunftspflicht besteht nicht, soweit deren Erfüllung mit einem unverhältnismäßigen Aufwand verbunden wäre.

§ 198 Oberer Gutachterausschuss. (1) ¹Für den Bereich einer oder mehrerer höherer Verwaltungsbehörden sind Obere Gutachterausschüsse oder Zentrale Ge-

---

[1] § 196 Abs. 1 Satz 5 geänd. mWv 23.6.2021 durch G v. 14.6.2021 (BGBl. I S. 1802).

schäftsstellen zu bilden, wenn in dem Bereich der höheren Verwaltungsbehörde mehr als zwei Gutachterausschüsse gebildet sind. ²Auf die Oberen Gutachterausschüsse sind die Vorschriften über die Gutachterausschüsse entsprechend anzuwenden.

(2) ¹Der Obere Gutachterausschuss oder die Zentrale Geschäftsstelle haben insbesondere die Aufgabe, überregionale Auswertungen und Analysen des Grundstücksmarktgeschehens zu erstellen, auch um zu einer bundesweiten Grundstücksmarkttransparenz beizutragen. ²Ist nach Absatz 1 kein Oberer Gutachterausschuss oder keine Zentrale Geschäftsstelle zu bilden, gilt Satz 1 für die Gutachterausschüsse entsprechend.

(3) Der Obere Gutachterausschuss hat auf Antrag eines Gerichts ein Obergutachten zu erstatten, wenn schon das Gutachten eines Gutachterausschusses vorliegt.

§ 199 Ermächtigungen.

(1) Die Bundesregierung wird ermächtigt, mit Zustimmung des Bundesrates durch Rechtsverordnung[1] Vorschriften über die Anwendung gleicher Grundsätze bei der Ermittlung der Verkehrswerte und bei der Ableitung der für die Wertermittlung erforderlichen Daten einschließlich der Bodenrichtwerte zu erlassen.

(2) Die Landesregierungen werden ermächtigt, durch Rechtsverordnung
1. die Bildung und das Tätigwerden der Gutachterausschüsse und der Oberen Gutachterausschüsse sowie der Zentralen Geschäftsstellen, soweit in diesem Gesetzbuch nicht bereits geschehen, die Mitwirkung der Gutachter und deren Ausschluss im Einzelfall,
2. die Aufgaben des Vorsitzenden,
3. die Einrichtung und die Aufgaben der Geschäftsstelle,
4. die Führung und Auswertung der Kaufpreissammlung, die Häufigkeit der Bodenrichtwertermittlung sowie die Veröffentlichung der Bodenrichtwerte und sonstiger Daten der Wertermittlung und die Erteilung von Auskünften aus der Kaufpreissammlung,
5. die Übermittlung von Daten der Flurbereinigungsbehörden zur Führung und Auswertung der Kaufpreissammlung,
6. die Übertragung weiterer Aufgaben auf den Gutachterausschuss und den Oberen Gutachterausschuss und
7. die Entschädigung der Mitglieder des Gutachterausschusses und des Oberen Gutachterausschusses

zu regeln.

Zweiter Teil. Allgemeine Vorschriften; Zuständigkeiten; Verwaltungsverfahren; Planerhaltung
Erster Abschnitt. Allgemeine Vorschriften

§ 200[2] Grundstücke; Rechte an Grundstücken; Baulandkataster.

(1) Die für Grundstücke geltenden Vorschriften dieses Gesetzbuchs sind entsprechend auch auf Grundstücksteile anzuwenden.

---

[1] Siehe ua die ImmobilienwertermittlungsVO (**Sartorius ErgBd. Nr. 310**).
[2] § 200 Abs. 3 Satz 2 eingef., bish. Satz 2 wird Satz 3 und geänd., Satz 4 eingef., bish. Satz 3 wird Satz 5 mWv 7.7.2023 durch G v. 3.7.2023 (BGBl. 2023 I Nr. 176).

(2) Die für das Eigentum an Grundstücken bestehenden Vorschriften sind, soweit dieses Gesetzbuch nichts anderes vorschreibt, entsprechend auch auf grundstücksgleiche Rechte anzuwenden.

(3) [1] Die Gemeinde kann sofort oder in absehbarer Zeit bebaubare Flächen in Karten oder Listen auf der Grundlage eines Lageplans erfassen, der Flur- und Flurstücksnummern, Straßennamen und Angaben zur Grundstücksgröße enthält (Baulandkataster). [2] Baulandkataster können elektronisch geführt werden. [3] Die Gemeinde kann die Flächen in Karten oder Listen veröffentlichen, soweit der Grundstückseigentümer nicht widersprochen hat. [4] Diese Veröffentlichung kann auch im Internet erfolgen. [5] Die Gemeinde hat ihre Absicht zur Veröffentlichung einen Monat vorher öffentlich bekannt zu geben und dabei auf das Widerspruchsrecht der Grundstückseigentümer hinzuweisen.

§ 200a Ersatzmaßnahmen. [1] Darstellungen für Flächen zum Ausgleich und Festsetzungen für Flächen oder Maßnahmen zum Ausgleich im Sinne des § 1a Absatz 3 umfassen auch Ersatzmaßnahmen. [2] Ein unmittelbarer räumlicher Zusammenhang zwischen Eingriff und Ausgleich ist nicht erforderlich, soweit dies mit einer geordneten städtebaulichen Entwicklung und den Zielen der Raumordnung sowie des Naturschutzes und der Landschaftspflege vereinbar ist.

§ 201 Begriff der Landwirtschaft. Landwirtschaft im Sinne dieses Gesetzbuchs ist insbesondere der Ackerbau, die Wiesen- und Weidewirtschaft einschließlich Tierhaltung, soweit das Futter überwiegend auf den zum landwirtschaftlichen Betrieb gehörenden, landwirtschaftlich genutzten Flächen erzeugt werden kann, die gartenbauliche Erzeugung, der Erwerbsobstbau, der Weinbau, die berufsmäßige Imkerei und die berufsmäßige Binnenfischerei.

§ 201a[1]**) Verordnungsermächtigung zur Bestimmung von Gebieten mit einem angespannten Wohnungsmarkt.** [1] Die Landesregierungen werden ermächtigt, durch Rechtsverordnung[2]) Gebiete mit einem angespannten Wohnungsmarkt zu bestimmen. [2] Die Rechtsverordnung nach Satz 1 gilt für die Anwendung der Regelungen in § 25 Absatz 1 Satz 1 Nummer 3, § 31 Absatz 3, § 175 Absatz 2 Satz 2 und § 176 Absatz 1 Satz 1 Nummer 3. [3] Ein Gebiet mit einem angespannten Wohnungsmarkt liegt vor, wenn die ausreichende Versorgung der Bevölkerung mit Mietwohnungen in einer Gemeinde oder einem Teil der Gemeinde zu angemessenen Bedingungen besonders gefährdet ist. [4] Dies kann insbesondere dann der Fall sein, wenn

1. die Mieten deutlich stärker steigen als im bundesweiten Durchschnitt,
2. die durchschnittliche Mietbelastung der Haushalte den bundesweiten Durchschnitt deutlich übersteigt,
3. die Wohnbevölkerung wächst, ohne dass durch Neubautätigkeit insoweit erforderlicher Wohnraum geschaffen wird, oder
4. geringer Leerstand bei großer Nachfrage besteht.

[5] Eine Rechtsverordnung nach Satz 1 muss spätestens mit Ablauf des 31. Dezember 2026 außer Kraft treten. [6] Sie muss begründet werden. [7] Aus der Begründung muss sich ergeben, auf Grund welcher Tatsachen ein Gebiet mit einem angespannten

---

[1]) § 201a eingef. mWv 23.6.2021 durch G v. 14.6.2021 (BGBl. I S. 1802).
[2]) Siehe hierzu ua:
– Hamb. Wohnungsmarkt-Verordnung 2021 v. 13.7.2021 (HmbGVBl. S. 530)
– Umwandlungsgenehmigungs- und Gebietsbestimmungsverordnung v. 28.4.2022 (GVBl. S. 234).

Wohnungsmarkt im Einzelfall vorliegt. [8] Die betroffenen Gemeinden und die auf Landesebene bestehenden kommunalen Spitzenverbände sollen vor dem Erlass der Rechtsverordnung beteiligt werden.

§ 202 Schutz des Mutterbodens. Mutterboden, der bei der Errichtung und Änderung baulicher Anlagen sowie bei wesentlichen anderen Veränderungen der Erdoberfläche ausgehoben wird, ist in nutzbarem Zustand zu erhalten und vor Vernichtung oder Vergeudung zu schützen.

Zweiter Abschnitt. Zuständigkeiten

§ 203 Abweichende Zuständigkeitsregelung. (1) Die Landesregierung oder die von ihr bestimmte Behörde kann im Einvernehmen mit der Gemeinde durch Rechtsverordnung bestimmen, dass die nach diesem Gesetzbuch der Gemeinde obliegenden Aufgaben auf eine andere Gebietskörperschaft übertragen werden oder auf einen Verband, an dessen Willensbildung die Gemeinde mitwirkt.

(2) [1] Durch Landesgesetz können Aufgaben der Gemeinden nach diesem Gesetzbuch auf Verbandsgemeinden, Verwaltungsgemeinschaften oder vergleichbare gesetzliche Zusammenschlüsse von Gemeinden, denen nach Landesrecht örtliche Selbstverwaltungsaufgaben der Gemeinde obliegen, übertragen werden. [2] In dem Landesgesetz ist zu regeln, wie die Gemeinden an der Aufgabenerfüllung mitwirken.

(3) Die Landesregierung kann durch Rechtsverordnung die nach diesem Gesetzbuch der höheren Verwaltungsbehörde zugewiesenen Aufgaben auf andere staatliche Behörden, Landkreise oder kreisfreie Gemeinden übertragen.

(4) [1] Unterliegen die Planungsbereiche gemeinsamer Flächennutzungspläne (§ 204) oder von Flächennutzungsplänen und Satzungen eines Planungsverbands (§ 205) der Zuständigkeit verschiedener höherer Verwaltungsbehörden, ist die Oberste Landesbehörde für die Entscheidung im Genehmigungs- und Zustimmungsverfahren zuständig. [2] Liegen die Geltungsbereiche in verschiedenen Ländern, entscheiden die Obersten Landesbehörden im gegenseitigen Einvernehmen.

§ 204 Gemeinsamer Flächennutzungsplan, Bauleitplanung bei Bildung von Planungsverbänden und bei Gebiets- oder Bestandsänderung.

(1) [1] Benachbarte Gemeinden sollen einen gemeinsamen Flächennutzungsplan aufstellen, wenn ihre städtebauliche Entwicklung wesentlich durch gemeinsame Voraussetzungen und Bedürfnisse bestimmt wird oder ein gemeinsamer Flächennutzungsplan einen gerechten Ausgleich der verschiedenen Belange ermöglicht. [2] Ein gemeinsamer Flächennutzungsplan soll insbesondere aufgestellt werden, wenn die Ziele der Raumordnung oder wenn Einrichtungen und Anlagen des öffentlichen Verkehrs, sonstige Erschließungsanlagen sowie Gemeinbedarfs- oder sonstige Folgeeinrichtungen eine gemeinsame Planung erfordern. [3] Der gemeinsame Flächennutzungsplan kann von den beteiligten Gemeinden nur gemeinsam aufgehoben, geändert oder ergänzt werden; die Gemeinden können vereinbaren, dass sich die Bindung nur auf bestimmte räumliche oder sachliche Teilbereiche erstreckt. [4] Ist eine gemeinsame Planung nur für räumliche oder sachliche Teilbereiche erforderlich, genügt anstelle eines gemeinsamen Flächennutzungsplans *eine Vereinbarung* der beteiligten Gemeinden über bestimmte Darstellungen in ihren Flächennutzungsplänen. [5] Sind die Voraussetzungen für eine gemeinsame Planung nach Satz 1 und 4 entfallen oder ist ihr Zweck erreicht, können die beteiligten Gemeinden den Flächennutzungsplan für ihr Gemeindegebiet ändern

oder ergänzen; vor Einleitung des Bauleitplanverfahrens ist die Zustimmung der höheren Verwaltungsbehörde erforderlich.

(2) [1] Werden Gemeinden in ihrem Gebiet oder Bestand geändert oder geht die Zuständigkeit zur Aufstellung von Flächennutzungsplänen auf Verbände oder sonstige kommunale Körperschaften über, gelten unbeschadet abweichender landesrechtlicher Regelungen bestehende Flächennutzungspläne fort. [2] Dies gilt auch für räumliche und sachliche Teile der Flächennutzungspläne. [3] Die Befugnis und die Pflicht der Gemeinde, eines Verbands oder einer sonstigen Körperschaft, fortgeltende Flächennutzungspläne aufzuheben oder für das neue Gemeindegebiet zu ergänzen oder durch einen neuen Flächennutzungsplan zu ersetzen, bleiben unberührt.

(3) [1] Verfahren zur Aufstellung, Änderung, Ergänzung oder Aufhebung von Bebauungsplänen können nach einer Gebiets- oder Bestandsänderung in ihrem jeweiligen Stand fortgeführt werden. [2] Satz 1 gilt entsprechend bei Bildung von Planungsverbänden und für Zusammenschlüsse nach § 205 Absatz 6. [3] Die höhere Verwaltungsbehörde kann verlangen, dass bestimmte Verfahrensabschnitte wiederholt werden.

§ 205[1] **Planungsverbände.** (1) [1] Gemeinden und sonstige öffentliche Planungsträger können sich zu einem Planungsverband zusammenschließen, um durch gemeinsame zusammengefasste Bauleitplanung den Ausgleich der verschiedenen Belange zu erreichen. [2] Der Planungsverband tritt nach Maßgabe seiner Satzung für die Bauleitplanung und ihre Durchführung an die Stelle der Gemeinden.

(2) [1] Kommt ein Zusammenschluss nach Absatz 1 nicht zustande, können die Beteiligten auf Antrag eines Planungsträgers zu einem Planungsverband zusammengeschlossen werden, wenn dies zum Wohl der Allgemeinheit dringend geboten ist. [2] Ist der Zusammenschluss aus Gründen der Raumordnung geboten, kann den Antrag auch die für die Landesplanung nach Landesrecht zuständige Stelle stellen. [3] Über den Antrag entscheidet die Landesregierung. [4] Sind Planungsträger verschiedener Länder beteiligt, erfolgt der Zusammenschluss nach Vereinbarung zwischen den beteiligten Landesregierungen. [5] Sollen der Bund oder eine bundesunmittelbare Körperschaft oder Anstalt an dem Planungsverband beteiligt werden, erfolgt der Zusammenschluss nach Vereinbarung zwischen der Bundesregierung und der Landesregierung, sofern die beteiligte Behörde des Bundes oder der bundesunmittelbaren Körperschaft oder Anstalt dem Zusammenschluss durch die Landesregierung widerspricht.

(3) [1] Kommt eine Einigung über die Satzung oder über den Plan unter den Mitgliedern nicht zustande, stellt die zuständige Landesbehörde eine Satzung oder einen Plan auf und legt sie dem Planungsverband zur Beschlussfassung vor. [2] Einigen sich die Mitglieder über diese Satzung oder diesen Plan nicht, setzt die Landesregierung die Satzung oder den Plan fest. [3] Absatz 2 Satz 4 ist entsprechend anzuwenden. [4] Ist der Bund oder eine bundesunmittelbare Körperschaft oder Anstalt an dem Planungsverband beteiligt, wird die Satzung oder der Plan nach Vereinbarung zwischen der Bundesregierung und der Landesregierung festgesetzt, sofern die beteiligte Behörde des Bundes oder der bundesunmittelbaren Körperschaft oder Anstalt der Festsetzung durch die Landesregierung widerspricht.

(4) Dem Planungsverband können nach Maßgabe der Satzung die Aufgaben der Gemeinde, die ihr nach diesem Gesetzbuch obliegen, übertragen werden.

---

[1] § 205 Abs. 7 Satz 2 geänd. mWv 7.7.2023 durch G v. 3.7.2023 (BGBl. 2023 I Nr. 176).

(5) ¹Der Planungsverband ist aufzulösen, wenn die Voraussetzungen für den Zusammenschluss entfallen sind oder der Zweck der gemeinsamen Planung erreicht ist. ²Kommt ein übereinstimmender Beschluss über die Auflösung nicht zustande, ist unter den in Satz 1 bezeichneten Voraussetzungen die Auflösung auf Antrag eines Mitglieds anzuordnen; im Übrigen ist Absatz 2 entsprechend anzuwenden. ³Nach Auflösung des Planungsverbands gelten die von ihm aufgestellten Pläne als Bauleitpläne der einzelnen Gemeinden.

(6) Ein Zusammenschluss nach dem Zweckverbandsrecht oder durch besondere Landesgesetze wird durch diese Vorschriften nicht ausgeschlossen.

(7) ¹Wird die Befugnis zur Aufstellung von Bauleitplänen nach den Absätzen 1 bis 3 oder 6 übertragen, sind die Entwürfe der Bauleitpläne mit Begründung vor der Beschlussfassung hierüber oder der Festsetzung nach Absatz 3 Satz 2 oder 4 den Gemeinden, für deren Gebiet der Bauleitplan aufgestellt werden soll, zur Stellungnahme innerhalb angemessener Frist zuzuleiten. ²Auf die Behandlung der von den Gemeinden fristgemäß vorgebrachten Anregungen ist § 3 Absatz 2 Satz 6 und 8 entsprechend anzuwenden.

§ 206 Örtliche und sachliche Zuständigkeit. (1) ¹Örtlich zuständig ist die Behörde, in deren Bereich das betroffene Grundstück liegt. ²Werden Grundstücke betroffen, die örtlich oder wirtschaftlich zusammenhängen und demselben Eigentümer gehören, und liegen diese Grundstücke im Bereich mehrerer nach diesem Gesetzbuch sachlich zuständiger Behörden, so wird die örtlich zuständige Behörde durch die nächsthöhere gemeinsame Behörde bestimmt.

(2) Ist eine höhere Verwaltungsbehörde nicht vorhanden, so ist die Oberste Landesbehörde zugleich höhere Verwaltungsbehörde.

Dritter Abschnitt. Verwaltungsverfahren

§ 207 Von Amts wegen bestellter Vertreter. ¹Ist ein Vertreter nicht vorhanden, so hat das Betreuungsgericht, für einen minderjährigen Beteiligten das Familiengericht auf Ersuchen der zuständigen Behörde einen rechts- und sachkundigen Vertreter zu bestellen

1. für einen Beteiligten, dessen Person unbekannt, oder für eine Person, deren Beteiligung ungewiss ist,
2. für einen abwesenden Beteiligten, dessen Aufenthalt unbekannt oder dessen Aufenthalt zwar bekannt, der aber an der Besorgung seiner Vermögensangelegenheiten verhindert ist,
3. für einen Beteiligten, dessen Aufenthalt sich nicht innerhalb des Geltungsbereichs dieses Gesetzbuchs befindet, wenn er der Aufforderung der zuständigen Behörde, einen Vertreter zu bestellen, innerhalb der ihm gesetzten Frist nicht nachgekommen ist,
4. für Gesamthandseigentümer oder Eigentümer nach Bruchteilen sowie für mehrere Inhaber eines sonstigen Rechts an einem Grundstück oder an einem das Grundstück belastenden Recht, wenn sie der Aufforderung der zuständigen Behörden, einen gemeinsamen Vertreter zu bestellen, innerhalb der ihnen gesetzten Fristen nicht nachgekommen sind,
5. bei herrenlosen Grundstücken zur Wahrung der aus dem Eigentum sich ergebenden Rechte und Pflichten.

² Für die Bestellung und für das Amt des Vertreters gelten die Vorschriften des Bürgerlichen Gesetzbuchs[1] für die Pflegschaft[2] entsprechend.

§ 208 Anordnungen zur Erforschung des Sachverhalts. ¹Die Behörden können zur Erforschung des Sachverhalts auch anordnen, dass
1. Beteiligte persönlich erscheinen,
2. Urkunden und sonstige Unterlagen vorgelegt werden, auf die sich ein Beteiligter bezogen hat,
3. Hypotheken-, Grundschuld- und Rentenschuldgläubiger die in ihrem Besitz befindlichen Hypotheken-, Grundschuld- und Rentenschuldbriefe vorlegen.

²Für den Fall, dass ein Beteiligter der Anordnung nicht nachkommt, kann ein Zwangsgeld bis zu fünfhundert Euro angedroht und festgesetzt werden. ³Ist Beteiligter eine juristische Person oder eine nichtrechtsfähige Personenvereinigung, so ist das Zwangsgeld dem nach Gesetz oder Satzung Vertretungsberechtigten anzudrohen und gegen ihn festzusetzen. ⁴Androhung und Festsetzung können wiederholt werden.

§ 209 Vorarbeiten auf Grundstücken. (1) ¹Eigentümer und Besitzer haben zu dulden, dass Beauftragte der zuständigen Behörden zur Vorbereitung der von ihnen nach diesem Gesetzbuch zu treffenden Maßnahmen Grundstücke betreten und Vermessungen, Boden- und Grundwasseruntersuchungen oder ähnliche Arbeiten ausführen. ²Die Absicht, solche Arbeiten auszuführen, ist den Eigentümern oder Besitzern vorher bekannt zu geben. ³Wohnungen dürfen nur mit Zustimmung der Wohnungsinhaber betreten werden.

(2) ¹Entstehen durch eine nach Absatz 1 zulässige Maßnahme dem Eigentümer oder Besitzer unmittelbare Vermögensnachteile, so ist dafür von der Stelle, die den Auftrag erteilt hat, eine angemessene Entschädigung in Geld zu leisten; kommt eine Einigung über die Geldentschädigung nicht zustande, so entscheidet die höhere Verwaltungsbehörde; vor der Entscheidung sind die Beteiligten zu hören. ²Hat eine Enteignungsbehörde den Auftrag erteilt, so hat der Antragsteller, in dessen Interesse die Enteignungsbehörde tätig geworden ist, dem Betroffenen die Entschädigung zu leisten; kommt eine Einigung über die Geldentschädigung nicht zustande, so setzt die Enteignungsbehörde die Entschädigung fest; vor der Entscheidung sind die Beteiligten zu hören.

§ 210 Wiedereinsetzung. (1) Wenn ein Beteiligter ohne Verschulden verhindert war, eine gesetzliche oder auf Grund dieses Gesetzbuchs bestimmte Frist für eine Verfahrenshandlung einzuhalten, so ist ihm auf Antrag Wiedereinsetzung in den vorigen Stand zu gewähren.

(2) Die nach § 32 Absatz 4 des Verwaltungsverfahrensgesetzes[3] zuständige Behörde kann nach Wiedereinsetzung in den vorigen Stand anstelle einer Entscheidung, die den durch das bisherige Verfahren herbeigeführten neuen Rechtszustand ändern würde, eine Entschädigung festsetzen.

§ 211 Belehrung über Rechtsbehelfe. Den nach diesem Gesetzbuch ergehenden Verwaltungsakten ist eine Erklärung beizufügen, durch die der Beteiligte über

---
[1] Habersack Nr. 20.
[2] Siehe §§ 1909–1921 BGB **(Habersack Nr. 20)**.
[3] Nr. **100**.

den Rechtsbehelf, der gegen den Verwaltungsakt gegeben ist, über die Stelle, bei der der Rechtsbehelf einzulegen ist, und über die Frist belehrt wird.

§ 212 Vorverfahren. (1) Die Landesregierungen können durch Rechtsverordnung bestimmen, dass ein nach dem Vierten oder Fünften Teil des Ersten Kapitels erlassener Verwaltungsakt durch Antrag auf gerichtliche Entscheidung nach § 217 erst angefochten werden kann, nachdem seine Rechtmäßigkeit und Zweckmäßigkeit in einem Vorverfahren nachgeprüft worden ist; das Vorverfahren ist in Anlehnung an die Vorschriften der Verwaltungsgerichtsordnung[1]) zu regeln.

(2) ¹Ist ein Vorverfahren vorgesehen, hat der Widerspruch gegen
1. den Umlegungsbeschluss nach § 47 Absatz 1,
2. die Bekanntmachung der Unanfechtbarkeit des Umlegungsplans nach § 71 Absatz 1 sowie
3. die vorzeitige Besitzeinweisung nach § 77 oder § 116

keine aufschiebende Wirkung. ²§ 80 Absatz 4 und 5 der Verwaltungsgerichtsordnung ist entsprechend anzuwenden.

§ 212a Entfall der aufschiebenden Wirkung. (1) Widerspruch und Anfechtungsklage eines Dritten gegen die bauaufsichtliche Zulassung eines Vorhabens haben keine aufschiebende Wirkung.

(2) Widerspruch und Anfechtungsklage gegen die Geltendmachung des Kostenerstattungsbetrags nach § 135a Absatz 3 sowie des Ausgleichsbetrags nach § 154 durch die Gemeinde haben keine aufschiebende Wirkung.

§ 213 Ordnungswidrigkeiten. (1) Ordnungswidrig handelt, wer
1. wider besseres Wissen unrichtige Angaben macht oder unrichtige Pläne oder Unterlagen vorlegt, um einen begünstigenden Verwaltungsakt zu erwirken oder einen belastenden Verwaltungsakt zu verhindern;
2. Pfähle, Pflöcke oder sonstige Markierungen, die Vorarbeiten dienen, wegnimmt, verändert, unkenntlich macht oder unrichtig setzt;
3. einer in einem Bebauungsplan nach § 9 Absatz 1 Nummer 25 Buchstabe b festgesetzten Bindung für Bepflanzungen und für die Erhaltung von Bäumen, Sträuchern und sonstigen Bepflanzungen sowie von Gewässern dadurch zuwiderhandelt, dass diese beseitigt, wesentlich beeinträchtigt oder zerstört werden;
4. eine bauliche Anlage im Geltungsbereich einer Erhaltungssatzung (§ 172 Absatz 1 Satz 1) oder einer Satzung über die Durchführung von Stadtumbaumaßnahmen (§ 171d Absatz 1) ohne Genehmigung rückbaut oder ändert.

(2) Ordnungswidrig handelt, wer vorsätzlich oder fahrlässig ohne Genehmigung nach § 22 Absatz 1 Satz 1 Nummer 5 einen dort genannten Raum als Nebenwohnung nutzt.

(3) Die Ordnungswidrigkeit kann in den Fällen des Absatzes 2 mit einer Geldbuße bis zu fünfzigtausend Euro, in den Fällen des Absatzes 1 Nummer 4 mit einer Geldbuße bis zu dreißigtausend Euro, in den Fällen des Absatzes 1 Nummer 3 mit einer Geldbuße bis zu zehntausend Euro und in den übrigen Fällen mit einer Geldbuße bis zu tausend Euro geahndet werden.

---

[1]) Nr. **600**.

Baugesetzbuch § 214 BauGB 300

Vierter Abschnitt. Planerhaltung

§ 214[1]**) Beachtlichkeit der Verletzung von Vorschriften über die Aufstellung des Flächennutzungsplans und der Satzungen; ergänzendes Verfahren.** (1) ¹Eine Verletzung von Verfahrens- und Formvorschriften dieses Gesetzbuchs ist für die Rechtswirksamkeit des Flächennutzungsplans und der Satzungen nach diesem Gesetzbuch nur beachtlich, wenn

1. entgegen § 2 Absatz 3 die von der Planung berührten Belange, die der Gemeinde bekannt waren oder hätten bekannt sein müssen, in wesentlichen Punkten nicht zutreffend ermittelt oder bewertet worden sind und wenn der Mangel offensichtlich und auf das Ergebnis des Verfahrens von Einfluss gewesen ist;
2. die Vorschriften über die Öffentlichkeits- und Behördenbeteiligung nach § 3 Absatz 2, § 4 Absatz 2, § 4a Absatz 3, Absatz 4 Satz 2, nach § 13 Absatz 2 Satz 1 Nummer 2 und 3, auch in Verbindung mit § 13a Absatz 2 Nummer 1 und § 13b, nach § 22 Absatz 9 Satz 2, § 34 Absatz 6 Satz 1 sowie § 35 Absatz 6 Satz 5 verletzt worden sind; dabei ist unbeachtlich, wenn
    a) bei Anwendung der Vorschriften einzelne Personen, Behörden oder sonstige Träger öffentlicher Belange nicht beteiligt worden sind, die entsprechenden Belange jedoch unerheblich waren oder in der Entscheidung berücksichtigt worden sind,
    b) einzelne Angaben dazu, welche Arten umweltbezogener Informationen verfügbar sind, gefehlt haben,
    c) (weggefallen)
    d) bei Vorliegen eines wichtigen Grundes nach § 3 Absatz 2 Satz 1 nicht für die Dauer einer angemessenen längeren Frist im Internet veröffentlicht worden ist und die Begründung für die Annahme des Nichtvorliegens eines wichtigen Grundes nachvollziehbar ist,
    e) bei Anwendung des § 3 Absatz 2 Satz 5 der Inhalt der Bekanntmachung zwar in das Internet eingestellt wurde, aber die Bekanntmachung und die nach § 3 Absatz 2 Satz 1 zu veröffentlichenden Unterlagen nicht über das zentrale Internetportal des Landes zugänglich gemacht wurden,
    f) bei Anwendung des § 13 Absatz 3 Satz 2 die Angabe darüber, dass von einer Umweltprüfung abgesehen wird, unterlassen wurde oder
    g) bei Anwendung des § 4a Absatz 3 Satz 4 oder des § 13, auch in Verbindung mit § 13a Absatz 2 Nummer 1 und § 13b, die Voraussetzungen für die Durchführung der Beteiligung nach diesen Vorschriften verkannt worden sind;
3. die Vorschriften über die Begründung des Flächennutzungsplans und der Satzungen sowie ihrer Entwürfe nach §§ 2a, 3 Absatz 2, § 5 Absatz 1 Satz 2 Halbsatz 2 und Absatz 5, § 9 Absatz 8 und § 22 Absatz 10 verletzt worden sind; dabei ist unbeachtlich, wenn die Begründung des Flächennutzungsplans oder der Satzung oder ihr Entwurf unvollständig ist; abweichend von Halbsatz 2 ist eine Verletzung von Vorschriften in Bezug auf den Umweltbericht unbeachtlich, wenn die Begründung hierzu nur in unwesentlichen Punkten unvollständig ist;
4. ein Beschluss der Gemeinde über den Flächennutzungsplan oder die Satzung nicht gefasst, eine Genehmigung nicht erteilt oder der mit der Bekanntmachung

---

[1]) § 214 Abs. 1 Satz 1 Nr. 2 einl. Satzteil, Buchst. d geänd., Buchst. e neu gef. mWv 7.7.2023 durch G v. 3.7.2023 (BGBl. 2023 I Nr. 176).

des Flächennutzungsplans oder der Satzung verfolgte Hinweiszweck nicht erreicht worden ist.

²Soweit in den Fällen des Satzes 1 Nummer 3 die Begründung in wesentlichen Punkten unvollständig ist, hat die Gemeinde auf Verlangen Auskunft zu erteilen, wenn ein berechtigtes Interesse dargelegt wird.

(2) Für die Rechtswirksamkeit der Bauleitpläne ist auch unbeachtlich, wenn

1. die Anforderungen an die Aufstellung eines selbständigen Bebauungsplans (§ 8 Absatz 2 Satz 2) oder an die in § 8 Absatz 4 bezeichneten dringenden Gründe für die Aufstellung eines vorzeitigen Bebauungsplans nicht richtig beurteilt worden sind;
2. § 8 Absatz 2 Satz 1 hinsichtlich des Entwickelns des Bebauungsplans aus dem Flächennutzungsplan verletzt worden ist, ohne dass hierbei die sich aus dem Flächennutzungsplan ergebende geordnete städtebauliche Entwicklung beeinträchtigt worden ist;
3. der Bebauungsplan aus einem Flächennutzungsplan entwickelt worden ist, dessen Unwirksamkeit sich wegen Verletzung von Verfahrens- oder Formvorschriften einschließlich des § 6 nach Bekanntmachung des Bebauungsplans herausstellt;
4. im Parallelverfahren gegen § 8 Absatz 3 verstoßen worden ist, ohne dass die geordnete städtebauliche Entwicklung beeinträchtigt worden ist.

(2a) Für Bebauungspläne, die im beschleunigten Verfahren nach § 13a, auch in Verbindung mit § 13b, aufgestellt worden sind, gilt ergänzend zu den Absätzen 1 und 2 Folgendes:

1. (weggefallen)
2. Das Unterbleiben der Hinweise nach § 13a Absatz 3 ist für die Rechtswirksamkeit des Bebauungsplans unbeachtlich.
3. Beruht die Feststellung, dass eine Umweltprüfung unterbleiben soll, auf einer Vorprüfung des Einzelfalls nach § 13a Absatz 1 Satz 2 Nummer 2, gilt die Vorprüfung als ordnungsgemäß durchgeführt, wenn sie entsprechend den Vorgaben von § 13a Absatz 1 Satz 2 Nummer 2 durchgeführt worden ist und ihr Ergebnis nachvollziehbar ist; dabei ist unbeachtlich, wenn einzelne Behörden oder sonstige Träger öffentlicher Belange nicht beteiligt worden sind; andernfalls besteht ein für die Rechtswirksamkeit des Bebauungsplans beachtlicher Mangel.
4. Die Beurteilung, dass der Ausschlussgrund nach § 13a Absatz 1 Satz 4 nicht vorliegt, gilt als zutreffend, wenn das Ergebnis nachvollziehbar ist und durch den Bebauungsplan nicht die Zulässigkeit von Vorhaben nach Spalte 1 der Anlage 1 zum Gesetz über die Umweltverträglichkeitsprüfung[1]) begründet wird; andernfalls besteht ein für die Rechtswirksamkeit des Bebauungsplans beachtlicher Mangel.

(3) ¹Für die Abwägung ist die Sach- und Rechtslage im Zeitpunkt der Beschlussfassung über den Flächennutzungsplan oder die Satzung maßgebend. ²Mängel, die Gegenstand der Regelung in Absatz 1 Satz 1 Nummer 1 sind, können nicht als Mängel der Abwägung geltend gemacht werden; im Übri-

(Fortsetzung nächstes Blatt)

---

[1]) Nr. **295**.

(2) Im Anwendungsbereich des § 34 Absatz 2 ist § 14 Absatz 1a der Baunutzungsverordnung nicht anzuwenden; für die der öffentlichen Versorgung mit Telekommunikationsdienstleistungen dienenden Nebenanlagen gilt dort § 14 Absatz 2 der Baunutzungsverordnung entsprechend.

§ 245e[1)] Überleitungsvorschriften aus Anlass des Gesetzes zur Erhöhung und Beschleunigung des Ausbaus von Windenergieanlagen an Land.

(1) [1]Die Rechtswirkungen eines Raumordnungs- oder Flächennutzungsplans gemäß § 35 Absatz 3 Satz 3 in der bis zum 1. Februar 2023 geltenden Fassung für Vorhaben nach § 35 Absatz 1 Nummer 5, die der Erforschung, Entwicklung oder Nutzung der Windenergie dienen, gelten vorbehaltlich des § 249 Absatz 5 Satz 2 fort, wenn nicht der Plan bis zum 1. Februar 2024 wirksam geworden ist. [2]Sie entfallen, soweit für den Geltungsbereich des Plans das Erreichen des Flächenbeitragswerts oder eines daraus abgeleiteten Teilflächenziels gemäß § 5 Absatz 1 oder Absatz 2 des Windenergieflächenbedarfsgesetzes vom 20. Juli 2022 (BGBl. I S. 1353) festgestellt wird, spätestens aber mit Ablauf des 31. Dezember 2027. [3]Der Plan gilt im Übrigen fort, wenn nicht im Einzelfall die Grundzüge der Planung berührt werden. [4]Die Möglichkeit des Planungsträgers, den Plan zu ändern, zu ergänzen oder aufzuheben, bleibt unberührt. [5]Werden in einem Flächennutzungsplan oder Raumordnungsplan zusätzliche Flächen für die Nutzung von Windenergie dargestellt, kann die Abwägung auf die Belange beschränkt werden, die durch die Darstellung der zusätzlichen Flächen berührt werden. [6]Dabei kann von dem Planungskonzept, das der Abwägung über bereits dargestellte Flächen zu Grunde gelegt wurde, abgewichen werden, sofern die Grundzüge der Planung erhalten werden. [7]Von der Wahrung der Grundzüge der bisherigen Planung ist regelmäßig auszugehen, wenn nicht mehr als 25 Prozent in Umfang von nicht mehr als 25 Prozent der schon bislang dargestellten Flächen zusätzlich dargestellt werden. [8]§ 249 Absatz 6 bleibt unberührt.

(2) [1]§ 15 Absatz 3 ist entsprechend anzuwenden, wenn die Gemeinde beschlossen hat, einen Flächennutzungsplan aufzustellen, zu ändern oder zu ergänzen, um den Flächenbeitragswert im Sinne des § 3 Absatz 1 des Windenergieflächenbedarfsgesetzes oder ein daraus abgeleitetes Teilflächenziel zu erreichen. [2]Die Entscheidung kann längstens bis zum Ablauf des 31. Dezember 2027 ausgesetzt werden.

(3) [1]Die in Absatz 1 Satz 1 genannten Rechtswirkungen gemäß § 35 Absatz 3 Satz 3 können Vorhaben im Sinne des § 16b Absatz 1 und 2 des Bundes-Immissionsschutzgesetzes[2)] in der Fassung der Bekanntmachung vom 17. Mai 2013 (BGBl. I S. 1274; 2021 I S. 123), das zuletzt durch Artikel 1 des Gesetzes vom 24. September 2021 (BGBl. I S. 4458) geändert worden ist, nicht entgegengehalten werden, es sei denn, die Grundzüge der Planung werden berührt. [2]Dies gilt nicht, wenn das Vorhaben in einem Natura 2000-Gebiet im Sinne des § 7 Absatz 1 Nummer 8 des Bundesnaturschutzgesetzes[3)] vom 29. Juli 2009 (BGBl. I S. 2542), das zuletzt durch Artikel 1 des Gesetzes vom 18. August 2021 (BGBl. I S. 3908) geändert worden ist, oder in einem Naturschutzgebiet im Sinne des § 23 des Bundesnaturschutzgesetzes verwirklicht werden soll.

[1)] § 245e eingef. mWv 1.2.2023 durch G v. 20.7.2022 (BGBl. I S. 1353); Abs. 1 Sätze 5–8, Abs. 4 angef. mWv 1.2.2023 durch G v. 8.10.2022 (BGBl. I S. 1726).
[2)] Nr. **296**.
[3)] Nr. **880**.

(4) Die in Absatz 1 Satz 1 genannten Rechtswirkungen können Vorhaben nach § 35 Absatz 1 Nummer 5, die der Erforschung, Entwicklung oder Nutzung der Windenergie dienen, nicht entgegengehalten werden, wenn an der Stelle des Vorhabens in einem Planentwurf eine Ausweisung für Vorhaben nach § 35 Absatz 1 Nummer 5, die der Erforschung, Entwicklung oder Nutzung der Windenergie dienen, vorgesehen ist, für den Planentwurf bereits eine Beteiligung nach § 3 Absatz 2, § 4 des Baugesetzbuchs oder § 9 Absatz 2 des Raumordnungsgesetzes[1]) durchgeführt wurde und anzunehmen ist, dass das Vorhaben den künftigen Ausweisungen entspricht.

§ 245f[2]) **Überleitungsvorschrift aus Anlass des Gesetzes zur Stärkung der Digitalisierung im Bauleitplanverfahren und zur Änderung weiterer Vorschriften; Evaluierung.** (1) Abweichend von § 233 Absatz 1 ist § 6 Absatz 4 in der Fassung dieses Gesetzes anzuwenden, wenn der Genehmigungsantrag bei der höheren Verwaltungsbehörde nach dem 7. Juli 2023 eingegangen ist.

(2) Das Bundesministerium für Wohnen, Stadtentwicklung und Bauweisen evaluiert die Auswirkungen der Änderungen der §§ 3, 4, 4a und 200 zur Digitalisierung und die Änderung des § 6 zur Fristverkürzung auf die Bauleitplanverfahren bis zum 31. Dezember 2027.

Zweiter Teil. Schlussvorschriften

§ 246[3]) **Sonderregelungen für einzelne Länder; Sonderregelungen für Flüchtlingsunterkünfte.** (1) In den Ländern Berlin und Hamburg entfallen die in § 6 Absatz 1, § 10 Absatz 2 und § 190 Absatz 1 vorgesehenen Genehmigungen oder Zustimmungen; das Land Bremen kann bestimmen, dass diese Genehmigungen oder Zustimmungen entfallen.

(1a) ¹Die Länder können bestimmen, dass Bebauungspläne, die nicht der Genehmigung bedürfen, und Satzungen nach § 34 Absatz 4 Satz 1, § 35 Absatz 6 und § 165 Absatz 6 vor ihrem Inkrafttreten der höheren Verwaltungsbehörde anzuzeigen sind; dies gilt nicht für Bebauungspläne nach § 13. ²Die höhere Verwaltungsbehörde hat die Verletzung von Rechtsvorschriften, die eine Versagung der Genehmigung nach § 6 Absatz 2 rechtfertigen würde, innerhalb eines Monats nach Eingang der Anzeige geltend zu machen. ³Der Bebauungsplan und die Satzungen dürfen nur in Kraft gesetzt werden, wenn die höhere Verwaltungsbehörde die Verletzung von Rechtsvorschriften nicht innerhalb der in Satz 2 bezeichneten Frist geltend gemacht hat.

(2) ¹Die Länder Berlin und Hamburg bestimmen, welche Form der Rechtsetzung an die Stelle der in diesem Gesetzbuch vorgesehenen Satzungen tritt. ²Das Land Bremen kann eine solche Bestimmung treffen. ³Die Länder Berlin, Bremen und Hamburg können eine von § 10 Absatz 3, § 16 Absatz 2, § 22 Absatz 2, § 143 Absatz 1, § 162 Absatz 2 Satz 2 bis 4 und § 165 Absatz 8 abweichende Regelung treffen.

---

[1]) Nr. 340.
[2]) § 245f eingef. mWv 7.7.2023 durch G v. 3.7.2023 (BGBl. 2023 I Nr. 176).
[3]) § 246 Abs. 6 neu gef., Abs. 8, 9, 10 Satz 1, 11 Satz 1, 12 Satz 1 geänd., Sätze 2, 3 eingef., bish. Satz 2 wird Satz 4, Abs. 13 Satz 1 geänd., Sätze 2, 3 eingef., bish. Sätze 2–5 werden Sätze 4–7, neue Sätze 6, 7 geänd., Abs. 13a eingef., Abs. 15–17 geänd. mWv 23.6.2021 durch G v. 14.6.2021 (BGBl. I S. 1802); Abs. 14 neu gef., Abs. 16, 17 geänd. mWv 30.4.2022 durch G v. 26.4.2022 (BGBl. I S. 674); Abs. 8, 9, 10 Satz 1 geänd., Abs. 11 Satz 1 neu gef., Abs. 12 Satz 1 einl. Satzteil, Sätze 2, 3, Abs. 13 Satz 1 einl. Satzteil, Sätze 2, 3, Abs. 14 Sätze 1, 9, Abs. 15–17 geänd. mWv 7.7.2023 durch G v. 3.7.2023 (BGBl. 2023 I Nr. 176).

(3) § 171f ist auch auf Rechtsvorschriften der Länder anzuwenden, die vor dem 1. Januar 2007 in Kraft getreten sind.

(4) Die Senate der Länder Berlin, Bremen und Hamburg werden ermächtigt, die Vorschriften dieses Gesetzbuchs über die Zuständigkeit von Behörden dem besonderen Verwaltungsaufbau ihrer Länder anzupassen.

(5) Das Land Hamburg gilt für die Anwendung dieses Gesetzbuchs auch als Gemeinde.

(6) § 9 Absatz 2d gilt entsprechend für Pläne, die gemäß § 173 Absatz 3 Satz 1 des Bundesbaugesetzes in Verbindung mit § 233 Absatz 3 als Bebauungspläne fortgelten.

(7) [1] Die Länder können bestimmen, dass § 34 Absatz 1 Satz 1 bis zum 31. Dezember 2004 nicht für Einkaufszentren, großflächige Einzelhandelsbetriebe und sonstige großflächige Handelsbetriebe im Sinne des § 11 Absatz 3 der Baunutzungsverordnung[1]) anzuwenden ist. [2] Wird durch eine Regelung nach Satz 1 die bis dahin zulässige Nutzung eines Grundstücks aufgehoben oder wesentlich geändert, ist § 238 entsprechend anzuwenden.

(8) Bis zum Ablauf des 31. Dezember 2027 gilt § 34 Absatz 3a Satz 1 entsprechend für die Nutzungsänderung zulässigerweise errichteter baulicher Anlagen in bauliche Anlagen, die der Unterbringung von Flüchtlingen oder Asylbegehrenden dienen, und für deren Erweiterung, Änderung oder Erneuerung.

(9) Bis zum Ablauf des 31. Dezember 2027 gilt die Rechtsfolge des § 35 Absatz 4 Satz 1 für Vorhaben entsprechend, die der Unterbringung von Flüchtlingen oder Asylbegehrenden dienen, wenn das Vorhaben im unmittelbaren räumlichen Zusammenhang mit nach § 30 Absatz 1 oder § 34 zu beurteilenden bebauten Flächen innerhalb des Siedlungsbereichs erfolgen soll.

(10) [1] Bis zum Ablauf des 31. Dezember 2027 kann in Gewerbegebieten (§ 8 der Baunutzungsverordnung, auch in Verbindung mit § 34 Absatz 2) für Aufnahmeeinrichtungen, Gemeinschaftsunterkünfte oder sonstige Unterkünfte für Flüchtlinge oder Asylbegehrende von den Festsetzungen des Bebauungsplans befreit werden, wenn an dem Standort Anlagen für soziale Zwecke als Ausnahme zugelassen werden können oder allgemein zulässig sind und die Abweichung auch unter Würdigung nachbarlicher Interessen mit öffentlichen Belangen vereinbar ist.
[2] § 36 gilt entsprechend.

(11) [1] Soweit in den Baugebieten nach den §§ 2 bis 8 der Baunutzungsverordnung (auch in Verbindung mit § 34 Absatz 2) Anlagen für soziale Zwecke als Ausnahme zugelassen werden können, gilt § 31 Absatz 1 mit der Maßgabe, dass Anlagen für soziale Zwecke, die der Unterbringung und weiteren Versorgung von Flüchtlingen und Asylbegehrenden dienen, dort bis zum Ablauf des 31. Dezember 2027 in der Regel zugelassen werden sollen. [2] Satz 1 gilt entsprechend für in übergeleiteten Plänen festgesetzte Baugebiete, die den in Satz 1 genannten Baugebieten vergleichbar sind.

(12) [1] Bis zum Ablauf des 31. Dezember 2027 kann für die auf längstens drei Jahre zu befristende

1. Errichtung mobiler Unterkünfte für Flüchtlinge oder Asylbegehrende,
2. Nutzungsänderung zulässigerweise errichteter baulicher Anlagen in Gewerbe- und Industriegebieten sowie in Sondergebieten nach den §§ 8 bis 11 der Baunutzungsverordnung (auch in Verbindung mit § 34 Absatz 2) in Aufnahme-

---

[1]) Nr. **311**.

einrichtungen, Gemeinschaftsunterkünfte oder sonstige Unterkünfte für Flüchtlinge oder Asylbegehrende

von den Festsetzungen des Bebauungsplans befreit werden, wenn die Befreiung auch unter Würdigung nachbarlicher Interessen mit den öffentlichen Belangen vereinbar ist. ²Die in Satz 1 genannte Frist von drei Jahren kann bei Vorliegen der dort genannten Befreiungsvoraussetzungen um weitere drei Jahre verlängert werden, längstens jedoch bis zum Ablauf des 31. Dezember 2030. ³Sofern die Frist bereits abgelaufen ist, gilt Satz 1 auch für die auf drei Jahre, längstens jedoch bis zum Ablauf des 31. Dezember 2030 zu befristende Fortsetzung der zuvor ausgeübten Nutzung einer bestehenden baulichen Anlage entsprechend. ⁴§ 36 gilt entsprechend.

(13) ¹Im Außenbereich (§ 35) gilt unbeschadet des Absatzes 9 bis zum Ablauf des 31. Dezember 2027 die Rechtsfolge des § 35 Absatz 4 Satz 1 entsprechend für
1. die auf längstens drei Jahre zu befristende Errichtung mobiler Unterkünfte für Flüchtlinge oder Asylbegehrende,
2. die Nutzungsänderung zulässigerweise errichteter baulicher Anlagen, auch wenn deren bisherige Nutzung aufgegeben wurde, in Aufnahmeeinrichtungen, Gemeinschaftsunterkünfte oder sonstige Unterkünfte für Flüchtlinge oder Asylbegehrende, einschließlich einer erforderlichen Erneuerung oder Erweiterung.

²Die in Satz 1 Nummer 1 genannte Frist von drei Jahren kann um weitere drei Jahre, längstens jedoch bis zum Ablauf des 31. Dezember 2030 verlängert werden; für die Verlängerung gilt die Rechtsfolge des § 35 Absatz 4 Satz 1 entsprechend. ³Sofern die Frist bereits abgelaufen ist, gilt auch für die Entscheidung über die auf drei Jahre, längstens jedoch bis zum Ablauf des 31. Dezember 2030 zu befristende erneute Zulässigkeit einer bereits errichteten mobilen Unterkunft für Flüchtlinge oder Asylbegehrende die Rechtsfolge des § 35 Absatz 4 Satz 1 entsprechend. ⁴Für Vorhaben nach Satz 1 gilt § 35 Absatz 5 Satz 2 Halbsatz 1 und Satz 3 entsprechend. ⁵Wird zum Zeitpunkt der Nutzungsänderung nach Satz 1 Nummer 2 eine Nutzung zulässigerweise ausgeübt, kann diese im Anschluss wieder aufgenommen werden; im Übrigen gelten für eine nachfolgende Nutzungsänderung die allgemeinen Regeln. ⁶Die Rückbauverpflichtung nach Satz 4 entfällt, wenn eine nach Satz 5 zulässige Nutzung aufgenommen wird oder wenn sich die Zulässigkeit der nachfolgenden Nutzung aus § 30 Absatz 1, 2 oder § 33 ergibt. ⁷Die Sicherstellung der Rückbauverpflichtung nach Satz 4 in entsprechender Anwendung des § 35 Absatz 5 Satz 3 ist nicht erforderlich, wenn Vorhabenträger ein Land oder eine Gemeinde ist.

(13a) Von den Absätzen 8 bis 13 darf nur Gebrauch gemacht werden, soweit dringend benötigte Unterkünfte im Gebiet der Gemeinde, in der sie entstehen sollen, nicht oder nicht rechtzeitig bereitgestellt werden können.

(14) ¹Soweit auch bei Anwendung der Absätze 8 bis 13 dringend benötigte Unterkunftsmöglichkeiten im Gebiet der Gemeinde, in der sie entstehen sollen, nicht oder nicht rechtzeitig bereitgestellt werden können, kann bei Aufnahmeeinrichtungen, Gemeinschaftsunterkünften oder sonstigen Unterkünften für Flüchtlinge oder Asylbegehrende bis zum Ablauf des 31. Dezember 2027 von den Vorschriften dieses Gesetzbuchs oder den aufgrund dieses Gesetzbuchs erlassenen Vorschriften in erforderlichem Umfang abgewichen werden. ²Zuständig ist die höhere Verwaltungsbehörde. ³Die Gemeinde ist anzuhören; diese Anhörung tritt auch an die Stelle des in § 14 Absatz 2 Satz 2 vorgesehenen Einvernehmens. ⁴Satz 3 findet keine Anwendung, wenn Vorhabenträger die Gemeinde oder in deren Auftrag ein Dritter ist. ⁵Für Vorhaben nach Satz 1 gilt § 35 Absatz 5 Satz 2 erster

Halbsatz und Satz 3 entsprechend. [6] Absatz 13 Satz 5 gilt entsprechend. [7] Die Rückbauverpflichtung nach Satz 5 entfällt, wenn eine nach Satz 6 zulässige Nutzung aufgenommen wird oder wenn sich die Zulässigkeit der nachfolgenden Nutzung aus § 30 Absatz 1, 2 oder § 33 ergibt. [8] Die Sicherstellung der Rückbauverpflichtung nach Satz 5 in entsprechender Anwendung des § 35 Absatz 5 Satz 3 ist nicht erforderlich, wenn Vorhabenträger ein Land oder eine Gemeinde ist. [9] Wenn Vorhabenträger ein Land oder in dessen Auftrag ein Dritter ist, gilt § 37 Absatz 3 entsprechend; im Übrigen findet § 37 bis zum Ablauf des 31. Dezember 2027 auf Vorhaben nach Satz 1 keine Anwendung.

(15) In Verfahren zur Genehmigung von baulichen Anlagen, die der Unterbringung von Flüchtlingen oder Asylbegehrenden dienen, gilt bis zum Ablauf des 31. Dezember 2027 das Einvernehmen abweichend von § 36 Absatz 2 Satz 2 (auch in Verbindung mit Absatz 10 Satz 2 und Absatz 12 Satz 2) als erteilt, wenn es nicht innerhalb eines Monats verweigert wird.

(16) Bei Vorhaben nach den Absätzen 9 und 13 sowie bei Vorhaben nach Absatz 14 im Außenbereich gilt § 18 Absatz 3 Satz 2 des Bundesnaturschutzgesetzes[1]) bis zum Ablauf des 31. Dezember 2027 entsprechend.

(17) Die Befristung bis zum Ablauf des 31. Dezember 2027 in den Absätzen 8 bis 13 sowie 14 bis 16 bezieht sich nicht auf die Geltungsdauer einer Genehmigung, sondern auf den Zeitraum, bis zu dessen Ende im bauaufsichtlichen Zulassungsverfahren von den Vorschriften Gebrauch gemacht werden kann.

§ 246a Überschwemmungsgebiete, überschwemmungsgefährdete Gebiete.

Anlässlich der Neubekanntmachung eines Flächennutzungsplans nach § 6 Absatz 6 sollen die in § 5 Absatz 4a bezeichneten Gebiete nach Maßgabe dieser Bestimmung nachrichtlich übernommen und vermerkt werden.

§ 246b[2]) Sonderregelungen für Anlagen für gesundheitliche Zwecke im Zuge der COVID-19-Pandemie.

(1) [1] Soweit Anlagen für gesundheitliche Zwecke zur Versorgung von Personen, die sich mit dem Coronavirus SARS-CoV-2 infiziert haben oder möglicherweise infiziert haben oder die gegen das Coronavirus SARS-CoV-2 geimpft oder auf dieses getestet werden sollen, im Gebiet der Gemeinde, in der sie im Wege der Errichtung, Änderung oder Nutzungsänderung von baulichen Anlagen entstehen sollen, nicht oder nicht rechtzeitig bereitgestellt werden können, kann bei der Zulassung dieser Vorhaben bis zum Ablauf des 31. Dezember 2022 von den Vorschriften dieses Gesetzbuchs oder den aufgrund dieses Gesetzbuchs erlassenen Vorschriften in erforderlichem Umfang, erforderlichenfalls auch befristet, unter der Voraussetzung abgewichen werden, dass Vorhabenträger der Bund, ein Land, ein Landkreis oder eine Gemeinde oder ein im Auftrag eines der Vorgenannten tätiger Dritter ist. [2] Zuständig ist die höhere Verwaltungsbehörde. [3] Die Gemeinde ist anzuhören; diese Anhörung tritt auch an die Stelle des in § 14 Absatz 2 Satz 2 vorgesehenen Einvernehmens. [4] Satz 3 findet keine Anwendung, wenn Vorhabenträger die Gemeinde oder in deren Auftrag ein Dritter ist. [5] Für Vorhaben nach Satz 1 gilt § 35 Absatz 5 Satz 2 erster Halbsatz und Satz 3 entsprechend. [6] § 246 Absatz 13 Satz 5 gilt entsprechend auch bei zwischenzeitlichen Nutzungsänderungen zu Anlagen für gesundheitliche Zwecke nach Satz 1. [7] Die Rückbauverpflichtung nach Satz 5 entfällt, wenn eine nach Satz 6 zulässige Nutzung aufgenommen wird oder wenn sich die Zulässigkeit der nach-

---

[1]) Nr. **880**.
[2]) § 246b neu gef. mWv 23.6.2021 durch G v. 14.6.2021 (BGBl. I S. 1802).

folgenden Nutzung aus § 30 Absatz 1, 2 oder § 33 ergibt. [8]Die Sicherstellung der Rückbauverpflichtung nach Satz 5 in entsprechender Anwendung des § 35 Absatz 5 Satz 3 ist nicht erforderlich, wenn Vorhabenträger der Bund, ein Land, ein Landkreis oder eine Gemeinde ist. [9]Wenn Vorhabenträger der Bund, ein Land, ein Landkreis oder ein im Auftrag eines der Vorgenannten tätiger Dritter ist, gilt § 37 Absatz 3 entsprechend; im Übrigen findet § 37 bis zum Ablauf des 31. Dezember 2022 auf Vorhaben nach Satz 1 keine Anwendung.

(2) In Verfahren zur Genehmigung von baulichen Anlagen im Sinne des Absatzes 1 Satz 1 gilt bis zum Ablauf des 31. Dezember 2022 das Einvernehmen abweichend von § 36 Absatz 2 Satz 2 als erteilt, wenn es nicht innerhalb eines Monats verweigert wird.

(3) Bei Vorhaben nach Absatz 1 im Außenbereich gilt § 18 Absatz 3 Satz 2 des Bundesnaturschutzgesetzes[1)] bis zum Ablauf des 31. Dezember 2022 entsprechend.

(4) Die Befristung in Absatz 1 Satz 1 bezieht sich nicht auf die Geltungsdauer einer Genehmigung, sondern auf den Zeitraum, bis zu dessen Ende im bauaufsichtlichen Zulassungsverfahren von der Vorschrift Gebrauch gemacht werden kann.

§ 246c[2)] Abweichungen vom Baugesetzbuch für den Wiederaufbau im Katastrophenfall; Verordnungsermächtigung. (1) [1]Die Landesregierungen werden ermächtigt, durch Rechtsverordnung Wiederaufbaugebiete zu bestimmen. [2]Ein Wiederaufbaugebiet ist ein Gebiet, in dem ein Katastrophenfall zu einer so erheblichen Schädigung oder unmittelbaren Gefährdung der Bausubstanz nicht nur einzelner baulicher Anlagen geführt hat, dass zum Zwecke der Katastrophenbewältigung eine oder mehrere der in Absatz 2 aufgeführten Abweichungen von den Vorschriften dieses Gesetzbuchs oder von den auf Grund dieses Gesetzbuchs erlassenen Vorschriften erforderlich sind.

(2) In der Rechtsverordnung kann vorgesehen werden, dass

1. zugunsten eines Vorhabens im Wiederaufbaugebiet oder in einer benachbarten Gemeinde, das die Errichtung, Änderung oder Nutzungsänderung einer dringend benötigten baulichen Anlage oder Infrastruktureinrichtung zum Inhalt hat, vorübergehend von den §§ 29 bis 35 abgewichen werden kann, wenn diese oder vergleichbare Anlagen oder Einrichtungen bei Anwendung der genannten Vorschriften im Gebiet der Gemeinde, in der sie entstehen sollen, nicht oder nicht rechtzeitig zur Verfügung gestellt werden könnten; ergänzend sind die Voraussetzungen des Absatzes 4 zu beachten;
2. durch die Katastrophe zerstörte oder beschädigte Gebäude oder Gebäudeteile im Einvernehmen mit der für die jeweilige Katastrophenvorsorge zuständigen Behörde
   a) an gleicher Stelle in angepasster Weise oder,
   b) wenn dies unter Würdigung nachbarlicher Interessen mit den öffentlichen Belangen vereinbar ist, geringfügig vom bisherigen Standort versetzt in gleicher oder angepasster Weise

   abweichend von den §§ 29 bis 35 wiederaufgebaut oder instand gesetzt werden können, um so zukünftige Schädigungen durch Katastrophenfälle zu vermeiden *oder zu mindern;*

[1)] Nr. **880**.
[2)] § 246c neu gef. mWv 7.7.2023 durch G v. 3.7.2023 (BGBl. 2023 I Nr. 176).

3. bei der Aufstellung, Änderung oder Ergänzung von Bauleitplänen zur Neuausweisung oder Umplanung von Baugebieten in einer Gemeinde mit einem Wiederaufbaugebiet oder in einer benachbarten Gemeinde Beeinträchtigungen des Landschaftsbildes sowie der Leistungs- und Funktionsfähigkeit des Naturhaushalts im Sinne des § 1a Absatz 3 als ausgeglichen gelten, wenn im Wiederaufbaugebiet Flächen im Umfang der neu ausgewiesenen zulässigen Grundfläche im Sinne des § 19 Absatz 2 der Baunutzungsverordnung[1] entsiegelt werden und die Durchführung der Entsiegelung in geeigneter Weise sichergestellt ist;
4. für Bebauungspläne im Sinne der Nummer 3 das beschleunigte Verfahren mit einer Vorprüfung des Einzelfalls nach § 13a Absatz 1 Satz 2 Nummer 2 genutzt werden kann, wenn in dem Plan auch bei entsprechender Anwendung des § 13a Absatz 1 Satz 3 eine zulässige Grundfläche im Sinne des § 19 Absatz 2 der Baunutzungsverordnung oder eine Größe der Grundfläche von weniger als 70 000 Quadratmetern festgesetzt wird und das beschleunigte Verfahren nicht gemäß § 13a Absatz 1 Satz 4 und 5 ausgeschlossen ist; die zusammenfassenden Erklärungen nach § 6a Absatz 1 und 10a Absatz 1 sind entgegen § 13 Absatz 3 jedoch beizufügen; bei der Vorprüfung des Einzelfalls ist zu berücksichtigen, inwieweit Umweltauswirkungen durch die Entsiegelung nach Nummer 3 ausgeglichen werden;
5. eine Ersatzzahlung entsprechend § 15 Absatz 6 des Bundesnaturschutzgesetzes[2] geleistet werden kann, wenn ein Ausgleich nach § 1a Absatz 3 wegen der Erfordernisse der Katastrophenbewältigung nicht oder nicht rechtzeitig möglich ist; dies gilt nur, soweit nicht von den Regelungen in den Nummern 3 und 4 Gebrauch gemacht wurde.

(3) [1] Bei dem Erlass der Rechtsverordnung sind relevante Umweltinformationen sowie Erkenntnisse und Maßnahmen zum Katastrophenschutz und zur Katastrophenvorsorge zu berücksichtigen, soweit sie bei dem für die Erarbeitung der Verordnung zuständigen Landesressort vorliegen. [2] Öffentlich-rechtliche Vorgaben außerhalb dieses Gesetzbuchs, insbesondere die baulichen Schutzvorschriften für festgesetzte Überschwemmungsgebiete in § 78 des Wasserhaushaltsgesetzes[3] sowie die Vorschriften des Bauordnungsrechts der Länder, bleiben unberührt.

(4) [1] Wird ein Vorhaben nach Absatz 2 Nummer 1 abweichend von den §§ 29 bis 35 zugelassen, ist die Geltungsdauer der Genehmigung auf höchstens fünf Jahre zu befristen. [2] Die Genehmigung kann innerhalb der Geltungsdauer der Rechtsverordnung für höchstens fünf Jahre neu erteilt werden. [3] § 35 Absatz 5 Satz 2 erster Halbsatz und Satz 3 gilt entsprechend. [4] Bei Vorhaben im Außenbereich gilt § 18 Absatz 3 Satz 2 des Bundesnaturschutzgesetzes entsprechend.

(5) [1] Wird ein Vorhaben nach Absatz 2 Nummer 1 oder Nummer 2 abweichend von den §§ 29 bis 35 zugelassen, ist § 36 mit der Maßgabe anzuwenden, dass das Einvernehmen nur dann aus den sich aus den §§ 31, 33 bis 35 ergebenden Gründen versagt werden kann, wenn die städtebauliche Entwicklung des Gemeindegebiets beeinträchtigt würde. [2] Abweichend von § 36 Absatz 2 Satz 2 gilt das Einvernehmen als erteilt, wenn es nicht innerhalb eines Monats verweigert wird.

(6) [1] Eine Rechtsverordnung nach Absatz 1 kann nur innerhalb von zwei Jahren nach Eintritt des Katastrophenfalls erstmals in Kraft gesetzt werden. [2] Ihre Gel-

---

[1] Nr. **311**.
[2] Nr. **880**.
[3] Nr. **845**.

tungsdauer ist auf höchstens ein Jahr nach dem Kabinettsbeschluss zu befristen; sie kann unter den Voraussetzungen des Absatzes 1 jeweils um höchstens ein Jahr verlängert werden. ³ Verfahren zur Aufstellung von Bebauungsplänen nach Absatz 2 Nummer 3 bis 5 können nach Außerkrafttreten der Verordnung unter Anwendung der Sonderregelungen abgeschlossen werden, wenn die Planunterlagen während der Geltungsdauer der Verordnung gemäß § 3 Absatz 2 im Internet veröffentlicht wurden. ⁴ Satz 1 findet bis zum Ablauf des 7. Juli 2024 keine Anwendung.

(7) ¹ In den ersten sechs Monaten nach Eintritt des Katastrophenfalls kann die Baugenehmigungsbehörde mit Zustimmung der höheren Verwaltungsbehörde im Gebiet der von der Katastrophe betroffenen Gemeinde sowie in benachbarten Gemeinden bei der Zulassung von Vorhaben im Sinne des Absatzes 2 Nummer 1 und unter den dort genannten weiteren Voraussetzungen von den §§ 29 bis 35 vorübergehend abweichen, wenn eine Rechtsverordnung nach den Absätzen 1 und 2 Nummer 1 nicht ergangen ist. ² Die Absätze 4 und 5 sind entsprechend anzuwenden.

§ 246d[1]) **Sonderregelung für Biogasanlagen.** ¹ Vor dem 1. September 2022 errichtete Anlagen zur Erzeugung von Biogas im Sinne des § 35 Absatz 1 Nummer 6 sind bis zum Ablauf des 31. Dezember 2024 abweichend von § 35 Absatz 1 Nummer 6 Buchstabe a, b und d auch dann bauplanungsrechtlich zulässig, wenn die Biogasproduktion erhöht wird und die Biomasse überwiegend aus dem Betrieb oder überwiegend aus diesem und aus weniger als 50 Kilometer entfernten Betrieben nach § 35 Absatz 1 Nummer 1, 2 oder 4 stammt, soweit Letzterer Tierhaltung betreibt. ² Zu den in Satz 1 genannten Betrieben nach § 35 Absatz 1 Nummer 4 zählen auch solche, die dem Anwendungsbereich des § 245a Absatz 5 Satz 1 oder 2 unterfallen.

§ 247 Sonderregelungen für Berlin als Hauptstadt der Bundesrepublik Deutschland. (1) Bei der Aufstellung von Bauleitplänen und sonstigen Satzungen nach diesem Gesetzbuch soll in der Abwägung den Belangen, die sich aus der Entwicklung Berlins als Hauptstadt Deutschlands ergeben, und den Erfordernissen der Verfassungsorgane des Bundes für die Wahrnehmung ihrer Aufgabe besonders Rechnung getragen werden.

(2) Die Belange und Erfordernisse nach Absatz 1 werden zwischen Bund und Berlin in einem Gemeinsamen Ausschuss erörtert.

(3) ¹ Kommt es in dem Ausschuss zu keiner Übereinstimmung, können die Verfassungsorgane des Bundes ihre Erfordernisse eigenständig feststellen; sie haben dabei eine geordnete städtebauliche Entwicklung Berlins zu berücksichtigen. ² Die Bauleitpläne und sonstigen Satzungen nach diesem Gesetzbuch sind so anzupassen, dass den festgestellten Erfordernissen in geeigneter Weise Rechnung getragen wird.

(4) Haben die Verfassungsorgane des Bundes Erfordernisse nach Absatz 3 Satz 1 festgestellt und ist zu deren Verwirklichung die Aufstellung eines Bauleitplans oder einer sonstigen Satzung nach diesem Gesetzbuch geboten, soll der Bauleitplan oder die Satzung aufgestellt werden.

(5) (weggefallen)

(6) (weggefallen)

---

[1]) § 246d eingef. mWv 13.10.2022 durch G v. 8.10.2022 (BGBl. I S. 1726).

(7) Die Entwicklung der Parlaments- und Regierungsbereiche in Berlin entspricht den Zielen und Zwecken einer städtebaulichen Entwicklungsmaßnahme nach § 165 Absatz 2.

(8) ¹Ist im Rahmen von Genehmigungs-, Zustimmungs- oder sonstigen Verfahren für Vorhaben der Verfassungsorgane des Bundes Ermessen auszuüben oder sind Abwägungen oder Beurteilungen vorzunehmen, sind die von den Verfassungsorganen des Bundes entsprechend Absatz 3 festgestellten Erfordernisse mit dem ihnen nach dem Grundgesetz[1)] zukommenden Gewicht zu berücksichtigen. ²Absatz 2 ist entsprechend anzuwenden.

§ 248 Sonderregelung zur sparsamen und effizienten Nutzung von Energie. ¹In Gebieten mit Bebauungsplänen oder Satzungen nach § 34 Absatz 4 Satz 1 Nummer 2 oder 3 sind bei Maßnahmen an bestehenden Gebäuden zum Zwecke der Energieeinsparung geringfügige Abweichungen von dem festgesetzten Maß der baulichen Nutzung, der Bauweise und der überbaubaren Grundstücksfläche zulässig, soweit dies mit nachbarlichen Interessen und baukulturellen Belangen vereinbar ist. ²Satz 1 gilt entsprechend für Anlagen zur Nutzung solarer Strahlungsenergie in, an und auf Dach- und Außenwandflächen. ³In den im Zusammenhang bebauten Ortsteilen gelten die Sätze 1 und 2 entsprechend für Abweichungen vom Erfordernis des Einfügens in die Eigenart der näheren Umgebung (§ 34 Absatz 1 Satz 1).

§ 249[2)] Sonderregelungen für Windenergieanlagen an Land. (1) § 35 Absatz 3 Satz 3 ist auf Vorhaben nach § 35 Absatz 1 Nummer 5, die der Erforschung, Entwicklung oder Nutzung der Windenergie dienen, nicht anzuwenden.

(2) ¹Außerhalb der Windenergiegebiete gemäß § 2 Nummer 1 des Windenergieflächenbedarfsgesetzes richtet sich die Zulässigkeit der in Absatz 1 genannten Vorhaben in einem Land nach § 35 Absatz 2, wenn das Erreichen eines in der Anlage des Windenergieflächenbedarfsgesetzes bezeichneten Flächenbeitragswerts des Landes gemäß § 5 Absatz 1 oder Absatz 2 des Windenergieflächenbedarfsgesetzes festgestellt wurde. ²Hat ein Land gemäß § 3 Absatz 2 Satz 1 Nummer 2 oder Satz 2 des Windenergieflächenbedarfsgesetzes regionale oder kommunale Teilflächenziele bestimmt und wird deren Erreichen gemäß § 5 Absatz 1 oder Absatz 2 des Windenergieflächenbedarfsgesetzes festgestellt, gilt die Rechtsfolge des Satzes 1 für das Gebiet der jeweiligen Region oder Gemeinde. ³Der Eintritt der Rechtsfolge der Sätze 1 und 2 ist gesetzliche Folge der Feststellung.

(3) ¹Die Rechtsfolge des Absatzes 2 gilt bis zum Ablauf des 31. Dezember 2030 nicht für Vorhaben im Sinne des § 16b Absatz 1 und 2 des Bundes-Immissionsschutzgesetzes[3)] in der Fassung der Bekanntmachung vom 17. Mai 2013 (BGBl. I S. 1274; 2021 I S. 123), das zuletzt durch Artikel 1 des Gesetzes vom 24. September 2021 (BGBl. I S. 4458) geändert worden ist, es sei denn, das Vorhaben soll in einem Natura 2000-Gebiet im Sinne des § 7 Absatz 1 Nummer 8 des Bundesnaturschutzgesetzes[4)] vom 29. Juli 2009 (BGBl. I S. 2542), das zuletzt durch Artikel 1 des Gesetzes vom 18. August 2021 (BGBl. I S. 3908) geändert worden

---

[1)] Nr. **1**.
[2)] § 249 neu gef. mWv 1.2.2023 durch G v. 20.7.2022 (BGBl. I S. 1353); Abs. 10 angef. mWv 1.2.2023 durch G v. 4.1.2023 (BGBl. I Nr. 6); Abs. 2 Satz 1, Abs. 7 Satz 1 einl. Satzteil, Satz 2 geänd. mWv 7.7.2023 durch G v. 3.7.2023 (BGBl. 2023 I Nr. 176).
[3)] Nr. **296**.
[4)] Nr. **880**.

ist, oder in einem Naturschutzgebiet im Sinne des § 23 des Bundesnaturschutzgesetzes verwirklicht werden.

(4) Die Feststellung des Erreichens eines Flächenbeitragswerts oder Teilflächenziels steht der Ausweisung zusätzlicher Flächen für Vorhaben nach § 35 Absatz 1 Nummer 5, die der Erforschung, Entwicklung oder Nutzung der Windenergie dienen, nicht entgegen.

(5) [1] Der nach § 3 Absatz 2 Satz 1 Nummer 1 oder Nummer 2 des Windenergieflächenbedarfsgesetzes jeweils zuständige Planungsträger ist bei der Ausweisung von Windenergiegebieten gemäß § 2 Nummer 1 des Windenergieflächenbedarfsgesetzes an entgegenstehende Ziele der Raumordnung oder entgegenstehende Darstellungen in Flächennutzungsplänen nicht gebunden, soweit dies erforderlich ist, um den Flächenbeitragswert im Sinne des § 3 Absatz 1 des Windenergieflächenbedarfsgesetzes oder ein daraus abgeleitetes Teilflächenziel zu erreichen. [2] Wurden Windenergiegebiete unter Anwendung von Satz 1 ausgewiesen, entfallen innerhalb dieser Gebiete die entsprechenden Bindungen auch im Zulassungsverfahren.

(6) [1] Die Ausweisung von Windenergiegebieten gemäß § 2 Nummer 1 des Windenergieflächenbedarfsgesetzes erfolgt nach den für die jeweiligen Planungsebenen geltenden Vorschriften für Gebietsausweisungen. [2] Für die Rechtswirksamkeit des Plans ist es hingegen unbeachtlich, ob und welche sonstigen Flächen im Planungsraum für die Ausweisung von Windenergiegebieten geeignet sind.

(7) [1] Sobald und solange nach Ablauf des jeweiligen Stichtages gemäß § 3 Absatz 1 Satz 2 des Windenergieflächenbedarfsgesetzes weder der Flächenbeitragswert nach Spalte 1 oder Spalte 2 der Anlage zum Windenergieflächenbedarfsgesetz noch ein daraus abgeleitetes Teilflächenziel nach § 3 Absatz 2 Satz 1 Nummer 2 oder Satz 2 des Windenergieflächenbedarfsgesetzes erreicht wird,
1. entfällt die Rechtsfolge des Absatzes 2 und
2. können Darstellungen in Flächennutzungsplänen, Ziele der Raumordnung sowie sonstige Maßnahmen der Landesplanung einem Vorhaben nach § 35 Absatz 1 Nummer 5, das der Erforschung, Entwicklung oder Nutzung der Windenergie dient, nicht entgegengehalten werden.

[2] Landesgesetze nach Absatz 9 Satz 1 und 4 sind nicht mehr anzuwenden, wenn gemäß § 5 Absatz 3 Satz 2 des Windenergieflächenbedarfsgesetzes festgestellt wurde, dass ein Land den Nachweis gemäß § 3 Absatz 3 des Windenergieflächenbedarfsgesetzes bis zum Ablauf des 30. November 2024 nicht erbracht hat oder wenn der Flächenbeitragswert nach Spalte 1 oder Spalte 2 der Anlage zum Windenergieflächenbedarfsgesetz zum jeweiligen Stichtag nicht erreicht wird.

(8) [1] Nach § 9 Absatz 2 Satz 1 Nummer 2 kann auch festgesetzt werden, dass die im Bebauungsplan festgesetzten Windenergieanlagen nur zulässig sind, wenn sichergestellt ist, dass nach der Errichtung der im Bebauungsplan festgesetzten Windenergieanlagen andere im Bebauungsplan bezeichnete Windenergieanlagen innerhalb einer im Bebauungsplan zu bestimmenden angemessenen Frist zurückgebaut werden. [2] Die Standorte der zurückzubauenden Windenergieanlagen können auch außerhalb des Bebauungsplangebiets oder außerhalb des Gemeindegebiets liegen. [3] Darstellungen im Flächennutzungsplan können mit Bestimmungen *entsprechend den Sätzen* 1 und 2 mit Wirkung für die Zulässigkeit der Windenergieanlagen nach § 35 Absatz 1 Nummer 5 verbunden sein.

(9) [1] Die Länder können durch Landesgesetze bestimmen, dass § 35 Absatz 1 Nummer 5 auf Vorhaben, die der Erforschung, Entwicklung oder Nutzung der

Windenergie dienen, nur Anwendung findet, wenn sie bestimmte Mindestabstände zu den im Landesgesetz bezeichneten zulässigen baulichen Nutzungen zu Wohnzwecken einhalten. ²Ein Mindestabstand nach Satz 1 darf höchstens 1000 Meter von der Mitte des Mastfußes der Windenergieanlage bis zur nächstgelegenen im Landesgesetz bezeichneten baulichen Nutzung zu Wohnzwecken betragen. ³Die weiteren Einzelheiten, insbesondere zur Abstandsfestlegung, sind in den Landesgesetzen nach Satz 1 zu regeln. ⁴Auf der Grundlage dieses Absatzes in der bis zum 14. August 2020 oder bis zum 1. Februar 2023 geltenden Fassung erlassene Landesgesetze gelten fort; sie können geändert werden, sofern die wesentlichen Elemente der in dem fortgeltenden Landesgesetz enthaltenen Regelung beibehalten werden. ⁵In den Landesgesetzen nach den Sätzen 1 und 4 ist zu regeln, dass die Mindestabstände nicht auf Flächen in Windenergiegebieten gemäß § 2 Nummer 1 des Windenergieflächenbedarfsgesetzes anzuwenden sind. ⁶Für Landesgesetze nach Satz 4 ist dies bis zum Ablauf des 31. Mai 2023 zu regeln.

(10) ¹Der öffentliche Belang einer optisch bedrängenden Wirkung steht einem Vorhaben nach § 35 Absatz 1 Nummer 5, das der Erforschung, Entwicklung oder Nutzung der Windenergie dient, in der Regel nicht entgegen, wenn der Abstand von der Mitte des Mastfußes der Windenergieanlage bis zu einer zulässigen baulichen Nutzung zu Wohnzwecken mindestens der zweifachen Höhe der Windenergieanlage entspricht. ²Höhe im Sinne des Satzes 1 ist die Nabenhöhe zuzüglich Radius des Rotors.

§ 249a[1]) Sonderregelung für Vorhaben zur Herstellung oder Speicherung von Wasserstoff aus erneuerbaren Energien.

(1) Ein Vorhaben, das der Herstellung oder Speicherung von Wasserstoff dient und in einem räumlich-funktionalen Zusammenhang mit einer Anlage zur Erforschung, Entwicklung oder Nutzung der Windenergie nach § 35 Absatz 1 Nummer 5 steht, gilt unter den in Absatz 4 genannten weiteren Voraussetzungen ebenfalls als Vorhaben nach § 35 Absatz 1 Nummer 5.

(2) Ein Vorhaben, das der Herstellung oder Speicherung von Wasserstoff dient und in einem räumlich-funktionalen Zusammenhang mit einer Anlage zur Nutzung solarer Strahlungsenergie nach § 35 Absatz 1 Nummer 8 Buchstabe b oder Nummer 9 steht, gilt unter den in Absatz 4 genannten weiteren Voraussetzungen ebenfalls als Vorhaben nach § 35 Absatz 1 Nummer 8 Buchstabe b oder Nummer 9.

(3) Ein Vorhaben, das der Herstellung oder Speicherung von Wasserstoff dient, ist unter den in den Absätzen 4 und 5 genannten weiteren Voraussetzungen im Außenbereich auch dann zulässig, wenn es im unmittelbar an eine vorhandene Anlage zur Nutzung solarer Strahlungsenergie anschließenden Außenbereich verwirklicht werden soll und der dieser Anlage zugrunde liegende Bebauungsplan vor dem 1. Januar 2023 öffentlich ausgelegt worden ist.

(4) Ein Vorhaben ist nach den Absätzen 1 bis 3 nur zulässig, wenn

1. durch technische Vorkehrungen sichergestellt ist, dass der Wasserstoff ausschließlich aus dem Strom der in Absatz 1, 2 oder 3 genannten Anlage oder ergänzend dazu aus dem Strom sonstiger Anlagen zur Nutzung erneuerbarer Energien erzeugt wird,
2. die Größe der Grundfläche der zum Vorhaben gehörenden baulichen Anlagen 100 Quadratmeter und der Höhenunterschied zwischen der Geländeoberfläche

---

[1]) § 249a eingef. mWv 1.1.2023 durch G v. 4.1.2023 (BGBl. 2023 I Nr. 6); Abs. 2 geänd., Abs. 5 Satz 2 angef. mWv 7.7.2023 durch G v. 3.7.2023 (BGBl. 2023 I Nr. 176).

im Mittel und dem höchsten Punkt der baulichen Anlagen 3,5 Meter nicht überschreitet,
3. die in Absatz 1, 2 oder 3 genannte Anlage oder die sonstigen Anlagen zur Nutzung erneuerbarer Energien nach Nummer 1 nicht bereits mit einem anderen Vorhaben zur Herstellung oder Speicherung von Wasserstoff verbunden sind und
4. die Kapazität des Wasserstoffspeichers, sofern das Vorhaben einen solchen umfasst, die in der Spalte 4 zu der Zeile 2.44 der Stoffliste in Anhang I der Störfall-Verordnung genannte Mengenschwelle für Wasserstoff nicht erreicht.

(5) ¹Ein Vorhaben ist nach Absatz 3 nur zulässig, wenn ergänzend zu den in Absatz 4 genannten Voraussetzungen

1. dem Vorhaben öffentliche Belange im Sinne des § 35 Absatz 3 nicht entgegenstehen und das Vorhaben den Zielen der Raumordnung entsprechend § 35 Absatz 3 Satz 2 nicht widerspricht,
2. die ausreichende Erschließung des Vorhabens gesichert ist und
3. die Voraussetzungen des § 35 Absatz 5 Satz 2 erster Halbsatz und Satz 3 gegeben sind.

²§ 36 ist entsprechend anzuwenden.

(Fortsetzung nächstes Blatt)

311. Verordnung über die bauliche Nutzung der Grundstücke (Baunutzungsverordnung – BauNVO)

In der Fassung der Bekanntmachung vom 21. November 2017[1)]

(BGBl. I S. 3786)

FNA 213-1-2

geänd. durch Art. 2 BaulandmobilisierungsG v. 14.6.2021 (BGBl. I S. 1802), Art. 3 G zur sofortigen Verbesserung der Rahmenbedingungen für die erneuerbaren Energien im Städtebaurecht v. 4.1.2023 (BGBl. 2023 I Nr. 6) und Art. 2 G zur Stärkung der Digitalisierung im Bauleitplanverfahren und zur Änd. weiterer Vorschriften v. 3.7.2023 (BGBl. 2023 I Nr. 176)

Inhaltsübersicht[2)]

Erster Abschnitt. Art der baulichen Nutzung

§ 1	Allgemeine Vorschriften für Bauflächen und Baugebiete
§ 2	Kleinsiedlungsgebiete
§ 3	Reine Wohngebiete
§ 4	Allgemeine Wohngebiete
§ 4a	Gebiete zur Erhaltung und Entwicklung der Wohnnutzung (besondere Wohngebiete)
§ 5	Dorfgebiete
§ 5a	Dörfliche Wohngebiete
§ 6	Mischgebiete
§ 6a	Urbane Gebiete
§ 7	Kerngebiete
§ 8	Gewerbegebiete
§ 9	Industriegebiete
§ 10	Sondergebiete, die der Erholung dienen
§ 11	Sonstige Sondergebiete
§ 12	Stellplätze und Garagen
§ 13	Gebäude und Räume für freie Berufe
§ 13a	Ferienwohnungen
§ 14	Nebenanlagen; Anlagen zur Nutzung solarer Strahlungsenergie und Kraft-Wärme-Kopplungsanlagen
§ 15	Allgemeine Voraussetzungen für die Zulässigkeit baulicher und sonstiger Anlagen

Zweiter Abschnitt. Maß der baulichen Nutzung

§ 16	Bestimmung des Maßes der baulichen Nutzung
§ 17	Orientierungswerte für die Bestimmung des Maßes der baulichen Nutzung
§ 18	Höhe baulicher Anlagen
§ 19	Grundflächenzahl, zulässige Grundfläche
§ 20	Vollgeschosse, Geschossflächenzahl, Geschossfläche
§ 21	Baumassenzahl, Baumasse
§ 21a	Stellplätze, Garagen und Gemeinschaftsanlagen

Dritter Abschnitt. Bauweise, überbaubare Grundstücksfläche

§ 22	Bauweise
§ 23	Überbaubare Grundstücksfläche

Vierter Abschnitt

§ 24	(weggefallen)

[1)] Neubekanntmachung der BauNVO idF der Bek. v. 27.1.1990 (BGBl. I S. 132) in der ab 1.10.2017 geltenden Fassung.

[2)] Inhaltsübersicht geänd. mWv 23.6.2021 durch G v. 14.6.2021 (BGBl. I S. 1802); geänd. mWv 1.1.2023 durch G v. 4.1.2023 (BGBl. 2023 I Nr. 6); geänd. mWv 7.7.2023 durch G v. 3.7.2023 (BGBl. 2023 I Nr. 176).

Fünfter Abschnitt. Überleitungs- und Schlussvorschriften

§ 25 Fortführung eingeleiteter Verfahren
§ 25a Überleitungsvorschriften aus Anlass der zweiten Änderungsverordnung
§ 25b Überleitungsvorschrift aus Anlass der dritten Änderungsverordnung
§ 25c Überleitungsvorschrift aus Anlass der vierten Änderungsverordnung
§ 25d Überleitungsvorschrift aus Anlass des Gesetzes zur Stärkung der Innenentwicklung in den Städten und Gemeinden und weiteren Fortentwicklung des Städtebaurechts
§ 25e Überleitungsvorschrift aus Anlass des Gesetzes zur Mobilisierung von Bauland
§ 25f Überleitungsvorschrift aus Anlass des Gesetzes zur sofortigen Verbesserung der Rahmenbedingungen für die erneuerbaren Energien im Städtebaurecht
§ 25g Überleitungsvorschrift aus Anlass des Gesetzes zur Stärkung der Digitalisierung im Bauleitplanverfahren und zur Änderung weiterer Vorschriften
§ 26 (Berlin-Klausel)
§ 26a Überleitungsregelungen aus Anlass der Herstellung der Einheit Deutschlands
§ 27 (Inkrafttreten)

Erster Abschnitt. Art der baulichen Nutzung

§ 1[1]) **Allgemeine Vorschriften für Bauflächen und Baugebiete.** (1) Im Flächennutzungsplan können die für die Bebauung vorgesehenen Flächen nach der allgemeinen Art ihrer baulichen Nutzung (Bauflächen) dargestellt werden als

1. Wohnbauflächen (W)
2. gemischte Bauflächen (M)
3. gewerbliche Bauflächen (G)
4. Sonderbauflächen (S).

(2) Die für die Bebauung vorgesehenen Flächen können nach der besonderen Art ihrer baulichen Nutzung (Baugebiete) dargestellt werden als

1. Kleinsiedlungsgebiete (WS)
2. reine Wohngebiete (WR)
3. allgemeine Wohngebiete (WA)
4. besondere Wohngebiete (WB)
5. Dorfgebiete (MD)
6. dörfliche Wohngebiete (MDW)
7. Mischgebiete (MI)
8. urbane Gebiete (MU)
9. Kerngebiete (MK)
10. Gewerbegebiete (GE)
11. Industriegebiete (GI)
12. Sondergebiete (SO).

(3) ¹Im Bebauungsplan können die in Absatz 2 bezeichneten Baugebiete festgesetzt werden. ²Durch die Festsetzung werden die Vorschriften der §§ 2 bis 14 Bestandteil des Bebauungsplans, soweit nicht auf Grund der Absätze 4 bis 10 etwas anderes bestimmt wird. ³Bei Festsetzung von Sondergebieten finden die Vorschriften über besondere Festsetzungen nach den Absätzen 4 bis 10 keine Anwendung; besondere Festsetzungen über die Art der Nutzung können nach den §§ 10 und 11 getroffen werden.

---

[1]) § 1 Abs. 2 Nr. 6 eingef., bish. Nr. 6–11 werden Nr. 7–12 mWv 23.6.2021 durch G v. 14.6.2021 (BGBl. I S. 1802).

(4) ¹Für die in den §§ 4 bis 9 bezeichneten Baugebiete können im Bebauungsplan für das jeweilige Baugebiet Festsetzungen getroffen werden, die das Baugebiet

1. nach der Art der zulässigen Nutzung,
2. nach der Art der Betriebe und Anlagen und deren besonderen Bedürfnissen und Eigenschaften

gliedern. ²Die Festsetzungen nach Satz 1 können auch für mehrere Gewerbegebiete einer Gemeinde im Verhältnis zueinander getroffen werden; dies gilt auch für Industriegebiete. ³Absatz 5 bleibt unberührt.

(Fortsetzung nächstes Blatt)

1. Wohngebäude,
2. Geschäfts- und Bürogebäude,
3. Einzelhandelsbetriebe, Schank- und Speisewirtschaften sowie Betriebe des Beherbergungsgewerbes,
4. sonstige Gewerbebetriebe,
5. Anlagen für Verwaltungen sowie für kirchliche, kulturelle, soziale, gesundheitliche und sportliche Zwecke.

(3) Ausnahmsweise können zugelassen werden
1. Vergnügungsstätten, soweit sie nicht wegen ihrer Zweckbestimmung oder ihres Umfangs nur in Kerngebieten allgemein zulässig sind,
2. Tankstellen.

(4) Für urbane Gebiete oder Teile solcher Gebiete kann festgesetzt werden, dass in Gebäuden
1. im Erdgeschoss an der Straßenseite eine Wohnnutzung nicht oder nur ausnahmsweise zulässig ist,
2. oberhalb eines im Bebauungsplan bestimmten Geschosses nur Wohnungen zulässig sind,
3. ein im Bebauungsplan bestimmter Anteil der zulässigen Geschossfläche oder eine im Bebauungsplan bestimmte Größe der Geschossfläche für Wohnungen zu verwenden ist, oder
4. ein im Bebauungsplan bestimmter Anteil der zulässigen Geschossfläche oder eine im Bebauungsplan bestimmte Größe der Geschossfläche für gewerbliche Nutzungen zu verwenden ist.

§ 7 Kerngebiete. (1) Kerngebiete dienen vorwiegend der Unterbringung von Handelsbetrieben sowie der zentralen Einrichtungen der Wirtschaft, der Verwaltung und der Kultur.

(2) Zulässig sind
1. Geschäfts-, Büro- und Verwaltungsgebäude,
2. Einzelhandelsbetriebe, Schank- und Speisewirtschaften, Betriebe des Beherbergungsgewerbes und Vergnügungsstätten,
3. sonstige nicht wesentlich störende Gewerbebetriebe,
4. Anlagen für kirchliche, kulturelle, soziale, gesundheitliche und sportliche Zwecke,
5. Tankstellen im Zusammenhang mit Parkhäusern und Großgaragen,
6. Wohnungen für Aufsichts- und Bereitschaftspersonen sowie für Betriebsinhaber und Betriebsleiter,
7. sonstige Wohnungen nach Maßgabe von Festsetzungen des Bebauungsplans.

(3) Ausnahmsweise können zugelassen werden
1. Tankstellen, die nicht unter Absatz 2 Nummer 5 fallen,
2. Wohnungen, die nicht unter Absatz 2 Nummer 6 und 7 fallen.

(4) [1] Für Teile eines Kerngebiets kann, wenn besondere städtebauliche Gründe dies rechtfertigen (§ 9 Absatz 3 des Baugesetzbuchs), festgesetzt werden, dass
1. oberhalb eines im Bebauungsplan bestimmten Geschosses nur Wohnungen zulässig sind oder

2. in Gebäuden ein im Bebauungsplan bestimmter Anteil der zulässigen Geschossfläche oder eine bestimmte Größe der Geschossfläche für Wohnungen zu verwenden ist.

²Dies gilt auch, wenn durch solche Festsetzungen dieser Teil des Kerngebiets nicht vorwiegend der Unterbringung von Handelsbetrieben sowie der zentralen Einrichtungen der Wirtschaft, der Verwaltung und der Kultur dient.

§ 8[1] **Gewerbegebiete.** (1) Gewerbegebiete dienen vorwiegend der Unterbringung von nicht erheblich belästigenden Gewerbebetrieben.

(2) Zulässig sind
1. Gewerbebetriebe aller Art einschließlich Anlagen zur Erzeugung von Strom oder Wärme aus solarer Strahlungsenergie oder Windenergie, Lagerhäuser, Lagerplätze und öffentliche Betriebe,
2. Geschäfts-, Büro- und Verwaltungsgebäude,
3. Tankstellen,
4. Anlagen für sportliche Zwecke.

(3) Ausnahmsweise können zugelassen werden
1. Wohnungen für Aufsichts- und Bereitschaftspersonen sowie für Betriebsinhaber und Betriebsleiter, die dem Gewerbebetrieb zugeordnet und ihm gegenüber in Grundfläche und Baumasse untergeordnet sind,
2. Anlagen für kirchliche, kulturelle, soziale und gesundheitliche Zwecke,
3. Vergnügungsstätten.

§ 9[2] **Industriegebiete.** (1) Industriegebiete dienen ausschließlich der Unterbringung von Gewerbebetrieben, und zwar vorwiegend solcher Betriebe, die in anderen Baugebieten unzulässig sind.

(2) Zulässig sind
1. Gewerbebetriebe aller Art einschließlich Anlagen zur Erzeugung von Strom oder Wärme aus solarer Strahlungsenergie oder Windenergie, Lagerhäuser, Lagerplätze und öffentliche Betriebe,
2. Tankstellen.

(3) Ausnahmsweise können zugelassen werden
1. Wohnungen für Aufsichts- und Bereitschaftspersonen sowie für Betriebsinhaber und Betriebsleiter, die dem Gewerbebetrieb zugeordnet und ihm gegenüber in Grundfläche und Baumasse untergeordnet sind,
2. Anlagen für kirchliche, kulturelle, soziale, gesundheitliche und sportliche Zwecke.

§ 10 Sondergebiete, die der Erholung dienen. (1) Als Sondergebiete, die der Erholung dienen, kommen insbesondere in Betracht
Wochenendhausgebiete,
Ferienhausgebiete,
Campingplatzgebiete.

---

[1] § 8 Abs. 2 Nr. 1 geänd. mWv 7.7.2023 durch G v. 3.7.2023 (BGBl. 2023 I Nr. 176).
[2] § 9 Abs. 2 Nr. 1 geänd. mWv 7.7.2023 durch G v. 3.7.2023 (BGBl. 2023 I Nr. 176).

(2) ¹Für Sondergebiete, die der Erholung dienen, sind die Zweckbestimmung und die Art der Nutzung darzustellen und festzusetzen. ²Im Bebauungsplan kann festgesetzt werden, dass bestimmte, der Eigenart des Gebiets entsprechende Anlagen und Einrichtungen zur Versorgung des Gebiets und für sportliche Zwecke allgemein zulässig sind oder ausnahmsweise zugelassen werden können.

(3) ¹In Wochenendhausgebieten sind Wochenendhäuser als Einzelhäuser zulässig. ²Im Bebauungsplan kann festgesetzt werden, dass Wochenendhäuser nur als Hausgruppen zulässig sind oder ausnahmsweise als Hausgruppen zugelassen werden können. ³Die zulässige Grundfläche der Wochenendhäuser ist im Bebauungsplan, begrenzt nach der besonderen Eigenart des Gebiets, unter Berücksichtigung der landschaftlichen Gegebenheiten festzusetzen.

(4) ¹In Ferienhausgebieten sind Ferienhäuser zulässig, die aufgrund ihrer Lage, Größe, Ausstattung, Erschließung und Versorgung für den Erholungsaufenthalt geeignet und dazu bestimmt sind, überwiegend und auf Dauer einem wechselnden Personenkreis zur Erholung zu dienen. ²Im Bebauungsplan kann die Grundfläche der Ferienhäuser, begrenzt nach der besonderen Eigenart des Gebiets, unter Berücksichtigung der landschaftlichen Gegebenheiten festgesetzt werden.

(5) In Campingplatzgebieten sind Campingplätze und Zeltplätze zulässig.

§ 11[1)] Sonstige Sondergebiete.

(1) Als sonstige Sondergebiete sind solche Gebiete darzustellen und festzusetzen, die sich von den Baugebieten nach den §§ 2 bis 10 wesentlich unterscheiden.

(2) ¹Für sonstige Sondergebiete sind die Zweckbestimmung und die Art der Nutzung darzustellen und festzusetzen. ²Als sonstige Sondergebiete kommen insbesondere in Betracht

Gebiete für den Fremdenverkehr, wie Kurgebiete und Gebiete für die Fremdenbeherbergung, auch mit einer Mischung von Fremdenbeherbergung oder Ferienwohnen einerseits sowie Dauerwohnen andererseits,

Ladengebiete,

Gebiete für Einkaufszentren und großflächige Handelsbetriebe,

Gebiete für Messen, Ausstellungen und Kongresse,

Hochschulgebiete,

Klinikgebiete,

Hafengebiete,

Gebiete für Anlagen, die der Erforschung, Entwicklung oder Nutzung erneuerbarer Energien, wie Windenergie und solare Strahlungsenergie, dienen.

(3) ¹

1. Einkaufszentren,
2. großflächige Einzelhandelsbetriebe, die sich nach Art, Lage oder Umfang auf die Verwirklichung der Ziele der Raumordnung und Landesplanung oder auf die städtebauliche Entwicklung und Ordnung nicht nur unwesentlich auswirken können,
3. sonstige großflächige Handelsbetriebe, die im Hinblick auf den Verkauf an letzte Verbraucher und auf die Auswirkungen den in Nummer 2 bezeichneten Einzelhandelsbetrieben vergleichbar sind,

---

[1)] § 11 Abs. 2 Satz 2 geänd. mWv 7.7.2023 durch G v. 3.7.2023 (BGBl. 2023 I Nr. 176).

sind außer in Kerngebieten nur in für sie festgesetzten Sondergebieten zulässig. ²Auswirkungen im Sinne des Satzes 1 Nummer 2 und 3 sind insbesondere schädliche Umwelteinwirkungen im Sinne des § 3 des Bundes-Immissionsschutzgesetzes sowie Auswirkungen auf die infrastrukturelle Ausstattung, auf den Verkehr, auf die Versorgung der Bevölkerung im Einzugsbereich der in Satz 1 bezeichneten Betriebe, auf die Entwicklung zentraler Versorgungsbereiche in der Gemeinde oder in anderen Gemeinden, auf das Orts- und Landschaftsbild und auf den Naturhaushalt. ³Auswirkungen im Sinne des Satzes 2 sind bei Betrieben nach Satz 1 Nummer 2 und 3 in der Regel anzunehmen, wenn die Geschossfläche 1 200 m² überschreitet. ⁴Die Regel des Satzes 3 gilt nicht, wenn Anhaltspunkte dafür bestehen, dass Auswirkungen bereits bei weniger als 1 200 m² Geschossfläche vorliegen oder bei mehr als 1 200 m² Geschossfläche nicht vorliegen; dabei sind in Bezug auf die in Satz 2 bezeichneten Auswirkungen insbesondere die Gliederung und Größe der Gemeinde und ihrer Ortsteile, die Sicherung der verbrauchernahen Versorgung der Bevölkerung und das Warenangebot des Betriebs zu berücksichtigen.

§ 12 Stellplätze und Garagen. (1) Stellplätze und Garagen sind in allen Baugebieten zulässig, soweit sich aus den Absätzen 2 bis 6 nichts anderes ergibt.

(2) In Kleinsiedlungsgebieten, reinen Wohngebieten und allgemeinen Wohngebieten sowie Sondergebieten, die der Erholung dienen, sind Stellplätze und Garagen nur für den durch die zugelassene Nutzung verursachten Bedarf zulässig.

(3) Unzulässig sind
1. Stellplätze und Garagen für Lastkraftwagen und Kraftomnibusse sowie für Anhänger dieser Kraftfahrzeuge in reinen Wohngebieten,
2. Stellplätze und Garagen für Kraftfahrzeuge mit einem Eigengewicht über 3,5 Tonnen sowie für Anhänger dieser Kraftfahrzeuge in Kleinsiedlungsgebieten und allgemeinen Wohngebieten.

(4) ¹Im Bebauungsplan kann, wenn besondere städtebauliche Gründe dies rechtfertigen (§ 9 Absatz 3 des Baugesetzbuchs), festgesetzt werden, dass in bestimmten Geschossen nur Stellplätze oder Garagen und zugehörige Nebeneinrichtungen (Garagengeschosse) zulässig sind. ²Eine Festsetzung nach Satz 1 kann auch für Geschosse unterhalb der Geländeoberfläche getroffen werden. ³Bei Festsetzungen nach den Sätzen 1 und 2 sind Stellplätze und Garagen auf dem Grundstück nur in den festgesetzten Geschossen zulässig, soweit der Bebauungsplan nichts anderes bestimmt.

(5) ¹Im Bebauungsplan kann, wenn besondere städtebauliche Gründe dies rechtfertigen (§ 9 Absatz 3 des Baugesetzbuchs), festgesetzt werden, dass in Teilen von Geschossen nur Stellplätze und Garagen zulässig sind. ²Absatz 4 Satz 2 und 3 gilt entsprechend.

(6) Im Bebauungsplan kann festgesetzt werden, dass in Baugebieten oder bestimmten Teilen von Baugebieten Stellplätze und Garagen unzulässig oder nur in beschränktem Umfang zulässig sind, soweit landesrechtliche Vorschriften nicht entgegenstehen.

(7) Die landesrechtlichen Vorschriften über die Ablösung der Verpflichtung zur Herstellung von Stellplätzen und Garagen sowie die Verpflichtung zur Herstellung von Stellplätzen und Garagen außerhalb der im Bebauungsplan festgesetzten Bereiche bleiben bei Festsetzungen nach den Absätzen 4 bis 6 unberührt.

§ 13 Gebäude und Räume für freie Berufe. Für die Berufsausübung freiberuflich Tätiger und solcher Gewerbetreibender, die ihren Beruf in ähnlicher Art ausüben, sind in den Baugebieten nach den §§ 2 bis 4 Räume, in den Baugebieten nach den §§ 4a bis 9 auch Gebäude zulässig.

§ 13a[1] Ferienwohnungen. [1]Räume oder Gebäude, die einem ständig wechselnden Kreis von Gästen gegen Entgelt vorübergehend zur Unterkunft zur Verfügung gestellt werden und die zur Begründung einer eigenen Häuslichkeit geeignet und bestimmt sind (Ferienwohnungen), gehören unbeschadet des § 10 in der Regel zu den nicht störenden Gewerbebetrieben nach § 2 Absatz 3 Nummer 4 und § 4 Absatz 3 Nummer 2 oder zu den Gewerbebetrieben nach § 4a Absatz 2 Nummer 3, § 5 Absatz 2 Nummer 6, § 5a Absatz 2 Nummer 7, § 6 Absatz 2 Nummer 4, § 6a Absatz 2 Nummer 4 und § 7 Absatz 2 Nummer 3. [2]Abweichend von Satz 1 können Räume nach Satz 1 in den übrigen Fällen insbesondere bei einer baulich untergeordneten Bedeutung gegenüber der in dem Gebäude vorherrschenden Hauptnutzung zu den Betrieben des Beherbergungsgewerbes nach § 4 Absatz 3 Nummer 1, § 4a Absatz 2 Nummer 2, § 5 Absatz 2 Nummer 5, § 5a Absatz 2 Nummer 6, § 6 Absatz 2 Nummer 3, § 6a Absatz 2 Nummer 3 und § 7 Absatz 2 Nummer 2 oder zu den kleinen Betrieben des Beherbergungsgewerbes nach § 3 Absatz 3 Nummer 1 gehören.

§ 14[2] Nebenanlagen; Anlagen zur Nutzung solarer Strahlungsenergie und Kraft-Wärme-Kopplungsanlagen. (1) [1]Außer den in den §§ 2 bis 13 genannten Anlagen sind auch untergeordnete Nebenanlagen und Einrichtungen zulässig, die dem Nutzungszweck der in dem Baugebiet gelegenen Grundstücke oder des Baugebiets selbst dienen und die seiner Eigenart nicht widersprechen. [2]Soweit nicht bereits in den Baugebieten nach dieser Verordnung Einrichtungen und Anlagen für die Tierhaltung, einschließlich der Kleintiererhaltungszucht, zulässig sind, gehören zu den untergeordneten Nebenanlagen und Einrichtungen im Sinne des Satzes 1 auch solche für die Kleintierhaltung. [3]Zu den untergeordneten Nebenanlagen und Einrichtungen im Sinne des Satzes 1 gehören auch Anlagen zur Erzeugung von Strom oder Wärme aus erneuerbaren Energien. [4]Im Bebauungsplan kann die Zulässigkeit der Nebenanlagen und Einrichtungen eingeschränkt oder ausgeschlossen werden.

(1a) In den Baugebieten nach den §§ 2 bis 11 sind Nebenanlagen, die der öffentlichen Versorgung mit Telekommunikationsdienstleistungen dienen, zulässig; Absatz 1 Satz 4 gilt entsprechend.

(2) [1]Die der Versorgung der Baugebiete mit Elektrizität, Gas, Wärme und Wasser sowie zur Ableitung von Abwasser dienenden Nebenanlagen können in den Baugebieten als Ausnahme zugelassen werden, auch soweit für sie im Bebauungsplan keine besonderen Flächen festgesetzt sind. [2]Dies gilt auch für fernmeldetechnische Nebenanlagen sowie für Anlagen für erneuerbare Energien, soweit nicht Absatz 1 Satz 1 oder Absatz 1a Anwendung findet.

(3) [1]Soweit baulich untergeordnete Anlagen zur Nutzung solarer Strahlungsenergie in, an oder auf Dach- und Außenwandflächen oder Kraft-Wärme-Kopplungsanlagen innerhalb von Gebäuden nicht bereits nach den §§ 2 bis 13 zulässig

---

[1]) § 13a Sätze 1 und 2 geänd. mWv 23.6.2021 durch G v. 14.6.2021 (BGBl. I S. 1802).
[2]) § 14 Abs. 1a eingef., Abs. 2 Satz 2 geänd. mWv 23.6.2021 durch G v. 14.6.2021 (BGBl. I S. 1802); Abs. 4 angef. mWv 1.1.2023 durch G v. 4.1.2023 (BGBl. 2023 I Nr. 6); Abs. 1 Satz 3 eingef., bish. Satz 3 wird Satz 4, Abs. 1a geänd., Abs. 3 Satz 2 angef., Abs. 4 Sätze 1–3 geänd. mWv 7.7.2023 durch G v. 3.7.2023 (BGBl. 2023 I Nr. 176).

sind, gelten sie auch dann als Anlagen im Sinne des Absatzes 1 Satz 1, wenn die erzeugte Energie vollständig oder überwiegend in das öffentliche Netz eingespeist wird. ²In Gewerbe-, Industrie- und sonstigen Sondergebieten gilt Satz 1 auch für sonstige baulich untergeordnete Anlagen zur Nutzung solarer Strahlungsenergie.

(4) ¹In einem Gebiet nach § 11 Absatz 2 für Anlagen, die der Nutzung solarer Strahlungsenergie dienen, sind Anlagen zur Herstellung oder Speicherung von Wasserstoff zulässig, wenn die Voraussetzungen entsprechend § 249a Absatz 4 gegeben sind. ²In Gewerbe- und Industriegebieten gilt Satz 1 entsprechend, wenn dort eine Anlage, die der Nutzung solarer Strahlungsenergie dient und die keine Nebenanlage im Sinne dieser Vorschrift ist, tatsächlich vorhanden ist. ³Absatz 1 Satz 4 gilt entsprechend.

§ 15 Allgemeine Voraussetzungen für die Zulässigkeit baulicher und sonstiger Anlagen. (1) ¹Die in den §§ 2 bis 14 aufgeführten baulichen und sonstigen Anlagen sind im Einzelfall unzulässig, wenn sie nach Anzahl, Lage, Umfang oder Zweckbestimmung der Eigenart des Baugebiets widersprechen. ²Sie sind auch unzulässig, wenn von ihnen Belästigungen oder Störungen ausgehen können, die nach der Eigenart des Baugebiets im Baugebiet selbst oder in dessen Umgebung unzumutbar sind, oder wenn sie solchen Belästigungen oder Störungen ausgesetzt werden.

(2) Die Anwendung des Absatzes 1 hat nach den städtebaulichen Zielen und Grundsätzen des § 1 Absatz 5 des Baugesetzbuchs zu erfolgen.

(3) Die Zulässigkeit der Anlagen in den Baugebieten ist nicht allein nach den verfahrensrechtlichen Einordnungen des Bundes-Immissionsschutzgesetzes und der auf seiner Grundlage erlassenen Verordnungen zu beurteilen.

Zweiter Abschnitt. Maß der baulichen Nutzung

§ 16 Bestimmung des Maßes der baulichen Nutzung. (1) Wird im Flächennutzungsplan das allgemeine Maß der baulichen Nutzung dargestellt, genügt die Angabe der Geschossflächenzahl, der Baumassenzahl oder der Höhe baulicher Anlagen.

(2) Im Bebauungsplan kann das Maß der baulichen Nutzung bestimmt werden durch Festsetzung
1. der Grundflächenzahl oder der Größe der Grundflächen der baulichen Anlagen,
2. der Geschossflächenzahl oder der Größe der Geschossfläche, der Baumassenzahl oder der Baumasse,
3. der Zahl der Vollgeschosse,
4. der Höhe baulicher Anlagen.

(3) Bei Festsetzung des Maßes der baulichen Nutzung im Bebauungsplan ist festzusetzen
1. stets die Grundflächenzahl oder die Größe der Grundflächen der baulichen Anlagen,
2. die Zahl der Vollgeschosse oder die Höhe baulicher Anlagen, wenn ohne ihre Festsetzung öffentliche Belange, insbesondere das Orts- und Landschaftsbild, beeinträchtigt werden können.

(4) ¹Bei Festsetzung des Höchstmaßes für die Geschossflächenzahl oder die Größe der Geschossfläche, für die Zahl der Vollgeschosse und die Höhe baulicher Anlagen im Bebauungsplan kann zugleich ein Mindestmaß festgesetzt werden.

²Die Zahl der Vollgeschosse und die Höhe baulicher Anlagen können auch als zwingend festgesetzt werden.

(5) Im Bebauungsplan kann das Maß der baulichen Nutzung für Teile des Baugebiets, für einzelne Grundstücke oder Grundstücksteile und für Teile baulicher Anlagen unterschiedlich festgesetzt werden; die Festsetzungen können oberhalb und unterhalb der Geländeoberfläche getroffen werden.

(6) Im Bebauungsplan können nach Art und Umfang bestimmte Ausnahmen von dem festgesetzten Maß der baulichen Nutzung vorgesehen werden.

§ 17[1]) **Orientierungswerte für die Bestimmung des Maßes der baulichen Nutzung.** ¹Bei der Bestimmung des Maßes der baulichen Nutzung nach § 16 bestehen, auch wenn eine Geschossflächenzahl oder eine Baumassenzahl nicht dargestellt oder festgesetzt wird, folgende Orientierungswerte für Obergrenzen:

1	2	3	4
Baugebiet	Grundflächenzahl (GRZ)	Geschossflächenzahl (GFZ)	Baumassenzahl (BMZ)
in Kleinsiedlungsgebieten (WS)	0,2	0,4	–
in reinen Wohngebieten (WR) allgemeinen Wohngebieten (WA) Ferienhausgebieten	0,4	1,2	–
in besonderen Wohngebieten (WB)	0,6	1,6	–
in Dorfgebieten (MD) Mischgebieten (MI) dörflichen Wohngebieten (MDW)	0,6	1,2	–
in urbanen Gebieten (MU)	0,8	3,0	–
in Kerngebieten (MK)	1,0	3,0	–
in Gewerbegebieten (GE) Industriegebieten (GI) sonstigen Sondergebieten	0,8	2,4	10,0
in Wochenendhausgebieten	0,2	0,2	–

²In Wochenendhausgebieten und Ferienhausgebieten dürfen die Orientierungswerte für Obergrenzen nach Satz 1 nicht überschritten werden.

§ 18 Höhe baulicher Anlagen. (1) Bei Festsetzung der Höhe baulicher Anlagen sind die erforderlichen Bezugspunkte zu bestimmen.

(2) Ist die Höhe baulicher Anlagen als zwingend festgesetzt (§ 16 Abs. 4 Satz 2), können geringfügige Abweichungen zugelassen werden.

§ 19[2]) **Grundflächenzahl, zulässige Grundfläche.** (1) Die Grundflächenzahl gibt an, wieviel Quadratmeter Grundfläche je Quadratmeter Grundstücksfläche im Sinne des Absatzes 3 zulässig sind.

(2) Zulässige Grundfläche ist der nach Absatz 1 errechnete Anteil des Baugrundstücks, der von baulichen Anlagen überdeckt werden darf.

---

[1]) § 17 neu gef. mWv 23.6.2021 durch G v. 14.6.2021 (BGBl. I S. 1802).
[2]) § 19 Abs. 5 angef. mWv 7.7.2023 durch G v. 3.7.2023 (BGBl. 2023 I Nr. 176).

(3) ¹Für die Ermittlung der zulässigen Grundfläche ist die Fläche des Baugrundstücks maßgebend, die im Bauland und hinter der im Bebauungsplan festgesetzten Straßenbegrenzungslinie liegt. ²Ist eine Straßenbegrenzungslinie nicht festgesetzt, so ist die Fläche des Baugrundstücks maßgebend, die hinter der tatsächlichen Straßengrenze liegt oder die im Bebauungsplan als maßgebend für die Ermittlung der zulässigen Grundfläche festgesetzt ist.

(4) ¹Bei der Ermittlung der Grundfläche sind die Grundflächen von
1. Garagen und Stellplätzen mit ihren Zufahrten,
2. Nebenanlagen im Sinne des § 14,
3. baulichen Anlagen unterhalb der Geländeoberfläche, durch die das Baugrundstück lediglich unterbaut wird,

mitzurechnen. ²Die zulässige Grundfläche darf durch die Grundflächen der in Satz 1 bezeichneten Anlagen bis zu 50 vom Hundert überschritten werden, höchstens jedoch bis zu einer Grundflächenzahl von 0,8; weitere Überschreitungen in geringfügigem Ausmaß können zugelassen werden. ³Im Bebauungsplan können von Satz 2 abweichende Bestimmungen getroffen werden. ⁴Soweit der Bebauungsplan nichts anderes festsetzt, kann im Einzelfall von der Einhaltung der sich aus Satz 2 ergebenden Grenzen abgesehen werden
1. bei Überschreitungen mit geringfügigen Auswirkungen auf die natürlichen Funktionen des Bodens oder
2. wenn die Einhaltung der Grenzen zu einer wesentlichen Erschwerung der zweckentsprechenden Grundstücksnutzung führen würde.

(5) Soweit der Bebauungsplan nichts anderes festsetzt, darf die zulässige Grundfläche in Gewerbe-, Industrie- und sonstigen Sondergebieten durch die Grundflächen von Anlagen zur Erzeugung von Strom und Wärme aus solarer Strahlungsenergie und Windenergie überschritten werden.

§ 20 Vollgeschosse, Geschossflächenzahl, Geschossfläche.

(1) Als Vollgeschosse gelten Geschosse, die nach landesrechtlichen Vorschriften Vollgeschosse sind oder auf ihre Zahl angerechnet werden.

(2) Die Geschossflächenzahl gibt an, wieviel Quadratmeter Geschossfläche je Quadratmeter Grundstücksfläche im Sinne des § 19 Abs. 3 zulässig sind.

(3) ¹Die Geschossfläche ist nach den Außenmaßen der Gebäude in allen Vollgeschossen zu ermitteln. ²Im Bebauungsplan kann festgesetzt werden, dass die Flächen von Aufenthaltsräumen in anderen Geschossen einschließlich der zu ihnen gehörenden Treppenräume und einschließlich ihrer Umfassungswände ganz oder teilweise mitzurechnen oder ausnahmsweise nicht mitzurechnen sind.

(4) Bei der Ermittlung der Geschossfläche bleiben Nebenanlagen im Sinne des § 14, Balkone, Loggien, Terrassen sowie bauliche Anlagen, soweit sie nach Landesrecht in den Abstandsflächen (seitlicher Grenzabstand und sonstige Abstandsflächen) zulässig sind oder zugelassen werden können, unberücksichtigt.

§ 21 Baumassenzahl, Baumasse.

(1) Die Baumassenzahl gibt an, wieviel Kubikmeter Baumasse je Quadratmeter Grundstücksfläche im Sinne des § 19 Abs. 3 zulässig sind.

(2) ¹*Die Baumasse ist nach den Außenmaßen der Gebäude vom Fußboden des untersten Vollgeschosses bis zur Decke des obersten Vollgeschosses zu ermitteln.* ²Die Baumassen von Aufenthaltsräumen in anderen Geschossen einschließlich der zu ihnen gehörenden Treppenräume und einschließlich ihrer Umfassungswände

und Decken sind mitzurechnen. ³Bei baulichen Anlagen, bei denen eine Berechnung der Baumasse nach Satz 1 nicht möglich ist, ist die tatsächliche Baumasse zu ermitteln.

(3) Bauliche Anlagen und Gebäudeteile im Sinne des § 20 Abs. 4 bleiben bei der Ermittlung der Baumasse unberücksichtigt.

(4) Ist im Bebauungsplan die Höhe baulicher Anlagen oder die Baumassenzahl nicht festgesetzt, darf bei Gebäuden, die Geschosse von mehr als 3,50 m Höhe haben, eine Baumassenzahl, die das Dreieinhalbfache der zulässigen Geschossflächenzahl beträgt, nicht überschritten werden.

§ 21a Stellplätze, Garagen und Gemeinschaftsanlagen. (1) Garagengeschosse oder ihre Baumasse sind in sonst anders genutzten Gebäuden auf die Zahl der zulässigen Vollgeschosse oder auf die zulässige Baumasse nicht anzurechnen, wenn der Bebauungsplan dies festsetzt oder als Ausnahme vorsieht.

(2) Der Grundstücksfläche im Sinne des § 19 Abs. 3 sind Flächenanteile an außerhalb des Baugrundstücks festgesetzten Gemeinschaftsanlagen im Sinne des § 9 Abs. 1 Nr. 22 des Baugesetzbuchs hinzuzurechnen, wenn der Bebauungsplan dies festsetzt oder als Ausnahme vorsieht.

(3) Soweit § 19 Abs. 4 nicht entgegensteht, ist eine Überschreitung der zulässigen Grundfläche durch überdachte Stellplätze und Garagen bis zu 0,1 der Fläche des Baugrundstücks zulässig; eine weitergehende Überschreitung kann ausnahmsweise zugelassen werden

1. in Kerngebieten, Gewerbegebieten und Industriegebieten,
2. in anderen Baugebieten, soweit solche Anlagen nach § 9 Abs. 1 Nr. 4 des Baugesetzbuchs im Bebauungsplan festgesetzt sind.

(4) Bei der Ermittlung der Geschossfläche oder der Baumasse bleiben unberücksichtigt die Flächen oder Baumassen von

1. Garagengeschossen, die nach Absatz 1 nicht angerechnet werden,
2. Stellplätzen und Garagen, deren Grundflächen die zulässige Grundfläche unter den Voraussetzungen des Absatzes 3 überschreiten,
3. Stellplätzen und Garagen in Vollgeschossen, wenn der Bebauungsplan dies festsetzt oder als Ausnahme vorsieht.

(5) Die zulässige Geschossfläche oder die zulässige Baumasse ist um die Flächen oder Baumassen notwendiger Garagen, die unter der Geländeoberfläche hergestellt werden, insoweit zu erhöhen, als der Bebauungsplan dies festsetzt oder als Ausnahme vorsieht.

Dritter Abschnitt. Bauweise, überbaubare Grundstücksfläche

§ 22 Bauweise. (1) Im Bebauungsplan kann die Bauweise als offene oder geschlossene Bauweise festgesetzt werden.

(2) ¹In der offenen Bauweise werden die Gebäude mit seitlichem Grenzabstand als Einzelhäuser, Doppelhäuser oder Hausgruppen errichtet. ²Die Länge der in Satz 1 bezeichneten Hausformen darf höchstens 50 m betragen. ³Im Bebauungsplan können Flächen festgesetzt werden, auf denen nur Einzelhäuser, nur Doppelhäuser, nur Hausgruppen oder nur zwei dieser Hausformen zulässig sind.

(3) In der geschlossenen Bauweise werden die Gebäude ohne seitlichen Grenzabstand errichtet, es sei denn, dass die vorhandene Bebauung eine Abweichung erfordert.

(4) ¹Im Bebauungsplan kann eine von Absatz 1 abweichende Bauweise festgesetzt werden. ²Dabei kann auch festgesetzt werden, inwieweit an die vorderen, rückwärtigen und seitlichen Grundstücksgrenzen herangebaut werden darf oder muss.

§ 23 Überbaubare Grundstücksfläche. (1) ¹Die überbaubaren Grundstücksflächen können durch die Festsetzung von Baulinien, Baugrenzen oder Bebauungstiefen bestimmt werden. ²§ 16 Abs. 5 ist entsprechend anzuwenden.

(2) ¹Ist eine Baulinie festgesetzt, so muss auf dieser Linie gebaut werden. ²Ein Vor- oder Zurücktreten von Gebäudeteilen in geringfügigem Ausmaß kann zugelassen werden. ³Im Bebauungsplan können weitere nach Art und Umfang bestimmte Ausnahmen vorgesehen werden.

(3) ¹Ist eine Baugrenze festgesetzt, so dürfen Gebäude und Gebäudeteile diese nicht überschreiten. ²Ein Vortreten von Gebäudeteilen in geringfügigem Ausmaß kann zugelassen werden. ³Absatz 2 Satz 3 gilt entsprechend.

(4) ¹Ist eine Bebauungstiefe festgesetzt, so gilt Absatz 3 entsprechend. ²Die Bebauungstiefe ist von der tatsächlichen Straßengrenze ab zu ermitteln, sofern im Bebauungsplan nichts anderes festgesetzt ist.

(5) ¹Wenn im Bebauungsplan nichts anderes festgesetzt ist, können auf den nicht überbaubaren Grundstücksflächen Nebenanlagen im Sinne des § 14 zugelassen werden. ²Das gleiche gilt für bauliche Anlagen, soweit sie nach Landesrecht in den Abstandsflächen zulässig sind oder zugelassen werden können.

Vierter Abschnitt

§ 24 (weggefallen)

Fünfter Abschnitt. Überleitungs- und Schlussvorschriften

§ 25 Fortführung eingeleiteter Verfahren[1]**.** Für Bauleitpläne, deren Aufstellung oder Änderung bereits eingeleitet ist, sind die dieser Verordnung entsprechenden bisherigen Vorschriften weiterhin anzuwenden, wenn die Pläne bei dem Inkrafttreten dieser Verordnung bereits ausgelegt sind.

§ 25a Überleitungsvorschriften aus Anlass der zweiten Änderungsverordnung. (1) Für Bauleitpläne, deren Aufstellung oder Änderung bereits eingeleitet ist, gilt diese Verordnung in ihrer bis zum Inkrafttreten der Zweiten Verordnung zur Änderung dieser Verordnung vom 15. September 1977 (BGBl. I S. 1757) gültigen Fassung, wenn die Pläne bei Inkrafttreten der zweiten Änderungsverordnung nach § 2a Abs. 6 des Bundesbaugesetzes oder § 2 Abs. 6 des Bundesbaugesetzes in der bis zum 1. Januar 1977 geltenden Fassung ausgelegt sind.

(2) ¹Von der Geltung der Vorschriften der zweiten Änderungsverordnung über gesonderte Festsetzungen für übereinanderliegende Geschosse und Ebenen sowie

---

[1] **Amtl. Anm.:** Diese Vorschrift betrifft die Fortführung eingeleiteter Verfahren bei Inkrafttreten der Baunutzungsverordnung (1. August 1962) in der ursprünglichen Fassung vom 26. Juni 1962 (BGBl. I S. 429). Für die Fortführung eingeleiteter Verfahren bei Inkrafttreten der Änderungsverordnung (1. Januar 1969) bestimmt Artikel 2 der Verordnung zur Änderung der Baunutzungsverordnung vom 26. November 1968 (BGBl. I S. 1233):
„Für Bauleitpläne, deren Aufstellung oder Änderung bereits eingeleitet ist, gilt die Verordnung in der bisherigen Fassung, wenn die Pläne bei Inkrafttreten dieser Verordnung bereits nach § 2 Abs. 6 des Bundesbaugesetzes ausgelegt sind."

sonstige Teile baulicher Anlagen sind solche Bebauungspläne ausgenommen, auf die § 9 Abs. 3 des Bundesbaugesetzes in der ab 1. Januar 1977 geltenden Fassung nach Maßgabe des Artikels 3 § 1 Abs. 3 des Gesetzes zur Änderung des Bundesbaugesetzes vom 18. August 1976 (BGBl. I S. 2221) keine Anwendung findet.
²Auf diese Bebauungspläne finden die Vorschriften dieser Verordnung über gesonderte Festsetzungen für übereinanderliegende Geschosse und Ebenen und sonstige Teile baulicher Anlagen in der bis zum Inkrafttreten der zweiten Änderungsverordnung gültigen Fassung weiterhin Anwendung.

§ 25b **Überleitungsvorschrift aus Anlass der dritten Änderungsverordnung.** (1) ¹Ist der Entwurf eines Bebauungsplans vor dem Inkrafttreten der dritten Änderungsverordnung nach § 2a Abs. 6 des Bundesbaugesetzes öffentlich ausgelegt worden, ist auf ihn § 11 Abs. 3 Satz 3 in der bis zum Inkrafttreten der dritten Änderungsverordnung geltenden Fassung anzuwenden. ²Das Recht der Gemeinde, das Verfahren zur Aufstellung des Bebauungsplans erneut einzuleiten, bleibt unberührt.

(2) Auf Bebauungspläne, auf die § 11 Abs. 3 in der Fassung der Bekanntmachung vom 15. September 1977 Anwendung findet, ist § 11 Abs. 3 Satz 4 entsprechend anzuwenden.

§ 25c **Überleitungsvorschrift aus Anlass der vierten Änderungsverordnung.** ¹Ist der Entwurf eines Bauleitplans vor dem 27. Januar 1990 nach § 3 Abs. 2 des Baugesetzbuchs öffentlich ausgelegt worden, ist auf ihn diese Verordnung in der bis zum 26. Januar 1990 geltenden Fassung anzuwenden. ²Das Recht der Gemeinde, das Verfahren zur Aufstellung des Bauleitplans erneut einzuleiten, bleibt unberührt.

§ 25d **Überleitungsvorschrift aus Anlass des Gesetzes zur Stärkung der Innenentwicklung in den Städten und Gemeinden und weiteren Fortentwicklung des Städtebaurechts.** ¹Ist der Entwurf eines Bauleitplans vor dem 20. September 2013 nach § 3 Absatz 2 des Baugesetzbuchs öffentlich ausgelegt worden, ist auf ihn diese Verordnung in der bis zum 20. September 2013 geltenden Fassung anzuwenden. ²Das Recht der Gemeinde, das Verfahren zur Aufstellung des Bauleitplans erneut einzuleiten, bleibt unberührt.

§ 25e[1]**)** **Überleitungsvorschrift aus Anlass des Gesetzes zur Mobilisierung von Bauland.** ¹Ist der Entwurf eines Bauleitplans vor dem 23. Juni 2021 nach § 3 Absatz 2 des Baugesetzbuchs oder nach dem Planungssicherstellungsgesetz öffentlich ausgelegt worden, ist auf ihn diese Verordnung in der bis zum 23. Juni 2021 geltenden Fassung anzuwenden. ²Das Recht der Gemeinde, das Verfahren zur Aufstellung des Bauleitplans erneut einzuleiten, bleibt unberührt.

§ 25f[2]**)** **Überleitungsvorschrift aus Anlass des Gesetzes zur sofortigen Verbesserung der Rahmenbedingungen für die erneuerbaren Energien im Städtebaurecht.** ¹Ist der Entwurf eines Bauleitplans vor dem 1. Januar 2023 nach § 3 Absatz 2 des Baugesetzbuchs öffentlich ausgelegt oder nach § 3 Absatz 1 des Planungssicherstellungsgesetzes im Internet veröffentlicht worden, ist auf ihn diese Verordnung in der bis zum 1. Januar 2023 geltenden Fassung anzuwenden. ²Das Recht der Gemeinde, das Verfahren zur Aufstellung des Bauleitplans erneut einzuleiten, bleibt unberührt.

---

[1]) § 25e eingef. mWv 23.6.2021 durch G v. 14.6.2021 (BGBl. I S. 1802).
[2]) § 25f eingef. mWv 1.1.2023 durch G v. 4.1.2023 (BGBl. 2023 I Nr. 6).

§ 25g[1]) **Überleitungsvorschrift aus Anlass des Gesetzes zur Stärkung der Digitalisierung im Bauleitplanverfahren und zur Änderung weiterer Vorschriften.** ¹ Ist der Entwurf eines Bauleitplans vor dem 7. Juli 2023 nach § 3 Absatz 2 des Baugesetzbuchs in der vor dem 7. Juli 2023 geltenden Fassung öffentlich ausgelegt oder nach § 3 Absatz 1 des Planungssicherstellungsgesetzes im Internet veröffentlicht worden, so ist auf ihn diese Verordnung in der bis zum 7. Juli 2023 geltenden Fassung anzuwenden. ² Das Recht der Gemeinde, das Verfahren zur Aufstellung des Bauleitplans erneut einzuleiten, bleibt unberührt.

§ 26 (Berlin-Klausel) *(gegenstandslos)*

§ 26a Überleitungsregelungen aus Anlass der Herstellung der Einheit Deutschlands. ¹ Soweit in dieser Verordnung auf Vorschriften verwiesen wird, die in dem in Artikel 3 des Einigungsvertrages genannten Gebiet keine Anwendung finden, sind die entsprechenden Vorschriften der Deutschen Demokratischen Republik anzuwenden. ² Bestehen solche Vorschriften nicht oder würde ihre Anwendung dem Sinn der Verweisung widersprechen, gelten die Vorschriften, auf die verwiesen wird, entsprechend.

§ 27 (Inkrafttreten)

---

[1]) § 25g eingef. mWv 7.7.2023 durch G v. 3.7.2023 (BGBl. 2023 I Nr. 176).

BAföG 420

420. Bundesgesetz über individuelle Förderung der Ausbildung (Bundesausbildungsförderungsgesetz – BAföG)[1) 2) 3)]

In der Fassung der Bekanntmachung vom 7. Dezember 2010[4)]
(BGBl. I S. 1952, ber. BGBl. 2012 I S. 197)

FNA 2212-2

geänd. durch Art. 11 Abs. 3 G zur Umsetzung aufenthaltsrechtlicher Richtlinien der EU und zur Anpassung nationaler Rechtsvorschriften an den EU-Visakodex v. 22.11.2011 (BGBl. I S. 2258), Art. 1 24. ÄndG v. 6.12.2011 (BGBl. I S. 2569), Art. 19 BeitreibungsRL-UmsetzungsG v. 7.12.2011 (BGBl. I S. 2592), Art. 31 G zur Verbesserung der Eingliederungschancen am Arbeitsmarkt v. 20.12.2011 (BGBl. I S. 2854), Art. 5 G zur Verbesserung der Rechte von international Schutzberechtigten und ausländischen Arbeitnehmern v. 29.8.2013 (BGBl. I S. 3484, ber. S. 3899), Art. 1 25. ÄndG v. 23.12.2014 (BGBl. I S. 2475, geänd durch G v. 21.12.2015, BGBl. I S. 2557), Art. 6 G zur Neubestimmung des Bleiberechts und der Aufenthaltsbeendigung v. 27.7.2015 (BGBl. I S. 1386), Art. 71 G zum Abbau verzichtbarer Anordnungen der Schriftform im Verwaltungsrecht des Bundes v. 29.3.2017 (BGBl. I S. 626), Art. 2 FamiliennachzugsneuregelungsG v. 12.7.2018 (BGBl. I S. 1147), Art. 2 G zu Übergangsregelungen in den

---

[1)] Die Änderungen durch G v. 8.4.2019 (BGBl. I S. 418) treten gem. Art. 4 dieses G an dem Tag in Kraft, an dem der Austritt des Vereinigten Königreichs Großbritannien und Nordirland aus der Europäischen Union wirksam wird, sofern bis zu diesem Zeitpunkt kein Austrittsabkommen im Sinne von Artikel 50 Absatz 2 Satz 2 des Vertrags über die Europäische Union in Kraft getreten ist. Der Tag des Inkrafttretens wird vom Bundesministerium für Arbeit und Soziales im Bundesgesetzblatt bekannt gegeben; sie sind im Text noch nicht berücksichtigt.
[2)] Die Änderungen durch G v. 12.12.2019 (BGBl. I S. 2652, geänd. durch G v. 20.8.2021, BGBl. 2021 I S. 3932) treten erst **mWv 1.1.2024**, die Änderungen durch G v. 20.8.2021 (BGBl. I S. 3932) treten erst **mWv 1.1.2024** bzw. **mWv 1.1.2025** in Kraft und sind im Text noch nicht berücksichtigt.
[3)] Zum BAföG haben die Länder ua folgende Vorschriften erlassen:
– **Baden-Württemberg:** AGBAföG idF der Bek. v. 15.5.1985 (GBl. S. 177), zuletzt geänd. durch VO v. 23.2.2017 (GBl. S. 99),
– **Bayern:** BayAGBAföG v. 27.6.1980 (BayRS IV S. 242), zuletzt geänd. durch G v. 5.8.2022 (GVBl. S. 414),
– **Berlin:** DVO-BAföG v. 28.9.1971 (GVBl. S. 1818), zuletzt geänd. durch G v. 25.2.2016 (GVBl. S. 58),
– **Brandenburg:** BAföGZV v. 30.1.1996 (GVBl. II S. 79), zuletzt geänd. durch VO v. 16.3.2004 (GVBl II S. 147),
– **Bremen:** BAföG-Zuständigkeits-Bekanntmachung v. 3.5.2022 (Brem.ABl. S. 244),
– **Hessen:** BAföG-HAG v. 23.5.1973 (GVBl. I S. 173), zuletzt geänd. durch G v. 13.12.2012 (GVBl. S. 622),
– **Mecklenburg-Vorpommern:** AGBAföG v. 15.12.1993 (GVOBl. M-V 1994 S. 15), zuletzt geänd. durch G v. 13.12.2013 (GVOBl. M-V S. 699),
– **Niedersachsen:** VO über die Ämter für Ausbildungsförderung bei den Hochschulen v. 9.8.2011 (Nds. GVBl. S. 277), zuletzt geänd. durch VO v. 23.1.2020 (Nds. GVBl. S. 25),
– **Nordrhein-Westfalen:** AG BAföG NRW v. 30.1.1973 (GV. NRW. S. 57), zuletzt geänd. durch G v. 23.1.2018 (GV. NRW. S. 90),
– **Rheinland-Pfalz:** AGBAföG v. 21.12.1978 (GVBl. S. 759), zuletzt geänd. durch G v. 15.10.2020 (GVBl. S. 573),
– **Saarland:** BAföG-AusführungsG v. 31.3.2004 (Amtsbl. S. 786), geänd. durch G v. 16.6.2021 (Amtsbl. I S. 1762),
– **Sachsen:** SächsAG-BAföG v. 7.1.1993 (SächsGVBl. S. 16), zuletzt geänd. durch G v. 31.5.2023 (SächsGVBl. S. 329),
– **Sachsen-Anhalt:** AGBAföG idF der Bek. v. 24.4.2007 (GVBl. LSA S. 150), zuletzt geänd. durch G v. 17.2.2017 (GVBl. LSA S. 14),
– **Schleswig-Holstein:** BAföGZustVO v. 22.12.1975 (GVOBl. Schl.-H. S. 340), zuletzt geänd. durch VO v. 16.1.2019 (GVOBl. Schl.-H. S. 30),
– **Thüringen:** ThürAGBAföG idF der Bek. v. 29.5.2002 (GVBl. S. 201), zuletzt geänd. durch G v. 2.7.2016 (GVBl. S. 226).
[4)] Neubekanntmachung des BAföG idF der Bek. v. 6.6.1983 (BGBl. I S. 645, ber. S. 1680) in der ab 28.10.2010 geltenden Fassung.

Bereichen Arbeit, Bildung, Gesundheit, Soziales und Staatsangehörigkeit nach dem Austritt des Vereinigten Königreichs Großbritannien und Nordirland aus der EU v. 8.4.2019 (BGBl. I S. 418), Art. 1, 2 und 3 26. G zur Änd. des BundesausbildungsförderungsG v. 8.7.2019 (BGBl. I S. 1048), Art. 51 G zur Regelung des Sozialen Entschädigungsrechts v. 12.12.2019 (BGBl. I S. 2652, geänd. durch G v. 20.8. 2021, BGBl. 2021 I S. 3932), Art. 13 MDK-Reformgesetz v. 14.12.2019 (BGBl. I S. 2789), Art. 5 COVID-19-KrankenhausentlastungsG v. 27.3.2020 (BGBl. I S. 580), Art. 2 Wissenschafts- und StudierendenunterstützungsG v. 25.5.2020 (BGBl. I S. 1073), Art. 4 G zur aktuellen Anpassung des FreizügigkeitsG/EU und weiterer Vorschriften an das Unionsrecht v. 12.11.2020 (BGBl. I S. 2416), Art. 82 G über die Entschädigung zur Beschädigung der Soldatinnen und Soldaten und einer Neuordnung des Soldatenversorgungsrechts v. 20.8.2021 (BGBl. I S. 3932), Art. 15 G zur Änd. des InfektionsschutzG und weiterer Gesetze anlässlich der Aufhebung der Feststellung der epidemischen Lage von nationaler Tragweite v. 22.11.2021 (BGBl. I S. 4906), Art. 8 G zur Regelung von Sofortzuschlägen und einer Einmalzahlung in den sozialen Mindestsicherungssystemen sowie zur Änd. des FinanzausgleichsG und weiterer G v. 23.5.2022 (BGBl. I S. 760), Art. 1 27. ÄndG v. 15.7.2022 (BGBl. I S. 1150), Art. 1 28. ÄndG v. 19.10.2022 (BGBl. I S. 1796), Art. 12 Abs. 12 Bürgergeld-G v. 16.12.2022 (BGBl. I S. 2328) und Art. 2 G zur Einführung eines Chancen-Aufenthaltsrechts v. 21.12.2022 (BGBl. I S. 2847)

Nichtamtliche Inhaltsübersicht

	§§
Grundsatz..	1
Abschnitt I. Förderungsfähige Ausbildung..	2–7
Abschnitt II. Persönliche Voraussetzungen...	8–10
Abschnitt III. Leistungen...	11–20
Abschnitt IV. Einkommensanrechnung...	21–25
Abschnitt V. Vermögensanrechnung...	26–34
Abschnitt VI. [Anpassung der Bedarfssätze und Freibeträge]...................................	35
Abschnitt VII. Vorausleistung und Anspruchsübergang...	36–38
Abschnitt VIII. Organisation...	39–44
Abschnitt IX. Verfahren...	45–55
Abschnitt X. [Aufbringung der Mittel]...	56
Abschnitt XI. Bußgeldvorschriften, Übergangs- und Schlußvorschriften................	57–68

§ 1 Grundsatz. Auf individuelle Ausbildungsförderung besteht für eine der Neigung, Eignung und Leistung entsprechende Ausbildung ein Rechtsanspruch nach Maßgabe dieses Gesetzes, wenn dem Auszubildenden die für seinen Lebensunterhalt und seine Ausbildung erforderlichen Mittel anderweitig nicht zur Verfügung stehen.

Abschnitt I. Förderungsfähige Ausbildung

§ 2[1]**) Ausbildungsstätten.** (1) [1] Ausbildungsförderung wird geleistet für den Besuch von

1. weiterführenden allgemeinbildenden Schulen und Berufsfachschulen, einschließlich der Klassen aller Formen der beruflichen Grundbildung, ab Klasse 10 sowie von Fach- und Fachoberschulklassen, deren Besuch eine abgeschlossene Berufsausbildung nicht voraussetzt, wenn der Auszubildende die Voraussetzungen des Absatzes 1a erfüllt,
2. Berufsfachschulklassen und Fachschulklassen, deren Besuch eine abgeschlossene Berufsausbildung nicht voraussetzt, sofern sie in einem zumindest zweijährigen Bildungsgang einen berufsqualifizierenden Abschluss vermitteln,

---

[1]) § 2 Abs. 1a Satz 2 und Abs. 3 einl. Satzteil geänd. mWv 1.1.2015 durch G v. 23.12.2014 (BGBl. I S. 2475); Abs. 1 Satz 1 Nr. 5 neu gef., Nr. 6 und Abs. 2 Satz 1 geänd. mWv 16.7.2019 durch G v. 8.7. 2019 (BGBl. I S. 1048); Abs. 6 Nr. 4 neu gef. mWv 22.7.2022 durch G v. 15.7.2022 (BGBl. I S. 1150); Abs. 5 Satz 1 neu gef. mWv 26.10.2022 durch G v. 19.10.2022 (BGBl. I S. 1796); Abs. 6 Nr. 1 geänd. mWv 1.1.2023 durch G v. 16.12.2022 (BGBl. I S. 2328).

oder zu löschen sind, teilt sie dies umgehend der eingebenden Behörde mit, die verpflichtet ist, diese Mitteilung unverzüglich zu prüfen und erforderlichenfalls die Daten unverzüglich zu berichtigen oder zu löschen oder in ihrer Verarbeitung einzuschränken. ³Sind Daten zu einer Person gespeichert, kann jede teilnehmende Stelle des polizeilichen Informationsverbundes weitere Daten ergänzend eingeben.

(6) ¹Das Auswärtige Amt ist zum Abruf im automatisierten Verfahren von Fahndungsausschreibungen zur Festnahme und Aufenthaltsermittlung berechtigt, soweit dies für die Auslandsvertretungen in ihrer Eigenschaft als Pass- und Personalausweisbehörden erforderlich ist. ²Die Staatsanwaltschaften sind befugt, für Zwecke der Strafrechtspflege im automatisierten Verfahren abzurufen:
1. Fahndungsausschreibungen zur Festnahme und Aufenthaltsermittlung,
2. Daten über Freiheitsentziehungen und
3. Daten aus dem DNA-Analyse-System.

(7) Das Bundesministerium des Innern, für Bau und Heimat wird ermächtigt, im Einvernehmen mit dem Bundesministerium der Justiz und für Verbraucherschutz durch Rechtsverordnung, die der Zustimmung des Bundesrates bedarf, weitere im polizeilichen Informationsverbund gespeicherte Daten, die von den Staatsanwaltschaften zur Erfüllung ihrer Aufgaben benötigt werden, zum automatisierten Abruf freizugeben, sofern diese Form der Datenübermittlung unter Berücksichtigung der schutzwürdigen Interessen der betroffenen Personen wegen der Vielzahl der Übermittlungen oder wegen ihrer besonderen Eilbedürftigkeit angemessen ist.

(8) Die Einrichtung eines automatisierten Abrufverfahrens ist für andere Behörden zur Erfüllung vollzugspolizeilicher Aufgaben sowie für die Zentralstelle für Sanktionsdurchsetzung für Aufgaben nach dem Sanktionsdurchsetzungsgesetz mit Zustimmung des Bundesministeriums des Innern, für Bau und Heimat und der Innenministerien und Senatsinnenverwaltungen der Länder zulässig, soweit diese Form der Datenübermittlung unter Berücksichtigung der schutzwürdigen Interessen der betroffenen Personen wegen der Vielzahl der Übermittlungen oder wegen ihrer besonderen Eilbedürftigkeit angemessen ist.

§ 30 Verbundrelevanz. (1) Die am polizeilichen Informationsverbund teilnehmenden Stellen verarbeiten im polizeilichen Informationsverbund ausschließlich
1. personenbezogene Daten, deren Verarbeitung für die Verhütung und Verfolgung von Straftaten mit länderübergreifender, internationaler oder erheblicher Bedeutung erforderlich ist;
2. personenbezogene Daten, deren Verarbeitung im Informationsverbund erforderlich ist
   a) zu erkennungsdienstlichen Zwecken, soweit das Bundeskriminalamt diese Daten nach § 16 Absatz 5 auch im Informationssystem weiterverarbeiten dürfte oder
   b) zu Zwecken der Fahndung nach Personen und Sachen, soweit das Bundeskriminalamt diese Daten nach § 16 Absatz 2 auch im Informationssystem weiterverarbeiten dürfte

(Verbundrelevanz).

(2) ¹Die am polizeilichen Informationsverbund teilnehmenden Stellen legen unter Beteiligung der jeweils zuständigen obersten Bundes- oder Landesbehörden Kriterien fest, die bestimmen, welche Straftaten nach allgemeiner kriminalistischer Erfahrung die Voraussetzungen nach Absatz 1 Nummer 1 erfüllen. ²Die Kriterien

können sich an den unterschiedlichen kriminalistischen Phänomenbereichen orientieren. ³Die Kriterien sind in angemessenen Abständen und, soweit erforderlich, zu aktualisieren. ⁴Die Festlegung und Aktualisierung dieser Kriterien erfolgen im Benehmen mit der oder dem Bundesbeauftragten für den Datenschutz und die Informationsfreiheit.

§ 31 Datenschutzrechtliche Verantwortung im polizeilichen Informationsverbund. (1) Das Bundeskriminalamt hat als Zentralstelle für den polizeilichen Informationsverbund die Einhaltung der Regelungen zur Zusammenarbeit und zur Führung des Verbundsystems zu überwachen.

(2) ¹Im Rahmen des polizeilichen Informationsverbundes obliegt die datenschutzrechtliche Verantwortung für die bei der Zentralstelle gespeicherten Daten, namentlich für die Rechtmäßigkeit der Erhebung, die Zulässigkeit der Eingabe sowie die Richtigkeit oder Aktualität der Daten, den Stellen, die die Daten unmittelbar eingeben. ²Die verantwortliche Stelle muss feststellbar sein. ³Die Verantwortung für die Zulässigkeit des Abrufs im automatisierten Verfahren trägt die empfangende Stelle.

(3) ¹Die Datenschutzkontrolle obliegt der oder dem Bundesbeauftragten für den Datenschutz und die Informationsfreiheit. ²Die von den Ländern in den polizeilichen Informationsverbund eingegebenen Datensätze können auch von den jeweiligen im Landesrecht bestimmten öffentlichen Stellen, die für die Kontrolle der Einhaltung der Vorschriften über den Datenschutz zuständig sind, im Zusammenhang mit der Wahrnehmung ihrer Prüfungsaufgaben in den Ländern kontrolliert werden, soweit die Länder nach Absatz 2 verantwortlich sind. ³Die oder der Bundesbeauftragte für den Datenschutz und die Informationsfreiheit arbeitet insoweit mit den im Landesrecht bestimmten öffentlichen Stellen, die für die Kontrolle der Einhaltung der Vorschriften über den Datenschutz zuständig sind, zusammen.

§ 32 Unterrichtung der Zentralstelle. (1) ¹Die Landeskriminalämter übermitteln dem Bundeskriminalamt nach Maßgabe der Rechtsverordnung nach § 20 die zur Erfüllung seiner Aufgaben als Zentralstelle erforderlichen Informationen. ²Die Verpflichtung der Landeskriminalämter nach Satz 1 kann im Benehmen mit dem Bundeskriminalamt auch von anderen Polizeibehörden des Landes erfüllt werden. ³Das Bundeskriminalamt legt im Benehmen mit den Landeskriminalämtern Einzelheiten der Informationsübermittlung fest.

(2) ¹Die Justiz- und Verwaltungsbehörden der Länder teilen dem jeweils zuständigen Landeskriminalamt unverzüglich den Beginn, die Unterbrechung und die Beendigung von Freiheitsentziehungen mit, die wegen des Verdachts oder des Nachweises einer rechtswidrigen Tat von einem Gericht angeordnet worden sind. ²Die Justizbehörden des Bundes und der Länder teilen dem jeweils zuständigen Landeskriminalamt unverzüglich und, soweit technisch möglich, automatisiert mit:

(Fortsetzung nächstes Blatt)

HRG 500

500. Hochschulrahmengesetz (HRG)[1)]

In der Fassung der Bekanntmachung vom 19. Januar 1999[2)]

(BGBl. I S. 18)

FNA 2211-3

geänd. durch Art. 7 G zur Änd. des Begriffs „Erziehungsurlaub" v. 30.11.2000 (BGBl. I S. 1638), Art. 68 Siebente ZuständigkeitsanpassungsVO v. 29.10.2001 (BGBl. I S. 2785), Art. 1 Fünftes HochschulrahmenG-ÄndG v. 16.2.2002 (BGBl. I S. 693, nichtig gem. Urt. des BVerfG v. 27.7.2004 – 2 BvF 2/02 –), Art. 28 Behindertengleichstellungs-EinführungsG v. 27.4.2002 (BGBl. I S. 1467), Art. 1 Sechstes HochschulrahmenG-ÄndG v. 8.8.2002 (BGBl. I S. 3138, teilw. nichtig gem. Urt. des BVerfG v. 26.1.2005 – 2 BvF 1/03 –), Art. 1 Siebtes HochschulrahmenG-ÄndG v. 28.8.2004 (BGBl. I S. 2298), Art. 1 G zur Änd. dienst- und arbeitsrechtl. Vorschr. im Hochschulbereich v. 27.12.2004 (BGBl. I S. 3835), Art. 2 Abs. 3 Elterngeld- EinführungsG v. 5.12.2006 (BGBl. I S. 2748), Art. 2 G zur Änd. arbeitsrechtl. Vorschr. in der Wissenschaft v. 12.4.2007 (BGBl. I S. 506), Art. 6 Abs. 2 G zur Neuregelung des Mutterschutzrechts v. 23.5.2017 (BGBl. I S. 1228), Entsch. des BVerfG – 1 BvL 3/14, 1 BvL 4/14 – v. 19.12.2017 (BGBl. 2018 I S. 123) und Art. 1 Achtes ÄndG v. 15.11.2019 (BGBl. I S. 1622)

[1)] Zum HRG haben die Länder u.a. folgende Vorschriften erlassen:
- **Baden-Württemberg:** LandeshochschulG v. 1.1.2005 (GBl. S. 1), zuletzt geänd. durch G v. 7.2.2023 (GBl. S. 26); LandeshochschulgebührenG v. 1.1.2005 (GBl. S. 1, 56), zuletzt geänd. durch G v. 15.11. 2022 (GBl. S. 585),
- **Bayern:** Bayerisches HochschulinnovationsG v. 5.8.2022 (GVBl. S. 414), zuletzt geänd. durch G v. 23.6.2023 (GVBl. S. 251),
- **Berlin:** Berliner HochschulG idF der Bek. v. 26.7.2011 (GVBl. S. 378), zuletzt geänd. durch G v. 23.3. 2023 (GVBl. S. 121),
- **Brandenburg:** Brandenburgisches HochschulG v. 28.4.2014 (GVBl. I Nr. 18), zuletzt geänd. durch G v. 23.9.2020 (GVBl. I Nr. 26),
- **Bremen:** Bremisches HochschulG idF der Bek. v. 9.5.2007 (Brem.GBl. S. 339), zuletzt geänd. durch G v. 28.3.2023 (Brem.GBl. S. 305),
- **Hamburg:** Hamburgisches HochschulG v. 18.7.2001 (HmbGVBl. S. 171), zuletzt geänd. durch G v. 17.6.2021 (HmbGVBl. S. 468),
- **Hessen:** Hessisches HochschulG v. 14.12.2021 (GVBl. S. 931), zuletzt geänd. durch G v. 29.6.2023 (GVBl. S. 456),
- **Mecklenburg-Vorpommern:** LandeshochschulG idF der Bek. v. 25.1.2011 (GVOBl. M-V S. 18), zuletzt geänd. durch G v. 21.6.2021 (GVOBl. M-V S. 1018),
- **Niedersachsen:** Niedersächsisches HochschulG idF der Bek. v. 26.2.2007 (Nds. GVBl. S. 69), zuletzt geänd. durch G v. 23.3.2022 (Nds. GVBl. S. 218),
- **Nordrhein-Westfalen:** HochschulG v. 16.9.2014 (GV. NRW. S. 547), zuletzt geänd. durch G v. 30.6. 2022 (GV. NRW. S. 780b),
- **Rheinland-Pfalz:** HochschulG v. 23.9.2020 (GVBl. S. 461), zuletzt geänd. durch VO v. 22.7.2021 (GVBl. S. 453); LandesG über die Deutsche Universität für Verwaltungswissenschaften Speyer idF der Bek. v. 19.11.2010 (GVBl. S. 502), zuletzt geänd. durch G v. 19.12.2018 (GVBl. S. 448),
- **Saarland:** Saarländisches HochschulG v. 30.11.2016 (Amtsbl. I S. 1080), zuletzt geänd. durch G v. 15.2. 2023 (Amtsbl. I S. 270),
- **Sachsen:** Sächsisches Sächsisches HochschulG,
- **Sachsen-Anhalt:** HochschulG des Landes Sachsen-Anhalt idF der Bek. v. 1.7.2021 (GVBl. LSA S. 368, 369),
- **Schleswig-Holstein:** HochschulG idF der Bek. v. 5.2.2016 (GVOBl. Schl.-H. S. 39), zuletzt geänd. durch G v. 3.2.2022 (GVOBl. Schl.-H. S. 102),
- **Thüringen:** ThürHochschulG v. 10.5.2018 (GVBl. S. 149), zuletzt geänd. durch G v. 7.12.2022 (GVBl. S. 483); Thüringer VO zur Gründung von Fachhochschulen v. 17.9.1991 (GVBl. S. 414).

[2)] Neubekanntmachung des HRG idF der Bek. v. 9.4.1987 (BGBl. I S. 1170) in der ab 25.8.1998 geltenden Fassung.

500 HRG Hochschulrahmengesetz

Inhaltsübersicht[1]

§ 1 Anwendungsbereich

1. Kapitel. Aufgaben der Hochschulen
1. Abschnitt. Allgemeine Bestimmungen

§ 2 Aufgaben
§ 3 Gleichberechtigung von Frauen und Männern
§ 4 Freiheit von Kunst und Wissenschaft, Forschung, Lehre und Studium
§ 5 Staatliche Finanzierung
§ 6 Bewertung der Forschung, Lehre, Förderung des wissenschaftlichen Nachwuchses und der Gleichstellung der Geschlechter

2. Abschnitt. Studium und Lehre

§ 7 Ziel des Studiums
§ 8 Studienreform
§ 9 Koordinierung der Ordnung von Studium und Prüfungen
§ 10 Studiengänge
§ 11 Regelstudienzeit bis zum ersten berufsqualifizierenden Abschluß
§ 12 Postgraduale Studiengänge
§ 13 Fernstudium, Multimedia
§ 14 Studienberatung
§ 15 Prüfungen und Leistungspunktsystem
§ 16 Prüfungsordnungen
§ 17 Vorzeitiges Ablegen der Prüfung
§ 18 Hochschulgrade
§ 19 Bachelor- und Masterstudiengänge
§ 20 Studium an ausländischen Hochschulen
§ 21 (weggefallen)

3. Abschnitt. Forschung

§ 22 Aufgaben und Koordination der Forschung
§ 23 (weggefallen)
§ 24 Veröffentlichung von Forschungsergebnissen
§ 25 Forschung mit Mitteln Dritter
§ 26 Entwicklungsvorhaben

2. Kapitel. Zulassung zum Studium

§ 27 Allgemeine Voraussetzungen
§ 28 (weggefallen)
§ 29 Maßstäbe der Ausbildungskapazität
§ 30 Festsetzung von Zulassungszahlen
§ 31 Zentrale Vergabe von Studienplätzen
§§ 32–33a (weggefallen)
§ 34 Benachteiligungsverbot
§ 35 Unabhängigkeit der Zulassung von der Landeszugehörigkeit

3. Kapitel. Mitglieder der Hochschule
1. Abschnitt. Mitgliedschaft und Mitwirkung

§ 36 Mitgliedschaft
§ 37 Allgemeine Grundsätze der Mitwirkung
§§ 38–40 (weggefallen)
§ 41 Studierendenschaft

---

[1] Inhaltsübersicht geänd. mWv 4.9.2004 durch G v. 28.8.2004 (BGBl. I S. 2298); geänd. mWv 31.12.2004 durch G v. 27.12.2004 (BGBl. I S. 3835); geänd. mWv 18.4.2007 durch G v. 12.4.2007 (BGBl. I S. 506); geänd. mWv 23.11.2019 durch G v. 15.11.2019 (BGBl. I S. 1622); sie wurde nichtamtlich an die Änderungen durch G v. 8.8.2002 (BGBl. I S. 3138) angepasst.

AufenthV 566

566. Aufenthaltsverordnung (AufenthV)[1) 2)]

Vom 25. November 2004

(BGBl. I S. 2945)

FNA 26-12-1

geänd. durch Art. 7 Nr. 1 G zur Änd. des AufenthaltsG und weiterer Gesetze v. 14.3.2005 (BGBl. I S. 721), Art. 77 G zur Umbenennung des Bundesgrenzschutzes in Bundespolizei v. 21.6.2005 (BGBl. I S. 1818), Art. 1 ÄndVO v. 14.10.2005 (BGBl. I S. 2982), Art. 1 Erste ÄndVO v. 18.12.2006 (BGBl. I S. 3221), Art. 7 Abs. 4 EU-Aufenthalts- und AsylrechtsRL UmsetzungsG v. 19.8.2007 (BGBl. I S. 1970, ber. 2008 S. 992), Art. 1 Zweite ÄndVO v. 22.2.2008 (BGBl. I S. 252), Art. 1 Dritte ÄndVO v. 8.5.2008 (BGBl. I S. 806), Art. 3 ArbeitsmigrationssteuerungsG v. 20.12.2008 (BGBl. I S. 2846), Art. 1 Vierte ÄndVO v. 15.6.2009 (BGBl. I S. 1287), Art. 1 Fünfte ÄndVO v. 2.8.2010 (BGBl. I S. 1134), Art. 1 Sechste ÄndVO v. 22.7.2011 (BGBl. I S. 1530, ber. S. 2080), Art. 12 Abs. 1 G zur Umsetzung aufenthaltsrechtlicher RL der EU und zur Anpassung nationaler Rechtsvorschriften an den EU-Visakodex v. 22.11.2011 (BGBl. I S. 2258), Art. 1 Siebte ÄndVO v. 25.11.2011 (BGBl. I S. 2347), Art. 3 G zur Errichtung einer Visa-Warndatei und zur Änd. des AufenthaltsG v. 22.12.2011 (BGBl. I S. 3037), Art. 2 Abs. 26 G zur Änd. von Vorschriften über Verkündung und Bekanntmachungen sowie der ZPO, des EGZPO und der AO v. 22.12.2011 (BGBl. I S. 3044), Art. 5 Abs. 17 G zur Umsetzung der HochqualifiziertenRL der EU v. 1.6.2012 (BGBl. I S. 1224), Art. 3 G zur Änd. des FreizügigkeitsG/EU und weiterer aufenthaltsrechtlicher Vorschriften v. 21.1.2013 (BGBl. I S. 86), Art. 1 Achte ÄndVO v. 27.2.2013 (BGBl. I S. 351), Art. 2 VO zur Änd. des Ausländerbeschäftigungsrechts v. 6.6.2013 (BGBl. I S. 1499), Art. 5 G zur Umsetzung der RL 2011/95/EU v. 28.8.2013 (BGBl. I S. 3474), Art. 6 Abs. 1 G zur Verbesserung der Rechte von international Schutzberechtigten und ausländischen Arbeitnehmern v. 29.8.2013 (BGBl. I S. 3484, ber. S. 3899), Art. 1 Neunte ÄndVO v. 23.9.2013 (BGBl. I S. 3707), Art. 1 Zehnte ÄndVO v. 6.5.2014 (BGBl. I S. 451), Art. 2 VO zur Änd. der PassVO sowie zur Änd. der AufenthaltsVO v. 3.3.2015 (BGBl. I S. 218, ber. S. 1110), Art. 1 Elfte ÄndVO v. 27.7.2015 (BGBl. I S. 599), Art. 14 Nr. 5 AsylverfahrensbeschleunigungsG v. 20.10.2015 (BGBl. I S. 1722), Art. 1 VO zur Änd. der AufenthaltsVO und der AZRG-DurchführungsVO v. 18.12.2015 (BGBl. I S. 2467), Art. 7 Datenaustauschverbesserungs G v. 2.2.2016 (BGBl. I S. 130), Art. 1 14. ÄndVO v. 20.12.2016 (BGBl. I S. 3074), Art. 2 Zweite VO zur Änd. der PassVO sowie zur Änd. der AufenthaltsVO v. 15.2.2017 (BGBl. I S. 162), Art. 83 G zum Abbau verzichtbarer Anordnungen der Schriftform im Verwaltungsrecht des Bundes v. 29.3.2017 (BGBl. I S. 626), Art. 1 15. ÄndVO v. 3.4.2017 (BGBl. I S. 690), Art. 2 G zur Änd. gebührenrechtlicher Regelungen im Aufenthaltsrecht v. 13.7.2017 (BGBl. I S. 2350), Art. 1 16. ÄndVO v. 14.7.2017 (BGBl. I S. 2650), Art. 1 VO zur Umsetzung aufenthaltsrechtlicher Richtlinien der EU zur Arbeitsmigration v. 1.8.2017 (BGBl. I S. 3066), Art. 1 17. ÄndVO v. 14.1.2019 (BGBl. I S. 10), Art. 4 Zweites Datenaustauschverbesserungs G v. 4.8.2019 (BGBl. I S. 1131), Art. 50 Fachkräfteeinwanderungs G v. 15.8.2019 (BGBl. I S. 1307), Art. 1 VO zur Anpassung von aufenthalts- und passweisrechtlichen Vorschriften v. 13.12.2019 (BGBl. I S. 2585), Art. 3 VO zur Änd. der BeschäftigungsVO und der AufenthaltsVO v. 23.3.2020 (BGBl. I S. 655), Art. 4 G über die Errichtung eines Bundesamts für Auswärtige Angelegenheiten und zur Änd. des G über den Auswärtigen Dienst, des AufenthaltsG und zur Anpassung anderer Gesetze an die Errichtung des Bundesamts v. 12.6.2020 (BGBl. I S. 1241), Art. 170 Elfte ZuständigkeitsanpassungsVO v. 19.6.2020 (BGBl. I S. 1328), Art. 2 G zur aktuellen Anpassung des FreizügigkeitsG/EU und weiterer Vorschriften an das Unionsrecht v. 12.11.2020 (BGBl. I S. 2416), Art. 1 18. VO zur Änd. der AufenthaltsVO v. 26.11.2020 (BGBl. I S. 2606), Art. 8, 14 G zur Stärkung der Sicherheit im Pass-, Ausweis- und ausländerrechtlichen Dokumentenwesen v. 3.12.2020 (BGBl. I S. 2744), Art. 2 Zweite VO zur Änd. der BeschäftigungsVO und der AufenthaltsVO v. 18.12.2020 (BGBl. I S. 3046), Art. 20a Registermodernisierungs G v. 28.3.2021 (BGBl. I S. 591), Art. 5, 10 G zur Weiterentwicklung des Ausländerzentralregisters v. 9.7.2021 (BGBl. I S. 2467), Art. 2 Viertes G zur Änd. des StaatsangehörigkeitsG v. 12.8.2021 (BGBl. I S. 3538), Art. 1 19. ÄndVO v. 18.10.2021 (BGBl. I S. 4796), Art. 1 18. VO zur Änd. der AufenthaltsVO v. 20.8.2021 (BGBl. I S. 3682) und Art. 1 ÄndVO v. 27.7.2023 (BGBl. 2023 I Nr. 281)

[1)] Verkündet als Art. 1 VO zur Durchführung des ZuwanderungsG v. 25.11.2004 (BGBl. I S. 2945); Inkrafttreten gem. Art. 3 erster Halbs. dieser VO am 1.1.2005. Diese VO wurde ua erlassen auf Grund von § 69 Abs. 2, 3, 5 und 6 sowie § 99 Abs. 1 und 2 AufenthG iVm § 11 Abs. 1 FreizügG/EU.

[2)] Die Änderungen durch VO v. 23.3.2020 (BGBl. I S. 655) treten teilweise erst **mWv 2.3.2025**, die Änderungen durch G v. 3.12.2020 (BGBl. I S. 2744) treten teilweise erst **mWv 1.5.2025** und die Änderungen durch G v. 9.7.2021 (BGBl. I S. 2467) treten teilweise erst **mWv 1.11.2024** in Kraft und sind insoweit im Text noch nicht berücksichtigt.

Inhaltsübersicht[1]

Kapitel 1. Allgemeine Bestimmungen

§ 1	Begriffsbestimmungen

Kapitel 2. Einreise und Aufenthalt im Bundesgebiet

Abschnitt 1. Passpflicht für Ausländer

§ 2	Erfüllung der Passpflicht durch Eintragung in den Pass eines gesetzlichen Vertreters
§ 3	Zulassung nichtdeutscher amtlicher Ausweise als Passersatz
§ 4	Deutsche Passersatzpapiere für Ausländer
§ 5	Allgemeine Voraussetzungen der Ausstellung des Reiseausweises für Ausländer
§ 6	Ausstellung des Reiseausweises für Ausländer im Inland
§ 7	Ausstellung des Reiseausweises für Ausländer im Ausland
§ 8	Gültigkeitsdauer des Reiseausweises für Ausländer
§ 9	Räumlicher Geltungsbereich des Reiseausweises für Ausländer
§ 10	Sonstige Beschränkungen im Reiseausweis für Ausländer
§ 11	Verfahren der Ausstellung oder Verlängerung des Reiseausweises für Ausländer im Ausland
§ 12	Grenzgängerkarte
§ 13	Notreiseausweis
§ 14	Befreiung von der Passpflicht in Rettungsfällen

Abschnitt 2. Befreiung vom Erfordernis eines Aufenthaltstitels

Unterabschnitt 1. Allgemeine Regelungen

§ 15	Gemeinschaftsrechtliche Regelung der Kurzaufenthalte
§ 16	Vorrang älterer Sichtvermerksabkommen
§ 17	Nichtbestehen der Befreiung bei Erwerbstätigkeit während eines Kurzaufenthalts
§ 17a	Befreiung zur Dienstleistungserbringung für langfristig Aufenthaltsberechtigte

Unterabschnitt 2. Befreiungen für Inhaber bestimmter Ausweise

§ 18	Befreiung für Inhaber von Reiseausweisen für Flüchtlinge und Staatenlose
§ 19	Befreiung für Inhaber dienstlicher Pässe
§ 20	Befreiung für Inhaber von Ausweisen der Europäischen Union und zwischenstaatlicher Organisationen und der Vatikanstadt
§ 21	Befreiung für Inhaber von Grenzgängerkarten
§ 22	Befreiung für Schüler auf Sammellisten

Unterabschnitt 3. Befreiungen im grenzüberschreitenden Beförderungswesen

§ 23	Befreiung für ziviles Flugpersonal
§ 24	Befreiung für Seeleute
§ 25	Befreiung in der internationalen zivilen Binnenschifffahrt
§ 26	Transit ohne Einreise; Flughafentransitvisum

Unterabschnitt 4. Sonstige Befreiungen

§ 27	Befreiung für Personen bei Vertretungen ausländischer Staaten
§ 28	Befreiung für freizügigkeitsberechtigte Schweizer
§ 29	Befreiung in Rettungsfällen
§ 30	Befreiung für die Durchreise und Durchbeförderung

---

[1] Inhaltsübersicht geänd. mWv 18.3.2005 durch G v. 14.3.2005 (BGBl. I S. 721); geänd. mWv 28.8.2007 durch G v. 19.8.2007 (BGBl. I S. 1970); geänd. mWv 29.6.2009 durch VO v. 15.6.2009 (BGBl. I S. 1287); geänd. mWv 1.9.2011 durch VO v. 22.7.2011 (BGBl. I S. 1530); geänd. mWv 1.11.2011 durch VO v. 22.7.2011 (BGBl. I S. 1530); geänd. mWv 26.11.2011 durch G v. 22.11.2011 (BGBl. I S. 2258); geänd. mWv 3.12.2011 durch VO v. 25.11.2011 (BGBl. I S. 2347); geänd. mWv 1.8.2012 durch G v. 1.6.2012 (BGBl. I S. 1224); geänd. mWv 2.12.2013 durch G v. 29.8.2013 (BGBl. I S. 3484); geänd. mWv 10.5.2014 durch VO v. 6.5.2014 (BGBl. I S. 451); geänd. mWv 1.11.2014 durch VO v. 3.3.2015 (BGBl. I S. 218); geänd. mWv 1.3.2017 durch VO v. 15.2.2017 (BGBl. I S. 162); geänd. mWv 5.8.2017 durch VO v. 1.8.2017 (BGBl. I S. 3066); geänd. mWv 23.1.2019 durch VO v. 14.1.2019 (BGBl. I S. 10); geänd. mWv 9.8.2019 durch VO v. 4.8.2019 (BGBl. I S. 1131); geänd. mWv 4.12.2020 durch VO v. 26.11.2020 (BGBl. I S. 2606).
Die Inhaltsübersicht wurde nichtamtlich an die Änderungen mWv 1.7.2013 durch VO v. 6.6.2013 (BGBl. I S. 1499); mWv 28.9.2013 durch VO v. 23.9.2013 (BGBl. I S. 3707); mWv 5.2.2016 durch G v. 2.2.2016 (BGBl. I S. 130); mWv 1.3.2020 durch G v. 15.8.2019 (BGBl. I S. 1307); mWv 15.7.2021 durch G v. 9.7.2021 (BGBl. I S. 2467) angepasst.

Spanien,
Tschechische Republik,
Ungarn
nach Maßgabe des Europäischen Übereinkommens über die Aufhebung des Sichtvermerkszwangs für Flüchtlinge vom 20. April 1959 (BGBl. 1961 II S. 1097, 1098) sowie hinsichtlich der Inhaber von Reiseausweisen für Flüchtlinge der Schweiz auch nach Maßgabe des Abkommens zwischen der Regierung der Bundesrepublik Deutschland und dem Schweizerischen Bundesrat über die Abschaffung des Sichtvermerkszwangs für Flüchtlinge vom 4. Mai 1962 (BGBl. 1962 II S. 2331, 2332).

Anlage B[1)]
(zu § 19)

[Staaten]

1. Inhaber dienstlicher Pässe (Dienst-, Ministerial-, Diplomaten- und anderer Pässe für in amtlicher Funktion oder im amtlichen Auftrag Reisende) von
Bolivien,
Ghana,
Kolumbien,
Philippinen,
Thailand,
Tschad,
Türkei.

2. Inhaber von Diplomatenpässen von
Albanien,
Algerien,
Armenien,
Aserbaidschan,
Bosnien und Herzegowina,
Ecuador,
Georgien,
Indien,
Jamaika,
Kasachstan,
Malawi,
Marokko,
Mazedonien, ehemalige Jugoslawische Republik,
Moldau,
Montenegro,
Namibia,
Pakistan,
Peru,
Russische Föderation,
Serbien,

[1)] Anl. B geänd. mWv 1.1.2007 durch VO v. 18.12.2006 (BGBl. I S. 3221); geänd. mWv 28.8.2007 durch G v. 19.8.2007 (BGBl. I S. 1970); geänd. mWv 14.5.2008 durch VO v. 8.5.2008 (BGBl. I S. 806); geänd. mWv 26.11.2011 durch G v. 22.11.2011 (BGBl. I S. 2258); geänd. mWv 5.3.2013 durch VO v. 27.2.2013 (BGBl. I S. 351); geänd. mWv 28.9.2013 durch VO v. 23.9.2013 (BGBl. I S. 3707); geänd. mWv 22.4.2015 durch VO v. 8.4.2015 (BGBl. I S. 599); geänd. mWv 26.7.2017 durch VO v. 14.7.2017 (BGBl. I S. 2650).

Südafrika,
Tunesien,
Ukraine,
Vereinigte Arabische Emirate,
Vietnam.
3. Inhaber von Spezialpässen der Vereinigten Arabischen Emirate.
4. Inhaber von Dienstpässen von Ecuador.
5. Inhaber biometrischer Dienstpässe von
Moldau,
Ukraine.
6. Inhaber biometrischer Diplomatenpässe von
Gabun,
Kuwait,
Mongolei.
7. Inhaber biometrischer Offizialpässe (Diplomaten-, Dienst- und Spezialpässe) von Katar, Oman.
8. Inhaber biometrischer Spezialpässe von Kuwait.

Anlage C[1]
(zu § 26 Absatz 2 Satz 1)

[Staaten]

Indien
Jordanien
Ausgenommen von der Flughafentransitvisumpflicht sind Staatsangehörige Jordaniens, sofern sie

a) im Besitz eines gültigen Visums Australiens, Israels oder Neuseelands sowie eines bestätigten Flugscheins oder einer gültigen Bordkarte für einen Flug sind, der in den betreffenden Staat führt, oder

b) nach Beendigung eines erlaubten Aufenthalts in einem der vorstehend genannten Staaten nach Jordanien reisen und hierzu im Besitz eines bestätigten Flugscheins oder einer gültigen Bordkarte für einen Flug sind, der nach Jordanien führt.

Der Weiterflug muss innerhalb von zwölf Stunden nach der Ankunft in Deutschland von demjenigen Flughafen ausgehen, in dessen Transitbereich sich der Ausländer ausschließlich befindet.

Kuba
Libanon
Mali
Sudan
Südsudan
Syrien
Türkei

---

[1] Anl. C neu gef. mWv 26.11.2011 durch G v. 22.11.2011 (BGBl. I S. 2258); geänd. mWv 29.12.2015 durch VO v. 18.12.2015 (BGBl. I S. 2467); geänd. mWv 29.7.2023 durch VO v. 27.7.2023 (BGBl. 2023 I Nr. 201).

Ausgenommen von der Flughafentransitvisumpflicht sind Staatsangehörige der Türkei, die Inhaber von Dienstpässen, Ministerialpässen und anderen Pässen für in amtlicher Funktion oder im amtlichen Auftrag Reisende sind.

Anlage D1–D17
(Anlagen hier nicht abgedruckt)

800. Gewerbeordnung[1]
In der Fassung der Bekanntmachung vom 22. Februar 1999[2]
(BGBl. I S. 202)

FNA 7100-1

geänd. durch Art. 2 Zweites Euro-EinführungsG v. 24.3.1999 (BGBl. I S. 385), Art. 26 Viertes Euro-EinführungsG v. 21.12.2000 (BGBl. I S. 1983), Art. 4 Zweites G zur Änd. reiserechtl. Vorschriften v. 23.7.2001 (BGBl. I S. 1658), Art. 131 Siebente ZuständigkeitsanpassungsVO v. 29.10.2001 (BGBl. I S. 2785), Art. 8 Neuntes Euro-EinführungsG v. 10.11.2001 (BGBl. I S. 2992), Art. 2 GaststättenG-GewerbeO-ÄndG v. 13.12.2001 (BGBl. I S. 3584), Art. 3 Viertes G zur Änd. des BundeszentralregisterG v. 23.4.2002 (BGBl. I S. 1406), Art. 3 WirtschaftsnummervorbereitungsG v. 22.5.2002 (BGBl. I S. 1644), Art. 11 Nr. 17 ZuwanderungsG v. 20.6.2002 (BGBl. I S. 1946, nichtig gem. Urt. des BVerfG v. 18.12.2002 - 2 BvF 1/02 -), Art. 1 Bewachungsgewerberechts-ÄndG v. 23.7.2002 (BGBl. I S. 2724), Art. 11 Schwarzarbeit-Bekämpfungs-ErleichterungsG v. 23.7.2002 (BGBl. I S. 2787), Art. 1 Drittes Gewerberechts-ÄndG v. 24.8.2002 (BGBl. I S. 3412), Art. 9 Waffenrechts-NeuregelungsG v. 11.10.2002 (BGBl. I S. 3970), Art. 108 Achte Zuständigkeitsanpassungs VO v. 25.11.2003 (BGBl. I S. 2304), Art. 67 Drittes G für moderne Dienstleistungen am Arbeitsmarkt v. 23.12.2003 (BGBl. I S. 2848), Art. 4 Drittes G zur Änd. der Handwerksordnung und and. handwerksrechtlicher Vorschriften v. 24.12.2003 (BGBl. I S. 2934), Art. 35a Viertes G für moderne Dienstleistungen am Arbeitsmarkt v. 24.12.2003 (BGBl. I S. 2954), Art. 10 G zur Intensivierung der Bekämpfung der Schwarzarbeit und damit zusammenhängender Steuerhinterziehung v. 23.7.2004 (BGBl. I S. 1842), Art. 11 Nr. 18 ZuwanderungsG v. 30.7.2004 (BGBl. I S. 1950), Art. 12 Kommunales OptionsG v. 30.7.2004 (BGBl. I S. 2014), Art. 9 Bürokratieabbau- und DeregulierungsG v. 21.6.2005 (BGBl. I S. 1666), Art. 2 Abs. 2 Siebtes ÄndG v. 7.7.2005 (BGBl. I S. 1954), Art. 3a G zur Änd. des GemeindefinanzreformG und and. G v. 6.9.2005 (BGBl. I S. 2725), Art. 11 Erstes G zum Abbau bürokratischer Hemmnisse insbesondere in der mittelständischen Wirtschaft v. 22.8.2006 (BGBl. I S. 1970), Art. 144 Neunte ZuständigkeitsanpassungsVO v. 31.10.2006 (BGBl. I S. 2407), Art. 3 G zur Errichtung und zur Regelung der Aufgaben des BfJ v. 17.12.2006 (BGBl. I S. 3171), Art. 1 G zur Neuregelung des Versicherungsvermittlerrechts v. 19.12.2006 (BGBl. I S. 3232), Art. 3 G zur Ausführung des UNESCO-Übk über Maßnahmen zum Verbot und zur Verhütung der rechtswidrigen Einfuhr, Ausfuhr und Übereignung von Kulturgut v. 18.5.2007 (BGBl. I S. 757, ber. S. 2547, iVm Bek. v. 28.3.2008, BGBl. II S. 235), Art. 5 Finanzmarktrichtlinie-UmsetzungsG v. 16.7.2007 (BGBl. I S. 1330), Art. 9 Zweites BürokratieabbauG v. 7.9.2007 (BGBl. I S. 2246), Art. 14 G zur Änd. des SGB IV und and. Gesetze v. 19.12.2007 (BGBl. I S. 3024), Art. 9 InvestmentänderungsG v. 21.12.2007 (BGBl. I S. 3089), Art. 9 G zur Vereinfachung und Anpassung statistischer Rechtsvorschriften v. 17.3.2008 (BGBl. I S. 399), Art. 11 Abs. 5 UnfallversicherungsmodernisierungsG v. 30.10.2008 (BGBl. I S. 2130), Art. 1 G zur Umsetzung der RL 2005/36/EG über die Anerkennung von Berufsqualifikationen in der GewerbeO v. 12.12.2008 (BGBl. I S. 2423), Art. 92 FGG-ReformG v. 17.12.2008 (BGBl. I S. 2586), Art. 9 Drittes MittelstandsentlastungsG v. 17.3.2009 (BGBl. I S. 550), Art. 7 ELENA-VerfahrensG v. 28.3.2009 (BGBl. I S. 634), Art. 3 Erstes G zur Änd. des G über die Festsetzung von Mindestarbeitsbedingungen v. 22.4.2009 (BGBl. I S. 818), Art. 1 G zur Umsetzung der DienstleistungsRL im Gewerberecht und in weiteren Rechtsvorschriften v. 17.7.2009 (BGBl. I S. 2091), Art. 4 Abs. 18 G zur Reform der Sachaufklärung in der Zwangsvollstreckung v. 29.7.2009 (BGBl. I S. 2258), Art. 1 G zur Änd. gewerberechtl. Vorschriften v. 11.7.2011 (BGBl. I S. 1341), Art. 8 G zur Änd. des BeherbergungsstatistikG und des HandelsstatistikG sowie zur Aufhebung von Vorschriften zum Verfahren des elektronischen Entgeltnachweises v. 23.11.2011 (BGBl. I S. 2298), Art. 7 G zur Umsetzung der RL 2010/78/EU im Hinblick auf die Errichtung des Europäischen Finanzaufsichtssystems v. 4.12.2011 (BGBl. I S. 2427), Art. 5 G zur Novellierung der Finanzanlagenvermittler- und Vermögensanlagenrechts v. 6.12.2011 (BGBl. I S. 2481), Art. 4 G zur Verbesserung der Feststellung und Anerkennung im Ausland erworbener Berufsqualifikationen v. 6.12.2011 (BGBl. I S. 2515), Art. 3 G zur Verbesserung des Austauschs von strafregisterrechtl. Daten zwischen den Mitgliedstaaten der Europäischen Union und zur Änd. registerrechtl. Vorschriften v. 15.12.2011 (BGBl. I S. 2714), Art. 1 G zur Änd. der Gewerbeordnung und anderer G v. 5.12.2012 (BGBl. I S. 2415), Art. 1 G zur Einführung eines Zulassungsverfahrens für Bewachungsunternehmen zur See v. 4.3.2013 (BGBl. I S. 362, geänd. durch Art. 2 G v. 24.4.2013, BGBl. I S. 930), Art. 3 G über konjunkturstatistische Erhebungen in bestimmten Dienstleistungsbereichen und zur Änd. von Vorschriften des Zu-

---

[1] Die Änderungen durch G v. 18.7.2017 (BGBl. I S. 2739, geänd. durch G v. 18.1.2021, BGBl. I S. 2, iVm Bek. v. 18.10.2021, BAnz AT 29.10.2021 B3, und Bek. v. 16.2.2022, BGBl. I S. 306) treten erst **mWv 1.6.2025** in Kraft und sind im Text noch nicht berücksichtigt.

[2] Neubekanntmachung der GewO idF der Bek. v. 1.1.1987 (BGBl. I S. 425) in der ab 1.1.1999 geltenden Fassung.

800 GewO — Gewerbeordnung

lassungsverfahrens für Bewachungsunternehmen auf Seeschiffen v. 24.4.2013 (BGBl. I S. 930), Art. 5 Abs. 6 Achtes G zur Änd. des GWB v. 26.6.2013 (BGBl. I S. 1738), Art. 17 AIFM-UmsetzungsG v. 4.7.2013 (BGBl. I S. 1981), Art. 3 HonoraranlageberatungsG v. 15.7.2013 (BGBl. I S. 2390), Art. 9 G zur Neuregelung des gesetzlichen Messwesens v. 25.7.2013 (BGBl. I S. 2722), Art. 18 G zur Förderung der elektronischen Verwaltung sowie zur Änd. weiterer Vorschriften v. 25.7.2013 (BGBl. I S. 2749), Art. 2 Abs. 79, Art. 3 Abs. 11 und Art. 4 Abs. 61 G zur Strukturreform des Gebührenrechts des Bundes v. 7.8.2013 (BGBl. I S. 3154, geänd. durch G v. 18.7.2016, BGBl. I S. 1666), Art. 6 Fünftes G zur Änd. des StraßenverkehrsG und anderer Gesetze v. 28.8.2013 (BGBl. I S. 3313), Art. 2 G zur Änd. des BundeszentralregisterG und anderer registerrechtlicher Vorschriften v. 6.9.2013 (BGBl. I S. 3556), Art. 11 G zur Anpassung von Gesetzen auf dem Gebiet des Finanzmarktes v. 15.7.2014 (BGBl. I S. 934), Art. 11 TarifautonomiestärkungsG v. 11.8.2014 (BGBl. I S. 1348), Art. 2 G zur Änd. des StraßenverkehrsG, der GewerbeO und des BundeszentralregisterG v. 28.11.2014 (BGBl. I S. 1802), Art. 2 Abs. 33 G zur Modernisierung der Finanzaufsicht über Versicherungen v. 1.4.2015 (BGBl. I S. 434), Art. 10 Fünftes G zur Änd. des Vierten Buches Sozialgesetzbuch und anderer G v. 15.4.2015 (BGBl. I S. 583), Art. 11 KleinanlegerschutzG v. 3.7.2015 (BGBl. I S. 1114), Art. 275, Art. 625 und Art. 626 Abs. 3 Zehnte ZuständigkeitsanpassungsVO v. 31.8.2015 (BGBl. I S. 1474, geänd. durch G v. 18.7.2016, BGBl. I S. 1666), Art. 2 G zur Änd. des BerufsqualifikationsfeststellungsG und anderer Gesetze v. 22.12.2015 (BGBl. I S. 2572), Art. 2 Abs. 7 VergaberechtsmodernisierungsG v. 17.2.2016 (BGBl. I S. 203), Art. 10 G zur Umsetzung der WohnimmobilienkreditRL und zur Änd. handelsrechtlicher Vorschriften v. 11.3.2016 (BGBl. I S. 396), Art. 13 Erstes FinanzmarktnovellierungsG v. 30.6.2016 (BGBl. I S. 1514), Art. 2 G zur Änd. des Art. 9 Abs. 4 Abs. 58, Art. 5 Abs. 9 G zur Aktualisierung der Strukturreform des Gebührenrechts des Bundes v. 18.7.2016 (BGBl. I S. 1666), Art. 9 G zur Neuregelung des Kulturgutschutzrechts v. 31.7.2016 (BGBl. I S. 1914), Art. 5 G zur Regulierung des Prostitutionsgewerbes v. 21.10.2016 (BGBl. I S. 2372), Art. 1 G zur Änd. bewachungsrechtlicher Vorschriften v. 4.11.2016 (BGBl. I S. 2456, geänd. durch G v. 29.11.2018, BGBl. I S. 2666), Art. 16 6. SGB IV-ÄnderungsG v. 11.11.2016 (BGBl. I S. 2500), Art. 97 G zum Abbau verzichtbarer Anordnungen der Schriftform im Verwaltungsrecht des Bundes v. 29.3.2017 (BGBl. I S. 626), Art. 2 Abs. 3 52. G zur Änd. des StGB – Stärkung des Schutzes von Vollstreckungsbeamten und Rettungskräften v. 23.5.2017 (BGBl. I S. 1226), Art. 20 Zweites FinanzmarktnovellierungsG v. 23.6.2017 (BGBl. I S. 1693), Art. 16 G zur Umsetzung der Vierten EU-GeldwäscheRL, zur Ausführung der EU-GeldtransferVO und zur Neuorganisation der Zentralstelle für Finanztransaktionsuntersuchungen v. 23.6.2017 (BGBl. I S. 1822), Art. 4 Drittes G zur Änd. reiserechtlicher Vorschriften v. 17.7.2017 (BGBl. I S. 2394), Art. 3 Siebtes G zur Änd. des BundeszentralregisterG v. 18.7.2017 (BGBl. I S. 2732, ber. S. 3431, geänd. durch Art. 53 G v. 20.11.2019, BGBl. I S. 1626), Art. 2 Abs. 3 G zur Einführung eines Wettbewerbsregisters und zur Änd. des G gegen Wettbewerbsbeschränkungen v. 18.7.2017 (BGBl. I S. 2739, geänd. durch G v. 18.1.2021, BGBl. I S. 2, iVm Bek. v. 18.10.2021, BAnz AT 29.10.2021 B3, und Bek. v. 16.2.2022, BGBl. I S. 306), Art. 1 G zur Umsetzung der Richtlinie (EU) 2016/97 über Versicherungsvertrieb und zur Änd. weiterer Gesetze v. 20.7.2017 (BGBl. I S. 2789), Art. 1 G zur Einführung einer Berufszulassungsregelung für gewerbliche Immobilienmakler und Wohnimmobilienverwalter v. 17.10.2017 (BGBl. I S. 3562), Art. 2 G zur Änd. des AkkreditierungsstellenG und der GewerbeO v. 11.12.2018 (BGBl. I S. 2354), Art. 1, 2 Zweites G zur Änd. bewachungsrechtlicher Vorschriften v. 29.11.2018 (BGBl. I S. 2666), Art. 5 Abs. 11 G zur Einführung einer Karte für Unionsbürger und Angehörige des Europäischen Wirtschaftsraums mit Funktion zum elektronischen Identitätsnachweis sowie zur Änd. des PersonalausweisG und weiterer Vorschriften v. 21.6.2019 (BGBl. I S. 846), Art. 81 Zweites Datenschutz-Anpassungs- und UmsetzungsG EU v. 20.11.2019 (BGBl. I S. 1626), Art. 15 Drittes BürokratieentlastungsG v. 22.11.2019 (BGBl. I S. 1746), Art. 19 Siebtes G zur Änd. des Vierten Buches SGB und anderer Gesetze v. 12.6.2020 (BGBl. I S. 1248), Art. 222, 360 Abs. 3 Elfte ZuständigkeitsanpassungsVO v. 19.6.2020 (BGBl. I S. 1328), Art. 5 G zur Umsetzung der VerhältnismäßigkeitsRL (RL (EU) 2018/958) im Bereich öffentlich-rechtlicher Körperschaften v. 19.6.2020 (BGBl. I S. 1403), Art. 20 Sanierungs- und InsolvenzrechtsfortentwicklungsG v. 22.12.2020 (BGBl. I S. 3256), Art. 9 G zur Verbesserung des Verbraucherschutzes im Inkassorecht und zur Änd. weiterer Vorschriften v. 22.12.2020 (BGBl. I S. 3320), Art. 13 G zur weiteren Verkürzung des Restschuldbefreiungsverfahrens und zur Anpassung pandemiebedingter Vorschriften im Gesellschafts-, Genossenschafts-, Vereins- und Stiftungsrecht sowie im Miet- und Pachtrecht v. 22.12.2020 (BGBl. I S. 3328), Art. 9b ArbeitsschutzkontrollG v. 22.12.2020 (BGBl. I S. 3334), Art. 3 GWB-DigitalisierungsG v. 18.1.2021 (BGBl. I S. 2), Art. 5 Abs. 2 G zur Verbesserung der strafrechtlichen Bekämpfung der Geldwäsche v. 9.3.2021 (BGBl. I S. 327), Art. 7 Abs. 25 G zur Umsetzung der RL (EU) 2019/2034 über die Beaufsichtigung von Wertpapierinstituten v. 12.5.2021 (BGBl. I S. 990), Art. 26 Abs. 4 FinanzmarktintegritätsstärkungsG v. 3.6.2021 (BGBl. I S. 1534), Art. 22 G zur begleitenden Ausführung der VO (EU) 2020/1503 und der Umsetzung der RL EU 2020/1504 v. 3.6.2021 (BGBl. I S. 1568), Art. 4 G über die Insolvenzsicherung durch Reisesicherungsfonds und zur Änd. reiserechtlicher Vorschriften v. 25.6.2021 (BGBl. I S. 2114), Art. 34 G zur Neuregelung des Berufsrechts der anwaltlichen und steuerberatenden Berufsausübungsgesellschaften sowie zur Änd. weiterer Vorschriften im Bereich der rechtsberatenden Berufe v. 7.7.2021 (BGBl. I S. 2363), Art. 10 Abs. 6 Viertes G zur Änd. des Lebensmittel- und Futtermittelgesetzbuches sowie anderer Vorschriften v. 27.7.2021 (BGBl. I S. 3274), Art. 3 G zur Durchführung der VO (EU) 2019/816 sowie zur Änd. weiterer Vorschriften v. 10.8.2021

Gewerbeordnung GewO 800

(BGBl. I S. 3420), Art. 2 G zur Stärkung des Verbraucherschutzes im Wettbewerbs- und Gewerberecht v. 10.8.2021 (BGBl. I S. 3504), Art. 1 G zum Übergang des Bewacherregisters vom Bundesamt für Wirtschaft und Ausfuhrkontrolle auf das Statistische Bundesamt v. 19.6.2022 (BGBl. I S. 918), Art. 6 G zur Umsetzung der RL (EU) 2019/1152 v. 20.7.2022 (BGBl. I S. 1174), Art. 1 G zur Änd. der GewerbeO und anderer Gesetze v. 9.11.2022 (BGBl. I S. 2009), Art. 2 G zur Änd. des BundeszentralregisterG und des StGB v. 4.12.2022 (BGBl. I S. 2146), Art. 21 SanktionsdurchsetzungsG II v. 19.12.2022 (BGBl. I S. 2606), Art. 6 G für einen besseren Schutz hinweisgebender Personen sowie zur Umsetzung der RL zum Schutz von Personen, die Verstöße gegen das Unionsrecht melden v. 31.5.2023 (BGBl. 2023 I Nr. 140) und Art. 11 G zur Regelung der Entsendung von Kraftfahrern und Kraftfahrerinnen im Straßenverkehrssektor und zur grenzüberschreitenden Durchsetzung des Entsenderechts v. 28.6.2023 (BGBl. 2023 I Nr. 172)

Inhaltsübersicht[1]

Titel I. Allgemeine Bestimmungen

§ 1	Grundsatz der Gewerbefreiheit
§ 2	(weggefallen)
§ 3	Betrieb verschiedener Gewerbe
§ 4	Grenzüberschreitende Dienstleistungserbringung, Niederlassung
§ 5	Zulassungsbeschränkungen
§ 6	Anwendungsbereich
§ 6a	Entscheidungsfrist, Genehmigungsfiktion
§ 6b	Verfahren über eine einheitliche Stelle, Europäischer Berufsausweis, Verordnungsermächtigung[2]
§ 6c	Informationspflichten für Dienstleistungserbringer
§ 7	Mitteilungspflicht bei Gewerben mit Zuverlässigkeitsüberprüfung
§ 8	(weggefallen)
§ 9	(weggefallen)
§ 10	(weggefallen)
§ 11	Verarbeitung personenbezogener Daten; Verordnungsermächtigung
§ 11a	Vermittlerregister
§ 11b	Bewacherregister; Verordnungsermächtigung
§ 11c	Übermittlung personenbezogener Daten innerhalb der Europäischen Union und des Europäischen Wirtschaftsraums bei reglementierten Berufen
§ 11d	Zusammenarbeit der Behörden
§ 12	Insolvenzverfahren und Restrukturierungssachen
§ 13	Erprobungsklausel
§ 13a	Anzeige der grenzüberschreitenden Erbringung von Dienstleistungen in reglementierten Berufen
§ 13b	Anerkennung ausländischer Unterlagen und Bescheinigungen
§ 13c	Anerkennung von ausländischen Befähigungsnachweisen

---

[1] Inhaltsübersicht geänd. mWv 1.1.2003 durch G v. 24.8.2002 (BGBl. I S. 3412); mWv 1.7.2005 durch G v. 21.6.2005 (BGBl. I S. 1666); mWv 22.5.2007 durch G v. 19.12.2006 (BGBl. I S. 3232); mWv 1.11. 2007 durch G v. 16.7.2007 (BGBl. I S. 1330); mWv 14.9.2007 durch G v. 7.9.2007 (BGBl. I S. 2246); mWv 18.12.2008 durch G v. 12.12.2008 (BGBl. I S. 2423); mWv 25.3.2009 durch G v. 17.3.2009 (BGBl. I S. 550); mWv 25.7.2009 durch G v. 17.7.2009 (BGBl. I S. 2091); mWv 28.12.2009 durch G v. 17.7.2009 (BGBl. I S. 2091); mWv 15.7.2011 durch G v. 11.7.2011 (BGBl. I S. 1341); mWv 1.1.2013 durch G v. 6.12.2011 (BGBl. I S. 2481); mWv 1.4.2012 durch G v. 6.12.2011 (BGBl. I S. 2515); mWv 27.4.2012 durch G v. 15.12.2011 (BGBl. I S. 2714); mWv 1.12.2013 durch G v. 4.3.2013 (BGBl. I S. 362, geänd. durch G v. 24.4. 2013, BGBl. I S. 930); mWv 1.8.2014 durch G v. 15.7.2013 (BGBl. I S. 2390); mWv 1.9.2014 durch G v. 6.9.2013 (BGBl. I S. 3556); mWv 18.1.2016 durch G v. 22.12.2015 (BGBl. I S. 2572); mWv 21.3.2016 durch G v. 11.3.2016 (BGBl. I S. 396); mWv 1.12.2016 durch G v. 4.11.2016 (BGBl. I S. 2456); mWv 1.7. 2018 durch G v. 17.7.2017 (BGBl. I S. 2394); mWv 29.7.2017 durch G v. 18.7.2017 (BGBl. I S. 2732); mWv 23.2.2018 durch G v. 20.7.2017 (BGBl. I S. 2789); mWv 1.8.2018 durch G v. 17.10.2017 (BGBl. I S. 3562); mWv 15.12.2018 durch G v. 11.12.2018 (BGBl. I S. 2354); mWv 1.1.2019 durch G v. 29.11.2018 (BGBl. I S. 2666); mWv 26.11.2019 durch G v. 20.11.2019 (BGBl. I S. 1626); mWv 1.1.2021 durch G v. 22.12.2020 (BGBl. I S. 3256); mWv 1.7.2021 durch G v. 25.6.2021 (BGBl. I S. 2114); mWv 18.8.2021 durch G v. 10.8.2021 (BGBl. I S. 3420), mWv 28.5.2022 durch G v. 10.8.2021 (BGBl. I S. 3504); mWv 23.6.2022 durch G v. 19.6.2022 (BGBl. I S. 918); mWv 1.8.2022 durch G v. 20.7.2022 (BGBl. I S. 1174); mWv 9.11.2023 (BGBl. I S. 2009); sie wurde nichtamtlich an die Änderung durch G v. 23.4.2002 (BGBl. I S. 1406) und G v. 23.12.2003 (BGBl. I S. 2848) angepasst.

[2] Wortlaut weicht amtlich von der gleichzeitigen Änderung der Überschrift des § 6b ab.

Titel II. Stehendes Gewerbe
I. Allgemeine Erfordernisse

§ 14   Anzeigepflicht; Verordnungsermächtigung
§ 15   Empfangsbescheinigung, Betrieb ohne Zulassung
§ 15a   (weggefallen)
§ 15b   (weggefallen)

II. Erfordernis besonderer Überwachung oder Genehmigung
A. Anlagen, die einer besonderen Überwachung bedürfen

§§ 16 bis 28   (weggefallen)

B. Gewerbetreibende, die einer besonderen Genehmigung bedürfen

§ 29   Auskunft und Nachschau
§ 30   Privatkrankenanstalten
§ 30a   (weggefallen)
§ 30b   (weggefallen)
§ 30c   (weggefallen)
§ 31   Bewachungsgewerbe auf Seeschiffen; Verordnungsermächtigung
§ 32   Regelung der Sachkundeprüfung, Aufgabenauswahlausschüsse
§ 33   (weggefallen)
§ 33a   Schaustellungen von Personen
§ 33b   (weggefallen)
§ 33c   Spielgeräte mit Gewinnmöglichkeit
§ 33d   Andere Spiele mit Gewinnmöglichkeit
§ 33e   Bauartzulassung und Unbedenklichkeitsbescheinigung
§ 33f   Ermächtigung zum Erlaß von Durchführungsvorschriften
§ 33g   Einschränkung und Ausdehnung der Erlaubnispflicht
§ 33h   Spielbanken, Lotterien, Glücksspiele
§ 33i   Spielhallen und ähnliche Unternehmen
§ 34   Pfandleihgewerbe
§ 34a   Bewachungsgewerbe; Verordnungsermächtigung
§ 34b   Versteigerergewerbe
§ 34c   Immobilienmakler, Darlehensvermittler, Bauträger, Baubetreuer, Wohnimmobilienverwalter, Verordnungsermächtigung
§ 34d   Versicherungsvermittler, Versicherungsberater
§ 34e   Verordnungsermächtigung
§ 34f   Finanzanlagenvermittler
§ 34g   Verordnungsermächtigung
§ 34h   Honorar-Finanzanlagenberater
§ 34i   Immobiliardarlehensvermittler
§ 34j   Verordnungsermächtigung
§ 35   Gewerbeuntersagung wegen Unzuverlässigkeit
§§ 35a und 35b   (weggefallen)
§ 36   Öffentliche Bestellung von Sachverständigen
§ 36a   Öffentliche Bestellung von Sachverständigen mit Qualifikationen aus einem anderen Mitgliedstaat der Europäischen Union oder einem anderen Vertragsstaat des Abkommens über den Europäischen Wirtschaftsraum
§ 37   (weggefallen)
§ 38   Überwachungsbedürftige Gewerbe
§ 39   (weggefallen)
§ 39a   (weggefallen)
§ 40   (weggefallen)

III. Umfang, Ausübung und Verlust der Gewerbebefugnisse

§ 41   (weggefallen)
§§ 41a und 41b   (weggefallen)
§ 42   (weggefallen)
§§ 42a bis 44a   (weggefallen)
§ 45   Stellvertreter
§ 46   Fortführung des Gewerbes
§ 47   Stellvertretung in besonderen Fällen
§ 48   (weggefallen)
§ 49   Erlöschen von Erlaubnissen
§ 50   (weggefallen)

Gewerbeordnung § 33f **GewO 800**

(2) Die Zulassung ist ganz oder teilweise, die Unbedenklichkeitsbescheinigung ist ganz zurückzunehmen oder zu widerrufen, wenn Tatsachen bekannt werden, die ihre Versagung rechtfertigen würden, oder wenn der Antragsteller zugelassene Spielgeräte an den in dem Zulassungsschein bezeichneten Merkmalen verändert oder ein für unbedenklich erklärtes Spiel unter nicht genehmigten Bedingungen veranstaltet.

(3) Die Zulassung und die Unbedenklichkeitsbescheinigung können mit einer Befristung erteilt und mit Auflagen verbunden werden.

(4) Bei serienmäßig hergestellten Spielen nach § 33d genügt es, wenn die Unbedenklichkeitsbescheinigung für das eingereichte Spiel und für Nachbauten ein Abdruck der Unbedenklichkeitsbescheinigung erteilt wird.

§ 33f[1] **Ermächtigung zum Erlaß von Durchführungsvorschriften.**

(1) Das Bundesministerium für Wirtschaft und Klimaschutz kann zur Durchführung der §§ 33c, 33d, 33e und 33i im Einvernehmen mit dem Bundesministerium des Innern und für Heimat, dem Bundesministerium für Gesundheit und dem Bundesministerium für Familie, Senioren, Frauen und Jugend und mit Zustimmung des Bundesrates durch Rechtsverordnung[2] zur Eindämmung der Betätigung des Spieltriebs, zum Schutze der Allgemeinheit und der Spieler sowie im Interesse des Jugendschutzes

1. die Aufstellung von Spielgeräten oder die Veranstaltung von anderen Spielen auf bestimmte Gewerbezweige, Betriebe oder Veranstaltungen beschränken und die Zahl der jeweils in einem Betrieb aufgestellten Spielgeräte oder veranstalteten anderen Spiele begrenzen,
2. Vorschriften über den Umfang der Befugnisse und Verpflichtungen bei der Ausübung des Gewerbes erlassen,
3. für die Zulassung oder die Erteilung der Unbedenklichkeitsbescheinigung bestimmte Anforderungen stellen an

   a) die Art und Weise des Spielvorgangs,

   b) die Art des Gewinns,

   c) den Höchsteinsatz und den Höchstgewinn,

   d) das Verhältnis der Anzahl der gewonnenen Spiele zur Anzahl der verlorenen Spiele,

   e) das Verhältnis des Einsatzes zum Gewinn bei einer bestimmten Anzahl von Spielen,

   f) die Mindestdauer eines Spiels,

   g) die technische Konstruktion und die Kennzeichnung der Spielgeräte,

---

[1] § 33f Abs. 1, Abs. 2 Nr. 1 und 2 geänd. mWv 7.11.2001 durch VO v. 29.10.2001 (BGBl. I S. 2785); Abs. 1 und Abs. 2 Nr. 1 und 2 geänd. mWv 28.11.2003 durch VO v. 25.11.2003 (BGBl. I S. 2304); Abs. 1, Abs. 2 Nr. 1 und 2 geänd. mWv 8.11.2006 durch VO v. 31.10.2006 (BGBl. I S. 2407); Abs. 1 einl. Satzteil und Nr. 4 geänd., Nr. 3 neu gef., Nr. 5 angef. mWv 12.12.2012 durch G v. 5.12.2012 (BGBl. I S. 2415); Abs. 2 Nr. 1 Buchst. b, Nr. 2 Buchst. b neu gef. mWv 15.8.2013 durch G v. 7.8.2013 (BGBl. I S. 3154, geänd. durch G v. 18.7.2016, BGBl. I S. 1666); Abs. 1 einl. Satzteil, Abs. 2 Nr. 1 und 2 geänd. mWv 8.9.2015 durch VO v. 31.8.2015 (BGBl. I S. 1474, geänd. durch G v. 18.7.2016, BGBl. I S. 1666); Abs. 2 Nr. 2 neu gef. mWv 1.10.2019; Abs. 2 Nr. 1 neu gef. mWv 1.10.2021 durch G v. 18.7.2016 (BGBl. I S. 1666); Abs. 1 einl. Satzteil, Abs. 2 Nr. 1 einl. Satzteil und Nr. 2 geänd. mWv 27.6.2020; Abs. 2 Nr. 1 mWv 1.10.2021 durch VO v. 19.6.2020 (BGBl. I S. 1328); Abs. 1 einl. Satzteil, Abs. 2 Nr. 1 und 2 geänd. mWv 1.1.2023 durch G v. 9.11.2022 (BGBl. I S. 2009).

[2] Siehe die SpielVO idF der Bek. v. 27.1.2006 (BGBl. I S. 280), zuletzt geänd. durch G v. 18.7.2016 (BGBl. I S. 1666).

h) personenungebundene Identifikationsmittel, die der Spieler einsetzen muss, um den Spielbetrieb an einem Spielgerät zu ermöglichen, insbesondere an deren Ausgabe, Aktivierung, Gültigkeit und Sicherheitsmerkmale,

i) die Bekanntgabe der Spielregeln und des Gewinnplans sowie die Bereithaltung des Zulassungsscheines oder des Abdruckes des Zulassungsscheines, des Zulassungsbeleges, der Unbedenklichkeitsbescheinigung oder des Abdruckes der Unbedenklichkeitsbescheinigung,

4. Vorschriften über den Umfang der Verpflichtungen des Gewerbetreibenden erlassen, in dessen Betrieb das Spielgerät aufgestellt oder das Spiel veranstaltet werden soll,

5. die Anforderungen an den Unterrichtungsnachweis nach § 33c Absatz 2 Nummer 2 und das Verfahren für diesen Nachweis sowie Ausnahmen von der Nachweispflicht festlegen.

(2) Durch Rechtsverordnung[1]) können ferner

1. das Bundesministerium für Wirtschaft und Klimaschutz im Einvernehmen mit dem Bundesministerium des Innern und für Heimat und mit Zustimmung des Bundesrates das Verfahren der Physikalisch-Technischen Bundesanstalt bei der Prüfung und Zulassung der Bauart von Spielgeräten sowie bei der Verlängerung der Aufstelldauer von Warenspielgeräten, die auf Volksfesten, Schützenfesten oder ähnlichen Veranstaltungen aufgestellt werden sollen, und die ihrer Konstruktion nach keine statistischen Prüfmethoden erforderlich machen, regeln.

2. das Bundesministerium des Innern und für Heimat im Einvernehmen mit dem Bundesministerium für Wirtschaft und Klimaschutz und mit Zustimmung des Bundesrates das Verfahren des Bundeskriminalamtes bei der Erteilung von Unbedenklichkeitsbescheinigungen regeln.

§ 33g[2]) **Einschränkung und Ausdehnung der Erlaubnispflicht.** Das Bundesministerium für Wirtschaft und Klimaschutz kann im Einvernehmen mit den Bundesministerien des Innern und für Heimat und für Familie, Senioren, Frauen und Jugend mit Zustimmung des Bundesrates durch Rechtsverordnung bestimmen, daß

1. für die Veranstaltung bestimmter anderer Spiele im Sinne des § 33d Abs. 1 Satz 1 eine Erlaubnis nicht erforderlich ist, wenn diese Spiele überwiegend der Unterhaltung dienen und kein öffentliches Interesse an einer Erlaubnispflicht besteht,

2. die Vorschriften der §§ 33c und 33d auch für die nicht gewerbsmäßige Aufstellung von Spielgeräten und für die nicht gewerbsmäßige Veranstaltung anderer Spiele in Vereinen und geschlossenen Gesellschaften gelten, in denen gewohnheitsmäßig gespielt wird, wenn für eine solche Regelung ein öffentliches Interesse besteht.

§ 33h Spielbanken, Lotterien, Glücksspiele. Die §§ 33c bis 33g finden keine Anwendung auf

---

[1]) Siehe die VO zur Erteilung von Unbedenklichkeitsbescheinigungen idF der Bek. v. 10.4.1995 (BGBl. I S. 510), zuletzt geänd. durch VO v. 19.6.2020 (BGBl. I S. 1328).

[2]) § 33g geänd. mWv 7.11.2001 durch VO v. 29.10.2001 (BGBl. I S. 2785); geänd. mWv 28.11.2003 durch VO v. 25.11.2003 (BGBl. I S. 2304); geänd. mWv 8.11.2006 durch VO v. 31.10.2006 (BGBl. I S. 2407); geänd. mWv 8.9.2015 durch VO v. 31.8.2015 (BGBl. I S. 1474); einl. Satzteil geänd. mWv 27.6.2020 durch VO v. 19.6.2020 (BGBl. I S. 1328); einl. Satzteil geänd. mWv 1.1.2023 durch G v. 9.11.2022 (BGBl. I S. 2009).

Gewerbeordnung § 33i GewO 800

1. die Zulassung und den Betrieb von Spielbanken,
2. die Veranstaltung von Lotterien und Ausspielungen, mit Ausnahme der gewerbsmäßig betriebenen Ausspielungen auf Volksfesten, Schützenfesten oder ähnlichen Veranstaltungen, bei denen der Gewinn in geringwertigen Gegenständen besteht,
3. die Veranstaltung anderer Spiele im Sinne des § 33d Abs. 1 Satz 1, die Glücksspiele im Sinne des § 284 des Strafgesetzbuches[1)] sind.

§ 33i[2) 3)] **Spielhallen und ähnliche Unternehmen.** (1) [1]Wer gewerbsmäßig eine Spielhalle oder ein ähnliches Unternehmen betreiben will, das ausschließlich oder überwiegend der Aufstellung von Spielgeräten oder der Veranstaltung anderer Spiele im Sinne des § 33c Abs. 1 Satz 1 oder des § 33d Abs. 1 Satz 1 dient, bedarf der Erlaubnis der zuständigen Behörde. [2]Die Erlaubnis kann mit einer Befristung erteilt und mit Auflagen verbunden werden, soweit dies zum Schutze der Allgemeinheit, der Gäste oder der Bewohner des Betriebsgrundstücks oder der Nachbargrundstücke vor Gefahren, erheblichen Nachteilen oder erheblichen Belästigungen erforderlich ist; unter denselben Voraussetzungen ist auch die nachträgliche Aufnahme, Änderung und Ergänzung von Auflagen zulässig.

(2) Die Erlaubnis ist zu versagen, wenn
1. die in § 33c Absatz 2 Nummer 1 oder § 33d Absatz 3 genannten Versagungsgründe vorliegen,
2. die zum Betrieb des Gewerbes bestimmten Räume wegen ihrer Beschaffenheit oder Lage den polizeilichen Anforderungen nicht genügen oder
3. der Betrieb des Gewerbes eine Gefährdung der Jugend, eine übermäßige Ausnutzung des Spieltriebs, schädliche Umwelteinwirkungen im Sinne des Bundes-Immissionsschutzgesetzes[4)] oder sonst eine nicht zumutbare Belästigung der All-

---

[1)] **Habersack Nr. 85.**
[2)] § 33i Abs. 1 Satz 1 geänd. mWv 12.12.2012, Abs. 2 Nr. 1 geänd. mWv 1.9.2013 durch G v. 5.12.2012 (BGBl. I S. 2415).
[3)] Das Recht der Spielhallen ist seit der am 1.9.2006 in Kraft getretenen Föderalismusreform Gegenstand der Gesetzgebungskompetenz der Länder. Ua haben folgende Länder hierzu eigene Regelungen erlassen:
Baden-Württemberg: LandesglücksspielG (LGlüG) v. 20.11.2012 (GBl. S. 604), zuletzt geänd. durch G v. 4.2.2021 (GBl. S. 174),
Berlin: SpielhallenG Berlin (SpielhG Bln) v. 20.5.2011 (GVBl. S. 223), zuletzt geänd. durch G v. 27.9.2021 (GVBl. S. 1117),
Brandenburg: Brandenburgisches SpielhallenG (BbgSpielhG) v. 23.6.2021 (GVBl. I Nr. 22), geänd. durch G v. 7.3.2023 (GVBl. I Nr. 5),
Bremen: Bremisches SpielhallenG (BremSpielhG) v. 17.5.2011 (Brem.GBl. S. 327), zuletzt geänd. durch G v. 21.6.2022 (Brem.GBl. S. 285),
Hamburg: Hamburgisches SpielhallenG (HmbSpielhG) v. 4.12.2012 (HmbGVBl. S. 505), zuletzt geänd. durch G v. 17.2.2021 (HmbGVBl. S. 75),
Hessen: Hessisches SpielhallenG (HSpielhG) v. 17.11.2022 (GVBl. S. 626),
Niedersachsen: Niedersächsisches SpielhallenG (NSpielhG) v. 26.1.2022 (Nds. GVBl. S. 36),
Saarland: Saarländisches SpielhallenG (SSpielhG) v. 20.6.2012 (Amtsbl. I S. 156),
Sachsen-Anhalt: Sachsen-Anhalt SpielhallenG (SpielhG LSA) v. 10.5.2023 (GVBl. LSA S. 229),
Schleswig-Holstein: SpielhallenG (SpielhG) v. 8.2.2022 (GVOBl. Schl.-H. S. 131),
Thüringen: Thüringer SpielhallenG (ThürSpielhallenG) v. 21.6.2012 (GVBl. S. 153, 159), geänd. durch G v. 9.2.2023 (GVBl. S. 31).
[4)] Nr. **296.**

EL 139 August 2023

gemeinheit, der Nachbarn oder einer im öffentlichen Interesse bestehenden Einrichtung befürchten läßt.

§ 34[1] **Pfandleihgewerbe.** (1) [1] Wer das Geschäft eines Pfandleihers oder Pfandvermittlers betreiben will, bedarf der Erlaubnis der zuständigen Behörde. [2] Die Erlaubnis kann mit Auflagen verbunden werden, soweit dies zum Schutze der Allgemeinheit oder der Verpfänder erforderlich ist; unter denselben Voraussetzungen ist auch die nachträgliche Aufnahme, Änderung und Ergänzung von Auflagen zulässig. [3] Die Erlaubnis ist zu versagen, wenn

1. Tatsachen die Annahme rechtfertigen, daß der Antragsteller die für den Gewerbebetrieb erforderliche Zuverlässigkeit nicht besitzt, oder
2. er die für den Gewerbebetrieb erforderlichen Mittel oder entsprechende Sicherheiten nicht nachweist.

(2) [1] Das Bundesministerium für Wirtschaft und Klimaschutz kann durch Rechtsverordnung[2] mit Zustimmung des Bundesrates zum Schutze der Allgemeinheit und der Verpfänder Vorschriften erlassen über den Umfang der Befugnisse und Verpflichtungen bei der Ausübung der in Absatz 1 genannten Gewerbe, insbesondere über

1. den Geltungsbereich der Erlaubnis,
2. die Annahme, Aufbewahrung und Verwertung des Pfandgegenstandes, die Art und Höhe der Vergütung für die Hingabe des Darlehens und über die Ablieferung des sich bei der Verwertung des Pfandes ergebenden Pfandüberschusses,
3. die Verpflichtung zum Abschluß einer Versicherung gegen Feuerschäden, Wasserschäden, Einbruchsdiebstahl und Beraubung oder über die Verpflichtung, andere Maßnahmen zu treffen, die der Sicherung der Ansprüche des Darlehensnehmers wegen Beschädigung oder Verlustes des Pfandgegenstandes dienen,
4. die Verpflichtung zur Buchführung einschließlich der Aufzeichnung von Daten über einzelne Geschäftsvorgänge sowie über die Verpfänder.

[2] Es kann ferner bestimmen, daß diese Vorschriften ganz oder teilweise auch auf nichtgewerblich betriebene Pfandleihanstalten Anwendung finden.

(3) Sind nach Ablauf des Jahres, in dem das Pfand verwertet worden ist, drei Jahre verstrichen, so verfällt der Erlös zugunsten des Fiskus des Landes, in dem die Verpfändung erfolgt ist, wenn nicht ein Empfangsberechtigter sein Recht angemeldet hat.

(4) Der gewerbsmäßige Ankauf beweglicher Sachen mit Gewährung des Rückkaufsrechts ist verboten.

§ 34a[3] **Bewachungsgewerbe; Verordnungsermächtigung.** (1) [1] Wer gewerbsmäßig Leben oder Eigentum fremder Personen bewachen will (Bewachungs-

---

[1] § 34 Abs. 2 Satz 1 geänd. mWv 7.11.2001 durch VO v. 29.10.2001 (BGBl. I S. 2785); Abs. 2 Satz 1 geänd. mWv 28.11.2003 durch VO v. 25.11.2003 (BGBl. I S. 2304); Abs. 2 Satz 1 geänd. mWv 8.11.2006 durch VO v. 31.10.2006 (BGBl. I S. 2407); Abs. 2 Satz 1 einl. Satzteil geänd. mWv 8.9.2015 durch VO v. 31.8.2015 (BGBl. I S. 1474); Abs. 3 neu gef. mWv 21.3.2016 durch G v. 11.3.2016 (BGBl. I S. 396); Abs. 2 Satz 1 einl. Satzteil geänd. mWv 1.1.2023 durch G v. 9.11.2022 (BGBl. I S. 2009).

[2] Siehe die PfandleiherVO idF der Bek. v. 1.6.1976 (BGBl. I S. 1334), zuletzt geänd. durch VO v. 28.4.2016 (BGBl. I S. 1046).

[3] § 34a Abs. 2 geänd. mWv 7.11.2001 durch VO v. 29.10.2001 (BGBl. I S. 2785); Abs. 1 Satz 5 und Abs. 2 Nr. 2 eingef., Abs. 2 bish. Nr. 2 wird Nr. 3, Nr. 1 neu gef., Nr. 3 Buchst. d angef., Abs. 3 aufgeh., bish. Abs. 4 wird Abs. 3, Abs. 4–6 angef. mWv 1.1.2003 durch G v. 23.7.2002 (BGBl. I S. 2724); Abs. 6 aufgeh. mWv 1.4.2003 durch G v. 11.10.2002 (BGBl. I S. 3970); Abs. 2 geänd. mWv 28.11.2003 durch

Gewerbeordnung § 34a **GewO** 800

gewerbe), bedarf der Erlaubnis der zuständigen Behörde. ²Die Erlaubnis kann mit Auflagen verbunden werden, soweit dies zum Schutz der Allgemeinheit oder der Auftraggeber erforderlich ist; unter denselben Voraussetzungen sind auch die nachträgliche Aufnahme, Änderung und Ergänzung von Auflagen zulässig. ³Die Erlaubnis ist zu versagen, wenn

1. Tatsachen die Annahme rechtfertigen, dass der Antragsteller oder eine der mit der Leitung des Betriebes oder einer Zweigniederlassung beauftragten Personen die für den Gewerbebetrieb erforderliche Zuverlässigkeit nicht besitzt,
2. der Antragsteller in ungeordneten Vermögensverhältnissen lebt,
3. der Antragsteller oder eine mit der Leitung des Betriebes oder einer Zweigniederlassung beauftragte Person nicht durch eine vor der Industrie- und Handelskammer erfolgreich abgelegte Prüfung nachweist, dass er für die Ausübung des Bewachungsgewerbes notwendige Sachkunde über die rechtlichen und fachlichen Grundlagen besitzt; für juristische Personen gilt dies für die gesetzlichen Vertreter, soweit sie mit der Durchführung von Bewachungsaufgaben direkt befasst sind oder keine mit der Leitung des Betriebes oder einer Zweigniederlassung beauftragte Person einen Sachkundenachweis hat, oder
4. der Antragsteller den Nachweis einer Haftpflichtversicherung nicht erbringt.

⁴Die erforderliche Zuverlässigkeit liegt in der Regel nicht vor, wenn der Antragsteller oder eine der mit der Leitung des Betriebes oder einer Zweigniederlassung beauftragten Person

1. Mitglied in einem Verein, der nach dem Vereinsgesetz[1]) als Organisation unanfechtbar verboten wurde oder der einem unanfechtbaren Betätigungsverbot nach dem Vereinsgesetz unterliegt, war und seit der Beendigung der Mitgliedschaft zehn Jahre noch nicht verstrichen sind,
2. Mitglied in einer Partei, deren Verfassungswidrigkeit das Bundesverfassungsgericht nach § 46 des Bundesverfassungsgerichtsgesetzes[2]) in der Fassung der Bekanntmachung vom 11. August 1993 (BGBl. I S. 1473), das zuletzt durch Artikel 8 der Verordnung vom 31. August 2015 (BGBl. I S. 1474) geändert worden ist, festgestellt hat, war und seit der Beendigung der Mitgliedschaft zehn Jahre noch nicht verstrichen sind,
3. einzeln oder als Mitglied einer Vereinigung Bestrebungen und Tätigkeiten im Sinne des § 3 Absatz 1 des Bundesverfassungsschutzgesetzes[3]) vom 20. Dezember

---

(Fortsetzung der Anm. von voriger Seite)
VO v. 25.11.2003 (BGBl. I S. 2304); Abs. 2 geänd. mWv 8.11.2006 durch VO v. 31.10.2006 (BGBl. I S. 2407); Abs. 2 Nr. 3 Buchst. d geänd., Nr. 4 angef. mWv 18.12.2008 durch G v. 12.12.2008 (BGBl. I S. 2423); Abs. 1 Satz 4 eingef., bish. Sätze 4 und 5 werden Sätze 5 und 6, Abs. 2 Nr. 2 geänd. mWv 13.3. 2013 durch G v. 4.3.2013 (BGBl. I S. 362); Abs. 2 einl. Satzteil geänd. mWv 8.9.2015 durch VO v. 31.8. 2015 (BGBl. I S. 1474); Überschrift geänd., Abs. 1 neu gef., Abs. 1a eingef., Abs. 2 Nr. 1, 2 und 4 geänd., Abs. 6 angef. mWv 1.12.2016 durch G v. 4.11.2016 (BGBl. I S. 2456), geänd. durch G v. 29.11.2018, BGBl. I S. 2666); Abs. 1 Satz 4 Nr. 4 Buchst. b geänd. mWv 30.5.2017 durch G v. 23.5.2017 (BGBl. I S. 1226); Abs. 3 und Abs. 6 Satz 1 Nr. 4 geänd. mWv 29.7.2017 durch G v. 20.7.2017 (BGBl. I S. 2789); Abs. 1 Satz 3 Nr. 1 geänd., Nr. 3 neu gef., Sätze 4, 5 jeweils einl. Satzteil und Satz 5 Nr. 2, 3 geänd., Nr. 4 angef., Sätze 6–8 neu gef., Sätze 9, 10 angef., Abs. 1a Satz 1, 2 jeweils einl. Satzteil geänd., Sätze 3–6 neu gef., Satz 7 angef., Abs. 1b und Abs. 2 Nr. 1 eingef., bish. Nr. 1–3 werden Nr. 2–4, neue Nr. 4 Buchst. b geänd., Buchst. d aufgeh., Nr. 5 eingef., bish. Nr. 4 wird Nr. 6 und geänd., Nr. 7, 8 angef., Abs. 3 neu gef., Abs. 4 geänd. und Abs. 6 aufgeh. mWv 1.1.2019 durch G v. 29.11.2018 (BGBl. I S. 2666); Abs. 2 einl. Satzteil geänd. mWv 23.6.2022 durch G v. 19.6.2022 (BGBl. I S. 918).

[1]) Nr. 425.
[2]) Nr. 40.
[3]) Nr. 80.

EL 139   August 2023   43

1990 (BGBl. I S. 2954, 2970), das zuletzt durch Artikel 1 des Gesetzes vom 26. Juli 2016 (BGBl. I S. 1818) geändert worden ist, verfolgt oder unterstützt oder in den letzten fünf Jahren verfolgt oder unterstützt hat,

4. in den letzten fünf Jahren vor Stellung des Antrags wegen Versuchs oder Vollendung einer der nachstehend aufgeführten Straftaten zu einer Freiheitsstrafe, Jugendstrafe, Geldstrafe von mindestens 90 Tagessätzen oder mindestens zweimal zu einer geringeren Geldstrafe rechtskräftig verurteilt worden ist oder bei dem die Verhängung von Jugendstrafe ausgesetzt worden ist, wenn seit dem Eintritt der Rechtskraft der letzten Verurteilung fünf Jahre noch nicht verstrichen sind:

a) Verbrechen im Sinne von § 12 Absatz 1 des Strafgesetzbuches[1],

b) Straftat gegen die sexuelle Selbstbestimmung, des Menschenhandels oder der Förderung des Menschenhandels, der vorsätzlichen Körperverletzung, Freiheitsberaubung, des Diebstahls, der Unterschlagung, Erpressung, des Betrugs, der Untreue, Hehlerei, Urkundenfälschung, des Landfriedensbruchs oder Hausfriedensbruchs oder des Widerstands gegen oder des tätlichen Angriffs auf Vollstreckungsbeamte oder gegen oder auf Personen, die Vollstreckungsbeamten gleichstehen,

c) Vergehen gegen das Betäubungsmittelgesetz[2], Arzneimittelgesetz[3], Waffengesetz[4], Sprengstoffgesetz[5], Aufenthaltsgesetz[6], Arbeitnehmerüberlassungsgesetz[7] oder das Schwarzarbeitsbekämpfungsgesetz[8] oder

d) staatsschutzgefährdende oder gemeingefährliche Straftat.

[5] Zur Überprüfung der Zuverlässigkeit hat die Behörde mindestens einzuholen:

1. eine Auskunft aus dem Gewerbezentralregister nach § 150 Absatz 1,

2. eine unbeschränkte Auskunft nach § 41 Absatz 1 Nummer 9 des Bundeszentralregistergesetzes[9],

3. eine Stellungnahme der für den Wohnort zuständigen Behörde der Landespolizei, einer zentralen Polizeidienststelle oder des jeweils zuständigen Landeskriminalamts, ob und welche tatsächlichen Anhaltspunkte bekannt sind, die Bedenken gegen die Zuverlässigkeit begründen können, soweit Zwecke der Strafverfolgung oder Gefahrenabwehr einer Übermittlung der tatsächlichen Anhaltspunkte nicht entgegenstehen und

4. über die Schnittstelle des Bewacherregisters zum Bundesamt für Verfassungsschutz nach § 11b eine Stellungnahme der für den Sitz der zuständigen Behörde zuständigen Landesbehörde für Verfassungsschutz zu Erkenntnissen, die für die Beurteilung der Zuverlässigkeit von Bedeutung sein können.

[6] Die zuständige Behörde darf die übermittelten Daten verarbeiten, soweit dies zur Erfüllung ihrer gesetzlichen Aufgaben der Überwachung der Gewerbetreibenden

---

[1] **Habersack Nr. 85.**
[2] **Nr. 275.**
[3] **Sartorius ErgBd. Nr. 272.**
[4] **Nr. 820.**
[5] **Sartorius ErgBd. Nr. 822.**
[6] **Nr. 565.**
[7] **Habersack ErgBd. Nr. 84a.**
[8] **Habersack ErgBd. Nr. 94b.**
[9] **Habersack Nr. 92.**

Gewerbeordnung   § 34d **GewO 800**

4. Verträge, soweit Teilzeitnutzung von Wohngebäuden im Sinne des § 481 des Bürgerlichen Gesetzbuchs gemäß Absatz 1 Satz 1 Nr. 1 nachgewiesen oder vermittelt wird.

§ 34d[1]) **Versicherungsvermittler, Versicherungsberater.** (1) [1]Wer gewerbsmäßig den Abschluss von Versicherungs- oder Rückversicherungsverträgen vermitteln will (Versicherungsvermittler), bedarf nach Maßgabe der folgenden Bestimmungen der Erlaubnis der zuständigen Industrie- und Handelskammer. [2]Versicherungsvermittler ist, wer

1. als Versicherungsvertreter eines oder mehrerer Versicherungsunternehmen oder eines Versicherungsvertreters damit betraut ist, Versicherungsverträge zu vermitteln oder abzuschließen oder
2. als Versicherungsmakler für den Auftraggeber die Vermittlung oder den Abschluss von Versicherungsverträgen übernimmt, ohne von einem Versicherungsunternehmen oder einem Versicherungsvertreter damit betraut zu sein.

[3]Als Versicherungsmakler gilt, wer gegenüber dem Versicherungsnehmer den Anschein erweckt, er erbringe seine Leistungen als Versicherungsmakler. [4]Die Tätigkeit als Versicherungsvermittler umfasst auch

1. das Mitwirken bei der Verwaltung und Erfüllung von Versicherungsverträgen, insbesondere im Schadensfall,
2. wenn der Versicherungsnehmer einen Versicherungsvertrag unmittelbar oder mittelbar über die Website oder das andere Medium abschließen kann,
   a) die Bereitstellung von Informationen über einen oder mehrere Versicherungsverträge auf Grund von Kriterien, die ein Versicherungsnehmer über eine Website oder andere Medien wählt, sowie
   b) die Erstellung einer Rangliste von Versicherungsprodukten, einschließlich eines Preis- und Produktvergleichs oder eines Rabatts auf den Preis eines Versicherungsvertrags.

[5]In der Erlaubnis nach Satz 1 ist anzugeben, ob sie einem Versicherungsvertreter oder einem Versicherungsmakler erteilt wird. [6]Einem Versicherungsvermittler ist es untersagt, Versicherungsnehmern, versicherten Personen oder Bezugsberechtigten aus einem Versicherungsvertrag Sondervergütungen zu gewähren oder zu versprechen. [7]Die §§ 48b und 50a Absatz 1, 2 und 4 des Versicherungsaufsichtsgesetzes sind entsprechend anzuwenden. [8]Die einem Versicherungsmakler erteilte Erlaubnis umfasst die Befugnis, Dritte, die nicht Verbraucher sind, bei der Vereinbarung, Änderung oder Prüfung von Versicherungsverträgen gegen gesondertes Entgelt rechtlich zu beraten; diese Befugnis zur Beratung erstreckt sich auch auf Beschäftigte von Unternehmen in den Fällen, in denen der Versicherungsmakler das Unternehmen berät.

(2) [1]Wer gewerbsmäßig über Versicherungen oder Rückversicherungen beraten will (Versicherungsberater), bedarf nach Maßgabe der folgenden Bestimmungen der Erlaubnis der zuständigen Industrie- und Handelskammer. [2]Versicherungsberater ist, wer ohne von einem Versicherungsunternehmen einen wirtschaftlichen Vorteil zu erhalten oder in anderer Weise von ihm abhängig zu sein

---

[1]) § 34d neu gef. mWv 23.2.2018 durch G v. 20.7.2017 (BGBl. I S. 2789); Abs. 9 Satz 2 neu gef. mWv 15.12.2018 durch G v. 11.12.2018 (BGBl. I S. 2354); Abs. 1 Satz 7 neu gef. mWv 1.7.2022 durch G v. 3.6.2021 (BGBl. I S. 1568); Abs. 3 geänd. mWv 1.1.2023 durch G v. 9.11.2022 (BGBl. I S. 2009); Abs. 12 Satz 3 neu gef., Satz 4 angef. mWv 2.7.2023 durch G v. 31.5.2023 (BGBl. 2023 I Nr. 140).

1. den Auftraggeber bei der Vereinbarung, Änderung oder Prüfung von Versicherungsverträgen oder bei der Wahrnehmung von Ansprüchen aus Versicherungsverträgen im Versicherungsfall auch rechtlich berät,
2. den Auftraggeber gegenüber dem Versicherungsunternehmen außergerichtlich vertritt oder
3. für den Auftraggeber die Vermittlung oder den Abschluss von Versicherungsverträgen übernimmt.

[3] Der Versicherungsberater darf sich seine Tätigkeit nur durch den Auftraggeber vergüten lassen. [4] Zuwendungen eines Versicherungsunternehmens im Zusammenhang mit der Beratung, insbesondere auf Grund einer Vermittlung als Folge der Beratung, darf er nicht annehmen. [5] Sind mehrere Versicherungen für den Versicherungsnehmer in gleicher Weise geeignet, hat der Versicherungsberater dem Versicherungsnehmer vorrangig die Versicherung anzubieten, die ohne das Angebot einer Zuwendung seitens des Versicherungsunternehmens erhältlich ist. [6] Wenn der Versicherungsberater dem Versicherungsnehmer eine Versicherung vermittelt, deren Vertragsbestandteil auch Zuwendungen zugunsten desjenigen enthält, der die Versicherung vermittelt, hat er unverzüglich die Auskehrung der Zuwendungen durch das Versicherungsunternehmen an den Versicherungsnehmer nach § 48c Absatz 1 des Versicherungsaufsichtsgesetzes zu veranlassen.

(3) Gewerbetreibende nach Absatz 1 Satz 1 dürfen kein Gewerbe nach Absatz 2 Satz 1 und Gewerbetreibende nach Absatz 2 Satz 1 dürfen kein Gewerbe nach Absatz 1 Satz 1 ausüben.

(4) [1] Eine Erlaubnis nach den Absätzen 1 und 2 kann inhaltlich beschränkt und mit Nebenbestimmungen verbunden werden, soweit dies zum Schutz der Allgemeinheit oder der Versicherungsnehmer erforderlich ist; unter denselben Voraussetzungen sind auch die nachträgliche Aufnahme, Änderung und Ergänzung von Nebenbestimmungen zulässig. [2] Über den Erlaubnisantrag ist innerhalb einer Frist von drei Monaten zu entscheiden. [3] Bei der Wahrnehmung der Aufgaben nach den Absätzen 1 und 2 unterliegt die Industrie- und Handelskammer der Aufsicht der jeweils zuständigen obersten Landesbehörde.

(5) [1] Eine Erlaubnis nach den Absätzen 1 und 2 ist zu versagen, wenn
1. Tatsachen die Annahme rechtfertigen, dass der Antragsteller die für den Gewerbebetrieb erforderliche Zuverlässigkeit nicht besitzt,
2. der Antragsteller in ungeordneten Vermögensverhältnissen lebt,
3. der Antragsteller den Nachweis einer Berufshaftpflichtversicherung oder einer gleichwertigen Garantie nicht erbringen kann oder
4. der Antragsteller nicht durch eine vor der Industrie- und Handelskammer erfolgreich abgelegte Prüfung nachweist, dass er die für die Versicherungsvermittlung oder Versicherungsberatung notwendige Sachkunde über die versicherungsfachlichen, insbesondere hinsichtlich Bedarf, Angebotsformen und Leistungsumfang, und die rechtlichen Grundlagen sowie die Kundenberatung besitzt.

[2] Die erforderliche Zuverlässigkeit nach Satz 1 Nummer 1 besitzt in der Regel nicht, wer in den letzten fünf Jahren vor Stellung des Antrages wegen eines Verbrechens oder wegen Diebstahls, Unterschlagung, Erpressung, Betruges, Untreue, Geldwäsche, Urkundenfälschung, Hehlerei, Wuchers oder einer Insolvenzstraftat rechtskräftig verurteilt worden ist. [3] Ungeordnete Vermögensverhältnisse im Sinne des Satzes 1 Nummer 2 liegen in der Regel vor, wenn über das Vermögen des Antragstellers das Insolvenzverfahren eröffnet worden oder er in das

Schuldnerverzeichnis nach § 882b der Zivilprozessordnung [1])eingetragen ist. [4]Im Fall des Satzes 1 Nummer 4 ist es ausreichend, wenn der Nachweis für eine im Hinblick auf eine ordnungsgemäße Wahrnehmung der erlaubnispflichtigen Tätigkeit angemessene Zahl von beim Antragsteller beschäftigten natürlichen Personen erbracht wird, denen die Aufsicht über die unmittelbar mit der Vermittlung von oder der Beratung über Versicherungen befassten Personen übertragen ist und die den Antragsteller vertreten dürfen. [5]Satz 4 ist nicht anzuwenden, wenn der Antragsteller eine natürliche Person ist und
1. selbst Versicherungen vermittelt oder über Versicherungen berät oder
2. für diese Tätigkeiten in der Leitung des Gewerbebetriebs verantwortlich ist.

(6) [1]Auf Antrag hat die zuständige Industrie- und Handelskammer einen Gewerbetreibenden, der die Versicherung als Ergänzung der im Rahmen seiner Haupttätigkeit gelieferten Waren oder Dienstleistungen vermittelt, von der Erlaubnispflicht nach Absatz 1 Satz 1 auszunehmen, wenn er nachweist, dass
1. er seine Tätigkeit als Versicherungsvermittler unmittelbar im Auftrag eines oder mehrerer Versicherungsvermittler, die Inhaber einer Erlaubnis nach Absatz 1 Satz 1 sind, oder eines oder mehrerer Versicherungsunternehmen ausübt,
2. für ihn eine Berufshaftpflichtversicherung oder eine gleichwertige Garantie nach Maßgabe des Absatzes 5 Satz 1 Nummer 3 besteht und
3. er zuverlässig sowie angemessen qualifiziert ist und nicht in ungeordneten Vermögensverhältnissen lebt.

[2]Im Fall des Satzes 1 Nummer 3 ist als Nachweis eine Erklärung der in Satz 1 Nummer 1 bezeichneten Auftraggeber ausreichend, mit dem Inhalt, dass sie sich verpflichten, die Anforderungen entsprechend § 48 Absatz 2 des Versicherungsaufsichtsgesetzes zu beachten und die für die Vermittlung der jeweiligen Versicherung angemessene Qualifikation des Antragstellers sicherzustellen, und dass ihnen derzeit nichts Gegenteiliges bekannt ist. [3]Absatz 4 Satz 1 ist entsprechend anzuwenden.

(7) [1]Abweichend von Absatz 1 bedarf ein Versicherungsvermittler keiner Erlaubnis, wenn er
1. seine Tätigkeit als Versicherungsvermittler ausschließlich im Auftrag eines oder, wenn die Versicherungsprodukte nicht in Konkurrenz stehen, mehrerer Versicherungsunternehmen ausübt, die im Inland zum Geschäftsbetrieb befugt sind, und durch das oder die Versicherungsunternehmen für ihn die uneingeschränkte Haftung aus seiner Vermittlertätigkeit übernommen wird oder
2. in einem anderen Mitgliedstaat der Europäischen Union oder in einem anderen Vertragsstaat des Abkommens über den Europäischen Wirtschaftsraum niedergelassen ist und die Eintragung in ein Register nach Artikel 3 der Richtlinie (EU) 2016/97 des Europäischen Parlaments und des Rates vom 20. Januar 2016 über Versicherungsvertrieb (ABl. L 26 vom 2.2.2016, S. 19) nachweisen kann.

[2]Satz 1 Nummer 2 ist für Versicherungsberater entsprechend anzuwenden.

(8) Keiner Erlaubnis bedarf ferner ein Gewerbetreibender,
1. wenn er als Versicherungsvermittler in Nebentätigkeit
   a) nicht hauptberuflich Versicherungen vermittelt,
   b) diese Versicherungen eine Zusatzleistung zur Lieferung einer Ware oder zur Erbringung einer Dienstleistung darstellen und

---

[1]) **Habersack Nr. 100.**

c) diese Versicherungen das Risiko eines Defekts, eines Verlusts oder einer Beschädigung der Ware oder der Nichtinanspruchnahme der Dienstleistung oder die Beschädigung, den Verlust von Gepäck oder andere Risiken im Zusammenhang mit einer bei dem Gewerbetreibenden gebuchten Reise abdecken und

aa) die Prämie bei zeitanteiliger Berechnung auf Jahresbasis einen Betrag von 600 Euro nicht übersteigt oder

bb) die Prämie je Person abweichend von Doppelbuchstabe aa einen Betrag von 200 Euro nicht übersteigt, wenn die Versicherung eine Zusatzleistung zu einer einleitend genannten Dienstleistung mit einer Dauer von höchstens drei Monaten darstellt;

2. wenn er als Bausparkasse oder als von einer Bausparkasse beauftragter Vermittler für Bausparer Versicherungen im Rahmen eines Kollektivvertrages vermittelt, die Bestandteile der Bausparverträge sind, und die ausschließlich dazu bestimmt sind, die Rückzahlungsforderungen der Bausparkasse aus gewährten Darlehen abzusichern oder

3. wenn er als Zusatzleistung zur Lieferung einer Ware oder der Erbringung einer Dienstleistung im Zusammenhang mit Darlehens- und Leasingverträgen Restschuldversicherungen vermittelt, deren Jahresprämie einen Betrag von 500 Euro nicht übersteigt.

(9) [1] Gewerbetreibende nach den Absätzen 1, 2, 6 und 7 Satz 1 Nummer 1 dürfen unmittelbar bei der Vermittlung oder Beratung mitwirkende Personen nur beschäftigen, wenn sie deren Zuverlässigkeit geprüft haben und sicherstellen, dass diese Personen über die für die Vermittlung der jeweiligen Versicherung sachgerechte Qualifikation verfügen. [2] Gewerbetreibende nach Absatz 1 Satz 1 bis 4, Absatz 2 Satz 1 und 2 und Absatz 7 Satz 1 Nummer 1 und die unmittelbar bei der Vermittlung oder Beratung mitwirkenden Beschäftigten müssen sich in einem Umfang von 15 Stunden je Kalenderjahr nach Maßgabe einer Rechtsverordnung nach § 34e Absatz 1 Satz 1 Nummer 2 Buchstabe c weiterbilden. [3] Die Pflicht nach Satz 2 gilt nicht für Gewerbetreibende nach Absatz 7 Satz 1 Nummer 1 und deren bei der Vermittlung oder Beratung mitwirkende Beschäftigte, soweit sie lediglich Versicherungen vermitteln, die eine Zusatzleistung zur Lieferung einer Ware oder zur Erbringung einer Dienstleistung darstellen. [4] Im Falle des Satzes 2 ist es für den Gewerbetreibenden ausreichend, wenn der Weiterbildungsnachweis durch eine im Hinblick auf eine ordnungsgemäße Wahrnehmung der erlaubnispflichtigen Tätigkeit angemessene Zahl von beim Gewerbetreibenden beschäftigten natürlichen Personen erbracht wird, denen die Aufsicht über die direkt bei der Vermittlung oder Beratung mitwirkenden Personen übertragen ist und die den Gewerbetreibenden vertreten dürfen. [5] Satz 4 ist nicht anzuwenden, wenn der Gewerbetreibende eine natürliche Person ist und

1. selbst Versicherungen vermittelt oder über Versicherungen berät oder

2. in der Leitung des Gewerbebetriebs für diese Tätigkeiten verantwortlich ist.

[6] Die Beschäftigung einer unmittelbar bei der Vermittlung oder Beratung mitwirkenden Person kann dem Gewerbetreibenden untersagt werden, wenn Tatsachen die Annahme rechtfertigen, dass die Person die für ihre Tätigkeit erforderliche Sachkunde oder Zuverlässigkeit nicht besitzt.

(10) [1] Gewerbetreibende nach Absatz 1 Satz 2, Absatz 2 Satz 2, Absatz 6 Satz 1 und Absatz 7 Satz 1 Nummer 1 sind verpflichtet, sich und die Personen, die für die Vermittlung oder Beratung in leitender Position verantwortlich sind, unver-

züglich nach Aufnahme ihrer Tätigkeit in das Register nach § 11a Absatz 1 Satz 1 nach Maßgabe einer Rechtsverordnung nach § 11a Absatz 5 eintragen zu lassen. ²Änderungen der im Register gespeicherten Angaben sind der Registerbehörde unverzüglich mitzuteilen. ³Im Falle des § 48 Absatz 4 des Versicherungsaufsichtsgesetzes wird mit der Mitteilung an die Registerbehörde zugleich die uneingeschränkte Haftung nach Absatz 7 Satz 1 Nummer 1 durch das Versicherungsunternehmen übernommen. ⁴Diese Haftung besteht nicht für Vermittlertätigkeiten, wenn die Angaben zu dem Gewerbetreibenden aus dem Register gelöscht sind wegen einer Mitteilung nach § 48 Absatz 5 des Versicherungsaufsichtsgesetzes.

(11) ¹Die zuständige Behörde kann jede in das Gewerbezentralregister nach § 149 Absatz 2 einzutragende, nicht mehr anfechtbare Entscheidung wegen Verstoßes gegen Bestimmungen dieses Gesetzes oder einer Rechtsverordnung nach § 34e öffentlich bekannt machen. ²Die Bekanntmachung erfolgt durch Eintragung in das Register nach § 11a Absatz 1. ³Die zuständige Behörde kann von einer Bekanntmachung nach Satz 1 absehen, diese verschieben oder eine Bekanntmachung auf anonymer Basis vornehmen, wenn eine Bekanntmachung personenbezogener Daten unverhältnismäßig wäre oder die Bekanntmachung nach Satz 1 die Stabilität der Finanzmärkte oder laufende Ermittlungen gefährden würde. ⁴Eine Bekanntmachung nach Satz 1 ist fünf Jahre nach ihrer Bekanntmachung zu löschen. ⁵Abweichend von Satz 4 sind personenbezogene Daten zu löschen, sobald ihre Bekanntmachung nicht mehr erforderlich ist.

(12) ¹Die Industrie- und Handelskammern richten Verfahren ein zur Annahme von Meldungen über mögliche oder tatsächliche Verstöße gegen die zur Umsetzung der Richtlinie (EU) 2016/97 ergangenen Vorschriften, bei denen es ihre Aufgabe ist, deren Einhaltung zu überwachen. ²Die Meldungen können auch anonym abgegeben werden. ³§ 4 Absatz 2 sowie die §§ 5 bis 11, 24, 25 und 27 bis 31 des Hinweisgeberschutzgesetzes vom 31. Mai 2023 (BGBl. 2023 I Nr. 140) sind entsprechend anzuwenden. ⁴Die Schutzmaßnahmen für hinweisgebende Personen im Sinne des § 1 des Hinweisgeberschutzgesetzes richten sich nach dessen Abschnitten 3 und 4.

§ 34e[1] Verordnungsermächtigung. (1) ¹Das Bundesministerium für Wirtschaft und Klimaschutz kann im Einvernehmen mit dem Bundesministerium der Justiz und dem Bundesministerium der Finanzen durch Rechtsverordnung[2], die der Zustimmung des Bundesrates bedarf, zur Umsetzung der Richtlinie (EU) 2016/97, zur Umsetzung der Richtlinie 2005/36/EG des Europäischen Parlaments und des Rates vom 7. September 2005 über die Anerkennung von Berufsqualifikationen (ABl. L 255 vom 30.9.2005, S. 22; L 271 vom 16.10.2007, S. 18), die zuletzt durch die Verordnung (EG) Nr. 1430/2007 (ABl. L 320 vom 6.12. 2007, S. 3) geändert worden ist, zur Umsetzung der Verordnung (EU) Nr. 1286/ 2014 des Europäischen Parlaments und des Rates vom 26. November 2014 über Basisinformationsblätter für verpackte Anlageprodukte für Kleinanleger und Versicherungsanlageprodukte (PRIIP) (ABl. L 352 vom 9.12.2014, S. 1; L 358 vom 13.12.2014, S. 50) oder zum Schutz der Allgemeinheit und der Versicherungsnehmer Vorschriften erlassen über

---

[1] § 34e neu gef. mWv 29.7.2017 durch G v. 20.7.2017 (BGBl. I S. 2789); Abs. 1 Satz 1 einl. Satzteil geänd. mWv 1.1.2023 durch G v. 9.11.2022 (BGBl. I S. 2009).
[2] Siehe die VersicherungsvermittlungsVO v. 17.12.2018 (BGBl. I S. 2483).

1. das Erlaubnisverfahren einschließlich der vom Antragsteller mitzuteilenden Angaben,
2. den Umfang der Verpflichtungen des Gewerbetreibenden bei der Ausübung des Gewerbes, insbesondere über
    a) die Informationspflichten gegenüber dem Versicherungsnehmer,
    b) die Verpflichtung, ausreichende Sicherheiten zu leisten oder eine zu diesem Zweck geeignete Versicherung abzuschließen, sofern der Versicherungsvermittler Vermögenswerte des Versicherungsnehmers oder für diesen bestimmte Vermögenswerte erhält oder verwendet,
    c) die Verpflichtung des Gewerbetreibenden und der beschäftigten Personen nach § 34d Absatz 9 Satz 2 zu einer regelmäßigen Weiterbildung, die Inhalte der Weiterbildung sowie die Überwachung der Weiterbildungsverpflichtung,
    d) allgemeine Anforderungen an die Geschäftsorganisation,
    e) die Verpflichtung, Bücher zu führen und die notwendigen Daten über einzelne Geschäftsvorgänge sowie über die Versicherungsnehmer aufzuzeichnen,
    f) die Verpflichtung, Beschwerden zu behandeln und an einem Verfahren zur unparteiischen und unabhängigen außergerichtlichen Beilegung von Streitigkeiten teilzunehmen,
    g) die Verpflichtung, Interessenkonflikte zu vermeiden und gegebenenfalls offenzulegen,
3. die wirtschaftliche Unabhängigkeit des Versicherungsberaters,
4. den Umfang und die inhaltlichen Anforderungen an die nach § 34d Absatz 5 Satz 1 Nummer 3 erforderliche Haftpflichtversicherung und die gleichwertige Garantie, insbesondere die Höhe der Mindestversicherungssummen, die Bestimmung der zuständigen Stelle im Sinne des § 117 Absatz 2 des Versicherungsvertragsgesetzes[1], über den Nachweis des Bestehens einer Haftpflichtversicherung oder einer gleichwertigen Garantie sowie über die Anzeigepflichten des Versicherungsunternehmens gegenüber den Behörden und den Versicherungsnehmern,
5. die Inhalte und das Verfahren für eine Sachkundeprüfung nach § 34d Absatz 5 Satz 1 Nummer 4, die Ausnahmen von der Erforderlichkeit der Sachkundeprüfung sowie die Gleichstellung anderer Berufsqualifikationen mit der Sachkundeprüfung, die örtliche Zuständigkeit der Industrie- und Handelskammern, die Berufung eines Aufgabenauswahlausschusses,
6. die Anforderungen und Verfahren, die zur Durchführung der Richtlinie 2005/36/EG anzuwenden sind auf Inhaber von Berufsqualifikationen, die in einem Mitgliedstaat der Europäischen Union oder in einem Vertragsstaat des Abkommens über den Europäischen Wirtschaftsraum erworben wurden, und die im Inland vorübergehend oder dauerhaft als Versicherungsvermittler oder Versicherungsberater tätig werden wollen und die nicht die Voraussetzungen des § 34d Absatz 7 Satz 1 Nummer 2 erfüllen,
7. Sanktionen und Maßnahmen nach Artikel 24 Absatz 2 der Verordnung (EU) Nr. 1286/2014, einschließlich des Verfahrens, soweit es sich nicht um Straftaten oder Ordnungswidrigkeiten handelt.

²Die Rechtsverordnung nach Satz 1 ist dem Bundestag zuzuleiten. ³Die Zuleitung erfolgt vor der Zuleitung an den Bundesrat. ⁴Die Rechtsverordnung kann durch *Beschluss* des Bundestages geändert oder abgelehnt werden. ⁵Der Beschluss des

---

[1] **Habersack Nr. 62.**

Bundestages wird der Bundesregierung zugeleitet. ⁶Hat sich der Bundestag nach Ablauf von drei Sitzungswochen seit Eingang der Rechtsverordnung nicht mit ihr befasst, so wird die unveränderte Rechtsverordnung dem Bundesrat zugeleitet.

(2) ¹In der Rechtsverordnung nach Absatz 1 Satz 1 kann die Befugnis des Versicherungsvermittlers zur Entgegennahme und zur Verwendung von Vermögenswerten des Versicherungsnehmers oder für diesen bestimmten Vermögenswerten beschränkt werden, soweit dies zum Schutz des Versicherungsnehmers erforderlich ist. ²In der Rechtsverordnung nach Absatz 1 Satz 1 kann ferner bestimmt werden, dass über die Erfüllung der Verpflichtungen im Sinne des Absatzes 1 Satz 1 Nummer 2 Buchstabe b Aufzeichnungen zu führen sind und die Einhaltung der Verpflichtungen im Sinne des Absatzes 1 Satz 1 Nummer 2 Buchstabe b auf Kosten des Versicherungsvermittlers regelmäßig oder aus besonderem Anlass zu überprüfen und der zuständigen Behörde der Prüfungsbericht vorzulegen ist, soweit es zur wirksamen Überwachung erforderlich ist; hierbei können die Einzelheiten der Prüfung, insbesondere deren Anlass, Zeitpunkt und Häufigkeit, die Auswahl, Bestellung und Abberufung der Prüfer, deren Rechte, Pflichten und Verantwortlichkeit, der Inhalt des Prüfberichts, die Verpflichtungen des Versicherungsvermittlers gegenüber dem Prüfer sowie das Verfahren bei Meinungsverschiedenheiten zwischen dem Prüfer und dem Versicherungsvermittler, geregelt werden.

(3) ¹In der Rechtsverordnung nach Absatz 1 Satz 1 kann ferner bestimmt werden, dass die Einhaltung der Vorschriften über die wirtschaftliche Unabhängigkeit des Versicherungsberaters auf seine Kosten regelmäßig oder aus besonderem Anlass zu überprüfen und der zuständigen Behörde der Prüfungsbericht vorzulegen ist, soweit es zur wirksamen Überwachung erforderlich ist; hierbei können die Einzelheiten der Prüfung, insbesondere deren Anlass, Zeitpunkt und Häufigkeit, die Auswahl, Bestellung und Abberufung der Prüfer, deren Rechte, Pflichten und Verantwortlichkeit, der Inhalt des Prüfberichts, die Verpflichtungen des Versicherungsberaters gegenüber dem Prüfer sowie das Verfahren bei Meinungsverschiedenheiten zwischen dem Prüfer und dem Versicherungsberater, geregelt werden. ²Zur Überwachung der wirtschaftlichen Unabhängigkeit kann in der Rechtsverordnung bestimmt werden, dass der Versicherungsberater über die Einnahmen aus seiner Tätigkeit Aufzeichnungen zu führen hat.

§ 34f[1]**) Finanzanlagenvermittler.** (1) ¹Wer im Umfang der Bereichsausnahme des § 2 Absatz 6 Satz 1 Nummer 8 des Kreditwesengesetzes[2]) gewerbsmäßig zu

1. Anteilen oder Aktien an inländischen offenen Investmentvermögen, offenen EU-Investmentvermögen oder ausländischen offenen Investmentvermögen, die nach dem Kapitalanlagegesetzbuch vertrieben werden dürfen,
2. Anteilen oder Aktien an inländischen geschlossenen Investmentvermögen, geschlossenen EU-Investmentvermögen oder ausländischen geschlossenen Investmentvermögen, die nach dem Kapitalanlagegesetzbuch vertrieben werden dürfen,
3. Vermögensanlagen im Sinne des § 1 Absatz 2 des Vermögensanlagengesetzes

---

[1]) § 34f eingef. mWv 1.1.2013 durch G v. 6.12.2011 (BGBl. I S. 2481); Abs. 1 Satz 1 Nr. 2 und Abs. 2 Nr. 2 geänd. mWv 1.1.2013 durch G v. 5.12.2012 (BGBl. I S. 2415); Abs. 1 Satz 1 Nr. 1 und 3 geänd., Nr. 2 und Abs. 3 Nr. 2 neu gef. mWv 22.7.2013 durch G v. 4.7.2013 (BGBl. I S. 1981); Abs. 1 Satz 1 neu gef. mWv 19.7.2014 durch G v. 15.7.2014 (BGBl. I S. 934); Abs. 3 Nr. 3 geänd. mWv 2.7.2016 durch G v. 30.6.2016 (BGBl. I S. 1514); Abs. 3 Nr. 4 geänd., Nr. 5 angef. mWv 26.6.2021 durch G v. 12.5.2021 (BGBl. I S. 990).

[2]) **Sartorius ErgBd. Nr. 856.**

Anlagevermittlung im Sinne des § 1 Absatz 1a Nummer 1 des Kreditwesengesetzes oder Anlageberatung im Sinne des § 1 Absatz 1a Nummer 1a des Kreditwesengesetzes erbringen will (Finanzanlagenvermittler), bedarf der Erlaubnis der zuständigen Behörde. ²Die Erlaubnis kann inhaltlich beschränkt oder mit Auflagen verbunden werden, soweit dies zum Schutz der Allgemeinheit oder der Anleger erforderlich ist; unter denselben Voraussetzungen sind auch die nachträgliche Aufnahme, Änderung und Ergänzung von Auflagen zulässig. ³Die Erlaubnis nach Satz 1 kann auf die Anlageberatung zu und die Vermittlung von Verträgen über den Erwerb von einzelnen Kategorien von Finanzanlagen nach Nummer 1, 2 oder 3 beschränkt werden.

(2) Die Erlaubnis ist zu versagen, wenn

1. Tatsachen die Annahme rechtfertigen, dass der Antragsteller oder eine der mit der Leitung des Betriebs oder einer Zweigniederlassung beauftragten Personen die für den Gewerbebetrieb erforderliche Zuverlässigkeit nicht besitzt; die erforderliche Zuverlässigkeit besitzt in der Regel nicht, wer in den letzten fünf Jahren vor Stellung des Antrags wegen eines Verbrechens oder wegen Diebstahls, Unterschlagung, Erpressung, Betrugs, Untreue, Geldwäsche, Urkundenfälschung, Hehlerei, Wuchers oder einer Insolvenzstraftat rechtskräftig verurteilt worden ist,
2. der Antragsteller in ungeordneten Vermögensverhältnissen lebt; dies ist in der Regel der Fall, wenn über das Vermögen des Antragstellers das Insolvenzverfahren eröffnet worden oder er in das vom Insolvenzgericht oder vom Vollstreckungsgericht zu führende Verzeichnis (§ 26 Absatz 2 der Insolvenzordnung[1]) § 882b der Zivilprozessordnung[2]) eingetragen ist,
3. der Antragsteller den Nachweis einer Berufshaftpflichtversicherung nicht erbringen kann oder
4. der Antragsteller nicht durch eine vor der Industrie- und Handelskammer erfolgreich abgelegte Prüfung nachweist, dass er die für die Vermittlung von und Beratung über Finanzanlagen im Sinne des Absatzes 1 Satz 1 notwendige Sachkunde über die fachlichen und rechtlichen Grundlagen sowie über die Kundenberatung besitzt; die Sachkunde ist dabei im Umfang der beantragten Erlaubnis nachzuweisen.

(3) Keiner Erlaubnis nach Absatz 1 bedürfen

1. Kreditinstitute, für die eine Erlaubnis nach § 32 Absatz 1 des Kreditwesengesetzes erteilt wurde, und Zweigstellen von Unternehmen im Sinne des § 53b Absatz 1 Satz 1 des Kreditwesengesetzes,
2. Kapitalverwaltungsgesellschaften, für die eine Erlaubnis nach § 7 Absatz 1 des Investmentgesetzes in der bis zum 21. Juli 2013 geltenden Fassung erteilt wurde, die für den in § 345 Absatz 2 Satz 1, Absatz 3 Satz 2 in Verbindung mit Absatz 2 Satz 1, oder Absatz 4 Satz 1 des Kapitalanlagegesetzbuchs vorgesehenen Zeitraum noch fortbesteht oder Kapitalverwaltungsgesellschaften, für die eine Erlaubnis nach den §§ 20, 21 oder §§ 20, 22 des Kapitalanlagegesetzbuchs erteilt wurde, ausländische AIF-Verwaltungsgesellschaften, für die eine Erlaubnis nach § 58 des Kapitalanlagegesetzbuchs erteilt wurde und Zweigniederlassungen von Unternehmen im Sinne von § 51 Absatz 1 Satz 1, § 54 Absatz 1 oder § 66 Absatz 1 des Kapitalanlagegesetzbuchs,

---

[1]) Habersack Nr. 110.
[2]) Habersack Nr. 100.

3. Finanzdienstleistungsinstitute in Bezug auf Vermittlungstätigkeiten oder Anlageberatung, für die ihnen eine Erlaubnis nach § 32 Absatz 1 des Kreditwesengesetzes erteilt wurde oder für die eine Erlaubnis nach § 64e Absatz 2, § 64i Absatz 1 oder § 64n des Kreditwesengesetzes als erteilt gilt,
4. Gewerbetreibende in Bezug auf Vermittlungs- und Beratungstätigkeiten nach Maßgabe des § 2 Absatz 10 Satz 1 des Kreditwesengesetzes,
5. Wertpapierinstitute in Bezug auf Vermittlungstätigkeiten oder Anlageberatung, soweit ihnen eine Erlaubnis nach § 15 Absatz 1 des Wertpapierinstitutsgesetzes erteilt wurde oder eine Erlaubnis nach § 86 Absatz 1 des Wertpapierinstitutsgesetzes als erteilt gilt.

(4) ¹Gewerbetreibende nach Absatz 1 dürfen direkt bei der Beratung und Vermittlung mitwirkende Personen nur beschäftigen, wenn sie sicherstellen, dass diese Personen über einen Sachkundenachweis nach Absatz 2 Nummer 4 verfügen und geprüft haben, ob sie zuverlässig sind. ²Die Beschäftigung einer direkt bei der Beratung und Vermittlung mitwirkenden Person kann dem Gewerbetreibenden untersagt werden, wenn Tatsachen die Annahme rechtfertigen, dass die Person die für ihre Tätigkeit erforderliche Sachkunde oder Zuverlässigkeit nicht besitzt.

(5) Gewerbetreibende nach Absatz 1 sind verpflichtet, sich unverzüglich nach Aufnahme ihrer Tätigkeit über die für die Erlaubniserteilung zuständige Behörde entsprechend dem Umfang der Erlaubnis in das Register nach § 11a Absatz 1 eintragen zu lassen; ebenso sind Änderungen der im Register gespeicherten Angaben der Registerbehörde unverzüglich mitzuteilen.

(6) ¹Gewerbetreibende nach Absatz 1 haben die unmittelbar bei der Beratung und Vermittlung mitwirkenden Personen im Sinne des Absatzes 4 unverzüglich nach Aufnahme ihrer Tätigkeit bei der Registerbehörde zu melden und eintragen zu lassen. ²Änderungen der im Register gespeicherten Angaben sind der Registerbehörde unverzüglich mitzuteilen.

§ 34g[1)2)] **Verordnungsermächtigung.** (1) ¹Das Bundesministerium für Wirtschaft und Klimaschutz hat im Einvernehmen mit dem Bundesministerium der Finanzen und dem Bundesministerium der Justiz durch Rechtsverordnung mit Zustimmung des Bundesrates zum Schutze der Allgemeinheit und der Anleger Vorschriften zu erlassen über den Umfang der Verpflichtungen des Gewerbetreibenden bei der Ausübung des Gewerbes eines Finanzanlagenvermittlers und Honorar-Finanzanlagenberaters und zur Umsetzung der Verordnung (EU) Nr. 1286/2014. ²Die Rechtsverordnung hat Vorschriften zu enthalten über
1. die Informationspflichten gegenüber dem Anleger, einschließlich einer Pflicht, Provisionen und andere Zuwendungen offenzulegen und dem Anleger ein Informationsblatt über die jeweilige Finanzanlage zur Verfügung zu stellen,

---

[1)] § 34g eingef. mWv 13.12.2011 durch G v. 6.12.2011 (BGBl. I S. 2481); Abs. 1 Satz 1, Satz 2 Nr. 3 geänd., Nr. 4 angef., Abs. 2 Satz 1 Nr. 5 geänd., Nr. 6 angef. mWv 19.7.2013 durch G v. 15.7.2013 (BGBl. I S. 2390); Abs. 1 Satz 1 geänd., Abs. 2 Satz 1 Nr. 6 geänd., Nr. 7 angef. mWv 10.7.2015 durch G v. 3.7.2015 (BGBl. I S. 1114); Abs. 1 Satz 1 und Satz 2 Nr. 4 geänd., Nr. 5 angef. mWv 2.7.2016 durch G v. 30.6.2016 (BGBl. I S. 1514); Abs. 1 Satz 2 Nr. 3 und Satz 3 geänd. mWv 3.1.2018 durch G v. 23.6. 2017 (BGBl. I S. 1693); Abs. 1 Satz 2 Nr. 3 geänd. mWv 29.7.2017 durch G v. 20.7.2017 (BGBl. I S. 2789); Abs. 1 Satz 2 Nr. 3 und 5 geänd., Nr. 6 und 7 angef. mWv 15.12.2018 durch G v. 11.12.2018 (BGBl. I S. 2354); Abs. 1 Satz 1 einl. Satzteil geänd. mWv 1.1.2023 durch G v. 9.11.2022 (BGBl. I S. 2009).
[2)] Siehe die FinanzanlagenvermittlungsVO v. 2.5.2012 (BGBl. I S. 1006), zuletzt geänd. durch VO v. 17.4.2023 (BGBl. 2023 I Nr. 103).

2. die bei dem Anleger einzuholenden Informationen, die erforderlich sind, um diesen anlage- und anlegergerecht zu beraten,
3. die Dokumentationspflichten des Gewerbetreibenden einschließlich einer Pflicht, Geeignetheitserklärungen zu erstellen und dem Anleger zur Verfügung zu stellen, sowie die Pflicht des Gewerbetreibenden, telefonische Beratungsgespräche und die elektronische Kommunikation mit Kunden in deren Kenntnis aufzuzeichnen und zu speichern,
4. die Auskehr der Zuwendungen durch den Honorar-Finanzanlagenberater an den Anleger,
5. Sanktionen und Maßnahmen nach Artikel 24 Absatz 2 der Verordnung (EU) Nr. 1286/2014, einschließlich des Verfahrens,
6. die Struktur der Vergütung der in dem Gewerbebetrieb beschäftigten Personen sowie die Verpflichtung, Interessenkonflikte zu vermeiden und bestehende offenzulegen,
7. die Pflicht, sich die erforderlichen Informationen über die jeweilige Finanzanlage einschließlich des für diese bestimmten Zielmarktes im Sinne des § 63 Absatz 4 in Verbindung mit § 80 Absatz 12 des Wertpapierhandelsgesetzes[1]) zu beschaffen und diese bei der Anlageberatung und Anlagevermittlung zu berücksichtigen.

[3] Hinsichtlich der Informations-, Beratungs- und Dokumentationspflichten ist hierbei ein dem Abschnitt 11 des Wertpapierhandelsgesetzes vergleichbares Anlegerschutzniveau herzustellen.

(2) [1] Die Rechtsverordnung kann auch Vorschriften enthalten
1. zur Pflicht, Bücher zu führen und die notwendigen Daten über einzelne Geschäftsvorgänge sowie über die Anleger aufzuzeichnen,
2. zur Pflicht, der zuständigen Behörde Anzeige beim Wechsel der mit der Leitung des Betriebes oder einer Zweigniederlassung beauftragten Personen zu erstatten und hierbei bestimmte Angaben zu machen,
3. zu den Inhalten und dem Verfahren für die Sachkundeprüfung nach § 34f Absatz 2 Nummer 4, den Ausnahmen von der Erforderlichkeit der Sachkundeprüfung sowie der Gleichstellung anderer Berufsqualifikationen mit der Sachkundeprüfung, der Zuständigkeit der Industrie- und Handelskammern sowie der Berufung eines Aufgabenauswahlausschusses,
4. zum Umfang der und zu inhaltlichen Anforderungen an die nach § 34f Absatz 2 Nummer 3 erforderliche Haftpflichtversicherung, insbesondere über die Höhe der Mindestversicherungssumme, die Bestimmung der zuständigen Behörde im Sinne des § 117 Absatz 2 des Versicherungsvertragsgesetzes[2]), über den Nachweis über das Bestehen der Haftpflichtversicherung und Anzeigepflichten des Versicherungsunternehmens gegenüber den Behörden und den Anlegern,
5. zu den Anforderungen und Verfahren, die zur Durchführung der Richtlinie 2005/36/EG auf Inhaber von Berufsqualifikationen angewendet werden sollen, die in einem anderen Mitgliedstaat der Europäischen Union oder einem anderen Vertragsstaat des Abkommens über den Europäischen Wirtschaftsraum erworben wurden, sofern diese Personen im Inland vorübergehend oder dauerhaft als Finanzanlagenvermittler tätig werden wollen.

---

[1]) Habersack ErgBd. Nr. 58.
[2]) Habersack Nr. 62.

Gewerbeordnung § 150a GewO 800

keit nach § 38 Abs. 1 kann die Auskunft auch zur Vorlage bei einer Behörde beantragt werden. ²Wird die Auskunft zur Vorlage bei einer Behörde beantragt, ist sie der Behörde unmittelbar zu übersenden.

§ 150a[1] **Auskunft an Behörden oder öffentliche Auftraggeber.** (1) ¹Auskünfte aus dem Register werden für

1. die Verfolgung wegen einer
   a) in § 148 Nr. 1,
   b) in § 404 Abs. 1, 2 Nr. 3 des Dritten Buches Sozialgesetzbuch[2], in § 8 Abs. 1 des Schwarzarbeitsbekämpfungsgesetzes[3], § 21 Absatz 1 Nummer 1 bis 8, 10 und 11 sowie Absatz 2 des Mindestlohngesetzes[4], in § 23 Absatz 1 Nummer 1 bis 9 und 11 sowie Absatz 2 des Arbeitnehmer-Entsendegesetzes[5] und in § 16 Abs. 1 bis 2 des Arbeitnehmerüberlassungsgesetzes[6]
   bezeichneten Ordnungswidrigkeit,
2. die Vorbereitung
   a) der Entscheidung über die in § 149 Absatz 2 Satz 1 Nr. 1 Buchstabe a und c bezeichneten Anträge,
   b) der übrigen in § 149 Absatz 2 Satz 1 Nr. 1 Buchstabe a bis e bezeichneten Entscheidungen,
   c) von Verwaltungsentscheidungen auf Grund des Straßenverkehrsgesetzes[7], des Fahrlehrergesetzes, des Fahrpersonalgesetzes[8], des Binnenschiffahrtsaufgabengesetzes oder der auf Grund dieser Gesetze erlassenen Rechtsvorschriften über Eintragungen, die das Personenbeförderungsgesetz[9] oder das Güterkraftverkehrsgesetz[10] betreffen,
3. die Vorbereitung von Rechtsvorschriften und allgemeinen Verwaltungsvorschriften, insoweit nur in anonymisierter Form,

---

[1] § 150a Abs. 2 Nr. 3 geänd. mWv 1.1.2002 durch G v. 13.12.2001 (BGBl. I S. 3584); Abs. 1 Satz 1 Nr. 1 Buchst. b geänd. und Nr. 4 angef. mWv 1.8.2002 durch G v. 23.7.2002 (BGBl. I S. 2787); Überschrift neu gef., Abs. 1 Satz 1 Nr. 4 und Satz 2 geänd. mWv 1.4.2004 durch G v. 23.12.2003 (BGBl. I S. 2848); Abs. 5 neu gef. mWv 1.4.2004 durch G v. 24.12.2003 (BGBl. I S. 2954); Abs. 1 Satz 1 Nr. 1 Buchst. b neu gef. mWv 1.8.2004 durch G v. 23.7.2004 (BGBl. I S. 1842); Abs. 2 Nr. 1 geänd. mWv 1.1.2005 durch G v. 30.7.2004 (BGBl. I S. 1950); Abs. 2 Nr. 4 angef. mWv 1.7.2005 durch G v. 7.7.2005 (BGBl. I S. 1954); Abs. 1 Satz 1 Nr. 1 Buchst. b und Nr. 4 geänd. mWv 28.4.2009 durch G v. 22.4.2009 (BGBl. I S. 818); Abs. 1 Satz 1 Nr. 4 geänd. mWv 8.4.2012 durch G v. 15.12.2011 (BGBl. I S. 2714); Abs. 2 Nr. 1 geänd. mWv 12.12.2012 durch G v. 5.12.2012 (BGBl. I S. 2415); Abs. 1 Satz 1 Nr. 4 geänd. mWv 30.6.2013 durch G v. 26.6.2013 (BGBl. I S. 1738); Abs. 1 Satz 1 Nr. 1 Buchst. b und Nr. 4 geänd. mWv 16.8.2014 durch G v. 11.8.2014 (BGBl. I S. 1348); Abs. 1 Satz 1 Nr. 2 Buchst. b geänd. mWv 5.12.2014 durch G v. 28.11.2014 (BGBl. I S. 1802); Abs. 1 Satz 2 geänd. mWv 18.4.2016 durch G v. 17.2.2016 (BGBl. I S. 203); Abs. 2 Nr. 5 angef. mWv 26.6.2017 durch G v. 23.6.2017 (BGBl. I S. 1822); Abs. 1 Satz 1 Nr. 2 Buchst. a und b, Abs. 2 Nr. 1–4 und Abs. 3 geänd., Abs. 7 angef. mWv 29.7. 2017; Abs. 2 Nr. 6 eingef. mWv 31.8.2020 durch G v. 18.7.2017 (BGBl. I S. 2732, ber. S. 3431); Abs. 5 aufgeh., bish. Abs. 6 und 7 werden Abs. 5 und 6 mWv 26.11.2019 durch G v. 20.11.2019 (BGBl. I S. 1626); Abs. 2 Nr. 4 geänd. mWv 19.1.2021 durch G v. 18.1.2021 (BGBl. I S. 2); Abs. 2 Nr. 6 geänd., Nr. 7 angef. mWv 28.12.2022 durch G v. 19.12.2022 (BGBl. I S. 2606); Abs. 1 Satz 1 Nr. 1 Buchst. b geänd. mWv 1.7.2023 durch G v. 28.6.2023 (BGBl. 2023 I Nr. 172).
[2] Aichberger, SGB Nr. 3.
[3] Habersack ErgBd. Nr. 94b.
[4] Habersack ErgBd. Nr. 80c.
[5] Loseblatt-Textsammlung Arbeitsrecht Nr. 506.
[6] Habersack ErgBd. Nr. 84a.
[7] Habersack Nr. 35.
[8] Loseblatt-Textsammlung Arbeitsrecht Nr. 356.
[9] Nr. 950.
[10] Nr. 952.

4. die Vorbereitung von vergaberechtlichen Entscheidungen über strafgerichtliche Verurteilungen und Bußgeldentscheidungen nach § 21 Abs. 1 des Schwarzarbeitsbekämpfungsgesetzes, § 21 Absatz 1 und 2 des Mindestlohngesetzes,[1]) § 5 Absatz 1 oder 2 des Arbeitnehmer-Entsendegesetzes in der bis zum 23. April 2009 geltenden Fassung, § 23 Abs. 1 und 2 des Arbeitnehmer-Entsendegesetzes,,[2]) und § 81 Absatz 1 bis 3 des Gesetzes gegen Wettbewerbsbeschränkungen[3])

erteilt. ² Auskunftsberechtigt sind die Behörden und öffentlichen Auftraggeber im Sinne des § 99 des Gesetzes gegen Wettbewerbsbeschränkungen, denen die in Satz 1 bezeichneten Aufgaben obliegen.

(2) Auskünfte aus dem Register werden ferner

1. den Gerichten und Staatsanwaltschaften über die in § 149 Absatz 2 Satz 1 Nr. 1 und 2 bezeichneten Eintragungen für Zwecke der Rechtspflege, zur Verfolgung von Straftaten nach § 148 Nr. 1, nach § 95 Abs. 1 Nr. 4 des Aufenthaltsgesetzes[4]) und § 27 Absatz 2 Nummer 2 des Jugendschutzgesetzes[5]) auch über die in § 149 Absatz 2 Satz 1 Nr. 3 bezeichneten Eintragungen,

2. den Kriminaldienst verrichtenden Dienststellen der Polizei für Zwecke der Verhütung und Verfolgung der in § 74c Abs. 1 Nr. 1 bis 6 des Gerichtsverfassungsgesetzes[6]) aufgeführten Straftaten über die in § 149 Absatz 2 Satz 1 Nr. 1 und 2 bezeichneten Eintragungen.

3. den zuständigen Behörden für die Aufhebung der in § 149 Absatz 2 Satz 1 Nr. 3 bezeichneten Bußgeldentscheidungen, auch wenn die Geldbuße weniger als 200 Euro beträgt,

4. den nach § 82 Absatz 1 des Gesetzes gegen Wettbewerbsbeschränkungen zuständigen Behörden zur Verfolgung von Ordnungswidrigkeiten nach § 81 Abs. 1 bis 3 des Gesetzes gegen Wettbewerbsbeschränkungen über die in § 149 Absatz 2 Satz 1 Nr. 3 bezeichneten Eintragungen,

5. der Zentralstelle für Finanztransaktionsuntersuchungen zur Erfüllung ihrer Aufgaben nach dem Geldwäschegesetz[7]),

6. den Verfassungsschutzbehörden des Bundes und der Länder, dem Bundesnachrichtendienst und dem Militärischen Abschirmdienst für die diesen Behörden übertragenen Sicherheitsaufgaben nach dem Sicherheitsüberprüfungsgesetz[8]) des Bundes,

7. der Zentralstelle für Sanktionsdurchsetzung

erteilt.

(3) Auskünfte über Bußgeldentscheidungen wegen einer Steuerordnungswidrigkeit dürfen nur in den in Absatz 1 Satz 1 Nr. 1 und 2 genannten Fällen erteilt werden.

(4) Die auskunftsberechtigten Stellen haben den Zweck anzugeben, für den die Auskunft benötigt wird.

---

[1]) Komma fehlt in amtlicher Vorlage.
[2]) Zeichensetzung amtlich.
[3]) **Habersack Nr. 74.**
[4]) Nr. **565.**
[5]) Nr. **400.**
[6]) **Habersack Nr. 95.**
[7]) **Habersack ErgBd. Nr. 88a.**
[8]) **Sartorius III Nr. 810.**

830. Gesetz über die Elektrizitäts- und Gasversorgung (Energiewirtschaftsgesetz – EnWG)[1)][2)][3)]

Vom 7. Juli 2005
(BGBl. I S. 1970, ber. S. 3621)

FNA 752-6

geänd. durch Art. 7 G zur Beschleunigung von Planungsverfahren für Infrastrukturvorhaben v. 9.12.2006 (BGBl. I S. 2833), Art. 7 Abs. 14 G zur Stärkung der Selbstverwaltung der Rechtsanwaltschaft v. 26.3. 2007 (BGBl. I S. 358), Art. 2 G zur Bekämpfung von Preismissbrauch im Bereich der Energieversorgung und des Lebensmittelhandels v. 18.12.2007 (BGBl. I S. 2966), Art. 1 G zur Öffnung des Messwesens bei Strom und Gas für Wettbewerb v. 29.8.2008 (BGBl. I S. 1790), Art. 3 G zur Neuregelung des Rechts der Erneuerbaren Energien im Strombereich und zur Änd. damit zusammenhängender Vorschriften v. 25.10. 2008 (BGBl. I S. 2074), Art. 2 G zur Förderung der Kraft-Wärme-Kopplung v. 25.10.2008 (BGBl. I S. 2101), Art. 10 G zur Neuregelung des Rechts des Naturschutzes und der Landschaftspflege v. 29.7.2009 (BGBl. I S. 2542), Art. 2 G zur Beschleunigung des Ausbaus der Höchstspannungsnetze v. 21.8.2009 (BGBl. I S. 2870), Art. 2 G zur Umsetzung der RL des Europäischen Parlaments und des Rates über Endenergieeffizienz und Energiedienstleistungen v. 4.11.2010 (BGBl. I S. 1483), Art. 13 G zur Umsetzung der DienstleistungsRL im EichG sowie im Geräte- und ProduktsicherheitsG und zur Änd. des Verwaltungskostenbesetz, des EnergiewirtschaftsG und des Energieleitungsausbaus v. 7.3.2011 (BGBl. I S. 338), Art. 1 G zur Neuregelung energiewirtschaftsrechtlicher Vorschriften v. 26.7.2011 (BGBl. I S. 1554), Art. 8 G zur Neuregelung des Rechtsrahmens für die Förderung der Stromerzeugung aus erneuerbaren Energien v. 28.7.2011 (BGBl. I S. 1634), Art. 2 G über Maßnahmen zur Beschleunigung des Netzausbaus Elektrizitätsnetze v. 28.7.2011 (BGBl. I S. 1690), Art. 22 G über den Rechtsschutz bei überlangen Gerichtsverfahren und strafrechtlichen Ermittlungsverfahren v. 24.11.2011 (BGBl. I S. 2302), Art. 1 Zweites G zur Neuregelung energiewirtschaftsrechtlicher Vorschriften v. 22.12.2011 (BGBl. I S. 3034), Art. 2 Abs. 66 G zur Änd. von Vorschriften über Verkündung und Bekanntmachungen sowie der ZPO, des EGZPO und der AO v. 22.12.2011 (BGBl. I S. 3044), Art. 3 G zur Neufassung des ErdölbevorratungsG, zur Änd. des MineralöldatenG und zur Änd. des EnergiewirtschaftsG v. 16.1.2012 (BGBl. I S. 74), Art. 2 G zur Einrichtung einer Markttransparenzstelle für den Großhandel mit Strom und Gas v. 5.12.2012 (BGBl. I S. 2403), Art. 1, 2 Drittes G zur Neuregelung energiewirtschaftsrechtlicher Vorschriften v. 20.12.2012 (BGBl. I S. 2730, geänd. durch G v. 26.7.2016, BGBl. I S. 1786), Art. 1 ÄndG v. 21.2.2013 (BGBl. I S. 346), Art. 4 Planfeststellungsverfahren-Vereinheitlichungs G v. 31.5.2013 (BGBl. I S. 1388, geänd. durch G v. 24.5.2014, BGBl. I S. 538), Art. 5 Abs. 1 Achtes G zur Änd. des GWB v. 26.6.2013 (BGBl. I S. 1738), Art. 2 Zweites G über Maßnahmen zur Beschleunigung des Netzausbaus Elektrizitätsnetze v. 23.7.2013 (BGBl. I S. 2543), Art. 2 Abs. 97 G zur Strukturreform des Gebührenrechts des Bundes v. 7.8.2013 (BGBl. I S. 3154), Art. 3 Abs. 4 G zur Änd. des HGB v. 4.10.2013 (BGBl. I S. 3746), Art. 6 G zur grundlegenden Reform des EEG und zur Änd. weiterer Bestimmungen des Energiewirtschaftsrechts v. 21.7.2014 (BGBl. I S. 1066), Art. 3 IT-SicherheitsG v. 17.7.2015 (BGBl. I S. 1324), Art. 15 BürokratieentlastungsG v. 28.7.2015 (BGBl. I S. 1400), Art. 311 Zehnte ZuständigkeitsanpassungsVO v. 31.8.2015 (BGBl. I S. 1474), Art. 2 Erstes G zur Änd. des EnergieverbrauchskennzeichnungsG und zur Änd. weiterer Bestimmungen des Energiewirtschaftsrechts v. 10.12.2015 (BGBl. I S. 2194), Art. 1 G zur Änd. von Bestimmungen des Rechts des Energieleitungsbaus v. 21.12.2015 (BGBl. I S. 2490), Art. 2

[1)] **Amtl. Anm.:** Dieses Gesetz dient der Umsetzung der Richtlinie 2003/54/EG des Europäischen Parlaments und des Rates vom 26. Juni 2003 über gemeinsame Vorschriften für den Elektrizitätsbinnenmarkt und zur Aufhebung der Richtlinie 96/92/EG (ABl. EU Nr. L 176 S. 37), der Richtlinie 2003/55/EG des Europäischen Parlaments und des Rates vom 26. Juni 2003 über gemeinsame Vorschriften für den Erdgasbinnenmarkt und zur Aufhebung der Richtlinie 98/30/EG (ABl. EU Nr. L 176 S. 57), der Richtlinie 2004/67/EG des Rates vom 26. April 2004 über Maßnahmen zur Gewährleistung der sicheren Erdgasversorgung (ABl. EU Nr. L 127 S. 92) und der Richtlinie 2006/32/EG des Europäischen Parlaments und des Rates vom 5. April 2006 über Endenergieeffizienz und Energiedienstleistungen und zur Aufhebung der Richtlinie 93/76/EWG des Rates (ABl. EU Nr. L 114 S. 64).
[2)] Verkündet als Art. 1 Zweites G zur Neuregelung des Energiewirtschaftsrechts v. 7.7.2005 (BGBl. I S. 1970); Inkrafttreten gem. Art. 5 Abs. 1 dieses G am 13.7.2005.
[3)] Die Änderungen durch G v. 13.10.2016 (BGBl. I S. 2258) treten teilweise erst **mWv 1.1.2026**, die Änderung durch G v. 10.8.2021 (BGBl. I S. 3436) tritt erst **mWv 1.1.2024**, die Änderungen durch G v. 22.3.2023 (BGBl. 2023 I Nr. 88) treten teilweise erst **mWv 28.9.2023** in Kraft und sind insoweit im Text noch nicht berücksichtigt.

Abs. 3 G zur Neuregelung des Kraft-Wärme-KopplungsG v. 21.12.2015 (BGBl. I S. 2498), Art. 9 G zur Umsetzung der RL über alternative Streitbeilegung in Verbraucherangelegenheiten und zur Durchführung der VO über Online-Streitbeilegung in Verbraucherangelegenheiten v. 19.2.2016 (BGBl. I S. 254), Art. 78 Zweites G über die weitere Bereinigung von Bundesrecht v. 8.7.2016 (BGBl. I S. 1594), Art. 1, 11 StrommarktG v. 26.7.2016 (BGBl. I S. 1786), Art. 3 G zur Digitalisierung der Energiewende v. 29.8. 2016 (BGBl. I S. 2034), Art. 6, 25 Abs. 3 G zur Einführung von Ausschreibungen für Strom aus erneuerbaren Energien und zu weiteren Änd. des Rechts der erneuerbaren Energien v. 13.10.2016 (BGBl. I S. 2258), Art. 3 G zur Änd. von Vorschriften zur Bevorratung von Erdöl, zur Erhebung von Mineralöldaten und zur Umstellung auf hochkalorisches Erdgas v. 14.12.2016 (BGBl. I S. 2874), Art. 3 G zur Änd. der Bestimmungen zur Stromerzeugung aus Kraft-Wärme-Kopplung und zur Eigenversorgung v. 22.12.2016 (BGBl. I S. 3106), Art. 1 G zur Änd. der Vorschriften zur Vergabe von Wegenutzungsrechten zur leitungsgebundenen Energieversorgung v. 27.1.2017 (BGBl. I S. 147), Art. 117 G zum Abbau verzichtbarer Anordnungen der Schriftform im Verwaltungsrecht des Bundes v. 29.3.2017 (BGBl. I S. 626), Art. 6 Abs. 36 G zur Reform der strafrechtlichen Vermögensabschöpfung v. 13.4.2017 (BGBl. I S. 872), Art. 13 G zur Anpassung des Umwelt-RechtsbehelfsG an europa- und völkerrechtliche Vorgaben v. 29.5.2017 (BGBl. I S. 1298), Art. 24 Abs. 28 Zweites FinanzmarktnovellierungsG v. 23.6.2017 (BGBl. I S. 1693), Art. 3 G zur Umsetzung der RL (EU) 2016/1148 des Europäischen Parlaments und des Rates vom 6. Juli 2016 über Maßnahmen zur Gewährleistung eines hohen gemeinsamen Sicherheitsniveaus von Netz- und Informationssystemen in der Union v. 23.6.2017 (BGBl. I S. 1885), Art. 1 NetzentgeltmodernisierungsG v. 17.7.2017 (BGBl. I S. 2503, ber. S. 3343, geänd. durch G v. 17.12.2018, BGBl. I S. 2549), Art. 2 G zur Förderung von Mieterstrom und zur Änd. weiterer Vorschriften des Erneuerbare-Energien-G v. 17.7.2017 (BGBl. I S. 2532), Art. 2 Abs. 6 G zur Modernisierung des Rechts der Umweltverträglichkeitsprüfung v. 20.7.2017 (BGBl. I S. 2808, ber. 2018 S. 472), Art. 3, 14 G zur Änd. des Erneuerbare-Energien-G, des Kraft-Wärme-KopplungsG, des EnergiewirtschaftsG und weiterer energierechtlicher Vorschriften v. 17.12.2018 (BGBl. I S. 2549), Art. 1 G zur Beschleunigung des Energieleitungsausbaus v. 13.5.2019 (BGBl. I S. 706, geänd. durch G v. 21.12.2020, BGBl. I S. 3138, und durch G v. 16.7.2021, BGBl. I S. 3026), Art. 89 Zweites Datenschutz-Anpassungs- und UmsetzungsG EU v. 20.11.2019 (BGBl. I S. 1626), Art. 2 G zur Änd. des G über Energiedienstleistungen und andere Energieeffizienzmaßnahmen v. 20.11.2019 (BGBl. I S. 1719), Art. 5 G zur Änd. von Vorschriften über die außergerichtliche Streitbeilegung in Verbrauchersachen und zur Änd. weiterer Gesetze v. 30.11.2019 (BGBl. I S. 1942), Art. 1 G zur Änd. des EnergiewirtschaftsG zur Umsetzung der RL (EU) 2019/692 des Europäischen Parlamentes und des Rates über gemeinsame Vorschriften für den Erdgasbinnenmarkt v. 5.12.2019 (BGBl. I S. 2002), Art. 5 G zur Änd. des Erneuerbare-Energien-G 2017 und weiterer energierechtlicher Bestimmungen v. 25.5.2020 (BGBl. I S. 1070), Art. 249 Elfte ZuständigkeitsanpassungsVO v. 19.6.2020 (BGBl. I S. 1328), Art. 4 G zur Vereinheitlichung des Energieeinsparrechts für Gebäude und zur Änd. weiterer Gesetze v. 8.8.2020 (BGBl. I S. 1728), Art. 4 KohleausstiegsG v. 8.8.2020 (BGBl. I S. 1818), Art. 1 G zur Änd. des EnergiewirtschaftsG zur marktgestützten Beschaffung von Systemdienstleistungen v. 22.11.2020 (BGBl. I S. 2464), Art. 2 G zur Änd. des Windenergie-auf-See-G und anderer Vorschriften v. 3.12.2020 (BGBl. I S. 2682), Art. 2 G zur Änd. des Erneuerbare-Energien-G und weiterer energierechtlicher Vorschriften v. 21.12.2020 (BGBl. I S. 3138), Art. 2 G zur Änd. des BundesbedarfsplanG und anderer Vorschriften v. 25.2.2021 (BGBl. I S. 298), Art. 3 Zweites G zur Erhöhung der Sicherheit informationstechnischer Systeme v. 18.5.2021 (BGBl. I S. 1122), Art. 1, 2 G zur Umsetzung unionsrechtlicher Vorgaben und zur Regelung reiner Wasserstoffnetze im Energiewirtschaftsrecht v. 16.7.2021 (BGBl. I S. 3026), Art. 24 G zur Umsetzung der DigitalisierungsRL v. 5.7.2021 (BGBl. I S. 3338), Art. 84 PersonengesellschaftsrechtsmodernisierungsG (MoPeG) v. 10.8.2021 (BGBl. I S. 3436), Art. 1 G zur Änd. des EnergiewirtschaftsG zur Einführung von Füllstandsvorgaben für Gasspeicheranlagen sowie zur Änd. von § 246 BauGB v. 26.4.2022 (BGBl. I S. 674), Art. 2 G zur Änd. des EnergiesicherungsG 1975 und anderer energiewirtschaftlicher Vorschriften v. 20.5.2022 (BGBl. I S. 730), Art. 2 G zur Absenkung der Kostenbelastungen durch die EEG-Umlage und zur Weitergabe dieser Absenkung an die Letztverbraucher v. 23.5.2022 (BGBl. I S. 747), Art. 1 G zur Bereithaltung von Ersatzkraftwerken zur Reduzierung des Gasverbrauchs im Stromsektor im Fall einer drohenden Gasmangellage durch Änd. des EnergiewirtschaftsG und weiterer energiewirtschaftlicher Vorschriften v. 8.7.2022 (BGBl. I S. 1054 iVm Bek. v. 20.1.2023, BGBl. 2023 I Nr. 27), Art. 1 G zur Änd. des Energiewirtschaftsrechts im Zusammenhang mit dem Klimaschutz-Sofortprogramm und zu Anpassungen im Recht der Endkundenbelieferung v. 19.7.2022 (BGBl. I S. 1214), Art. 5 G zu Sofortmaßnahmen für einen beschleunigten Ausbau der erneuerbaren Energien und weiteren Maßnahmen im Stromsektor v. 20.7.2022 (BGBl. I S. 1237), Art. 4, 5 Zweites G zur Änd. des Windenergie-auf-See-G und anderer Vorschriften v. 20.7.2022 (BGBl. I S. 1325), Art. 3 G zur Änd. des EnergiesicherungsG und anderer energiewirtschaftlicher Vorschriften v. 8.10.2022 (BGBl. I S. 1726), Art. 2 Zweites G zur Änd. des EnergiesicherungsG und anderer energiewirtschaftlicher Vorschriften v. 25.11.2022 (BGBl. I S. 2102), Art. 2 G zur Einführung einer Strompreisbremse und zur Änd. weiterer energierechtlicher Bestimmungen v. 20.12.2022 (BGBl. I S. 2512), Art. 6 G zur Einführung von Preisbremsen für leitungsgebundenes Erdgas und Wärme und zur Änd. weiterer Vorschriften v. 20.12.2022 (BGBl. I S. 2560), Art. 3 G zu Herkunftsnachweisen für Gas, Wasserstoff, Wärme oder Kälte aus erneuerbaren Energien und zur Änd. anderer energierechtlicher Vorschriften v. 4.1.2023 (BGBl. 2023 I Nr. 9), Art. 3 G zur Beschleunigung von verwaltungsgerichtlichen Verfahren im Infrastrukturbereich v. 14.3.2023 (BGBl. 2023 I Nr. 71), Art. 9 G zur Änd. des RaumordnungsG und anderer Vorschriften v. 22.3.2023 (BGBl. 2023 I Nr. 88), Art. 1 G zum Neustart der Digitalisierung der Energiewende v. 22.5.2023 (BGBl. 2023 I Nr. 133) und Art. 2 G zur Änd. des LNG-BeschleunigungsG und zur Änd. des EnergiewirtschaftsG und zur Änd. des Baugesetzbuchs v. 12.7.2023 (BGBl. 2023 I Nr. 184)

Zum EnWG wurden ua folgende Vorschriften erlassen:
– AnreizregulierungsVO – ARegV v. 29.10.2007 (BGBl. I S. 2529), zuletzt geänd. durch G v. 20.7.2022 (BGBl. I S. 1237)
– Elektrotechnische-Eigenschaften-Nachweis-VO – NELEV v. 12.6.2017 (BGBl. I S. 1651), geänd. durch G v. 19.7.2022 (BGBl. I S. 1214)
– EnergiewirtschaftskostenVO – EnWGKostV v. 14.3.2006 (BGBl. I S. 540), zuletzt geänd. durch VO v. 12.12.2022 (BGBl. I S. 2277)
– GasnetzentgeltVO – GasNEV v. 25.7.2005 (BGBl. I S. 2197), zuletzt geänd. durch VO v. 27.7.2021 (BGBl. I S. 3229)
– GasnetzzugangsVO – GasNZV v. 3.9.2010 (BGBl. I S. 1261), zuletzt geänd. durch G v. 16.7.2021 (BGBl. I S. 3026)
– GasspeicherfüllstandsVO – GasSpFüllstV v. 27.7.2022 (BAnz AT 28.07.2022 V1)
– KonzessionsabgabenVO – KAV v. 9.1.1992 (BGBl. I S. 12), zuletzt geänd. durch VO v. 1.11.2006 (BGBl. I S. 2477)
– Kraftwerks-NetzanschlussVO – KraftNAV v. 26.6.2007 (BGBl. I S. 1187)
– MarktstammdatenregisterVO – MaStRV v. 10.4.2017 (BGBl. I S. 842), zuletzt geänd. durch G v. 20.7.2022 (BGBl. I S. 1237)
– NetzreserveVO – NetzResV v. 27.6.2013 (BGBl. I S. 1947), zuletzt geänd. durch G v. 13.5.2019 (BGBl. I S. 706)
– StromnetzentgeltVO – StromNEV v. 25.7.2005 (BGBl. I S. 2225), zuletzt geänd. durch G v. 20.7.2022 (BGBl. I S. 1237)
– StromnetzzugangsVO – StromNZV v. 25.7.2005 (BGBl. I S. 2243), zuletzt geänd. durch G v. 16.7.2021 (BGBl. I S. 3026)
– VersorgungsreserveabrufVO – VersResAbV v. 30.9.2022 (BAnz AT 30.09.2022 V3)
– VO zu abschaltbaren Lasten – AbLaV v. 16.8.2016 (BGBl. I S. 1984), zuletzt geänd. durch G v. 20.7.2022 (BGBl. I S. 1237)
– VO zum Schutz von Übertragungsnetzen v. 6.1.2012 (BGBl. I S. 69), geänd. durch VO v. 31.8.2015 (BGBl. I S. 1474)
– WasserstoffnetzentgeltVO v. 23.11.2021 (BGBl. I S. 4955)

830 EnWG Energiewirtschaftsgesetz

Inhaltsübersicht[1]

Teil 1. Allgemeine Vorschriften

§ 1	Zweck und Ziele des Gesetzes
§ 1a	Grundsätze des Strommarktes
§ 2	Aufgaben der Energieversorgungsunternehmen
§ 3	Begriffsbestimmungen
§ 3a	Verhältnis zum Eisenbahnrecht
§ 4	Genehmigung des Netzbetriebs
§ 4a	Zertifizierung und Benennung des Betreibers eines Transportnetzes
§ 4b	Zertifizierung in Bezug auf Drittstaaten
§ 4c	Pflichten des Transportnetzbetreiber
§ 4d	Widerruf der Zertifizierung nach § 4a, nachträgliche Versehung mit Auflagen
§ 5	Anzeige der Energiebelieferung
§ 5a	Speicherungspflichten, Veröffentlichung von Daten
§ 5b	Anzeige von Verdachtsfällen, Verschwiegenheitspflichten

Teil 2. Entflechtung

Abschnitt 1. Gemeinsame Vorschriften für Verteilernetzbetreiber und Transportnetzbetreiber

§ 6	Anwendungsbereich und Ziel der Entflechtung
§ 6a	Verwendung von Informationen
§ 6b	Rechnungslegung und Buchführung
§ 6c	Ordnungsgeldvorschriften
§ 6d	Betrieb eines Kombinationsnetzbetreibers

Abschnitt 2. Entflechtung von Verteilernetzbetreibern und Betreibern von Gasspeicheranlagen

§ 7	Rechtliche Entflechtung von Verteilernetzbetreibern
§ 7a	Operationelle Entflechtung von Verteilernetzbetreibern
§ 7b	Entflechtung von Gasspeicheranlagenbetreibern und Transportnetzeigentümern
§ 7c	Ausnahme für Ladepunkte für Elektromobile; Verordnungsermächtigung

Abschnitt 3. Besondere Entflechtungsvorgaben für Transportnetzbetreiber

§ 8	Eigentumsrechtliche Entflechtung
§ 9	Unabhängiger Systembetreiber
§ 10	Unabhängiger Transportnetzbetreiber
§ 10a	Vermögenswerte, Anlagen, Personalausstattung, Unternehmensidentität des Unabhängigen Transportnetzbetreibers
§ 10b	Rechte und Pflichten im vertikal integrierten Unternehmen

---

[1] Inhaltsübersicht geänd. mWv 17.12.2006 durch G v. 9.12.2006 (BGBl. I S. 2833); geänd. mWv 22.12.2007 durch G v. 18.12.2007 (BGBl. I S. 2966); geänd. mWv 26.8.2009 durch G v. 21.8.2009 (BGBl. I S. 2870); geänd. mWv 12.3.2011 durch G v. 7.3.2011 (BGBl. I S. 338); geänd. mWv 4.8.2011 durch G v. 26.7.2011 (BGBl. I S. 1554); geänd. mWv 3.12.2011 durch G v. 24.11.2011 (BGBl. I S. 2302); geänd. mWv 12.12.2012 durch G v. 5.12.2012 (BGBl. I S. 2403); geänd. mWv 28.12.2012 durch G v. 20.12.2012 (BGBl. I S. 2730); geänd. mWv 8.9.2015 durch VO v. 31.8.2015 (BGBl. I S. 1474); geänd. mWv 1.1.2016 durch G v. 10.12.2015 (BGBl. I S. 2194); geänd. mWv 15.7.2016 durch G v. 8.7.2016 (BGBl. I S. 1594); geänd. mWv 30.7.2016 durch G v. 26.7.2016 (BGBl. I S. 1786); geänd. mWv 2.9.2016 durch G v. 29.8.2016 (BGBl. I S. 2034); geänd. mWv 1.1.2017 durch G v. 13.10.2016 (BGBl. I S. 2258); geänd. mWv 1.1.2017 durch G v. 14.12.2016 (BGBl. I S. 2874); geänd. mWv 3.2.2017 durch G v. 27.1.2017 (BGBl. I S. 130); geänd. mWv 22.7.2017 durch G v. 17.7.2017 (BGBl. I S. 2503); geänd. mWv 25.7.2017 durch G v. 17.7.2017 (BGBl. I S. 2532); geänd. mWv 21.12.2018 durch G v. 17.12.2018 (BGBl. I S. 2549); geänd. mWv 17.5.2019 und mWv 1.10.2021 durch G v. 13.5.2019 (BGBl. I S. 706); geänd. mWv 12.12.2019 durch G v. 5.12.2019 (BGBl. I S. 2002); geänd. mWv 14.8.2020 durch G v. 8.8.2020 (BGBl. I S. 1818); geänd. mWv 27.11.2020 durch G v. 22.11.2020 (BGBl. I S. 2464); geänd. mWv 1.1.2021 (mangels Textübereinstimmung nicht ausführbar) durch G v. 21.12.2020 (BGBl. I S. 3138); geänd. mWv 4.3.2021 durch G v. 25.2.2021 (BGBl. I S. 298); geänd. mWv 27.7.2021 durch G v. 16.7.2021 (BGBl. I S. 3026); geänd. mWv 30.4.2022 durch G v. 26.4.2022 (BGBl. I S. 674); geänd. mWv 22.5.2022 durch G v. 20.5.2022 (BGBl. I S. 730); geänd. mWv 12.7.2022 durch G v. 8.7.2022 (BGBl. I S. 1054); geänd. mWv 29.7.2022 durch G v. 19.7.2022 (BGBl. I S. 1214); geänd. mWv 1.1.2023 durch G v. 20.7.2022 (BGBl. I S. 1237); geänd. mWv 13.10.2022 durch G v. 8.10.2022 (BGBl. I S. 1726); geänd. mWv 1.12.2022 durch G v. 25.11.2022 (BGBl. I S. 2102); geänd. mWv 24.12.2022 durch G v. 20.12.2022 (BGBl. I S. 2512); geänd. mWv 29.3.2023 durch G v. 22.3.2023 (BGBl. 2023 I Nr. 88); sie wurde nichtamtlich an die Änderungen durch G v. 28.7.2011 (BGBl. I S. 1690), durch G v. 22.12.2016 (BGBl. I S. 3106) und durch G v. 20.7.2017 (BGBl. I S. 2808) angepasst.

Energiewirtschaftsgesetz § 12b EnWG 830

im Sinne des § 12a Absatz 1 für einen sicheren und zuverlässigen Netzbetrieb erforderlich sind. ³Die Betreiber von Übertragungsnetzen mit Regelzonenverantwortung müssen im Rahmen der Erstellung des Netzentwicklungsplans die Regelungen zur Spitzenkappung nach § 11 Absatz 2 bei der Netzplanung anwenden. ⁴Der Netzentwicklungsplan enthält darüber hinaus folgende Angaben:

1. alle Netzausbaumaßnahmen, die in den nächsten drei Jahren ab Feststellung des Netzentwicklungsplans durch die Regulierungsbehörde für einen sicheren und zuverlässigen Netzbetrieb erforderlich sind,
2. einen Zeitplan für alle Netzausbaumaßnahmen sowie
3. a) Netzausbaumaßnahmen als Pilotprojekte für eine verlustarme Übertragung hoher Leistungen über große Entfernungen,
   b) den Einsatz von Hochtemperaturleiterseilen als Pilotprojekt mit einer Bewertung ihrer technischen Durchführbarkeit und Wirtschaftlichkeit sowie
   c) das Ergebnis der Prüfung des Einsatzes von neuen Technologien als Pilotprojekte einschließlich einer Bewertung der technischen Durchführbarkeit und Wirtschaftlichkeit,
4. den Stand der Umsetzung des vorhergehenden Netzentwicklungsplans und im Falle von Verzögerungen, die dafür maßgeblichen Gründe der Verzögerungen,
5. Angaben zur zu verwendenden Übertragungstechnologie,
6. Darlegung der in Betracht kommenden anderweitigen Planungsmöglichkeiten von Netzausbaumaßnahmen,
7. beginnend mit der Vorlage des ersten Entwurfs des Netzentwicklungsplans im Jahr 2018 alle wirksamen Maßnahmen zur bedarfsgerechten Optimierung, Verstärkung und zum Ausbau der Offshore-Anbindungsleitungen in der ausschließlichen Wirtschaftszone und im Küstenmeer einschließlich der Netzanknüpfungspunkte an Land, die bis zum Ende der jeweiligen Betrachtungszeiträume nach § 12a Absatz 1 für einen schrittweisen, bedarfsgerechten und wirtschaftlichen Ausbau sowie einen sicheren und zuverlässigen Betrieb der Offshore-Anbindungsleitungen sowie zum Weitertransport des auf See erzeugten Stroms oder für eine Anbindung von Testfeldern im Sinne des § 3 Nummer 9 des Windenergie-auf-See-Gesetzes (Testfeld-Anbindungsleitungen) erforderlich sind; für die Maßnahmen nach dieser Nummer werden Angaben zum geplanten Zeitpunkt der Fertigstellung vorgesehen; hierbei müssen die Festlegungen des zuletzt bekannt gemachten Flächenentwicklungsplans nach den §§ 4 bis 8 des Windenergie-auf-See-Gesetzes zu Grunde gelegt werden.

⁵Die Betreiber von Übertragungsnetzen mit Regelzonenverantwortung nutzen bei der Erarbeitung des Netzentwicklungsplans eine geeignete und für einen sachkundigen Dritten nachvollziehbare Modellierung der Elektrizitätsversorgungsnetzes. ⁶Der Netzentwicklungsplan berücksichtigt den gemeinschaftsweiten Netzentwicklungsplan nach Artikel 8 Absatz 3b der Verordnung (EG) Nr. 714/2009 und vorhandene Offshore-Netzpläne.

(2) ¹Der Netzentwicklungsplan umfasst alle Maßnahmen, die nach den Szenarien des Szenariorahmens erforderlich sind, um die Anforderungen nach Absatz 1 Satz 2 zu erfüllen. ²Dabei ist dem Erfordernis eines sicheren und zuverlässigen Netzbetriebs in besonderer Weise Rechnung zu tragen.

(3) ¹Die Betreiber von Übertragungsnetzen mit Regelzonenverantwortung veröffentlichen den Entwurf des Netzentwicklungsplans vor Vorlage bei der Regulierungsbehörde auf ihren Internetseiten und geben der Öffentlichkeit, einschließlich tatsächlicher oder potenzieller Netznutzer, den nachgelagerten Netzbetreibern

sowie den Trägern öffentlicher Belange und den Energieaufsichtsbehörden der Länder Gelegenheit zur Äußerung. ²Dafür stellen sie den Entwurf des Netzentwicklungsplans und alle weiteren erforderlichen Informationen im Internet zur Verfügung. ³Die Betreiber von Übertragungsnetzen mit Regelzonenverantwortung sollen den Entwurf des Netzentwicklungsplans spätestens bis zum 10. Dezember eines jeden geraden Kalenderjahres, beginnend mit dem Jahr 2016, veröffentlichen. ⁴Die Betreiber von Elektrizitätsversorgungsnetzen sind verpflichtet, mit den Betreibern von Übertragungsnetzen mit Regelzonenverantwortung in dem Umfang zusammenzuarbeiten, der erforderlich ist, um eine sachgerechte Erstellung des Netzentwicklungsplans zu gewährleisten; sie sind insbesondere verpflichtet, den Betreibern von Übertragungsnetzen mit Regelzonenverantwortung für die Erstellung des Netzentwicklungsplans notwendige Informationen auf Anforderung unverzüglich zur Verfügung zu stellen.

(3a) Zum Zeitpunkt der Veröffentlichung nach Absatz 3 Satz 1 übermitteln die Betreiber von Übertragungsnetzen der Regulierungsbehörde Angaben dazu, welche Netzausbaumaßnahmen zur Höchstspannungs-Gleichstrom-Übertragung oder welcher länderübergreifende landseitige Teil von Offshore-Anbindungsleitungen ganz oder weit überwiegend in einem Trassenkorridor, der bereits gemäß § 17 des Netzausbaubeschleunigungsgesetzes Übertragungsnetz[1] in den Bundesnetzplan aufgenommen ist, oder in einem durch Landesplanungen oder nach Landesrecht bestimmten Leitungsverlauf für Erdkabel zur Höchstspannungs-Gleichstrom-Übertragung eines weiteren Vorhabens realisiert werden sollen.

(4) Dem Netzentwicklungsplan ist eine zusammenfassende Erklärung beizufügen über die Art und Weise, wie die Ergebnisse der Beteiligungen nach § 12a Absatz 2 Satz 2 und § 12b Absatz 3 Satz 1 in dem Netzentwicklungsplan berücksichtigt wurden und aus welchen Gründen der Netzentwicklungsplan nach Abwägung mit den geprüften, in Betracht kommenden anderweitigen Planungsmöglichkeiten gewählt wurde.

(5) Die Betreiber von Übertragungsnetzen mit Regelzonenverantwortung legen den konsultierten und überarbeiteten Entwurf des Netzentwicklungsplans der Regulierungsbehörde unverzüglich nach Fertigstellung, jedoch spätestens zehn Monate nach Genehmigung des Szenariorahmens gemäß § 12a Absatz 3 Satz 1, vor.

§ 12c[2] Prüfung und Bestätigung des Netzentwicklungsplans durch die Regulierungsbehörde. (1) ¹Die Regulierungsbehörde prüft die Übereinstimmung des Netzentwicklungsplans mit den Anforderungen gemäß § 12b Absatz 1, 2 und 4. ²Sie kann Änderungen des Entwurfs des Netzentwicklungsplans durch die Betreiber von Übertragungsnetzen mit Regelzonenverantwortung verlangen. ³Die

---

[1] **Sartorius III Nr. 511.**
[2] § 12c eingef. mWv 4.8.2011 durch G v. 26.7.2011 (BGBl. I S. 1554); Abs. 2 Satz 1 geänd., Satz 2 eingef., bish. Satz 2 wird Satz 3, Abs. 6 geänd. mWv 28.12.2012 durch G v. 20.12.2012 (BGBl. I S. 2730); Überschrift, Abs. 4 Satz 1 neu gef., Abs. 6 eingef., bish. Abs. 6 wird Abs. 7 mWv 1.1.2016 durch G v. 10.12.2015 (BGBl. I S. 2194); Abs. 2 Satz 1, Abs. 3 Satz 5 geänd. mWv 29.7.2017 durch G v. 20.7.2017 (BGBl. I S. 2808); Abs. 1 Sätze 2 und 3, Abs. 2 Satz 3 geänd., Abs. 4 Satz 2 aufgeh., Abs. 5 geänd., Abs. 8 angef. mWv 17.5.2019 durch G v. 13.5.2019 (BGBl. I S. 706); Abs. 1 Satz 2 neu gef., Satz 3 eingef., bish. Satz 3 wird Satz 4 mWv 4.3.2021 durch G v. 25.2.2021 (BGBl. I S. 298); Abs. 8 neu gef. *mWv* 27.7.2021 durch G v. 16.7.2021 (BGBl. I S. 3026); Abs. 2a eingef., Abs. 3 Satz 3, Abs. 7 geänd. mWv 29.7.2022 durch G v. 19.7.2022 (BGBl. I S. 1214); Abs. 1 Satz 2 eingef., bish. Sätze 2–5 werden Sätze 3–6, Satz 7 angef. mWv 13.10.2022 durch G v. 8.10.2022 (BGBl. I S. 1726); Abs. 2a Sätze 7–10 eingef., bish. Satz 7 wird Satz 11 mWv 27.5.2023 durch G v. 22.5.2023 (BGBl. 2023 I Nr. 133).

Betreiber von Übertragungsnetzen mit Regelzonenverantwortung stellen der Regulierungsbehörde auf Verlangen die für ihre Prüfungen erforderlichen Informationen zur Verfügung. ⁴Bestehen Zweifel, ob der Netzentwicklungsplan mit dem gemeinschaftsweit geltenden Netzentwicklungsplan in Einklang steht, konsultiert die Regulierungsbehörde die Agentur für die Zusammenarbeit der Energieregulierungsbehörden.

(2) ¹Zur Vorbereitung eines Bedarfsplans nach § 12e erstellt die Regulierungsbehörde frühzeitig während des Verfahrens zur Erstellung des Netzentwicklungsplans nach § 12b einen Umweltbericht, der den Anforderungen des § 40 des Gesetzes über die Umweltverträglichkeitsprüfung[1]) entsprechen muss. ²Der Umweltbericht nach Satz 1 bezieht den Umweltbericht zum Flächenentwicklungsplan nach § 6 Absatz 4 des Windenergie-auf-See-Gesetzes ein und kann auf zusätzliche oder andere als im Umweltbericht zum Flächenentwicklungsplan nach § 6 Absatz 4 des Windenergie-auf-See-Gesetzes enthaltene erhebliche Umweltauswirkungen beschränkt werden. ³Der Umweltbericht nach Satz 1 kann sich auf den Bereich des Festlands und des Küstenmeeres beschränken. ⁴Die Betreiber von Übertragungsnetzen mit Regelzonenverantwortung stellen der Regulierungsbehörde die hierzu erforderlichen Informationen zur Verfügung.

(2a) ¹Enthält der nach § 12b Absatz 5 vorgelegte Netzentwicklungsplan eine Neubaumaßnahme zur Höchstspannungs-Gleichstrom-Übertragung, die noch nicht im Netzentwicklungsplan bestätigt wurde und für die keine Bündelungsoption nach § 12b Absatz 3a besteht, hat die Regulierungsbehörde anhand von vorhandenen Daten zur großräumigen Raum- und Umweltsituation für diese Maßnahme einen Präferenzraum im Sinne des § 3 Nummer 10 des Netzausbaubeschleunigungsgesetzes Übertragungsnetz[2]) zu ermitteln und dem Umweltbericht zugrunde zu legen. ²Liegen die Voraussetzungen des Satzes 1 im Fall einer Neubaumaßnahme für den länderübergreifenden landseitigen Teil einer Offshore-Anbindungsleitung vor, kann die Regulierungsbehörde Satz 1 entsprechend anwenden. ³Die Ermittlung von Präferenzräumen nach Satz 1 hat keine unmittelbare Außenwirkung und ersetzt nicht die Entscheidung über die Zulässigkeit der Netzausbaumaßnahme. ⁴Die Ermittlung von Präferenzräumen kann nur im Rahmen des Rechtsbehelfsverfahrens gegen die Zulassungsentscheidung für die jeweilige Netzausbaumaßnahme überprüft werden. ⁵Sofern Geodaten über die verbindlichen Festlegungen der Landes- und Regionalplanung benötigt werden, legt die Bundesnetzagentur die Daten des Raumordnungsplan-Monitors des Bundesinstituts für Bau-, Stadt- und Raumforschung zugrunde, die ihr für diesen Zweck zur Verfügung zu stellen sind. ⁶Für diese und andere Geodaten gilt § 31 Absatz 4 des Netzausbaubeschleunigungsgesetzes Übertragungsnetz entsprechend. ⁷Für Maßnahmen, für die ein Bundesfachplanungsverfahren notwendig ist und bei denen noch kein Antrag auf Bundesfachplanung gestellt wurde, ist ein Präferenzraum zu ermitteln, wenn dies der Vorhabenträger bis zum 11. Juni 2023 beantragt. ⁸Bei der Präferenzraumermittlung hat die Regulierungsbehörde zu berücksichtigen, ob eine spätere gemeinsame Verlegung mehrerer Neubaumaßnahmen im Sinne von Satz 1 im räumlichen und zeitlichen Zusammenhang ganz oder weit überwiegend sinnvoll erscheint. ⁹Um eine Bündelung zu ermöglichen, darf die Regulierungsbehörde Kopplungsräume setzen. ¹⁰Sofern die Betreiber von Übertragungsnetzen bei einer Neubaumaßnahme, die in dem nach § 12b Absatz 5 vorgelegten Netzentwicklungsplan enthalten ist, angeben, dass diese Maßnahme die Nutzung der

---

[1]) Nr. 295.
[2]) Sartorius III Nr. 511.

nach § 2 Absatz 8 des Bundesbedarfsplangesetzes[1]) vorgesehenen Leerrohrmöglichkeit eines im Bundesbedarfsplan mit „H" gekennzeichneten Vorhabens zum Ziel hat, ist von einer Präferenzraumermittlung abzusehen. [11]Die Ermittlung von Präferenzräumen stellt keine raumbedeutsame Planung und Maßnahme im Sinne des § 3 Absatz 1 Nummer 6 des Raumordnungsgesetzes[2]) vom 22. Dezember 2008 (BGBl. I S. 2986), das zuletzt durch Artikel 3 des Gesetzes vom 20. Juli 2022 (BGBl. I S. 1353) geändert worden ist, dar.

(3) [1]Nach Abschluss der Prüfung nach Absatz 1 beteiligt die Regulierungsbehörde unverzüglich die Behörden, deren Aufgabenbereich berührt wird, und die Öffentlichkeit. [2]Maßgeblich sind die Bestimmungen des Gesetzes über die Umweltverträglichkeitsprüfung, soweit sich aus den nachfolgenden Vorschriften nicht etwas anderes ergibt. [3]Gegenstand der Beteiligung ist der Entwurf des Netzentwicklungsplans und in den Fällen des § 12e der Umweltbericht. [4]Die Unterlagen für die Strategische Umweltprüfung sowie der Entwurf des Netzentwicklungsplans sind für eine Frist von sechs Wochen am Sitz der Regulierungsbehörde auszulegen und darüber hinaus auf ihrer Internetseite öffentlich bekannt zu machen. [5]Die betroffene Öffentlichkeit kann sich zum Entwurf des Netzentwicklungsplans und zum Umweltbericht bis einen Monat nach Ende der Auslegung äußern.

(4) [1]Die Regulierungsbehörde soll den Netzentwicklungsplan unter Berücksichtigung des Ergebnisses der Behörden- und Öffentlichkeitsbeteiligung mit Wirkung für die Betreiber von Übertragungsnetzen spätestens bis zum 31. Dezember eines jeden ungeraden Kalenderjahres, beginnend mit dem Jahr 2017, bestätigen. [2]Die Bestätigung ist nicht selbstständig durch Dritte anfechtbar.

(5) Die Betreiber von Übertragungsnetzen mit Regelzonenverantwortung sind verpflichtet, den entsprechend Absatz 1 Satz 2 geänderten Netzentwicklungsplan der Regulierungsbehörde unverzüglich vorzulegen.

(6) [1]Bei Fortschreibung des Netzentwicklungsplans kann sich die Beteiligung der Öffentlichkeit, einschließlich tatsächlicher und potenzieller Netznutzer, der nachgelagerten Netzbetreiber sowie der Träger öffentlicher Belange nach § 12a Absatz 2, § 12b Absatz 3 und § 12c Absatz 3 auf Änderungen gegenüber dem zuletzt genehmigten Szenariorahmen oder dem zuletzt bestätigten Netzentwicklungsplan beschränken. [2]Ein vollständiges Verfahren nach den §§ 12a bis 12c Absatz 1 bis 5 muss mindestens alle vier Jahre sowie in den Fällen des § 12e Absatz 1 Satz 3 durchgeführt werden.

(7) Die Regulierungsbehörde kann nähere Bestimmungen zu Inhalt und Verfahren der Erstellung des Netzentwicklungsplans sowie zur Ausgestaltung des nach Absatz 3, § 12a Absatz 2 und § 12b Absatz 3 durchzuführenden Verfahrens zur Beteiligung der Öffentlichkeit treffen.

(8) [1]Die Regulierungsbehörde kann bei Bestätigung des Netzentwicklungsplans oder durch gesonderte Entscheidung bestimmen, wer für die Durchführung einer im Netzentwicklungsplan bestätigten Maßnahme als Vorhabenträger ganz oder teilweise verantwortlich ist. [2]Hierbei berücksichtigt die Regulierungsbehörde ausschließlich Belange, die im öffentlichen Interesse eine möglichst zügige, effiziente und umweltschonende Durchführung der Maßnahmen erwarten lassen. [3]Dazu gehören Vorschläge im Netzentwicklungsplan und etwaige Vereinbarungen von Übertragungsnetzbetreibern zur Bestimmung eines oder mehrerer Vorhabenträger;

---

[1]) **Sartorius III Nr. 512.**
[2]) Nr. 340.

in diesem Fall ist durch die Übertragungsnetzbetreiber darzulegen, dass durch eine solche anteilige Zuweisung eine möglichst zügige und effiziente Durchführung der Maßnahme erreicht werden kann. ⁴Darüber hinaus kann sie insbesondere berücksichtigen

1. ob ein Vorhabenträger bereits für ein Vorhaben nach dem Energieleitungsausbaugesetz oder dem Bundesbedarfsplangesetz verantwortlich ist und die bestätigte Maßnahme mit diesem Vorhaben gemeinsam realisiert werden soll,
2. ob durch die Durchführung einer Maßnahme durch einen Vorhabenträger oder durch eine gemeinsame Durchführung der Maßnahme durch mehrere Vorhabenträger die Ziele nach Satz 2 besser erreicht werden können,
3. die personelle, technische und wirtschaftliche Leistungsfähigkeit und Zuverlässigkeit eines Vorhabenträgers,
4. die bisherigen Fortschritte eines Vorhabenträgers bei der Realisierung von Vorhaben nach dem Energieleitungsausbaugesetz und dem Bundesbedarfsplangesetz,
5. in welchem Umfang der Vorhabenträger neben der Durchführung der Maßnahme im Übrigen für Netzausbauvorhaben verantwortlich ist oder sein wird.

(Fortsetzung nächstes Blatt)

3. dem bilanziellen Ausgleich nach § 13a Absatz 1a in der auf Grund des Artikels 1 Nummer 10 des Gesetzes vom 13. Mai 2019 (BGBl. I S. 706) ab dem 1. Oktober 2021 geltenden Fassung.

(6) ¹Die Bundesnetzagentur erlässt durch Festlegungen nach § 29 Absatz 1 insbesondere unter Berücksichtigung der Ziele des § 1 nähere Bestimmungen zu dem Mindestfaktor nach § 13 Absatz 1a, wobei dieser nicht weniger als das Fünffache und nicht mehr als das Fünfzehnfache betragen darf. ²Die Festlegung des Mindestfaktors nach Satz 1 erfolgt im Einvernehmen mit dem Umweltbundesamt.

(7) ¹Die Bundesnetzagentur kann durch Festlegungen nach § 29 Absatz 1 unter besonderer Berücksichtigung der Ziele des § 1 abweichend von § 13 Absatz 6a Satz 5 bestimmen, dass Betreiber eines Elektrizitätsverteilernetzes, an das mindestens 100 000 Kunden unmittelbar oder mittelbar angeschlossen sind, vertragliche Vereinbarungen nach § 13 Absatz 6a unter entsprechender Anwendung der dortigen Vorgaben zur Beseitigung von Engpässen in ihrem Hochspannungsnetz schließen können. ²Hierzu kann sie nähere Bestimmungen zu Inhalt und Verfahren treffen, insbesondere

1. über Art und Umfang des Nachweises, ob die Anlage nach § 13 Absatz 6a Satz 1 Nummer 1 geeignet ist, zur Beseitigung von Gefährdungen oder Störungen der Sicherheit oder Zuverlässigkeit des Elektrizitätsversorgungssystems aufgrund von Netzengpässen im Hochspannungsnetz des Verteilernetzbetreibers effizient beizutragen,
2. über Ausnahmen von den Vorgaben des § 13 Absatz 6a Satz 1 Nummer 2,
3. über den Nachweis, dass weder das Netz während der Dauer der Vertragslaufzeit im erforderlichen Umfang nach dem Stand der Technik optimiert, verstärkt oder ausgebaut werden kann noch andere geeignete Maßnahmen zur effizienten Beseitigung des Engpasses verfügbar sind,
4. dass der Betreiber des Übertragungsnetzes, in dessen Netz das Elektrizitätsverteilernetz unmittelbar oder mittelbar technisch eingebunden ist, der Vereinbarung zustimmt, wobei die Zustimmung nur aus netztechnischen Gründen verweigert werden kann, und
5. dass der Betreiber der KWK-Anlage nicht im Sinne des Artikels 3 Absatz 2 der Verordnung (EG) Nr. 139/2004 des Rates vom 20. Januar 2004 über die Kontrolle von Unternehmenszusammenschlüssen (ABl. L 24 vom 29.1.2004, S. 1) mit dem Betreiber eines Elektrizitätsverteilernetzes verbunden sein darf.

³Die Ermächtigung nach Satz 1 ist darauf beschränkt, dass Netzengpässe im Sinne des § 13 Absatz 6a Satz 1 Nummer 1 und Satz 5 im Hochspannungsnetz auftreten.

§ 13k[1]) *(aufgehoben)*

§ 14[2]) Aufgaben der Betreiber von Elektrizitätsverteilernetzen.

(1) ¹Die §§ 12, 13 bis 13c und die auf Grundlage des § 13i Absatz 3 erlassenen Rechtsverordnungen gelten für Betreiber von Elektrizitätsverteilernetzen im Rahmen ihrer

---

[1]) § 13k aufgeh. mWv 22.7.2017 durch G v. 17.7.2017 (BGBl. I S. 2503).
[2]) § 14 Abs. 1a geänd. mWv 26.8.2009 durch G v. 21.8.2009 (BGBl. I S. 2870); Abs. 1 Sätze 2 und 3 aufgeh., bish. Satz 4 wird Satz 2, Abs. 1a und 1b eingef., bish. Abs. 1a wird Abs. 1c und neu gef. mWv 4.8.2011 durch G v. 26.7.2011 (BGBl. I S. 1554); Abs. 1b Satz 4 neu gef. mWv 1.1.2016 durch G v. 10.12.2015 (BGBl. I S. 2194); Abs. 1 Sätze 1 und 2, Abs. 1c geänd. mWv 30.7.2016 durch G v. 26.7.2016 (BGBl. I S. 1786); Abs. 1b neu gef. mWv 1.1.2017 durch G v. 22.12.2016 (BGBl. I S. 3106); Abs. 1c neu gef. mWv 1.10.2021 durch G v. 13.5.2019 (BGBl. I S. 706); Abs. 1a, 1b und 2 neu gef., Abs. 3 angef. mWv 27.7.2021, Abs. 3 Satz 1 geänd. mWv 1.10.2021 durch G v. 16.7.2021 (BGBl. I S. 3026).

Verteilungsaufgaben entsprechend, soweit sie für die Sicherheit und Zuverlässigkeit der Elektrizitätsversorgung in ihrem Netz verantwortlich sind. ²§ 13 Absatz 9 ist mit der Maßgabe anzuwenden, dass die Betreiber von Elektrizitätsverteilernetzen nur auf Anforderung der Regulierungsbehörde die Schwachstellenanalyse zu erstellen und über das Ergebnis zu berichten haben.

(1a) (weggefallen)

(1b) (weggefallen)

(1c) ¹Die Betreiber von Elektrizitätsverteilernetzen sind verpflichtet, auf Aufforderung eines Betreibers von Übertragungsnetzen oder eines nach Absatz 1 Satz 1 verantwortlichen Betreibers von Elektrizitätsverteilernetzen, in dessen Netz sie unmittelbar oder mittelbar technisch eingebunden sind, nach dessen Vorgaben und den dadurch begründeten Vorgaben eines Betreibers von vorgelagerten Elektrizitätsverteilernetzen in ihrem Elektrizitätsverteilernetz eigene Maßnahmen nach § 13 Absatz 1 und 2 auszuführen; dabei sind die §§ 12 und 13 bis 13c entsprechend anzuwenden. ²Soweit auf Grund der Aufforderung nach Satz 1 strom- und spannungsbedingte Anpassungen der Wirkleistungserzeugung oder des Wirkleistungsbezugs nach § 13a Absatz 1 durchgeführt werden, hat der Betreiber des Elektrizitätsverteilernetzes einen Anspruch gegen den ihn auffordernden Netzbetreiber auf bilanziellen und finanziellen Ersatz entsprechend den Vorgaben nach Satz 1. ³Der ihn auffordernde Netzbetreiber hat einen Anspruch auf Abnahme des bilanziellen Ersatzes.

(2) ¹Betreiber von Elektrizitätsverteilernetzen haben in Ergänzung zur Berichtspflicht nach § 14d oder in begründeten Einzelfällen auf Verlangen der Regulierungsbehörde innerhalb von zwei Monaten einen Bericht über den Netzzustand und die Umsetzung der Netzausbauplanung zu erstellen und ihr diesen vorzulegen. ²Die Regulierungsbehörde kann Vorgaben zu Frist, Form und Art der Übermittlung des Berichts machen. ³Die Regulierungsbehörde kann den Bericht auf bestimmte Teile des Elektrizitätsverteilernetzes beschränken. ⁴Die Regulierungsbehörde kann durch Festlegung nach § 29 Absatz 1 zum Inhalt des Berichts nähere Bestimmungen treffen.

(3) ¹Die Betreiber von Elektrizitätsverteilernetzen haben für ihr Netzgebiet in Zusammenarbeit mit den Betreibern von Fernwärme- und Fernkältesystemen mindestens alle vier Jahre das Potenzial der Fernwärme- und Fernkältesysteme für die Erbringung marktbezogener Maßnahmen nach § 13 Absatz 1 Satz 1 Nummer 2 zu bewerten. ²Dabei haben sie auch zu prüfen, ob die Nutzung des ermittelten Potenzials gegenüber anderen Lösungen unter Berücksichtigung der Zwecke des § 1 Absatz 1 vorzugswürdig wäre.

§ 14a[1)] Netzorientierte Steuerung von steuerbaren Verbrauchseinrichtungen und steuerbaren Netzanschlüssen; Festlegungskompetenzen.

(1) ¹Die Bundesnetzagentur kann durch Festlegung nach § 29 Absatz 1 bundeseinheitliche Regelungen treffen, nach denen Betreiber von Elektrizitätsverteilernetzen und Lieferanten, Letztverbraucher und Anschlussnehmer verpflichtet sind, nach den Vorgaben der Bundesnetzagentur Vereinbarungen über die netzorientierte Steuerung von steuerbaren Verbrauchseinrichtungen oder von Netzanschlüssen mit steuerbaren Verbrauchseinrichtungen (steuerbare Netzanschlüsse) im Gegenzug für Netzentgeltreduzierungen abzuschließen. ²Dabei kann die netzorientierte

---

[1)] § 14a neu gef. mWv 1.1.2023 durch G v. 20.7.2022 (BGBl. I S. 1237); Abs. 1 Satz 1 geänd., Abs. 4 Sätze 2 und 3 eingef., bish. Satz 2 wird Satz 4 mWv 27.5.2023 durch G v. 22.5.2023 (BGBl. 2023 I Nr. 133).

Steuerung über wirtschaftliche Anreize, über Vereinbarungen zu Netzanschlussleistungen und über die Steuerung einzelner steuerbarer Verbrauchseinrichtungen erfolgen. ³Die Festlegung kann insbesondere spezielle Regelungen beinhalten zu:
1. der Vorrangigkeit des Einsatzes wirtschaftlicher Anreize und von Vereinbarungen zu Netzanschlussleistungen gegenüber der Steuerung einzelner Verbrauchseinrichtungen in der netzorientierten Steuerung,
2. der Staffelung des Einsatzes mit direkter Regelung von Verbrauchseinrichtungen oder Netzanschlüssen bei relativ wenigen Anwendungsfällen und zu der verstärkten Verpflichtung zu marktlichen Ansätzen bei steigender Anzahl von Anwendungsfällen in einem solchen Markt,
3. der Verpflichtung des Netzbetreibers, sein Netz im Falle von netzorientierter Steuerung präziser zu überwachen und zu digitalisieren,
4. Definitionen und Voraussetzungen für steuerbare Verbrauchseinrichtungen oder steuerbare Netzanschlüsse,
5. Voraussetzungen der netzorientierten Steuerung durch den Netzbetreiber, etwa durch die Vorgabe von Spannungsebenen, und zur diskriminierungsfreien Umsetzung der netzorientierten Steuerung, insbesondere mittels der Vorgabe maximaler Entnahmeleistungen,
6. Spreizung, Stufung sowie netztopologischer und zeitlicher Granularität wirtschaftlicher Anreize sowie zu Fristen der spätesten Bekanntgabe von Änderungen wirtschaftlicher Anreize, um Fehlanreize im vortägigen Stromhandel zu vermeiden,
7. von einer Rechtsverordnung nach § 18 abweichenden besonderen Regelungen für den Netzanschluss und die Anschlussnutzung, insbesondere zu Anschlusskosten und Baukostenzuschüssen,
8. Methoden für die bundeseinheitliche Ermittlung von Entgelten für den Netzzugang für steuerbare Verbrauchseinrichtungen und steuerbare Netzanschlüsse im Sinne des Satzes 1,
9. Netzzustandsüberwachung und Bilanzierung durch den Netzbetreiber sowie Vorgaben zur Messung.

(2) ¹Bis zur Festlegung bundeseinheitlicher Regelungen nach Absatz 1 haben Betreiber von Elektrizitätsverteilernetzen denjenigen Lieferanten und Letztverbrauchern im Bereich der Niederspannung, mit denen sie Netznutzungsverträge abgeschlossen haben, ein reduziertes Netzentgelt zu berechnen, wenn mit ihnen im Gegenzug die netzorientierte Steuerung von steuerbaren Verbrauchseinrichtungen, die über einen separaten Zählpunkt verfügen, vereinbart wird. ²Die Bundesnetzagentur kann durch Festlegung nach § 29 Absatz 1 Regelungen zu Definition und Voraussetzungen für steuerbare Verbrauchseinrichtungen, zum Umfang einer Netzentgeltreduzierung nach Satz 1 oder zur Durchführung von Steuerungshandlungen treffen und Netzbetreiber verpflichten, auf Verlangen Vereinbarungen gemäß Satz 1 nach diesen Regelungen anzubieten.

(3) Als steuerbare Verbrauchseinrichtungen im Sinne von Absatz 1 und 2 gelten insbesondere Wärmepumpen, nicht öffentlich-zugängliche Ladepunkte für Elektromobile, Anlagen zur Erzeugung von Kälte oder zur Speicherung elektrischer Energie und Nachtstromspeicherheizungen, solange und soweit die Bundesnetzagentur in einer Festlegung nach Absatz 1 oder 2 nichts anderes vorsieht.

(4) ¹Sobald die Messstelle mit einem intelligenten Messsystem ausgestattet wurde, hat die Steuerung entsprechend den Vorgaben des Messstellenbetriebsgesetzes und der konkretisierenden Technischen Richtlinien und Schutzprofile des Bundes-

amtes für Sicherheit in der Informationstechnik sowie gemäß den Festlegungen der Bundesnetzagentur über ein Smart-Meter-Gateway nach § 2 Satz 1 Nummer 19 des Messstellenbetriebsgesetzes zu erfolgen. ²Die Anforderungen aus Satz 1 sind nicht anzuwenden, solange der Messstellenbetreiber von der Möglichkeit des agilen Rollouts nach § 31 Absatz 1 Nummer 2 in Verbindung mit § 21 Absatz 1 Nummer 1 Buchstabe c des Messstellenbetriebsgesetzes Gebrauch macht und gegenüber dem Letztverbraucher sowie dem Netzbetreiber in Textform das Vorliegen der Voraussetzungen des § 31 Absatz 1 des Messstellenbetriebsgesetzes bestätigt, wobei die Anforderungen nach Satz 1 spätestens mit dem Anwendungsupdate nach § 31 Absatz 1 des Messstellenbetriebsgesetzes zu erfüllen sind. ³Beauftragt der Letztverbraucher den Messstellenbetreiber nach § 34 Absatz 2 des Messstellenbetriebsgesetzes mit den erforderlichen Zusatzleistungen, so genügt er bereits mit der Auftragserteilung seinen Verpflichtungen. ⁴Die Bundesnetzagentur kann Bestands- und Übergangsregeln für Vereinbarungen treffen, die vor Inkrafttreten der Festlegungen geschlossen worden sind.

§ 14b[1] Steuerung von vertraglichen Abschaltvereinbarungen, Verordnungsermächtigung. ¹Soweit und solange es der Vermeidung von Engpässen im vorgelagerten Netz dient, können Betreiber von Gasverteilernetzen an Ausspeisepunkten von Letztverbrauchern, mit denen eine vertragliche Abschaltvereinbarung zum Zweck der Netzentlastung vereinbart ist, ein reduziertes Netzentgelt berechnen. ²Das reduzierte Netzentgelt muss die Wahrscheinlichkeit der Abschaltung angemessen widerspiegeln. ³Die Betreiber von Gasverteilernetzen haben sicherzustellen, dass die Möglichkeit von Abschaltvereinbarungen zwischen Netzbetreiber und Letztverbrauchern allen Letztverbrauchern diskriminierungsfrei angeboten wird. ⁴Die grundsätzliche Pflicht der Betreiber von Gasverteilernetzen, vorrangig nicht unterbrechbare Verträge anzubieten und hierfür feste Bestellleistungen nachzufragen, bleibt hiervon unberührt. ⁵Die Bundesregierung wird ermächtigt, durch Rechtsverordnung, die nicht der Zustimmung des Bundesrates bedarf, zur näheren Konkretisierung der Verpflichtung für Betreiber von Gasverteilernetzen und zur Regelung näherer Vorgaben für die vertragliche Gestaltung der Abschaltvereinbarung Bestimmungen zu treffen

1. über Kriterien, für Kapazitätsengpässe in Netzen, die eine Anpassung der Gasausspeisungen zur sicheren und zuverlässigen Gasversorgung durch Anwendung der Abschaltvereinbarung erforderlich macht,
2. über Kriterien für eine Unterversorgung der Netze, die eine Anpassung der Gasausspeisungen zur sicheren und zuverlässigen Gasversorgung durch Anwendung der Abschaltvereinbarung erforderlich macht und
3. für die Bemessung des reduzierten Netzentgelts.

§ 14c[2] Marktgestützte Beschaffung von Flexibilitätsdienstleistungen im Elektrizitätsverteilernetz; Festlegungskompetenz. (1) ¹Betreiber von Elektrizitätsverteilernetzen, die Flexibilitätsdienstleistungen für ihr Netz beschaffen, um die Effizienz bei Betrieb und Ausbau ihres Verteilernetzes zu verbessern, haben dies in einem transparenten, diskriminierungsfreien und marktgestützten Verfahren durchzuführen. ²Die §§ 13, 13a, 14 Absatz 1 und 1c sowie § 14a bleiben unbe-

---

[1] § 14b eingef. mWv 28.12.2012 durch G v. 20.12.2012 (BGBl. I S. 2730).
[2] § 14c eingef. mWv 27.7.2021 durch G v. 16.7.2021 (BGBl. I S. 3026); Abs. 1 Satz 2 geänd. mWv 29.7.2022 durch G v. 19.7.2022 (BGBl. I S. 1214).

rührt. ³Dienstleistungen nach § 12h sind keine Flexibilitätsdienstleistungen im Sinne des Satzes 1.

(2) ¹Spezifikationen für die Beschaffung von Flexibilitätsdienstleistungen müssen gewährleisten, dass sich alle Marktteilnehmer wirksam und diskriminierungsfrei beteiligen können. ²Die Betreiber von Elektrizitätsverteilernetzen haben in einem transparenten Verfahren Spezifikationen für die Beschaffung von Flexibilitätsdienstleistungen und für geeignete standardisierte Marktprodukte zu erarbeiten, die von der Bundesnetzagentur zu genehmigen sind.

(3) Abweichend von Absatz 2 kann die Bundesnetzagentur durch Festlegung nach § 29 Absatz 1 Spezifikationen für die Beschaffung von Flexibilitätsdienstleistungen und geeignete standardisierte Marktprodukte vorgeben.

(Fortsetzung nächstes Blatt)

3. nach Artikel 5 Absatz 1 der Verordnung (EU) 2016/1447 der Kommission vom 26. August 2016 zur Festlegung eines Netzkodex mit Netzanschlussbestimmungen für Hochspannungs-Gleichstrom-Übertragungssysteme und nichtsynchrone Stromerzeugungsanlagen mit Gleichstromanbindung (ABl. L 241 vom 8.9.2016, S. 1).

(5) [1]Die Mindestanforderungen nach Absatz 4 sind der Regulierungsbehörde und dem Bundesministerium für Wirtschaft und Energie vor deren Verabschiedung mitzuteilen. [2]Das Bundesministerium für Wirtschaft und Energie unterrichtet die Europäische Kommission nach Artikel 4 und Artikel 5 der Richtlinie (EU) 2015/1535 des Europäischen Parlaments und des Rates vom 9. September 2015 über ein Informationsverfahren auf dem Gebiet der technischen Vorschriften und der Vorschriften für die Dienste der Informationsgesellschaft (ABl. L 241 vom 17.9.2015, S. 1). [3]Die Verabschiedung der Mindestanforderungen darf nicht vor Ablauf der jeweils maßgeblichen Fristen nach Artikel 6 dieser Richtlinie erfolgen.

§ 19a[1)] Umstellung der Gasqualität; Verordnungsermächtigung.

(1) [1]Stellt der Betreiber eines Gasversorgungsnetzes die in seinem Netz einzuhaltende Gasqualität auf Grund eines von einem oder mehreren Fernleitungsnetzbetreibern veranlassten und netztechnisch erforderlichen Umstellungsprozesses dauerhaft von L-Gas auf H-Gas um, hat er die notwendigen technischen Anpassungen der Netzanschlüsse, Kundenanlagen und Verbrauchsgeräte auf eigene Kosten vorzunehmen. [2]Diese Kosten werden bis einschließlich 31. Dezember 2016 auf alle Gasversorgungsnetze innerhalb des Marktgebiets umgelegt, in dem das Gasversorgungsnetz liegt. [3]Ab dem 1. Januar 2017 sind diese Kosten bundesweit auf alle Gasversorgungsnetze unabhängig vom Marktgebiet umzulegen. [4]Die näheren Modalitäten der Berechnung sind der Kooperationsvereinbarung nach § 20 Absatz 1b und § 8 Absatz 6 der Gasnetzzugangsverordnung vorbehalten. [5]Betreiber von Gasversorgungsnetzen haben den jeweiligen technischen Umstellungstermin zwei Jahre vorher auf ihrer Internetseite zu veröffentlichen und die betroffenen Anschlussnehmer entsprechend schriftlich zu informieren; hierbei ist jeweils auch auf den Kostenerstattungsanspruch nach Absatz 3 hinzuweisen.

(2) [1]Der Netzbetreiber teilt der zuständigen Regulierungsbehörde jährlich bis zum 31. August mit, welche notwendigen Kosten ihm im vorherigen Kalenderjahr durch die Umstellung entstanden sind und welche notwendigen Kosten ihm im folgenden Kalenderjahr planmäßig entstehen werden. [2]Die Regulierungsbehörde kann Entscheidungen durch Festlegung nach § 29 Absatz 1 darüber treffen, in welchem Umfang technische Anpassungen der Netzanschlüsse, Kundenanlagen und Verbrauchsgeräte notwendig im Sinne des Absatzes 1 Satz 1 sind. [3]Daneben ist die Regulierungsbehörde befugt, gegenüber einem Netzbetreiber festzustellen, dass bestimmte Kosten nicht notwendig waren. [4]Der Netzbetreiber hat den erforderlichen Nachweis über die Notwendigkeit zu führen. [5]Kosten, deren fehlende Notwendigkeit die Regulierungsbehörde festgestellt hat, dürfen nicht umgelegt werden.

(3) [1]Installiert der Eigentümer einer Kundenanlage oder eines Verbrauchsgeräts mit ordnungsgemäßem Verwendungsnachweis auf Grund des Umstellungsprozesses nach Absatz 1 ein Neugerät, welches im Rahmen der Umstellung nicht mehr

---

[1)] § 19a eingef. mWv 4.8.2011 durch G v. 26.7.2011 (BGBl. I S. 1554); Satz 1 geänd. mWv 28.12.2012 durch G v. 20.12.2012 (BGBl. I S. 2730); Überschrift, Abs. 1 Sätze 1 und 2 geänd., Sätze 3–5, Abs. 2–4 angef. mWv 1.1.2017 durch G v. 14.12.2016 (BGBl. I S. 2874); Abs. 3 Satz 8 neu gef. mWv 1.11.2020 durch G v. 8.8.2020 (BGBl. I S. 1728).

angepasst werden muss, so hat der Eigentümer gegenüber dem Netzbetreiber, an dessen Netz die Kundenanlage oder das Verbrauchsgerät angeschlossen ist, einen Kostenerstattungsanspruch. ²Dieser Erstattungsanspruch entsteht nur dann, wenn die Installation nach dem Zeitpunkt der Veröffentlichung gemäß Absatz 1 Satz 5 und vor der Anpassung des Verbrauchsgeräts auf die neue Gasqualität im jeweiligen Netzgebiet erfolgt. ³Der Erstattungsanspruch beträgt 100 Euro für jedes Neugerät. ⁴Der Eigentümer hat gegenüber dem Netzbetreiber die ordnungsgemäße Verwendung des Altgeräts und die Anschaffung des Neugeräts nachzuweisen. ⁵Absatz 1 Satz 3 und Absatz 2 sind entsprechend anzuwenden. ⁶Das Bundesministerium für Wirtschaft und Energie wird ermächtigt, im Einvernehmen mit dem Bundesministerium der Justiz und für Verbraucherschutz durch Rechtsverordnung das Nähere zu darüber hinausgehenden Kostenerstattungsansprüchen für technisch nicht anpassbare Kundenanlagen oder Verbrauchsgeräte zu regeln. ⁷Das Bundesministerium für Wirtschaft und Energie kann die Ermächtigung nach Satz 6 durch Rechtsverordnung unter Sicherstellung der Einvernehmensregelung auf die Bundesnetzagentur übertragen. ⁸Die Pflichten nach den §§ 72 und 73 des Gebäudeenergiegesetzes[1]) vom 8. August 2020 (BGBl. I S. 1728) bleiben unberührt.

(4) ¹Anschlussnehmer oder -nutzer haben dem Beauftragten oder Mitarbeiter des Netzbetreibers den Zutritt zu ihrem Grundstück und zu ihren Räumen zu gestatten, soweit dies für die nach Absatz 1 durchzuführenden Handlungen erforderlich ist. ²Die Anschlussnehmer und -nutzer sind vom Netzbetreiber vorab zu benachrichtigen. ³Die Benachrichtigung kann durch schriftliche Mitteilung an die jeweiligen Anschlussnehmer oder -nutzer oder durch Aushang am oder im jeweiligen Haus erfolgen. ⁴Sie muss mindestens drei Wochen vor dem Betretungstermin erfolgen; mindestens ein kostenfreier Ersatztermin ist anzubieten. ⁵Der Beauftragte oder Mitarbeiter des Netzbetreibers muss sich entsprechend ausweisen. ⁶Die Anschlussnehmer und -nutzer haben dafür Sorge zu tragen, dass die Netzanschlüsse, Kundenanlagen und Verbrauchsgeräte während der durchzuführenden Handlungen zugänglich sind. ⁷Soweit und solange Netzanschlüsse, Kundenanlagen oder Verbrauchsgeräte zum Zeitpunkt der Umstellung aus Gründen, die der Anschlussnehmer oder -nutzer zu vertreten hat, nicht angepasst werden können, ist der Betreiber des Gasversorgungsnetzes berechtigt, den Netzanschluss und die Anschlussnutzung zu verweigern. ⁸Hinsichtlich der Aufhebung der Unterbrechung des Anschlusses und der Anschlussnutzung ist § 24 Absatz 5 der Niederdruckanschlussverordnung[2]) entsprechend anzuwenden. ⁹Das Grundrecht der Unverletzlichkeit der Wohnung (Artikel 13 des Grundgesetzes[3]) wird durch Satz 1 eingeschränkt.

Abschnitt 3. Netzzugang

§ 20[4) 5)] **Zugang zu den Energieversorgungsnetzen.** (1) ¹Betreiber von Energieversorgungsnetzen haben jedermann nach sachlich gerechtfertigten Kriterien diskriminierungsfrei Netzzugang zu gewähren sowie die Bedingungen, einschließlich möglichst bundesweit einheitlicher Musterverträge, Konzessionsabga-

---

[1]) Sartorius ErgBd. Nr. 832.
[2]) Sartorius ErgBd. Nr. 830c.
[3]) Nr. 1.
[4]) § 20 Abs. 1 Satz 1 geänd., Satz 2 eingef., bish. Sätze 2–4 weden Sätze 3–5, Abs. 1c und 1d eingef. mWv 4.8.2011 durch G v. 26.7.2011 (BGBl. I S. 1554); Abs. 2 Satz 1 geänd. mWv 30.7.2016 durch G v. 26.7.2016 (BGBl. I S. 1786); Abs. 1c geänd. mWv 2.9.2016 durch G v. 29.8.2016 (BGBl. I S. 2034); Abs. 1d neu gef. mWv 25.7.2017 durch G v. 17.7.2017 (BGBl. I S. 2532); Abs. 1c Satz 2 angef., Abs. 1d Satz 3 geänd. mWv 27.7.2021 durch G v. 16.7.2021 (BGBl. I S. 3026); Abs. 1c Satz 2 geänd. mWv 29.7.

ben und unmittelbar nach deren Ermittlung, aber spätestens zum 15. Oktober eines Jahres für das Folgejahr Entgelte für diesen Netzzugang im Internet zu veröffentlichen. ²Sind die Entgelte für den Netzzugang bis zum 15. Oktober eines Jahres nicht ermittelt, veröffentlichen die Betreiber von Energieversorgungsnetzen die Höhe der Entgelte, die sich voraussichtlich auf Basis der für das Folgejahr geltenden Erlösobergrenze ergeben wird. ³Sie haben in dem Umfang zusammenzuarbeiten, der erforderlich ist, um einen effizienten Netzzugang zu gewährleisten. ⁴Sie haben ferner den Netznutzern die für einen effizienten Netzzugang erforderlichen Informationen zur Verfügung zu stellen. ⁵Die Netzzugangsregelung soll massengeschäftstauglich sein.

(1a) ¹Zur Ausgestaltung des Rechts auf Zugang zu Elektrizitätsversorgungsnetzen nach Absatz 1 haben Letztverbraucher von Elektrizität oder Lieferanten Verträge mit denjenigen Energieversorgungsunternehmen abzuschließen, aus deren Netzen die Entnahme und in deren Netze die Einspeisung von Elektrizität erfolgen soll (Netznutzungsvertrag). ²Werden die Netznutzungsverträge von Lieferanten abgeschlossen, so brauchen sie sich nicht auf bestimmte Entnahmestellen zu beziehen (Lieferantenrahmenvertrag). ³Netznutzungsvertrag oder Lieferantenrahmenvertrag vermitteln den Zugang zum gesamten Elektrizitätsversorgungsnetz. ⁴Alle Betreiber von Elektrizitätsversorgungsnetzen sind verpflichtet, in dem Ausmaß zusammenzuarbeiten, das erforderlich ist, damit durch den Betreiber von Elektrizitätsversorgungsnetzen, der den Netznutzungs- oder Lieferantenrahmenvertrag abgeschlossen hat, der Zugang zum gesamten Elektrizitätsversorgungsnetz gewährleistet werden kann. ⁵Der Netzzugang durch die Letztverbraucher und Lieferanten setzt voraus, dass über einen vertraglich begründeten Bilanzkreis, der in ein vertraglich begründetes Bilanzkreissystem nach Maßgabe einer Rechtsverordnung über den Zugang zu Elektrizitätsversorgungsnetzen einbezogen ist, ein Ausgleich zwischen Einspeisung und Entnahme stattfindet.

(1b) ¹Zur Ausgestaltung des Zugangs zu den Gasversorgungsnetzen müssen Betreiber von Gasversorgungsnetzen Einspeise- und Ausspeisekapazitäten anbieten, die den Netzzugang ohne Festlegung eines transaktionsabhängigen Transportpfades ermöglichen und unabhängig voneinander nutzbar und handelbar sind. ²Zur Abwicklung des Zugangs zu den Gasversorgungsnetzen ist ein Vertrag mit dem Netzbetreiber, in dessen Netz eine Einspeisung von Gas erfolgen soll, über Einspeisekapazitäten erforderlich (Einspeisevertrag). ³Zusätzlich muss ein Vertrag mit dem Netzbetreiber, aus dessen Netz die Entnahme von Gas erfolgen soll, über Ausspeisekapazitäten abgeschlossen werden (Ausspeisevertrag). ⁴Wird der Ausspeisevertrag von einem Lieferanten mit einem Betreiber eines Verteilernetzes abgeschlossen, braucht er sich nicht auf bestimmte Entnahmestellen zu beziehen. ⁵Alle Betreiber von Gasversorgungsnetzen sind verpflichtet, untereinander in dem Ausmaß verbindlich zusammenzuarbeiten, das erforderlich ist, damit der Transportkunde zur Abwicklung eines Transports auch über mehrere, durch Netzkopplungspunkte miteinander verbundene Netze nur einen Einspeise- und einen Ausspeisevertrag abschließen muss, es sei denn, diese Zusammenarbeit ist technisch nicht möglich oder wirtschaftlich nicht zumutbar. ⁶Sie sind zu dem in Satz 5 genannten Zweck verpflichtet, bei der Berechnung und dem Angebot von Kapazitäten, der Erbringung von Systemdienstleistungen und der Kosten- oder Ent-

---

(Fortsetzung der Anm. von voriger Seite)
2022 durch G v. 19.7.2022 (BGBl. I S. 1214); Abs. 1d Satz 3 eingef., bish. Satz 3 wird Satz 4 mWv 27.5.2023 durch G v. 22.5.2023 (BGBl. 2023 I Nr. 133).
⁵⁾ Siehe zu § 20 Abs. 1b die Überleitungsregelung des § 118.

geltwälzung eng zusammenzuarbeiten. [7] Sie haben gemeinsame Vertragsstandards für den Netzzugang zu entwickeln und unter Berücksichtigung von technischen Einschränkungen und wirtschaftlicher Zumutbarkeit alle Kooperationsmöglichkeiten mit anderen Netzbetreibern auszuschöpfen, mit dem Ziel, die Zahl der Netze oder Teilnetze sowie der Bilanzzonen möglichst gering zu halten. [8] Betreiber von über Netzkopplungspunkte verbundenen Netzen haben bei der Berechnung und Ausweisung von technischen Kapazitäten mit dem Ziel zusammenzuarbeiten, in möglichst hohem Umfang aufeinander abgestimmte Kapazitäten in den miteinander verbundenen Netzen ausweisen zu können. [9] Bei einem Wechsel des Lieferanten kann der neue Lieferant vom bisherigen Lieferanten die Übertragung der für die Versorgung des Kunden erforderlichen, vom bisherigen Lieferanten gebuchten Ein- und Ausspeisekapazitäten verlangen, wenn ihm die Versorgung des Kunden entsprechend der von ihm eingegangenen Lieferverpflichtung ansonsten nicht möglich ist und er dies gegenüber dem bisherigen Lieferanten begründet. [10] Betreiber von Fernleitungsnetzen sind verpflichtet, die Rechte an gebuchten Kapazitäten so auszugestalten, dass sie den Transportkunden berechtigen, Gas an jedem Einspeisepunkt für die Ausspeisung an jedem Ausspeisepunkt ihres Netzes oder, bei dauerhaften Engpässen, eines Teilnetzes bereitzustellen (entry-exit System). [11] Betreiber eines örtlichen Verteilernetzes haben den Netzzugang nach Maßgabe einer Rechtsverordnung nach § 24 über den Zugang zu Gasversorgungsnetzen durch Übernahme des Gases an Einspeisepunkten ihrer Netze für alle angeschlossenen Ausspeisepunkte zu gewähren.

(1c) [1] Verträge nach den Absätzen 1a und 1b dürfen das Recht zum Wechsel des Messstellenbetreibers nach den Vorschriften des Messstellenbetriebsgesetzes weder behindern noch erschweren. [2] Verträge nach Absatz 1a müssen Verträge mit Aggregatoren nach den §§ 41d und 41e ermöglichen, sofern dem die technischen Anforderungen des Netzbetreibers nicht entgegenstehen.

(1d) [1] Der Betreiber des Energieversorgungsnetzes, an das eine Kundenanlage oder eine Kundenanlage zur betrieblichen Eigenversorgung angeschlossen ist, hat den Zählpunkt zur Erfassung der durch die Kundenanlage aus dem Netz der allgemeinen Versorgung entnommenen und in das Netz der allgemeinen Versorgung eingespeisten Strommenge (Summenzähler) sowie alle Zählpunkte bereitzustellen, die für die Gewährung des Netzzugangs für Unterzähler innerhalb der Kundenanlage im Wege der Durchleitung (bilanzierungsrelevante Unterzähler) erforderlich sind. [2] Bei der Belieferung der Letztverbraucher durch Dritte findet im erforderlichen Umfang eine Verrechnung der Zählwerte über Unterzähler statt. [3] Einem Summenzähler nach Satz 1 stehen durch einen virtuellen Summenzähler rechnerisch ermittelte Summenmesswerte eines Netzanschlusspunktes gleich, wenn alle Messeinrichtungen, deren Werte in die Saldierung eingehen, mit intelligenten Messsystemen nach § 2 Satz 1 Nummer 7 des Messstellenbetriebsgesetzes ausgestattet sind. [4] Bei nicht an ein Smart-Meter-Gateway angebundenen Unterzählern ist eine Verrechnung von Leistungswerten, die durch standardisierte Lastprofile nach § 12 Absatz 1 der Stromnetzzugangsverordnung ermittelt werden, mit am Summenzähler erhobenen 15-minütigen Leistungswerten des Summenzählers aus einer registrierenden Lastgangmessung zulässig.

(2) [1] Betreiber von Energieversorgungsnetzen können den Zugang nach Absatz 1 verweigern, soweit sie nachweisen, dass ihnen die Gewährung des Netzzugangs *aus betriebsbedingten oder sonstigen Gründen* unter Berücksichtigung des Zwecks des § 1 nicht möglich oder nicht zumutbar ist. [2] Die Ablehnung ist in Textform zu begründen und der Regulierungsbehörde unverzüglich mitzuteilen. [3] Auf Verlangen der beantragenden Partei muss die Begründung im Falle eines Kapazitätsman-

gels auch aussagekräftige Informationen darüber enthalten, welche Maßnahmen und damit verbundene Kosten zum Ausbau des Netzes erforderlich wären, um den Netzzugang zu ermöglichen; die Begründung kann nachgefordert werden. [4]Für die Begründung nach Satz 3 kann ein Entgelt, das die Hälfte der entstandenen Kosten nicht überschreiten darf, verlangt werden, sofern auf die Entstehung von Kosten zuvor hingewiesen worden ist.

(Fortsetzung nächstes Blatt)

(4) ¹Den Letztverbrauchern ist innerhalb einer angemessenen Frist nach dem Vertragsschluss eine knappe, leicht verständliche und klar gekennzeichnete Zusammenfassung der wichtigsten Vertragsbedingungen zur Verfügung zu stellen. ²Die Zusammenfassung hat insbesondere zu enthalten

1. die Kontaktdaten des Energielieferanten,
2. die Verbrauchsstelle,
3. geltende Preise,
4. den voraussichtlichen Belieferungsbeginn,
5. die Kündigungsfrist sowie
6. etwaige Bonusvereinbarungen und Mindestvertragslaufzeiten.

(5) ¹Energielieferanten, die sich im Vertrag das Recht vorbehalten haben, die Vertragsbedingungen einseitig zu ändern, haben Letztverbraucher rechtzeitig, in jedem Fall vor Ablauf einer Abrechnungsperiode, auf einfache und verständliche Weise über die beabsichtigte Ausübung eines Rechts auf Änderung der Preise oder sonstiger Vertragsbedingungen und über die Rechte der Letztverbraucher zur Vertragsbeendigung zu unterrichten. ²Über Preisänderungen ist spätestens zwei Wochen, bei Haushaltskunden spätestens einen Monat, vor Eintritt der beabsichtigten Änderung zu unterrichten. ³Die Unterrichtung hat unmittelbar zu erfolgen sowie auf verständliche und einfache Weise unter Hinweis auf Anlass, Voraussetzungen und Umfang der Preisänderungen. ⁴Übt der Energielieferant ein Recht zur Änderung der Preise oder sonstigen Vertragsbedingungen aus, kann der Letztverbraucher den Vertrag ohne Einhaltung einer Frist zum Zeitpunkt des Wirksamwerdens der Änderungen kündigen, ohne dass vom Energielieferanten hierfür ein gesondertes Entgelt verlangt werden darf. ⁵Eine Änderung der Vertragsbedingungen liegt auch bei einer Anpassung der vertraglichen Leistungen vor.

(6) Bei unveränderter Weitergabe von umsatzsteuerlichen Mehr- oder Minderbelastungen, die sich aus einer gesetzlichen Änderung der geltenden Umsatzsteuersätze ergeben sowie bei unveränderter Weitergabe von Minderbelastungen aufgrund einer Absenkung des Saldos der Kalkulationsbestandteile nach § 40 Absatz 3 Nummer 3 oder Nummer 5, bedarf es keiner individuellen Unterrichtung nach Absatz 5 Satz 1 und 2; dabei entsteht kein außerordentliches Kündigungsrecht nach Absatz 5 Satz 4.

(7) ¹Stromlieferverträge dürfen keine vertraglichen Regelungen enthalten, die dem Letztverbraucher den Erwerb oder die Veräußerung von Stromdienstleistungen, die nicht Vertragsgegenstand sind, von einem anderen oder an ein anderes Elektrizitätsversorgungsunternehmen untersagen. ²Stromdienstleistungen nach Satz 1 umfassen auch vertragliche Vereinbarungen über eine Aggregierung. ³Letztverbraucher sind verpflichtet, ihren Stromlieferanten den Abschluss einer vertraglichen Vereinbarung mit einem Dritten über eine Aggregierung unverzüglich mitzuteilen.

§ 41a[1]**) Lastvariable, tageszeitabhängige oder dynamische und sonstige Stromtarife.** (1) ¹Stromlieferanten haben, soweit technisch machbar und wirtschaftlich zumutbar, für Letztverbraucher von Elektrizität einen Tarif anzubieten, der einen Anreiz zu Energieeinsparung oder Steuerung des Energieverbrauchs setzt. ²Tarife im Sinne von Satz 1 sind insbesondere lastvariable oder tageszeitabhängige Tarife. ³Stromlieferanten haben daneben für Haushaltskunden mindes-

---

[1]) § 41a eingef. mWv 27.7.2021 durch G v. 16.7.2021 (BGBl. I S. 3026); Abs. 2 Satz 3 geänd. mWv 27.5.2023 durch G v. 22.5.2023 (BGBl. 2023 I Nr. 133).

tens einen Tarif anzubieten, für den die Datenaufzeichnung und -übermittlung auf die Mitteilung der innerhalb eines bestimmten Zeitraums verbrauchten Gesamtstrommenge begrenzt bleibt.

(2) [1] Stromlieferanten, die zum 31. Dezember eines Jahres mehr als 200 000 Letztverbraucher beliefern, sind im Folgejahr verpflichtet, den Abschluss eines Stromliefervertrages mit dynamischen Tarifen für Letztverbraucher anzubieten, die über ein intelligentes Messsystem im Sinne des Messstellenbetriebsgesetzes verfügen. [2] Die Stromlieferanten haben die Letztverbraucher über die Kosten sowie die Vor- und Nachteile des Vertrags nach Satz 1 umfassend zu unterrichten sowie Informationen über den Einbau eines intelligenten Messsystems im Sinne des Messstellenbetriebsgesetzes anzubieten. [3] Die Verpflichtung nach Satz 1 gilt ab dem 1. Januar 2022 für alle Stromlieferanten, die zum 31. Dezember eines Jahres mehr als 100 000 Letztverbraucher beliefern, und ab dem 1. Januar 2025 für alle Stromlieferanten.

§ 41b[1]) **Energielieferverträge mit Haushaltskunden außerhalb der Grundversorgung; Verordnungsermächtigung.** (1) [1] Energielieferverträge mit Haushaltskunden außerhalb der Grundversorgung und deren Kündigung durch den Energielieferanten bedürfen der Textform. [2] Der Energielieferant hat dem Haushaltskunden dessen Kündigung innerhalb einer Woche nach Zugang unter Angabe des Vertragsendes in Textform zu bestätigen.

(2) [1] Haushaltskunden sind vier Wochen vor einer geplanten Versorgungsunterbrechung wegen Nichtzahlung in geeigneter Weise über Möglichkeiten zur Vermeidung der Versorgungsunterbrechung zu informieren, die für den Haushaltskunden keine Mehrkosten verursachen. [2] Dazu können gehören

1. Hilfsangebote zur Abwendung einer Versorgungsunterbrechung wegen Nichtzahlung,
2. Vorauszahlungssysteme,
3. Informationen zu Energieaudits,
4. Informationen zu Energieberatungsdiensten,
5. alternative Zahlungspläne verbunden mit einer Stundungsvereinbarung,
6. Hinweis auf staatliche Unterstützungsmöglichkeiten der sozialen Mindestsicherung oder
7. eine Schuldnerberatung.

[3] Die Informationen müssen deutlich und leicht verständlich die Maßnahme selbst sowie die Konsequenzen aufzeigen.

(3) [1] Wird eine Voraus- oder Abschlagszahlung vereinbart, muss sich diese nach dem Verbrauch der vorhergehenden Abrechnungszeiträume oder dem durchschnittlichen Verbrauch vergleichbarer Kunden richten. [2] Macht der Haushaltskunde glaubhaft, dass sein Verbrauch erheblich geringer ist, so ist dies bei der Bemessung angemessen zu berücksichtigen. [3] Eine bei Vertragsabschluss vereinbarte Voraus- oder Abschlagszahlung wird bei der Belieferung von Haushaltskunden nicht vor Beginn der Lieferung fällig.

(4) Bei einer Unterrichtung nach § 41 Absatz 5 Satz 1 ist bei Stromlieferverträgen mit Haushaltskunden außerhalb der Grundversorgung darauf hinzuweisen, *in welchem Umfang* sich der Versorgeranteil geändert hat.

---

[1]) § 41b eingef. mWv 27.7.2021 durch G v. 16.7.2021 (BGBl. I S. 3026); Abs. 4 eingef., bish. Abs. 4 und 5 werden Abs. 5 und 6, Abs. 7 angef. mWv 29.7.2022 durch G v. 19.7.2022 (BGBl. I S. 1214).

sen. ³Der Strom nach Satz 2 ist als Mieterstrom, gefördert nach dem EEG, zu kennzeichnen.

Teil 5. Planfeststellung, Wegenutzung

§ 43[1] **Erfordernis der Planfeststellung.** (1) ¹Die Errichtung und der Betrieb sowie die Änderung von folgenden Anlagen bedürfen der Planfeststellung durch die nach Landesrecht zuständige Behörde:
1. Hochspannungsfreileitungen, ausgenommen Bahnstromfernleitungen, mit einer Nennspannung von 110 Kilovolt oder mehr,
2. Hochspannungsleitungen, die zur Netzanbindung von Windenergieanlagen auf See im Sinne des § 3 Nummer 49 des Erneuerbare-Energien-Gesetzes[2] im Küstenmeer als Seekabel und landeinwärts als Freileitung oder Erdkabel bis zu dem technisch und wirtschaftlich günstigsten Verknüpfungspunkt des nächsten Übertragungs- oder Verteilernetzes verlegt werden sollen, mit Ausnahme von Nebeneinrichtungen zu Offshore-Anbindungsleitungen,
3. grenzüberschreitende Gleichstrom-Hochspannungsleitungen, die nicht unter Nummer 2 fallen und die im Küstenmeer als Seekabel verlegt werden sollen, sowie deren Fortführung landeinwärts als Freileitung oder Erdkabel bis zu dem technisch und wirtschaftlich günstigsten Verknüpfungspunkt des nächsten Übertragungs- oder Verteilernetzes,
4. Hochspannungsleitungen nach § 2 Absatz 5 und 6 des Bundesbedarfsplangesetzes[3],
5. Gasversorgungsleitungen mit einem Durchmesser von mehr als 300 Millimetern und
6. Anbindungsleitungen von LNG-Anlagen an das Fernleitungsnetz mit einem Durchmesser von mehr als 300 Millimetern.

²Leitungen nach § 2 Absatz 1 des Netzausbaubeschleunigungsgesetzes Übertragungsnetz[4] bleiben unberührt.

(2) ¹Auf Antrag des Trägers des Vorhabens können durch Planfeststellung durch die nach Landesrecht zuständige Behörde zugelassen werden:
1. die für den Betrieb von Energieleitungen notwendigen Anlagen, insbesondere Konverterstationen, Phasenschieber, Verdichterstationen, Umspannanlagen und Netzverknüpfungspunkte, die auch in das Planfeststellungsverfahren für die Energieleitung integriert werden können, einschließlich Nebeneinrichtungen zu Offshore-Anbindungsleitungen; dabei ist eine nachträgliche Integration in die Entscheidung zur Planfeststellung durch Planergänzungsverfahren möglich, solange die Entscheidung zur Planfeststellung gilt,
2. die Errichtung und der Betrieb sowie die Änderung eines Erdkabels für Hochspannungsleitungen mit einer Nennspannung von 110 Kilovolt im Küstenbereich von Nord- und Ostsee, die in einem 20 Kilometer breiten Korridor, der längs der Küstenlinie landeinwärts verläuft, verlegt werden sollen; Küstenlinie ist

---

[1] § 43 neu gef. mWv 17.5.2019 durch G v. 13.5.2019 (BGBl. I S. 706); Abs. 1 Satz 1 Nr. 2, Abs. 2 Satz 1 Nr. 1 geänd. mWv 1.1.2023 durch G v. 20.7.2022 (BGBl. I S. 1325); Abs. 2 Satz 1 Nr. 1 geänd. mWv 13.10.2022 durch G v. 8.10.2022 (BGBl. I S. 1726); Abs. 2 Satz 1 Nr. 7 und 8 geänd., Nr. 9 angef. mWv 15.7.2023 durch G v. 12.7.2023 (BGBl. 2023 I Nr. 184).
[2] **Sartorius ErgBd. Nr. 833.**
[3] **Sartorius III Nr. 512.**
[4] **Sartorius III Nr. 511.**

die in der Seegrenzkarte Nummer 2920 „Deutsche Nordseeküste und angrenzende Gewässer", Ausgabe 1994, XII, und in der Seegrenzkarte Nummer 2921 „Deutsche Ostseeküste und angrenzende Gewässer", Ausgabe 1994, XII, des Bundesamtes für Seeschifffahrt und Hydrographie jeweils im Maßstab 1 : 375 000 dargestellte Küstenlinie,[1)]

3. die Errichtung und der Betrieb sowie die Änderung eines Erdkabels mit einer Nennspannung von 110 Kilovolt oder mehr zur Anbindung von Kraftwerken oder Pumpspeicherkraftwerken an das Elektrizitätsversorgungsnetz,

4. die Errichtung und der Betrieb sowie die Änderung eines sonstigen Erdkabels für Hochspannungsleitungen mit einer Nennspannung von 110 Kilovolt oder weniger, ausgenommen Bahnstromfernleitungen,

5. die Errichtung und der Betrieb sowie die Änderung einer Freileitung mit einer Nennspannung von unter 110 Kilovolt oder einer Bahnstromfernleitung, sofern diese Leitungen mit einer Leitung nach Absatz 1 Satz 1 Nummer 1, 2 oder 3 auf einem Mehrfachgestänge geführt werden und in das Planfeststellungsverfahren für diese Leitung integriert werden; Gleiches gilt für Erdkabel mit einer Nennspannung von unter 110 Kilovolt, sofern diese im räumlichen und zeitlichen Zusammenhang mit der Baumaßnahme eines Erdkabels nach Absatz 1 Satz 1 Nummer 2 bis 4 oder nach den Nummern 2 bis 4 mit verlegt werden,

6. Leerrohre, die im räumlichen und zeitlichen Zusammenhang mit der Baumaßnahme eines Erdkabels nach Absatz 1 Satz 1 Nummer 2 bis 4 oder nach den Nummern 2 bis 4 mit verlegt werden,

7. die Errichtung und der Betrieb sowie die Änderung von Energiekopplungsanlagen,

8. die Errichtung und der Betrieb sowie die Änderung von Großspeicheranlagen mit einer Nennleistung ab 50 Megawatt, soweit sie nicht § 126 des Bundesberggesetzes[2)] unterfallen und

9. die Errichtung und der Betrieb von Anlagen nach § 2 Absatz 1 Nummer 1 des LNG-Beschleunigungsgesetzes einschließlich erforderlicher Nebenanlagen und technischer und baulicher Nebeneinrichtungen, dabei kann auch eine Verbindung mit einem nach Absatz 1 Satz 1 Nummer 6 durchzuführenden Planfeststellungsverfahren erfolgen.

[2]Satz 1 ist für Erdkabel auch bei Abschnittsbildung anzuwenden, wenn die Erdverkabelung in unmittelbarem Zusammenhang mit dem beantragten Abschnitt einer Freileitung steht.

(3) Bei der Planfeststellung sind die von dem Vorhaben berührten öffentlichen und privaten Belange im Rahmen der Abwägung zu berücksichtigen.

(4) Für das Planfeststellungsverfahren sind die §§ 72 bis 78 des Verwaltungsverfahrensgesetzes[3)] nach Maßgabe dieses Gesetzes anzuwenden.

(5) Die Maßgaben sind entsprechend anzuwenden, soweit das Verfahren landesrechtlich durch ein Verwaltungsverfahrensgesetz geregelt ist.

[1)] **Amtlicher Hinweis:** Zu beziehen beim Bundesamt für Seeschifffahrt und Hydrographie, Bernhard-Nocht-Straße 178, 20359 Hamburg und in der Deutschen Nationalbibliothek archivmäßig gesichert niedergelegt.
[2)] **Sartorius III Nr. 460.**
[3)] Nr. 100.

§ 43a[1)2)] **Anhörungsverfahren.** Für das Anhörungsverfahren gilt § 73 des Verwaltungsverfahrensgesetzes[3)] mit folgenden Maßgaben:
1. Der Plan ist gemäß § 73 Absatz 2 des Verwaltungsverfahrensgesetzes innerhalb von zwei Wochen nach Zugang auszulegen.
2. Die Einwendungen und Stellungnahmen sind dem Vorhabenträger und den von ihm Beauftragten zur Verfügung zu stellen, um eine Erwiderung zu ermöglichen; datenschutzrechtliche Bestimmungen sind zu beachten; auf Verlangen des Einwenders sollen dessen Name und Anschrift unkenntlich gemacht werden, wenn diese zur ordnungsgemäßen Durchführung des Verfahrens nicht erforderlich sind; auf diese Möglichkeit ist in der öffentlichen Bekanntmachung hinzuweisen.
3. [1]Die Anhörungsbehörde kann auf eine Erörterung im Sinne des § 73 Absatz 6 des Verwaltungsverfahrensgesetzes und des § 18 Absatz 1 Satz 4 des Gesetzes über die Umweltverträglichkeitsprüfung[4)] verzichten. [2]Ein Erörterungstermin findet nicht statt, wenn
    a) Einwendungen gegen das Vorhaben nicht oder nicht rechtzeitig erhoben worden sind,
    b) die rechtzeitig erhobenen Einwendungen zurückgenommen worden sind,
    c) ausschließlich Einwendungen erhoben worden sind, die auf privatrechtlichen Titeln beruhen, oder
    d) alle Einwender auf einen Erörterungstermin verzichten.

    [3]Findet keine Erörterung statt, so hat die Anhörungsbehörde ihre Stellungnahme innerhalb von sechs Wochen nach Ablauf der Einwendungsfrist abzugeben und sie der Planfeststellungsbehörde zusammen mit den sonstigen in § 73 Absatz 9 des Verwaltungsverfahrensgesetzes aufgeführten Unterlagen zuzuleiten.
4. Soll ein ausgelegter Plan geändert werden, so kann im Regelfall von der Erörterung im Sinne des § 73 Absatz 6 des Verwaltungsverfahrensgesetzes und des § 18 Absatz 1 Satz 4 des Gesetzes über die Umweltverträglichkeitsprüfung abgesehen werden.

§ 43b[5)] **Planfeststellungsbeschluss, Plangenehmigung.** (1) Für Planfeststellungsbeschluss und Plangenehmigung gelten die §§ 73 und 74 des Verwaltungsverfahrensgesetzes[3)] mit folgenden Maßgaben:

[1)] § 43a eingef. mWv 17.12.2006 durch G v. 9.12.2006 (BGBl. I S. 2833); Nr. 2 geänd. mWv 1.3.2010 durch G v. 29.7.2009 (BGBl. I S. 2542); Nr. 5 geänd. mWv 5.8.2011 durch G v. 28.7.2011 (BGBl. I S. 1690); Nr. 1 neu gef., Nr. 2–4 aufgeh., bish. Nr. 5 und 6 werden Nr. 2 und 3 und neu gef., Nr. 7 aufgeh. mWv 1.6.2015 durch G v. 31.5.2013 (BGBl. I S. 1388, geänd. durch G v. 24.5.2014, BGBl. I S. 538); Nr. 3 geänd. mWv 2.6.2017 durch G v. 29.5.2017 (BGBl. I S. 1298); Nr. 3 geänd. mWv 29.7.2017 durch G v. 20.7.2017 (BGBl. I S. 2808, ber. 2018 S. 472); Nr. 2 eingef., bish. Nr. 2 und 3 werden Nr. 3 und 4 mWv 17.5.2019 durch G v. 13.5.2019 (BGBl. I S. 706); Nr. 3 neu gef. mWv 13.10.2022 durch G v. 8.10.2022 (BGBl. I S. 1726).

[2)] Beachte zur Anwendung von § 43a hinsichtlich der Zulassung einer Anlage nach § 2 LNGG v. 24.5.2022 (BGBl. I S. 802), zuletzt geänd. durch G v. 12.7.2023 (BGBl. 2023 I Nr. 184) die Maßgaben gem. § 8 LNGG v. 24.5.2022 (BGBl. I S. 802), zuletzt geänd. durch G v. 12.7.2023 (BGBl. 2023 I Nr. 184) iVm § 13 LNGG v. 24.5.2022 (BGBl. I S. 802), zuletzt geänd. durch G v. 12.7.2023 (BGBl. 2023 I Nr. 184).

[3)] Nr. **100**.

[4)] Nr. **295**.

[5)] § 43b eingef. mWv 17.12.2006 durch G v. 9.12.2006 (BGBl. I S. 2833); Nr. 1 Satz 1 neu gef. mWv 26.8.2009 durch G v. 21.8.2009 (BGBl. I S. 2870); einl. Satzteil, Nr. 1 Satz 1 abschl. Satzteil geänd., Sätze 2–5 aufgeh., Nr. 2 und 3 aufgeh., bish. Nr. 4 wird Nr. 2, Nr. 5 aufgeh. mWv 1.6.2015 durch G v. 31.5.2013 (BGBl. I S. 1388, geänd. durch G v. 24.5.2014, BGBl. I S. 538); Nr. 1 abschl. Satzteil geänd. mWv

1. Bei Planfeststellungen für Vorhaben im Sinne des § 43 Absatz 1 Satz 1 wird
   a) für ein bis zum 31. Dezember 2010 beantragtes Vorhaben für die Errichtung und den Betrieb sowie die Änderung von Hochspannungsfreileitungen oder Gasversorgungsleitungen, das der im Hinblick auf die Gewährleistung der Versorgungssicherheit dringlichen Verhinderung oder Beseitigung längerfristiger Übertragungs-, Transport- oder Verteilungsengpässe dient,
   b) für ein Vorhaben, das in der Anlage zum Energieleitungsausbaugesetz[1]) vom 21. August 2009 (BGBl. I S. 2870) in der jeweils geltenden Fassung aufgeführt ist,

   die Öffentlichkeit einschließlich der Vereinigungen im Sinne von § 73 Absatz 4 Satz 5 des Verwaltungsverfahrensgesetzes ausschließlich entsprechend § 18 Absatz 2 des Gesetzes über die Umweltverträglichkeitsprüfung[2]) mit der Maßgabe einbezogen, dass die Gelegenheit zur Äußerung einschließlich Einwendungen und Stellungnahmen innerhalb eines Monats nach der Einreichung des vollständigen Plans für eine Frist von sechs Wochen zu gewähren ist.
2. Verfahren zur Planfeststellung oder Plangenehmigung bei Vorhaben, deren Auswirkungen über das Gebiet eines Landes hinausgehen, sind zwischen den zuständigen Behörden der beteiligten Länder abzustimmen.

(2) ¹Die nach Landesrecht zuständige Behörde soll einen Planfeststellungsbeschluss in den Fällen des § 43 Absatz 1 Satz 1 Nummer 2 und 4 für Offshore-Anbindungsleitungen nach Eingang der Unterlagen innerhalb von zwölf Monaten fassen. ²Die nach Landesrecht zuständige Behörde kann die Frist um drei Monate verlängern, wenn dies wegen der Schwierigkeit der Prüfung oder aus Gründen, die dem Antragsteller zuzurechnen sind, erforderlich ist. ³Die Fristverlängerung soll gegenüber dem Antragsteller begründet werden.

§ 43c[3]) Rechtswirkungen der Planfeststellung und Plangenehmigung.

Für die Rechtswirkungen der Planfeststellung und Plangenehmigung gilt § 75 des Verwaltungsverfahrensgesetzes[4]) mit folgenden Maßgaben:

1. Wird mit der Durchführung des Plans nicht innerhalb von zehn Jahren nach Eintritt der Unanfechtbarkeit begonnen, so tritt er außer Kraft, es sei denn, er wird vorher auf Antrag des Trägers des Vorhabens von der Planfeststellungsbehörde um höchstens fünf Jahre verlängert.
2. Vor der Entscheidung nach Nummer 1 ist eine auf den Antrag begrenzte Anhörung nach den für die Planfeststellung oder für die Plangenehmigung vorgeschriebenen Verfahren durchzuführen.
3. Für die Zustellung und Auslegung sowie die Anfechtung der Entscheidung über die Verlängerung sind die Bestimmungen über den Planfeststellungsbeschluss entsprechend anzuwenden.

(Fortsetzung der Anm. von voriger Seite)
29.7.2017 durch G v. 20.7.2017 (BGBl. I S. 2808); Nr. 1 einl. Satzteil geänd. mWv 17.5.2019 durch G v. 13.5.2019 (BGBl. I S. 706); Abs. 2 angef. mWv 13.10.2022 durch G v. 8.10.2022 (BGBl. I S. 1726).
[1]) **Sartorius III Nr. 510.**
[2]) Nr. **295.**
[3]) § 43c eingef. mWv 17.12.2006 durch G v. 9.12.2006 (BGBl. I S. 2833); Nr. 4 aufgeh. mWv 1.6.2015 durch G v. 31.5.2013 (BGBl. I S. 1388, geänd. durch G v. 24.5.2014, BGBl. I S. 538).
[4]) Nr. **100.**

§ 43d[1] Planänderung vor Fertigstellung des Vorhabens.

¹Für die Planergänzung und das ergänzende Verfahren im Sinne des § 75 Abs. 1a Satz 2 des Verwaltungsverfahrensgesetzes[2] und für die Planänderung vor Fertigstellung des Vorhabens gilt § 76 des Verwaltungsverfahrensgesetzes mit der Maßgabe, dass im Falle des § 76 Abs. 1 des Verwaltungsverfahrensgesetzes von einer Erörterung im Sinne des § 73 Abs. 6 des Verwaltungsverfahrensgesetzes und des § 18 Absatz 1 Satz 4 des Gesetzes über die Umweltverträglichkeitsprüfung[3] abgesehen werden kann. ²Im Übrigen gelten für das neue Verfahren die Vorschriften dieses Gesetzes.

§ 43e[4] Rechtsbehelfe.

(1) ¹Die Anfechtungsklage gegen einen Planfeststellungsbeschluss oder eine Plangenehmigung hat keine aufschiebende Wirkung. ²Der Antrag auf Anordnung der aufschiebenden Wirkung der Anfechtungsklage gegen einen Planfeststellungsbeschluss oder eine Plangenehmigung nach § 80 Abs. 5 Satz 1 der Verwaltungsgerichtsordnung[5] kann nur innerhalb eines Monats nach der Zustellung des Planfeststellungsbeschlusses oder der Plangenehmigung gestellt und begründet werden. ³Darauf ist in der Rechtsbehelfsbelehrung hinzuweisen. ⁴§ 58 der Verwaltungsgerichtsordnung gilt entsprechend.

(2) ¹Treten später Tatsachen ein, die die Anordnung der aufschiebenden Wirkung rechtfertigen, so kann der durch den Planfeststellungsbeschluss oder die Plangenehmigung Beschwerte einen hierauf gestützten Antrag nach § 80 Abs. 5 Satz 1 der Verwaltungsgerichtsordnung innerhalb einer Frist von einem Monat stellen und begründen. ²Die Frist beginnt mit dem Zeitpunkt, in dem der Beschwerte von den Tatsachen Kenntnis erlangt.

(3) ¹Der Kläger hat innerhalb einer Frist von zehn Wochen ab Klageerhebung die zur Begründung seiner Klage dienenden Tatsachen und Beweismittel anzugeben. ²Erklärungen und Beweismittel, die erst nach Ablauf dieser Frist vorgebracht werden, sind nur zuzulassen, wenn der Kläger die Verspätung genügend entschuldigt. ³Der Entschuldigungsgrund ist auf Verlangen des Gerichts glaubhaft zu machen. ⁴Satz 2 gilt nicht, wenn es mit geringem Aufwand möglich ist, den Sachverhalt auch ohne Mitwirkung des Klägers zu ermitteln. ⁵Die Frist nach Satz 1 kann durch den Vorsitzenden oder den Berichterstatter auf Antrag verlängert werden, wenn der Kläger in dem Verfahren, in dem die angefochtene Entscheidung ergangen ist, keine Möglichkeit der Beteiligung hatte.

(4) ¹Für Energieleitungen, die nach § 43 Absatz 1 Satz 1 Nummer 2 planfestgestellt werden, sowie für Anlagen, die für den Betrieb dieser Energieleitungen notwendig sind und die nach § 43 Absatz 2 Satz 1 Nummer 1 planfestgestellt werden, ist § 50 Absatz 1 Nummer 6 der Verwaltungsgerichtsordnung anzuwenden. ²§ 50 Absatz 1 Nummer 6 der Verwaltungsgerichtsordnung ist auch anzuwenden für auf diese Energieleitungen und auf für deren Betrieb notwendige Anlagen bezogene Zulassungen des vorzeitigen Baubeginns und Anzeigeverfahren

---

[1] § 43d eingef. mWv 17.12.2006 durch G v. 9.12.2006 (BGBl. I S. 2833); Satz 1 geänd. mWv 2.6.2017 durch G v. 29.5.2017 (BGBl. I S. 1298); Satz 1 geänd. mWv 29.7.2017 durch G v. 20.7.2017 (BGBl. I S. 2808, ber. 2018 S. 472).

[2] Nr. **100**.

[3] Nr. **295**.

[4] § 43e eingef. mWv 17.12.2006 durch G v. 9.12.2006 (BGBl. I S. 2833); Abs. 1 Satz 1 geänd., Abs. 4 aufgeh. mWv 1.6.2015 durch G v. 31.5.2013 (BGBl. I S. 1388, geänd. durch G v. 24.5.2014, BGBl. I S. 538); Abs. 4 angef. mWv 10.12.2020 durch G v. 3.12.2020 (BGBl. I S. 2682); Abs. 3 neu gef. mWv 21.3.2023 durch G v. 14.3.2023 (BGBl. 2023 I Nr. 71).

[5] Nr. **600**.

sowie für Genehmigungen nach dem Bundes-Immissionsschutzgesetz[1]) für Anlagen, die für den Betrieb dieser Energieleitungen notwendig sind.

§ 43f[2]) **Änderungen im Anzeigeverfahren.** (1) [1]Unwesentliche Änderungen oder Erweiterungen können anstelle des Planfeststellungsverfahrens durch ein Anzeigeverfahren zugelassen werden. [2]Eine Änderung oder Erweiterung ist nur dann unwesentlich, wenn

1. nach dem Gesetz über die Umweltverträglichkeitsprüfung[3]) oder nach Absatz 2 hierfür keine Umweltverträglichkeitsprüfung durchzuführen ist,
2. andere öffentliche Belange nicht berührt sind oder die erforderlichen behördlichen Entscheidungen vorliegen und sie dem Plan nicht entgegenstehen und
3. Rechte anderer nicht beeinträchtigt werden oder mit den vom Plan Betroffenen entsprechende Vereinbarungen getroffen werden.

(2) [1]Abweichend von den Vorschriften des Gesetzes über die Umweltverträglichkeitsprüfung ist eine Umweltverträglichkeitsprüfung für die Änderung oder Erweiterung nicht durchzuführen bei

1. Änderungen oder Erweiterungen von Gasversorgungsleitungen zur Ermöglichung des Transports von Wasserstoff nach § 43l Absatz 4,
2. Umbeseilungen,
3. Zubeseilungen oder
4. standortnahen Maständerungen.

[2]Satz 1 Nummer 2 und 3 ist nur anzuwenden, wenn die nach Landesrecht zuständige Behörde feststellt, dass die Vorgaben der §§ 3, 3a und 4 der Verordnung über elektromagnetische Felder[4]) und die Vorgaben der Technischen Anleitung zum Schutz gegen Lärm vom 26. August 1998 (GMBl S. 503) in der jeweils geltenden Fassung eingehalten werden. [3]Einer Feststellung, dass die Vorgaben der Technischen Anleitung zum Schutz gegen Lärm vom 26. August 1998 (GMBl S. 503) in der jeweils geltenden Fassung eingehalten sind, bedarf es nicht bei Änderungen, welche nicht zu Änderungen der Beurteilungspegel im Sinne der Technischen Anleitung zum Schutz gegen Lärm in der jeweils geltenden Fassung führen. [4]Satz 1 Nummer 2 bis 4 ist ferner jeweils nur anzuwenden, sofern einzeln oder im Zusammenwirken mit anderen Vorhaben eine erhebliche Beeinträchtigung eines Natura 2000-Gebiets oder eines bedeutenden Brut- oder Rastgebiets geschützter Vogelarten nicht zu erwarten ist. [5]Satz 1 Nummer 2 bis 4 ist bei Höchstspannungsfreileitungen mit einer Nennspannung von 220 Kilovolt oder mehr ferner nur anzuwenden, wenn die Zubeseilung eine Länge von höchstens 15 Kilometern hat, oder die standortnahen Maständerungen oder die bei einer Umbeseilung erforderlichen Masterhöhungen räumlich zusammenhängend auf einer Länge von höchstens 15 Kilometern erfolgen.

(3) [1]Abweichend von Absatz 1 Satz 2 Nummer 2 kann eine Änderung oder Erweiterung auch dann im Anzeigeverfahren zugelassen werden, wenn die nach

---

[1]) Nr. **296**.
[2]) § 43f neu gef. mWv 17.5.2019 durch G v. 13.5.2019 (BGBl. I S. 706); Abs. 2 Satz 2, Abs. 3 geänd. mWv 4.3.2021 durch G v. 25.2.2021 (BGBl. I S. 298); Abs. 2 Satz 2 eingef., bish. Sätze 3 und 4 werden Sätze 4 und 5, Abs. 3 Satz 2 angef. mWv 29.7.2022 durch G v. 19.7.2022 (BGBl. I S. 1214); Abs. 2 Satz 1 Nr. *1 neu gef.*, Nr. 2 und 3 geänd., Nr. 4 angef., Sätze 2–5, Abs. 4 Satz 5 und Abs. 5 geänd. mWv 13.10.2022 durch G v. 8.10.2022 (BGBl. I S. 1726); Abs. 6 angef. mWv 21.3.2023 durch G v. 14.3.2023 (BGBl. 2023 I Nr. 71).
[3]) Nr. **295**.
[4]) Sartorius ErgBd. **Nr. 296/26.**

Landesrecht zuständige Behörde im Einvernehmen mit der zuständigen Immissionsschutzbehörde feststellt, dass die Vorgaben nach den §§ 3, 3a und 4 der Verordnung über elektromagnetische Felder und die Vorgaben der Technischen Anleitung zum Schutz gegen Lärm vom 26. August 1998 (GMBl S. 503) in der jeweils geltenden Fassung eingehalten sind, und wenn weitere öffentliche Belange nicht berührt sind oder die hierfür erforderlichen behördlichen Entscheidungen vorliegen und sie dem Plan nicht entgegenstehen. ²Absatz 2 Satz 3 ist entsprechend anzuwenden.

(4) ¹Der Vorhabenträger zeigt gegenüber der nach Landesrecht zuständigen Behörde die von ihm geplante Maßnahme an. ²Der Anzeige sind in ausreichender

(Fortsetzung nächstes Blatt)

Verbindung mit Absatz 2 Nummer 1 des Gesetzes gegen Wettbewerbsbeschränkungen[1]) findet nach Maßgabe des § 111 Anwendung.

(1a) Abweichend von Absatz 1 Satz 2 sind die dort genannten Verträge hinsichtlich der Entgelte, soweit diese nach § 23a zu genehmigen sind, unabhängig von einem Verlangen einer Vertragspartei anzupassen.

(2) ¹Bestehende Verträge über die Belieferung von Letztverbrauchern mit Energie im Rahmen der bis zum Inkrafttreten dieses Gesetzes bestehenden allgemeinen Versorgungspflicht mit einer Laufzeit bis zum Ablauf von sechs Monaten nach Inkrafttreten dieses Gesetzes bleiben unberührt. ²Bis dahin gelten die Voraussetzungen des § 310 Abs. 2 des Bürgerlichen Gesetzbuchs[2]) als erfüllt, sofern die bestehenden Verträge im Zeitpunkt des Inkrafttretens dieses Gesetzes diese Voraussetzungen erfüllt haben. ³Verträge mit einer längeren Laufzeit sind spätestens sechs Monate nach Inkrafttreten einer zu diesem Gesetz nach § 39 oder § 41 erlassenen Rechtsverordnung an die jeweils entsprechenden Vorschriften dieses Gesetzes und die jeweilige Rechtsverordnung nach Maßgabe dieser Rechtsverordnung anzupassen.

(3) ¹Bestehende Verträge über die Belieferung von Haushaltskunden mit Energie außerhalb der bis zum Inkrafttreten dieses Gesetzes bestehenden allgemeinen Versorgungspflicht mit einer Restlaufzeit von zwölf Monaten nach Inkrafttreten dieses Gesetzes bleiben unberührt. ²Bis dahin gelten die Voraussetzungen des § 310 Abs. 2 des Bürgerlichen Gesetzbuchs als erfüllt, sofern die bestehenden Verträge im Zeitpunkt des Inkrafttretens dieses Gesetzes diese Voraussetzungen erfüllt haben. ³Verträge mit einer längeren Laufzeit sind spätestens zwölf Monate nach Inkrafttreten einer zu diesem Gesetz nach § 39 oder § 41 erlassenen Rechtsverordnung an die entsprechenden Vorschriften dieses Gesetzes und die jeweilige Rechtsverordnung nach Maßgabe dieser Rechtsverordnung anzupassen. ⁴Sonstige bestehende Lieferverträge bleiben im Übrigen unberührt.

§ 116 Bisherige Tarifkundenverträge. ¹Unbeschadet des § 115 sind die §§ 10 und 11 des Energiewirtschaftsgesetzes vom 24. April 1998 (BGBl. I S. 730), das zuletzt durch Artikel 126 der Verordnung vom 25. November 2003 (BGBl. I S. 2304) geändert worden ist, sowie die Verordnung über Allgemeine Bedingungen für die Elektrizitätsversorgung von Tarifkunden vom 21. Juni 1979 (BGBl. I S. 684), zuletzt geändert durch Artikel 17 des Gesetzes vom 9. Dezember 2004 (BGBl. I S. 3214), und die Verordnung über Allgemeine Bedingungen für die Gasversorgung von Tarifkunden vom 21. Juni 1979 (BGBl. I S. 676), zuletzt geändert durch Artikel 18 des Gesetzes vom 9. Dezember 2004 (BGBl. I S. 3214), auf bestehende Tarifkundenverträge, die nicht mit Haushaltskunden im Sinne dieses Gesetzes abgeschlossen worden sind, bis zur Beendigung der bestehenden Verträge weiter anzuwenden. ²Bei Änderungen dieser Verträge und bei deren Neuabschluss gelten die Bestimmungen dieses Gesetzes sowie der auf Grund dieses Gesetzes erlassenen Rechtsverordnungen.

§ 117 Konzessionsabgaben für die Wasserversorgung. Für die Belieferung von Letztverbrauchern im Rahmen der öffentlichen Wasserversorgung gilt § 48 entsprechend.

§ 117a[3]) Regelung bei Stromeinspeisung in geringem Umfang. ¹Betreiber

---

[1]) Habersack Nr. 74.
[2]) Habersack Nr. 20.
[3]) § 117a eingef. mWv 26.8.2009 durch G v. 21.8.2009 (BGBl. I S. 2870); Satz 1 abschl. Satzteil geänd., Satz 2 eingef., bish. Sätze 2–4 werden Sätze 3–5 mWv 1.1.2012 durch G v. 28.7.2011 (BGBl. I S. 1634); →

1. von Anlagen im Sinne des § 3 Nummer 1 des Erneuerbare-Energien-Gesetzes[1] mit einer elektrischen Leistung von bis zu 500 Kilowatt oder
2. von Anlagen im Sinne des § 2 Nummer 14 des Kraft-Wärme-Kopplungsgesetzes[2] mit einer elektrischen Leistung von bis zu 500 Kilowatt,

die nur deswegen als Energieversorgungsunternehmen gelten, weil sie Elektrizität nach den Vorschriften des Erneuerbare-Energien-Gesetzes oder des Kraft-Wärme-Kopplungsgesetzes in ein Netz einspeisen oder im Sinne des § 3 Nummer 16 des Erneuerbare-Energien-Gesetzes direkt vermarkten, sind hinsichtlich dieser Anlagen von den Bestimmungen des § 10 Abs. 1 ausgenommen. ²Mehrere Anlagen zur Erzeugung von Strom aus solarer Strahlungsenergie gelten unabhängig von den Eigentumsverhältnissen und ausschließlich zum Zweck der Ermittlung der elektrischen Leistung im Sinne des Satzes 1 Nummer 1 als eine Anlage, wenn sie sich auf demselben Grundstück oder sonst in unmittelbarer räumlicher Nähe befinden und innerhalb von zwölf aufeinanderfolgenden Kalendermonaten in Betrieb genommen worden sind. ³Satz 1 gilt nicht, wenn der Betreiber ein vertikal integriertes Unternehmen ist oder im Sinne des § 3 Nr. 38 mit einem solchen verbunden ist. ⁴Bilanzierungs-, Prüfungs- und Veröffentlichungspflichten aus sonstigen Vorschriften bleiben unberührt. ⁵Mehrere Anlagen im Sinne des Satzes 1 Nr. 1 und 2, die unmittelbar an einem Standort miteinander verbunden sind, gelten als eine Anlage, wobei die jeweilige elektrische Leistung zusammenzurechnen ist.

§ 117b[3]**) Verwaltungsvorschriften.** Die Bundesregierung erlässt mit Zustimmung des Bundesrates allgemeine Verwaltungsvorschriften über die Durchführung der Verfahren nach den §§ 43 bis 43d sowie 43f und 43g, insbesondere über
1. die Vorbereitung des Verfahrens,
2. den behördlichen Dialog mit dem Vorhabenträger und der Öffentlichkeit,
3. die Festlegung des Prüfungsrahmens,
4. den Inhalt und die Form der Planunterlagen,
5. die Einfachheit, Zweckmäßigkeit und Zügigkeit der Verfahrensabläufe und der vorzunehmenden Prüfungen,
6. die Durchführung des Anhörungsverfahrens,
7. die Einbeziehung der Umweltverträglichkeitsprüfung in das Verfahren,
8. die Beteiligung anderer Behörden und
9. die Bekanntgabe der Entscheidung.

§ 118[4]**) Übergangsregelungen.** (1)-(5) (weggefallen)

(Fortsetzung der Anm. von voriger Seite)
Satz 1 Nr. 1, abschl. Satzteil geänd. mWv 1.8.2014 durch G v. 21.7.2014 (BGBl. I S. 1066); Satz 1 Nr. 2 geänd. mWv 1.1.2016 durch G v. 21.12.2015 (BGBl. I S. 2498); Satz 1 Nr. 1, abschl. Satzteil geänd. mWv 1.1.2017 durch G v. 13.10.2016 (BGBl. I S. 2258).
   [1] **Sartorius ErgBd. Nr. 833.**
   [2] **Sartorius ErgBd. Nr. 834.**
   [3] § 117b eingef. mWv 5.8.2011 durch G v. 28.7.2011 (BGBl. I S. 1690).
   [4] § 118 Abs. 7 und 8 angef. mWv 17.12.2006 durch G v. 9.12.2006 (BGBl. I S. 2833); Abs. 7 geänd. mWv 1.1.2009 durch G v. 25.10.2008 (BGBl. I S. 2074); Abs. 1–4 aufgeh., bish. Abs. 5–8 werden Abs. 1–4 mWv 1.11.2008 durch G v. 25.10.2008 (BGBl. I S. 2101); Abs. 5–7 angef. mWv 26.8.2009 durch G v. 21.8. 2009 (BGBl. I S. 2870); Abs. 4 Satz 2 angef., Abs. 7 neu gef., Abs. 8–11 angef. mWv 4.8.2011 durch G v. 26.7.2011 (BGBl. I S. 1554); Abs. 3 aufgeh., bish. Abs. 4–11 werden Abs. 3–10; Abs. 11 angef. mWv 5.8. 2011 durch G v. 28.7.2011 (BGBl. I S. 1690); Abs. 9 Satz 2 geänd. mWv 1.4.2012 durch G v. 22.12.2011 (BGBl. I S. 3044); Abs. 6 Satz 2 geänd., Satz 3 neu gef., Abs. 12 angef. mWv 28.12.2012 durch G v. 20.12. 2012 (BGBl. I S. 2730); Abs. 2 neu gef. mWv 5.3.2013 durch G v. 21.2.2013 (BGBl. I S. 346); Abs. 13 →

(6) ¹Nach dem 31. Dezember 2008 neu errichtete Anlagen zur Speicherung elektrischer Energie, die ab 4. August 2011,¹⁾ innerhalb von 15 Jahren in Betrieb genommen werden, sind für einen Zeitraum von 20 Jahren ab Inbetriebnahme hinsichtlich des Bezugs der zu speichernden elektrischen Energie von den Entgelten für den Netzzugang freigestellt. ²Pumpspeicherkraftwerke, deren elektrische Pump- oder Turbinenleistung nachweislich um mindestens 7,5 Prozent oder deren speicherbare Energiemenge nachweislich um mindestens 5 Prozent nach dem 4. August 2011 erhöht wurden, sind für einen Zeitraum von zehn Jahren ab Inbetriebnahme hinsichtlich des Bezugs der zu speichernden elektrischen Energie von den Entgelten für den Netzzugang freigestellt. ³Die Freistellung nach Satz 1 wird nur gewährt, wenn die elektrische Energie zur Speicherung in einem elektrischen, chemischen, mechanischen oder physikalischen Stromspeicher aus einem Transport- oder Verteilernetz entnommen und die zur Ausspeisung zurückgewonnene elektrische Energie zeitlich verzögert wieder in dasselbe Netz eingespeist wird. ⁴Die Freistellung nach Satz 2 setzt voraus, dass auf Grund vorliegender oder prognostizierter Verbrauchsdaten oder auf Grund technischer oder vertraglicher Gegebenheiten offensichtlich ist, dass der Höchstlastbeitrag der Anlage vorhersehbar erheblich von der zeitgleichen Jahreshöchstlast aller Entnahmen aus dieser Netz- oder Umspannebene abweicht. ⁵Sie erfolgt durch Genehmigung in entsprechender Anwendung der verfahrensrechtlichen Vorgaben nach § 19 Absatz 2 Satz 3 bis 5 und 8 bis 10 der Stromnetzentgeltverordnung. ⁶Als Inbetriebnahme gilt der erstmalige Bezug von elektrischer Energie für den Probebetrieb, bei bestehenden Pumpspeicherkraftwerken der erstmalige Bezug nach Abschluss der Maßnahme zur Erhöhung der elektrischen Pump- oder Turbinenleistung oder der speicherbaren Energiemenge. ⁷Die Sätze 2 und 3 sind nicht für Anlagen anzuwenden, in denen durch Wasserelektrolyse Wasserstoff erzeugt oder in denen Gas oder Biogas durch wasserelektrolytisch erzeugten Wasserstoff und anschließende Methanisierung hergestellt worden ist. ⁸Diese Anlagen sind zudem von den Einspeiseentgelten des Gasnetzes, an das sie angeschlossen sind, befreit. ⁹Die Betreiber von Übertragungsnetzen haben ab dem 1. Januar 2023 nachgelagerten Betreibern von Elektrizitätsverteilernetzen entgange-

---

(Fortsetzung der Anm. von voriger Seite)
angef. mWv 10.10.2013 durch G v. 4.10.2013 (BGBl. I S. 3746); Abs. 9 aufgeh., Abs. 12 geänd., Abs. 13 und 14 eingef., bish. Abs. 13 wird Abs. 15 mWv 1.8.2014 durch G v. 21.7.2014 (BGBl. I S. 1066); Abs. 16 und 17 angef. mWv 1.1.2016 durch G v. 10.12.2015 (BGBl. I S. 2194); Abs. 9 neu gef., Abs. 18 angef. mWv 30.7.2016 durch G v. 26.7.2016 (BGBl. I S. 1786); Abs. 16 neu gef., Abs. 19 angef. mWv 19.10.2016, Abs. 13 Sätze 1 und 2, Abs. 14 geänd., Abs. 20–22 angef. mWv 1.1.2017 durch G v. 13.10.2016 (BGBl. I S. 2258); Abs. 23 (in BGBl. wohl irrtümlich „Abs. 20") angef. mWv 3.2.2017 durch G v. 27.1.2017 (BGBl. I S. 130); Abs. 18 Satz 1 Nr. 1 und 2 geänd., Nr. 3 aufgeh., Abs. 20–22 neu gef., Abs. 23 und 24 angef. mWv 22.7.2017 durch G v. 17.7.2017 (BGBl. I S. 2503); Abs. 25 angef. mWv 21.12.2018 durch G v. 17.12.2018 (BGBl. I S. 2549); Abs. 5 Sätze 1 und 2 geänd., Abs. 25 angef., Abs. 25a eingef. mWv 1.10. 2021 durch G v. 13.5.2019 (BGBl. I S. 706); Abs. 6 Satz 7 neu gef. mWv 17.5.2019, Abs. 18 aufgeh. mWv 26.11.2019 durch G v. 20.11.2019 (BGBl. I S. 1719); Abs. 27 angef. mWv 12.12.2019 durch G v. 5.12.2019 (BGBl. I S. 2002); Abs. 25 Satz 1 einl. Satzteil geänd. mWv 29.5.2020 durch G v. 25.5.2020 (BGBl. I S. 1070); Abs. 1–5 neu gef., Abs. 6 Sätze 9–11 angef., Abs. 7–11, 13, 14, 16, 17 und 19 neu gef., Abs. 22 Satz 3, Abs. 28–34 angef. mWv 27.7.2021 durch G v. 16.7.2021 (BGBl. I S. 3026); Abs. 35 angef. mWv 1.8. 2022 durch G v. 5.7.2021 (BGBl. I S. 3338); Abs. 36 angef. mWv 30.4.2022 durch G v. 26.4.2022 (BGBl. I S. 674); Abs. 37–40 angef. mWv 28.5.2022 durch G v. 23.5.2022 (BGBl. I S. 747); Abs. 46 angef. mWv 12.7.2022 durch G v. 8.7.2022 (BGBl. I S. 1054); Abs. 22 Satz 1 geänd., Abs. 41–45 angef. mWv 29.7.2022 durch G v. 19.7.2022 (BGBl. I S. 1214); Abs. 47 angef. mWv 1.1.2023 durch G v. 20.7.2022 (BGBl. I S. 1325); Abs. 46a–46c angef. mWv 13.10.2022 durch G v. 8.10.2022 (BGBl. I S. 1726); Abs. 46d angef. mWv 24.12.2022 durch G v. 20.12.2022 (BGBl. I S. 2512); Abs. 46a Sätze 1 und 3 geänd. mWv 14.1.2023 durch G v. 4.1.2023 (BGBl. 2023 I Nr. 9); Abs. 46e eingef. mWv 27.5.2023 durch G v. 22.5.2023 (BGBl. 2023 I Nr. 133).

¹⁾ Zeichensetzung amtlich.

ne Erlöse zu erstatten, die aus der Freistellung von den Entgelten für den Netzzugang von Anlagen nach Satz 7 resultieren, soweit sie durch Wasserelektrolyse Wasserstoff erzeugen. [10] Satz 9 ist für nach dem 1. Januar 2023 neu errichtete Anlagen nur anzuwenden, wenn der zuständige Betreiber von Übertragungsnetzen dem Anschluss der Anlage an das Verteilernetz zugestimmt hat. [11] § 19 Absatz 2 Satz 14 und 15 der Stromnetzentgeltverordnung ist für die Zahlungen nach Satz 9 entsprechend anzuwenden.

(7)–(11) (weggefallen)

(12) Auf Windenergieanlagen auf See, die bis zum 29. August 2012 eine unbedingte oder eine bedingte Netzanbindungszusage erhalten haben und im Falle der bedingten Netzanbindungszusage spätestens zum 1. September 2012 die Voraussetzungen für eine unbedingte Netzanbindungszusage nachgewiesen haben, ist § 17 Absatz 2a und 2b in der bis zum 28. Dezember 2012 geltenden Fassung anzuwenden.

(13), (14) (weggefallen)

(15) Für § 6c in der durch das Gesetz zur Änderung des Handelsgesetzbuchs vom 4. Oktober 2013 (BGBl. I S. 3746) geänderten Fassung gilt Artikel 70 Absatz 3 des Einführungsgesetzes zum Handelsgesetzbuch[1)] entsprechend.

(16), (17) (weggefallen)

(18) *(aufgehoben)*

(19) (weggefallen)

(20) [1] Der Offshore-Netzentwicklungsplan für das Zieljahr 2025 enthält alle Maßnahmen, die erforderlich sind, um einen hinreichenden Wettbewerb unter den bestehenden Projekten im Rahmen der Ausschreibung nach § 26 des Windenergie-auf-See-Gesetzes zu gewährleisten. [2] Der Offshore-Netzentwicklungsplan für das Zieljahr 2025 soll für die Ostsee die zur Erreichung der in § 27 Absatz 3 und 4 des Windenergie-auf-See-Gesetzes festgelegten Menge erforderlichen Maßnahmen mit einer geplanten Fertigstellung ab dem Jahr 2021 vorsehen, jedoch eine Übertragungskapazität von 750 Megawatt insgesamt nicht überschreiten. [3] Der Offshore-Netzentwicklungsplan für das Zieljahr 2025 soll für die Nordsee die zur Erreichung der Verteilung nach § 27 Absatz 4 des Windenergie-auf-See-Gesetzes erforderlichen Maßnahmen mit einer geplanten Fertigstellung ab dem Jahr 2022 vorsehen.

(21) Für Windenergieanlagen auf See, die eine unbedingte Netzanbindungszusage nach Absatz 12 oder eine Kapazitätszuweisung nach § 17d Absatz 3 Satz 1 in der am 31. Dezember 2016 geltenden Fassung erhalten haben, sind die §§ 17d und 17e in der am 31. Dezember 2016 geltenden Fassung anzuwenden.

(22) [1] § 13 Absatz 6a ist nach dem 30. Juni 2023 nicht mehr anzuwenden. [2] Zuvor nach § 13 Absatz 6a geschlossene Verträge laufen bis zum Ende der vereinbarten Vertragslaufzeit weiter. [3] Nach § 13 Absatz 6a in der Fassung bis zum 27. Juli 2021 geschlossene Verträge laufen bis zum Ende der vereinbarten Vertragslaufzeit weiter.

(23) § 47 ist auf Verfahren zur Vergabe von Wegenutzungsrechten zur leitungsgebundenen Energieversorgung, in denen am 3. Februar 2017 von der Gemeinde bereits Auswahlkriterien samt Gewichtung im Sinne des § 46 Absatz 4 Satz 4

(Fortsetzung nächstes Blatt)

[1)] **Habersack Nr. 50a.**

Voraussetzungen der Vereinbarung im Jahr 2021 oder 2022 erfüllt worden sind, darf die Regulierungsbehörde nicht zu Lasten der betroffenen Unternehmen von den Voraussetzungen abweichen. ⁵Sonstige Festlegungsbefugnisse, die sich für die Regulierungsbehörde aus einer Rechtsverordnung nach § 24 ergeben, bleiben unberührt.

(46b) Abweichend von § 23a Absatz 3 Satz 1 können Entgelte für den Zugang zu im Jahr 2022 oder im Jahr 2023 neu errichtete oder neu zu errichtende LNG-Anlagen von dem Betreiber dieser Anlagen auch weniger als sechs Monate vor dem Zeitpunkt, zu dem die Entgelte wirksam werden sollen, beantragt werden, sofern die Regulierungsbehörde das Verfahren nach § 23a voraussichtlich in weniger als sechs Monaten abschließen kann und die Regulierungsbehörde den Betreiber darüber schriftlich oder elektronisch informiert.

(46c) Auf Planfeststellungsverfahren von Offshore-Anbindungsleitungen nach § 43 Absatz 1 Satz 1 Nummer 2 und 4, für die der Antrag auf Planfeststellung vor dem 13. Oktober 2022 gestellt wurde, ist § 43b Absatz 2 nicht anzuwenden.

(46d) ¹Die Bundesnetzagentur kann zur Sicherstellung der Investitionsfähigkeit der Betreiber von Verteilernetzen oder zur Wahrung der Grundsätze insbesondere einer preisgünstigen Versorgung nach § 1 durch Festlegung nach § 29 Absatz 1 Regelungen für die Bestimmung des kalkulatorischen Fremdkapitalzinssatzes treffen, die von einer Rechtsverordnung nach § 21a in Verbindung mit § 24 abweichen oder diese ergänzen. ²Die Bundesnetzagentur kann dabei insbesondere

1. davon absehen, eine Bestimmung des Fremdkapitalzinssatzes für die jeweilige Regulierungsperiode insgesamt vorzunehmen,
2. die Festlegung auf neue Investitionen begrenzen sowie
3. einen Bezugszeitraum oder Bezugsgrößen für die Ermittlung kalkulatorischer Fremdkapitalzinsen bestimmen.

(46e) ¹Die Bundesnetzagentur kann im Interesse der Digitalisierung der Energiewende nach dem Messstellenbetriebsgesetz durch Festlegung nach § 29 Absatz 1 Regelungen für die Anerkennung der den Betreibern von Elektrizitätsversorgungsnetzen nach § 3 Absatz 1 in Verbindung mit § 7 des Messstellenbetriebsgesetzes vom 27. Mai 2023 entstehenden Kosten treffen, die von einer Rechtsverordnung nach § 21a in Verbindung mit § 24 oder von einer Rechtsverordnung nach § 24 abweichen oder diese ergänzen. ²Sie kann dabei insbesondere entscheiden, dass Kosten oder Kostenanteile als dauerhaft nicht beeinflussbar angesehen werden.

(47) Auf Zuschläge, die in den Jahren 2021 und 2022 nach § 23 des Windenergie-auf-See-Gesetzes in der Fassung vom 10. Dezember 2020 erteilt wurden, ist das Energiewirtschaftsgesetz in der am 31. Dezember 2022 geltenden Fassung anzuwenden.

§ 118a[1]) Regulatorische Rahmenbedingungen für LNG-Anlagen; Verordnungsermächtigung und Subdelegation.

¹Das Bundesministerium für Wirtschaft und Klimaschutz wird ermächtigt, durch Rechtsverordnung, die nicht der Zustimmung des Bundesrates bedarf, Regelungen zu erlassen zu

1. den Rechten und Pflichten eines Betreibers von ortsfesten oder ortsgebundenen LNG-Anlagen,

---

[1]) § 118a eingef. mWv 13.10.2022 durch G v. 8.10.2022 (BGBl. I S. 1726).

2. den Bedingungen für den Zugang zu ortsfesten oder ortsungebundenen LNG-Anlagen, den Methoden zur Bestimmung dieser Bedingungen, den Methoden zur Bestimmung der Entgelte für den Zugang zu ortsfesten oder ortsungebundenen LNG-Anlagen,
3. der Ermittlung der Kosten des Anlagenbetriebs und
4. der Anwendbarkeit der Anreizregulierung nach § 21a.

²Das Bundesministerium für Wirtschaft und Klimaschutz kann die Ermächtigung nach Satz 1 durch Rechtsverordnung[1]) auf die Bundesnetzagentur übertragen. ³Die Sätze 1 und 2 treten mit Ablauf des 31. Dezember 2027 außer Kraft.

§ 118b[2]) **Befristete Sonderregelungen für Energielieferverträge mit Haushaltskunden außerhalb der Grundversorgung bei Versorgungsunterbrechungen wegen Nichtzahlung.** (1) ¹Bis zum Ablauf des 30. April 2024 ist § 41b Absatz 2 auf Energielieferverträge mit Haushaltskunden außerhalb der Grundversorgung mit den Maßgaben der Absätze 2 bis 9 anzuwenden. ²Von den Vorgaben der Absätze 2 bis 9 abweichende vertragliche Vereinbarungen sind unwirksam. ³Im Übrigen ist § 41b unverändert anzuwenden.

(2) ¹Bei der Nichterfüllung einer Zahlungsverpflichtung des Haushaltskunden trotz Mahnung ist der Energielieferant berechtigt, die Energieversorgung vier Wochen nach vorheriger Androhung unterbrechen zu lassen und die Unterbrechung beim zuständigen Netzbetreiber zu beauftragen. ²Der Energielieferant kann mit der Mahnung zugleich die Unterbrechung der Energieversorgung androhen, sofern die Folgen einer Unterbrechung nicht außer Verhältnis zur Schwere der Zuwiderhandlung stehen oder der Haushaltskunde darlegt, dass hinreichende Aussicht besteht, dass er seinen Zahlungsverpflichtungen nachkommt. ³Im Falle einer Androhung nach Satz 1 hat der Energielieferant den Haushaltskunden einfach verständlich zu informieren, wie er dem Energielieferanten das Vorliegen von Voraussetzungen nach Absatz 3 in Textform mitteilen kann. ⁴Der Energielieferant hat dem Haushaltskunden die Kontaktadresse anzugeben, an die der Haushaltskunde die Mitteilung zu übermitteln hat.

(3) ¹Die Verhältnismäßigkeit einer Unterbrechung im Sinne des Absatzes 2 Satz 2 ist insbesondere dann nicht gewahrt, wenn infolge der Unterbrechung eine konkrete Gefahr für Leib oder Leben der dadurch Betroffenen zu besorgen ist. ²Der Energielieferant hat den Haushaltskunden mit der Androhung der Unterbrechung über die Möglichkeit zu informieren, Gründe für eine Unverhältnismäßigkeit der Unterbrechung, insbesondere eine Gefahr für Leib und Leben, in Textform mitzuteilen und auf Verlangen des Energielieferanten glaubhaft zu machen.

(4) ¹Der Energielieferant darf eine Unterbrechung wegen Zahlungsverzugs nur durchführen lassen, wenn der Haushaltskunde nach Abzug etwaiger Anzahlungen in Verzug ist
1. mit Zahlungsverpflichtungen in Höhe des Doppelten der rechnerisch auf den laufenden Kalendermonat entfallenden Abschlags- oder Vorauszahlung oder
2. für den Fall, dass keine Abschlags- oder Vorauszahlungen zu entrichten sind, mit mindestens einem Sechstel des voraussichtlichen Betrages der Jahresrechnung.

²Der Zahlungsverzug des Haushaltskunden muss mindestens 100 Euro betragen. ³*Bei der Berechnung der Höhe des Betrages nach den Sätzen 1 und 2 bleiben*

---

[1]) Siehe die § 118a EnWG-SubdelegationsVO v. 7.11.2022 (BGBl. I S. 2002).
[2]) § 118b eingef. mWv 24.12.2022 durch G v. 20.12.2022 (BGBl. I S. 2512).

diejenigen nicht titulierten Forderungen außer Betracht, die der Haushaltskunde form- und fristgerecht sowie schlüssig begründet beanstandet hat. ⁴Ferner bleiben diejenigen Rückstände außer Betracht, die wegen einer Vereinbarung zwischen Energielieferant und Haushaltskunde noch nicht fällig sind oder die aus einer streitigen und noch nicht rechtskräftig entschiedenen Preiserhöhung des Energielieferanten resultieren.

(5) ¹Der Energielieferant ist verpflichtet, den betroffenen Haushaltskunden mit der Androhung einer Unterbrechung der Energielieferung wegen Zahlungsverzuges nach Absatz 2 zugleich in Textform über Möglichkeiten zur Vermeidung der Unterbrechung zu informieren, die für den Haushaltskunden keine Mehrkosten verursachen. ²Dazu können beispielsweise gehören:

(Fortsetzung nächstes Blatt)

845. Gesetz zur Ordnung des Wasserhaushalts (Wasserhaushaltsgesetz – WHG) [1) 2) 3)]

Vom 31. Juli 2009
(BGBl. I S. 2585)
FNA 753-13

geänd. durch Art. 12 G zur Umsetzung der DienstleistungsRL auf dem Gebiet des Umweltrechts sowie zur Änd. umweltrechtlicher Vorschriften v. 11.8.2010 (BGBl. I S. 1163), Art. 1 G zur Umsetzung der Meeresstrategie-RahmenRL sowie zur Änd. des WaStrG und des KrW-/AbfG v. 6.10.2011 (BGBl. I S. 1986), Art. 2 Abs. 67 G zur Änd. von Vorschriften über Verkündung und Bekanntmachungen sowie der ZPO, des EGZPO und der AO v. 22.12.2011 (BGBl. I S. 3044), Art. 5 Abs. 9 G zur Neuordnung des Kreislaufwirtschafts- und Abfallrechts v. 24.2.2012 (BGBl. I S. 212), Art. 3 G zur Anpassung des BauproduktenG und weiterer Rechtsvorschriften an die VO (EU) Nr. 305/2011 zur Festlegung harmonisierter Bedingungen für die Vermarktung von Bauprodukten v. 5.12.2012 (BGBl. I S. 2449), Art. 6 G zur Änd. des Umwelt-RechtsbehelfsG und anderer umweltrechtlicher Vorschriften v. 21.1.2013 (BGBl. I S. 95), Art. 2 G zur Umsetzung der RL über Industrieemissionen v. 8.4.2013 (BGBl. I S. 734), Art. 2 Abs. 100, Art. 4 Abs. 76 G zur Strukturreform des Gebührenrechts des Bundes v. 7.8.2013 (BGBl. I S. 3154, geänd. durch G v. 18.7.2016, BGBl. I S. 1666), Art. 2 G zur Änd. des UmweltstatistikG und des WasserhaushaltsG v. 15.11.2014 (BGBl. I S. 1724), Art. 320 Zehnte ZuständigkeitsanpassungsVO v. 31.8.2015 (BGBl. I S. 1474), Art. 1 G zur Änd. des WasserhaushaltsG zur Einführung von Grundsätzen für die Kosten von Wasserdienstleistungen und Wassernutzungen sowie zur Änd. des AbwasserabgabenG v. 11.4.2016 (BGBl. I S. 745), Art. 12 WSV-ZuständigkeitsanpassungsG v. 24.5.2016 (BGBl. I S. 1217), Art. 4 Abs. 73 G zur Aktualisierung der Strukturreform des Gebührenrechts des Bundes v. 18.7.2016 (BGBl. I S. 1666), Art. 3 G zur berg-, umweltschadens- und wasserrechtlicher Vorschriften zur Umsetzung der RL 2013/30/EU über die Sicherheit von Offshore-Erdöl- und -Erdgasaktivitäten v. 21.7.2016 (BGBl. I S. 1764), Art. 4 G zur Änd. des UmweltstatistikG, des HochbaustatistikG sowie bestimmter immissionsschutz- und wasserrechtlicher Vorschriften v. 26.7.2016 (BGBl. I S. 1839), Art. 1 G zur Änd.

[1)] **Amtl. Anm.:** Dieses Gesetz dient der Umsetzung der
- Richtlinie 80/68/EWG des Rates vom 17. Dezember 1979 über den Schutz des Grundwassers gegen Verschmutzung durch bestimmte gefährliche Stoffe (ABl. L 20 vom 26.1.1980, S. 43), die durch die Richtlinie 2000/60/EG (ABl. L 327 vom 22.12.2000, S. 1) geändert worden ist,
- Richtlinie 91/271/EWG des Rates vom 21. Mai 1991 über die Behandlung von kommunalem Abwasser (ABl. L 135 vom 30.5.1991, S. 40), die zuletzt durch die Verordnung (EG) Nr. 1137/2008 (ABl. L 311 vom 21.11.2008, S. 1) geändert worden ist,
- Richtlinie 2000/60/EG des Europäischen Parlaments und des Rates vom 23. Oktober 2000 zur Schaffung eines Ordnungsrahmens für Maßnahmen der Gemeinschaft im Bereich der Wasserpolitik (ABl. L 327 vom 22.12.2000, S. 1), die zuletzt durch die Richtlinie 2008/105/EG (ABl. L 348 vom 24.12.2008, S. 84) geändert worden ist,
- Richtlinie 2004/35/EG des Europäischen Parlaments und des Rates vom 21. April 2004 über Umwelthaftung zur Vermeidung und Sanierung von Umweltschäden (ABl. L 143 vom 30.4.2004, S. 56), die durch die Richtlinie 2006/21/EG (ABl. L 102 vom 11.4.2006, S. 15) geändert worden ist,
- Richtlinie 2006/11/EG des Europäischen Parlaments und des Rates vom 15. Februar 2006 betreffend die Verschmutzung infolge der Ableitung bestimmter gefährlicher Stoffe in die Gewässer der Gemeinschaft (ABl. L 64 vom 4.3.2006, S. 52),
- Richtlinie 2006/118/EG des Europäischen Parlaments und des Rates vom 12. Dezember 2006 zum Schutz des Grundwassers vor Verschmutzung und Verschlechterung (ABl. L 372 vom 27.12.2006, S. 19, L 53 vom 22.2.2007, S. 30, L 139 vom 31.5.2007, S. 39),
- Richtlinie 2007/60/EG des Europäischen Parlaments und des Rates vom 23. Oktober 2007 über die Bewertung und das Management von Hochwasserrisiken (ABl. L 288 vom 6.11.2007, S. 27).

[2)] **Amtl. Anm.:** Die Verpflichtungen aus der Richtlinie 98/34/EG des Europäischen Parlaments und des Rates vom 22. Juni 1998 über ein Informationsverfahren auf dem Gebiet der Normen und technischen Vorschriften für die Dienste der Informationsgesellschaft (ABl. L 204 vom 21.7.1998, S. 37), die zuletzt durch die Richtlinie 2006/96/EG (ABl. L 363 vom 20.12.2006, S. 81) geändert worden ist, sind beachtet worden.

[3)] Verkündet als Art. 1 des G zur Neuregelung des Wasserrechts v. 31.7.2009 (BGBl. I S. 2585); Inkrafttreten gem. Art. 24 Abs. 2 Satz 1 dieses G am 1.3.2010 mit Ausnahme der §§ 23, 48 Abs. 1 Satz 2 und Abs. 2 Satz 3, § 57 Abs. 2, § 58 Abs. 1 Satz 2, § 61 Abs. 3, § 62 Abs. 4 und 7 Satz 2 und § 63 Abs. 2 Satz 2, die gem. Art. 24 Abs. 1 bereits am 7.8.2009 in Kraft getreten sind.

wasser- und naturschutzrechtlicher Vorschriften zur Untersagung und zur Risikominimierung bei den Verfahren der Fracking-Technologie v. 4.8.2016 (BGBl. I S. 1972), Art. 122 G zum Abbau verzichtbarer Anordnungen der Schriftform im Verwaltungsrecht des Bundes v. 29.3.2017 (BGBl. I S. 626), Art. 1 HochwasserschutzG II v. 30.6.2017 (BGBl. I S. 2193), Art. 1 G zur Einführung einer wasserrechtlichen Genehmigung für Behandlungsanlagen für Deponiesickerwasser, zur Änd. der Vorschriften zur Eignungsfeststellung für Anlagen zum Lagern, Abfüllen oder Umschlagen wassergefährdender Stoffe und zur Änd. des Bundes-ImmissionsschutzG v. 18.7.2017 (BGBl. I S. 2771), Art. 2 G zur Beschränkung des marinen Geo-Engineerings v. 4.12.2018 (BGBl. I S. 2254), Art. 253 Elfte ZuständigkeitsanpassungsVO v. 19.6.2020 (BGBl. I S. 1328), Art. 1 Erstes G zur Änd. des WasserhaushaltsG v. 19.6.2020 (BGBl. I S. 1408), Art. 2 G über den wasserwirtschaftlichen Ausbau an Bundeswasserstraßen zur Erreichung der Bewirtschaftungsziele der WasserrahmenRL v. 2.6.2021 (BGBl. I S. 1295), Art. 3 G zur Umsetzung von Vorgaben der EinwegkunststoffRL und der AbfallrahmenRL im VerpackungsG und in anderen Gesetzen v. 9.6.2021 (BGBl. I S. 1699), Art. 2 G zur Umsetzung von Vorgaben der RL (EU) 2018/2001 für Zulassungsverfahren nach dem Bundes-ImmissionsschutzG, dem WasserhaushaltsG und dem BundeswasserstraßenG v. 18.8.2021 (BGBl. I S. 3901), Art. 12 G zu Sofortmaßnahmen für einen beschleunigten Ausbau der erneuerbaren Energien und weiteren Maßnahmen im Stromsektor v. 20.7.2022 (BGBl. I S. 1237), Art. 1 Zweites ÄndG v. 4.1.2023 (BGBl. 2023 I Nr. 5) und Art. 5 G zur Stärkung der Digitalisierung im Bauleitplanverfahren und zur Änd. weiterer Vorschriften v. 3.7.2023 (BGBl. 2023 I Nr. 176)

Zum WHG wurden ua folgende Vorschriften erlassen:
– Abwasserverordnung – AbwV **(Sartorius ErgBd. Nr. 845a)**
– VO über Anlagen zum Umgang mit wassergefährdenden Stoffen – AwSV v. 18.4.2017 (BGBl. I S. 905), geänd. durch VO v. 19.6.2020 (BGBl. I S. 1328)
– Grundwasserverordnung – GrwV **(Sartorius ErgBd. Nr. 845b)**
– Oberflächengewässerverordnung – OGewV v. 20.6.2016 (BGBl. I S. 1373), zuletzt geänd. durch G v. 9.12.2020 (BGBl. I S. 2873)
– Industriekläranlagen-Zulassungs- und Überwachungsverordnung – IZÜV v. 2.5.2013 (BGBl. I S. 973, 1011, ber. S. 3756), zuletzt geänd. durch G v. 9.12.2020 (BGBl. I S. 2873)
– Deponieverordnung – DepV **(Sartorius ErgBd. Nr. 298h)**
– VO über Anlagen zur biologischen Behandlung von Abfällen – 30. BImSchV **(Sartorius ErgBd. Nr. 296/30)**

Zur Ausführung und Durchführung des WHG haben die Länder ua folgende Vorschriften erlassen:
– **Baden-Württemberg:** WasserG v. 3.12.2013 (GBl. S. 389), zuletzt geänd. durch G v. 7.2.2023 (GBl. S. 26)
– **Bayern:** WasserG v. 25.2.2010 (GVBl. S. 66, 130), zuletzt geänd. durch G v. 9.11.2021 (GVBl. S. 608)
– **Berlin:** WasserG idF der Bek. v. 17.6.2005 (GVBl. S. 357, ber. 2006 S. 248, 2007 S. 48), zuletzt geänd. durch G v. 25.9.2019 (GVBl. S. 612)
– **Brandenburg:** WasserG idF der Bek. v. 2.3.2012 (GVBl. I Nr. 20), zuletzt geänd. durch G v. 4.12.2017 (GVBl. I Nr. 28)
– **Bremen:** WasserG v. 12.4.2011 (Brem.GBl. S. 262), zuletzt geänd. durch G v. 24.11.2020 (Brem.GBl. S. 1486)
– **Hamburg:** WasserG idF der Bek. v. 29.3.2005 (HmbGVBl. S. 97), zuletzt geänd. durch G v. 4.12.2012 (HmbGVBl. S. 510)
– **Hessen:** WasserG v. 14.12.2010 (GVBl. I S. 548), zuletzt geänd. durch G v. 28.6.2023 (GVBl. S. 473)
– **Mecklenburg-Vorpommern:** WasserG v. 30.11.1992 (GVOBl. M-V S. 669), zuletzt geänd. durch G v. 8.6.2021 (GVOBl. M-V S. 866)
– **Niedersachsen:** WasserG v. 19.2.2010 (Nds. GVBl. S. 64), zuletzt geänd. durch G v. 22.9.2022 (Nds. GVBl. S. 578)
– **Nordrhein-Westfalen:** LandeswasserG idF der Bek. v. 25.6.1995 (GV. NRW. S. 926), zuletzt geänd. durch G v. 17.12.2021 (GV. NRW. S. 1470)
– **Rheinland-Pfalz:** LandeswasserG v. 14.7.2015 (GVBl. S. 127), zuletzt geänd. durch G v. 8.4.2022 (GVBl. S. 118)
– **Saarland:** WasserG idF der Bek. v. 30.7.2004 (Amtsbl. 1994), zuletzt geänd. durch G v. 8.12.2021 (Amtsbl. I S. 2629)
– **Sachsen:** WasserG v. 12.7.2013 (SächsGVBl. S. 503), zuletzt geänd. durch G v. 20.12.2022 (SächsGVBl. S. 705)
– **Sachsen-Anhalt:** WasserG v. 16.3.2011 (GVBl. LSA S. 492), zuletzt geänd. durch G v. 7.7.2020 (GVBl. LSA S. 372)
– **Schleswig-Holstein:** LandeswasserG v. 13.11.2019 (GVOBl. Schl.-H. S. 425, 426), zuletzt geänd. durch G v. 6.12.2022 (GVOBl. Schl.-H. S. 1002)
– **Thüringen:** WasserG v. 28.5.2019 (GVBl. S. 74), geänd. durch G v. 11.6.2020 (GVBl. S. 277)

³ Ausgleichsmaßnahmen nach Satz 2 können auch Maßnahmen mit dem Ziel des Küstenschutzes oder des Schutzes vor Hochwasser sein, die
1. zum Zweck des Ausgleichs künftiger Verluste an Rückhalteflächen getroffen werden oder
2. zugleich als Ausgleichs- oder Ersatzmaßnahme nach § 15 Absatz 2 des Bundesnaturschutzgesetzes[1]) dienen oder nach § 16 Absatz 1 des Bundesnaturschutzgesetzes anzuerkennen sind.

(2) Frühere Überschwemmungsgebiete, die als Rückhalteflächen geeignet sind, sollen so weit wie möglich wiederhergestellt werden, wenn überwiegende Gründe des Wohls der Allgemeinheit dem nicht entgegenstehen.

§ 78[2]) **Bauliche Schutzvorschriften für festgesetzte Überschwemmungsgebiete.** (1) ¹In festgesetzten Überschwemmungsgebieten ist die Ausweisung neuer Baugebiete im Außenbereich in Bauleitplänen oder in sonstigen Satzungen nach dem Baugesetzbuch[3]) untersagt. ²Satz 1 gilt nicht, wenn die Ausweisung ausschließlich der Verbesserung des Hochwasserschutzes dient, sowie für Bauleitpläne für Häfen und Werften.

(2) ¹Die zuständige Behörde kann abweichend von Absatz 1 Satz 1 die Ausweisung neuer Baugebiete ausnahmsweise zulassen, wenn
1. keine anderen Möglichkeiten der Siedlungsentwicklung bestehen oder geschaffen werden können,
2. das neu auszuweisende Gebiet unmittelbar an ein bestehendes Baugebiet angrenzt,
3. eine Gefährdung von Leben oder Gesundheit oder erhebliche Sachschäden nicht zu erwarten sind,
4. der Hochwasserabfluss und die Höhe des Wasserstandes nicht nachteilig beeinflusst werden,
5. die Hochwasserrückhaltung nicht beeinträchtigt und der Verlust von verloren gehendem Rückhalteraum umfang-, funktions- und zeitgleich ausgeglichen wird,
6. der bestehende Hochwasserschutz nicht beeinträchtigt wird,
7. keine nachteiligen Auswirkungen auf Oberlieger und Unterlieger zu erwarten sind,
8. die Belange der Hochwasservorsorge beachtet sind und
9. die Bauvorhaben so errichtet werden, dass bei dem Bemessungshochwasser nach § 76 Absatz 2 Satz 1, das der Festsetzung des Überschwemmungsgebietes zugrunde liegt, keine baulichen Schäden zu erwarten sind.

²Bei der Prüfung der Voraussetzungen des Satzes 1 Nummer 3 bis 8 sind auch die Auswirkungen auf die Nachbarschaft zu berücksichtigen.

(3) ¹In festgesetzten Überschwemmungsgebieten hat die Gemeinde bei der Aufstellung, Änderung oder Ergänzung von Bauleitplänen für die Gebiete, die nach § 30 Absatz 1 und 2 oder § 34 des Baugesetzbuches zu beurteilen sind, in der

---

[1]) Nr. **880**.
[2]) § 78 neu gef. mWv 5.1.2018 durch G v. 30.6.2017 (BGBl. I S. 2193); Abs. 5 Satz 3 angef. mWv 31.8.2021 durch G v. 18.8.2021 (BGBl. I S. 3901); Abs. 3 Satz 3 geänd. mWv 7.7.2023 durch G v. 3.7.2023 (BGBl. 2023 I Nr. 176).
[3]) Nr. **300**.

Abwägung nach § 1 Absatz 7 des Baugesetzbuches insbesondere zu berücksichtigen:
1. die Vermeidung nachteiliger Auswirkungen auf Oberlieger und Unterlieger,
2. die Vermeidung einer Beeinträchtigung des bestehenden Hochwasserschutzes und
3. die hochwasserangepasste Errichtung von Bauvorhaben.
²Dies gilt für Satzungen nach § 34 Absatz 4 und § 35 Absatz 6 des Baugesetzbuches entsprechend. ³Die zuständige Behörde hat der Gemeinde die hierfür erforderlichen Informationen nach § 4 Absatz 2 Satz 6 des Baugesetzbuches zur Verfügung zu stellen.

(4) ¹In festgesetzten Überschwemmungsgebieten ist die Errichtung oder Erweiterung baulicher Anlagen nach den §§ 30, 33, 34 und 35 des Baugesetzbuches untersagt. ²Satz 1 gilt nicht für Maßnahmen des Gewässerausbaus, des Baus von Deichen und Dämmen, der Gewässer- und Deichunterhaltung und des Hochwasserschutzes sowie des Messwesens.

(5) ¹Die zuständige Behörde kann abweichend von Absatz 4 Satz 1 die Errichtung oder Erweiterung einer baulichen Anlage im Einzelfall genehmigen, wenn
1. das Vorhaben
   a) die Hochwasserrückhaltung nicht oder nur unwesentlich beeinträchtigt und der Verlust von verloren gehendem Rückhalteraum umfang-, funktions- und zeitgleich ausgeglichen wird,
   b) den Wasserstand und den Abfluss bei Hochwasser nicht nachteilig verändert,
   c) den bestehenden Hochwasserschutz nicht beeinträchtigt und
   d) hochwasserangepasst ausgeführt wird oder
2. die nachteiligen Auswirkungen durch Nebenbestimmungen ausgeglichen werden können.

²Bei der Prüfung der Voraussetzungen des Satzes 1 sind auch die Auswirkungen auf die Nachbarschaft zu berücksichtigen. ³Für die Erteilung der Genehmigung gilt § 11a Absatz 4 und 5 entsprechend, wenn es sich um eine Anlage zur Erzeugung von Energie aus erneuerbaren Quellen handelt.

(6) ¹Bei der Festsetzung nach § 76 Absatz 2 kann die Errichtung oder Erweiterung baulicher Anlagen auch allgemein zugelassen werden, wenn sie
1. in gemäß Absatz 2 neu ausgewiesenen Gebieten nach § 30 des Baugesetzbuches den Vorgaben des Bebauungsplans entsprechen oder
2. ihrer Bauart nach so beschaffen sind, dass die Einhaltung der Voraussetzungen des Absatzes 5 Satz 1 Nummer 1 gewährleistet ist.

²In den Fällen des Satzes 1 bedarf das Vorhaben einer Anzeige.

(7) Bauliche Anlagen der Verkehrsinfrastruktur, die nicht unter Absatz 4 fallen, dürfen nur hochwasserangepasst errichtet oder erweitert werden.

(8) Für nach § 76 Absatz 3 ermittelte, in Kartenform dargestellte und vorläufig gesicherte Gebiete gelten die Absätze 1 bis 7 entsprechend.

FStrG 932

932. Bundesfernstraßengesetz (FStrG)[1)]

In der Fassung der Bekanntmachung vom 28. Juni 2007[2)]

(BGBl. I S. 1206)

FNA 911-1

geänd. durch Art. 6 G zur Neuregelung des Rechts des Naturschutzes und der Landschaftspflege v. 29.7.2009 (BGBl. I S. 2542), Art. 6 G zur Neuregelung des Wasserrechts v. 31.7.2009 (BGBl. I S. 2585), Art. 7 Planfeststellungsverfahren-VereinheitlichungsG v. 31.5.2013 (BGBl. I S. 1388, geänd. durch Art. 1b G v. 24.5.2014, BGBl. I S. 538), Art. 1 Sechstes ÄndG v. 24.8.2015 (BGBl. I S. 1442), Art. 466 Zehnte ZuständigkeitsanpassungsVO v. 31.8.2015 (BGBl. I S. 1474), Art. 9 G zur Anpassung des Umwelt-RechtsbehelfsG und anderer Vorschriften an europa- und völkerrechtliche Vorgaben v. 29.5.2017 (BGBl. I S. 1298), Art. 1 Siebtes ÄndG v. 27.6.2017 (BGBl. I S. 2082), Art. 2 Abs. 7 G zur Modernisierung des Rechts der Umweltverträglichkeitsprüfung v. 20.7.2017 (BGBl. I S. 2808, ber. 2018 S. 472), Art. 17 G zur Neuregelung des bundesstaatlichen Finanzausgleichssystems ab dem Jahr 2020 und zur Änd. haushaltsrechtlicher Vorschriften v. 14.8.2017 (BGBl. I S. 3122), Art. 1 G zur Beschleunigung von Planungs- und Genehmigungsverfahren im Verkehrsbereich v. 29.11.2018 (BGBl. I S. 2237), Art. 2 G zur weiteren Beschleunigung von Planungs- und Genehmigungsverfahren im Verkehrsbereich v. 3.3.2020 (BGBl. I S. 433), Art. 1 Achtes G zur Änd. des BundesfernstraßenG und zur Änd. weiterer Vorschriften v. 29.6.2020 (BGBl. I S. 1528), Art. 2 Strukturstärkungsgesetz Kohleregionen v. 8.8.2020 (BGBl. I S. 1795), Art. 2a Investitionen-Beschleunigungsgesetz v. 3.12.2020 (BGBl. I S. 2694), Art. 1 Neuntes G zur Änd. des BundesfernstraßenG und zur Änd. weiterer Vorschriften v. 31.5.2021 (BGBl. I S. 1221), Art. 11 Aufbauhilfegesetz 2021 v. 10.9.2021 (BGBl. I S. 4147), Art. 1 Zehntes G zur Änd. des BundesfernstraßenG v. 19.6.2022 (BGBl. I S. 922), Art. 14 G zur Anpassung von Gesetzen und Verordnungen an die neue Behördenbezeichnung des Bundesamtes für Güterverkehr v. 2.3.2023 (BGBl. 2023 I Nr. 56) und Art. 6 G zur Änd. des RaumordnungsG und anderer Vorschriften v. 22.3.2023 (BGBl. 2023 I Nr. 88)

§ 1[3)] **Einteilung der Bundesstraßen des Fernverkehrs.** (1) [1]Bundesstraßen des Fernverkehrs (Bundesfernstraßen) sind öffentliche Straßen, die ein zusammenhängendes Verkehrsnetz bilden und einem weiträumigen Verkehr dienen oder zu dienen bestimmt sind. [2]In der geschlossenen Ortslage (§ 5 Abs. 4) gehören zum zusammenhängenden Verkehrsnetz die zur Aufnahme des weiträumigen Verkehrs notwendigen Straßen.

(2) Sie gliedern sich in

1. Bundesautobahnen,

2. Bundesstraßen mit den Ortsdurchfahrten (§ 5 Abs. 4).

(3) [1]Bundesautobahnen sind Bundesfernstraßen, die nur für den Schnellverkehr mit Kraftfahrzeugen bestimmt und so angelegt sind, dass sie frei von höhengleichen Kreuzungen und für Zu- und Abfahrt mit besonderen Anschlussstellen ausgestattet sind. [2]Sie sollen getrennte Fahrbahnen für den Richtungsverkehr haben.

(4) Zu den Bundesfernstraßen gehören

1. der Straßenkörper; das sind besonders der Straßengrund, der Straßenunterbau, die Straßendecke, die Brücken, Tunnel, Durchlässe, Dämme, Gräben, Entwässerungsanlagen, Böschungen, Stützmauern, Lärmschutzanlagen, Trenn-, Seiten-, Rand- und Sicherheitsstreifen;

2. der Luftraum über dem Straßenkörper;

[1)] Die Änderung durch G v. 22.3.2023 (BGBl. I Nr. 88) tritt erst **mWv 28.9.2023** in Kraft und ist im Text noch nicht berücksichtigt.

[2)] Neubekanntmachung des FStrG idF der Bek. v. 20.2.2003 (BGBl. I S. 286) in der ab 17.12.2006 geltenden Fassung.

[3)] § 1 Abs. 5 Satz 2 geänd. mWv 8.9.2015 durch VO v. 31.8.2015 (BGBl. I S. 1474); Abs. 5 Satz 2 geänd. mWv 1.1.2021 durch G v. 14.8.2017 (BGBl. I S. 3122).

3. das Zubehör; das sind die Verkehrszeichen, die Verkehrseinrichtungen und -anlagen aller Art, die der Sicherheit oder Leichtigkeit des Straßenverkehrs oder dem Schutz der Anlieger dienen, und die Bepflanzung;
3a. Einrichtungen zur Erhebung von Maut und zur Kontrolle der Einhaltung der Mautpflicht;
4. die Nebenanlagen; das sind solche Anlagen, die überwiegend den Aufgaben der Straßenbauverwaltung der Bundesfernstraßen dienen, z.B. Straßenmeistereien, Gerätehöfe, Lager, Lagerplätze, Entnahmestellen, Hilfsbetriebe und -einrichtungen;
5. die Nebenbetriebe an den Bundesautobahnen (§ 15 Abs. 1).

(5) ¹Für die Bundesfernstraßen werden Straßenverzeichnisse geführt. ²Das Fernstraßen-Bundesamt bestimmt die Nummerung und Bezeichnung der Bundesfernstraßen.

§ 2[1]) **Widmung, Umstufung, Einziehung.** (1) Eine Straße erhält die Eigenschaft einer Bundesfernstraße durch Widmung.

(2) Voraussetzung für die Widmung ist, dass der Träger der Straßenbaulast Eigentümer des der Straße dienenden Grundstücks ist, oder der Eigentümer und ein sonst zur Nutzung dinglich Berechtigter der Widmung zugestimmt hat, oder der Träger der Straßenbaulast den Besitz durch Vertrag, durch Einweisung nach § 18f Abs. 1 oder in einem sonstigen gesetzlichen Verfahren erlangt hat.

(3) Durch privatrechtliche Verfügungen oder durch Verfügungen im Wege der Zwangsvollstreckung über die der Straße dienenden Grundstücke oder Rechte an ihnen wird die Widmung nicht berührt.

(3a) Eine öffentliche Straße, die die Voraussetzungen des § 1 Abs. 1 oder 3 erfüllt, ist zur Bundesautobahn oder Bundesstraße, eine Bundesstraße, die die Voraussetzungen des § 1 Abs. 3 erfüllt, zur Bundesautobahn aufzustufen.

(4) Eine Bundesfernstraße, bei der sich die Verkehrsbedeutung geändert hat und bei der die Voraussetzungen des § 1 Abs. 1 weggefallen sind, ist entweder unverzüglich einzuziehen, wenn sie jede Verkehrsbedeutung verloren hat oder überwiegende Gründe des öffentlichen Wohls vorliegen (Einziehung), oder unverzüglich dem Träger der Straßenbaulast zu überlassen, der sich nach Landesrecht bestimmt (Abstufung).

(5) ¹Die Absicht der Einziehung ist drei Monate vorher in den Gemeinden, die die Straße berührt, öffentlich bekannt zu machen, um Gelegenheit zu Einwendungen zu geben. ²Von der Bekanntmachung kann abgesehen werden, wenn die zur Einziehung vorgesehenen Teilstrecken in den in einem Planfeststellungsverfahren ausgelegten Plänen als solche kenntlich gemacht worden sind oder Teilstrecken im Zusammenhang mit Änderungen von unwesentlicher Bedeutung (§ 74 Abs. 7 des Verwaltungsverfahrensgesetzes[2])) eingezogen werden sollen. ³Die Abstufung soll nur zum Ende eines Rechnungsjahres ausgesprochen und drei Monate vorher angekündigt werden.

(6) ¹Über Widmung, Umstufung und Einziehung einer Bundesfernstraße entscheidet das Fernstraßen-Bundesamt, soweit dem Bund die Verwaltung einer Bundesfernstraße zusteht. ²Im Übrigen entscheidet die oberste Landesstraßenbaubehörde. ³Abstufungen in eine Straße nach Landesrecht können nur nach vorheriger Zustimmung der betroffenen obersten Landesstraßenbaube-

(Fortsetzung nächstes Blatt)

---

[1]) § 2 Abs. 5 Satz 2 geänd. mWv 1.6.2015 durch G v. 31.5.2013 (BGBl. I S. 1388, geänd. durch G v. 24.5.2014, BGBl. I S. 538); Abs. 6 Satz 3 geänd. mWv 8.9.2015 durch VO v. 31.8.2015 (BGBl. I S. 1474); Abs. 6 neu gef. mWv 1.1.2021 durch G v. 14.8.2017 (BGBl. I S. 3122).
[2]) Nr. **100**.

Für handschriftliche Notizen

Für handschriftliche Notizen

Für handschriftliche Notizen

Für handschriftliche Notizen